国家行政学院

大讲堂

1

国家行政学院教务部 编

国家行政学院出版社

前言

近几年来，国家行政学院不断更新和充实教学培训内容，以提高公务员综合素质和行政能力为核心，以公仆意识、政府管理、依法行政为重点，丰富和发展具有鲜明特色的教学培训布局。根据新形势新任务的要求，及时将党和国家在改革开放和社会主义现代化建设中的重大战略部署，党和政府工作重点、难点以及社会关注的热点，转化为教学培训的重点内容，增强教学培训的时代性、针对性、实效性。

在推进教学培训改革创新中，国家行政学院坚持定期举办时事政策大报告和选修讲座。时事政策大报告和选修讲座层次高，主讲人大多为学院兼职教授，是中央和国家机关有关部门的主要领导同志和国内外知名专家学者。大报告内容信息量大、社会热点多、时效性强，选修讲座涉及的领域广泛、兴趣性强，对于广大学员和教职工了解党和政府中心工作、把握当前国内外形势以及拓宽知识视野、提高业务能力、陶冶情操具有积极作用。

为更好地服务学习型党组织和学习型政府建设、服务经济社会发展、服务干部健康成长，我们现将部分时事政策大报告和选修讲座的内容汇编成《国家行政学院大讲堂》，以飨广大读者。

国家行政学院领导高度重视《国家行政学院大讲堂》编辑工作，常务副院长、教材编审委员会主任魏礼群审定了书稿目录，副院长、教材编审委员会常务副主任周文彰，教务长、教材编审委员会副主任杨克勤对书稿进行了审定。

《国家行政学院大讲堂》第一辑分综合篇、经济篇、文化篇、社会篇编排。由于编者水平有限，书中错漏之处在所难免，欢迎读者提出批评意见。

国家行政学院教务部

二〇一一年四月

目录

综合篇

深化行政改革　促进科学发展

——在首届中国行政改革论坛上的主旨演讲

国家行政学院常务副院长　魏礼群

在中国行政体制改革研究会正式成立的第一天，我们在此主办首届中国行政改革论坛。首先，我代表中国行政体制改革研究会，对前来出席研究会成立大会和论坛的各位嘉宾、专家学者、会员代表表示热烈欢迎和衷心感谢。

首届中国行政改革论坛围绕“科学发展与行政改革”进行研讨，主题重大，立意高远。这对于发展中国特色社会主义事业具有重要的理论和实践意义，特别是在当前继续应对国际金融危机影响、加快推进经济发展方式转变的情势下，更有着重大的现实意义和深远意义。下面，我主要就深化行政改革、促进科学发展谈一些认识，与大家一起交流。

一、促进科学发展必须深化行政改革

科学发展观是以胡锦涛同志为总书记的党中央，继承党的三代中央领导集体关于发展的重要思想，准确把握国内外形势变化和我国发展的阶段性特征，提出的发展中国特色社会主义必须坚持和贯彻的重大战略思想。科学发展观，第一要义是发展，核心是以人为本，基本要求是全面协调可持续，根本方法是统筹兼顾。走科学发展之路，是贯彻落实科学发展观的根本

要求和重要体现。

发展是当代中国的主题，发展必须是科学发展，这反映了我们党对社会主义现代化建设规律的深刻认识。近几年来，在科学发展观的指导下，党和政府坚持以人为本，着力推动经济社会发展转入科学发展的轨道，取得了重要进展，行政改革和政府自身建设成效明显。为取得国民经济社会发展的重大成就以及成功应对国际金融危机和各种重大应急事件提供了有力保障。这些是人们的共识。但应该看到，当前经济社会发展中仍然存在不少违背科学发展要求的做法和现象，突出表现为：一是有些地方仍然片面追求经济建设规模和增长速度，盲目上项目、铺摊子，忽视优化结构、提高质量和效益，依然走粗放型发展经济的老路，生产要素投入多、经济效益和效率不够高，资源消耗过度、环境破坏严重；二是不少地方仍然偏重于经济发展，对教育、卫生、文化等社会事业发展和社会保障体系建设重视不够，公共服务体系特别是基本公共服务体系建设滞后；三是城乡、地区发展仍然不协调，总体上看，城乡、地区发展差距还呈扩大之势；四是收入分配仍然不合理，部分社会成员之间贫富差距悬殊；五是在一些地方人民群众的合法权益得不到有效维护，甚至有的地方不惜损害人民群众利益，一味追求所谓的“政绩”。这些问题，使经济社会发展付出的代价过大，这样的发展也难以为继。

上述问题的存在，原因固然是多方面的，但最大的症结在于体制机制不合理。这里既有原来计划经济体制的弊端尚未完全革除的老问题，也有改革进程中产生的一些新问题。解决这些问题，关键是要进一步解放思想，进一步深化改革开放，破除一切影响和制约科学发展的思想观念，破除一切影响和制约科学发展的制度规定，破除一切影响和制约科学发展的体制机制。如果没有体制机制上的重大突破，就难以从根本上实现科学发展。为了推动科学发展，不仅要深化经济体制改革，还必须深化政治体制、社会体制、文化体制等各方面体制改革，其中深化行政体制改革尤为重要和紧迫。因为行政体制与各方面体制密切相联，处于整个体制总管和龙头的地位，是深化改革的关键环节，行政体制改革的进展和成效直接影响着经济体制、政治体制、社会体制、文化体制等其他各方面的体制改革进程。

行政改革,包括行政理念、行政体制、行政机制、行政方式、行政管理等方面的改革与创新。只有进一步转变行政理念,才能坚持以人为本,始终把实现好、维护好、发展好最广大人民的根本利益作为一切工作的出发点和落脚点,尊重人民主体地位,发挥人民首创精神,保障人民各项权益,走共同富裕道路,促进人的全面发展。只有进一步改革行政体制机制,才能合理界定和健全政府职责体系,政府才能正确履行职能,优化组织结构,理顺权责关系,规范行政权力运行;也才能创新发展模式、提高发展质量、落实“五个统筹”,形成有利于转变经济发展方式的机制和利益调节机制,有效维护社会公平正义,促进经济社会集约发展、全面发展、协调发展、可持续发展。只有进一步创新行政管理方式,才能使行政行为更加公开透明、规范有序、科学民主、便民高效,形成促进科学发展要求的感召力、凝聚力和创造力。只有进一步加快推进行政领域改革,才能带动和促进经济、政治、社会、文化等其他各个领域改革不断深化,从多方面构筑有利于科学发展的体制机制和制度环境,全面提高科学发展的能力。总之,我们应当从全面贯彻落实科学发展观、从根本上实现科学发展的高度,更加重视研究和促进行政改革。

二、深化行政改革必须着力抓住重要环节

要为促进科学发展提供体制保障,就必须坚持社会主义市场经济的改革方向和完善中国特色社会主义行政管理体制的总体目标,全面推进行政改革。我认为,当前和今后时期,应着力抓好以下几个重要环节:

第一,着力加快政府职能转变和定位。转变政府职能是深化行政改革的核心,也是贯彻落实科学发展观、促进科学发展的关键。政府应正确全面履行职能,不能错位,不能越位,也不能缺位。从目前的情况看,政府职能转变滞后是制约科学发展的重要原因。突出问题是:一些地方政府及其部门仍然管了不少不该管也管不好的事,行政审批事项还过多;有些地方政府并没有把该由企业管的事交给企业、该由市场管的事交给市场,仍然代替企业

招商引资，直接干预企业投资和生产经营活动，仍然忽视市场和竞争机制作用，不计生产成本，不讲经济效益；政府的市场监管、社会管理和公共服务这三个方面职能还比较弱。促进科学发展，必须加快政府职能转变和定位，把政府的职能和定位与科学发展的方向和要求相一致。

转变政府职能的基本方向，就是进一步加强和改进宏观调控和市场监管，从制度上更好发挥市场在资源配置中的基础性作用；就是更加注重社会管理和公共服务，促进社会公平正义，加强和谐社会建设。要遵循社会主义市场经济规律，完善宏观调控体系和制度，着力提高宏观调控和管理水平。在当前应对国际金融危机影响、加快经济结构战略性调整和转变经济发展方式的情况下，尤其要加强宏观调控和政策引导，包括发挥国家规划、计划、产业政策和信息服务的导向作用，完善市场准入制度和标准规范，纠正盲目扩大建设规模和片面追求增长速度，而忽视结构、质量和效益的现象，正确运用政府和市场这“两只手”，加快淘汰落后产能，防止一些行业产能过剩，促进自主创新和技术进步，鼓励发展战略性新兴产业，促进城乡、地区协调发展。企业是市场的主体，是优化结构、节约资源、提高效益的基础，必须使企业充分行使生产经营和投资的自主权。要更加注重完善市场体系，加强市场监管，维护公平竞争的市场秩序，充分发挥市场机制对经济发展方式转变的有力推动作用。要强化社会管理和公共服务职能。关键是进一步深化改革，增加投入，优化政府组织结构和人员结构，全面加强社会建设，更加注重保障和改善民生，特别是在扩大和促进就业、卫生、教育、社保、住房等方面加大工作力度，完善制度机制。要切实加强和改进公共危机管理，提高政府应对突发事件的能力。全面履行政府各项职能、促进科学发展的一个重要举措，是改革和建立有利于发展方式转变、科技进步和资源能源节约的财税制度，建立能够充分反映市场供求关系、资源稀缺程度、环境损害成本的资源要素价格形成机制。要进一步优化财政支出结构，创新公共服务供给机制，更大力度地支持经济结构调整和自主创新，支持社会管理和社会建设。

第二，着力理顺行政层级体系和权责关系。合理、协调的行政层级体系是国家行政权力顺畅运行的重要基础，也是促进科学发展的重要保障。目前影响科学发展的一个突出问题，是中央和地方的关系以及地方各级政府之间的关系还没有完全理顺，主要表现为：各级政府的财权事权不对称，权责脱节；有的地方各自为政，地方保护主义比较严重。这些既影响了行政效率，也妨碍了科学发展。深化行政改革，必须正确认识和处理好各级政府之间的关系。首先，要科学、清晰地界定中央政府和地方政府的职能与责任。中央政府要着眼于促进全国科学发展，加强经济社会发展的宏观调控、引导和管理，制定好战略规划、政策法规和标准规范，并切实维护国家法制统一、政令统一和市场统一。地方政府要确保中央方针政策和国家法律法规的有效实施，搞好对本地区经济社会事务的统筹协调，强化执行力和执法监管职责，维护市场秩序和社会安定，注重加强社会建设和公共服务，促进经济社会协调发展。要健全中央和地方财力与事权相匹配以及权责统一的体制，特别要调整和完善现行的分税制度。其次，要科学界定和明确省以下地方不同层级政府职能与权责关系，充分发挥地方各级政府的积极性。再次，要在明确和减少行政层级上取得突破。近几年来，中央提出扩大县域发展自主权、推进省直接管理县（市）财政体制改革，在有条件的地方依法探索省直接管理县（市）的行政体制改革。不少地方在这些方面都进行了积极探索，应及时总结经验，加以正确引导。此外，还要认真研究和正确处理中央和省级政府一些部门实行垂直管理体制的做法，及时解决存在的问题。

第三，着力完善行政决策科学化、民主化。行政决策水平直接影响到发展的成效，对贯彻落实科学发展观、促进科学发展至关重要。目前，一些地方政府和领导干部在决策时，不尊重市场经济发展规律，不考虑经济增长质量和效益，不顾及群众的呼声和利益，往往造成严重的经济损失和社会后果。解决这些问题，必须推行行政决策的科学化民主化。行政决策要更加注重科学性、有效性，增强公信力。要制定科学的决策规则和决策程序，以规范行政权力的运行。要完善社会听证制度和公示制度，为公众参与行政决策提供制度保障。要完善专家咨询制度，保证专家咨询的规范性、独立性和公正性。要建立决策中有论证、执行中有监督、执行后有评价、决策失误有追究的全程制约机制。

第四，着力推行行政绩效管理制度。行政绩效评价考核对于科学发展具有导向作用，评价考核内容是否科学、规则和程序是否合理、结果如何使用，直接影响到有关政府和行政人员的行为。当前，要加快建立体现科学发展要求的综合评价体系，加强和改进对各级政府和领导干部的政绩考核。要按照全面、协调、可持续发展的要求，把经济增长质量和效益、资源节约和环境保护、精神文明和生态文明建设、社会管理和公共服务、民生改善、民主法治、公平正义、综合竞争力等指标作为行政绩效考核的重要内容。要积极推进行政绩效管理制度建设和统计制度改革。要保障人民群众参与行政绩效考核，把人民群众满意不满意作为评判政绩的重要标准。要健全和严格执行行政问责制度，对那些违背科学发展要求、造成严重损失和危害的，应切实严肃追究行政责任。这样，才能促使政府和行政人员一心一意谋求科学发展。

第五，着力创新行政管理方式。这是建设为民、务实、高效、廉洁政府的重要环节，也是各级政府和行政人员增强科学发展能力的重要途径。要树立现代行政管理理念，善于运用市场机制、社会力量，善于利用现代科学技术，创新管理手段，推行电子政务，优化管理流程，使行政管理富有成效。要把刚性管理与柔性管理结合起来，更加注重以人为本的柔性管理；要把直接管理与间接管理结合起来，更加注重运用经济手段和服务手段实施间接管理；要把经济管理与社会管理结合起来，更加注重关注民生的社会管理；要把政府治理与社会治理结合起来，更加注重公民参与的社会治理；要大力建设“阳光政府”，推进政务公开，完善政务公开制度，扩大政务公开范围，保障公众对公共事务的知情权、参与权、表达权和监督权，创造条件让人民群众更好地了解政府、监督政府。当前，特别要完善财政预算制度，推进预算公开透明，把公共资金的来源、分配、管理、使用、审计等情况置于群众和社会监督之下。这样，既可以保证公共资金的使用更加合理、更有效益，又可以有效地减少浪费、防止腐败。

第六，着力加强法治政府建设。依法行政是建设法治政府的必然要求，也是实现科学发展的有力保障。目前，一些地方和部门行政行为缺乏规范，有法不依、执法不严、执法不公甚至执法违法。要进一步加强行政立法、执法和监督工作，加强行政程序制度建设，依法科学规范行政运作和行政行为，全面推进依法行政。要进一步把促进科学发展、保护人民合法权益作为立法工作的根本标准。要严格规范行政执法，加强执法监督和检查，坚决克服行政执法中的违法违规现象。要强化对行政行为的法律监督，使各级政府部门和人员自觉依法办事，确保推进科学发展的各项任务和举措得到有效执行。

三、需要深入研究的几个重大问题

深化行政改革、促进科学发展，任重道远。这将贯穿改革开放和社会主义现代化建设的全过程。随着中国特色社会主义事业的不断推进，随着国内外形势的发展变化，有大量的问题需要我们去研究、去探讨。就当前来说，我认为，以下四个方面的重大问题需要深入研究、探讨。

第一，关于实现深化行政管理体制改革总体目标的战略与路径。党的十七届二中全会通过的《关于深化行政管理体制改革的意见》，提出了深化行政管理体制改革的总体目标，就是到2020年建立起比较完善的中国特色社会主义行政管理体制。实现这一总体目标，需要科学认识我国社会主义初级阶段的基本国情，深入研究中国特色社会主义行政管理体制的基本特征，准确把握行政改革的特点和规律，努力按照协调推进经济建设、政治建设、文化建设、社会建设和生态文明建设的新要求，科学制定推进行政改革的整体战略和长远规划，确定推进改革的主要内容、策略方法和战略步骤。要坚持紧迫性和可能性相统一，既要增强推进改革的紧迫感，抓住有利条件，把握有利时机，坚决果断地推进改革，又要考虑推进改革的时机和条件，充分估计改革的难度和风险，注意处理好发展、改革、稳定的关系，积极稳妥地推出改革措施。当然，推进行政改革既需要智慧，也需要勇气，在某些关键时刻，胆略、意志、勇气尤为珍贵。要坚持全面推进和重点突破相统一，既要把握全局，统筹部署，全方位地推进改革，又要有步骤地前进，合理确定每个时期的各项任务，突出重点，克服难点，选择重点领域和关键环节着力实现突破。要坚持理论和实践相统一，既要积极进行理论探索和创新，用科学发展观及相关理论成果指导改革实践，又要鼓励大胆实践探索和创新，用改革实践经验丰富和发展理论，以指导和推动新的实践。要把握改革进程的阶段性，提高改革决策的科学性，增强改革措施的协调性。这样，才能确保深化行政体制改革的目标如期顺利实现。

第二，关于正确处理行政改革与其他改革的关系。随着我国改革事业的全面深入推进，各个领域的改革越来越紧密地联系在一起，任何一项改革都难以单独深入。行政体制改革涉及政治、经济、社会、文化等方面的体制，如何妥善处理好行政改革与其他改革的关系，是需要认真研究的问题。一方面，不能以行政领域的改革代替其他领域的改革；另一方面，行政领域的改革又不能脱离其他领域的改革。要把行政体制改革放到党和国家工作的大局中统筹谋划，服从并服务于促进经济社会发展的需要，行政体制改革还必须与完善社会主义市场经济体制的进程相适应，与发展社会主义民主政治和建设法治国家相协调。同时，要坚定不移地推进经济体制改革、文化体制改革、社会体制改革，积极稳妥地推进政治体制改革，努力形成各方面体制改革良性互动、协调前进的局面。为此，必须深入研究行政体制改革与经济体制改革、政治体制改革、文化体制改革、社会体制改革的相互关系，把握好各方面改革相互适应、相互促进的规律性。

第三，关于提高政府自身建设的科学化水平。党的十七届四中全会通过的《中共中央关于加强和改进新形势下党的建设若干重大问题的决定》站在时代和全局的战略高度，提出了在新形势下提高党的建设科学化水平的要求。同样，科学发展必须科学行政。要适应新形势和新任务，深入贯彻落实科学发展观，促进科学发展，政府建设也必须大力提高科学化水平。这里包括在政府建设中进一步树立科学思想、弘扬科学精神、掌握科学方法、强化科学管理、完善科学制度，尊重和运用科学规律，把加强行政能力建设建立在更加自觉运用客观规律的基础之上。要把行政能力建设与作风建设结合起来，不断提高行政的决策力、公信力和执行力。我们应当深入学习和研究政府建设的科学理论，认真研究和总结我国多年来政府自身建设的丰富经验，积极研究和借鉴世界各国的有益做法，把握政府建设的特点，为提高政府建设的科学化水平建言献策。

第四，关于探索中国特色社会主义行政学理论。我国的行政改革需要有科学的理论，包括科学的行政学理论作指导。现在国外主流的现代行政学诞生和发展于西方国家，其理论体系和观点反映的也主要是西方发达国家的经济、政治、社会和文化观念与制度。尽管各国之间行政管理的某些方面有共同性，但由于基本国情、社会制度和思想文化的差异，所以我们可以研究借鉴，绝不能盲目照搬西方行政学理论。我们要认真总结新中国建设 60 多年特别是改革开放 30 多年行政管理体制变革的实践和经验，还要深入研究我国过去长期历史上行政管理体制的演变进程和行政文化；同时，广泛研究其他发达国家、发展中国家、转型国家的行政管理理论和实践，吸收和借鉴世界上一切科学的行政管理理念、管理制度与行政经验，研究和吸收现代行政学有益的理论观点和方法。在进行综合分析研究的基础上，博采众长，提出符合我国基本国情和现阶段经济社会发展特征的行政学理论，指导我们的行政管理和行政改革实践。因此，研究和探索中国特色社会主义行政学理论，是我国行政理论工作者肩负的一项光荣使命。我们应为此作出辛勤和不懈努力。

当前，中国特色社会主义伟大事业蓬勃向前发展，深化行政改革方面的许多重要问题摆在我们面前。显然，任何一个重要问题都没有简单的答案。着眼于贯彻落实科学发展观、促进科学发展，深入、系统地研究问题，推动行政改革的不断深化，是我们面临的重要任务。我们应当以中国特色社会主义理论体系为指导，坚持解放思想，勤于思考，勇于创新，敢于实践，为深化行政改革、促进科学发展作出积极贡献。

（2010 年 4 月 18 日）

“从实际出发”为什么这么难？

——一种来自主体的分析

国家行政学院副院长　周文彰

从客观实际出发，这是我们办事情、想问题的基本要求和根本原则。然而一旦主体把目光投向客观实际，客观实际便获得了“主体化的”形态。现实的、具体的“从实际出发”，总表现为从主体化的实际出发。从客观实际出发与从主体化的实际出发之间的矛盾和距离，是主体难免犯错误的根源之一。加强主体自身建设，提高主体素质，是缓和这个矛盾、缩短这段距离的主要途径。

或许我们有过这样的体验：我们真诚地从实际出发，但作出的决策却全然错误。或许我们也见过这样的情景：两个人从同一实际出发，但制定的方案却截然相悖。带着“从实际出发”的善良愿望，为什么却不总能收到“从实际出发”的理想效果呢？加强和改进新形势下党的建设，坚持解放思想、实事求是、与时俱进的思想路线，加快科学发展、和谐发展，要求我们思考和研究这个很有意义的问题。只要我们认真琢磨，兴许就会发现，原来“从实际出发”不是简单地“转一圈”、“泡两天”就能奏效的，而是一个蕴含复杂机制的认识过程。这个过程表现为两个相互衔接的不同阶段，从而，作为出发点的“实际”也有两个层面的规定。

一、从实际出发首先要认识“实际”；所以，从实际出发的过程，以人认识和把握客观实际为初始阶段

在党的历史上和现实生活中，曾长期存在着教条主义的思想路线和经验主义的思想路线，教条主义从书本和原则出发，经验主义从臆想和经验出发。它们表现形态各异，但都以主观脱离客观、理论脱离实际为特征，危害匪浅。要成功地进行革命和建设，就不能不破除这两条主观主义的思想路线，一切从实际出发，即“从客观的真实的情况出发”，“从客观存在着的实际事物出发，从其中引出规律，作为我们行动的向导”。[①] 因此，“实际”的第一个层面的规定，也是具有根本意义的规定，就是指“客观真实情况”，就是指“客观事物及其规律”，亦即“实事”及其“是”。对此，我们不妨称为“客观实际”。从实际出发的本意就是从客观实际出发；从客观实际出发是我们办事情、想问题的基本要求和根本原则，是马克思主义的基本点。邓小平同志精辟地指出：“马克思、恩格斯创立了辩证唯物主义和历史唯物主义的思想路线，毛泽东同志用中国语言概括为‘实事求是’四个大字。实事求是，一切从实际出发，理论联系实际，坚持实践是检验真理的标准，这就是我们党的思想路线。”[②]

可是，人们每每以为，从实际出发，就是直接依照客观实际本身制定计划、方案。推究起来，其实不然。从客观实际不能直接导出计划方案。计划方案来源于主体对客观实际的认识和把握，主体先要解决客观实际“是什么”的问题，然后才能“拿了这种对于客观规律性的认识去能动地改造世界”[③]，即规划实践“如何做”的问题。不言而喻，从实际出发的完整过程，首先以主体认识和把握客观实际为其初始阶段。

---

① 《毛泽东选集》第三卷，人民出版社 1991 年版，第 797、799 页。

② 《邓小平文选》第二卷，第 278 页。

③ 《毛泽东选集》第一卷，人民出版社 1991 年版，第 292 页。

二、人认识和把握"实际"的每一个环节，都是由主体认识图式控制、处理、决定的，因此，都具有主体化效应

当主体深入客观实际、着手认识和把握客观实际时，必然经过或面临三个接踵而至的环节或问题，即：接触什么样的实际（确立认识对象）；怎样把握实际（选择认识方法）；把握到了什么样的实际（获得认识结果）。辩证唯物主义毫不动摇地认为，主体认识和把握客观实际的过程，是主体大脑对客观实际的能动反映过程。深入实际前，主体总带有凝结着其全部哲学—科学文化素养的知识结构和概念—逻辑系统；总带有其在特定文化—生活环境中形成的价值观念（即关于利害、善恶、美丑的观念）和价值评价标准；总有其独特的心理倾向，如一定的信念、意志、动机、兴趣、需求、情绪等。所有这些主体因素，以现在尚不很清楚的复杂机制和方式，在主体大脑中综合统一为"主体认识图式"。主体认识图式是每一具体认识过程之前主体的大脑准备状态，是主体既定的信息接纳框架、加工整合机制和解释—说明系统。自然，由于主体是生活在一定社会文化氛围中的主体，因此主体认识图式的形成和发展必然还受到社会制度、民族心理、传统习惯、社会风气等客观因素的影响。主体认识和把握客观实际过程的上述三环节，都是由主体认识图式直接控制、处理、决定的。

先看接触什么样的实际，即确立认识对象、"出发点"。客观实际通常是多样性的统一，具有多方面的属性和特征。它们不可能都成为主体接触认识的对象。只有合乎主体认识图式框架的那些方面才会被择为对象。不在框架范围内的方面，主体很可能"视而不见"，"听而不闻"，无动于衷。在这当中，主体认识图式的任一组成因素（如文化素养、兴趣、动机等）都可以突出起来调整图式的整体功能而决定对对象的选择。例如，一同考察某地区的经济发展前景，旅游业专家注意的可能是引人入胜的湖光山色，工业专家瞩目的是可资发展乡镇企业的丰富矿藏，渔业专家则更专注于适宜水产养殖的辽阔水面。可见，作为对象（出发点）的"实际"，既不是客观实际的全部，而是它的片面；也不是原来的客观实际，而是主体认识图式组织、建构了

的实际。“从实际出发”伊始，主体就自然而然地按照自己的方式“改造制作”[1]客观实际，使之打上主体因素（知识水平、兴趣、动机等）的印记而获得“主体化的”形态。

对象（出发点）确定之后，如何把握这个“实际”呢？研究表明，有什么样的主体认识图式，就有什么样的主体认识方法，图式决定方法的选择，图式本身也具有方法论的功能。一个意在否定某项措施的人可能不惜采取夸大问题和困难一面的作法；好大喜功的领导者一般避用召开“刺头”群众的座谈会的方法。主体能否尽量全面、恰当地确定对象（出发点），能否采取比较合理、相对正确的方法认识和把握对象，取决于主体认识图式中各因素的构成是否处于最佳平衡状态（比如理智因素抑制了情感成分，道德因素克服了自私的欲念等），从而，图式是否能发挥出积极的整体功能。“平衡”当然不是指各因素的比例必须“半斤八两”，而是指它们相互协调到足以能充分发挥图式积极功能的程度。例如当情感成分增强（或减弱）更利于认识时，情感成分的增强（或减弱）也是平衡。

主体接触“实际”的最后结果，是获得了对“实际”的认识和把握。但主体认识和把握的实际，决不等同于客观实际，而是后者向脑中的“移入”，在脑中的“反映”，属于观念形态的东西。这种“移入”或“反映”不是原封不动的位移或机械的复制，而是主体通过图式的“改造制作功夫”，经由感性具体—思维抽象—思维具体的阶段，而达到的对客观实际的创造性理解（“反映”只是一种比喻），渗透着主体自身因素。因此，主体认识图式不同，在同一客观实际中看到的实际亦不同，此即所谓“仁者见仁，智者见智”。譬如，同去某个工地，普通参观者看到的是热火朝天的劳动场面，企业家看到的却是混乱不堪的施工管理；好大喜功的领导者满眼都是振奋人心的“大好形势”，而吹毛求疵的“九斤老太”睁眼就是今不如昔的问题和困境。这种认识现象，酷似鲁迅指出的眼光不同的人读同一部《红楼梦》，经学家看到了《易》，道学家看到了淫，才子看见了缠绵，革命家看见了排满，流言家看见了

---

① 出自毛泽东《实践论》。

宫闱秘事。然而，尽管主体看到的实际渗透主体因素，但主体自身却信以为是客观实际的本来面目而照此办事。客观实际的主体化过程，主体自身是无法感知的，故而自古以来就有“眼见为实”的信条。

从对象(出发点)的确定到对实际的最后把握，始终是主体以图式“改造制作”即“同化”实际的过程。与此一过程并存的是主体图式对实际的“顺应”，即主体捕捉到始料未及或前所未见(闻)的情况而引起图式的内在因素的变化、结构的重组和功能的调整。但这并不意味着原先图式不灵，相反，恰恰表明原有图式含有“应变”和“纳新”的因素和机制，具有优良的功能品质。假如图式结构不良，功能固结，便出现了常言所说的“头脑僵化”、“思想保守”，不顾实际而“固执己见”等等。顺应过程也不意味着图式同化作用的消失，相反，映入主体大脑的新的实际仍然是主体图式(修正了的图式)同化的结果。主体不是以这种图式同化实际，便以别种图式同化实际。因此，主体认识和把握的实际有符合或不符合客观实际之分，但没有主体化或非主体化之别。它们无一例外地是“主体化的实际”。

三、客观实际的“主体化”并不意味着客观实际必然都要被“主观化”，即被主体主观随意性地歪曲或“幻化”

随着脑中的“主体化的实际”的形成，主体旋即开始了构成“从实际出发”的总过程的第二阶段，即从主体所认识和把握的实际出发，制定实践活动的目标及实践过程的观念模型(如计划方案)。由此，主体活动从认识阶段转入了实践阶段，由解释世界进到了改造世界(如果把“从实际出发”的总过程看作是一次实践过程，上述两阶段的划分也照样成立)。

我们所说的“实际”的第二个层面的规定，就是指“主体化的实际”。与“从实际出发”的两阶段相对应，“主体化的实际”先后采取了两种形态。首先是实物形态：主体按照自己的图式选择和确定客观实际的某些方面作为认识的对象，也作为总过程的出发点。在这里，“主体化”并没有“化”掉客观实际的客观实在性，仅仅是“化”掉了客观实际的自在性，对它实施了按主体方式进行的“改造制作”，并使它同主体结成现实的对象性关系。其次是观念形态：主体按照自身的图式理解和把握客观实际，形成思想或理论的认识，以提供实践阶段的出发点（或“向导”）。在这里，“主体化”并没有“化”掉客观实际的客观内容，只是“化掉”了客观实际的实在性，使之按主体方式转化为改造客观实际所必需的思想或理论。凭心而论，“从实际出发”，无论从哪个阶段看，其实都是从“主体化的实际”出发。主体能与之打交道的，只能是“主体化的实际”；“自在”状态的客观实际虽具有最终的根本性意义，但尚未进入实践—认识关系，就已经接受了主体按自身方式给予的建构或改造而被“主体化”。

客观实际的“主体化”并不意味着客观实际必然都要被“主观化”，即被主体主观随意性地歪曲或“幻化”（前面关于“主体化实际”的两种形态的说明已部分地暗示了这一点）。我们知道，客观实际“主体化”的过程也就是主体“对象化”的过程，即主体通过实践—认识活动把自身本质力量外化给客观实际的过程。主体本质力量增强到多大程度，客观实际也就在多大程度上成为主体的对象，并在多大程度上被认识和改造，换言之，就在多大程度上被“主体化”。客观实际的“主体化”程度成了主体本质力量的确证。因此，主体认识图式愈是最大限度地凝聚和体现主体本质力量，主体就愈是能最切近地认识和把握客观实际，从而达到科学的“真”。认识和把握客观实际只能靠主体本质力量、主体能动性的增强和发挥来实现。然而，主体的本质力量在一定时期总是有限的，主体认识图式的实践—认识功能总是不完善的，因此“主体化的实际”难免有偏离甚至完全偏离客观实际的可能性。这样我们就面临一个实实在在的矛盾：一方面，现代化建设要求严格地从客观实际出发；另一方面，我们注定要从“主体化的实际”出发。这个矛盾也许是我们面临的最深刻、最持久的矛盾之一。矛盾双方之间的距离可以逐步缩短，但永远不可能根本消除。难怪人总难免犯错误！至此，本文开头提出的带着“从实际出发”的善良愿望，为什么并不总能收到“从实际出发”的理想效果的问题，总算有了部分答案。说是“部分”，是因为除主体方面的原因外，还有客观实际本身发展程度的限制，实践—认识工具完善程度的限制等客观原因。

四、“从客观实际出发”和“从主体化的实际出发”之间的距离，主要靠提高主体素质来缩短；从实际出发的关键在提高主体的素质

对“从实际出发”的认识论分析说明了什么呢？——主体自身的建设何其重要！“从客观实际出发”和“从主体化的实际出发”之间的距离主要靠提高主体素质来缩短。假如一切从事建设中国特色的社会主义的主体，都能自觉加强自我修养——科学文化的，道德的，审美的，不断完善主体认识图式，党的“从实际出发”的思想路线必将绽出更加绚丽的花朵。

首先，态度要真诚。“从实际出发”不是供人空喊的口号，装点门面的涂料，而是实实在在的实践—认识过程。如果到实际中转一圈、开点座谈会，只是故作姿态，做做样子，拍起板来，仍然从书本和原则出发，或者从臆想和经验出发，那是标准的“有哗众取宠之心，无实事求是之意”。以这种态度是无论如何抓不准实际，不可能做到实事求是的。

第二，作风要深入。从实际出发，光有真诚的态度和愿望不行，实际是客观事物及其规律，而要把握客观事物的本质和规律，就要深入事物内部去“求”、去“研究”。蜻蜓点水式的浮光掠影，结伴旅游式地走马看花，就难免只见现象，不看本质；只见树木，不见森林。这样把握到的实际，其实不是实际；以这种实际为出发点制定计划方案，不出乱子才怪哩！

第三，观念要正确。观念不正确，即使真诚地深入实际，也很难真切地把握实际。观念不同，对于实际的结论自然也就不同。例如，一个好大喜功的领导者在自己所辖范围内见到的，往往满眼都是振奋人心的大好形势，而向以“冷眼”观世的“九斤老太”则睁眼就是今不如昔的问题和困境。他们之所以不能切准实际的脉搏，正如带着“左”的观念和右的观念，都不能恰当地估价我国当前社会主义建设的实际，不能恰当地估价改革、开放、搞活的实际一样。

第四，知识结构要合理。人的知识结构直接制约着人对实际的认识和把握。知识结构不同，深入的着眼点就不同，看到的实际也不同。现实生活中许多失误重大的决策，并非都由于决策者的偏见，更非出于故意，而是由

于决策者或者对此全然无知,或者囿于自己的狭隘知识结构。

第五,意向要健康。当人深入实际时,总伴有一定的意向性心理,如动机、目的、欲望、兴趣、爱好、情绪等。意向不同,看到的实际也会大不一样。例如,若要论证某一措施的失当,实际中的问题和困难的一面无疑会被突出和强调;如果旨在发现先进典型,实际中成绩显著的集体和个人一定会得到更多的注意(目的影响)。正如看一件古玩,古董商看到的是它换来的金钱,而历史学家则看到了它所凝结的那个时代的精神文化(兴趣的影响)。尤其是,一些不正当的动机、欲望、私念,可能驱使当事人故意无视实际,甚至不惜歪曲实际。如夸大本地困难以申报“贫困县”;制定不切实际的冒进指标以迎合上级个别领导骗取“先进”等,就属于这一类。

以上五点很难说哪一种对于“从实际出发”更为关键。比如说吧,在偏见和无知之间,一般似更斥责偏见而原谅无知,故有“偏见比无知更糟”之说。这在某些场合也许然也,但对于经济建设上的重大决策,无知造成的危害有时要比偏见的危害更为严重深远。总之,加强人的自身建设,特别是干部队伍的“四化”建设,至关重要。假如一切负有领导、指导使命的同志都能自觉地加强自我修养,提高自身素质——思想观念的、科学文化的、道德审美的素质,就一定能够更好地坚持实事求是,从实际出发。这对于早日建成有中国特色的社会主义,意义重大。

(2009 年 10 月 14 日)

中国的大安全观和军队建设

解放军原副总参谋长、中国国际战略学会原会长　熊光楷

我今天讲的题目是:中国的大安全观和军队建设。主要讲4个问题:一是中国大安全观的形成与发展;二是用大安全观来看传统的威胁问题;三是用大安全观来看非传统安全问题;四是用大安全观来看我们军队和国防建设。

一、中国大安全观的形成与发展

20世纪的前半个世纪,世界上打了两场前所未有的世界大战,出现了两个对世界历史发展具有重大影响的革命事件,一个是苏联十月社会主义革命,一个是中国1949年革命胜利。新中国成立60年来,中国的安全观大概可以分为两个时期:改革开放之前30年和改革开放后30年。前30年由于与两次世界大战和两次重大革命事件相衔接,所以当时我们党认为革命与战争或战争与革命是当时世界的两大主题,即:不是战争引起革命,就是革命制止战争。这就是当时我们对世界主题的理解。

改革开放30年来,首先是邓小平同志适时地转变了我们党对世界主题的把握,正确地指出了世界发生了重大变化,世界主题转到了和平与发展的问题上来。我们把握中国大安全观的形成与发展,就要牢牢把握前30年和

后30年安全观的继承和发展的关系。新中国成立后首先面临的是政权的巩固与发展，当时主要是从军事和政治方面来讲安全的，反对外来侵略和国内颠覆是当时我们安全观的着眼点和着力点。毛泽东同志和以他为核心的第一代中央领导集体，在安全理论和实践上做出了巨大的贡献。当时主要从军事和政治角度来讲安全，反对外来的侵略和反对国内的颠覆。

以邓小平同志为核心的第二代中央领导集体，对国家安全问题作了历史性拓展。他深刻把握时代主题从"战争与革命"向"和平与发展"的转变，同时注意到国家安全问题仍然具有不可忽视的重要性，指出"国家的主权、国家的安全要始终放在第一位"。不要以为和平与发展成了时代主题了，天下就太平了。其实，就是在1989年我们国家出现了"6·4"政治风波以后，邓小平同志敏锐地指出了国家的主权、国家的安全要始终放在第一位。

由于当时历史环境的限制，"国家安全"这个词在毛泽东同志的文献中没有看到，尽管毛泽东同志在关于国家的安全理论上和实践上有巨大的贡献，但是，他受历史的局限，没有用国家安全这样一个比较宽泛的、比较现代的概念，这个概念是从邓小平同志开始的。这个概念的出现到现在为止有20年了，已被普遍使用。这个概念比较完整，它可以使我们坚持以毛泽东同志为核心的第一代中央领导集体提出的国家安全的核心。用最新的语言来讲，就是三反：反侵略、反分裂、反颠覆，这仍然是国家安全的核心。与此同时，国家的安全要扩展，扩展到诸多的领域——经济安全、文化安全等等更多的领域。安全领域的扩展需要我们把安全观扩展，需要我们把安全问题的思想概念作新的概括。

以江泽民同志为核心的党的第三代中央领导集体把我国国家安全观念明确提到了一个综合的大安全观念上。2001年11月，在中央经济工作会议上，江泽民同志明确提出了，要头脑清醒、居安思危，深刻认识新形势下维护国家政治安全、经济安全、国防安全的极端重要性和紧迫性，确保信息安全、金融安全和粮食、石油等战略物资的安全。

以胡锦涛同志为总书记的党中央，根据新世纪新阶段国际国内的形势发展，沿着上述国家安全观念的发展思路，明确提出了要确保国家的政治安全、经济安全、文化安全、信息安全和国防安全的要求，对国家安全做了新的概括。

可以把我们的安全观念集中起来做回答。什么是我们党认为的大安全观?党的十七大报告指出:“和平与发展仍然是时代主题,求和平、谋发展、促合作已经成为不可阻挡的时代潮流。”“同时,世界仍然很不安宁。”“传统安全威胁和非传统安全威胁相互交织。世界和平与发展面临诸多难题和挑战。”我国家安全总体上有利的基本态势并没有改变,但仍面临诸多风险,要树立大安全观,要居安思危。这个大安全观包括:传统安全和非传统安全。就我们中国来讲,传统安全问题中的反侵略、反分裂、反颠覆,仍然是我们大安全观的核心问题,仅此不够,我们的安全观念还要随着形势发展而拓展,要把经济安全、金融安全、粮食安全、能源安全、公共卫生安全、文化安全等等也纳入大安全观。就军队而言,我们既要有打赢战争,特别是打赢高技术条件下、信息化条件下局部战争的能力,又要有完成应对多种安全威胁的多样的军事任务的能力。

二、用大安全观来看传统的威胁问题

我们在讲安全观时,要注意传统安全威胁的核心问题。就我国来讲,反侵略、反分裂、反颠覆要抓住不放,但也要注意,传统安全威胁问题在国际国内不断发展变化。当前国际传统安全问题突出表现在三个方面:一是局部战争和武装冲突仍保持高发态势;二是以新军事变革为核心的国际军事竞争日益激烈;三是核扩散和军备控制形势依然严峻。

(一)当前全球局部战争和武装冲突呈现出“数量居高不下、地域相对集中、起因复杂多样”的特点

2008年,全球共发生局部战争和武装冲突46起,较上年同期33起大幅上升。2009年上半年,全球共发生局部战争和武装冲突40起,其中新发生10起,均与2008年同期持平。

(二)世界主要国家以信息化为核心的新军事变革在不断调整中继续深入展开

2003年3月20日,伊拉克战争爆发,至5月1日大规模战争告一段落期间,精确制导武器占总用弹量将近70%,体现了局部战争信息化技术含量增加这个特点。当前,世界主要国家以信息化为核心的新军事变革在不断调整中继续深入展开。“新军事变革”是翻译成中文的说法,是根据中国国情、军情提出的一个用词。以信息化为核心的标志很多,有两点是不能少的,一个是计算机的发展,一个是网络化的发展。计算机要通过信息化高速公路才能实现网络化。现在这在西方发展得非常快。2008年6月,美国能源部和IBM公司称,美国已研制出新一代全球最快计算机“走鹃”,其最大运算速度为每秒1000万亿次,比此前全球最快计算机、IBM研制的“蓝色基因/L”快1倍多。2009年6月该机峰值性能达到每秒1456万亿次。美国现在正在制造万万亿次计算机,可能不久就要突破。

我国在这方面发展也很快。2008年8月,中科院计算所与曙光公司联合研制成功“曙光5000”超级计算机,峰值运算速度达到每秒230万亿次。今天我国国防科技大学宣布成功研制峰值运算速度达到每秒1206万亿次的“天河一号”超级计算机系统。

再讲一个简单的例子,我们国庆大阅兵最担心的是天气,预测天气情况要在短期内运算大量的数据。这就要动用高速计算机。这次阅兵中国自己制造的超级计算机发挥了作用,它对天气预报做出了贡献。

再说网络化。1969年9月2日美国首次实现了两台计算机数据交换,互联网的历史虽然只有40年,但发展很快。国际互联网现在联接200个国家,十多亿用户。我国2008年6月公布的网民数量达到2.53亿,2009年6月达3.38亿,手机上网的用户1.55亿。美国现在提出了网络中心战,引起各国的关注。我们必须看到信息化技术的发展导致军事领域中的新军事变革。围绕这个变革,各国都在向着信息化程度更高的方向建设自己的军队和国防,所以军费的投入普遍增加。

2009 年，一些国家仍保持高额的军费投入。美国军费预算约 5154 亿美元，同比增长 7.5%，创二战后新高；俄罗斯约为 399 亿美元，同比增长 15%；印度约为 293 亿美元，同比增长 33.5%，为 40 多年来最大增幅。中国军费预算为 4806.86 亿人民币，同比增长 14.9%。

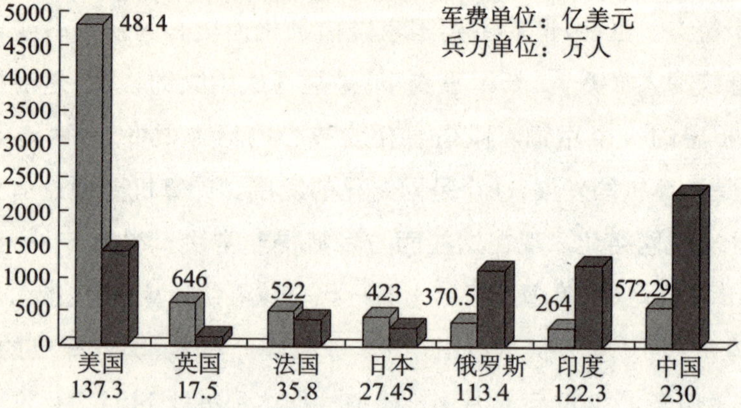

图 1　2008 年各国军费与兵力比较图

（三）朝鲜半岛核问题与伊朗核问题仍是国际安全领域尤其是核扩散领域的热点问题

我国奉行独立自主的和平外交政策，为和平解决国际冲突、推动防止核扩散和军备控制作出了积极贡献。但我们尚未完全实现祖国统一，仍存在一些与邻国围绕领土领海主权和海洋权益的争议问题，国内外敌对势力破坏我国社会政治稳定的事件还时有发生。我们要应对多种安全威胁，但首要的是反侵略、反分裂、反颠覆。

马英九执政一年多来，两岸政治互信不断累积，双向“三通”基本实现，经贸合作、民间交流更为密切，两岸关系呈现和平发展的新局面。但马英九当局仍坚持“不统、不独、不武”，岛内“台独”势力挫而未垮，美国“以台制华”图谋仍时有显现，台海局势依然错综复杂。

中印边界存在东段、中段和西段三部分争议区。近年来，印度不断强化中印边境军事力量和战场建设。今年 10 月，印度总理辛格赴争议区“阿鲁纳恰尔邦”活动，宣布将在该地区投资50亿美元加强基础设施建设。

南海是当今世界上争议介入国家最多的海域。“六国七方”宣称对南沙岛礁拥有海洋权益。2009年5月，越南、马来西亚等国向联合国提交了200海里以外“大陆架划界案”，涉我海洋权益争端面临新的复杂形势。

三、非传统安全问题日益凸显

（一）国际金融危机迅速蔓延，金融安全问题特别突出

我国正确应对危机，经济总体形势企稳向好，但基础还不牢固，还有许多不确定因素。

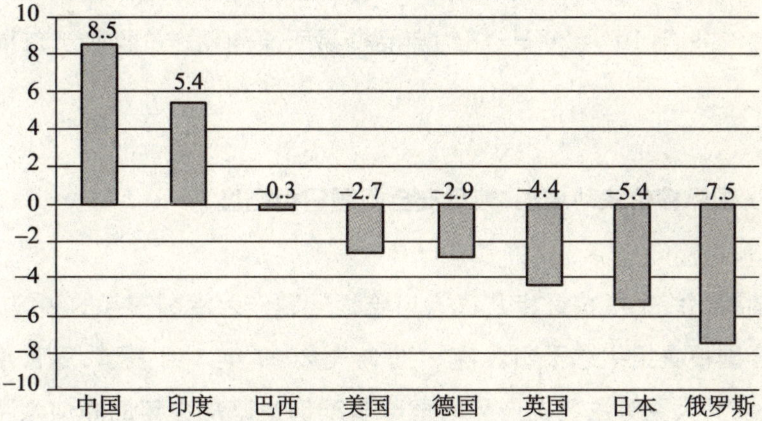

图2 2009年世界经济增长率（IMF2009年10月预测）

（二）国际反恐斗争取得进展，但反恐形势仍很严峻

我国也必须重视反恐。恐怖主义是跨国家的，不仅针对着政府和军队，也对老百姓。在这个问题上，世界各国是有共同利益的，要加强国际反恐合作。但对美国这样的国家，我们又联合又斗争。2001年阿富汗战争爆发后，中国在联合国是投了赞成票的，因为当时基地组织在阿富汗跟塔利班勾结在一起，我们是反对恐怖主义的。

新疆乌鲁木齐“7·5”事件是一起由境外分裂势力遥控指挥煽动，境内分裂分子组织实施，有预谋有组织的打砸抢烧严重暴力犯罪活动。在党中央的坚强领导下，目前维护新疆稳定工作取得了重要进展，社会大局总体稳定。

（三）国际油价不断波动，能源安全问题更加突出

妥善应对能源安全挑战已成为实现我国可持续发展的一大战略问题。

2008 年国际油价剧烈波动，7 月 11 日一度高达每桶 147.27 美元。此后，油价一路下滑，12 月 5 日甚至逼近每桶 40 美元。

2009 年以来，国际油价由每桶 40 美元上升到现在大体上在 80 美元上下波动。2009 年 10 月 26 日，纽约商品交易所原油期货价格收于每桶 78.68 美元。

（四）国际粮价波动增加，粮食安全问题日益凸显

我国要始终把解决好十几亿人口吃饭问题作为治国安邦的头等大事。

联合国粮农组织总干事雅克·迪乌夫 2009 年 3 月表示，尽管小麦、玉米、大米以及大豆等主要农产品的全球基准价格已从去年的峰值水平下滑，但仍较 2005 年水平高出近 30%，“应该说当前仍处于高粮价时期”，“粮食危机尚未结束”。

2009 年 10 月，联合国粮农组织在最新发表的《世界粮食不安全状况》报告中指出，国际金融危机造成经济普遍衰退导致全球饥饿状况急剧恶化，世界饥饿人口达 10.2 亿人，创历史最高纪录。

总体上讲，我国的粮食形势是好的，多年丰收增长，但是我们有些安全问题不能忽视，一是消费量刚性增长，二是耕地数量逐年减少，三是水资源短缺，四是供需矛盾突出，五是结构性矛盾加剧，六是种粮效益偏低，最后是全球粮食供给偏紧。

(五)气候变化、食品和公共卫生安全等问题也很突出

我国必须加大力度妥善应对。甲型H1N1流感防控形势不容乐观。根据世界卫生组织10月23日公布的最新统计数据,全球甲型H1N1流感确诊病例超过41万例,共造成4999人死亡。

截至10月26日,我国内地31个省市自治区累计报告甲型H1N1流感确诊病例35664例,已治愈29155例,死亡3例。

四、军队要应对多种安全威胁

党的十七大报告指出,军队要“加快中国特色军事变革,做好军事斗争准备,提高军队应对多种安全威胁、完成多样化军事任务的能力,坚决维护国家主权、安全、领土完整,为维护世界和平贡献力量”。

(一)军队正在全面贯彻落实党的十七大作出的战略部署,在新的历史起点上开创国防和军队现代化建设新局面

毛泽东同志1956年在《论十大关系》中首次提出了正确处理国防建设和经济建设关系、军工企业生产实行军民结合的战略思想。

改革开放后,邓小平同志提出国防建设历史性转变的战略思想,实行“军民结合、平战结合、以军为主、以民养军”的方针。

江泽民同志在党的十六大报告中提出“坚持国防建设与经济建设协调发展的方针,在经济发展的基础上推进国防和军队现代化”。江泽民同志还提出“积极推进中国特色军事变革”。

胡锦涛同志在党的十七大报告中提出:“必须站在国家安全和发展战略全局的高度,统筹经济建设和国防建设,在全面建设小康社会进程中实现富国和强军的统一。”2009年7月24日胡锦涛同志又提出“坚持军民融合式发展,推动国防建设和经济建设良性互动”。

上述国防和军队建设的论述，体现在国防和军队现代化的进程中，在1959年、1984年、1999年、2009年等历次国庆阅兵中有生动的展示。

1959年国庆阅兵，人民解放军空军和炮兵部队同时接受检阅，武器装备向“摩托化”方向发展，“摩托化”主要特征是步兵以车代行，运力为汽油发动机、胶轮车，装备主要由车载。

随着我军“摩托化”的发展，骑兵师逐步撤编。1959年阅兵取消了骑兵、三轮摩托车和口径在100毫米以下的地炮、高炮方队，受阅武器装备基本实现“摩托化”和“履带化”，显示我军“摩托化”取得长足进步。

1984年国庆阅兵，武器装备进入半机械化。由于1984年阅兵中所展示的大部分武器装备当时在部队中不算普及或刚刚完成定型并没有形成战斗力，并且我军大部分军队刚刚完成“摩托化”改造，可以说1984年国庆阅兵反映出当时我军的装备水平刚刚进入半机械化。

1999年国庆阅兵，武器装备从半机械化向机械化迈进。东风31型洲际弹道导弹首次亮相。显示了我军经过50年的发展壮大，已具备了强大的火力突击、机动作战和防护能力。

2009年国庆阅兵，武器装备从机械化、半机械化向机械化和信息化复合发展方向迈进。这里举几个例子：

目前世界上有能力研制、装备远程巡航导弹的国家仅有我国、美国和俄罗斯等少数国家。这次阅兵展示的CJ－10型巡航导弹属于这种武器装备。

参加本次阅兵的无人机分别为Z5－3型近程无人侦察机(BZK－001B)、T－18B型中程无人侦察机(BZK－006)和T－18型炮兵校射无人机(JWP02)三种型号。这些无人机可以在高空执行摄像、照相和雷达侦察任务，并将所侦获的信息实时传输，增强部队作战和指挥效能。

这次阅兵展示的预警机是非常重要的武器装备。空警－200型预警机，是我国自主研制的一种轻型、全天候、多传感器的空中预警飞机，该机搭载双面侧视电子扫描相控阵雷达，采用运－8型运输机作为载机。空警－200型预警机的主要任务是在中低空提供雷达预警信息，通常情况下与空警－2000型预警机搭配使用。

（二）传统安全威胁与非传统安全威胁相互交织的现实，决定了我军必须按照“大安全观”要求，努力提高应对多种安全威胁、完成多样化军事任务的能力

2009年乌鲁木齐“7·5”事件发生后，武警部队连续派出多个机动打击群，分赴重点区域对暴徒实施跟踪打击，当天抓获打砸抢烧分子780余人，营救受困群众800余人，初步控制了局势，平息了事态。随后，武警部队进一步增派兵力，在乌鲁木齐、喀什等重点区域实施大范围、高密度的武装巡逻，形成了强大的震慑，有力地慑止了犯罪，稳定了民心。

2008年“5·12”汶川特大地震发生后，军队和武警部队以最快速度奔赴灾区。地震发生仅13分钟，我军已全面启动应急机制；地震发生后不到10小时，1.2万名军队和武警官兵进入灾区。地震发生一个月内，全军和武警部队共投入兵力13.4万余人。

（三）我军继续积极加强应对非传统安全问题方面的国际合作

1988年至2009年9月底，中国军队共参与18项联合国维和行动，累计派出维和军事人员13561人(次)，先后有8名官兵殉职。目前，共有1956名维和军事人员在9个联合国维和任务区或联合国维和部队执行任务，是安理会常任理事国中派出维和人员最多的国家。

2008年12月26日，我国派出由海军南海舰队“武汉”号、“海口”号导弹驱逐舰和“微山湖”号综合补给舰组成的首批舰艇编队前往亚丁湾、索马里海域实施护航。2009年4月2日又派出第二批护航舰艇。8月1日，由海军东海舰队“舟山”号、“徐州”号导弹护卫舰和“千岛湖”号综合补给舰组成的第三批护航编队开始在索马里海域执行护航任务。

结束语

当前国际安全形势总体上对我有利。但国际环境中不稳定、不确定因素增多。

政治上，霸权主义和强权政治仍然存在，多极与单极的斗争仍然复杂，西方敌对势力仍在加紧对我国实施西化、分化战略。“台独”、“藏独”、“东突”分裂势力以及“法轮功”等在境外敌对势力支持下破坏活动仍然严重。

经济上，金融危机席卷全球，世界经济受到严重冲击，能源、粮食问题仍然突出。

文化上，西方国家通过意识形态、社会制度、发展模式等，对我进行思想文化渗透；散布“中国威胁论”；利用人权、民族、宗教问题对我抹黑。

安全上，传统和非传统安全威胁相互交织，军备竞争加剧，地区冲突和热点问题此起彼伏，周边一些国家政局动荡，国际恐怖主义活动猖獗，气候变化、重大自然灾害、严重传染性疾病危害等加大。

由此可见，我国面对的安全挑战是严峻的、长期的。据此，我国从大安全观出发，加强自身应对多种安全威胁能力的同时，积极开展国际安全合作，倡导“互信、互利、平等、协作”的新安全观。

军队要以增强打赢信息化条件下局部战争的能力为核心，不断提高应对多种安全威胁、完成多样化军事任务的能力（包括非战争军事任务的能力）。

我们必须进一步树立综合的大安全观，居安思危、妥善应对，维护好、利用好我国发展的战略机遇期，为夺取我国全面建设小康社会的新胜利而努力奋斗。

（2009年10月29日）

21 世纪主要地缘政治动向

欧盟前主席、意大利前总理　**罗马诺·普罗迪**

中国国家行政学院是中国培养高中级公务员的最高学府，在国际上也有重要影响。受邀担任中国国家行政学院的名誉教授，在这里发表演讲，这对我来说是很大的荣幸。

今天我的演讲是非常简洁的，因为我更期待和大家的对话，我认为问答环节更重要。那么，我先做一个介绍性的演讲。在我看来，18、19 世纪是欧洲的世纪，20 世纪是美国的世纪。那么，21 世纪的发展趋向是什么呢？这就是我今天要讲的内容。

（一）

20 世纪末的时候，发生了一些什么样的事件呢？我们就来探讨一下。苏联解体的时候，当时大家都感觉到美国是主宰世界的唯一强国。如果我们看一看《历史的终结》这一本书，就反映了当时人们的感觉。当然，历史是永远不会终结的，但是这本书的题目就说明了，至少作为一个世纪的时间范围来说，有了一个终结。美国的 GDP 在 20 世纪 50 年代时是整个世界 GDP 的 50%。而 2007 年降到了 27%，但是即使是这样也没有能够替代美国的。在苏联解体之后，大家可以看到历史总是会带来新的事件、新的变化。首先我认为这个转折点是伊拉克战争,原因很简单,伊拉克战争的爆发,实际上是美国主宰这个时代的一个印记。伊拉克战争的爆发在欧洲国家的内部产生了分歧,因为不同国家对和美国的关系问题持何种立场有不同的观点。

21世纪的前10年,世界政治又发生了新的变化。首先,是在苏联解体之后,我们看到了俄罗斯重新的崛起。俄罗斯变得越来越自信,虽然他们的人口越来越少。中亚国家和波罗的海国家也逐渐地发展起来。俄罗斯只有1.5亿人口,但是也在逐渐地恢复之前的强大力量。

第二个事件并且是更重要的事件,就是中国的崛起。伴随着中国的崛起,其他一些国家也在迅速发展,包括印度、巴西等等这些国家。所以,随着伊拉克战争的爆发,美国试图维护单极世界的存在,但是这个目标并没有实现。我们现在面临的是一个多极化的世界,有好几个主要的国家参与其中,这就意味着我们面临着一个完全不同的世界。我不想过多地来分析这些事件是怎么发生的,为什么会发生,例如说俄罗斯是如何实现了权力的交接和实现发展的。我想在我们的问答环节如果大家有兴趣可以进一步探讨。

我只是想简单地梳理出历史发展的一条线索,美国并不是唯一反映历史发展趋势的国家,尽管目前美国仍然是世界上最强大的国家。也可能在未来很多年,美国仍然是世界上最强大的国家。

对欧盟来说,从GDP来说,仍然是世界第一位的,比美国GDP的数值要大,我们的出口也是第一、贸易也是第一。但是从政治上来说,欧洲还没有能够足够的团结强大,至少没有达到我们的希望和目标,没有达到很多信赖欧盟的人的目标。从治理的角度上来说,21世纪人口和货物的流动越来越大,信息流动也是越来越快,基本人权的改善也是有目共睹的。现在国家的基础已经发生了很大的变化,这是在欧盟内部大家都可以看到的发展。这样一种发展在过去,在欧盟之前是从来没有发生过的。但是这种变化还没有完全结束,理由非常的简单,也是可以理解的。这个变化的进程,需要欧盟各国将他们的主权的一部分让渡给欧盟。但是不管怎么样,我们已经取得了很大的成就。比如拿欧元来说,现在已经有16个国家成了欧元区,人们使用着共同的货币。货币是国家的重要基础。各国将货币权力让渡给一个组织的时候，实际上也在让渡国家的一些主权。但是这样一种权力让渡，没有和政治、经济、财政完全结合在一起。欧洲各国政府现在所遇到的一个巨大压力，也就是说没有能够走到政治经济政策完全协调的第二阶段。从政治的角度上来说，欧盟作为一个组织，还不像它在经济上那样成为世界上第一大或者第一强的组织。我现在并不想讲欧盟的政治危机，我只是给大家简单介绍一下目前的情况，尤其是欧洲的情况。我是一个欧洲人，当我看到希腊经济危机的时候，我想强调一点，那就是危机的根源实际上是美国的次贷危机。美国的次贷危机扩展到了世界各国当中，已经进入了欧洲。在过去的数月当中，我们遇到了一个巨大的问题，就是金融危机危及了欧元的稳定。我们需要了解发生了什么，今后在欧洲还会发生什么，它会改变世界经济的关系和世界政治的关系。希腊的危机，是因为希腊的预算出现了巨额赤字，占 GDP 的 12%，公共财政无法承担。但是从经济角度来说，这个问题其实是一个小的问题。因为希腊只占欧洲经济的 2%，这只相当于中国的一个省所占的比例一样。但是欧洲的宏观经济调控机制还没有完全形成，还没有形成一个快速介入机制，不能够很快投入进行挽救。除了希腊之外，葡萄牙、西班牙、匈牙利都有可能受到金融危机的冲击。可以得出一个观点就是，之所以出现危机，是因为欧洲处于脆弱的状态，这点是非常有意思的，我们可以在这里讨论一下。同时还有一个原因，就是欧盟决策受各国选举状况，比如说德国的选举的影响。德国大众相信，最好的行为就是采取一些措施来惩罚那些“坏孩子”。那么政府在选举之前，就需要考虑这些选民的态度，因为他们很可能是反对用纳税人的钱挽救希腊的财政的。在欧洲可以经常看到的就是，尽管出现不同意见，但是在选举之后都会达成一个协定。在各国之间不同的财政状况是长期存在的。欧洲的债务占 GDP 的 6.9%，美国占 10%，英国占 12%。但是美英两个国家是怎样调控的？因为它们有刺激经济的干预机制，这个机制已经比较完整的，而且很有名。但是在欧洲，这样一种机制仍在建设当中。欧盟肯定不会崩溃的，他们肯定会展示他们的团结精神，他们现在也已经意识到这个问题了。如果有了一致的意见，有了共识的话，他们肯定会采取行动，不会让欧元崩溃。认为欧盟可能会崩溃的一个国家就是德国，德国的民众非常喜欢马克，但是所有的商界人士却认为，因为有欧盟，因为有欧盟区，他们才能够得到最高的利润率。也就是说从贸易平台当中，他们才能攫取更多的利益。他们的利润率达到了2000亿欧元，比中国的比重高得多，他们是要依赖欧元的。他们不愿意看到欧元贬值的状态。当然，处于各种各样的原因，也有人想破坏欧元。以后取代美元的有欧元、还有人民币等其他的货币。

从经济角度上来说，是不会出现单极世界的，而是会出现多极世界的，当然重心还是美国。可是，世界将会成为更加复杂的一个实体，世界的性质会更加的复杂。这其中原因之一是因为一些亚洲国家和中国的崛起。我就不再举证数字了，因为各位比我知道的要多、要全面。有一位诺贝尔奖获得者曾预测，在21世纪，中国的GDP将占世界的40%，美国只占14%，欧盟只占5.6%，尽管我并不太相信这个预测。美国在过去二三十年里有一些新的情况，但是亚洲和中国肯定会进一步地崛起。从经济发展、从科技研发的角度上来说，中国的发展都会是非常迅速的，21世纪将会成为中国的世纪。我不想在这里说我完全信任刚才我所列举的这些数据，但是这个趋势是很明显的。这就意味着世界政治会发生巨大的变化，我们有必要进行更多的对话和协作。因为如果在政治层面，经济体系会发生巨大变化的话，我们就需要有这样一个合作对话的机制。如果不是这样的话，我们将会面临悲剧性的后果和灾难。所以，这就是我们所需要的态度，我们必须要准备好来应对下一步的发展。

当我向我的意大利同胞、欧洲同胞介绍中国崛起的时候，我总是会解释中国是如何改变了原有的、旧有的印象，我想奥运会可能就是带来这种变化的时刻。从政治的层面，随着八国集团的衰竭，20国集团重要性的凸显，也让人们进一步看到了这种变化。我是支持八国集团转变为20国集团的，当我担任总理和欧盟主席的时候，我并不对八国集团的作用感到满意，因为我认为八国集团并不代表整个世界。如果大家看一看我们同发展中国家，非洲国家进行合作的项目清单，可以看到很多。但是真正实现的，带来好处的并不多，这就是八国集团的失败。20国集团更能够代表世界，这是一个现实。但是他们还需要有更强大的治理能力，显示集体的领导力来引导世界进入新的世纪。大家可以看刚刚结束的多伦多峰会，并没有就任何具体的问题达成共识。这个峰会就是要讨论对银行征税，但是对这个问题并没有达成一致。所以，我们面临一个抉择，就是我们要加强20国集团的作用，让这个组织发挥作用，否则我们会面临更多更困难的问题。

（二）

如何来看待中国未来的角色呢？我相信虽然大家的观点可能不同，但在这个世界中国将会成为主导的国家之一，不管是从GDP来说，还是从经济力量、政治责任来说，都是如此。我的中国学生，包括在美国的中国籍学生问我："你期待看到一个什么样的中国？"我的回答很简单，我希望看到一个更加强大、更加合作的中国。我们现在看到的中国仍然处在进行变革的过程当中，这是历史上任何一个国家都没有经历过的这种巨大的变革。从来没有在世界历史上看到像中国这样一个大国，在这么短的时间内发生这么大的变化，我希望有更强大的中国，同时希望中国和欧洲及其他国家，为了世界和平和繁荣进行合作。中国是一个很特殊的国家，从世界经济角度来说，从来没有过哪个国家像中国这样能够在人力资源、科技资本方面同时拥有这么多优势。看看非洲，看看世界其他地区，中国的战略是与之很不同的，和他们都不一样。中国推动科技和生产力的发展，并且采取了协调的战略，中国有很大的外汇储备，占据了一个非常特殊的优势地位。那么从长期来看，大家会发现这是能够改变世界的，我认为这是积极的、重要的。

当我从一个年轻的学生刚刚成为教授的时候，我就相信第三世界的崛起，认为大家能够共享世界的繁荣，中国就是一个典型的例子。我也希望巴西等其他国家都能够以同样的速度，和中国一样进行发展，成为这个多极世界的一极。目前，一些国家采取了保护主义的态度，甚至对中国的汇率政策有所微词。但是我相信我们要加强合作的机制，首先是20国集团，还有联合国的作用，或者具体地来说，务实地来说，让一些具体的合作在美国、中国、欧洲之间能够实现。

根据我的经验，尽管我不想用我的经验来衡量整个世界的发展。但是我认为非洲也是我们需要合作的一个地区。中国的领导人访问了非洲，中国和非洲的合作也非常好，我认为这是一个积极的信号。虽然有的人对此进行了批评，但我相信这会带来更良性的竞争和新的力量，这是非洲所需要的。我希望中国能够继续这样做，继续关注非洲，继续同非洲进行合作。希望美国、欧洲也能和中国一样。我认为非洲的生存环境尤其是撒哈拉沙漠以南的地区是艰苦的，我们要改善他们的环境，我们要同非洲进行合作。中国提出了很多同非洲合作的倡议，因为中国正在变得非常强大，代表了新的领导力量。我认为在非洲的问题上，人道主义对于未来的和平繁荣和发展是至关重要的。这是我关于一个强大的、合作的中国想法，就是中国要积极参加世界的变革。我们希望看到一个不仅仅是对于自己的变革感到骄傲的国家，而且是积极参与整个世界变革的国家。

当然我不能隐瞒关于中国的崛起在美国和欧洲都有正负两面的反应。一些人看到了中国的变革，但他们恐惧中国出口商品的价格优势，很多人在抱怨，害怕中国人会扼杀我们，中国人太强大了，导致了市场的混乱等等。对我来说，这是一个很重要的任务，向世界来解释中国变革的特点，向世界解释中国如何应对世界的金融危机。

（三）

中国如何应对世界金融危机？我认为对此进行分析是很有意思的，也是非常重要的。当金融危机出现的时候，当时中国有两到三个月的时间是处于一种恐慌状态的。当广东打工的工人返回家乡的消息传来的时候，人们非常担心整个经济就会崩溃。然而，实际上这个事件发生的时间非常短，因为政府做出了快速反应。在经济方面他们做出了一些反应，那就是他们进行了大规模经济刺激的计划。这所展示出来的信息就是危机不会阻拦中国的崛起，果然几个月之后，中国就变得和以前一样了，像以前一样的增长。当然，问题还是没有完全解决。中国现在占世界经济的15%了，虽然中国自己的增长是不能够阻止世界经济的总体下滑，但是中国的行为已经可以证明经济危机不可能横扫世界所有的角落。

在这个危机当中，美国和欧洲经济下滑了，可是中国、印度，非洲没有出现经济崩溃，这次世界经济危机并没有导致1999年那样的悲剧。更加重要的是，它完全改变了危机之后各国的经济形势，中国的复苏速度是非常快的。从局外人这样一个角度上来看，温总理做出了这样一个决策，就是致力于加快中国贫困地区的经济发展，通过这样来缩小地区的差异。作为经济学家，我想把他的决策解读为这样一个行动，这个行动的目标就是要扩大内需。

现在中国正在扩大内需，可以看到在各个省区当中，都已经出现了经济增长。我抓住了这样的信息，那就是中国的变革致力于经济的扩大，力图以合作的方式进行增长。通过扩大内需实现总体的经济平衡，以推动世界经济的健康发展。

简而言之，我认为世界逐步聚焦亚洲，中国将会成为中心。中国正通过增加内部需求，实现新的供需平衡、收支平衡来实现这样一个目标，不会出现像非洲或者是其他地区的新问题。我认为如果中国能够完善这一战略的话，不仅能够成为世界经济力在量方面的领导者，而且在质的方面也可以成为领导者。这样的话，就可以进一步推动世界和平进步和繁荣。这实际上是一个积极的趋势，我们希望中国能够做到这一点，这就是我对于中国的一个愿景。

中国近期提出使人民币汇率具有弹性的政策，解读其内涵，就是意味着增加内需，也可以改善通胀的情况。因为促动内需的话就可能会出现通胀，人民币汇率如果具有弹性的话就可以纠正通胀。我认为中国有可能会出现通胀，因为增长的速度这么快，而且增长的时间那么长。中国需要各地的平衡发展，同时也需要在农业、在服务业和工业各个产业之间进行更好的协调，这样的话就可能保持9%的增长率，如果中国不进行大的改革是不可能实现这个增长目标的。这就是我对于世界的观点，尤其是对欧洲和中国的观点。因为我是欧洲人，我没有身处在中国。我只是很诚恳地对世界愿景进行一个分析，我希望世界能够像我分析的这样进行发展，谢谢！

提问1：谢谢普罗迪先生给我们做了一个精彩演讲。普罗迪先生的演讲我非常感兴趣，我想问两个问题。一个大问题，一个小问题。大的问题是，你介绍了21世纪世界政治、经济格局的新变化，你在讲到这些变化的时候，提到了一些主要的国家，讲中国的崛起，美国、俄罗斯、欧洲以及印度和巴西这些国家的变化。但是，我认为，在21世纪世界政治格局和经济变化背后还有一个非常重要的原因，就是全球化。所以，我想请普罗迪先生谈一谈你对全球化，特别是全球化对新的地缘政治和全球经济所产生的影响，这是一个大问题。

小问题是，你最后特别强调中国与欧洲在世界未来中的重要作用，我非常赞同。但是，现在西方世界有一种说法，有一个新的概念叫做G2。中国政府非常不喜欢这个概念，也不接受这个说法。但是，还是有一些西方国家说G2，我想请普罗迪先生评论一下这个G2的概念。

罗马诺·普罗迪：全球化已经开始了，我的看法就是现在由于媒体、由于通信的发展而出现了全球化的趋势。我认为，全球化会继续发展。我谈论全球化问题很多次，如果我们想要未来世界经济健康发展的话，我的看法就是，要走出危机就必须通过新的创新。在我看来，今天唯一走出危机的方式就是，要再创造20亿的消费者群体。比如，5亿多新的中国消费群体将会帮助世界走出危机，这对于我来说就是全球化，这也是我想解释的全球化。但是，这个变革总是非常痛苦的，在欧洲和美国，他们有时把中国看作是当地工人工资下降的根本原因，所以他们想采取一些迅速的行动来实现平衡。

关于两国集团，我觉得这只是一个新闻用语。那么，从学者的角度来说，我觉得这是一个很有意思的话题。我并不认为，它能够成为一个真正的政治机制。我倒觉得，中国和欧盟之间有更多的共通之处。我并不认为中美两国共治是有政治基础的，我也并不认为这是一种有利的联姻。同盟的关系，要基于广泛的共同利益，虽然我不认为有任何的原因会导致美国和中国之间有什么利益的冲突，但是，我相信台湾问题已经是一个足够大的问题，会将美国和中国分开。我想，中国和美国将会按照他们自己的道路各自继续往前走。这可能是未来最有可能的一个情景。

提问2：普罗迪先生你好，我是国家行政学院政治学教研部的教师，感谢你今天精彩的演讲，我个人非常欣赏你积极和开放的态度。你的演讲是从苏联解体开始的。我要问，它的继承国俄罗斯在苏联解体之后今天的政治格局，请你介绍一下俄罗斯在当前国际政治中地位如何？近些年来，俄罗斯关于战略思想有什么变化？未来的方向会是怎样的？

罗马诺·普罗迪：这是一个不容易回答的问题，因为俄罗斯处于一个非常复杂的历史阶段。我想从继承的角度来说，俄罗斯和前苏联很不一样。俄罗斯有一个非常大的战略地位，它有1.45亿人口，它的面积也是世界上最大的。但是，如果我们看一看未来，可能在这个世纪中叶，它的人口可能会降到1亿，或者是在乌拉尔山以东的地方，人口会有少量下降。和中国13亿人口相比，大家可以想想是一个什么样的情况？我想，考虑到所有的这些因素，它的这种人口上的特点，可能会给俄罗斯带来一些困难。还因为它的气候特征，夏天蚊子肆虐，冬天寒冷天气都是它所面临的问题。我也认为，这个国家正在复苏，它显示了那么强大的团结，更加的自信。普京总理在重塑俄罗斯民族精神方面做得很成功。我认为，俄罗斯还具有能源的重要性，俄罗斯和美国的互补性是很强的，和欧洲的互补性也很强，因为它的能源优势。那么，在银行业、金融行业、科技方面，我们是有优势的。所以，俄罗斯不会走前苏联的老路，而是会成为世界经济舞台的重要力量。当然，我刚才提到的，人口构成方面的问题，将会是他们继续面临的一个挑战。

提问3：非常感谢普罗迪先生精彩的演讲，我来自内蒙古科技大学，刚才您在报告当中提到了中国的地缘政治问题，我知道您是中国人民的老朋友，几次来出访中国，目前受聘为国内几所大学的教授。那么我的问题是，中国

在新的地缘政治形成过程中起哪些作用？

罗马诺·普罗迪：刚才我已提到了，更加强大、更加合作的中国的作用很重要。我希望，中国能够成为一个支柱，一个更加强大的联合国的支柱。之前我的演讲中没有怎么提到联合国，因为这个问题很复杂。我希望，中国对于新的全球化需要做出新的国际贡献，这是我对中国的期待。

当然，在我说21世纪是中国世纪的时候，我并不是夸张。虽然我并不信赖很多这方面的数据，但是，我期待着，从中国在奥运会之后，在20国集团峰会之后，会有一些科技上的突破，这将是中国变革的时代。中国要和世界对话，进行开放的对话。我从来没有对于中国的民主发表什么评论，因为我理解，社会需要自然的过渡，通过和其他国家的对话，每一个国家都要用自己的方式，自然地实现这种过渡和变化，所以，像中国这样的国家会变得更强大。那么，中国强大后是会变得傲慢，还是会变得更自觉呢？因为很多国家都是这样，强大了之后就有这样一种会变得更加傲慢的趋势，但是，我期待中国不是变得强硬傲慢，而是变得更加有责任。我同我的学生交谈的时候，我看到他们变得更加的自信。同时，我也认为，如果没有自信不可能实现任何建设性的成就，但是，这种自信和傲慢之间的界限是很模糊的。所以，对一个大国来说，要避免傲慢是很难的。我也希望，中国不要重复这种历史上的错误。

提问4：你在演讲中提到，中国要在世界当中发挥更加重要的作用，但是还要进行更多的对话和合作，否则会有灾难性的后果。那么，您能否给我们解释一下，这种灾难性的后果是什么呢？因为，我个人认为，虽然有这种对话，但还是有一些国家有一种“中国威胁论”的心态。因此，对中国有这种敌对的、对立的想法。所以，您是否给我们解释一下这种灾难性的后果，具体是指的什么？

罗马诺·普罗迪：答案很简单，当出现变革的时候，往往会出现冲突。因为在世界的变化当中，你可以想象让每个人都感到高兴，这是完全不可能的事情。因此，我们必须要引导这个世界的变革，而且用负责任的态度去引导。我们要支持这样一种自由意识行为，而不能够对傲慢说可以。我们需要从历史当中吸取教训，来指导中国的治理以及其他国家的治理。因此，我们必须要防止冲突、防止战争。可能我的答案太过简单，但是，这就是我的意思，非常简单的意思。

提问5：能不能给我们介绍一下欧洲的太空防卫政策，谢谢！我是河南工业大学的教师。

罗马诺·普罗迪：我想跟你说的是，你也知道我们生活在一个GPS，就是以美国GPS为基准的世界当中。当我担任欧盟主席的时候，我觉得GPS实际上是美国经济权力的一个方面。我认为，可以开发另外一种机制，比如说，我们就可以建设一种不同于美国的定位系统。我们同中国也进行了相关的合作，我们同俄罗斯也进行了相关太空的合作。后来，就出现了一些问题，有政治问题，在欧洲内部出现了一些分歧，工作上也出现了一些问题。同中国和俄罗斯的合作，出现了一些问题。因此，这个计划进行缓慢。我现在不知道欧盟同中国这方面合作的程度是怎样的，因为现在我知道中国也发展了一些项目。我需要回去证实一下目前的合作进展状态。我认为，一个稳定的太空定位系统对于人们的日常生活和科技发展，是不可缺少的。

提问6：我有个问题，您如何看待东亚的地缘政治，尤其美国的存在，以及它对于中国的影响？

罗马诺·普罗迪：关于东亚，我想，你知道的肯定比我多。美国在东亚有军事基地，盖茨部长经常说美国有一个内部的战略，他们认为这个地区是美国防务的一部分。当然，肯定会在今后越来越需要同中国的合作。但是，在目前的问题就是，中国政策是怎样的？也就是说，中国对东亚的政策是怎样的？实际上我并不知道。我觉得，这是中国的问题，我们在学术机构，只是研究一些已经发生的事情。为什么中日之间不能像德法一样的相处呢？当然了，我们也知道历史上有很多的悲剧发生，有很多的仇恨，但是历史就是这样。为什么不能以经济学家的头脑来处理这些问题呢？我认为，如果中日两个国家从经济角度上进行合作，将会使双方都受益。我不会干涉你们的决定，但是，现在我们看到了东亚合作的趋势，日本新任的领导层可能更愿意同中国进行合作。如果是这样的话，我们应该更好地进行分析，分析得失，在大量的悲剧发生之后，我们应该向前看。我重复一下我的看法，就是欧洲的历史悲剧，实际上同亚洲国家的这些悲剧没有什么区别。欧洲之所以会取得这么大的成就，就是因为他们已经让历史过去，只是在足球比赛过程中，两个国家现在才进行争夺。我觉得中国唯一的一个弱势就是足球了。但是，我们要考虑到亚洲的现实，也就是说，亚洲的现实不仅仅依赖于美国的存在，同时也依赖于中国对于亚洲的政策。

提问 7：我想问的问题是，中国和欧盟今后几年的合作愿景。请您谈谈这个问题。

罗马诺·普罗迪：首先，我重复一下我之前所说的，那就是欧盟的经验对于中国开展和邻国之间的合作是非常有意义的。我们欧洲大陆内部是合作和和平的，要记住这是在欧盟内部。有战略冲突了，只是在欧盟之外的地区，我们看到了一些悲剧。所以，我们可以看到，合作是多么的重要，这个经验对于中国的政策制定来说有借鉴意义。另外，中欧之间的学术交流，并不是像我们想象的那么快。因此，我们对于对方的了解就受到了限制。我认为，这个问题非常重要，这就使得双方产生了彼此的恐惧。一些人会认为，中国是一个头脑不一样的国家，是一个异类的国家。然后，我们还需要在一些具体的领域进行合作。当我担任欧盟主席的时候，我们开始了同中国的合作。我记得，当欧元诞生的时候，这对于中国来说具有很重要的政治性。当时，我和中国的主席进行了探讨。我认为，这个世界应该是多极化的，不应该有一个国家或者一种货币占主导的地位。我一直是坚信这种哲学，这是完全正确的，这对于中国和欧盟的合作也很重要。在 2000 年，中国想在欧元和美元之间做一个选择。但是,欧洲内部当然有一些分歧,现在来看,这个情况完全不一样了。我们和中国都不再认为我们只需要盯住两个货币,而是应该盯住一揽子货币,我们不仅要有美元、欧元,我们还应该有人民币,或者是巴西的货币,其他国家的货币,等等。所以,我的意思就是,我们有很多具体合作的领域,我们有共同的责任来建立一个多元化的世界。实现经济和政治的平衡,这对于世界的和平是有好处的,这就是为什么我不认为中美共治是符合中国或者美国的利益。

提问 8: 我是国家行政学院的教师,刚才您精彩的演讲中谈到,在世界越来越走向多元化的今天,对话和交流显得越来越重要。我们知道地缘政治的命题之一,就是稀缺资源导致冲突。因此我们也可以认为,当前的气候问题,也是地缘政治问题。各方博弈的重点是碳排放权的问题,去年的哥本哈根会议说明,气候政治问题又是全球公共性的问题。我想问,普罗迪先生,您对今年的气候会议有什么期待?同时您认为会达成协议吗?为什么?

罗马诺·普罗迪: 我不确定,我不知道能不能达成协议。我不认为哥本哈根会议是一个成功的会议,因为事先没有做好充分的准备。就像 20 国峰会,只有在一定的准备之后再去开会,才有可能取得成功。我可能太悲观了,但是,我们还有时间。每一个人现在都相信全球变暖是严峻的,也许这个概念是被捏造出来的,但因为它是如此重要的一个问题,哪怕我们不确定,我们也必须要采取一些行动。因为如果我们不采取行动,等到太晚的时候就来不及了。那么,在哥本哈根会议上,很多想法还不成熟,当然也取得了一定的进展,就是大家都意识到,包括在我的国家也意识到气候变化的重要性。我们采用了德国新的太阳能技术,现在这种技术是中德合资的,以后可能全部变成中国独资的技术了。这就意味着,新能源的成本降低了,更容易获得了。但是,对各个国家来说,他们的政治意愿还没有足够的成熟,没有做好足够的准备来进行大的变革。所以,在下一次会议上,我也不确定是否能够达成一致。但是,我认为达成一致是可能的,也是必须的,对我们所有人来说,对于整个人类的未来都是至关重要的。这就是为什么我主张要通过联合国的框架来进行合作。

联合国有水资源的战略，有很多的河流是属于跨界的河流，水体的污染等等都会是国际性的问题。我们原来以为，在人类发展的任何阶段，都是能够在粮食上自给自足的，但是这样一种想法是愚蠢的。由于粮食价格的过低，很多国家的农业发展都受到了影响。包括美国、欧洲、非洲都是这样的。粮食安全，不仅仅是唯一的全球性问题，我们有很多全球性问题，包括水的安全、食品的安全、气候变化、环境污染等等。因此，现在如果科技允许的话，我们能够做好准备的话，我们是能够在下一次会议上达成一致看法的。

（2009 年 10 月 29 日）

经济篇

对农村金融改革发展若干问题的思考

中国农业银行董事长　项俊波

一、新中国成立以来农村金融改革发展总体回顾

（一）改革开放前30年，农村金融发展经历了曲折的过程

共和国成立时，我们党和政府接收的是国民党遗留下来的烂摊子，当时的情况是生产衰落、物价飞涨、城乡破产、民不聊生。1949年到1957年这8年里，从废除列强在华特权、没收四大家族垄断资本，到在全国各地开展大规模的土地改革运动，进行农业、手工业和资本主义工商业“三大”社会主义改造，顺利完成第一个五年计划。既轰轰烈烈，又卓有成效。在这个大背景下，农村经济迅速恢复发展，农村金融开始蓬勃兴起。全国农村信用合作社从1949年底的800多家，急速增加到1957年底的约9万家，吸收存款达到20亿元。虽然承担农村金融职责的农业银行“两设两撤”，但专业服务农业农村的金融网络一直存在，网点不断延伸。总的来说，这个期间农村金融市场活跃，农业银行（或人民银行）和信用社机构网点业务得到很大发展，金融服务机构基本遍布了全国所有的乡镇。

1958年到1965年，大跃进、共产风、人民公社是这个时期的特征，农业

生产受到极大破坏。农村金融也不可避免地遭到了“左倾”错误路线的干扰。农村信用社下放给了“社、队”管理，信用合作机制严重扭曲。农业银行刚设立不久又被撤销。正常信用关系遭到破坏，支农信贷资金被大量挪用。农村存款余额从1957年底的20亿元迅速减少到1962年底的9亿元。这个时期，在严格的计划经济体制下，农村金融机构的整体活动空间被压缩，金融的资金调剂、资源优化配置的功能大大降低。

1966年到1976年“文化大革命”期间，党在农村的各级组织和各项政策遭到严重破坏，农村金融同样受到了很大的冲击。利息被说成是“不劳而获”，1969年甚至将银行和财政合并。农村信用社不再是农民的“小银行”，很多地方的农村信用社几乎到了破产的边缘。“文革”结束后，1977年到1978年，国民经济的形势开始好转，农村经济和金融在恢复调整、休养生息中，迎来了党的十一届三中全会。

回过头来看，改革开放前30年，农村金融改革发展与整个国民经济一样，都经历了一个曲折、反复探索的过程，农业银行“三起三落”就是这30年的一个缩影。

（二）改革开放以后农村金融的发展

党的十一届三中全会开启了改革开放的历史新时代。经过30年的不懈奋斗，我们实现了从高度集中的计划经济体制到充满活力的社会主义市场经济体制、从封闭半封闭到全方位开放的伟大历史转折，现代化建设“三步走”战略目标胜利完成了前两步，正在向第三步战略目标阔步前进。在这个辉煌的时代里，农村经济发生了翻天覆地的变化，农村金融也取得了巨大成绩。这30年农村金融改革发展历程大致可分为三个阶段。

第一阶段：农村金融恢复重构阶段（1979～1993年）。1979年2月，国务院决定恢复中国农业银行，从此，拉开了农村金融改革发展30年的序幕。专业银行是这个时期中国金融的主要特征，工、农、中、建各管一摊，后来也逐渐有所交叉，但主营方向仍比较清楚。农业银行领导农村信用社为改革开放后农村大包干、乡镇企业异军突起和农村商品经济发展提供了主要金融支持。同时,农业保险、邮政储蓄机构、农产品期货市场、农村合作基金会在这个时期也得到很大发展。

第二阶段:农村金融改革调整阶段(1994～2002 年)。党的十四大确立了邓小平建设有中国特色社会主义理论在全党的指导地位,并明确提出要建设社会主义市场经济体制的改革目标。在这个背景下,1993 年 12 月,国务院作出了《关于金融体制改革的决定》,提出要建立政策性金融与商业性金融相分离,以国有商业银行为主体,多种金融机构并存的金融组织体系。从这以后,农村金融也就进入了商业化改革时期。农村金融商业化改革的核心就是围绕农业银行进行的与农业发展银行(以下简称农发行)分离、与农村信用社脱钩的"一分一脱"两项改革,经过这项改革后就形成了大家熟悉的,金融服务"三农"的农业银行、农发行和农村信用社这"三驾马车"。

1997 年下半年,亚洲金融危机的爆发,敲响了我国防范金融风险、保障金融安全的警钟。从这个时期一直到 2002 年,收缩、整顿和清理成为农村金融领域的主基调。国有银行收缩农村战线、成立四大资产管理公司处置国有商业银行不良资产、收缩农发行业务范围、统一取缔农村合作基金会等举措,都是这个时期的事情。

第三阶段:农村金融深化改革阶段(2003 年以后)。这一轮的农村金融改革发展,大家普遍认为应该是以 2003 年 6 月国务院颁布《深化农村信用社改革试点方案》为起点。在 2004 年到 2009 年,中央连续在六个一号文件中对加快推进农村金融改革作出了明确部署,农村金融改革发展问题受到国家的高度重视。这个时期,应该说是农村金融领域"政策频出"、"亮点很多"。一是深化农信社改革,二是推进农行股份制改造,三是成立新型农村金融机构,四是扩大农发行业务范围,五是成立邮政储蓄银行,六是积极发展农业保险。应该说,近几年,大家对农村金融问题的关注掀起了一个新的高潮,农村金融发展进入了快车道。

截至 2007 年末,全国县域金融服务网点达到 12.4 万个,基本覆盖了大部分农村地区;县域金融机构存款余额达到 9.11 万亿,占全国金融机构各项存款的23.4%；全部金融机构涉农贷款余额为6.12万亿元，占到全部金融机构贷款总额的22%。农村金融机构风险得到有效化解，县域金融机构不良贷款率大幅下降，利润总额和资产利润率增长较快。

二、当前农村金融改革发展面临的主要问题

根据国际经验，当人均国内生产总值达到1000美元时，就进入了工业化中期阶段，并开始实行反哺农业政策。2002年，我国人均国内生产总值就已达到1136美元，农业增加值占国内生产总值的比重降至13.7%，城镇化率达到39%。根据当时国内外形势的变化，在十六届四中全会上，胡锦涛总书记提出了“两个趋向”的重要论断，并明确提出了“多予、少取、放活”的“三农”工作方针。应该说，党和国家经济工作理念发生了重大转折，整个经济的发展处在了一个新的历史起点上，农村改革发展进入新的阶段。

2004～2008年，短短的4年间，我国中央财政支农资金从2626亿元增加到5956亿元，增长了1倍多。2009年，中央财政预算安排的用于“三农”的投入达到7161亿元，比2008年增长20.2%，但是财政资金毕竟是有限的，光靠财政投入，是难以满足现代农业发展、新农村建设和县域经济发展的大量资金需要的。就拿正在兴起的农民专业合作社来说，我国现有各类农民专业合作社15万多个，按照中等规模的农民专业合作社一般有农户100户，每个农户平均需要资金1～1.5万元计算，仅合作社的农户资金需求就达1500～2250亿元。按年均10%的增长速度，五年后资金需求将达到3000～4000亿元。据有关部门测算，未来10年内，我国小城镇基础设施投资至少需要1.5～2.5万亿元。如此巨大的投资，单靠国家拨款显然是不现实的，必须同时依靠金融的力量。

总体来看，农村金融是整个金融体系中最薄弱的环节，最需要加快发展。在这一点上，大家是有共识的。现在的问题是，如何真正把农村金融搞好？如何真正消除现代金融对广大农村客户的排斥性？我认为，关键是要在以下一些关系农村金融改革发展全局的深层次问题上达成共识，并切实

加以研究解决。

(一)关于农村金融改革发展成效的衡量标准问题

改革开放30年来,我国的农村金融走过了一条不平凡的发展道路,为农村经济社会的发展做出了重要贡献,但对于什么是一个好的农村金融体系,我们一直没有明确的衡量标准。

大家知道,农村金融改革涉及多个市场主体和政策主体。"三农"客户、农村金融机构、监管机构、地方政府以及中央政府,都对农村金融改革发展充满了期待,但对于我们到底要搞成什么样子的农村金融,不同的人有不同的看法和要求。比如,农口的同志更加看重农村金融机构对"三农"的投入力度,希望金融机构能多放涉农贷款,帮助农民脱贫致富。金融口的同志相对更加强调农村金融机构的安全性,重点关注的是涉农贷款风险能不能控制得住,能不能盈利。

因此,在服务"三农"的实践中,有必要制定一个各方都认可的、衡量农村金融改革发展成效的标准,让大家在"什么是好的农村金融"这一问题上有一个共识。这是研究农村金融改革发展的出发点。

那么,怎样设计我国农村金融改革发展成效的衡量标准呢?在这方面,不少国家和国际组织有很多探索,对农村金融绩效提出的一些衡量标准,值得我们借鉴。国际上对农村金融绩效的评价指标体系,归纳起来,主要有三类。第一类是侧重于业务发展的评价体系。该体系对农村金融机构的评价基本集中在经营绩效、资产质量和审慎经营等几个方面,强调农村金融自身稳健经营和有效发展(图1)。第二类是侧重于系统功能的评价体系。这一评价体系的主要方法是通过建立农村金融体系的功能模型,实现对农村金融体系改革发展绩效的判断。主要从农村金融体系的适应性、效率性和稳定性进行分析评价(图2)。第三类是侧重于机构绩效的评价体系。世界银行等一些国际组织在评价小额信贷机构经营绩效时,曾开发了一套简单实用的强调服务覆盖面、自身发展可持续性的评价指标。鉴于农村金融与小额信贷具有诸多方面的相似性,这套衡量指标得到了农村金融问题研究机构和专家们的广泛认同。

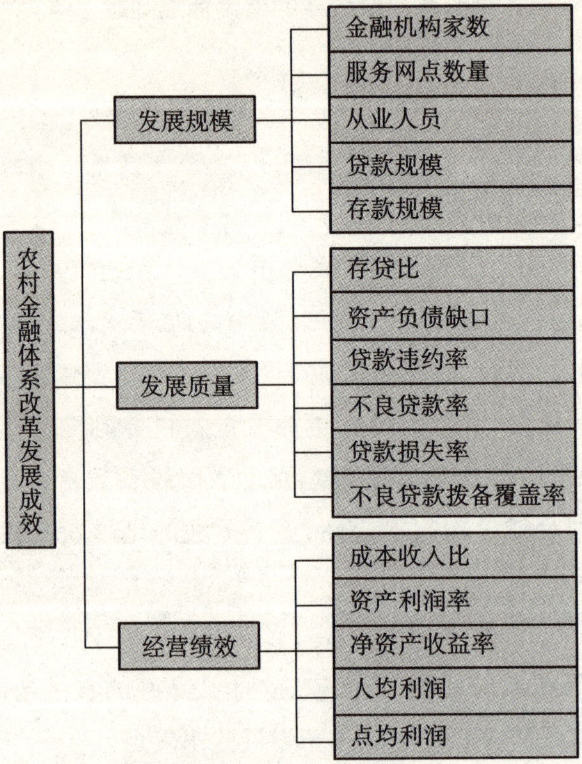

图 1 侧重于业务发展的农村金融绩效评价体系

借鉴国际上有关国家和机构的理论实践研究成果,结合我国国情,对于"什么是好的中国农村金融",可考虑确立:覆盖面、可持续性、福利影响这样一个三维衡量标准(图 3)。

所谓覆盖面,是指农村金融体系服务农村客户的广度和深度,这是一个混合指标。覆盖面主要体现在三个方面,一是服务的广度,即农村金融体系服务客户的数量;二是服务的范围,即农村金融体系所能提供的产品和服务的种类;三是服务的期限,即农村金融体系提供产品和服务的时间跨度。覆盖面标准着眼于客户,衡量的是农村金融体系在多大程度上服务目标客户,以及满足目标客户对金融服务需求的程度。

在这方面,我国农村金融发展已经取得了不小的成效。比如,通过各类

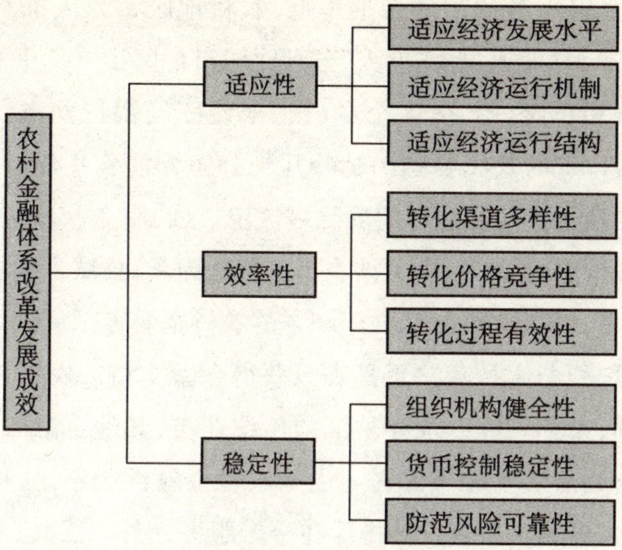

图 2　侧重于系统功能的农村金融绩效评价体系

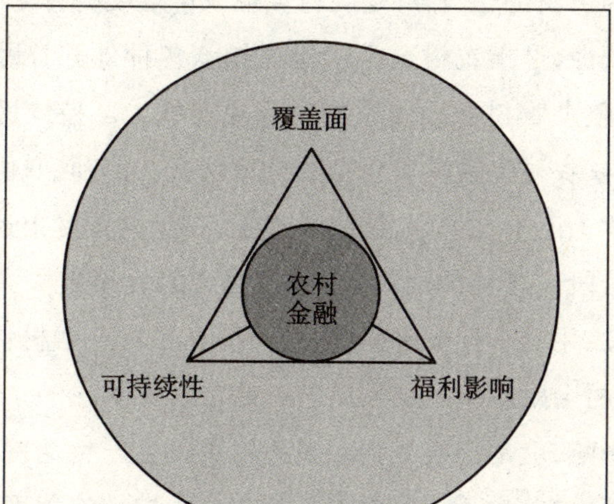

图 3　衡量农村金融改革发展成效的三维评价体系

机构的努力,目前我国对农户贷款的覆盖率超过 30%,高于印度、孟加拉等以小额贷款著称的国家;全国平均每个县的银行网点多达 50 多个,农业银行、邮政储蓄银行和农村信用社几乎在所有县域都设有机构。但是从统筹城乡发展的角度看,我国农村金融服务的覆盖面仍然不高,表现在:(1)服务广度上,农村金融服务的市场渗透率低,农村地区每万人拥有机构网点为1.3个,拥有银行从业人员11.9人,分别比城市地区少0.7个和26.4人,乡镇一级网点分布不足,有2868个乡(镇)未设任何银行网点。典型调查表明,在西部山区,有的农民要翻山越岭几十公里才能到达最近的银行网点。青海、新疆、西藏这些地区这种情况比较突出。(2)服务深度上,农村地区的信贷资源只占全国的21%,剔除涉农不良贷款因素,县域人均有效贷款不足4000元,全国有44.9%的农户和55.6%的农村企业表示贷款需求没有得到满足,贫困农户和个体私营户更是难以获得金融支持。农村地区金融机构服务功能不强,大多只能办理存款汇款传统业务,其他金融服务匮乏,农村金融消费层次远落后于城市地区。由于农村金融供给不足,机构和产品服务覆盖面低,大量的农村客户被排斥在金融服务之外。因此,用这个标准来衡量,如何增加农村金融供给,包括机构和产品服务,增加农村各类经济主体对正规金融的可获得性,始终是农村金融改革发展的首要任务。

所谓可持续性,是指农村金融机构在扣除各种外部补贴后的财务盈利状况,反映的是整个农村金融体系的自我生存能力。持续性标准着眼于机构自身,主要考察农村金融机构自身的经营状况。目前,我国农村金融机构的经营状况整体上还不是很好,持续性不强,在很大程度上还处在依靠国家补贴过日子的阶段。这种局面不改变,农村金融发展就失去了最重要的前提和保障。因此,用这个标准来衡量,如何提高农村金融机构的可持续发展能力,始终是农村金融改革发展需要破解的首要难题。

所谓福利影响,就是指接受金融服务的农民生产生活发生了哪些变化,家庭收入增加了没有,生活状况改善了没有。孟加拉格莱珉银行的尤努斯,为什么得到了诺贝尔和平奖?其中很重要的一点就是在提升穷人福利方面发挥了积极作用。大家可能也知道,格莱珉银行甚至实施了一个名为艰难成员的特殊项目,将服务对象延展到乞丐,有数万个乞丐加入了这个项目,并由此改善了自己的福利状况。

2007年全国金融工作会议明确提出,要加快建立健全适应"三农"特点的多层次、广覆盖、可持续的农村金融体系。可以说,三维评价体系也符合会议的精神和要求。现在,关键是要围绕这三方面要求,明确一些衡量具体指标和统计口径,形成既符合农村金融一般规律,又有中国特色的绩效评价体系。这样就可以统一各方面步调,形成推动农村金融改革发展的强大合力。

(二)关于建立多层次农村金融体系及其功能定位问题

世界各国由于资源禀赋不同,农业发展模式差异很大,有的是劳动密集型的,比如说日本,地少人多,农业劳动力资源丰富。有的是技术密集型的,以色列、荷兰就很典型。以色列既缺水、又缺地,靠着大量的技术投入硬是发展起了现代农业,施肥、灌溉根据农作物生长需要,通过计算机实现精准控制,还搞农业技术输出,我国新疆地区的农业滴灌技术就是从以色列引进的。有的是土地密集型的,美国、加拿大、澳大利亚是代表,土地资源广袤无边。虽然各国农业千姿百态,但在农村金融的发展问题上,具有很多共性。一是不同性质的农村金融机构对准不同类型的客户,二是合作金融组织在农村金融体系中占据重要地位,三是政策性金融在农业信贷体系中起拾遗补缺的作用。

与世界其他国家相比,我国农村金融发展既有一些共同之处,又有特殊之处。共性在于:大量农户构成农村金融的需求主体,且这些农户收入水平、储蓄能力都比较低。特殊性在于:我们的情况更为复杂,特别是地区差异性很大。我到农业银行工作的这段时间里,对这一点感触颇深。这两年,我跑遍了中国 31 个省区市。去年元旦,我带队上青藏高原调研和慰问员工。路过青海时,到青海的互助县调研,那里有 40%的农户基本上没有存款。但是到东部地区,浙江绍兴县的一个镇就有三家上市公司,农行在这个镇的业务规模,甚至有青海一个农行的地市分行那么大。再一个就是我国农村客户的经营规模小,低于世界平均水平。例如,我国国土面积超过美国和印度,但人均耕地面积还不到印度的 1/2、美国的 1/6。还有就是,“三农”客户层次、类型非常多,粗略地看,至少可以分为种养农户、乡村微小企业、涉农大中型企业、县域工商企业和农业农村基础设施建设项目这五大类。我们地域的复杂性，从海拔8000多米，到负海拔；人口的复杂性，13亿的人口，比任何国家都多，这些是其他地方没办法比的。

每类客户内部的差异也很明显。拿农户来说，低收入农户大多从事纯农业，只能维持简单再生产。这些农户家里的财产就是几亩地，一头牛。主要靠亲朋好友的互助接济来解决临时性的资金短缺。中等收入农户在农村地区为数最多，他们除了种点地，一般还养点猪、养点牛或打点工。这些农户的温饱问题解决了，他们的金融需求主要是满足生产经营的资金周转以及一些应急需要。高收入农户主要分布在东部发达地区和中西部的城郊地区。他们有技能、有经营头脑，善于捕捉致富机会，要么是种养能手，要么从事工商业，当小老板。东部有的农村，家家住别墅，村里装扮得像花园，有的人家里车子就有好几辆，比不少城里人过得要好很多。这部分农户的金融服务跟城里的基本上没有什么两样了，他们资金需求的额度很大，几千块几万块的根本看不上。在上海崇明岛调研，当地农民的贷款需求少则十几万，多要上百万。所以，我国的国情决定了我们更需要建立多层次的农村金融机构体系，只有这样才能满足不同农村客户群体的需要。

目前，我国的农村金融体系已经形成了政策性金融、商业性金融、合作性金融和新型金融组织并存的格局，多层次农村金融体系建设取得了一定成就。但最大的问题是，专门服务于广大农户和乡村微小企业的金融机构还比较少。要解决微小客户的金融服务问题，大力发展“小金融”势在必行。近两年，国家发展了一批小额贷款公司、村镇银行、资金互助组织。现在的关键是，要为他们创造一个好的环境，加强有效监管，避免重蹈当年农村合作基金会的覆辙。山西平遥的小额贷款公司的小额贷款搞得不错，但就是缺后续资金，发展受到了限制。

农村金融体系层次比较多，就不可避免地存在着各自的功能定位问题。不能碰到大客户就争得头破血流，碰到小的就无人问津，也不能都想着往城里跑。要解决好功能定位问题，需要坚持以下三条原则：

一是农村政策性金融和商业性金融要有明确、稳定的功能边界。发展农村政策性金融,目的就是对农村地区具有战略意义但经济回报能力较低的区域、行业、客户和项目给予金融支持。韩国1970年开始搞新村运动,政策性金融在农村基础设施建设、农民住房建设等周期长、回报低的领域起到了很大作用。应该说,现在我国的农村政策性金融和商业性金融边界和分工都不是很清楚,这个问题值得引起我们的重视。我个人感到,还是应该对政策性金融的功能边界有个清晰的界定,防止政策性金融异化成商业性金融。

二是农村商业性金融和合作性金融要始终坚持为农服务的方向。这是确保农村金融供给不断增加的关键一环。2007年全国金融工作会议,将面向"三农"确定为农行股改首要原则后,农业银行确立了"三农"县域蓝海市场和城市综合经营两大发展战略,形成了城乡"两条腿"走路的发展格局,并提出要把服务"三农"作为农业银行改革发展的永恒主题,努力实现"国家满意、社会满意、股东满意、'三农'客户满意、员工满意"五个满意。我们的目标是要把农业银行办成一家面向"三农"、城乡联动、融入国际、综合经营、致力于为最广大客户群体提供优质金融服务的现代化全能型银行。因此,今后农业银行要着重建立起长效支农机制,确保有足够的人、财、物资源用于持续发展"三农"业务,我们也正在这方面做深入的研究和探索,希望能在公司治理、组织架构、管理体制、运行机制等各个方面形成一整套制度安排,走出大银行服务"三农"的新路子。

邮政储蓄银行已经成立,现在面临的主要问题是如何把资金留在农村并有效使用。一种办法是邮政储蓄银行自己发展涉农信贷业务,达到把资金用在当地的目的。但客观地讲,受人员、经验、产品等方面的条件限制,邮政储蓄银行的信贷业务发展需要经历一个较长的过程。比较稳妥的办法是在逐步扩大邮政储蓄银行小额贷款业务的同时,通过市场化手段将富裕的资金转给其他农村金融机构使用,逐步确立邮政储蓄银行在农村金融体系中资金批发商的角色。这也符合农村金融体系优势互补、合理分工的原则。

农村信用社在改革过程中,出于控制风险、提升竞争力的考虑,一些地区强化省联社地位,提升经营管理重心,推动省内农村信用社走向联合。但这种改革产生的一个问题是，业务重心很可能将偏向城市。解决这个问题，很重要的一点就是要认真贯彻2008年中央1号文件的要求，维护和保持县级联社的独立法人地位。

三是要鼓励农村金融机构在竞争中加强合作。只有竞争了，才能改进服务，农民才能得实惠。现在，农行强势推动农村金融业务的发展，给其他农村金融机构带来了压力，也使农民得到了实实在在的好处。人民银行长春中心支行调查发现，凡是农行发放农户贷款的地区，其他金融机构的贷款利率上浮幅度一般会下调20%～30%。另一方面，在竞争的同时也要注重开展合作，任何一家都不可能“包打天下”。在这方面，农业银行可发挥好大银行的独特作用，在网络共享、产品开发、业务代理、资金批发、银团贷款等方面深化与其他农村金融机构合作，成为农村地区规模化服务的牵头人、农村金融网络的运营商和农村先进金融产品的推广者。我们和邮政储蓄银行、供销社签订了合作协议，发挥各自的优势，共同为“三农”服务。目前农行已经向县域投放了近70万台转账电话，与其他金融机构和农村商铺、批发市场合作，改善农村金融服务条件。

（三）关于农村金融的政策扶持和环境建设问题

大家都知道，无论从现状还是发展前景看，“三农”领域都有巨大的资金需求，理论上金融市场空间很大。但人多地少的基本国情决定了“三农”客户一般都是小规模经营。为农村客户提供金融服务，投放同等规模的贷款，需要设置更多的机构网点，保持更多的人员，管理更多的客户，投入的人、财、物等运营成本成倍高于城市业务。我算了笔账，我们向城市一个企业投放1个亿的贷款，只需要三五个人就可以轻松完成，成本不高，风险不大，工作环境又好。但如果向农民发放1个亿的贷款，按每个农民1万贷款计算，就需要办理1万笔业务，可能需要一二百个人才能完成，而且还需要深入到田间地头，钻牛圈、钻猪圈，条件艰苦。贵州农行有位同志，为了清收农户贷款，几年时间骑坏了好几辆摩托车，穿坏了十几双鞋。加上农村担保、保险体系不健全，农民碰到天灾人祸，还不起贷款，风险就全转嫁给银行。这些问题，单靠金融机构自身的努力是无法解决的，需要国家给予政策支持。

回顾几十年来全球农村金融的发展历程，可以发现，尽管在政策扶持的方式方法上存在争议，但各国以及世界银行等国际组织在农村金融需要政策扶持问题上意见基本是一致的。总的来看，各国对农村金融的政策扶持和干预措施大致有以下几种：

一是强化农村金融机构网点建设。泰国政府于 1966 年制定了《农业和农业合作社银行法》，设立泰国农行，专门为农户提供金融服务。印度政府将提供农村金融服务作为所有金融机构的责任，而不是组建专门的服务机构。印度《银行国有化法案》明确规定，商业银行必须在农村地区设立一定数量的分支机构。印度储备银行要求，商业银行在城市开设一家分支机构，必须同时在边远地区开设 2～3 家分支机构。

二是刚性约束农村资金外流。在利益驱动下，农村金融机构吸收的资金有向城市市场集中的趋势，造成农村经济失血。因此，不少国家出台政策，刚性制约农村资金外流。印度中央银行要求，商业银行必须将全部贷款的 40％投向农业、中小企业等国家重点发展领域，其中贷款的 18％必须投向农业和农业相关产业，如果达不到比例，差额部分资金以低于市场利率的资金价格存放到农业农村发展银行，由其对地区农村银行再融资或者购买农业农村发展银行债券。

三是给予农村金融机构财税、货币和监管方面的扶持政策。各国政府为保障涉农金融机构财务上的可持续性，往往从财政、税收、货币和监管政策方面给予适当的扶持。在财政补贴方面，美国以财政补贴为保障撬动涉农贷款，农场主可用尚未收获的农产品作抵押，从农产品信贷公司取得 9 个月期限的“无追索权贷款”，当市场价格不利时，农场主以农产品现货归还贷款，贷款公司从政府取得损失补贴。在税收减免方面，泰国、荷兰、日本等国家对主要涉农机构均给予了长期的减免税优惠。在差别监管方面，法国较早地取消了法国农业信贷银行相关业务的经营限制，允许其在城市商业银行业务、保险业务、投资银行业务等方面开展多元化经营，从而实现了其“以非农养农”的可持续发展。印度支持农村金融机构对涉农不良贷款进行1～2次的展期。

四是不断完善农村金融市场环境。各国政府在扶持农村金融体系发展时,还高度重视市场环境方面的建设,积极促进保险、担保、公共信息服务体系的建立健全,并着力加强金融知识普及。农业保险方面,美国政府每年对农业保险的补贴占到了美国农业增加值的1%以上。日本政府对农业保险的保费补贴随费率提高而增加,其中水稻补贴70%,小麦最高补贴80%。巴西建立了中央银行独家经营的农业保险公司,对农作物产量和自然灾害实施保险。农村信用担保体系方面,在法国,法农贷向农业合作社提供的农副产品收购贷款,由地方农业局进行担保。在日本,政府、农林渔业信用基金协会和农林中央金库共同出资设立农林渔业信用基金(日本政府占83%),对农林中央金库体系提供融资担保,支持其发放涉农贷款。改善公共信息服务方面,德国建立了面向农村的公共信息服务体系、信用体系、土地抵押品登记制度等,为农村金融提供全方位的信息服务。

多年来,我国对农村金融也给予了一定的政策扶持。如对农村信用社予以营业税、所得税减免,以支农再贷款的形式给农村信用社提供资金支持,对西藏地区的金融机构予以利差和费用补贴等等。另外,还消化了农村金融机构大量的财务包袱。这些政策扶持对于增加涉农信贷投放、增强农村金融机构的支农实力都发挥了重要的作用。

2007年全国金融工作会议明确提出要“加大对农村金融的政策支持”。我认为,要改善农村金融环境,制定我国农村金融扶持政策,有以下几个问题值得我们关注:

1. 要扭转单纯的城市导向发展战略,着力推动城乡一体化发展

经济决定金融。农村金融存在的很多问题,其实根源都来自服务对象——“三农”的弱质性。没有好的农村经济,不可能有好的农村金融。因此,解决农村金融发展问题,从根本上还是要靠把中央“工业反哺农业、城市支持农村”大政方针落到实处,大幅度增加“三农”发展投入,逐渐消除城乡

二元经济结构，实现城乡、区域统筹发展。

2. 在农村金融扶持政策适用范围上，应该采用“普惠制”原则

有两层意思：一个是，出台的政策不应只针对某一家或某一类农村金融机构，而应该对事不对人。只要服务“三农”，不论是国有的还是股份的，内资的还是外资的，都可以享有相应政策优惠。这样既有利于增加“三农”金融服务供给，也有利于在农村金融体系中实现公平竞争。

另一层意思是，在出台普惠制扶持政策的同时，也应按照对等原则明确境内所有金融机构服务“三农”的社会责任，即服务“三农”不应仅仅是农业银行、农业发展银行、农村信用社等农村金融机构的责任和义务，凡是境内金融机构，都有服务“三农”的义务，都应采取一定的方式加大对“三农”的投入。有钱的出钱，有力的出力。建议我国银行业成立一个农业信贷风险补偿基金，用于对银行发放涉农贷款进行风险补贴。启动资金由国家出资，后续资金按照“城市反哺农村”的原则，从所有金融机构营业收入或税前利润中按一定比例提取。如果每年提取100亿，三到五年内，将形成一个可观的基金规模，就能给予农村金融服务很大支持。

3. 注重发挥财政支农和金融支农的政策协同效应

近年来国家的财政支农资金不断增加，政策力度不断加大。为了更好地发挥财政支农资金的杠杆效应，引导更多的资金投向“三农”，应当把农村金融也列入财政支农范围。包括：对涉农贷款给予不同程度的贴息，按照目前农村信用社的政策对所有的农村金融机构给予税收减免优惠，对在西藏、青海、新疆等特殊地区设立网点、履行公共金融服务职能的机构给予一定的补贴。

4. 强化政策扶持的正向激励功能

可以借鉴农业补贴政策中的以奖代补的政策措施，对那些支农力度大、经营业绩好、客户满意度高的金融机构加大奖补力度，强化正向激励，充分发挥政策支持在调动金融资源支持“三农”方面的杠杆作用。这方面，财政部今年已迈出实质性一步。今年3月初，财政部选择在黑龙江、山东、河南、湖南、云南和新疆开展试点，对6省(区)县域内设立的各类法人金融机构和其他金融机构的分支机构，自2009年起，上年末涉农贷款余额同比增幅超过15%的，财政部门对超过部分按2%给予奖励。

(四) 关于创新农村金融服务模式问题

大家知道，农村与城市差别是很大的，农村居住高度分散，而且比较封闭，信息化水平也不高，很多地方血缘、地缘关系在农民生活中依然发挥着很大的作用。如果按照城市那一套办法来搞农村金融服务，肯定不行。这也是现在许多金融机构在农村金融市场上没有大的斩获和突破的重要原因。鉴于城乡金融市场的差异，要想真正实现“三农”金融服务到位，就必须要在农村金融服务模式创新上下功夫，有大的突破。核心是要做好三个方面的创新：

一要做好服务渠道创新，最大程度提高农村金融服务的可获得性。过去，农业银行在乡镇甚至村一级都设立了大量网点，但很多都达不到保本点，不得已只好逐步撤并。在新时期，如何用较低的成本，扩大金融服务的覆盖面，是摆在所有农村金融机构，特别是大型银行面前的一个重要课题。历史经验证明，无论从经营成本还是风险控制的角度看，都不能再走过去遍地开花式大规模铺设网点的回头路，必须在服务渠道创新上取得实质性突破。

我认为，我国的农村金融机构，特别是大型银行要跳出传统思维，着眼于提高农村金融服务的可获得性，大胆进行服务渠道和服务模式的创新。

1. 鼓励大银行和中小型金融机构加强业务合作和资本联合

把大银行的规模优势和专业优势，与中小银行的灵活性和地缘优势有机结合起来。当前，村镇银行、贷款公司、农村资金互助社等新型金融开始迅速发展。到2008年底，全国已经达到了105家。在我国县及县以下地区，农村信用社网点超过5万家，农村商业银行和合作银行的网点超过3000家。可以说，大小联合的基础已经具备。如能实现紧密联合，必将大大增强农村金融整体的服务能力。

2. 与涉农企业、供销系统、邮政系统等加强合作，充分运用他们的网络，布放机具，代理部分业务

现在，农行除已与供销总社和邮政储蓄银行签订了合作协议外，还正在研究探索与商务部“万村千乡”市场工程合作，使农家连锁店能够代办小额取现等业务。大家试想一下，几十万农家店如果能成为农村金融机构的“准网点”，这对农民享受金融服务的便利性该有多大的提高！

3. 积极开办流动银行服务

组建流动客户经理组，研发使用流动服务车，为没有网点的偏远农村地区提供便捷金融服务。去年5·12大地震发生之后，农业银行震区经营网点基本被毁，我们马上搞了几辆流动服务车，穿梭在灾区各地，满足了群众的应急需要，效果很好。

4. 在农村地区推广手机银行、电话银行、自助银行、网上银行等电子银行业务，让更多农民获得先进的网络银行服务

随着3G网络的广泛应用，农村金融服务渠道将有新的突破。前几天，我到吉林永吉县草庙村调研时看到，当地养鹿、养猪两家专业户，整个生产经营的资金周转都是通过网上银行来实现的。这对我触动很大。这充分说明农村地区发展现代金融不是没有需要，也不是没有条件，关键是我们有没有决心去做。

二要做好农村金融产品服务创新，最大限度满足“三农”客户多层次的金融需要。农村金融产品创新当中最关键、最难搞的，就是农户和乡村微小企业小额信贷产品的创新问题。这是一个世界性的难题。近年来，这方面有了积极进展。联合国还把2005年定为国际小额信贷年，以推动小额信贷在全世界，尤其是发展中国家的实施。现在，国际上开展小额信贷名气最大的就要数孟加拉国的格莱珉银行。它把处于弱势地位的穷人作为自己的服务对象，主要为从事小本生意、有还款意愿和能力、善于理财而又谨小慎微的农村妇女提供金融服务。而美国富国银行则走了一条不同的路。它以科学设计的信用评分模型为依托，在微小客户金融服务领域也取得了很大的突破。只要将小企业主个人的信用信息，以及企业所在行业、经营期限、交易情况、成为银行客户的年限等企业信息导入模型，电脑会自动计算出违约率，据此就能决定是否发放贷款，发放多少贷款，节约了大量人力成本和时间。

实事求是地讲，现在我们银行的很多产品对于农民来说，界面上不友好，功能上不适用，在很大程度上是排斥了农民客户。要解决这个问题，必须在制度安排上认真解决门槛过高、流程冗长、额度偏小、期限设定和还款方式僵化的问题。这方面的问题，我们农业银行也存在过。现在我们已经在逐步简化这些要求，有的分行已经做到把"一本书"简化成"一张纸"，在不放松风险管理要求的前提下，让农民能轻松、简便地获取必要的信贷支持。

另外，我们还针对"三农"客户日益增长的多种金融服务需要，积极创新一些新型贷款产品，并把一些在城市市场已经成熟的金融创新，做适应性改造后引入农村市场。比如，在面向"三农"金融服务试点中，农行成功的研发了农民专业合作社流动资金贷款、农业龙头企业季节性融资贷款、林权抵押贷款、小企业简式快速贷款、农机贷款、渔民船舶贷款等一系列信贷产品，用以满足不同类型客户的新型信贷需求。我们还根据新农村发展的需要，创造出了"农行＋公司＋农户"、"农行＋合作社＋社员"、"农行＋信用村＋农户"、"农行＋担保公司＋农户"等多种支农模式。在保险方面，我们与中国人寿联合推出的"新简易人身保险"、与太平洋保险公司联合开发的"金农保一单通"等"三农"保险产品，具有保费低廉、保障适度、投保简便的特点，是农民看得懂、买得起、信得过的保险产品。另外,我们也正在将一些风险可控的基金和理财产品推向县域,让农民也能分享中国经济成长的成果。

三要做好内部组织创新,提高专业化服务水平。通过大量研究分析,我们发现国外农村业务做得好的金融机构,其内部管理都是一流的,都有一套比较先进的组织管理运作体系。目前,我国农村金融机构内部管理还比较落后,"部门银行"特征明显,流程比较复杂,与农村市场、"三农"客户对接不上。借鉴国外农村金融组织机构改革经验,我们要建立专业化、垂直管理的机构和团队,打造服务"三农"的真正的"流程银行"、"专业银行"。

(五)关于提高农村金融风险管理水平问题

一是通过管理创新解决信息不对称的问题。尤努斯教授在《穷人的诚信》中就强调,小额信贷的关键是要解决信息不对称问题。但是农村金融业务中的信息不对称又有特殊之处。城市客户的财务报表、权属凭证、资信记录等"硬信息"比较齐全,而"三农"客户则缺乏这些信息要件,呈现很明显的"软信息"特征,信息不对称的问题更加突出,因此就不能简单地套用城市金融业务风险管理的一般做法。

值得一提的是,当前有不少人持这样一种观点,认为"三农"贷款难的症结是因为抵押难,进而开出了放开土地承包权抵押、宅基地抵押、农民房产抵押的"方子"。我认为,这个观点值得商榷,开这个口子一定要谨慎。在经济比较发达、社会保障体系健全、城乡一体化程度较高的地区,可以进行适当的探索。但在整个面上要慎重。在中国这样的发展中国家,土地承包权、宅基地和房产是农民最后的生存保障,在任何情况下都不能拿走,否则可能会引发大规模的社会动荡。

二是通过管理创新解决激励约束机制不到位的问题。现在,农业银行在一些地方实施的"三包一挂"(包发放、包管理、包收回,绩效工资与贷款营销、管理和质量挂钩)制度,把控制风险的效果与经营管理人员的利益结果捆在一起,建立相应的问责和免责机制,让来自制度的外部约束与源于利益的自我约束共同发挥作用，促使客户经理在开拓市场的同时，重视做好风险控制工作，在实践中取得了较好的效果。古代商鞅在秦孝公支持下实施变法，其核心思想之一就是“赏厚而利，刑重而必”。正是这一措施激励秦国将士在战场上奋勇杀敌，所向披靡，最终秦国灭了六国而实现了统一中国的霸业。其实，建立赏罚分明的激励约束机制也是治理农村业务风险的有效办法。此外，在决策权相对分散的情况下，利用信息技术加强对贷款的日常监测、建立适用“三农”业务的审批模型等，也很重要。

三是通过管理创新解决风险覆盖和风险分散问题。农村金融的高风险、高成本需要通过科学合理的定价来覆盖。一方面，只有体现了风险成本和合理回报的定价，才能保证农村金融机构能计提足够的拨备覆盖风险，这是持续增加农村金融供给的重要前提。另一方面，反映了市场供求关系的风险定价，也有助于增强“三农”客户的财务纪律，防止出现对低成本资金的寻租和腐败行为。当然，在现阶段农村金融竞争不充分的情况下，也要注意防止依靠垄断优势获取超额利润、加重“三农”负担的行为。

三、金融危机对“三农”的影响及其对策

（一）金融危机对“三农”产生的影响

一是就业渠道。目前，我国农民收入结构中，35%～40%来源于外出务工收入，新增收入中，又有50%～60%来自于非农务工渠道。按农民工失业人数2300万计算，今年农民务工纯收入将会减少750亿～850亿元。这笔钱可不是一个小数目啊！去年中央财政用于“三农”四项补贴的资金规模才1030亿元。

二是价格渠道。2008年，在国际市场粮油价格大幅下跌与国内粮食产量大幅增长的共同作用下，国内粮价下行的压力显著增加。国家为了稳定国内粮食市场价格，先后多次提高粮食收购价格，增加临时储备规模，有效遏制了粮食价格下跌势头。尽管如此，目前推动我国农产品价格下行的动

因仍未改变,国际粮价低于国内粮价所形成的价格倒逼压力还在积累,农产品价格仍有进一步下跌的可能。国内市场上,除小麦、稻谷价格在国家政策支撑下保持稳中有升以外,玉米、大豆、棉花和畜产品等农产品价格均出现了不同程度的下降。

三是贸易渠道。金融危机以来,我国农产品出口持续萎缩,并由此导致农产品贸易逆差扩大。2008 年,我国农产品贸易逆差突破 180 亿美元,而 2007 年的逆差仅为 41 亿美元。从实地调研情况看,东北木材企业、山东水产品加工出口企业、陕西苹果浓缩汁生产企业等一些外向型农产品加工企业的生存发展面临很大困难。他们面临的困难可能是近 10 年来从未有过的。金融危机对我国农业稳步增产、农民持续增收的负面影响绝对不容小觑。

(二) 增强"三农"抵御金融危机的能力

在就业方面,关键是要抓好农民工返乡创业,向农业的广度和深度要岗位、要就业。通过发展高新、现代农业,规模农业,增加农产品附加值,延伸产业链,吸纳更多的农民就业。前段时间我下乡看到,一个蔬菜种植户,家里搞两个大棚,就要雇两三个人;一个农民养五百头猪,就要雇三个人;养三百头牛,要雇五到七个人。在农村这个广阔天地里,就业的潜力是很大的。

在农产品价格方面,应建立健全价格长效稳定机制。应该看到,农产品价格波动具有客观规律性。我们所说的价格稳定机制并不是要完全消除农产品的价格变化,而是要尽可能地熨平农产品的价格波动,使其波幅能够维持在一个合理的范围内。换句话讲,既要防止"谷贱伤农",也要避免"肉贵伤民"。建立国家农产品价格平准基金和农资综合补贴调整机制,扩大农产品收购范围、完善国家农产品保护价收购制度等,都是可考虑的措施。

在农业基础设施建设方面,应建立多元化的资金来源渠道。无论是东北的商品粮基地,中原小麦主产区,还是南方产粮大县,当一谈及农业生产时,地方政府首先反映的一个问题就是农田基础建设缺资金。解决农业基础设施建设资金短缺的问题还得多策并举,一是在继续增加国家对农村基础设施建设资金投入的同时，要提高各级政府预算内固定资产投资用于农业的比重。二是可适度放宽产粮大省发行地方政府债券条件并给予规模倾斜、利息贴补等扶持政策。三是要调动农民的积极性，鼓励农民组建各类专业合作组织，扩大农业生产经营规模，增强实力，建立共建共享的小型农业基础设施建设机制。

（三）农业银行在“三农”抵御金融危机中要发挥更大作用

一是加大“三农”信贷投放。为了应对危机，国家提出了保增长、扩内需、调结构的政策方向，出台了4万亿的投资计划。农行迅速作出响应，加大了对“三农”和中小企业的信贷投放力度。今年，我行对“三农”贷款实行指令性计划管理，确保“三农”贷款持续增长。全年“三农”贷款指令性增加计划为1600亿元，占全行新增贷款的33%，增幅高出全行平均水平3个百分点。今年将发放惠农卡2300万张，农户惠农卡新增贷款将达到500亿元，授信户数达到350万户。

二是切实加大对“三农”重点领域的支持。以解决“民工荒”为突破口，发放惠农卡和惠农信用卡，为农民工创业提供小额贷款，并适当放宽农民工贷款的发放条件和还款期限，不断加大对农民工创业的金融支持力度；创新服务模式，积极支持农民专业合作社、种植大户、农业产业化龙头企业等现代农业组织形式的发展；以农田水利、清洁能源、化肥农药、水电路气等行业为切入点，加强对南水北调等重大水利工程、病险水库除险加固、大型灌区节水改造等农业基础设施建设的金融服务；加大对国家粮食战略工程中的粮食核心产区的信贷投放力度，服务于家电下乡和“万村千乡”市场工程等农村消费刺激措施，支持粮食安全战略工程的实施；探索建立小企业金融服务专营机构，研究制定差异化的小企业业务发展政策、制度、产品，切实加大对城乡小企业的金融支持，全力帮助中小企业渡过难关。

（2009年4月2日）

对美国金融危机引发国际金融危机的思考

全国社会保障基金理事会理事长　**戴相龙**

10年前，我在中央党校等单位多次讲过“东南亚金融危机及应对措施”。今天，我根据胡锦涛总书记、温家宝总理重要讲话以及我去年10月访问美国华尔街的见闻，综合国内外对20国集团华盛顿峰会和伦敦峰会的评论，和大家共同研究和讨论国际金融危机及我国应对措施。

下面我讲两个方面的内容，共10个问题。

一、关于国际金融危机

这次国际金融危机是由美国金融危机而引发的。因此，我们先要客观分析美国金融危机的发生过程、严重危害、产生原因和对全球经济的影响、国际金融危机最近发展势态。

（一）美国金融危机的发生过程

美国金融危机起于住房抵押贷款大量违约，发展到大型金融机构瓦解重组，信贷紧缩造成经济严重衰退，引发国际金融危机和全球经济负增长。美国金融危机经历下列几个阶段。

1. 2007年产生次贷危机

美国金融机构对信用比较低的人提供了大量贷款，这类贷款一般称作为次级贷款。金融机构又用次级贷款作抵押发行大量债券，有关金融机构又对这种债券销售进行担保，形成风险巨大的房地产和金融泡沫。到2006年，美国前7年房地产价格每年上升15%，同期老百姓年均收入只增长3%。2004年下半年后，美国提高利率，导致大量贷款过期，12%贷款人将失去抵押房，贷款人纷纷售房还贷，引起房价大跌，造成一系列金融机构发生支付危机直到宣布破产。次贷危机于2006年春季逐步显现，2007年8月席卷美国，美国第二大次级抵押贷款机构新世纪金融公司破产，贝尔斯登公司所属两家对冲基金倒闭，股市大跌。

2. 2008年9月发生百年不遇的金融危机

"两房"和美国国际集团(AIG)被政府接管，五大投资银行解体，其中一个破产(雷曼兄弟)，两个被兼并(美林、贝尔斯登公司)，两个改为银行控股公司(高盛、摩根士丹利)，转由美联储监管。很多商业银行宣告破产，或被政府接管。

3. 实体经济严重衰退

经济连续两个季度负增长为衰退，金融危机和去杠杆化，引发流动性收缩，短期融资一度停滞，已导致经济严重衰退。2007年美国销售汽车1500万辆，2008年降到1000万辆，三大汽车公司面临破产。2007年美国的GDP是13.8万亿美元，过去十年年平均增长近3%。到2007年第四季度，美国经济开始衰退。去年10月，华尔街高层人士估计，美国经济的衰退可能在12个月到18个月后结束，现在看来远非如此。国际货币基金组织(IMF)于今年1月预测，2009年美国经济增长－1.6%，2010年增长1.1%。3月4日，美联储预测美国经济要到2009年底或2010年初才有明显复苏。现在，美国失业率已超过8%,创25年来最高。如果经济衰退连续36个月,GDP下降10%,失业超过10%,则表示经济萧条。前不久,有的专家担心美国经济进入萧条期,现在看可以避免。

4. 政府紧急救助

自从次贷危机爆发后,美国主要推出四项经济刺激和金融稳定计划,其中包括前总统布什推出的7000亿美元不良资产救助计划,现任总统奥巴马推出的7870亿美元的经济刺激计划,美联储推出的8000亿美元救市方案和美国财政部高达2万亿美元的金融稳定计划,以上包括财政拨款和减税、财政担保和美联储再贷款,共计约4.3万亿美元。我们不要把美国政府对金融机构的注资简单理解为国家控股,更非国有化。第一,政府不参加管理;第二,入股是短期的,一旦好转,政府就会卖掉股本。美国政府实施的救助计划对金融稳定发挥了作用。

(二)美国金融危机造成了严重损失

这次美国金融危机给美国居民、美国企业、美国政府都带来了巨大的损失。3月上旬,亚洲开发银行预测全球金融市场因这次危机损失50万亿美元,其中美国损失最大。

1. 居民损失

美联储统计,2008年美国家庭资产净值(家庭总资产减去总负债之差)比上年末骤减11万亿美元,下降17.9%。房地产市值大概25万亿美元左右,今年1月,全美售房每套平均为17.3万美元,比一年半前下跌26%,预计还要下降到30%,这样房市资产的缩水就应该是6万亿到7万亿美元。美国的养老金有15万亿美元,这次损失将近2万亿美元。

2. 美国金融机构和金融市场损失

美国的金融机构不良资产损失 2.2 万亿美元。美国投资银行体系宣告瓦解。最大金融集团花旗集团每股市值从 26 美元降到最低的 1 美元，最大保险集团 AIG 去年亏损近 1000 亿美元，接近破产边缘。美国道琼斯股票指数和标准普尔 500 指数比 2007 年 10 月已下跌一半以上。去年第四季度标准普尔 500 指数的 98％成份股公司净亏损 1800 亿美元，每股亏 20.7 美元，出现 1935 年以来首次季度整体亏损。

3. 政府的损失

美国 2009 年财政赤字 1.2 万亿美元，加上救助计划当年用款，赤字高达 1.75 万亿美元。后两年每年赤字 1 万亿美元。奥巴马总统承诺 4 年后赤字减半，我看很难做到。为此，要增加国债发行。截至今年 2 月，美国未偿国债 10.8 万亿美元，今明两年还要发行 2 万亿到 3 万亿美元，新增国债 90％要靠外国购买，美国政府对外净负债已近 4 万亿美元，这对美国政府是一个巨大的长期的压力。

4. 美国在全球的声誉造成巨大的损失

美国金融危机引发全球金融危机和经济衰退，导致大量失业。美国奥巴马总统也承认美国在这方面应承担责任。尽管美国和美元仍居世界强势地位，但这次危机还使美国和美元在全球的垄断地位受到严重挑战。从此开始，国际金融重大问题将由七国转为由 20 国集团去讨论决定。

（三）美国金融危机的根源

国内外学者一般是从政策和管理、经济发展模式、国际金融体制等方面分析美国金融危机的成因。根据我国领导人讲话精神，我们可作以下分类：

1. 金融监管缺失

美国历来主张自由市场经济,历来主张少监管、不监管。格林斯潘对美国国会有些议员在 2006 年提出加强对金融衍生产品的监管的意见是不赞成的。他认为私营机构比监管机构会更关心他们的资产安全。后来他在国会作证时,承认在这个问题上犯了错误。这次美国金融监管的缺失,主要表现为对次贷管理过松,商业银行和投资银行资产对资本的杠杆率过高,20 国集团伦敦峰会公报也认为金融监管措施的重大失误,是导致当前危机的根本原因。

2. 宏观经济政策不当

主要是指 2001 年到 2004 年美联储不断地降低利息,一次降 0.25,从 5%左右降到最后 1%。利率过低,推动形成房市泡沫。美国内外不少人认为格林斯潘在这个问题上是有错误的。但格林斯潘并不承认,直到最近他在“华尔街日报”上发表文章称,美联储没有引发房市泡沫。他说,过去,短期利率变动和长期利率变动相关系数为 0.8,但是从 2004 年 6 月到 2006 年 6 月,美联储提高了短期利率,却没有推动长期利率上升。他认为是因为一些贸易大国大量顺差和石油出口形成的美元回流美国,美国长期市场资金并不缺乏,使得长期利率不能提升。这种分析,也曾得到前财长沃尔森的认可。

3. 低储蓄、高消费的经济体制

美国全国储蓄率从上个世纪 80 年代的 9%左右,下降到近几年接近为零,2007 年为 1.7%。美联储报告,2008 年底美国家庭房屋抵押贷款和信用卡贷款债务合计为 13 万亿美元,相当于税后收入的 123%,而 1995 年是 83%。2008 年美国财政赤字近 5000 亿美元,债务总额 10 万亿美元,人均负债 3 万美元。贸易赤字连续 3 年超过 7000 亿美元。美国金融危机产生于通过输出美元来透支消费的经济发展体制。

4. 国际货币体系不合理

我认为这是最重要的根源。2008 年全球经济总量为 62 万亿美元，美国占 23%，而且逐年下降，中、俄、巴、印四国占 14.4%，而且逐年快速上升。但是，现在用美元作结算货币的占全球 80%，各国外汇储备的 2/3 是美元。美元既是美国的本币，又是国际货币，而且是最重要的国际货币；美联储是美国的中央银行，向全世界输出美元，实质上成了全世界的中央银行。但是，美国发生大量财政赤字、贸易赤字，因而发放大量美元，却不受世界监督。美国之所以能够长期实行低利率政策，放松乃至放弃金融监管，实行低储蓄、高消费经济发展方式，归根到底是因为美国和美元垄断国际货币体系。

有的学者分析，这次危机的深层次原因是资本主义基本矛盾的激化。我国一位著名经济学家在一篇研究报告中提出：不要把美国金融危机仅仅看作是技术与管理层面的问题（如对金融监管不力等），它是资本主义基本矛盾尖锐化的表现。金融危机与技术管理层面的问题有关系，只是一种导火索。这次危机的直接原因在于新自由主义的自由放任政策，而其深层次原因还是资本主义基本矛盾的激化。

以上归纳美国爆发金融危机的四条原因，世界上多数国家、绝大部分学者都是有共识的，即使是美国政府多数官员和权威学者也难以否认。诺贝尔奖得主、原世界银行副行长、首席经济学家斯蒂格里茨也指责美联储和美国监管机构的冒险之举导致美国经济陷入了崩溃，并进而扩散到了全球。但是，有些组织和专家却把危机起因归于新兴经济体和发展中国家。2005 年，有的国际组织提出“全球经济结构失衡论”，认为新兴经济体和发展中国家过多储蓄，过度出口，又将获得的美元投资于美国，导致美国过度消费，形成资产泡沫。这显然是不对的。以我国为例，改革开放后，我国参与经济全球化，一方面出口以劳动密集型为主的产品，另一方面成为发达国家在华生产出口产品的制造基地。“双顺差”反映我国经济发展，但也迫使我国用大量人民币购买外汇,这些外汇投资于发达国家国债,仅获得较小收益,还承担外币贬值风险。而西方发达国家又用发展中国家的外汇扩大国内消费,投资于发展中国家,获取更高回报。经济全球化有利于全世界发展,但发展中国家付出更多的代价。发展中国家的外汇也不足以引发西方发达国家资产泡沫化,这次美国发生金融危机,完全是当事国经济发展模式和管理失误造成的。

(四) 美国金融危机引发全球经济金融危机

1. 美国金融危机传导到全球的渠道

一是外国企业和居民投资美国股票、债务、房地产和工商企业,因股市和房市大跌蒙受了巨大损失。二是美国金融机构流动性紧缩,大大减少对美国以外的贷款。金融机构去杠杆化和企业弥补亏损,引起美元回流,加剧有关国家国际收支严重失衡,引发市场动荡和货币贬值。三是美国经济严重衰退,减少进口,给以出口为主国家的发展形成巨大压力。四是美国是全球最大经济实体,美国经济严重衰退,给全球市场带来巨大恐慌,引发全球经济低迷和衰退。

2. 全球发生经济金融危机

今年以来,国际货币基金组织和世界银行不断下调今年全球增长速度。3月11日IMF总裁预测今年全球经济增长为－0.5%,近日,世界银行预测今年全球经济增长为－1.7%,全球经济陷入60年来最严重的衰退。欧元区经济增长,2008年为1.3%,3月上旬预测增长－3.2%,其中,法国增长－1.5%,英国增长－3.8%。美国经济严重衰退引发以出口为主的日本经济的衰退。3月上旬预测,日本经济2008年增长－0.7%,预测2009年增长－5%。美国金融危机对中、印、俄、巴(西)经济发展都有影响,但影响的程度有很大的不同。受冲击最大的是俄国,其次是巴西。2008年俄国经济增长6.2%,预测

2009 年增长 0.7%，卢布已贬值 35%。2008 年巴西经济增长 5.8%，预测 2009 年增长 1.8%。

3. 美国发生金融危机后美元汇率上升的原因

第一，近几年来，美元对欧元、对日元、对英镑、对人民币都是大幅度贬值，美元是在过去贬值过多后回升。第二，美国出了金融危机，可是欧洲的经济比美国还糟。第三，美元的利率现在比欧元的利率还要高一些。第四，美元是主要国际货币，面对国际金融危机，各国反而扩大对美元的需求。所以美元的汇率不但没下降，还稳步上升了。但是我预计，当金融危机基本度过后，全球经济平稳下来时，由于美国因救市而大量投放美元，在一两年后，美元必然会贬值。美国出现金融危机，但是美元汇率还能稳中有升，正好说明如今的国际货币体系是不正常的。

（五）国际金融危机发展趋势

去年 11 月华盛顿峰会后，各国推出的稳定经济的举措已取得初步成效。但是，国际金融危机仍在蔓延和深化，对实体经济冲击日益显现，全球经济陷入衰退。

现在，不少人都关心是否会发生“第二波”国际金融危机。回答这个问题，要明确“第二波”的概念。如果第二波是指和第一波一样强度的金融海啸，我看是不可能的。因为，经过半年多救助，美国政府有关部门对美国金融风险和损失已经有较多了解，应对措施趋于全面、合理，美国以外主要发达国家也已经采取宽松的财政、货币政策，增强了市场流动性，全球抵御金融风险的信心正在增强。如果“第二波”是指去年 9 月美国发生金融大地震后的重大余震，我看是有可能的。“第二波”风险重点是在两个地方。一是在美国。虽然以次贷、次债危机为主造成的风险大部分已经暴露，五大投资银行解体，但由于金融产品市值大幅度下跌，全国流动性收缩，经济严重衰退，会使信用卡贷款、建设贷款和其他商业贷款发生巨大损失，引发新一轮信用危机和商业银行倒闭。花旗集团股价从26美元降到1美元,美国国际集团去年亏损近1000亿美元,面临倒闭,因得到政府救助才勉强存在,说明美国金融危机"第二波"已经发生。二是在新加入欧盟的一些中东欧国家。欧洲银行体系脆弱性高于美国。2004、2007年欧盟接纳12个东欧国家入盟。这些国家过度依赖西方国家,过度开放市场,过度借债。目前,中东欧国家外债1.7万亿美元,超过该地区GDP,其中今年要归还4000亿美元。2007年全球投资新兴市场7800亿美元,其中有45%左右投入中东欧,今年不到几百亿,导致中东欧国家国际收支发生严重缺口。现在,德法已无力出手相助。这些国家可能会出现类似1997年东南亚发生的金融危机,也可能出现政治危机,这次伦敦峰会增强了国际货币基金对产生危机国家的救援能力,也许这些国家也能避免发生严重危机。

二、我国应对国际金融危机的措施

这次国际金融危机与10年前发生在亚洲的金融危机相比有很大不同,对我国的影响也截然不同。1997年发生亚洲金融危机时,我国外汇储备只有1400亿美元,进出口贸易占全国GDP只有1/3;现在,我国外汇储备已高达2万亿美元,进出口贸易占GDP超过2/3,我国与全球经济、与美国经济的联系更加紧密,这次危机对我国的影响要比10多年前严重。应对这次国际金融危机,要树立世界眼光,从国情出发,综合分析,准确判断,积极应对,维护发展中国家利益,巩固和发展我国根本利益。

(一)促进我国经济平稳较快增长

改革开放30年来,我国经济年均增长接近10%,但第四个10年发展的基数大了,又碰到全球金融危机,要争取到年均增长10%的速度是不可能的,如果实现年均增长7%左右,就是很好的了。这次国际金融危机给我国经济发展带来巨大压力,但是,也给我国发展带来难得的历史机遇。一是倒逼扩大内需，有利于转变经济发展方式；二是外汇储备充足，全球物价较低，有利于更好运用国外战略资源；三是我国经济实力不断增强，有利于我国参与国际经济和金融体系的改革，提高我国影响。面对国际金融危机，党中央和国务院正确判断国内外宏观形势，提出促进经济平稳较快发展的一系列措施。这些措施越来越系统，是效益和速度、发展和改革、短期和中长期目标的统一。归纳起来有五个方面。一是实行积极的财政政策和适度宽松的货币政策。全国财政赤字扩大到9500亿元，广义货币增长17%左右，新增货币5万亿元以上。二是认真实施汽车、钢铁、造船、石化、轻工、纺织、有色金属、装备制造、电子信息、现代物流等10个重点行业调整和振兴计划。三是大力支持科技创新和节能减排，推动经济结构调整和发展方式转变。发展大飞机、3G等高新技术产业。四是加快完善城乡社会保障体系。中央财政安排社会保障和就业支出3350亿元，增长22.1%。五是稳定股市和房市，保持金融稳定。今年一季度经济增长6.5%，已经见底。当前经济发展面临一系列挑战。今年原定进出口增长8%，但一季度同比下降24.9%，其中出口下降19.7%，顺差625亿美元，增长64%。由于资本形成不足，实施适度宽松的货币政策也会受到影响。这些给我国实现经济增长8%的目标增加了困难。3月18日世行将我国今年经济增长预测下调到6.5%。但是，综合实施各项政策，全年增长8%左右的目标还是可能实现的，即使达到7%左右也是了不起的成绩。最重要的是在实现当年发展目标的同时，要争取我国中期经济有稳定较快的增长。

（二）改善社会资金结构

面对国际金融危机，我国要加快转变发展方式，大力推进经济结构战略性调整。金融是现代经济核心，金融应促进经济结构调整。因此，我认为当前调结构，应包括改善社会资金结构。除财政资金外，社会资金分两块，一部分是社会资本，一部分是信贷资金，这两部分资金数额要互相匹配。但在我们国家，现在这两类资金所占比例是不合理的，信贷资金来源过多，社会资金形成社会资本的渠道狭窄，数量严重不足，企业资产负债率居高不下，造成社会资金利用率不高。2008 年，我国创造 100 元 GDP，要 180 元货币供应量，美国、欧元区只需 100 元。目前，由于社会资本形成不足，越来越影响到适度宽松货币政策的执行。有关部门正在研究通过发行中长期企业票据、并购贷款和政府特定贷款，给企业增加一部分资本金。我认为，最根本的办法是改善社会资金结构，扩大直接融资。

1. 规范发展股票市场

2001 年到 2006 年，我国企业从股市融资占全部融资比例在 2%～9%左右。2007 年因股市大幅上涨，这个比例上升到 20%。2007 年 10 月上证综指最高达 6124 点，2008 年 10 月，最低降到 1664 点，跌幅超过 70%，平均市盈率从 69 倍下降到 18 倍，A 股市盈率下降到 13 倍以下。2008 年股票融资比例降到 6%。据有关部门分析，目前大小非减持不再成为市场担忧，创业板将择机出台，融资融券已充分准备，而且择机推进场外市场，预测我国股市经历一段时间震荡后，会进入平稳上升阶段。

2. 发展债券市场

发展债券市场，不但可以扩大社会直接融资，还可以为将来人民币的可兑换创造条件，即给持有人民币者提供投资的产品。到 2008 年底，全国债券市场总额为 15.4 万亿元，其中，国债占 32%、中央银行票据占 31.2%、金融债占 26.8%、非金融企业债务融资占 9.3%。企业债、公司债共有 7000 多亿元，仅占全部债市余额 5%。当前，急需改变企业债券融资的部门分割管理，着力扩大企业、公司债的发行。要在加强监管基础上，解决好金融机构对企业、公司发债的担保问题。同时，要建立债券发行评级机构，要健全破产企业的债务清偿机制，促进债券市场发展。

3. 大力发展基金市场

基金有很多种类，主要有证券投资基金、风险投资基金、产业投资基金、私募股权投资基金等,现在,除证券投资基金外,其余基金发展缓慢。1997年,中央金融工作会议文件早已提出制定产业投资基金管理办法,发展基金市场,但由于种种原因,这个管理办法至今也未出台。天津滨海新区是全国综合配套改革试验区,金融改革的一项重点是发展产业(股权)投资基金。2006年天津成立的总额为200亿元的渤海产业基金,是中国第一个大型基金。目前已有100多个基金在天津注册。全国社保基金的10%可以用于股权投资基金,全国社保基金将在推进股权投资基金发展方面发挥积极作用。国务院已提出制定股权投资基金管理办法,我们希望尽快落实,并建议将产业投资基金包含其中。

(三)改善国际收支状况

国际收支是指一个国家和地区由于对外经济活动而产生的国际货币的收支。国际收支通过国际收支平衡表进行核算和监测。到2007年底,我国对外金融净债权已超过1万亿美元,比上年增长67%。由于国际收支"双顺差",外汇储备又增加4000多亿美元,预测2008年我国对外金融净资产仍有大幅度增长。

1. 外汇储备不是财政资金

到2008年底我国外汇储备已接近2万亿美元,是全球外汇储备的28%,列世界第一位。日本财务省发行3个月短期国债,通过日本银行购买外汇作为外汇储备,这些外汇储备是财政资产,同时,财务省对购买国债居民承担债务。我国中央银行主要用商业银行的存款购买外汇,而商业银行的存款大部分又是企业和居民的存款,所以,中央银行的外汇储备,是中央银行在境外的资产,也是中央银行对商业银行的负债。使用这部分外汇,必须用人民币去购买。

2. 持有大量外汇储备要付很大成本并承担很大风险

我国的外汇储备，是中央银行在不同价位用人民币购买的，近 2 万亿美元外汇储备，要占用约 14 万亿元人民币资金。购买外汇投放大量人民币，会造成通货膨胀，所以中央银行要通过发行票据等方式收回过多货币，还要给商业银行支付比商业银行在人民银行法定存款利率更高一些的利息。尽管外汇储备运用也获得收益，但扣除对存款付息，实际收益较低。更重要的是，外汇储备 2/3 为美元资产，如美元贬值，外汇储备还会面临资产缩水的风险。所以，3 月 13 日温家宝总理在记者会上直言担心我国持有美国国债价值，希望美国保证中国资产的安全。

3. 改善国际收支

为了支付进口贸易、偿还外债本息、防范投机性攻击、稳定外汇市场，一个国家必须有一定外汇储备。我国外汇储备较多，提高了我国地位。但按上述要求衡量，我国现在的外汇储备显得过多。适当压缩外汇储备并合理使用，既可提高我国资金使用效益，又可防止人民币升值。因此，外汇管理应从“宽进严出”改为“宽严适度”，争取实行贸易项下意愿结汇，推进国际资本有序、双向、有效流动，使外汇储备保持在一个合理水平。改善国际收支不能依赖国家外汇管理局，要通过各部门、各地方和众多企业涉外经济活动来实现。要继续扩大进出口贸易，但要提高出口产品水平，不要再通过低水平、高污染来搞出口创汇；要提高引进外资的水平，不要再层层下达和考核招商引资指标；要有序开放资本市场，支持工商企业扩大对外投资和购买能源等资源，创造条件让企业和居民到境外投资金融产品。我国已向俄国、巴西提供 350 亿美元贷款，他们则向我国出口一定数量的石油。中铝公司正在争取用 195 亿美元增持澳大利亚力拓集团 18%股权。国家商务部已公布《境外投资管理办法》，预测我国企业对外投资会迅速扩大。

（四）推进人民币国际化

早在1993年党的十四届三中全会关于经济体制改革的决定中就提出“逐步使人民币成为可兑换的货币”。2008年11月，胡锦涛主席在20国集团金融峰会上讲话已提出推进国际货币多元化，这里的国际货币也应包括未来的人民币。国际社会普遍认为人民币是最稳定的货币，有条件成为可兑换货币。推进人民币可兑换，进而使人民币国际化，已成为世界关注的问题。

1. 实现人民币可兑换要经过几个阶段

第一步是经常项目可兑换。1996年12月底，当时我代表中国政府对世界宣布，对国际货币基金宣布，中国在国际收支中，实现进出口贸易经常项目的人民币可兑换。

第二步是资本项目可兑换。一是已允许境外企业可对中国企业直接投资，但是对其投资在地区、产业、投资比例上还有一定限制，这种限制还要逐步放宽或取消。二是开放金融业投资。现已通过合格机构投资者（QFⅡ、QDⅡ）实行境内外双向有限投资。今后，也会允许居民拿人民币换成外币到香港、纽约等地买股票，境外居民也可用美元、欧元、日元换成人民币到中国境内买股票。2007年8月拟在天津推进的“香港股票直通车”因故推迟，这方面的改变今后还会择机进行。三是今后除国际货币基金组织规定的禁止外，金融市场的任何产品，包括股票、债券、黄金、外汇等，都允许境内外资本双向投资。

第三步是解除外汇管制，实行人民币可兑换。人民币可兑换是指外币只要是真实的，人民币应该在任何地点任何时候可以和外币兑换。人民币在经常项目和资本项目实现可兑换后，就为人民币可兑换打下了基础。但解除外汇管制，实行人民币可兑换，还要解决好许多管理技术方面的问题。日本、韩国等国家的本币从经常项目可兑换过渡到资本项目可兑换，直到取消外汇管制，经历了 20 年左右的时间。

第四步是人民币成为国际货币。现在，有数十个国家和地区宣布本币是可以自由兑换的货币，但是，我们还不能称这几十种货币都是国际货币。本币成为国际货币，要比本币可兑换要求更高。人民币成为国际货币，不仅要承担国际货币的职能，即计价职能、支付职能、投资职能、储备职能，而且要有广泛的流通范围，其流通量要在国际货币总量中占有一定的比例。这个比例应有多大很难说，我看至少要比中国的 GDP 占世界 GDP 的比例高得多。IMF 按购买力平价统计，2007 年全球 GDP 为 64.3 万亿美元，其中，美国为 13.84 万亿美元，占 21.5%；欧盟联合为 14.71 万亿，占 22.9%；中国为 7 万亿，占 10.8%。我认为不能用购买力平价方法测算两种货币购买力，再以此作为两种货币的比价来计算一个国家的经济实力。购买力反映本币在国内的价值，但本币的汇率还决定于国际外汇市场对本币的需求。

2. 人民币国际化利弊分析

人民币成为国际货币有很多好处，一是有铸币税的收入；二是可以减少中国外贸企业汇兑的损失、汇率波动的损失，还可通过在境外发行本币债筹集资金；三是可在中国建立国际金融中心，并发挥金融中心对世界经济发展的影响力。但是，人民币成为国际货币也受到挑战。一是挑战货币政策。国际资本流动、货币政策独立性、人民币汇率这三个目标不能同时达到。既然是国际货币，就允许国际资本有进有出，这就对国内的利率稳定产生影响。二是挑战人民币汇率。国际货币在我国双向大量流动，必将增加汇率稳定难度。英镑、美元、日元成为国际货币时，曾导致本币汇率一度升值一、二倍。三是人民币成为国际货币，还需承担国际和地区货币稳定的义务。如果我国经济有实力，金融市场健全，宏观调控能力强，人民币成为国际货币，绝对是利大于弊，不但有利于我国，也有利于全世界。

3. 人民币国际化的途径

从使用范围讲，让人民币先成为区域货币，再成为国际货币。先让人民币在港澳地区、周边国家流通，然后再扩大到日韩、东南亚，最后到全球。从货币职能讲，先让人民币承担货物贸易计价和结算职能，再让人民币具备投资职能，最后再让人民币成为储备货币。我国在推进人民币成为区域货币方面已经起步。我国中央银行已与10多个国家的中央银行签署边界贸易本币结算协议，另有20多个国家和地区提出将人民币作为一般贸易支付货币。2008年12月8日，国务院有关文件已提出：允许金融机构开办人民币出口买方信贷业务；研究境外机构和企业在境内发行人民币债券；支持香港人民币业务发展，扩大人民币在周边贸易中的计价结算规模。12月24日，国务院提出"对广东和长江三角洲地区与港澳地区、广西和云南与东盟的货物贸易进行人民币结算试点"。

经过这场国际金融危机，美元垄断地位受到严重冲击，但现在美元在国际货币中的主导地位不会改变。欧元区是欧盟一部分，各国财政政策相对独立，英国尚未加入欧元区，欧元存在一定的脆弱性。日本发行国债占GDP的160%，相当于7万亿美元，是一个高度泡沫化的经济体。经过努力，人民币必将成为国际货币。我曾测算，以2008年为基数，设定经济每年增长，全球为3.5%，中国为7%、美国为2.5%、欧元区和日本为2%，人民币汇率稳中有升，每年升值3%，到2018年，我国GDP占全球比例将上升到12%左右，到那时，人民币将有条件成为重要的国际货币，全球形成以美元、欧元、人民币为主，日元、英镑、卢布为其次的多元化国际货币体系。

（五）积极参与国际金融体系的改革

我国经济实力已列世界第三，外汇储备列世界第一，中国和美国等国经济关连度越来越高，面临全球经济负增长，我国还保持8%左右增长速度。因此，无论从哪个方面讲，我国都应该以更为积极务实的态度参与国际金融体系的改革，加强与发达国家合作，维护发展中国家利益，维护我国长远根本利益。

1. 现行国际金融体系显然不合理

国际金融体系主要包括国际货币体系、国际金融组织体系和国际金融市场及监管体系等。现行国际金融体系，除美元不和黄金挂钩、各国货币和美元不实行固定汇率外，其余基本上是第二次世界大战后的框架，和当今世界发展格局已不适应。一是国际货币体系不合理。在第二次世界大战前，国际货币体系以英镑为主。二战后美国成为最强国，GDP 是全世界的 50%，持有黄金量是世界上的 3/4。1944 年 7 月，有关国家在美国新罕布什尔州布雷顿森林镇召开会议，确定布雷顿森林体系，即美元与黄金挂钩，35 美元兑换一盎司黄金，其他发达国家货币跟美元挂钩，全球实行固定汇率，这个制度建立后对贸易的稳定发展起了很大作用。苏联和欧洲发达国家不断用美元兑换黄金，美国黄金库存大量下降。1972 年美国宣布美元不再跟黄金挂钩，美元和其他货币实行浮动汇率，布雷顿森林货币体系解体。此后，美国通过七国集团财长、央行行长会议协调发达国家的财政、货币政策，美元在国际货币体系中仍处于垄断地位。但是，现在全球经济形势发生很大变化，欧盟不断扩大，欧元已经启动多年，中国、俄罗斯、印度、巴西及其他发展中国家迅速发展，美国的 GDP 占世界的比重从 1/2 降为 1/4，现行货币体系已与世界发展新格局不相适应。国际金融组织体系主要由二战后成立的国际货币基金组织、世界银行和国际清算银行及一批区域性国际金融机构所组成，世界银行主要职责是扶助贫穷国家的发展，国际货币基金组织主要职责是帮助有关国家维护货币稳定，国际清算银行主要是为各国中央银行提供金融服务。世界银行行长由美国人担任，IMF 总裁由欧洲人担任，美国在 IMF 中份额为 17%，由于规定重大问题必须由 85%以上得票才可通过，美国一直保持对重大问题审议的一票否决权。IMF 在处置 1997 年亚洲金融危机时没有发挥应有作用，对这次国际金融危机又未能预测。这种国际金融组织体系也不适应当今世界的发展。国际金融监管体系更为薄弱。国际清算银行的巴塞尔银行监管委员会，只是为银行监管制定一系列规则。1999 年西方七国成立国际金融稳定论坛的宗旨是交换监管信息，进行监管合作,但并未发挥作用。各国参与的几个主要国际金融市场,都由所在国监管,缺少公开透明。

2. 20 国集团首脑会议开辟国际金融新纪元

对国际金融体系进行改革,国际社会早有讨论。特别是在 1997 年亚洲金融危机后,1999 年成立了 20 国集团财长、央行行长会议,新兴经济体和发展中国家有了与七国集团对话的机会。这个会议我参加了前四次,实际作用十分有限。

这次美国发生严重金融危机后,改革国际金融体系的呼声空前高涨,欧洲和新兴经济体及发展中国家强烈要求召开 20 国集团首脑会议。2008 年 10 月 24 日在中国召开的亚欧首脑会议,也提出改革国际金融组织体系和货币体系。美国此时也需要有关国家帮助克服金融危机,也同意召开这个会议。2008 年 11 月 15 日在华盛顿召开 20 国集团高峰会议,会议结束之后,发表了领导人声明,达成五项共识,确定了 47 项行动计划。对这 47 项行动计划要在今年 3 月 31 日之前提出方案,于今年 4 月初在伦敦召开峰会审议。从此,国际重大金融问题从七国转由 20 国领导人审定。

3 月 14 日,20 国集团的财政部长和央行行长在伦敦召开会议,为伦敦峰会进行准备。会前,各方面对峰会的主题提出意见。美国总统奥巴马呼吁峰会进一步采取包括经济刺激和金融监管在内的双重措施,重点是刺激经济。欧盟提出重点是加强金融监管。中、俄、印度、巴西"金砖四国"重点强调扩大新兴经济体在国际金融机构中的代表权和话语权。国际社会普遍担心伦敦峰会难有成果。20 国集团财长、央行行长会后发表联合公报,为顺利召开伦敦峰会打下了基础。4 月 2 日,20 国集团伦敦峰会顺利召开,当晚发表了领导人公报。20 国集团的成员处在不同发展阶段,有各自的利益,不可能在所有重大问题上形成共识。但是,我们从最后通过的公报内容来看,应该讲伦敦峰会达到了预期目的,获得的成果比预料的好。这次会议召开,有利于维护全球金融稳定和全球经济早日复苏。但其作用大小,还要看各项措施的落实。20 国集团伦敦峰会公报有七个方面,共 29 条,主要内容概括如下：

一是恢复经济增长和就业。实施扩张的财政和货币政策，反对货币贬值“竞赛”，恢复经济增长，扩大就业。到2010年底，20国增加财政支出5万亿美元，用于刺激经济发展。

二是加强金融监管。伦敦峰会发布了“加强金融系统”的宣言。主要内容是创立一个全新的金融稳定委员会，由原七国组成改为20国集团组成，对宏观经济和金融危机进行预警。扩大金融监管范围，将所有对整个金融系统都十分重要的金融机构、金融工具和金融市场都包含在内；要阻止过高杠杆率，充实金融机构资本金；反对“避税港”不合作行为；呼吁会计准则制定尽快和监管机构合作；把信用评级纳入监管范围；制定金融机构薪酬原则。

三是巩固全球金融机构。主要是为IMF增加资金，累计8500亿美元。主要通过实行“三步走”。峰会前，增加2500亿美元，由欧盟、日本通过双边贷款方式各拿出1000亿美元，加拿大等5国合计拿出100亿美元，希望中国认购400亿美元。峰会后，通过“贷款新安排”增加2500亿美元，由一批国家向IMF提供贷款，此项资金如何安排到有关国家尚未明确。到2011年1月通过一次总的特别提款权（SDR）分配，再安排2500亿美元。另外，给多边银行增加1000亿美元。

四是就反对贸易保护主义和促进全球贸易和投资提出了原则意见。

五是在支持发展中国家、特别贫困国家方面，重申了在千年发展目标会议上的承诺。这次会议决定，拿出500亿美元，支持低收入国家发展社会保障事业；通过IMF出售黄金拿出60亿美元用于对贫困国家的特惠贷款。

这次会议公报内容，也反映了“金砖四国”为代表的新兴经济体和发展中国家的要求和建议。公报提出要对国际金融机构进行现代化改革，提出新兴市场和发展中国家必须有更大话语权和代表性，同意国际金融机构首脑和高级领导应该通过公开、透明的优选程序来选派。但由于上述改革触动发达国家利益，加之时间紧迫，并无具体改革方案。至于推进国际货币多元化问题，公报丝毫没有涉及。

20国集团会议，原为由财长、央行行长参加的非正式论坛性会议，不是议事协调机构。现在，20国集团会议上升到由20国集团领导人参加，讨论全球经济和金融发展重大问题。公报提出的措施，由20国集团领导承诺履行，公报最后还特别提出在今年年底之前再次集会评估履行承诺的进展。20国集团峰会实际承担了对国际经济和金融重大问题的协调职能。因此，我认为，20国集团峰会有可能成为常设性会议安排，但也不排除发达国家继续通过原来七国集团会议来协调财经政策。有的专家还预测，鉴于联合国大会下设安全事务理事会，会不会20国集团会议改变为联合国下的与安理会平行的经济事务理事会。这些，都要看历史的发展。总之，20国集团峰会，开辟了国际金融新纪元。

3. 坚持权利和义务平衡，积极务实地参与国际金融体系改革

去年11月，胡锦涛主席在华盛顿峰会发表重要讲话，提出国际金融体系改革应该坚持建立公平、公正、包容、有序的国际金融新秩序的方向，努力营造有利于全球经济健康发展的制度环境。国际金融体系改革要坚持全面性、均衡性、渐进性、实效性原则。同时提出了对国际金融体系改革的四点主张。他的讲话对华盛顿峰会的召开发挥了重要影响。今年4月2日，胡主席在伦敦峰会上的讲话，分析了当前全球经济和金融发展形势，提出当前最迫切的任务是恢复世界经济增长，防止陷入严重衰退；反对各种形式的保护主义，维护开放自由的贸易投资环境；加快推进相关改革，重建金融新秩序。在讲到进一步推进改革时，他提出要从六个方面去努力。下面，我主要围绕对国际金融体系的改革，讲一讲学习胡主席讲话的体会。

一是关于加强和改进国际金融监管体系。胡主席提出“加强金融监管合作，尽快制定普遍接受的国际金融监管标准和规范，完善评级机构行为准则和监管制度，建立覆盖全球特别是主要国际金融中心的早期预警机制，提高早期应对能力”，同时提出“金融稳定论坛应发挥更大作用”。从伦敦峰会发布的公报内容看，胡主席和有关国家、特别是欧洲国家领导人加强金融监管的建议已被大会采纳，这是伦敦峰会的重要成果。经过十多年改革和发

展,我国外汇储备较高;银行业资本充足率超过8%,不良贷款比例已降到4%左右,银行监管信息更加公开透明;我国长期注重实体经济,金融衍生产品较少。我国政府应该支持加强金融监管的一系列建议,这些建议的实施,不仅不会束缚我国金融业发展,而且有利于我国金融业参与国际竞争,维护我国对外投资的安全。这次会议决定,把原由七国组成的金融稳定论坛,改革为由20国集团参加的全新的金融稳定委员会,对宏观经济和金融危机风险发生预警,并采取必要行动解决这些危机,有利于加强国际金融监管体系。我国有关部门也应深入了解这次会议提出的加强金融监管的具体要求,改进我国金融监管工作,并发挥我国在加强全球金融监管中的作用。

二是关于改革金融组织体系。胡主席在华盛顿峰会的讲话特别提出要“推动国际金融组织改革”,在伦敦峰会讲话中又对国际金融体系改革提出具体要求。归纳这两次讲话,我国对国际金融改革主要观点是:(1)改进国际金融机构治理结构,包括提高发展中国家的代表性和发言权,改革国际金融机构决策层产生机制。(2)建立及时高效的危机应对救助机制,提高国际金融组织切实履行职责能力。(3)国际金融机构应该建立快速反应、行之有效的金融救助机制,对借款国采取客观、科学、全面的评价标准,并增强对发展中国家的救助。(4)支持国际货币基金组织通过多种方式增资,但注资应坚持权利和义务平衡、分权化和自愿相结合的原则,新增资金应确保优先用于欠发达国家。

国际金融组织体系改革,涉及美国和欧洲发达国家利益,不可能在近期有重大突破。这次会议公报,用词很巧妙,美国急于刺激经济,用词是“恢复经济增长和就业”;欧洲侧重金融监管,用词是“加强金融监管”;发展中国家重点呼吁改革金融体系,用词是“巩固全球金融机构”,突出对国际金融机构增资,原则议论对金融组织体系的改革,而把提高发展中国家代表性和话语权的问题放到2011年初有关会议解决。

我国外汇储备全球第一,经济增长全球最快,国际社会对中国在国际金融机构增资和帮助有关国家渡过金融危机上寄予希望。但是,我国外汇储备货币在中央银行,我国人均GDP列世界中后水平,我国在IMF的份额不及荷兰,我们不应过多承担义务。面对这种矛盾,我国采取了被国际社会所理解的“权利和义务平衡”的出资方针,在峰会召开前为IMF增资2500亿美元的方案中,除欧盟、日本向IMF各贷款1000亿美元,加拿大等四国出资100亿美元,我国承诺通过向IMF购买债券出资400亿美元。对峰会后由有关成员国向IMF贷款2500亿美元,由于尚未涉及分配办法,各国也未提出意见。对2011年初,分配2500亿美元的特别提款,我国等发展中国家已提出提高代表性和话语权,我认为发展中国家份额会有所提高,但基本改变不了美欧控制的局面。

三是关于改革国际货币体系。对此,我们应有一个完整的认识:由美元垄断的国际货币体系已不适应国际经济和金融格局的变化;这次国际金融危机,对现行国际货币体系是一个严重冲击,但由美元为主导的国际货币体系尚未根本改变;国际货币体系改革不是由会议安排的,而是由国际经济和金融实力决定的,是市场竞争的结果,最后由会议所追认。因此,国际货币体系改革要经历长期复杂过程。

胡主席先后在华盛顿峰会、伦敦峰会上都提到对国际货币体系的改革,提出较为实际的建议。

首先,“国际货币基金组织应加强和改善对各方特别是主要储备货币发行经济主体宏观经济政策的监督,尤其应该加强对货币发行改革的监督”,“健全储备货币发行调控机制,保持主要储备货币汇率的稳定”。这些话实际上是主要针对美国及美元来说的,国际社会应对美国政府财政、贸易赤字水平和美元汇率稳定进行监督,反对只顾自身利益滥发美元,造成美元贬值,严重损害其他国家特别是发展中国家利益。

其次,“促进国际货币多元化、合理化”,“稳步推进国际货币体系多元化,共同支持国际货币体系稳定”。1999年中国政府明确支持欧元的使用,并在欧元大幅贬值时购进欧元,改变中国外汇储备币种结构,维护欧元稳定。近几年特别是这次发生国际金融危机之后,加快了人民币国际化的步伐。至今,我国与有关国家、地区共签订了累计总数为6500亿元人民币的双边货币互换协议,其中,去年年底以来已和我国香港、韩国、马来西亚、印度尼西亚、白俄罗斯等国家和地区签定了 5800 亿元人民币的双边互换协议,这和 7 年前签定的双边货币互换不同,中国可以向对方直接提供人民币。4 月 8 日国务院决定,在上海等五市开办长江中下游和香港、澳门,广东、广西和东盟之间在货物贸易方面人民币结算的试点业务。这两项措施,将使更多国家和地区持有人民币,为将来人民币在区域内扮演投资和储备货币打下基础。

第三是"鼓励区域金融合作,增强流动性互助能力,加强区域金融基础设施建设,充分发挥地区资金救助机制作用"。在美元既是美国主权货币,又是国际主导储备货币和国际资本迅速流动的状况下,全球的一些国家及地区发生国际收支严重失衡,导致一些国家及地区不断发生金融危机。因此,在加强国际货币基金救助能力和提高其救助效率的同时,应积极促进区域金融合作,中国政府将积极支持中日韩和东盟设立 1200 亿美元的外汇储备库(原称亚洲货币基金)。

关于设立非主权国际储备货币。"特别提款权(SDR)"是 IMF 于 1969 年创立的一个记账货币单位,于上世纪 70 年代末和 80 年代初,按在 IMF 的份额把其分配到各国。到 2009 年 4 月,这些"特别提款权"相当于 324 亿美元。20 国集团伦敦峰会公报已提出要把 SDR 发行额再扩大 2500 亿美元,以原世界银行副行长、诺贝尔经济学奖获得者斯蒂格利兹为主席的联合国顾问委员会正在准备工作方案。2006 年 11 月生效 SDR"货币篮子",美元占 44%,欧元占 34%,日元占 11%,英镑占 11%。"欧元之父"蒙代尔建议改革扩大发行后的 SDR"货币篮子",美元应下降到 40%,英镑降到 6%,也可能剔除,人民币应占 7%~10%。

胡主席在 20 国集团峰会上的讲话和王岐山副总理在伦敦《泰晤士报》署名文章,都没有提到设立超主权国际储备货币。2009 年 3 月 23 日,中国人民银行网站上发布了现任行长周小川"关于改革国际货币体系的思考"的文章,提出把 IMF 现在运用中的"特别提款权(SDR)"使用范围,从 IMF 成员国之间扩大到金融市场,建立起 SDR 与全体货币之间的清算关系,推动在国际贸易、大宗商品定价、投资和企业认购中使用 SDR 计价、创立 SDR 计价的资产等，把SDR定值的一篮子货币范围扩大到世界主要经济大国。这个建议引起国际社会强烈反应。俄国、巴西等发展中国家表示支持，但美国明确反对。设立非主权国际储备货币，尚有许多重大的问题需要研究，是一个遥远的目标，但反映了发展中国家和一些发达国家的意见，这对美国审视其财政货币政策，维护美元汇率稳定也是一个警告。

(2009年4月8日)

认识资本市场运用资本市场发展资本市场

中国证监会主席　尚福林

很高兴有机会向同志们汇报我国资本市场的改革发展情况。我围绕对我国资本市场的认识，资本市场在我国经济社会发展中的作用和进一步促进我国资本市场发展，介绍三个方面的情况，一是我国资本市场改革发展的基本情况和对我国资本市场的一些认识；二是应对国际金融危机进一步发挥我国资本市场的作用；三是促进我国资本市场进一步改革发展的措施。

一、我国资本市场改革发展的基本情况

（一）我国资本市场的发展历程

资本市场是指期限在一年以上的长期资金市场，包括股票市场、期限在一年以上的银行信贷市场、债券市场和基金市场等。其中，股票市场因为参与者众多、影响面广，所以最为投资者熟悉。资本市场产生和发展的基础是信用制度，资本市场是股份制和市场经济发展到一定阶段的产物。成熟资本市场发展的实践证明，资本市场具有资产定价（价格发现）、资源配置、投资融资、财富管理、促进自主创新等基本功能，在促进经济发展和社会进步方面具有不可替代的重要作用。

我国资本市场是改革开放的产物。以上世纪90年代初上海、深圳证券交易所的建立为起点,已经走过了近20年的发展历程,根据影响市场发展的重要标识性事件,大致可以分为三个阶段。

第一阶段(1990年至1998年):由局部试点转向全国性市场的发展阶段。1990年12月,上海证券交易所、深圳证券交易所先后开始营业;1992年邓小平同志发表南方讲话,解决了发展资本市场的认识问题;1992年10月,国务院证券委和中国证监会成立,履行对股票市场的监管职责;1993年,股票发行试点正式由上海、深圳推广至全国。第二阶段(1999年至2002年上半年):规范发展阶段。1999年7月1日,《证券法》正式实施,以法律形式确立了资本市场的地位;建立了全国集中统一的监管体制,对地方证券监管机构实行垂直领导;2001年,股票发行上市制度由审批制转向核准制;中国加入WTO后,证券业对外开放步伐明显加快。第三阶段(2002年下半年至今):进一步深化发展阶段。2002年11月召开的党的十六大,第一次在党的文件中提出"推进资本市场的改革开放和稳定发展"。十六届三中全会通过的《中共中央关于完善社会主义市场经济体制若干问题的决定》中专门用一节论述"大力发展资本和其他要素市场"。2004年《国务院关于推进资本市场改革开放和稳定发展的若干意见》(俗称"国九条")发布。这些文件发布表明我们党和国家在资本市场改革发展的理论、认识、政策措施上取得重大突破。近几年来,在这些文件精神的指引下,经过不懈努力,我国资本市场基础性制度建设全面加强,市场的质量、效率、规模大幅度提升,市场发生重要的转折性变化。

(二)近几年资本市场改革和监管的重点工作

党的十六大、十七大以来,按照党中央、国务院大力发展资本市场的决策部署,中国证监会党委以贯彻落实"国九条"为主线,坚定不移地把推进资本市场稳定健康发展作为中心任务,着力服务国民经济发展全局,着力加强资本市场基础制度建设,着力加强和改进市场监管,开展了一系列综合改革。

这些重点工作主要包括:(1)积极开展股权分置改革,破除影响市场发展的重大制度障碍,形成了全流通的市场环境,从基本制度上完善了市场价格发现机制;(2)开展上市公司清欠及规范运作,解决大股东违法违规侵占上市公司资金的顽疾,从法律和制度上确立了上市公司独立法人财产权的地位,夯实市场发展基石;(3)深入开展证券公司综合治理,关闭了高风险证券公司,完善了证券公司的内、外部控制,在稳妥化解风险的基础上推动行业创新发展,使证券行业从接近崩溃的边缘回到合规发展的轨道;(4)大力发展机构投资者,扩大长期资金入市规模,有效改善了市场的投资者结构;(5)完善资本市场法制,加强和改进市场监管,初步形成了符合我国市场发展实际需要的证券期货法规体系和稽查执法工作机制,实行了适应我国市场环境的"辖区监管责任制",监管水平逐步提高;(6)深化发行体制改革,健全市场约束机制,使发行市场和二级市场更加高效地衔接;(7)不断完善多层次资本市场体系,满足多元化投融资需求,基本建立起了符合我国经济发展需要的有机联系的资本市场体系;(8)稳步发展期货市场,健全期货品种体系,增强服务实体经济能力;(9)积极扩展国际交流合作,稳步推进对外开放,增强我国证券期货行业在开放条件下的竞争实力。

(三)资本市场对经济社会发展做出重要贡献

随着"国九条"各项决策部署逐步贯彻落实,我国资本市场规模稳步扩大,市场体系逐步健全,质量和结构日益改善,广度和深度不断拓展,截至2009年5月底:

——我国沪深股市总市值17.98万亿元,流通市值8.02万亿元,分别是2002年的4.69倍和6.43倍,股市市值排名已经由2002年的全球第13位,上升至第3位;

——上市公司1623家,比2002年增加399家。今年一季度,上市公司资产总规模达53.7万亿元,实现营业收入2.3万亿元,约占全国GDP

的 34.9%；

——证券公司 107 家，比 2002 年减少 20 家，总资产 1.5 万亿元，净资本 3176 亿元，分别是 2002 年的 2.7 倍和 4.6 倍；

——基金公司 61 家，比 2002 年多 40 家，发行基金 480 只，基金总份额 2.31 万亿份，基金净值 2.10 万亿元，分别是 2002 年的 6.78、17.75 和 17.2 倍；

——投资者开户数达到 1.58 亿户，其中机构开户数 54.38 万户，个人开户数 1.58 亿户，分别比 2002 年底增加 79.96%和 131.7%；

——此外，2008 年，我国期货市场全年成交 13.6 亿手，成交金额 71.9 万亿元，分别是 2002 年的 9.8 倍和 18.2 倍，商品期货成交量已占全球的三分之一。

伴随着规模的扩大和体系的完善，我国资本市场服务国民经济全局的能力进一步提升，在经济社会发展中发挥着越来越重要的作用：

一是深化了社会主义市场经济体制改革。我国资本市场的创建和发展，在转换企业经营机制、转变国有资产管理模式、加快投融资体制改革、促进经济结构调整和升级等方面发挥了重要作用，为经济体制改革和制度变迁提供了一个良好的平台。实践证明，在完善社会主义市场经济体制的全过程中，建立资本市场是一个极其重要的环节。

二是巩固了公有制为主体的社会主义经济基础。十六届三中全会指出，要使股份制成为公有制的主要实现形式。到 2009 年 3 月底，我国已经有股份公司 12.55 万家，A 股上市公司 1625 家，金融、电力、石油、石化等各领域的骨干国有企业都已经上市，国有控股或参股的上市公司大都成为各行业的领军企业。股份有限公司尤其是上市公司已经成为各类企业健全机制的目标模式。经过股权分置改革后，资本市场的定价功能显现，原来以净资产为定价基础的国有股交易价格逐步市场化，资产增值效应显著，巩固了以公有制为主体、多种所有制经济共同发展的经济基础。

三是有效支持了实体经济又好又快发展。截至 2008 年底，境内外资本市场累计为企业融资 3.25 万亿元，其中 2002 年至 2008 年累计融资额为

2.45 万亿元。通过发挥资本市场融资和资源配置等功能，加速了资源向优势企业集中，增强了企业核心竞争力，促进了经济结构调整和发展方式的转变，为国民经济平稳较快发展提供了重要动力。

四是有力改善了我国银行和金融体系结构。近 6 年来，我国先后有 14 家商业银行和 3 家保险公司改制上市，融资达 3690 亿元，大幅充实了资本金，明显改善了资产质量和盈利能力，完善了公司治理结构。我国主要商业银行长期积累的风险得以化解。证券期货经营机构经过综合治理，风险管理明显加强。金融业整体抗风险能力的提高，为我国应对国际金融危机提供了有力支撑，维护了国家经济和金融安全。

五是积极促进了创新型国家战略的实施。各类生产要素和社会资源通过资本市场不断流入高新技术领域和应用技术领域，推动我国传统制造企业向创新企业和高科技企业转型。目前上市公司中国家重点高新技术企业超过 300 家，占上市公司总数的 1/5。273 家中小板公司中有高科技企业 205 家，共承担 362 个国家级火炬计划项目，拥有 3055 项核心技术专利。

六是资本市场对经济社会发展的影响日益深入。资本市场的快速发展，传播了社会投资和市场经济观念，丰富了我国居民的投资理财渠道，推动了股权文化、公平正义、诚实信用等社会主义市场经济基本观念的普及，促进了社会事业的进步和发展。

(四) 我国资本市场仍是“新兴加转轨”的市场

在看到资本市场发生转折性变化的同时，我们也清醒认识到，我国资本市场是在社会主义初级阶段条件下，由计划经济体制向社会主义市场经济体制转轨过程中发展起来的新兴市场，在发展起点和发展过程中面临着特有的初始条件和内外部环境。

第一，从支撑市场发展的信用基础看，资本市场是商品经济和股份制经济发展到一定阶段的产物，而股份制的产生是与信用制度的发展紧密联系在一起的。马克思指出，“信用制度是资本主义的私人企业逐渐转化为资本主义的股份公司的主要基础”。在1600年,英国就成立皇家特许经营的股份制公司——东印度公司,而当时我国处于明朝万历年间。与成熟市场相比,我国信用体系不发达,缺乏健全的“委托—代理”机制,信用基础的形成需要一个逐步发展成熟的长期过程。

第二,从促进市场发展的认识基础看,在社会主义初级阶段建立高度市场化的资本市场,我们没有成功的经验和现成的模式学习借鉴,主要依靠我们自身实践探索和经验积累,对我国资本市场自身规律、市场运行特点、监管和市场的关系等方面的认识,都需要理论、实践的积累。同样由于时间短,一些地方和部门对资本市场的认识还停留在“融资”层面,而部分投资者对资本市场的理解和认识不足,有时简单看到“赚钱效应”,风险意识不强,对行政监管约束的期望和要求很高。

第三,从保障市场发展的法律基础看,我国资本市场发展的配套法律环境不够完善。例如,在香港等成熟市场,大股东侵占上市公司资金属于侵犯上市公司独立法人财产权,是“挪用公款”,通常会判重罪,创维的黄宏生为此被判了六年。而在A股市场上过去有些上市公司的老总认为,国有企业是代表13亿人的全民所有制公司,挪用上市公司的钱是替公家办事,只是“挪用私款”,只要不装进自己的口袋,就不能算犯罪。这种认识是从根本上不承认上市公司是独立法人实体,不承认上市公司享有独立法人财产权。这种根本性的问题不从法律、制度上解决,中国资本市场是搞不好的。最近几年,我们下很大决心去“清欠”,并推动2006年修改刑法时增设了“侵占资金罪”,从法律层面上加强了市场基础建设。

第四,从推动市场发展的外部环境看,我国资本市场制度建设前进的每一步,和我国宏观经济、金融改革的整体进程是密切相连的。比如,回过头来看股权分置问题,在改革开放早期,为避免姓资姓社的争论,同时又要推动股份制和资本市场试点发展,规定上市公司的发起人股份(主要是国有股)暂不上市流通,这种制度安排对当时条件下资本市场的建立和发展发挥了积极作用。可以说,在当时特定的政治、经济、观念和法律环境下,如果不搞这种策略，资本市场就无法立足，也难以发展，而采取这种方式又可能为今后市场发展带来新的问题。这种“两难”的情况在我国资本市场的改革发展过程中仍然大量存在。

当前，我国资本市场“新兴加转轨”的基本特征集中表现在三个方面：

第一，国有股占多数的特殊股权结构。在A股市场1600多家上市公司中，含有国有股份的上市公司有1100多家。国有股占市场总股本的比例达63.41%。国有股占多数，是我们社会主义国家性质决定的，也是坚持、巩固和发展公有制为主体方针的具体体现。这既对资本市场发展具有积极作用，也增加了上市公司治理的特殊性和复杂性。这是在发展我国资本市场中必须面对的特殊情况。

第二，以中小投资者为主的特殊投资者结构。去年有一项调查，虽然不完全准确，但也能说明一些问题。境内个人投资者以月收入在5000元以下的中低收入群体为主，占总开户数的70%左右，约8400万户，其中12%的投资者，约1440万开户人月收入在800元以下。这些投资者对资本市场的风险认知程度不足，风险承受能力低，容易跟风操作，往往成为市场上违规行为的受害者。

第三，不成熟的股权文化。一些上市公司缺乏尊重股东权益、维护股东权益等现代市场观念，分红和回报股东意识不强，治理不规范，诚信水平不高。一些中小投资者不关心上市公司业绩，习惯跟风炒作、追涨杀跌，资本约束不到位，市场约束不健全。

总之，经过20年的发展，我国资本市场取得了巨大成就，在国民经济和社会发展中发挥作用的范围和程度日益拓展。我国资本市场的改革一直站在经济改革和发展的前沿，体现了社会主义市场经济体制的特征和巨大活力，推动了我国社会资源配置方式的变革，为社会主义市场经济诸多领域的改革提供了有益的经验。实践证明，党中央、国务院提出的大力发展资本市场的国家战略是完全正确的。同时，与成熟市场“自然演进型”的发展模式不同，我国的资本市场是在政府推动和政策引导下建立发展起来的，留下了我国经济改革不断深化和社会主义市场经济逐步完善的阶段性烙印。必须立足于初级阶段的基本国情和“新兴加转轨”的基本市情，不断加深对我国资本市场发展特点、内在规律和改革路径的认识，积极研究、逐步推动解决市场深层次体制性、机制性问题，坚持不懈地走符合我国市场实际的改革发展道路。

二、在应对国际金融危机进一步发挥我国资本市场的作用

（一）国际金融危机对我国资本市场运行造成较大冲击

去年以来，席卷全球的金融危机给世界经济带来严重冲击。受此影响，中国经济外部需求收缩，企业经营困难增多，经济下行风险加大，面临着新的挑战和考验。随着我国资本市场的快速发展壮大，资本市场与宏观经济、国际市场关联度的提高，国际金融危机也从多个层面对我国资本市场造成较大冲击。一是危机传导效应显现。危机导致国际市场原油、基础性原材料、资产等价格大幅波动，并通过资金跨境流动、市场化定价机制、投资者心理等多种途径迅速传导到国内期货、股票市场，影响市场整体运行。比如，美国雷曼兄弟公司破产后，直接导致国内华安 QDII 基金持有者的本金受到损失。2008 年“十一”长假后，受国际市场大宗商品价格剧烈波动影响，我国期货市场主要品种一度连续跌停。二是境内外市场联动效应增强。由于我国股市多种大盘蓝筹股在海外同时上市，投资者在分析境内股市走势时越来越多的参照香港、美国市场，国外股市的调整也加大了我国股市波动。三是宏观经济景气度变化对股市运行造成压力。危机导致我国外部需求萎缩，能源、原材料需求大幅下降，部分行业、企业经营困难增多，规模以上工业企业实现利润明显减少。目前，资本市场基本涵盖了各行业的龙头企业，从公布的上市公司 2008 年度财务报告来看，1624 家上市公司净利润同比减少 16.82%，上市公司的经营压力比较大。

(二)证监会应对国际金融危机冲击的主要政策措施

面对国际金融危机冲击,党中央、国务院果断调整宏观经济政策,实施积极的财政政策和适度宽松的货币政策,及时出台扩大内需、促进经济增长的一揽子计划。在中央坚强领导下,证监会坚定不移地把促进资本市场稳定健康发展作为中心任务,按照“远近结合、统筹兼顾”的原则,及时出台了一系列促进市场稳定的政策措施,努力降低国际金融危机带来的不利影响,为扩大内需、促进经济平稳较快发展提供有力的金融支持。

一是全力应对处置危机冲击和风险蔓延。成立证监会应对国际金融危机领导小组,深入研究国内外市场的关联互动,组织开展压力测试;严格控制上市公司、证券公司等市场主体的涉外投资风险,及时稳妥处置雷曼兄弟公司破产引发的华安QDII基金运作风险,平稳处理中信证券与贝尔斯登合作的后续事宜;妥善处置期货市场罕见的极端行情风险,加强境外期货持证企业监管;密切监测资金跨境流动,控制境外风险在境内的扩散蔓延。

二是继续强化有利于市场稳定运行的基础制度。在巩固前几年股权分置改革、证券公司综合治理等重大改革成果的基础上,及时出台完善大宗交易平台、推动上市公司增加现金分红、鼓励股份回购或增持、积极协调减免市场税收等政策措施,在提振市场信心的同时,着力完善有利于市场稳定运行的体制机制。

三是积极稳妥推进市场改革创新。在加强监管、有效防范金融风险的前提下,稳步推进证券发行定价、审核、保荐制度改革,颁布了相关规则,大力发展证券投资基金、QFII等机构投资者。按照“金融三十条”的要求,今年以来,先后上市钢材、早籼稻、聚氯乙烯等期货新品种,进一步提高了市场的运行效率。

四是有效满足实体经济增长对资本市场的合理需求。充分发挥市场功能,扎实推进创业板建设,颁布《首次公开发行股票并在创业板上市管理暂行办法》,

大力发展公司债券市场，推动上市公司并购重组，加大对中小企业、自主创新、节能减排等领域和环节的支持，满足实体经济的合理需求。

五是切实维护公开、公平、公正的市场运行秩序。强化投资者合法权益保护，加强和改进市场监管，严厉打击披露虚假信息、操纵市场、内幕交易等违法违规行为，坚决查处、曝光“北京首放汪建中操纵市场案”、“中关村内幕交易案”等一批社会影响力大的大案要案，坚决把保护投资者合法权益落到实处。

今年以来，在国家扩大内需一揽子计划的带动下，随着资本市场相关政策措施的正面累积效应逐步显现，我国资本市场信心逐步恢复，流动性明显改善，证券期货经营机构整体上保持稳健经营，没有发生系统性风险，市场总体呈现出稳定健康发展态势。

（三）危机条件下我国资本市场面临新机遇

这场危机虽然给我国经济、金融和资本市场发展带来前所未有的挑战，也带来了难得的机遇。一方面，金融在现代经济中的核心地位没有改变，资本市场作为当今世界大国博弈平台的地位没有改变。另一方面，从我国经济社会发展的实际需要看，我国资本市场是“新兴加转轨”的市场，金融创新还远不能满足实体经济发展的需求，作为经济金融体系的重要组成部分，在经济全球化的进程中，我国资本市场大有可为。

一是要充分发挥资本市场的资产定价功能，促进我国企业参与国际合作。我国企业在参与国际经济合作中，无法回避的一个问题是，对于同一资产，不同的市场、不同投资者往往会给出不同的价格，甚至差距很大。而资产定价功能关系到我们积累的国民财富以什么价格参与国际合作。经过股权分置改革后，我国资本市场定价功能已比较充分，使我国企业在参与国际合作中拥有更为合理的价格参照体系，从而有力地维护了国家利益。

二是要充分发挥资本市场的经济发展助推器作用，促进扩内需、保增长。当前,我国经济的市场化程度已经相当高,在增加政府投资的同时,更需要拉动民间投资。资本市场作为公开投资场所,具有将社会储蓄转为长期投资的功能,有效引导民间资金流向政府鼓励的项目和符合国家产业政策的领域。

三是要充分发挥资本市场的资源配置功能,推动调结构、上水平。近年来,资本市场加速了我国各类资源向优质企业集中,促进了产业结构调整升级。从2005年到2007年,上市公司并购交易额已占全部并购交易额的2/3。世界经济形势的重大变化,必然带来经济结构的深刻调整。资本市场应当在促进产业调整、促进城乡区域和经济社会协调发展中,发挥更大的作用。

四是要充分发挥资本市场的投融资功能,支持创新型企业发展壮大。在高科技、创新型中小企业的金融支持体系中,资本市场可以与创业投资、产业基金、银行信贷、信用担保、科技保险等支持措施良性互动,在整个投融资服务链条当中起到枢纽的作用。相信随着创业板的推出,资本市场将继续加大对中小企业的支持力度,促进创新型国家建设。

五是资本市场长期向好的发展动力没有改变。当前,我国正处于工业化、城镇化快速发展阶段,国内市场前景广阔,经济发展空间和回旋余地大。去年年底以来,中央采取的扩大内需、促进经济增长的一揽子计划,积极作用已经并将进一步发挥。实体经济决定虚拟经济,中国资本市场基础和动力没有发生根本改变,长期向好的趋势不会动摇。

三、进一步推进资本市场稳定健康发展的主要思路

总体思路是:紧紧围绕“保增长、扩内需、调结构”这条主线,认真学习实践科学发展观,贯彻十六大以来党中央国务院对我国资本市场改革发展的指导精神。从加强市场基础建设,完善市场结构层次,提高市场主体整体水平,培育健康市场文化,强化市场监管体系建设等五个方面,促进市场稳定

健康发展。

一是继续加强市场基础性制度建设。通过不断改革，完善制度，培育市场机制。在制度设计上要远近结合，以保护投资者合法权益为出发点，更加突出发挥市场机制的作用，更加突出维护市场“三公”原则，努力使各项措施更加有助于维护和提振市场信心，有利于形成市场稳定运行的体制机制，支持国民经济平稳较快发展。最近启动了发行制度改革，完善价格形成和股票承销机制。

二是完善多层次资本市场体系建设，提高市场效率。推动创业板顺利启动、平稳运行，服务建设创新型国家战略；进一步完善代办股份转让试点的制度设计，择机扩大试点；大力发展公司债券市场，扩大公司债券融资规模，促进银行间债券市场与交易所债券市场的互联互通，进一步优化投融资结构。增加期货新品种，强化期货市场服务国民经济功能。

三是提高市场主体的整体水平。积极推动上市公司并购重组，促进产业结构调整升级，支持中小企业利用资本市场加快发展，缓解融资难的问题，从整体上提高上市公司质量；支持证券期货经营机构有序创新，增强竞争实力。有效落实上市公司、证券公司、基金公司、期货公司的基础管理和内部控制，及时发现和化解风险隐患。

四是培育健康的市场文化。进一步鼓励和规范上市公司现金分红，增强回报股东意识。完善股东对上市公司的约束机制，推动全社会逐步认同尊重股东权利、维护股东权益的文化理念。研究制定投资者教育工作中长期规划，引导上市公司加强投资者关系管理，督促证券期货经营机构牢固树立“客户至上”的经营理念，认真履行受托义务，提高投资者服务水平，积极探索保护投资者合法权益的长效机制。

五是强化市场监管体系建设。根据市场发展变化的新情况、新特点，进一步完善监管方式、方法，着力强化对控股股东、实际控制人及高管人员的监管，着力强化对操纵市场、内幕交易、利益输送等违法违规案件的惩处和曝光力度，着力强化对国际金融危机的监测和预警。

长期以来，我国资本市场的改革发展和证监会的工作得到各方面，包括在座各位关心和支持，希望大家继续关心和支持资本市场的改革发展，也欢迎大家对资本市场改革和监管工作多提宝贵意见。

（2009 年 6 月 25 日）

关于加快转变经济发展方式的几个问题

国家统计局局长 马建堂

一、我国经济发展方式的特征

党的十六大提出到2020年全面建设小康社会的奋斗目标，党的十七大对此奋斗目标又提出了更高的要求，就是增强发展协调性，扩大社会民主，加强文化建设，加快发展社会主义事业，建设生态文明，加快建设更高层次、更加惠及人民群众的小康社会。现在到2020年全面实现这样一个宏伟目标还有10年时间。我国现在仍然处于并将长期处于社会主义的初级阶段，社会的主要矛盾是人民日益增长的物质文化需要同落后的社会生产之间的矛盾，这个矛盾将贯穿于社会主义初级阶段的整个过程。在这里我想提出的问题是，中国未来十年经济发展的主要矛盾是什么？我认为，未来十年经济发展的主要矛盾可以概括为，为满足人民群众日益增长的物质文化需要而加快经济发展与产出率较低、消耗较大、污染较重、排放空间有限的传统经济发展方式之间的矛盾。在我们这样一个发展中国家，要全面建设小康社会，不断改善民生，促进社会进步，经济就需要保持一定的发展速度，就必须始终坚持发展是第一要务，是硬道理，这一点绝不能动摇。但还必须看到，我国的人均资源不足，环境容量有限，人口红利开始减少，与其他国家的贸易摩擦加剧，因此那种传统的快速但不太好的发展方式是不可持续的。要解决经济发展这一主要矛盾，就必须转变传统的经济发展方式。

归纳起来，我国传统的经济发展方式有以下几个特点：

(一) 资源产出率低、物质资源消耗大

在经济快速发展时期，偏低的资源产出效率必然导致消耗大量的物质资源。我国传统经济发展方式的第一个显著特点是资源产出率偏低，主要表现在我国单位国内生产总值能源、钢铁、淡水等资源消耗均明显高于世界平均水平。2006 年，我国单位国内生产总值能耗为 8.9 吨标准油/万美元，约为世界平均水平的 3 倍。其中，煤耗为 5.6 吨标准油/万美元，约为世界平均水平的 7.1 倍；石油消耗为 1.2 吨标准油/万美元，约为世界平均水平的 1.3 倍。

2000 年到 2006 年 7 年间，我国单位国内生产总值能耗数据基本是世界平均水平的 3 倍，与日本、德国等相比差距很大。2006 年，我国是日本单位国内生产总值能耗的 8.9 倍。2008 年，我国单位国内生产总值钢铁消耗为 1.7 吨/万美元，约为世界平均水平的 5.7 倍，分别为巴西、印度、俄罗斯水平的 6.1 倍、2.7 倍和 2.1 倍，在“金砖四国”中是最高的。当然这也可能与我国固定资产投资增长较快、基础建设发展较快有关。

我国是一个人均水资源十分有限的国家。2000 年，我国单位国内生产总值淡水消耗为 4615 立方米/万美元，约为世界平均水平的 3.9 倍，分别为巴西、俄罗斯淡水消耗水平的 5.9 倍和 1.6 倍。

物质资源大量消耗还表现在我国石油、煤炭、电力等资源消费量快速增长。2007 年，我国石油、煤炭、电力消费量分别为 36570 万吨、258641 万吨和 32712 亿千瓦小时，分别为 1990 年的 3.2 倍、2.5 倍和 5.3 倍。2006 年，我国 GDP 总量占世界 GDP 总量的 5.5%左右，但是我国的能源消耗却达到

了24.6亿吨标准煤，约占世界能源消耗的15%。钢材消耗量达到了3.88亿吨，约占世界钢材消耗的30%。水泥消耗12.4亿吨，约占世界水泥消耗量的54%。大致上说，我们消耗了世界上1/3甚至1/2的主要基础原材料，创造了6%～7%左右的GDP，这充分说明我国经济发展方式的粗放。

（二）主要污染物排放强度大，环境污染严重

我国传统经济发展方式的第二个显著特点是高排放、高污染。尽管我们的人均排放强度、累计排放量都低于世界水平，但我国单位国内生产总值二氧化碳、氮等污染物的排放均大大高于世界平均水平，高强度的污染物排放造成环境污染严重。从2000年到2005年二氧化碳排放强度表可以看出，2005年我国单位国内生产总值二氧化碳排放量为29.3吨/万美元，世界平均水平是8吨/万美元，我国是世界平均水平的3.6倍、欧元区水平的7.6倍。当然，这与我国能源结构有很大关系，因为我国的能源结构中煤炭的生产消费占70%左右。

2005年我国单位国内生产总值氮排放量2.99吨二氧化碳当量/万美元，为世界平均水平的2.9倍，欧元区水平的6.5倍。

我国环境污染比较严重还表现在大气、水环境等质量差，酸雨问题严重，大气中颗粒物含量过高等方面。2006年，我国每立方米空气中颗粒物含量为73.0微克/立方米，世界平均水平是每立方米50微克，我国为世界平均水平的1.5倍，为欧元区水平的3.2倍。印度略低于我国水平，俄罗斯和巴西则远低于我国水平。

我国地表水污染严重，七大水系总体质量为中度污染。从2008年我国七大水系水质类别比例图可以看出，长江、黄河、珠江、松花江、淮河、海河和辽河七大水系，严重污染而不能使用的劣V类水质比例达到20.8%。其中，黄河、淮河、辽河、海河劣V类水质比例分别达到20.5%、22.1%、32.5%、50.8%。海河的劣V类水质已经达到一半。

酸雨的发生频率比较高。2008年,在环保部监测的477个城市(县)中,出现酸雨的城市252个,占52.8%;酸雨发生频率在25%以上的城市164个,占34.4%;酸雨发生频率在75%以上的城市55个,占11.5%。重酸雨比例高。2008年,在环保部监测的477个城市(县)中,发生较重酸雨的城市占24.1%。其中,重酸雨的城市占8.8%。

(三)大量使用廉价劳动力,劳动生产率比较低

我国传统发展方式的第三个显著特点是依靠大量使用廉价劳动力增加产出,企业对技术进步的作用重视不够,劳动生产率偏低。劳动力资源比较丰富,是我国的一个重要优势。我国人口众多,劳动力供给较为充裕,其中第二产业就业人数、总量、规模巨大。2007年我国第二产业的就业人数达2亿多,远远高于世界其他国家。据统计,我国13.28亿总人口中有7.5亿劳动力人口。在7.5亿劳动力中,城镇就业劳动力3亿,农村4.5亿。在农村的4.5亿劳动力中,每年大约有1.5亿左右会转移到城镇打工,其中大约有3000万至4000万人已常住城镇。离乡不离土的,在本地从第一产业转移到第二产业的人员还有8000万至9000万人,这两部分人加起来大约是2.4亿多。在农村继续从事农业劳动的人数有2亿左右。我国劳动力资源丰富,劳动力成本低廉。据美国劳工部测算,2007年我国制造业劳动力成本为0.8美元/小时,德国为50美元/小时,我国仅为德国、美国、日本、巴西制造业劳动力成本的1.6%、2.6%、3.3%和11.3%。

中国经济发展的持久动力,就是农村劳动力的不断转移。发展经济学的著名理论——刘易斯理论,提出了发展中国家劳动力转移的二元经济模型,即农村劳动力太多,劳动生产率很低,在当地的边际产出是零,甚至为负数,但只要转移出来,他的边际产出肯定比原来大。现在面临的问题是,随着中国经济的持续发展和农村劳动力的不断转移,我国的农村劳动力在若干年以后还有没有富余,还有没有人口红利,有的话还能持续多长时间?

中国的制造业在改革开放以来之所以发展得这样快，制造业出口之所以发展得这样迅猛，劳动力资源优势带来的劳动力价格相对便宜是一个非常重要的因素。这也符合国际贸易理论中的比较优势理论，该理论认为一个国家应集中生产并出口其具有“比较优势”的产品，进口其“比较劣势”的产品。但是，低廉的劳动力价格必然导致大量使用劳动力，劳动力密集投入又形成偏低的劳动生产率。从世界主要国家劳动生产率表中可以看出，据世界银行统计，2008 年我国劳动生产率为 5584 美元/人，仅为美国、日本、德国、俄罗斯的 5.7%、7.2%、5.9%、24.6%。

（四）规模经济和全球化影响，形成产品大进大出

我国传统经济发展方式的第四个显著特征是大进大出。我国在资源、劳动力密集投入基础上，低水平扩张形成的规模经济效应明显，在经济全球化的背景下，形成产品大进大出，外贸依存度（货物进出口总额与 GDP 之比）明显偏高。这种产品大进大出式的经济发展模式，主要特点就是从国际上获取我国紧缺的资源，利用我国丰富的劳动力资源，加工形成产品后再出口到国外。改革开放以后，我国利用国际国内两个市场是经济发展的必然，但也要看到，这种传统的经济发展方式在很大程度上依赖于我国廉价资源、廉价环境和廉价劳动力过度地输出。我国一些环境污染比较严重的产品，如铁合金、电解镁等等，出口的比重也很高。我国人均资源本来就少，资源利用率又低，再输出一部分资源，还通过产品加工造成更大的环境污染，这种状况必然不可持续。2000 年我国的进出口贸易额占世界贸易额的比重为 3.6%，2008 年为 7.88%，2009 年为 8.3%，我国已经超过德国成为货物贸易出口第一的国家。

在世界分工格局下，产品大进大出使我国外贸依存度明显偏高。2008 年，我国外贸依存度达到 59.8%，分别比美国、日本高 35.4、28.3 个百分点。2009 年，我国外贸依存度为 45.0%。

加工贸易的快速发展是形成我国产品大进大出的重要原因。1982～2008年,我国加工贸易进出口年均增长24.8%,占全部贸易额的比重由1981年6.0%上升为2008年的41.1%,近年来基本稳定在40%～50%之间。对我国来讲,加工贸易在扩大就业方面,发挥了重要的、不可替代的独特作用。但加工贸易占总贸易的份额偏高,在某种程度上也说明我国经济发展方式的粗放。

(五)消费率偏低,对投资依赖过大

我国传统生产方式的第五个显著特征是消费率明显偏低,投资率偏高。消费率是指最终消费占支出法GDP的比重。支出法GDP分成四个部分:一是最终消费,包括居民消费和政府消费;二是固定资本形成,固定资本形成不等于固定资产投资;三是存货变动;四是进出口。2008年,我国消费率为48.6%,大大低于世界主要国家60%以上的消费率;投资率(固定资本形成总额占支出法GDP的比重)为43.5%,明显高于世界主要国家30%以下的投资率。

虽然大家认为投资多消费少,也确实存在这种趋势,但1978年到2008年30年间,我国经济增长的第一动力仍然是消费。30年平均下来,消费对我国经济增长的贡献率是55.3%,投资的贡献率是36.7%。2001年以前,我国消费对经济增长的贡献率大体上高于投资贡献率,2002年以来,投资对经济增长的贡献率高于消费贡献率,或者与之持平。

(六)工业带动为主,服务业比重低

我国传统经济发展方式的第六个显著特征是工业对经济增长的贡献大大高于农业和服务业,服务业发展相对滞后。1978～2008年30年间,工业对经济增长的贡献率平均达到50.7%,超过了一半。

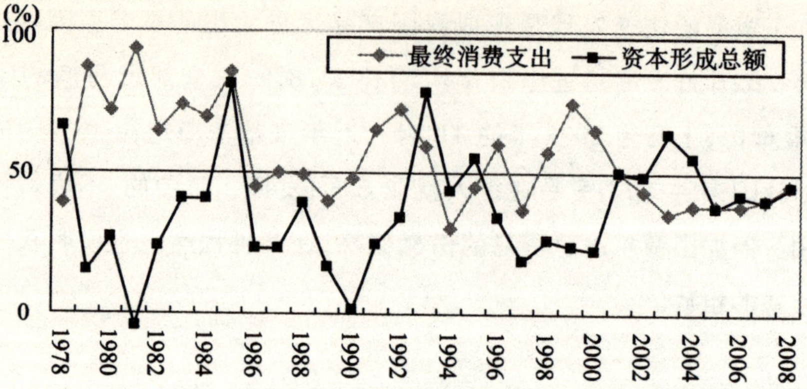

图 1 1978—2008 年我国投资和消费对经济增长的贡献率

改革开放以来,我国服务业占国内生产总值的比重逐步提高,由 1978 年的 23.9%,上升到 2008 年的 41.8%。2009 年为 43.4%。从我国三次产业占国内生产总值比重图可以看出,第一产业比重的短期、长期趋势都明显在逐步减少,第二产业比重在近段时间内大致稳定,第三产业比重在不断增加。

这种情形也符合产业发展理论中的库兹涅茨法则和钱纳里"标准结构"理论。库兹涅茨法则和钱纳里"标准结构"理论认为,随着时间的推移,第一产业所占比重会不断下降,第二、三产业比重会不断上升,第二产业发展到一定程度后会相对稳定甚至下降,第三产业比重则会更快地增长。2006 年美国的服务业比重为 76.5%,日本、德国、英国这些发达国家都接近 70%或 70%以上。与世界主要国家相比,我国服务业比重仍然明显偏低。

表 1 世界主要国家服务业占国内生产总值比重 %

国家	2001	2002	2003	2004	2005	2006	2007	2008
美国	75.8	76.6	76.8	76.5	76.3	76.5		
日本	67.3	67.9	68.0	67.9	68.0	68.4		
德国	69.0	69.7	70.2	69.7	70.2	69.8	69.0	
英国	72.1	73.4	74.6	75.1	74.9	75.1	76.0	
巴西	67.1	66.3	64.8	63.0	65.0	65.8	66.0	65.3
印度	51.5	52.7	52.8	52.6	52.2	52.4	52.4	53.4
俄罗斯	57.7	60.2	60.7	59.8	55.3	57.0	56.8	
中国	40.5	41.5	41.2	40.4	40.5	40.9	41.9	41.8

二、转变传统的经济发展方式刻不容缓

(一) 我国国内资源供给有限，资源供需矛盾非常突出

我国人口众多，自然资源相对有限，许多重要资源的人均占有量远远低于世界平均水平，经济快速增长与国内资源供给相对不足的矛盾日益突出。从世界主要国家人均原油储量及居世界位次图可以看出，2007 年中国人均原油的储量是 1.87 吨，占世界第 59 位。

中国人均耕地 0.11 公顷，居世界第 145 位。土地资源是我国最为稀缺的资源之一，伴随我国工业化、城镇化的高速发展，土地的紧缺性、稀缺性、宝贵性日益凸显。

我国矿产资源人均储量极低，石油、煤炭、天然气人均储量不足世界人均值的 1/10，主要金属人均储量不足世界人均值的 1/4。近年来，我国主要矿产资源对外依存度不断上升。目前，石油、铁矿石等矿产资源对外依存度均在 50%以上。

(二) 环境容量有限，国内外压力增大

高排放、高污染与环境容量有限的矛盾日渐突出，生态环境保护压力日益加大。我们发展的目的就是让人民生活得更加幸福，喝干净的水，呼吸清洁的空气，生活在优美的环境里。但现在我国主要污染物排放量远远超过环境容量，环境污染严重。目前我国地表水污染严重，七大水系水质总体为中度污染，湖泊富营养化问题突出，近岸海域水质总体为轻度污染，部分城市空气污染较重。环境状况恶化导致污染治理投入快速增加。由 2004 年投入 1920 亿元猛增到 2008 年投入 4490 亿元。

据世界银行统计，2005 年我国二氧化碳排放量为 55.5 亿吨，约占全球二氧化碳排放量的 18%，仅次于美国，居世界第二位。近年来，国际社会对

环境问题日益重视，去年末召开的哥本哈根会议就是为解决环境问题而召开的，而当前我国正处于工业化、城镇化进程中，减排难度和代价巨大，面临减排的国际压力将越来越大。

我国政府公布了控制温室气体排放的行动目标，决定到2020年我国单位国内生产总值二氧化碳排放比2005年下降40%～45%。这是中国政府的一个郑重承诺。要兑现这一承诺，中国经济必须走资源节约型发展道路，进一步加强环境和污染治理。

（三）劳动力供求形势发生深刻变化，用工成本增加

转变经济发展方式，也是劳动力供求形势变化的要求。我国已于1999年步入人口老龄化国家行列，人口自然增长率近年来快速下降，老龄人口比重持续上升，适龄劳动力供给增长放缓，人口红利将逐渐减弱。我国人口自然增长率由1995年的10.6‰下降为2008年的5.1‰，65岁老龄人口比重由1995年的6.2%上升为2008年的8.3%，经济活动人口增长率由1991年的1.2%逐步下降为2008年的0.8%。

随着经济发展水平的提高，劳动力供求结构也在发生深刻变化，导致企业用工成本逐步上升。2008年，我国城镇单位就业人员平均劳动报酬为28898元，比2005年提高10698元，企业用工成本逐步增加。今年一季度，企业用工成本增长13%左右，

国际金融危机逐步走出以后，不少地方出现了技工荒、用工荒。一方面，我国就业人员中年轻劳动力供不应求。2008年我国就业人员中20～34岁年轻人员的比重仅为29.0%；另一方面，劳动力技能素质水平还不能满足企业需求，出现“技工荒”现象。2008年，我国就业人员受教育程度为高中以上的仅占19.6%。所以，虽然我国劳动力资源丰富，但在部分时段、地区和工种也会出现劳动力供应不足的现象。

（四）外部环境复杂严峻，大进大出式的生产方式不利于经济稳定增长

大进大出式的生产方式对国内经济的影响具有两面性：世界经济形势好时，大进大出式的生产方式有利于促进国内经济增长；而当世界经济波动时，大进大出式的生产方式将影响国内经济稳定。

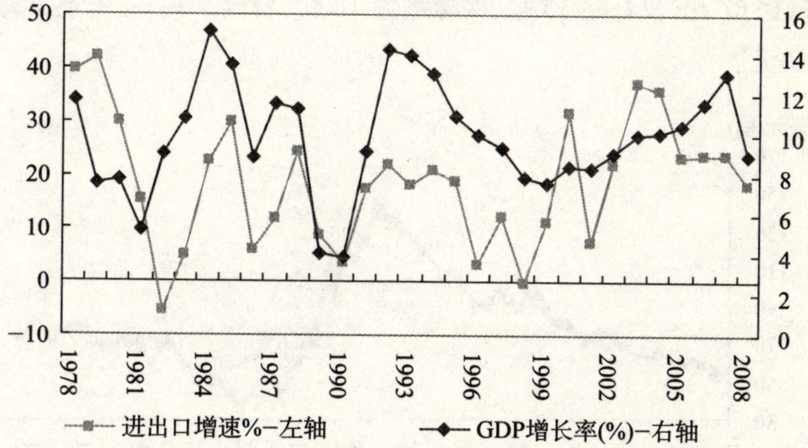

图 2　1978—2008 年我国进出口总额与 GDP 增速

外需波动大，影响国内宏观经济稳定。国际金融危机初起之时，外需急剧萎缩，导致我国经济在 2008 年四季度出现快速下滑，部分行业、企业经营困难，甚至出现了停产、倒闭，失业人员大量增加，大批农民工返乡。

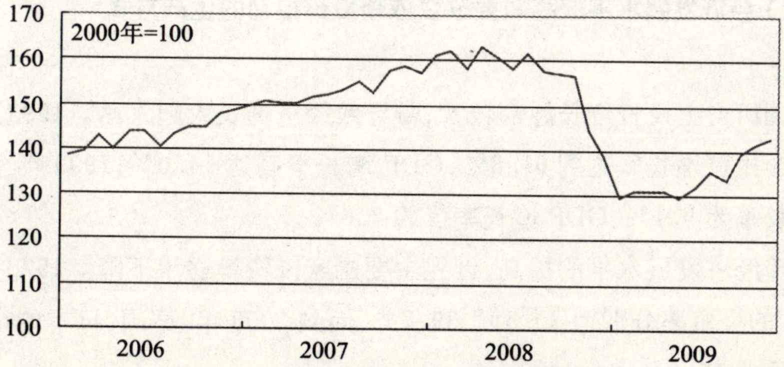

图 3　2006—2009 年世界贸易量指数

国际大宗商品价格大幅波动，影响国内企业生产经营。2008 年，以原油为标志的国际大宗商品价格大幅波动。原油期货价格在 7 月达到 147 美元高位后，短短 4 个月时间内又跌至 50 美元之下，振幅超过 60%，给国内企业的投资和生产活动带来严重影响。

此外，贸易保护和贸易摩擦加剧也影响我国出口稳定。2009 年1～11月，共有 19 个国家和地区对我国发起“两反两保”贸易救济调查 103 起。其中，反倾销 67 起，反补贴 13 起，保障措施 16 起，特保 7 起，涉案总金额共约 120 亿美元。

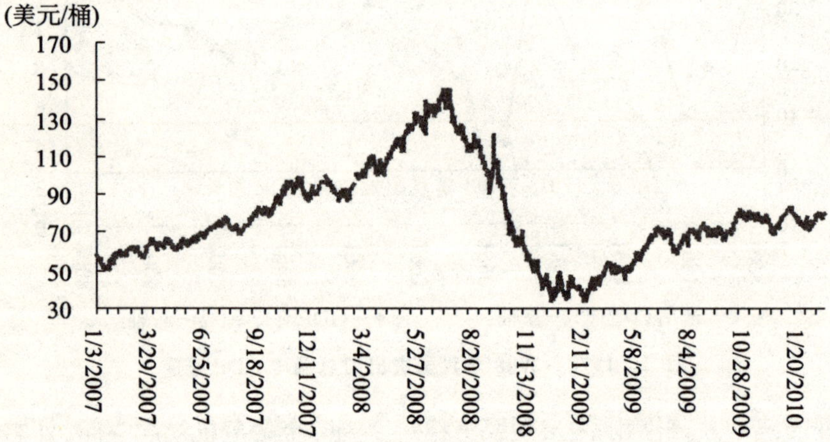

图 4　2007—2010 年纽约原油 3 月期期货价格变动情况

（五）经济发展水平提高需要改变依赖投资拉动的生产方式

我国历史上投资增长波幅较大，曾导致经济增长大起大落。1993 年，我国全社会投资增长率达到 61.8%，GDP 增长率高达 14.0%；1999 年全社会投资增长率为 5.1%，GDP 增长率仅为 7.6%。

随着经济发展水平的提高，世界主要国家投资率逐步下降。1970 年，德国、日本的投资率分别为 30.5%、39.7%，而到 2006 年，德国、日本的投资率分别下降为 17.8%、24.0%。

扩大消费符合保持经济平稳增长，提高人民生活水平的要求。这就要求我们必须调整需求结构，把扩大消费需求作为我国长期发展的基本立足点和着眼点，切实改变目前我国消费率偏低、投资率偏高的状况。

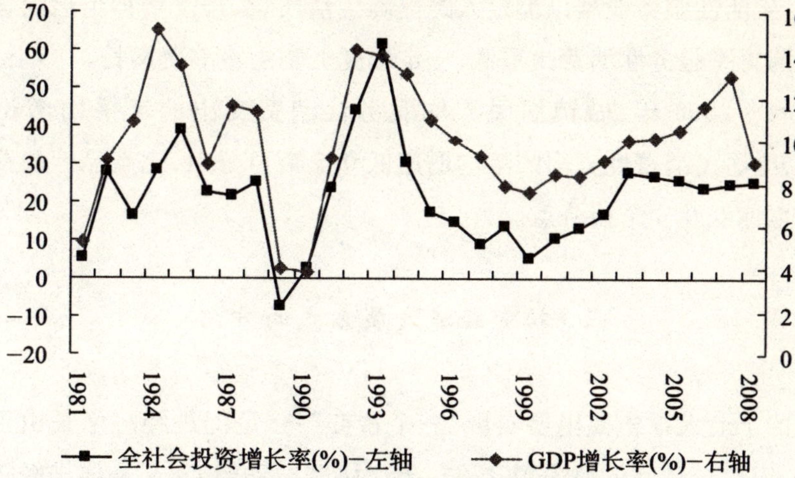

图 5　1981—2008 年我国投资和 GDP 增长率

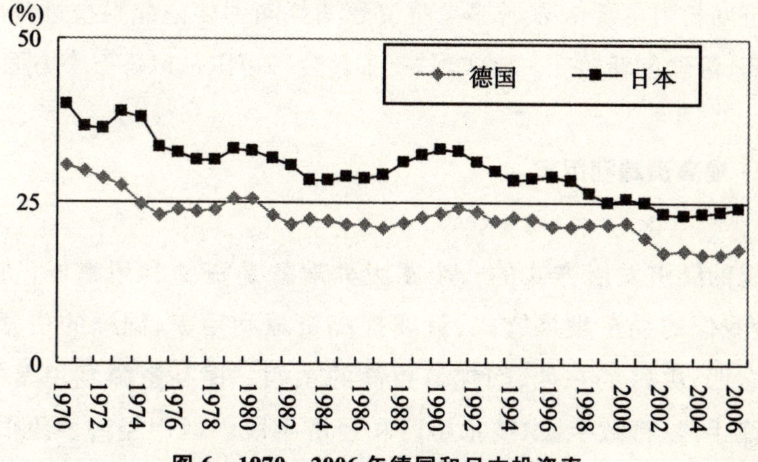

图 6　1970—2006 年德国和日本投资率

（六）服务业滞后，制约经济社会发展

随着我国人均国民收入接近 3000 美元，需求结构正面临深刻变化，客观上要求加快服务业发展，提高经济增长质量，增强经济增长后劲。

目前,我国服务业还比较薄弱,尚不能很好地满足生产和生活需要。生产性服务业难以满足我国产业结构升级、自主创新和经济可持续发展的现实需要;生活性服务业难以满足人民提高生活质量、丰富精神生活内容的需要。我国居民服务性消费比重低,一定程度上制约着消费增长。

2003～2008 年,城镇居民人均服务性消费支出的年平均增长率为 10.3%,比居民消费性支出的年均增速低 0.5 个百分点,比商品性消费支出的年均增速低 0.6 个百分点。

三、转变经济发展方式的方向

党的十七大报告提出要实现“三个转变”:一是促进经济增长由主要依靠投资、出口拉动向依靠消费、投资、出口协调拉动转变;二是促进经济增长由主要依靠第二产业带动向依靠第一、第二、第三产业协同带动转变;三是促进经济增长由主要依靠增加物质资源消耗向主要依靠科技进步、劳动者素质提高、管理创新转变。要实现“三个转变”,可以从以下五个方面着手:

(一)提高资源利用率

传统的经济发展方式的一个重大弊端就是资源利用率低,资源消耗大,转变我们的经济发展方式,就要提高资源利用率,同样的资源要产出更多的东西,更好的东西,附加值更高的东西。提高资源利用率的办法,包括法律手段、行政手段、技术手段和经济手段。运用经济手段很重要的一点就要深化资源性产品价格改革。既要提高资源产品的价格,又要保护低收入群众的消费水平不受影响,比如说推行居民用电用水阶梯价格制度。要加大技术改造力度,引导企业开发新产品和节能降耗,加快淘汰落后产能;支持循环经济技术研发、示范推广。

(二) 减少主要污染物的排放

减少主要污染物的排放，也要靠法律手段、行政手段、技术手段和经济手段。要进一步深化生态环保体制改革，改革污水处理、垃圾处理收费制度，积极推进重点流域区域环境治理，加大污染治理力度，大力发展低碳技术，加快建设以低碳排放为特征的产业体系和消费模式。

(三) 提高劳动生产率

建立创新型国家，是转变经济发展方式的动力。要通过理论创新、技术创新、方法创新和制度机制创新，大提高劳动生产率。

(四) 积极扩大消费，稳步提高消费率

中国的消费能力之所以不够高，主要原因还是收入不高。要进一步调整优化内需与外需、消费与投资结构。积极扩大内需，增强内需对经济增长的贡献，把增加居民消费作为扩大内需的重点，增强居民特别是低收入群众消费能力。要完善社会保障制度，最重要的是解决看病及子女受教育问题，通过完善社会保障制度鼓励人们敢花钱。要加快推进城镇化。城镇化是经济发展的主题。据我们开展的住户调查资料显示，我国 2008 年农村人均消费支出 3661 元，城镇人均消费支出 8869 元，地级市 10600 元，36 个大城市 14000 多元。这充分说明城镇化是我们扩大内需的重要动力。

(五) 大力发展第三产业

大力发展金融、物流、信息、研发等面向生产的服务业，以及市政公用事业、房地产和物业服务、社区服务等面向民生的服务业；加快发展旅游业，积

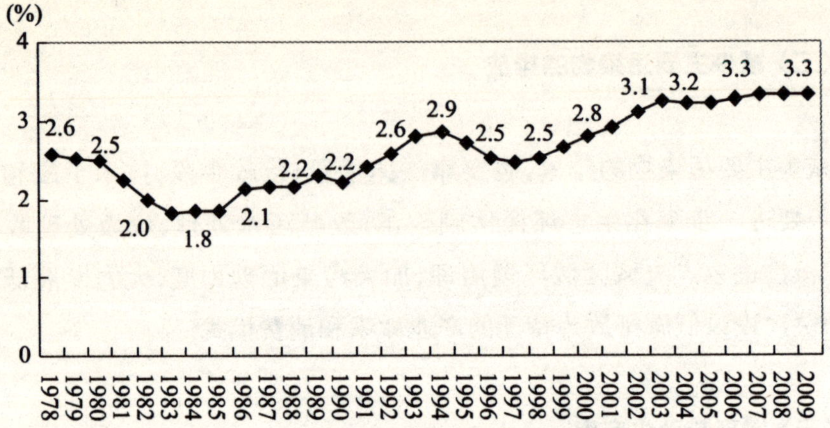

图 7　1978—2009 年我国城乡居民收入比

极拓展新型服务领域；加快构建和完善农村生产生活服务体系；加快建立公开平等规范的服务业准入制度，进一步完善促进服务业发展的政策。

（2010 年 4 月 15 日）

中国的货币政策和世界货币体系

美国哥伦比亚大学 罗伯特·蒙代尔

我们知道，早在1973年，因为美元贬值，引发了欧洲抛售美元，抢购黄金的风潮。西方各国经过磋商，最终达成协议，放弃固定汇率，实行浮动汇率。至此，布雷顿森林货币体系完全崩溃。这就是黄金非货币化的开始。我们看到，自1973年布雷顿森林货币体系崩溃以来，有三次主要的经济大繁荣，第一次就是1982年到1990年；第二次大幅度的经济繁荣期是1991年到2001年，是美国历史上时间最长的经济增长期；第三次就是2001年一直到2008年的经济繁荣。今天，我们看到的这场经济危机是和布雷顿森林货币体系的破灭直接相关的，对过去40年应该进行一个很好的回顾。

（一）

70年代是世界经济非常差的一个年代，全球经济都是这样。在80年代看到有一种革命，就是以里根为代表的一种经济革命，是采取减税的政策，带来了连续七年的高速增长，我们叫做里根时代的七年经济增长。我们的税率从高达70％开始逐渐削减，在1982年到1990年期间，这个税率从最高70％削减到了28％，从而进一步使资本主义在美国得到了复苏，大幅提升了利润率。

第二个大幅度的经济繁荣期是1991年到2001年这段时期，是美国历史上时间最长的经济增长期。第三次就是从2001年一直到2008年的经济繁荣。最主要是受到了里根减税政策驱动之后，硅谷的发展、IT技术的革新等等，经济增长率从2%提升到了5%左右，IT产业在这方面发挥了非常重要的作用，也应看到我们的股市很繁荣，而且发挥了巨大的财富创造作用。

在2001年到2002年，我们看到了一个短暂的经济泡沫的破灭，但这仅是一个比较短暂的时期。在小布什上台以后，采取了一系列的政策，经济又步入了繁荣发展的正轨。在这一段时期，我们的经济政策主要是减税，而且我们的税率是非常低的。

里根把税率从70%减到了28%，布什和克林顿时期呢？老布什把税率从20%升到了30%，克林顿把税率从30%升到45%，小布什上台以后，把税率从45%又减到了30%。所以我们现在想说的就是，这种税率的调整在美国历史上是幅度比较大的。小布什的大幅度减税计划，也使美国的经济经历了又一次长时间的繁荣期。

小布什虽然不像里根那样把税率从70%降到28%，但不管怎么样，他采用的也是一个幅度非常大的减税，得益于这个减税计划，美国的房地产得到了巨大的发展，但与此同时也逐渐形成了泡沫。如果一种宽松的货币政策实施时间过长，那么房地产的价格便会逐渐的增长。因为借贷成本比较低，投资者可以用借贷的钱买房，而且首付比例不是很多的话，我们就会买越来越多的房，就可以看到这个房产的价值是10%的增长。如果首付20%，那么每年房价增长10%的话，就可以看到，你的房价就不断的上涨。那么今年你可能赚30%，明年可能赚到40%，这样的一种循环就持续下去。

而且对于低利率来说，这相当于是一种对有房者的补贴。那么，在克林顿时期，他采取的政策就是让低收入的家庭可以买房，美国有房地美和房利美这样的机构，“两房”为大家可以买得起房做了很多的事情。一般买不起房子的低收入家庭，也因为“两房”的介入可以买得起自己的房子。房价不断的上涨可以持续吗？在2006年的时候，出现了拐点，房价停止了上涨。房价开始下跌以后，我们看到相应的这种资产的价格就下降了，所以由于房价停止上涨，大家支付不起抵押贷款，很多房子被银行提前收回。房市下跌以后，很多人因此破产。最后的结果就是很多投资楼市的人抽回他们的资金，同时，一些以房产价值为抵押的抵押贷款也资不抵债，比如说房产抵押债券，主要是证券化的产物。我们还有一个CDS的金融工具，叫信用违约掉期，房价下降以后，相当于一个对冲的工具。这样一种证券化的发展，使得房地产市场从一个本地的资产市场，以证券化的方式变成了大家都可以购买的资产。在利率比较低，房价不断高升的时候，大家获得很多利润。2006年房价开始停止上升以后，大家开始大量售出CDS、CDO这样一些金融工具资产。

我们看到有很多提前赎回的情况，房地产市场突然从一个泡沫变成了一个让大家非常头疼的领域。与90年代的经济繁荣相比，这个时期的经济繁荣没有那么长，但是它是一个非常引人注目的经济繁荣期，它的特点就是在这个期间，我们看到了全球化。除了美国以外，基本上全球的各个市场都在这一时期的经济繁荣当中受益，而且中国可以说在这个经济繁荣时期扮演着最为出色的明星角色。

在“金砖四国”当中，中国与其他三个国家相比，基本数据都是好很多的。中国的产出相当于是其他国家的两倍还要多。中国现在是世界第二大经济体，也是世界第一大出口国。虽然中国的人均比例比较低，但中国其实在“金砖四国”当中是自成一派的，应该把中国视为和美国和日本一个水平上的国家来进行归类。1978年到2010年中美两国的经济增长率，中国是大幅度领先的。那么我们再看一下全球经济的力量对比，GDP是非常重要的指标。美国的GDP是14.5万亿美元，欧元区的GDP和美国的GDP相等。还有两个很大的亚洲经济体，就是中国和日本。中国的GDP在去年已经超过了日本，是4.5万亿美元。英国作为第五大经济体，GDP为2.3～2.5万亿美元。其他的货币，包括印度和俄国的货币也是非常重要的，但是它们并没有这些货币这么重要。这些国家虽然是重要的国家，但它们在全球的货币体系当中，并不是决定力量。

（二）

这次次贷危机是由四幕构成的。

第一幕就是在 2007 年 8 月到 10 月的次贷危机。银行突然发现自身的亏损，它们需要大量的资金来弥补这些亏损。欧洲的中央银行和其他的一些央行注入了大量的资本金，从而解决了这些大银行的资产问题。

第二幕就是在 13 个月以后，2008 年第三季度到 2009 年的第一季度，主要是雷曼兄弟的破产。

第三幕就是在 2008 年第三季度到 2009 年第一季度的经济紧缩。

第四幕就是 2010 年出现的财政赤字和债务危机。债务危机在欧洲，和这些上述的危机相关，它威胁着欧元的地位。同时这对于美国和日本也是一个问题，因为日本的债务和 GDP 的比例是 200%，所以对于日本来说这也是一个非常大的问题。

我刚才讲到了 2007 年的恐慌，以及在 2007 年巨大的资本金的注入。在央行注资的情况下，我们有一个指标就是货币乘数。当一切恢复正常的时候，货币的供应就会大幅度的增加，那时我们就必须很快地终止这种货币的大幅度增加。我们必须要关注这个指标，因为它会告诉你在此期间，如果我们做这样的事情会有什么样的影响？货币乘数是一个重要的指标。

在这个指标下，我们遇到一个前所未有的通货紧缩。美国在 2008 年 6 月份通胀率达到了顶峰。然后，2009 年进入了负通胀率的时期。到 2009 年 6 月份，基本上达到了负 2%的通货紧缩。

危机的第三幕就是全球经济的衰退，从 2007 年的第三季度开始，全球的经济增速放缓，到 2008 年出现了负增长。2.8%是美联储所设定的目标。但是在 2008 年之后，有连续三个季度或者四个季度的经济衰退。危机第四幕就是债务危机，在全球经济转暖的情况下，欧洲面临着很大的问题，就是债务危机。包括希腊、西班牙、爱尔兰、意大利等等，它们不能够弥补巨大的财政赤字。在过去的两个星期当中，欧盟决定向希腊注资 1100 亿欧元，由欧洲央行承担。它们承诺的资金是7500亿欧元，用来解决债务危机的风险。他们意识到，解决希腊的问题还远不够，还有葡萄牙，葡萄牙也有很大的财政赤字；西班牙也是，甚至包括意大利，虽然它的财政赤字不大，但是它的债务占GDP的比率是非常高的，高达120%。所以在欧洲央行注资后，将会对整个全球的货币体系产生影响。

中国也没有逃脱危机的影响，虽然中国没有表现出经济的衰退，但表现出来的是经济增长的削减。在2008年3月份，随着美元的飙升，中国央行也停止了人民币对美元的升值，汇率控制在6.8元人民币换1美元的水平。与此同时人民币和美元的挂钩相对于欧元和其他市场的货币，实际上是升值的，这样中国的出口市场就受到了阻碍。

我想指出的是在2008年的第三季度，美国的股市是大幅下跌的。从13000点跌到了8000—9000点。其他国家的股市也是下跌的，不仅仅是在中国及香港，不仅仅是在亚洲，在中美洲，比如说巴拿马，都看到它们的股市在大幅度地下跌。最主要的原因是由于美元的升值。美元一升值，我们就看到中国的央行又一次回到了和美元相对固定的汇率制度之上，停止了人民币兑美元的升值。这是危机时间的特殊状态，我们都在等待在这个危机之后会有什么新的举措出台。

我们看到中国的出口一般是以20%的年均速度增长，但是在危机时期，大概降到了只有原来数字的一半。大家也知道中国的贸易顺差是很大的，如果说大家要倡议人民币相对于美元贬值的话，国际社会肯定都是会强烈反对的。在中国的一些主要的大的出口省份，比如说广东、浙江，都受到了危机很严重的影响。就业大幅受损，很多人失去了工作。

在2008年的11月份，对2009年的经济展望都是非常悲观的。当时有人曾经预测说，2009年的经济增长率只有6%。但是我们最后看到2009年中国的GDP增长达到了8.5%，甚至比温总理定出的目标还高。为什么呢？为什么中国的状况不像大家预测的那么悲观呢？有人会很快地给出一个答案，说这是因为中国有一个4万亿的财政刺激计划。但我的观点是，4万亿和它的关系并不大。这主要是由两个因素驱动的。第一个就是对房地产和汽车产业额外的财政刺激政策。第二个就是美元的升值趋势得到了逆转，这样中国的一些出口市场就得到了恢复。如果美元和人民币一起升值，对中国出口影响就很大；如果美元升值的趋势得到了逆转，人民币相对于其他的货币来说不升值的话，对中国的出口市场则是一个好消息。因此我认为中国经济的向好趋势是由于上述两个原因。

（三）

那么中国未来的增长前景如何呢？会不会像原来那样一直保持 9%的增长呢？我想在这方面既有积极的因素，也有消极的因素。这主要取决于中国能够在多大程度上根据这些积极和消极的因素对其政策做出调整。

消极的因素主要体现在如下方面，比如说在 1978 年，中国占到世界出口的比率只有 0.5%，但是今天这个数字达到 8%。中国超过德国成为世界上最大的出口国，美国成为世界第三大的出口国，中国在出口方面超越了美国和德国。但由于中国的贸易主要是一个世界制造业的加工中心，是强周期的行业，在经济下滑的时候表现会非常差，而且出口和进口会同时下跌。

还有一个是饱和效应，中国加入世界贸易组织是一个很大的成果，但是随着中国入世之后，对世界市场份额增长贡献率到了一个平台期，就会出现中国对市场占有率份额的一个饱和的因素，这是另外一个负面因素。

此外还有贸易收入方面的因素。中国加入世贸组织以后，收入增长很快，但是我们也看到这主要是来自于贸易方面的收益。在未来，来自于贸易的收入会逐渐地进入一个平台期，所以这种增长率有可能会下降。

这就需要中国对其税收制度进行一些调整，比如说能够对它的私营部门提供更为优惠的税收和信贷方面的政策，提供一些更为优惠的监管方面的待遇。我们看到中国的税收政策，其实是在很低的程度，很低的收入水平之上税率就开始变得很高了，这对于产业的发展是非常不利的。而且我们看到现在中国是一种双重征税，既对公司征税，也对个人征税，这其实也是不必要的。

我们也可以看到，中国的私营部门是非常有活力的部门，如果对私营部门管控过多，对经济的发展是非常不利的。所以我觉得应该对中国的税收体系进行一系列的调整，除了税收以外还有信贷的一些工具。此外还有一些其他的因素，比如说评级机构。评级机构在全世界都是比较差的，在危机的时候，三大评级机构——穆迪、标普、惠誉，它们的表现都非常差。但是，中国评级机构的发展也是非常落后的，中国应该加强在这方面的工作。信用评级机构的加强，会使银行更愿意向私营部门借贷，从而促进私营部门和整个经济的发展。但是我们也知道在金融危机当中，暴露的一个问题是道德风险，就是被评级的公司和对他们进行评级的评级机构之间，有相互支付佣金的关系，这是我们必须避免的。

历史上有一位发展经济学家叫萨伊。他在1802年提出了萨伊定律，核心思想是经济的供给会自动创造需求。在30年代经济大萧条时，凯恩斯也提出了与之相关的概念，但是目标是相反的，是我们要创造需求来解决工人失业等问题。用创造需求来解决经济的问题，在20世纪30年代的时候，这个政策是奏效的。30年代美国政府是有财政顺差的，能够支付得起这样一种凯恩斯财政扩张的政策。但是如果政府自己的支出都不能够平衡，政府自己都是在大幅度的财政赤字的状态下运营，需要发债券来支持自己的开支的话，这样一种凯恩斯的政策显然是不可行的。

因此，对于经济衰退期需要采取凯恩斯主义的做法，这个也是值得商榷的，我们必须具体情况具体分析。如果说政府自己的信用都存在问题的话，怎么指望政府来进行一系列的财政扩张呢？我有一个来自美国商会的朋友，他就提出一个问题，如果政府的信用很差的话，政府发债，谁去买政府的债券呢？70年代、80年代、90年代可能会有人买，但是到了现在，以欧洲为例子，有一些国家，政府信用很差，政府发债谁会去买呢？而且我们也看到政府存在着违约风险的概率。就希腊的债券而言，采取的办法就是必须对它的债务进行重组。说到债务重组是一个很好听的词语，直接的含义就是在某种意义上政府违约，或者就是支付不起它的债券。有些人可能比我的观点还要悲观。

中国的情况不一样,政府的信用比较好,而且收入也比较高,但是中国的问题就是收入过多的以公司存款的形式表现出来,使得中国表面上看起来是一种产能供给的过剩和服务供给的过剩,这就使得中国一直把过剩体现在长时间的大量的出口之上。为了解决出口带来的美元过剩问题,中国人民银行经常进行一些市场流动性冲销的活动,通过发债券的方式收回美元,然后又用买回来的美元去买美国的国库券。这表面上是一种平衡,但是这种均衡性状态不可能永久持续下去,它必然有结束的那一天。如果大家都在玩一场扑克牌的游戏,最终会有结束的一天。如果你购买资产的那一方破产了,那么你的扑克牌游戏也就结束了。

中国有 2.5 万亿美元外汇储备,主要是因为国际货币体系的失衡,国际货币体系在过去十年当中主要是以美元为主的体系。在今后十年这是会有问题的,中国如果不停的积累外汇储备,最后收益会变得非常低。一旦发现它的收益越来越高的话,美国政府有可能是不会支付这么高额的借贷成本的。

就世界金融体系而言,如果有这样一种资产,不许任何人负债的话,就会有问题的。比如说在布雷顿森林体系之前我们看到是金本位,以黄金为基础,这种货币体系没有支持全球经济的增长。当前这样一种国际货币体系是存在问题的,需要我们进行改革。我想指出危机暴露的几个问题,自从 1971 年的危机以来,我们看到世界的金融体系一直在各种危机的阴影笼罩之下,而在 1971 年之前是没有这种状况的。比如 1982 年我们看到墨西哥的债务危机,以及后来的亚洲金融危机和网络公司危机。这些危机包括现在的金融危机,都与全球市场主要货币的汇率巨大浮动相关。

那么为什么 1982 年的时候有债务危机?因为美元大幅度的贬值。在 80 年代的时候,在美国有 30%的通胀率,美元大幅度的贬值,里根政府上台以后进行了大幅度的减税。而美联储采取了紧缩的货币政策,那么美元就升值了,这跟其他的发展中国家解决危机的办法是一样的。

日本在 90 年代的时候滞胀,日元对美元的汇率上涨了三倍。在“广场协议”签订的时候,他们希望美元对日元贬值,不仅对日元贬值,而且对欧洲的主要货币也贬值。在1985年9月份的时候，美元兑日元是150，而到第二年美元兑日元是80以下，所以美元兑日元的汇率发生了三倍的改变。2008年12月份由于房地产市场的危机，也导致了美元巨大的升值。我们必须要解决这样的问题。

亚洲是全球不平衡的一个中心。亚洲有很高的储蓄率，所以他们有盈余。亚洲国家在境外购买金融资产，金融资产的收益带来很大的盈余。而这对于一些国家来说，包括美国，他们是另一个极端，就是有赤字。美国的赤字最大，在1775年的时候，就开始有巨大的赤字，赤字并不是最近的事情了。在19世纪的时候，美国是一个主要的债务国。到了一战之后开始有盈余，一战之后欧洲把所有的资产卖给了美国。这样欧洲的国家可以购买一些军火，所以美国成了一个债权国。美国在长期以来是一个巨大的出口国，所以也是债权国。

在1974年，由于石油危机改变了所有的一切，美国成为了一个巨大赤字的国家。从1975年到现在，美国有巨额的赤字。赤字在80年代的时候增加最大，然后又有所减少。美国的债务在1975年的时候到达了顶峰。在1989年到1990年的时候，赤字不断的扩大。现在美国在国际经济当中是一个债务国，美国的债务占GDP的23%，这是一个非常大的比重，但跟它的资产相比并不太大。

中国作为一个发展中国家的主要经济体，不是通过借债来实现这一目标的。中国现在是一个净债权国，有1万亿美元的债券，在贸易上是顺差的。中国每年的外汇储备要增加2500亿美元到3000亿美元。中国每年有250亿美元的需求，美国通过各种的金融产品，包括债券来提供这样的金融产品。中国的政策越来越倾向于增加它的资源型资产。整个系统要满足中国不断增长的资源需要，以及保持中国生产需求的需要。中国对于石油的需求潜力是巨大的，如果中国有美国这样的人均收入的话，那么对于全球的经济来说，将有怎样的一个影响？印度也是资源不丰富的国家，石油的价格如果不断上涨的话，也会带来一定的影响。

那么还有一些其他的因素，我讲到了增长和支付平衡的问题。大家都认为增长会带来赤字而不是盈余，如果央行花钱购买国内资产的话，将会带来货币的盈余。我想不幸的是，现在没有一个解决的方案。这个世界应该有怎样的货币？我们怎么来改革国际的货币体系？一些大的国家采取灵活的汇率制度，被证明是不正确的。那么在70年代，IMF并不愿意采取联合的货币制度，但是在金本位制度消失以后，美元代替了黄金，在这个过程当中占到主导作用。我们就必须要考虑，美国是在提供世界实际上的货币。也就是说，我们这个体系现在并不是由灵活汇率所主导的，而是由不同的大小货币区所主导的。所以在欧洲他们重新建立了一个国际货币基金组织，不让美国再次主导全球货币体系。所以我们现在面临的问题就是欧元成为了一个主要的货币，那么美元就不再代表着世界经济的主流。在欧元出现之前，你可以说美元是代表世界经济的主流，当然在欧洲经济共同体的时候，德国马克也是非常强的货币，但是现在有欧元，欧元现在成了美元的一个可替代货币。大家不要认为这个债务危机会使欧元一蹶不振，欧元还会继续的发展。欧元做了一些什么事情呢？造成了汇率的变动，使世界变成了两个部分：一个是美元区；一个是欧元区。

在20年以后中国可能成为一个主要货币的汇率国。现在我们有美元和欧元，美元和欧元加在一起占世界GDP的45%。但是美元兑欧元的汇率大幅度变动，将会加剧经济的不稳定性。如果我们要使国际货币体系稳定的话，就可以固定美元兑欧元的汇率。那么人民币兑欧元、兑美元是固定的汇率，对其他的国家来说将会有一个稳定的国际货币体系。

特别提款权的问题，在70年代被大家认同。在金本位体系破产以后，黄金就脱离了特别提款权的体系。在1974年的时候，特别提款权由16种货币变成了4种货币一揽子，我认为人民币应该进入一揽子货币之中。当我提这个建议的时候，大家会说人民币是不可兑换的货币，这可能是一个缺陷。

此外，对人民币的需求超过它的供给，大家都认为人民币会升值。现在中国是世界上第一大出口国，如果这个特别提款权里面对人民币没有体现的话，是非常荒谬的。特别提款权应该由五大货币组成，美元、英镑、日元、欧元和人民币，但是应该得到合适的组合结构，对它们各自的重要性给予体现。对于中国来说最好的方式，对全球而言，对美国而言，对全球货币来说，大家有一个固定的联系的汇率。对于 SDR 而言，如果大家的汇率都是浮动的，是互相牵制制约，不停运动的话，这个状态不好。对世界来说，对经济提供一个稳定的安排，应该是固定的汇率。全球的经济需要一个全球的货币，但是现在我们的问题就是，我们需要一个全球货币的同时，没有一个全球性的政府。所以，我们需要有一个全球的央行，我们在历史上从来还没有做过这样的事情，这是一个很好的前景。如果我们能这样做的话，对世界经济来说是最为合适、最优的一种安排。

从政策方面而言，我们各国应该不断地研究，不断地进行探讨，通过探讨来加强 SDR 的制度安排，然后逐渐把这个 SDR 的机制进行改革。对 IMF 进行改革，比如说亚洲作为一个整体，中国作为一个潜力最大的发展方等，可考虑建立一个亚洲货币区。在欧洲，萨科齐总统走在了前面，大力倡导这种货币的理念。我觉得中国应该支持萨科齐的理念，美国也应该支持这样的理念。中国是一个很大的经济体，美欧也是主要的相关方，我没有提到日本，日本很低调，在全球货币当中的作用一直比较有限，比较低调是不想出头。所以对于美国人和欧洲人而言，把现在的汇率问题纳入到框架之下，我们要展开讨论。我觉得最重要的是有这么一种锚，有一种固定的汇率安排。1985 年，我来中国人民银行参加了一次会议，当时提到要把 IMF 和私营部门联系起来，纳入一些私营部门的资金。1995 年以后中国有 15%的通胀率，但是由于和美元的汇率是固定的，这就为经济稳定提供了一个锚。

对于日本和德国来说，它们也把美元作为它们的一个联系汇率，固定汇率制度。因为有这样一种联系的汇率制度，它们取得了很长时间的经济繁荣。日本一度是世界上经济长期发展的国家，是高科技的国家，这得益于它曾经和美元一度非常固定的汇率制度的安排，德国也是如此。现在美元受到来自欧元的挑战，它又要求人民币对美元实行浮动的汇率，浮动汇率实际上对经济来说是非常不好的。所以最好的结果就是美元、欧元和人民币达成一种共同的安排，对大家来说都是一种最优的安排，谢谢！

（四）

提问 1：尊敬的蒙代尔先生，非常感谢您精彩的演说，我来自中国国家外汇管理局。我有三个小问题，您刚才在演说当中所提到的与金融危机、后金融危机有关的财政赤字和债务危机的一些问题。正如您在演讲当中所说到的本周一，欧洲中央银行和国际货币基金组织，共同为救助那些深陷债务危机的一些国家，拿出了高达 7500 亿欧元的这么一个救助计划。美联储和日本的中央银行对此也做出了积极的表态。市场也给予了积极的回应，当天欧元兑美元大幅度反弹，美欧的股市也大幅度反弹，但是这仅仅是一天，之后出现了很大的震荡。这也反映出市场对这些国家乃至欧元区的这么一个前景，还是有疑虑，所以我有三个小问题。

第一个问题就是您作为欧元之父，您认为当前的欧元区某些国家发生的主权债务危机的深层次的原因，究竟是哪些？是不是与其他欧元区的制度框架安排有关？比如说一些条约规定的，对欧元区国家出现了债务危机不能救助，但是现在救助了。我们总感觉现在救助的成本要比当初出现问题的时候，开始的时候救助的成本要高一些，这是不是对今后欧元区的一些制度框架的改革有一些考虑？这是第一个问题。

第二个问题，我想请教您对欧元区的前景有什么展望？您刚才在演说当中说到了希腊主权债务危机问题，希腊主权债务会出现大的问题。我们是非常不愿意看到这一幕的出现，因为这对欧元区产生很大的冲击。如果欧元区债务违约的话，这对欧盟会有什么影响？这是我讲的第二个问题。

第三个问题就是您演说当中说到的，当前的经济发展要实现平衡，这个过程很长。您认为在这个过程中怎么来调整才能保证经济的稳定、增长和复苏？

蒙代尔：第一个问题，关于欧洲的债务危机的问题，当然 7500 亿是巨额的资金。它会给市场带来很大的影响，而且包括欧洲的央行在内，要给予一种担保，但这还不是太确定。但是我想市场反映是这样的，欧洲采取非常巨大的措施来满足市场的需求。他们对于这些主权债务是非常担忧的，也对它的后果非常担忧，那么这个问题出在哪儿呢？为什么会有这个危机呢？《马斯特里赫特条约》(简称“马约”)是不是有根本性的缺陷？当然他们没有制定明确的规则，如果要是有违约的情况，会有惩罚。但是如果要惩罚它的话，要罚它款的话，将会增加这个国家的债务。

欧元如何能够在这方面做出贡献，使这些国家能够以资抵债？大家都猜想欧元会在危机以后贬值，所以为了改变这样的猜测或者改变这样的担忧，各个国家决定采取行动。破产的情况，或者是资不抵债的情况，可能会带来汇率的风险。所以一旦说到汇率风险，这是非常困难的问题。我认为默克尔的建议，是要让那些不能够还债的国家，失去投票权，我觉得这个建议是好的。

我们还需要采取其他的一些措施，包括欧洲的财政统一，并作为政治上统一的一个部分。欧洲央行的首席经济学家和首席顾问说到，这个危机表明了本末倒置的一个错误。这个问题就是说，我们应该是一个政治性的联盟，还是一个货币联盟？我们应该明确哪一个应该在先，哪一个应该在后的问题。如果我们在欧洲要实现最终政治上的联盟的话，就像《中国日报》和其他的中国报纸所说的那样，我们的优势就是 IMF，弱势就是欧元虽然是一个货币，但是有不同的主权国家。欧元区的发展前景如何？我认为我们已经认识到了欧洲一些国家，在经济上的一些问题和一些缺陷，但是这并不能改变我们这个世界的现状。

现在我们所面临的最大问题，并不是说不是欧洲的问题，这不是希腊或者葡萄牙财政方面的问题，不只是这些问题。不管发生什么事情，欧元还将继续存在，它可以会带来 1%、2%的改变。欧元区的国家都不会再回到他们各自国家货币的道路上了，所以如果有些国家要撤出欧元区的话，汇率会上涨 20%、30%等等，这就会带来很大的不稳定性。

在这个共同市场以后，他们做了三个巨大的市场：第一就是北约；第二就是共同市场，1958 年的共同市场；第三就是在 1999 年的欧元。这三件事情带来了欧洲的大团结，这也是我们市场所需要的。非常重要的一点是，在危机结束以后，世界经济的再平衡问题。有一些国家，他们已经做好准备来进行借钱，但是世界经济仍然有不平衡。如果这些不平衡是不可持续的话，就有很大的风险。如果不可持续的话，情况就会发生逆转，这就是不可持续的意思。

所以，我认为中国就像美国一样，在1915年到1975年的时候，美国有长期的顺差和盈余，现在中国也有很多的顺差和盈余，中国的债券投资是非常大的。现在中国的债券已经超过了GDP的25%，而且债券将不断地扩大，大家就要想一想，这个风险在哪儿？必须要考虑风险，必须要做出调整。中国已经做出了调整，中国做调整是很容易的。要有盈余就是要鼓励更多的支出和消费，做一切可能的努力，采取一切可能的措施，来减少盈余，这可能要比减少赤字更容易的多。所以中国要增加总支出，包括社会保障，包括各种基础设施建设，以及资产投资等等。那么这样就可以不断地改进中国的货币政策。好，谢谢。

提问2：感谢蒙代尔先生的精彩演讲，我是国家行政学院的教师，我的问题是，我有一个担忧，刚才您在演讲中提到了信用评级机构的问题，您刚才说的一句话是发自内心之痛。这次三大评级机构给希腊的债务评级，挑破了希腊危机，显然是落井下石。我的问题是在未来国际监管体系当中，能不能成立一个不受任何国家管控的，更为公平、公正的国际信用机构？

蒙代尔：我觉得你说得很对，确实是信用评级引发了这场危机。对于信用评级大幅度的调整引发了危机，信用评级早就下来了，但是调整却是后来的事情。搞信用评级的人并不见得是金融业最好的最聪明的那些人，他们并不是这方面的天才，而且他们有的时候对被评级机构的研究也并不是那么的细致。我认为我们确实要改善信用评级机构，但是从哪个方面开始呢？是从这些导致了危机的人开始吗？我想我们现在所认识到的一点是，我们不能够像原来那样全心全意信任我们现有的这些评级机构的人员。我们要保证他们在合适的时候会对自己的评级做出调整，而且市场应该对信用评级的调整做出变化。

有的时候市场并不是因为评级调整而做出了这个反应，他们是因为觉得会有人对这个评级的调整做出反应,然后市场再做出反应。比如一开始希腊的评级变低了,大家担心的并不是这个评级本身,而是觉得大家都会抛售希腊的债券,市场就跟着抛售,这也是有问题的一个方面。

我知道在中国也有这种改善你们自己的信用评级机构的问题,信用评级机构的问题是世界上早已存在的一个问题,中国在信用评级这方面是有些滞后的。虽然全球的信用评级机构有很多的缺陷,但是中国的发展是滞后和需要改进的。

提问 3:您好,蒙代尔教授,我是来自广东的。我比较关心希腊的债务危机,我想问希腊债务危机所造成的影响?或者说欧元的贬值对中国的货币政策会有什么样的影响?您认为中国应该怎么应对这个影响?

蒙代尔:很难评价希腊债务危机对中国的货币政策会有什么影响。它对于世界的影响就是我们已经看到的,有些报纸的评论夸大了这些问题的严重性,而且也导致了市场过度的反应。对冲基金机构对于欧洲发生的事情的研究是非常细的。因为一旦有事情发生,他们就要做出决策。对冲基金是唱空欧元,一旦有风吹草动他们就会唱空欧元,这是夸大了的。虽然欧元现在有很大的贬值,但是比欧元刚刚诞生时候的价值还是要高很多的。当时一欧元兑 1.13 美元,现在兑 1.25 美元。所以不管怎么说,现在欧元兑美元的汇率还是比最初欧元创立的时候要高的。最高的时候达到了 1.6 几美元,现在跌了 40 几个美分,但是仍然比创立的时候要高。虽然和 1.65 比起来低了很多,但是和原来的价格比起来,还是有很大的上升,所以并不是一个巨大灾难性的事件。我的观点就是,欧元可能会跌到 1.2 以下,但是如果跌到了 1.2 以下,跌到了 1.15 以下,我建议你们就可以开始囤积一点欧元,肯定会上去的。所以,这个债务危机并不一定是欧元的债务危机,而主要是希腊一个国家的债务危机。对于很多其他的国家,像德国和法国,他们的债务情况是好的。所以如果欧元的价值贬值的话,你在这方面还是有一定机会的。我想如果说欧元跌到 1.2 以下,很多人都会买的。

提问 4:尊敬的蒙代尔先生,您好,我来自中国青海大学。刚才蒙代尔先生就金融危机对中国的影响,进行了深入的阐述。我的问题是,您对中国货币政策的状况的认识如何?就货币政策的执行而言,应该更加注重哪些方面?

蒙代尔:中国有着双盈余,中国的实际汇率是在变化的。所以我们可以在盈余的基础上提高汇率,也可以在工资水平上改变汇率或者是增加就业。从长期来看,没有一个国家能够保持长时间大规模的顺差,同时又保留有一个独立的货币政策。

如果市场要求人民币进行升值,而你们又没有通过汇率的变动来实现的话,就会反映到其他的渠道,比如说工资的上升和价格水平的总体上涨。

(2010 年 5 月 13 日)

文化篇

构建和谐心灵

北京师范大学教授、博士生导师、艺术与传媒学院副院长　于丹

我们今天正好处在一个多元文化生成的时代，各式各样的新文化都以一种生生不息的方式来到我们身边。

在这个大时代里，文化的呈现是什么样子的呢？我想可能有些朋友已经去过了上海世博，可能更多的朋友期待去世博现场。在世博园里世界的文明以如此感性的形态聚集一堂。我曾经担心，我们会不会又把世博会变成一个博物馆？会不会都是把各国文明的信物陈列在那里凝固不动？这一次在世博园里匆匆走过，我最充分的感受就是文化作为我们的生活方式，它在我们身边应运而生，它以一种亲切而温暖的姿态环抱着我们，让我们能够感受到文化对生命的成全。

如果去过中国馆，这样的感受会非常强烈。一进中国馆，大家会看见《清明上河图》的长卷。我第一次站在这幅长卷面前的时候，感觉如此陌生，又如此熟悉。熟悉的是，这个长卷我们以前都或多或少看到过，桥梁、街市、人的摆布在我们的脑海里是有概念的。但让我感受到陌生的是北宋的光阴突然在你的眼前流转起来，朝晖夕阴、气象万千。长卷上一会儿晨光熹微、旭日喷薄；一会儿华灯初上，夜幕沉沉，光阴流动起来了，人也流动起来了，那些引车卖浆的人迎面而来，那些手持长卷迎送的人远远而去，在那一瞬间，你会突然恍惚，不知道你置身的是北京的王府井？上海的南京路？或者

说是北宋的汴梁城？这个时刻中国文化以如此鲜活的姿态游走在我们的身边。

但是比激活对我们更有启发意义的是我们的文化坐标要放在哪里？我在看着《清明上河图》的时候，鼻息之间全是清新的森林的味道。在中国馆大量的展区下方，种植着红豆杉的幼苗，这是生长在中国云南极其珍惜的植物。面对每天几十万的人流量，中国馆选择了红豆杉去取代化学的空气清新剂。

中国在历史上一直受到环保的诟病，一直有西方国家带着成见挑剔中国的软肋。但是自从 2009 年岁末，哥本哈根气象大会之后，中国表现出一个大国的胸怀和担当，在环保这个问题上呈现出了越来越强势的态度。站在中国馆向右看，发现生长着袁隆平新培育出来的杂交水稻；向左看，前两三年太湖泛滥成灾的蓝藻类植变成了生物石油。中国的环境在变化，环保的理念在上升。

站在中国馆，切实地感到文化应该以这样的姿态亲近我们，它不应该佶屈聱牙，它不应该只高耸肃穆，它更不应该只是那些发黄的册页、散佚的曲谱或是残损的壁画，文化应该是我们身处其中的生活方式。它应该想是温暖的，能让我们触摸、感知，它应该带着自己的体温和形状，僵死的文化除了专门的研究者，对大众民生而言是缺乏意义和价值的。

这个社会需要建立一种美好的态度，以信任的方式去建立价值。而不仅仅是颠覆、破坏、指责、挑剔。《周易》说："观乎天文，以察时变；观乎人文，以化成天下。"这两句是最早的文化的概念。"观乎天文，以察时变"，观天象之四时，为了了解时节变化。"观乎人文，以化成天下"。观人间百态，为了化成天下。我的理解：文化是个动词，因为它需要文而化之。我们过去太把文化当成一个名词来解释了，中华民族五千年的文明史，我们不缺"文"，我们缺的是"化"。

中国现在处于一个社会的转型时期，财富只是一个数字，真正数字的积累最后要带来生命的尊贵，生命的尊严和内心的慈悲，对社会责任的担当和对弱势群体的扶助。不是所有的富人都能做出生命尊贵的义举，也不是所有著作等身的文人在谈到各式各样价值观的时候，一定就有磊落的胸怀。怎样完成富而贵，文而化？这其实是我们现阶段要做的事情。

一、中国人的幸福密钥

中国文化的源头儒、道、释三家在我看来，就是中国人的天、地、人这样一个坐标系。中国文化里形容一个人的人格，往往会说“神于天，圣于地，诚于心”。神、圣不在一个层面上。所谓“神于天”，就是在天空上要像道家，神思遨游，有一片放飞的心灵境界。所谓“圣于地”，就是在大地上要像儒家，走进社会人生，担当使命职责。一个顶天立地的中国人，脚踩大地做个圣贤，这是儒家，头顶苍天做个神仙，这是道家，佛在哪里呢？一点禅悟于心，“诚于心”这就是佛家。

所以，中国的儒、道、释，如果以个人生命坐标去看，其实是“神于天，圣于地，诚于心”。这样简单的三个定位，儒家教我们了解人与社会之间的关系，道家教我们了解人与自然之间的关系，佛家教我们了解人与心灵自我之间的关系。

中国文化其实是一把钥匙，是一个密码。

先来说人在芸芸众生之间，儒家能教我们什么呢？孔子的学生曾子曾经说过，“吾日三省吾身”——我们每天都要反省自己好多遍，这件事情按我们今天的生活来看，很辛苦。工作那么累，然后那么多的纷扰压力，人干嘛还要反省自己呢？多累啊。但是你仔细看看他给你提供的反省的那几个角度，对我们是有用的。

第一句话是“为人谋而不忠乎”。“为人谋”就是在社会上寻份差事。在工作的时候要问自己，我是不是忠诚？

第二句话是“与朋友交而不信乎”。跟朋友之间的交往，我守信用吗？答应的事情我做没做到？

第三句话是“传不习乎”。传播是外在世界传给我们的信息，学习是内在心灵把它转化成自己的生命经验。今天的世界比孔子那时候传的多，互联网上在传，报纸电视在传，人际也在传。传了这么多东西不通过学习怎么能够转化成自己的呢？

他提醒你每天都该想想的三件事儿，换一个角度，按今天人们的坐标来看：

第一，问自己的职业角色"为人谋而不忠乎"，你忠诚了吗？

第二，问自己的伦理角色"与朋友交而不信乎"，你守信用吗？

第三，问自己的生命成长"传不习乎"，你学习进步了吗？

每天问自己这三件事，很多错误都可以避免，我们受别人挑剔指责的机会就会少得多。这就是《论语》上告诉我们的话，这些话其实都极其简单。

我们处在一个伟大的时代，但为什么今天的世界上有太多苍凉的成功？我们内心真正渴望的是什么呢？《论语》中中国人幸福的秘密，是伦理的指点。今天的人往往是拥有了整个世界，但失去了伦理的依托。子路、颜回跟老师孔子在一起谈人生理想，问老师，你的理想是什么？孔子淡淡地说了三句话："老者安之、朋友信之、少者怀之"，做到这 12 个字，这就是一个圣人的理想。多么朴素。用我们今天的话来讲："老者安之"，因为有我在，我所有的父母长辈得以安顿。"朋友信之"，因为有我在，我的朋友都能有个可托付信任的人。"少者怀之"，年轻的学生们、孩子们想起我来，不是敬而远之，而是温暖的怀念。

我们今天有一个词叫"灯下黑"。当一个人怀着远大梦想的时候，梦想的光芒可以照亮几十米开外，但是灯罩底下是黑的。人生一辈子想起来最辜负的是什么人呢？生我养我的父母长辈，我生我养的儿女晚辈，一生相随相伴的各种朋友。"了却君王天下事，赢得生前身后名，可怜白发生。"一个人有了这种伦理上的沧桑与悲凉，成功又有什么意义呢？孔子不仅教我们去担当，他还教我们如何让生命朴素温暖而贴近幸福。

中国人不能失去伦理，"老者安之"这四个字放在第一位是因为中国人要守孝悌，这是一个根基。其实这也解释了今天为什么有很多人不幸福。我们住单元楼，很多老人不跟儿女住在一起。今天的家庭建制叫做核心家庭，夫妻俩带一个孩子，孩子们是独生子女，失去了兄弟姐妹。从这个意义上来讲，我们可以更深刻地体会孔子为什么要提倡“孝”？他的孝并不是迂腐的，不仅仅是二十四孝图，他“论心不论迹”。学生问他，什么叫孝？孔子的答案是两个字：“色难。”是说在孝敬爹妈这件事情上，千难万难，难不过你能一直给他一个好脸色看。这两个字如此朴素，但是今天它仍然让我们做儿女的感到惭愧。绝大多数人舍得给爹妈花钱，买房、请保姆，都行。但是要让你永远有好脸色给爹妈，就太难了。很多儿女是因为孝顺而跟父母冲突，可能因为冰箱里面塞的都是剩菜，家里堆的都是处理的烂水果。做晚辈的就很不舒服，认为老人的日子过得没有质量，说着说着就急了。真正的孝是你此刻要尊敬你父母所有的历史。我们的父辈有些是从渔村出来的，有些是从山村出来的，有人是最早进城的产业工人，他们都经历了中国的贫困与苦难，那种烙印在他们的生命里。今天，你为了给他们那种所谓“舒服”而产生的冲突，就像我们为什么会跟孩子有代沟一样。

所以你如果真想孝敬，就记住孔子简单的两个字“色难”，好脸色比什么都难。这就是一份安顿，这是伦理的起点。

《论语》上还有这样一句话，叫“父母之年，不可不知也；一则以喜，一则以惧”。爹妈的年纪，你应该牢牢地记在心里；想起他现在这个岁数，一方面你是高兴的，一则以喜，因为高堂仍在，但是另一方面，一则以惧，更深的是一种的忧惧。以他现在的年龄，你能在膝前尽孝的机会不多了。中国人讲一种深刻的悲哀叫做“子欲养而亲不待”，年华不一定等得到你去实现孝敬他的梦想。这就是《论语》告诉我们的话，简单的起点，伦理的起点。

再来看第二句话，“朋友信之”。我们今天有各式各样的朋友，这个时代我们的实际空间跟虚拟空间，各式各样的人多极了。但数量的庞大不一定意味着品质。我们能吹嘘自己有多少朋友才高八斗、学富五车；有多少个朋友能力超群、地位显赫。但是能说有多少个朋友是敢信任的？也许我们一生中总需要那样几个人，他从来不喧哗在你眼前，他永远默默依托在你背后；他从来不在你得意的时候锦上添花，但你信任他，你失意的时候只有他给你雪中送炭。这叫做“信”。

大家都知道“竹林七贤”，“竹林七贤”之首是嵇康，他学富五车，姿采翩翩，才华横溢而性格刚烈、疾恶如仇。《世说新语》上形容他为身七尺八寸的伟丈夫，说他“轩轩如朝霞举”，“肃肃如松下风”。这个人清醒的时候，“岩岩若孤松之独立”，一喝醉了，便“傀俄若玉山之将崩”，而且他艺术造诣极深，经常“目送归鸿，手挥五弦。俯仰自得，游心太玄”。但是此人性情刚烈，因不满当时司马氏专权，就号称坚决不合作。那是一个痛苦的时代，刘伶说我就生活在酒缸里，天地就是我的酒缸。阮籍经常自己驱车，任意游走，行至路穷处便放声大哭。而在那个痛楚的时代里，敢于亮出自己观点的人是嵇康。“竹林七贤”中，有一个著名的艺术家山涛后来做了官。嵇康写了一篇“与山巨源绝交书”公告天下，认为山涛就是一个没有操守的无耻小人。这样一来全天下都非常敬仰嵇康的人格，觉得他真是一个天地伟丈夫。可他的人格还带来另外一种后果，当朝容不下这样公开宣战的人，于是他在39岁的盛年被杀。3000名太学生，伏地请命要求放过他，司马氏下令“急杀”。嵇康就义前潇潇洒洒要过琴来，弹了一曲《广陵散》。弹完以后喟然长叹：我的学生袁孝尼，一直想跟我学这个曲子，我舍不得教他，我这一走，“《广陵散》于今绝矣”。他觉得带走了这样的音乐是生命最大遗憾。这一段故事在历史上传为美谈。

但是，在历史的背面，一定藏着鲜为人知的细节。嵇康死的时候还不到40岁，他的孩子太小，怎么办？孔融死时，他的小儿子头都不抬说了一句话，“覆巢之下，复有完卵”，孔融的两个幼子是同时被杀的。那嵇康的孩子怎么办？嵇康只想到一个人，一个在主流意识形态底下能够受保护的人，他想到了出去做官的山涛。这个被他骂得酣畅淋漓的人，这个已被世人不齿的人，接下了嵇康的托付，用自己的性命保护了嵇康的儿子，让他受教育、长大，一直到做了官。他自己忍辱负重，就是为了朋友临终一托。这叫信，这是中国人的信。

这一个“信”字，“三杯吐然诺，五岳倒为轻”。所以孔子说我想做个什么样的朋友？就是让我周围的人提起我就这一个字“信”，做到这一点就够了。

再来说第三个标准，叫“少者怀之”。年轻人看到长辈，往往觉得这个长辈是挺好，但是动不动就板着脸训人：孩子你现在走的是弯路，你要迷途知返。年轻的学生最喜欢什么样的人？就是这个长辈人格光明磊落，让孩子们觉得“他真好，他的今天不就是我的明天吗？我要努努力，没准还能超过他呢”。有这样的长者，会让人产生温暖的怀念。所以孔子说“我就希望我的后世，我的学生们还能想念我”。“老者安之，朋友信之，少者怀之”，这是举世圣贤，万世师表的孔子的道德理想。中国文化留下了一些朴素的坐标，让我们从脚下一步一步抵达远大理想。

孔子教人的话语都特别朴素，他的学生曾子老替他总结，曾子说，“夫子之道，忠恕而已”。这八个字很有意思，他说我老师的秘密概括起来就两个字，一个是忠诚的“忠”，一个是宽恕的“恕”。当时光走到大宋的时候，当我们相遇朱熹的时候，这个了不起的学者他用最朴素的方式解释“忠恕”这两个字，他说“中心为忠，如心为恕”，这个世界上真正的忠诚不在外在的标准，不在于你忠于哪个人，真正的忠诚只有一点，就是心地良知的底线，你能看得见自己心中的底线，这叫忠诚。人怎样才能做到宽容？对方跟你有冲突了，有抵触了，你能主动跟他换位思考，当“人心如我心”的时候，也许人就会变得释然和宽容。我们每个人此刻都藏着所有历史过往的秘密，每一个人都从他的环境长起来，这个世界上绝大多数人跟人之间的冲突因为误会，因为背景的差异，因为大家各自从自己的经验系统出发，形成了矛盾。我读博士的时候，有一个小外教，这个小姑娘是个华人，但是从小生活在美国，一句中文都不会说。她很活泼，大家都很喜欢她。到了要过年的时候，班长去问她，要开联欢会了，老师你参加吗？小老师非常高兴，好啊！我参加！然后班长就开始挨个找班里的博士问，你出一个什么节目？排第四个还是排第六个？找到小老师了，老师你出一个什么节目？给你排在哪？小老师盯着他，盯了一会儿小脸通红，勃然大怒，说我不参加了，你不是告诉我是个联欢会，应该是大家发自内心都很快乐的一个联欢吗？你们怎么弄出这么一个东西约束我啊？你凭什么要问我演什么节目？你还要给我排一个顺序？我不参加了！那个瞬间，过去十多年在我脑子里一直印象特别清晰。我后来每每遇到人跟人有冲突的时候，我老会想起那个画面。这是什么？这是文化背景的差异。双方都没有恶意，为什么形成冲突呢？如果你能够将心比心，当他“人心如我心”一换位的话，这些事都能迎刃而解。所以朱子说完这两句话，又接着说了两句话，他说“尽己为忠，推己为恕”。一个人好好的尽到自己的心这就叫“忠”，因为咱们尽人事还得知天命。没有说你尽了心就非得做成，就算没做成你也算忠。第二句话说得更好，“推己为恕”，把你的心推到别人身上那就会宽容，把我们喜欢的事推到别人的身上那就是“老吾老以及人之老，幼吾幼以及人之幼”。我们不喜欢的事换位一想，这就叫“己所不欲，勿施于人”。

所以，什么叫“忠恕”？“中心为忠，如心为恕”，“尽己为忠，推己为恕。”如果我们能以这样的思路去还原圣贤的经典，我们站在当下的文化坐标里，只会比一千年前朱子的时代，两千年前孔子的时代更容易去施行，而不会比他们更难。因为今天的中国正处于制度建设逐渐完善的过程之中。

我们每个公民都生活在两条线之间，最低一条线是以法律为核心的制度体系，它保障每个公民的公平与安全。最高一条线是以道德为核心的伦理体系，它提升每个人自律和内心的幸福感。我们每个人的行为不能低过底线，低过底线就要付诸法律了；高是弹性空间，我们的“忠”和“恕”就是属于上面这个体系的，每个人都在这个中间。我们今天不提倡无原则的忠恕，因为我们还有法律的底线去惩治那些真正的坏人。

二、《论语》里的朴素真理

在一个不断进步的文明体系中，去使用中国文化，只会赢得更大的自由。《论语》里面提得最多的一个字就是仁爱的“仁”字。不到两万字的《论语》，这一个字被提了190多次。中国老百姓有一个解字的方式，叫做“二人成仁”，就是说仁爱就是两个人之间的人际关系。每天人打交道，就是两两之间的关系，父母儿女，恋人夫妻，上级下级，朋友同事，街坊邻居，所有人最基本的都是两人之间的关系吗？所有两人的关系归拢到一起，这就是社会。孔子的学生问老师什么叫“仁”？孔子回答了两个字：“爱人”。学生说怎么爱？需要有多大的能耐？孔子说：“己欲立而立人，己欲达而达人”。我们每个人自己想安身立命，那就用立自己的心先帮别人立起来，我们每个人立住了就渴望发达，那就用发达自己的心帮别人也发达起来。

儒家的思想容易推广，因为他没有提到那种不切实际的、崇高的道德体系。他没有要求“己不立而立人，己不达而达人”，那对一般老百姓而言是做不到的，无非是将心比心。学生继续问老师，具体怎样才能做到呢？孔子说，“恭、宽、信、敏、惠”。

第一个字是恭敬的“恭”，孔子说“恭则不侮”。用今天的话来讲，就是你对别人尊敬，你自己的生命就不会遭致羞辱。这个世界上谁都不容易，将心比心、体贴包容、担待一点儿，你对人恭敬，就不会被人冒犯。一个人良好的心态，健康的人格，蓬勃的生活态度，比那种每天谨小慎微，剑拔弩张的人要好得多。一个人自己不放下，他就没有办法对人恭敬。

我曾经看过这么一个故事，说有一位武士，偶尔路过一家弓箭行，看到橱窗里有一口满满的弓架在那儿，非常漂亮。那个木质雕花都符合他的理想，华美极了。他就冲进去跟老板说我要买你的弓。老板说买弓啊？你看我墙上还挂着好几十口弓呢，你去挑吧。这个武士一一地挑过来，挂着的弓都松松垮垮的，哪个都不漂亮。最后还是跟那个老板说，我再给你加点价钱，就买那个样品，只有它是最完美的。老板就笑了，说，咳，样品不就是一个废物吗？就是因为它没有任何韧性了，我才把它架在那儿啊。你想，24 小时在橱窗绷着的弓还能用吗？我告诉你吧，真正要卖的弓，都得这么松松地挂着，因为人只有在松弛的状态下才能保持着涵养，保持着柔韧。等你拉弓上箭的时候，轻轻一用力就是百八十米。其实这个故事对我们自己和孩子们所谓的精英教育都很有用。你发现内心绷着的人，只要有两个人嘀嘀咕咕，他就认为说他呢。任何一句话他都觉得是含沙射影，这就是自己绷着。在流光中，学会放下，心灵越来越柔软，意志越来越坚强。因为心灵不柔软，我们就没有办法去感知春花秋月，没有办法去深刻地体会爱和美。但是如果人的意志不坚强，怎么去穿越坎坷苦难呢？所以坚强的是意志，柔软的是心灵。我理解“恭则不侮”，一个人保持了自己生命的尊严，你才站在了仁爱的起点。

第二个字是“宽”，孔子说“宽则得众”。你越宽容世界，众人越拥戴你。宽容，先宽而后乃容。这个宽容一定是人对世界的一种态度。很多人都听说过苏东坡坐禅的故事，苏东坡跟佛印在那儿坐着，坐累了就问佛印，你看看我像什么呀？佛印睁眼一看说，你像佛啊。苏东坡就哈哈大笑，说你一个大胖子往那儿一堆，我看你就像一堆烂牛粪。他说完觉得占了便宜。回家跟苏小妹炫耀说，我今天占大便宜了。佛印说我像佛，我说他是一摊臭牛粪。苏小妹冷笑说，哥哥，你不明白什么叫“明心而见性”吗？为什么佛家说“身是菩提树，心如明镜台”？人心里装的是什么，折射在眼睛里，他就能看见什么。佛印看你这么一个凡夫俗子，居然说你像佛，人家得修炼得多好啊？慈悲、包容，看谁都慈眉善目，看谁都像个好人。而你可倒好，念了佛看人像牛粪，得问问你心里装的都是什么？

我们在生活里有没有看谁都是牛粪的人？不管多高兴的事，总有人挑剔，总有人在抱怨。比如说大家从行政学院毕业回去了，再过上三两年，同学聚会，如果其中一个红光满面的同学刚进来，其他人都会说“你气色真好啊”，而这个人本能就会说“哟，他肯定血压特高”。抱怨成为习惯的人，是不幸的。最后大家都不愿意跟这种人在一起，这就印证了“宽则得众”。

这是讲苏东坡的一个故事。苏东坡其实是一个很通达的人，他在写给弟弟的信里，有一段话，说“吾上可陪玉皇大帝，下可陪卑田院乞儿，眼前见天下无一个不好人”。林语堂写《苏东坡传》的时候对这段话很不理解。他说苏东坡一辈子夹在新旧党争之间，受尽了委屈，他怎么会看谁都是好人呢？后来他想明白了，苏东坡说“我上可陪玉皇大帝”，因为他有丰富的学养。他自己说过“有笔头千字，胸中万卷，致君尧舜，此事何难?”这样一个洋洋洒洒的人陪玉皇大帝当然行。难的是陪卑田院乞儿，来一个田头要饭的，我们能坐在田岗上就聊，也能聊得挺高兴。眼前没有一个不是好人。林语堂说，一个人经历了这么多的沧桑，他心中可能还会有一些是恨的，但是他恨事而不恨人，因为恨人是无能的表现。我看他写的《苏东坡传》时，特别喜欢他这句话，他是真懂了苏东坡。一个人在世界上可以疾恶如仇，但你恨的是一种社会现象，不是恨某个人，因为恨人是无能的表现。涵养到苏东坡这个境界，“眼前见天下无一个不好人”，这个人就宽起来了。这叫“宽则得众”。

做事还得有第三个字，就是守信用的“信”，孔子说“信则人任焉”。你守信用，别人就不断地任用你，任命你，给你晋升的台阶。今天的社会愿意任用什么人？我在大学里感受特别强烈，往往干得最好的不是专业尖子，而是那个能用自己的生命守住信用的人。有时候我跟我的学生开玩笑说，工作十年以后，生活委员往往比学习委员干得好。在学校里学习委员是比班长学习成绩还好的人，但是他往往专注个人的学习。生活委员的成绩往往不如学习委员，每天发饭票、打扫卫生、张罗运动会。但是走入社会上就会发现，学习委员智商高，可生活委员情商高。能够为他人承诺、给大家张罗事儿的人，融入社会比学习委员容易。然后不断有人给他机会，他再继续提升、进修，十年八年，没准生活委员就更成功了。什么叫守信用？就是一个人跟社会的融合与承诺。

有了信，这个人苦干实干，但是不见得有效率。所以还要说第四个字，敏锐的“敏”，“敏则有功”。真正的敏锐是要在当下抓住属于未来的机会。真正的敏锐是用一种广大的眼光看清这个世界。我经常听到一些人在抱怨，说我其实也很善良，我也很努力，但是生活还是要给我一些不如意的结果。其实要我说，“结果”这两个字，不能轻易说出口。结果是一种心理暗示，只有事情已经结束而产生了不可更改的后果，才叫结果。生活真有结果吗？一息尚存，什么都在改变。不管今天是刮风下雨，都有明天，今天的伤心欲绝，或欣喜若狂，到了明天，情绪一定会有转变。从这个意义上来讲，每个人此刻所谓的结果都是一个阶段性状态。

曾经看过这样一个很有意思的故事。弟兄两个每年做手工陶艺为生，一年能烧出 100 多个大罐子，然后满满地画上釉彩，个个都不一样，很漂亮。年尾把这些罐子装在船上飘洋过海，去一个大港口城市卖掉，换这一年的口粮。有一年，快靠岸的时候突然起了狂风恶浪，挣扎着靠岸，一看所有罐子七零八落，好的没剩下几个。哥哥当时就嚎啕大哭，说这样的大城市谁家买烂罐子，我们这一年怎么办呢？弟弟一句话没说就上岸去了，转了一大圈回来，发现这座城市比他哥哥想象的还发达。房地产业蒸蒸日上，家家户户忙着买房装修。弟弟上船的时候，手里拎了一把大锤子，上了船二话不说，拿起锤子砸碎了所有的罐子，说，咱们不卖罐子了，改卖马赛克。最后哥儿俩把所有的烂罐子都砸成不规则的大小瓷片，到装修市场卖完以后，发现比原来卖罐子的利润高好多。

印度诗人泰戈尔说过一句话，他说“如果你因为失去了月亮就哭泣，那你也就要失去满天的星星了”。一个人能够在所谓的结果上看到新的转机吗？这叫“敏”。大智慧需要敏锐。

“恭、宽、信、敏”要都做到了，这个人就该带团队了。带团队需要什么？这就是孔子说的最后一个字，就是恩惠的“惠”。他说“惠则足以使人”。一个有恩惠之心的人，足以调动和使用他所有下属的积极性。发现每一个下属的不可替代性，肯定他，给他价值空间。许人当下，远不如许人未来。给人以金钱的刺激，永远不如给人以价值空间的实现。这个前提就是做领导的人“识人”。

战国时候四公子养士，孟尝君居然还养鸡鸣狗盗之徒。尽管满腹诗书的那些“士”看不起他们，但等到国家有难，鸡鸣之徒，惟妙惟肖学鸡叫，把城门打开，主人才得以逃生。狗盗之徒，从狗洞进去，把“狐白裘”偷出献给了秦王幸姬，得以脱身。用今天的话来讲，“鸡鸣狗盗”也是一种核心竞争力，因为它不可复制。一个好领导，就应该像中国谚语说的，“尺有所短，寸有所长”，看到每个人的不可替代。有一句话说得好，“这个世界上没有废物可言，所谓废物只不过是放错了地方的财富”。我们套用这个逻辑去评价好领导就是把别人眼中的废物，放对了地方，让他变成了财富。调动和使用别人，其实是在识人的前提之下。

“文而化之”是能站在当下所处的坐标里去解读中国文化。所谓“仁者不忧”，一个特别仁爱的人，会少一些忧伤。“智者不惑”，一个有大智慧的人，才能真正不迷惑。孔子说仁爱就是两个字，“爱人”；智慧也是两个字“知人”。这个世界上，最大的智慧莫过于了解人。在认知的前提下对世界采取积极的行动，建立社会价值，实现生命自我。如果智慧仅仅停留在思想而不付诸行动，那只是孱弱而空洞的智慧。孔子有很多特别好的方法论。孔子曾经说“子四绝”，有四种东西要断绝，“勿意、勿必、勿固、勿我”。

“勿意”，就是不要主观臆断；

“勿必”，就是别较劲；

“勿固”，就是不要僵化；

“勿我”，破除自我中心。

其实想来我们工作上、思想方法上犯的错，大体包括在这里面。第一“勿意”，过分的狂妄自大，主观想象就敢下结论。不看客观数据调查，缺乏宁静理性的分析，意气冲动，这就是臆断。所以孔子把它放在第一条，不能有。第二条“勿必”，今天这样一个时代，其实方向比目标更重要。目标是一个点，方向是以那个点为中心，向左偏十度，向右偏十度，给自己一个 20 度的夹角，这里面可以调整的都是次目标。这就是我理解的勿必，你不必跟一个点较劲。

曾经有一个媒体，采访八位成功人士，题目叫“坚持，是成功必备的前提”。我那段时间恰巧在国外，等到我接受采访的时候，前七位都采访完了。当时主编问我：“于老师，我们都知道坚持是成功必备的前提，请问您在工作中实在坚持不下去的时候，是什么力量让你坚持了下来?”我说实在坚持不下去，我就放弃了。主编说你不能这么回答，前边七个人都说坚持，你这么说我们怎么写呢？我一看，我前面一个是邓亚萍，我说她是要坚持，中国队二比三落后了，她不坚持国旗就升不起来了。我工作性质跟他不一样，我认为当坚持的成本远远大于放弃的时候，放弃这一件事也许意味着其他更多事情的开端。放弃为坚持而坚持，就意味着赢得时间打开了更多的可能性。所以我们常说人生永远不能放弃选择，但是人生偶尔是可以选择放弃的。所以我觉得“勿必”给我提供了一个特别大的空间，就是不要做那种为坚持而坚持的事。堂吉诃德战风车，那肯定是一种坚持，可我们有多少生命用来耗费在这种坚持上呢？能够变通，这是我理解的“勿必”。

如果说“勿必”是指最终那个目标的点，那么“勿固”是说从脚下到达目标的过程。中国人关于方法论最高的境界是四个字叫“法无定法”，所有的方法都被超越，不在一个方法上较真了，你就超越了。当年我作为学生刚上北师大的时候,启功先生还在文学院任教,给学生们上选修课。我们去找启功先生问,少年宫老师教我们的执笔方法是一定要用最漂亮的“凤眼法”,拿着笔虎口状如凤眼,能稳稳地托着一枚鸡蛋,这个姿势漂亮。您看我的这个凤眼法怎么样?启功先生看了看说,这叫凤眼法?我还以为这叫鸡爪法呢!虎口托个鸡蛋还写得了字吗?启功先生说,你们没事跟笔杆子较什么劲啊?你们都是受了野史笔记的影响。王羲之教他儿子王献之写字,为了试这孩子专心不专心,蹑手蹑脚走到王献之的身后,一抽笔杆子居然没抽动,说这孩子挺好。启功先生说,我就纳闷了,你说这个王羲之是教他儿子练字,还教他儿子练武?你们不会写字,会骑自行车吧?你们现在每个人死死的拽着车把,上外头转一圈,回来告诉我是撞大树了,还是撞老头了?这就是大师说的话。

我觉得这个世界上现在有很多学问,为什么不是好学问,就是因为他板着面孔把自己弄得特别复杂。把简单问题复杂化,一定不是好先生;把复杂问题简单化,才是真正的大师。启功先生这段话听得小孩都乐了,这是我大概 17 岁时听他说的话。这么多年过去了,我们自己都当老师这么多年了,一定还会记得他这段话,这是我刚上本科的时候他说的话。我上研究生的时候,又问他,启功先生你看人家理科的论文都有实验室的数据分析,特别学理,文科的论文什么样叫“学理化”。启功先生说,你自己看什么时候写的不像人话了就叫学理化。启功先生的回答都是朴素简单的。

人走过了这三条,就可以有第四个境界,“勿我”。破除自我中心,破除各种僵持方法之后最高的境界。我们很多时候出错都是拿自己当地球中心,我们能够真正客观冷静,真正换位思考吗?儒家教我们的思想方法用佛家的故事来参,也可以得到印证。84 岁的星云大师大概在两年前给我讲过一个故事。他说有一位大师,学问很大,弟子们都很佩服他。有一回他带学生出去游学,路过一个闹市,听见有人吵。大弟子过去看热闹,一看是一家布店,来了一个外乡人买三丈布,老板说,三八二十四,交钱吧。外乡人很犹豫,说三八怎么二十四呢?我一直记得三八二十三啊。两人为这么一点小事开始争吵。大弟子见状过去拉架,说三八肯定二十四,你赶紧给人钱吧。

这个外乡人自己没有想明白的时候,被人一拉架,脸上就挂不住了。说你多管闲事,我说三八二十三,今天就是二十三了!弟子也很生气,说这样吧,你看我师父在这儿,他无所不知,无所不晓,你敢跟我打赌吗?我们俩去问师父,他说二十三就是二十三,他说二十四就是二十四!买布的人正在火头上,想都没想,说打赌就打赌,三八要是二十四,我就输给你个脑袋!这徒弟摸摸脑袋觉得太严重了,正好自己戴了一顶新帽子,他说那这样吧,三八要是二十三我把帽子给你行吗?这人说没问题,我们去问吧。两个人找到大师,一五一十把这个赌说了一遍,大师云淡风清跟徒弟说,你还真错了,三八就是二十三,赶紧把帽子给人家吧。窝火的徒弟也不敢不听,毕恭毕敬摘下帽子就给人家了。打赌赢了的这个人拿着帽子一路招摇过市:大师说三八就是二十三!所有的人都指指点点,说这哪来的和尚,这么基本的数都算不明白。大师和徒弟就这样灰溜溜地走了。一天,两天,三天,窝火的大弟子发现自己师父也没有老糊涂,终于忍不住问师父,师父啊,你说这个三八它不是二十四吗?你看你不光让我输个赌,你是要受天底下人耻笑的,这是为什么啊?他师父反问他:是帽子重要还是脑袋重要?三八是二十四不假,可人家要输的是脑袋。一个外乡人他买点布你非让他把脑袋搁在这儿,或者你就一定让他在这颜面扫地?咱们输的不就是一顶帽子嘛。佛要站在人的最高利益上去评价,权衡得与失,永远不在局部真理上较真。所以他最后跟徒弟说了一句话,他说你记住,当帽子跟脑袋发生冲突的时候,三八可以是二十三。

中国干部层次越高,越应该想想这个故事的道理。因为中国的制度建设远远没有像我们期待的那么完善。在很多大事的权衡上,什么叫最高利益?坚持三八二十四是容易的,因为它确实有条文在那里摆着,但是你牺牲的可能是个脑袋。儒家教你不要主观臆断,不做不必要的较劲,不要固化、僵死地去执行方法,最终不要坚持自我为中心,这就是三八可以二十三的故事。中国文化不是非常枯燥的教条,而是可以让你以大智慧解决很多生命的命题。

三、心灵的超越

说到生命,不能不提一下道家。为什么我们说儒家是大地,道家是长空。庄子有这样一句话,叫做“独与天地精神往来”,虽然一个人“生也有涯”,但如果一颗心可以磅礴万物,那你就能体会什么叫天地与我共生,万物与我合一。

庄子提倡“逍遥游”,如同大鹏鸟超越天心。如果说儒家给了我们社会人格的自我实现,那么道家就给了我们自然人格的自我超越。

庄子有个朋友叫惠子,这老头经常跟他抬杠。惠子来找他,说魏文王给了我一个葫芦籽,我种出一个大葫芦来,那葫芦皮薄膛大,把它一开两半当个瓢,不管盛粮食盛水,哗啦就碎了,所以就废了。庄子说,你要有那么大一个葫芦,谁让你拿它当瓢使啊?你就把它整个拿网兜拴在腰上,浮游于江海,那是多好的游泳圈啊!惠子说还有一个长大了废了的,就是一棵大树,那树长得几十人合抱,那木质就不紧了。所以它就只能立在荒郊野外,过往连木匠都不砍它一个枝子,废了吧?庄子说树这个东西,我们脑子里都是有标准件的。长个一围两围这就叫桩子了,砍下来能拴牲口了,长个三围四围就是盖房子的栋梁,长个七围八围,很昂贵,富人家做棺材。再长,长到十几二十人合抱,就说废了,因为我们没有这个标准件。庄子说,一棵树如果真长到了那么大,它就成为了神木,因为再也没有人砍它枝条,摘它果实,它再也不受刀斧所伤,它顶天而立地。过往的行人逍遥其下,歇脚、乘凉、聊天、聚会全都得找这样的大树,这样的大树抚慰多少人的疲惫和劳顿,提供多少阴凉和快乐!

当一个生命长到超乎规格的时候,它就真正成为了自己。今天我们都太沾沾自喜于标准件。我们总在比职称,那是标准件;我们让孩子比文凭,那也是标准件。人的生命能超乎标准件吗?这是道家给你的思考。儒家让你入世,就是当标准件使用的。但是道家告诉你,用的时候可以这样,但是养的时候不可以这样,你只有把自己养得更大,那叫超越。

一个人超越之后能有什么境界？中国历史上那些艺术家里，最具道家气质的是李太白。他自己经常说："我本楚狂人，凤歌笑孔丘。手持绿玉杖，朝别黄鹤楼。五岳寻仙不辞远，一生好入名山游。"他游历名山大川，宣称"一身独为客，万里无主人"。没有什么伴，也不需要什么明君贤主，所以他不仕科举，也没想着一定要有什么人器重他。他入宫三年，无非就是写诗，用他自己话说："昔在长安醉花柳，五侯七贵同杯酒。气岸遥凌豪士前，风流肯落他人后。"他入宫的时候 40 多岁，唐玄宗 60 多岁，一看唐玄宗他挺高兴，说："夫子红颜我少年，章台走马著金鞭。文章献纳麒麟殿，歌舞淹留玳瑁筵。"一个 40 多岁的人跟一个 60 多岁的皇上说"夫子红颜我少年"，他是超越年龄的，他是跨越阶层的。他的心自由而天真，这个道家气势的人，他在庐山顶上说："登高壮观天地间，大江茫茫去不还。黄云万里动风色，白波九道流雪山。"我们为什么看不见？因为我们的心没有那双能飞翔的翅膀。李白想去咸阳，他说"狂风吹我心，西挂咸阳树"，一阵风就刮过去了。他想上天跟太白山说"太白与我语，为我开天关"，跟老天爷打过招呼，把天打开，我要上去了。他一高兴，"人生飘忽百年内，且须酣畅万古情"，万古长青，酣畅淋漓。他一伤心，"五花马、千金裘，呼儿将出换美酒，与尔同销万古愁"。

这样的一个人在这个世界上独往独来，呼啸沧桑。这个人形容朋友对他好，"桃花潭水深千尺，不及汪伦送我情"。形容他对朋友好，"我寄愁心与明月，随风直到夜郎西"。他见下雪便是"燕山雪花大如席，片片吹落轩辕台"，他一发愁便是"白发三千丈，缘愁似个长"。

道家给李白的气象，就不是一个标准件。一个人心有多大，世界就有多大。李白在这个世界上没有规格，所以李太白永远只是他自己。你看看天空上，雁阵都是成行的，麻雀都是扎堆的，但是鹰隼都是独往独来。不能归类的人就成为大鹏和鹰隼，因为他不需要什么团伙。所以李白这个人"笔落惊风雨，诗成泣鬼神"。他的好朋友杜甫说这个人"痛饮狂歌空度日，飞扬跋扈为谁雄"，他自己不需要什么主子，他是天地之间的无主英雄，他飞扬跋扈为谁称雄呢？就是他自己啊！这就是一个人自由的状态。

道家给我们的境界就是一自由，你是可以改变世界的。李白自己一发愁“花间一壶酒，独酌无相亲”。突然之间快乐起来，“举杯邀明月，对影成三人”。他也犹豫过，“月既不解饮，影徒随我身”。但是那又有什么呢？“暂伴月将影，行乐须及春。我歌月徘徊，我舞影零乱。醒时同交欢，醉后各分散，永结无情游，相期邈云汉”。相信人跟明月终有一天在云端重逢，这样一种天真而明亮的心，就是中国道家文化所滋养的那种气象。

我一直喜欢今天的诗人——台湾的余光中先生写的一首《寻李白》，我觉得那是千古知音。他说“酒入豪肠，七分酿就了月光，余下的三分啸成了剑气，绣口一吐，就是半个盛唐”。一个人的气势，怎么样才可以顶天而立地，中国文化的成全，不光是背诵经典，还要有飞扬与超越。

我们今天压力大，竞争强，焦虑多，一个人的生命能获得滋养一定要在儒、道、释这三家中去建立一个平衡的体系。你可能会说这三家的气质是冲突的，冲突不见得是坏事。有一句谚语说得好，“人生不能决定生命的长度，但可以决定生命的宽度”。其实生命如同水流，宽窄在自己的手里。

在中国文化中徜徉，其实就是去体会这样一种自然往来，穿梭历史古今人文，共同在胸中酝酿的情怀。

苏东坡的一首词叫《定风波》“莫听穿林打叶声，何妨吟啸且徐行。竹杖芒鞋轻胜马，谁怕？一蓑烟雨任平生”。

人为什么怕风雨？雨不过就是把人淋湿，可怕的是外面这些动静。你听着哗哗穿过树林，刷刷打在叶子上，这就叫“穿林打叶声”，还有就是雷声轰鸣。其实人很多时候不是事击垮了你，是动静吓倒了你。动静大你可以不听，这就叫“莫听穿林打叶声”。“何妨吟啸且徐行”，舒缓长啸，吟着自己的诗词，我就慢慢走又能怎么样？“竹杖芒鞋轻胜马”，我手里就是个手杖，我穿的就是草鞋，我觉得比马上还轻盈。马蹄是辎重的，真正骑着马奔在雨里，水飞溅一身，真是不如徐徐走过，因为很轻松。关键是问“谁怕”？你怕了吗？如果你不怕，“一蓑烟雨任平生”，就这样独往独来，平生烟雨徐徐穿过。词的下半句“料峭春风吹酒醒，微冷，山头斜照却相迎。回首向来萧瑟处，归去，也无风雨也无晴”。阳光总在风雨后，当微微的寒风吹得你酒醒了，再定睛一看，发现山头的斜照已经起来了。风雨就是那么一会儿，阳光总会出来的。当你归去时浑然不觉刚才有过风雨，也浑然不觉此刻已经天晴，“也无风雨也无晴”。苏东坡的这首词，含着多深的禅意，风雨其实都踏过你的心上，让你动心动容，让你泛起千古情怀的酝酿，但你能在风雨之中把握住一个岿然不动的自我，这就是中国文化。

中国文化儒也罢，道也罢，佛也罢，最终的成全是你的内心。这样一种内心的气象，就如同我听过的一个小故事。有一位哲学家，他每天思考一个哲学命题，人跟世界是什么关系？究竟是世界绑架了人的意志，还是人去改变这个世界？他有一天写着写着，小儿子来捣乱，他想打发这孩子，一看手边有一本旧杂志，封底是一幅世界地图，他就把那地图撕下来了，扯成好多小碎片，拿了一卷透明胶条，给那个小男孩，说你上隔壁房间把这个地图粘好。你要都粘对了，爸爸给你五块钱。这小孩快乐地捧着碎片跑了。他想这孩子应该能安静两个小时，就又开始写。写了还没有 20 分钟，小男孩跑回来了。拎着破烂的地图说，爸爸，你看我粘好了。他接过来一看，大吃一惊，他说儿子，你怎么这么聪明啊？爸爸把这世界撕的这么破碎，你怎么在这么短的时间都粘对了呢？小男孩就笑了，他说爸爸呀，我告诉你一个秘密，这个地图的背面，是一个人的头像。我当然不知道世界长什么样，可我知道一个人长什么样！我哪知道哪座山挨着哪个海，哪个洋靠着那个洲？我是翻过来粘的，我按鼻子眼睛怎么长的把它给粘上了。我这么想，当这个人正确的时候，世界一定也是正确的。就是这句话，给了那个哲学家一个醍醐灌顶的启发：这就是他要的终极答案。

我们今天所处的生活，就如同窗外雷雨交加；我们明天所面对的世界，缤纷零散，诸多的碎片；我们看到了地震和海啸的来临，我们看到了金融危机的席卷。我们在这个世界遭遇了很多不知名的病毒，我们还看见了那些恶性事件的发生。所有这一切，让我们成年人的世界也不知道哪座山挨着哪个海，哪个洋靠着哪个洲？那么规则在哪里？文化的名义就是让你相信零乱的碎片背后，一定隐藏着一个人的头像，那就是你自己。

文化没有力量直接把苦难都给挥去，但是它改变了你面对苦难的态度。文化的这种改变就是让你相信，只要你把自己的心愿、自己的生命按照一个健康的文化态度拼接好，那么你的背面一定会拥有最完整的世界。我想这就是中国文化可以给我们的祝福。当大家在这所学院走回自己岗位的时候，每个人的生命都是一颗种子，我们传递信念与态度，我们用文化去整合自己的心灵，去面对未来。

（2010 年 5 月 31 日）

孙子兵法与统帅之道

中国孙子兵法研究会副会长 洪 兵

非常高兴和大家一起探讨这个古老神秘的话题——孙子兵法与统帅之道。《孙子兵法》是一本古老的兵书,号称是天下第一奇书,里边充满了智慧,也充满了神秘。要理解《孙子兵法》里边深奥的道理不是一件很容易的事情,我想在座的很多人读过《孙子兵法》,和我开始一样,读了几段话,读了几个字,读不进去,感觉到很难。后来随着生活经历、工作经历和战略研究的实践,慢慢我就感悟到了里面的一些东西,慢慢明白了它里面确实有一些不同凡响的高深的道理,今天我跟大家做一些交流,把我的一些体会给大家谈一谈。

(一)

首先我们进入第一个话题,就是为什么现在要学《孙子兵法》,它的现实指导意义和价值到底体现在什么地方,虽然它离我们现在 2000 多年了,现在军事、政治方面,外交方面,文化方面,特别是企业家都在用,而且用的非常好。

请大家注意这两句话,中国古人说:“天之道在生植,其用在强弱;人之道在法制,其用在是非”,这两句话什么意思呢?就是说人生当中,你要做一名成功者，要当一名统帅，恐怕有两个最基本的学问必须牢牢地扎实地把它学深、学透，哪两个基本的学问，第一个是“天之道”，第二个就是“人之道”。

大家在读古书的时候，经常会遇到我们的老祖宗在说“天道曰”，这个“天道”怎么怎么样，这个“天道”就是“天之道”的意思。“天之道在生植，其用在强弱”是什么意思呢？它告诉你怎么生存、怎么发展、怎么壮大；它告诉你很多竞争的法则、竞争的理念、竞争的道理；它告诉你怎么成为一名强者。“天之道”是强者之学。“人之道”好理解，就是怎么做人、怎么和人去打交道，它告诉你很多法制、是非、道德的理念，它告诉你怎么成为一名好人。

在现代激烈的竞争当中，不管我们从事什么工作，竞争恐怕是脱不开的。我们强调的是一种理性竞争，在竞争当中我们要想当一名强者，当一名好的强者，就要好好地学习《孙子兵法》，补上这一课。我想强调一点，《孙子兵法》的这个国学研究，咱们中国始终走在前边，任何国家超不过我们，但是我很担忧的是在应用研究上，我们国人大大落后于西方国家，这是我个人的观点。你别看西方，对中国的古代的字他不一定掌握的这么好、这么熟，但是国外一些商战专家在《孙子兵法》应用的方面走在了我们的前面，用的比我们好。

学《孙子兵法》学什么？学战略。所以说，今天这个课是一门战略课。我想强调两点：

第一点，我们今天这个战略和大家平时接触的特别是商学院学的战略不完全是一回事儿。我发现我们现在很多商战课堂上讲的战略，大量是西方的一些教科书上的一些理念，我们称之为西方战略。今天，我们这个战略课是定位在东方战略。大家可能会问，东方战略和西方战略有什么不同啊？两者大不一样，待会儿我们要讲到这个问题。

第二点，今天我们讲的不是战略执行层面的战略，这个战略我们平常大量地接触到，它告诉你怎么制订战略规划、怎么分析战略流程、怎么设计战略模式，这是参谋长层面的战略，是执行层面的战略。我们今天涉及的战略，是战略决策者的战略，也叫司令的战略。司令的战略和参谋长的战略有什么不一样？司令的战略，我用《孙子兵法》的话说，就是“存乎于心”的那个战略；用拿破仑的话说就是“天赐的火花”；用意大利一个总裁的话说就是“心中的小指南针”；用张瑞敏的话说就是“第六感觉”。实际上，这个司令的战略，它就是一种意识，一种感觉。大家可以想想，一个战略家在做重大决策的时候，不是靠推理出来的，而是最高统帅脑子闪那一下，一种直觉、一种感觉。那个东西怎么学出来，学不出来！这种战略是悟出来的，靠平常的修炼，包括天赋，包括知识和经验的积累，也包括失败的教训。当你悟到了这种战略，你形成了那种感觉，有了那种意识，你就会产生一种艺术。战略是讲艺术的。今天孙子兵法的战略定位在东方战略，同时它也定位在司令层面的战略上。

所以，大家在听课的时候，我建议大家调动想象力、联想力，因为孙子在讲战略道理时，大量的都是比喻，是一些故事。譬如，孙子在讲到“势”的时候，这个“势”是个很抽象的概念，他就用了一个比喻——“转圆石于千仞之山者，势也”；讲到一个很高深的战略概念“节”的时候，他用的比喻是“鸷鸟之疾，至于毁折者，节也。”这是一个老鹰抓小鸟的比喻；他还讲到了静如处女，动如脱兔，用一个姑娘和一个兔子做比喻，几乎把所有高深的战略道理都囊括在其中了。大家要把想象力调动出来，把你的思维激活，把你心中早已有的那个《孙子兵法》给调动出来。只要我们有一定的战略天赋和战略修炼，我们就会对孙子兵法中的许多战略理念有似曾相识的感悟。

我们今天学习《孙子兵法》，先从两本书说起。这两本书是美国一个著名的营销大师写的，他叫迈克尔森，他非常喜欢《孙子兵法》，学了就用，用了还特别灵，他打开了很多市场，争得了很多的顾客。他把自己的一些例子总结起来，写成了这两本书。迈克尔森在写这本书的序言的时候，说道：“孙子最基本的哲学信条是，如果你能够仔细规划好你的战略，那么你就能够获胜；而且你能拥有这个真正伟大的战略，你甚至能够不战而胜。”这句话好理解，它强调战略对一个单位、对一个企业、对一个国家的极端重要性，没有战略是不行的，没有战略你就没有方向。那么接下来他说的话有点意思，他说“这种东方的侧重于用战略智慧来击垮对手的战略思想，与西方大不相同，后者强调行动比如说发动大的战役来取得胜利。”他说的这个“后者”指的就是西方。这个老兄读《孙子兵法》他读进去了，他还真读懂了，因为，他发现了东方战略与西方战略的差异点，下面我们就用这个差异点来进入到我们《孙子兵法》第一个知识点的理解和分析，这个知识点，也可以认为是《孙子兵法》战略思想的一个知识原点，东方战略许多高深的战略思想都从这个地方延伸出来了。

我们先分析西方战略强调什么呢？是强调行动，比如说发动大的战役来取得胜利。这个战略是靠战争说话，我们把西方的战略用四个字归纳起来，叫做“以力克力”；大家看看迈克尔森对东方战略怎么理解呢？他说“东方战略侧重于用战略智慧击垮对手”，如果我们也用四个字来概括东方战略，应该是哪四个字啊？是“以智克力”。东方战略和西方战略一字之差，可是出发点和动作机制完全不一样。

为了便于理解，我们听一个真实的故事。这个故事发生在北京外交学院。这个外交学院来了一个美国的学生，这个美国学生来攻读博士学位。有一天，他和中国的学生在教室里面读书，突然从打开的窗子的外边飞进来两个鸽子。鸽子飞到教室里面严重地干扰了他们读书。这个时候，美国学生第一个站起来，大家判断一下他的第一反应干什么？赶走它！于是他拿扫把，拿教鞭，就开始赶鸽子了，可是赶了五六分钟，鸽子不听他，他往南赶，鸽子往北飞，往东赶，鸽子往西飞，最后赶的他是满头大汗，气喘吁吁，越赶越乱。

他的第二反应出来了，他认为这个事儿不应该他干啊，这个事儿应该是楼房管理员来干，我就读我的书。于是，他就出去找楼房的管理员进来赶鸽子。又过了五六分钟，当他带着楼房的管理员进来赶鸽子的时候，他发现鸽子没了，飞走了。他很奇怪，这是怎么回事，我赶了半天赶不走，我离开这一会儿它跑了。

他就环视了一下周围，发现了答案。在打开的窗子的窗台上，不知道是谁放了两块面包，他马上明白鸽子是怎么走的了。于是他对中国学生伸大拇指，说你们中国人厉害，你们中国人聪明，用智慧用脑子去办事情，而他就知道用力气、用行动。这个鸽子的故事能够使我们以小见大来理解什么叫“以智克力”，什么叫“以力克力”。外国人让鸽子怎么走，我们中国的学生让鸽子怎么走？外国人是逼着你推着你强迫你走，中国人是用智慧调动你让你自己走。

“以力克力”是一种外力强力的推动；“以智克力”是一种内力的调动。西方战略，靠实力，靠战争，用强力、用外力逼着你，推着你实现我的目标。东方战略，强调用一种内力，靠一种智慧，因势利导，调动你让你自己高高兴兴地走。我们可以想想现代竞争当中的“软实力”。实际上，“软实力”在竞争中要比“硬实力”还厉害。

如何才能调动对方？孙子在他的《孙子兵法》里面，经常谈到“善动敌者”，这就是在讲怎么调动对方，例如，“故善动敌者：形之，敌必从之；予之，敌必取之”；“能使敌人自至者，利之也；能使敌人不得至者，害之也”等等。《孙子兵法》的神奇神秘之处，就是强调制胜于无形之中，不战而胜。

（二）

今天重点讲《孙子兵法》的两个重要思想，一个是全胜思想，一个是先胜思想。

第一篇是“计篇”。这个“计”讲得是“计算”，不是“计谋”的意思。在这一篇中，孙子主要讲的是战前筹划。我们要关注这一篇中“攻其无备、出其不意”八个字。这八个字好理解，但是应用起来比较难，这是一个制胜的诀窍，制胜的法门。在实际运用中，我们把它归结为三个想不到，就是在对方想不到的时间，用他想不到的方式，在他想不到的地方，去攻击他，你会获得巨大的成功。

第二篇是“作战篇”，这一篇主要讲资源问题。古语说“兵马未动、粮草先行”，就是讲资源问题。资源在竞争当中消耗极大，很容易进入一个资源消耗失控的黑洞，战争也好，企业的商战也好，最后失败的原因，很多是资源跟不上了，资源准备不足。这方面教训非常多。所以孙子说“不尽知用兵之害者，则不能尽知用兵之利也”。战争、竞争是把双刃剑，玩不好会伤你自己。

孙子在战争问题上（也可以扩展到我们现在理解的竞争的问题上），强调一个非常慎重的态度，他强调慎重，不要轻易动手，在没有绝对把握的情况下不要动手，在资源没有充分准备好的情况下，不要动手。

“不尽知用兵之害者，则不能尽知用兵之利也”，还指出了我们战略思维中经常会出现的一个误区，大家要注意啊，这个误区我们要避免，特别我们领导在平常做管理工作有时候会进入这个误区。什么误区呢？就是在通常情况下，我们想一件事情的时候，一般都是先想好，再想坏，先想利后想害，但是孙子在这个地方强调的是，先知其害，后求其利，在考虑这个问题之前，你先把那个害想明白了，想周全了。你想明白了以后，那个利它在里面跑不了，但是你把利想明白了，有一两处害，有一两处隐患你没注意到，前功尽弃，全盘皆输！

接下来，我们要讲一下怎么样利用资源和转化资源。

“因粮于敌”，“更其旌旗，车杂而乘之。”这都是借用对方资源，越打越强。毛泽东打仗就是这么打的。什么是“更其旌旗”啊？就是把对方的战车缴过来，旗子一换成我的了，我们把它那个青天白日徽章涂掉，喷上红五角星，坦克、汽车成我们的了。什么叫“车杂而乘之”啊？抓到俘虏兵不杀，把自己的部队派进去，混编而成新的作战单位，为我所用，我们在战场上抓住国民党的俘虏兵一个不杀，当天晚上政委指导员就教育，是农民吧？是。想要土地吗？想要。好！你跟着共产党干，明天就给你分地。第二天这些国民党士兵掉转枪口就打国民党。有一个数据统计，淮海战役开始打的是黄伯韬兵团，后来打的是黄维兵团，可能大家都想象不到，打黄维兵团的时候，我军有的连队，竟然70%是黄伯韬兵团的士兵，大部分都是俘虏兵。在短短时间里，把大量国民党士兵转化为解放军战士，这就是巧妙借用了对方的资源。还有一个著名的典故大家也很熟悉，就是草船借箭，反映了诸葛亮的一个智慧，从曹操那儿借了十万支箭，这样你的资源不但不消耗，反而在激烈的对抗当中越来越多。

要使你的资源在激烈竞争中保持住不失控，精确使用，孙子还教了我们一个著名的用兵原则，这就是“兵贵胜、不贵久”。我们平常干工作也是这样，干什么事情别黏糊，想明白了再干，一旦出手电闪雷鸣，一剑封喉，快打快收，速战速决。

第三篇是我们今天的重点篇。我们要用些时间专门研究这一篇，这也是个难点，里边涉及《孙子兵法》的一个核心思想，叫全胜。在这一篇中，孙子提到了两个“全”字，一个是“全国为上”的“全”，一个是“全争”的“全”。这是“全胜”思想的两层意思，下面，我们就把这两层意思分别来探讨一下。

孙子说“凡用兵之法，全国为上，破国次之”。这句话翻译过来什么意思呢？就是当你征服战胜了一个国家，这个国家最好是完整的，而不是一个残破的。这句话直接翻译过来是这个意思，这个意思大家也好理解，但是里面隐含了一个非常高深的战略理念，就很难理解了。这个战略理念涉及你对胜负判定标准，它让我们知道什么是真正的“胜”，什么是真正的“赢”。很遗憾，我们有很多战略决策者，到现在还不知道什么是真正的“胜”，什么是真正的“赢”。

我们听几个故事，一点点来思考。

清朝有一个开国皇帝他叫皇太极，他想打下明朝的一个边关城市，打了很多次一直没打下来，有一次他组织得非常巧妙，战术布置得非常好，一举拿下这个城市了，很高兴。可他高兴了几天又不高兴了，为什么不高兴呢？他发现这个城市是个“破城”，它不是个“全城”，什么叫做“破城”啊，就是要什么没什么，要粮食没有，要钱没有，对方的老百姓你得养，对方的俘虏兵你还得看护，自己的军队伤亡也很大，最后，这个皇帝弃城而走了，不要这个“破城”了。大家考虑一个问题：什么叫战术价值，什么叫战略价值，当你具有战术价值，是不是一定会有战略价值，有时候当你获得了战术价值，恰恰却丧失了战略的价值。

再听一个故事，美国有一个著名的国防部长叫拉姆斯·菲尔德，是小布什政府的国防部长，辞职了，他一辞职，让全世界的军界一片哗然，很奇怪啊，他为什么要辞职啊？伊拉克战争打的非常漂亮，消灭了对方几十万人，自己的死伤才几十个，创造了战争奇迹。可是看了《孙子兵法》这句话，我们就明白了，他必须要辞职，他要替小布什来受过，因为他打下这个国不是个“全国”，是个“破国”，美国背上了沉重的战略包袱，到现在还没收拾利索。通过这个例子，大家可以理解一下，什么叫“全国为上”，什么叫“破国次之”。

战争的目的是什么？我们军人长期以来都认为：消灭敌人的军队，赢得会战，这是克劳赛维茨说的，没错儿。后来看了《孙子兵法》这句话，错了，战争的目的不是为了赢得战争，战争的目的是为了赢得和平，别看就这么一个弯儿，世界为此付出了惨重的代价。我们要认真思考一个问题：战争的目的究竟是为了什么，就是简单地把敌人打倒吗？

我们从商战角度讲一下。美国 IBM 公司有个著名的战略顾问叫麦克内利，他学了《孙子兵法》中的六条，大发感慨，其中就有这一条。他学了《孙子兵法》中的“全国为上，破国次之”，产生这样的联想：美国人在下棋，在下什么棋呢？下国际象棋，国际象棋在吃子，你吃一个，我吃一个，最后下完了以后，棋盘是个空的。用商战的话说，行业利润下降，市场被破坏，大家都是输家。他发现中国人下另外一种棋，什么棋啊？围棋，他说这个围棋很有意思，不是简单的吃子，是占地，你占一块儿，我占一块儿，下完了以后这个棋盘是满的。用商战的话说是市场繁荣了，整个的利润上升了，大家都是赢家。他说这个“全国为上”很有意思，让他开了窍。

我们回过头来思考，当你问西方战略家，你为什么说你赢了？他很明确地说，我把对方杀掉了，我把对方消灭了，我赢了。当你问东方的战略家，说你为什么赢了？大家想想他会怎么说，他的胜负判定点在什么地方。如果你现在问孙子，你杀敌 1000，自己伤了 800，赢没赢，他说没赢；如果再问他，你得了 1000，对方也得了 800，你赢没赢，他说我赢了。

大家想一下，东方的战略家的胜负判定点在哪儿？不是放在对方的得失上，而是放在自己这儿，他不是计较对方怎么样，他是考虑自己是不是得到的最多，得到的最大，是不是最理想。

有一位银行的行长给我说过这样一个例子。他说他在北大有一次上商战的案例课，这个案例是什么呢？就是娃哈哈怎么去打败可口可乐，大家当时讨论的非常热烈，这个建议娃哈哈从上面打、那个建议从下面打，这个建议从左面打，那个建议从右面打，可是这位行长一言不发，后来老师问他说你怎么不说话？他回答说，他在想另外一个问题，在想我为什么要打可口可乐，注意，他这个点想对了，符合全胜思想，他不是简单地考虑怎么把对方干掉，而是首先要考虑我为什么要干掉它。我们把这个思路调整过来，就是孙子兵法的全胜思想了。

全胜思想还有一个更重要的提示，你在运作你的战略的时候，你要善于从共同利益上运作你的战略，尽可能避免从冲突利益上运作你的战略。怎么来理解这个意思？我们来看看商战教程的一个比喻：在超市里卖两种水果，半个西瓜的价钱要远远高于一颗葡萄，可是我们大家在日常生活当中，在日常竞争当中，你得的更多的是一颗葡萄，失去的是半个西瓜。为什么呢？就是因为你没有理解到孙子兵法的全胜思想，当你得到一颗葡萄的时候，你很高兴。哎呀，张三没有，李四没有，就我自己有，拿到手里。可是当人家抱来一个西瓜的时候，告诉你必须要切一半给人家，有时候你舍不得这一半儿，最后你那一半儿也没了。所以，我们要清楚地知道，你追求的目标是什么？理想的目标是什么？什么叫做“胜”、什么叫做“真正的胜”，这需要大家去思考一下。

基于这个思想，孙子说：“不战而屈人之兵，善之善者也。”不和别人打，我不和你对抗，也不付出什么代价，我最后赢了你了，这不最好吗？大家会说太理想化了，不跟你打，你就能赢人家吗？答案是肯定的，那就要看你的战略运作怎么样？由此，孙子说：“上兵伐谋，其次伐交，其次伐兵，其下攻城”。不战而胜最好的办法是什么？上兵伐谋是什么意思？是用谋略去战胜他？不是这个意思，百分之九十九的权威解释都是错的，这句话的意思是什么呢？就是想办法遏制、打消对方的战略企图，用我们老百姓的平常话说就是让他放弃与你为敌的想法。如果他都不想跟你打了，没这个想法了，这还用打吗？孙子说这是最高明的。其次伐交，是什么意思？就是用一些外交手段把他的同盟者分化瓦解，让他势单力薄，让他成为孤家寡人，就是像毛泽东说的，统一战线最大限度的孤立敌人。这种情况下，他还和你打吗？

不打了，他没有朋友，没有哥们儿了，他没有力量和你打了，你可以不战而胜。当对方铁了心非打不可了，孙子说伐兵，这个伐兵是什么意思呢？就是在一个精心准备的对我最有利的时间和地点上打一个小仗，把你打狠打疼，用一种巧妙的小战，获取大战的结果。最笨的办法是攻城。孙子说攻城代价太多，他用了一个比喻叫“附蚁”，就是蚂蚁爬满了城，死伤惨重，这个比喻很形象。

孙子说：“必以全争于天下，故兵不顿而利可全”。这个“全争”是全胜思想的第二层意思，也是一个难点。用理论的话说，“全争”是什么意思呢？就是“手段的多样性、资源的无限性、使用的综合性”。

日本有一本书名字叫《剑魂》，书上写了两个剑道高手，舞剑舞得太厉害了，打遍了天下，最后就剩下了这两个人了。那么这两个人怎么办呢？要决一雌雄，要比比谁是天下第一。这两个人约好要比试了，可是这两个人遵循的剑道不一样，一个人追求“剑是一切”，围绕着“剑”作文章，把剑做得特别锋利，材料用得特别好，舞剑舞的姿势也好，盯着这个剑；另外一个人和他相反，他说这个剑重要，要造好，但是他的关注点不在“剑”上，他追求的是“一切是剑”，那个人是“剑是一切”，什么叫“一切是剑”呢？就是我拿剑可以杀你，我拿个杯子可以杀你，我拿个手机也可以杀你，我吐口唾沫也可以杀你，一切东西都可以当作剑来使用。最后这两个人比了一场，“一切是剑”赢了，因为他符合《孙子兵法》的全争思想。

我们再来看一个关于剑道的故事。庄子是个大哲学家，他也会玩剑，他说：剑“有天子剑，有诸侯剑，有庶人剑。”“天子之剑以燕溪石城为锋，齐岱为锷，晋魏为脊，周宋为镡，韩魏为夹。”大家想一想，天子剑可不是一般的东西造的，是五湖四海，是山川大地。这种剑舞起来以后是“裹以四时，绕以渤海，带以常山；制以五行，论以刑德；开以阴阳。持以春夏，行以秋冬”。好家伙，这个剑舞起来，就是四季啊，四时啊，天地啊，都跟着转的，大家想想这个场面。“此剑，直之无前，举之无上，案之无下，运之无旁，上决浮云，下绝地纪”。庄子语言特美啊，大家一定要把它的形象想象出来，他说“此剑一用，匡诸侯，天下服矣”。大家注意，天子剑的威力是个“服”字，就是我举起天下剑，你高高兴兴心甘情愿跟着我走。

庄子接着说，“诸侯之剑，以知勇士为锋，以清廉士为锷，以贤良士为脊，以忠圣士为镡镡，以豪杰士为夹”。这种剑全是一些社会精英、人才造的，也不得了。“此剑，直之亦无前，举之亦无上，案之亦无下，运之亦无旁，上法圆天以顺三光，下法方地以顺四时，中和民意以安四乡”。上法圆天，下法方地，这个场面舞起来也够大的。“此剑一用，如雷霆之震也，四封之内无不宾服而听从君命者”。这个剑的威力是在一个“震”字上，我举起诸侯剑，你不愿跟我走，但是你不敢不跟我走，这个威力也很厉害。

然后，庄子说“庶人剑”，他最看不起这种剑，描述说：“庶人之剑，蓬头突鬓垂冠，曼胡之缨，短后之衣，瞋目而语难，相击于前，上斩颈领，下决肝肺”。

哪种剑最符合《孙子兵法》的“全争”思想？天子剑，资源无限、空间无限，手段多样、运用综合，天子剑的威力最大。“全争”思想告诉我们一个什么意思呢？就是我们在和对方较量的时候，真正的高手他避免和你在低端的战术狭隘的领域单打独斗，而是善于将对抗点上移，移的越高，你的资源越多，手段越多。想像一下，真正的高手在和你过招的时候，他是坐在一个山头上，你在哪儿呢？在山脚下，在山脚下的迷宫里面，你在闷着头找他，怎么找不着，他在山头看着你偷着乐呢，就是这么一种感觉。

对抗点上移，将会最大限度地调动你的资源和力量。举两个例子来说明，一个是战争的例子，大家都熟悉，毛泽东有一个重要的思想叫人民战争。人民战争思想是什么？就是把人民群众所有的力量和手段全集中起来，你有正规军我也有，但是除了正规军以外，毛泽东还有民兵，还有游击队，把人民群众所有的手段调动出来，让敌人在人民战争的汪洋大海里淹死。人民战争的思想就是典型的“全争全胜”思想。

再说一个商战的例子，可口可乐有一个新总裁，一上班就问他的员工，说说这个可口可乐是个什么东西啊？这个员工说这个问题好回答，可口可乐是什么，是饮料啊！他说不对，接着员工说碳酸饮料，他说更不对。后来员工说总裁你说吧！总裁说可口可乐是水，他接着解释，我把可口可乐定义为水以后，可口可乐就会由一个小池塘里的大鱼，变成大海里的小鱼了，我的运作空间大了，我的盈利点多了，我关注的目标也不仅仅是百事可乐一家了，什么牛奶公司、矿泉水公司都是我合作和关注的对象。这就叫对抗点上移，它告诉我们在平常管理中，要善于从问题之外寻找解决问题的良策。当你遇到了这个问题老是冲着这个问题想的话，没有高招，你有时候跳出来，从这个问题之外去找找，或者你跳到一个更高的高度去看它，你会发现这不是问题了，很多的问题迎刃而解了。就商战而言，我们要善于从领域之外、行业之外寻找一些解决问题的良策。

我们下面学习《孙子兵法》的"形篇"，探讨孙子兵法另一个重要思想——"先胜"思想。

孙子说："先为不可胜，以待敌之可胜"。这句话的意思是，先要保证自己不被战胜，然后再去战胜对手。

讲一个足球的例子来帮助理解。巴西足球队，有一个著名的教练叫斯科拉里，他带着巴西队参加韩日世界杯赛，赢了，拿了冠军。人家说他有两个法宝，一个法宝是爱国主义，第二个法宝就是《孙子兵法》。这个人还真学《孙子兵法》，我跟踪他一段时间，看了他很多的资料，学得还不错。他在韩日世界杯赛上到底用《孙子兵法》的哪些思想了？怎么样指导巴西足球队拿的冠军啊？他说了一句话："先保证不失球，然后再进球"。先加强防御，让你的球门不失，别老让人家踢进去，然后再想办法进攻。这就是《孙子兵法》的"先为不可胜，以待敌之可胜"的思想在足球里的运用。

孙子说："不可胜在己，可胜在敌"。意思是，能不能被对方战胜，在你自己，你说了算。当你被对方战胜了以后，首要的原因就是你自己，不要强调敌人太强大了。打得赢就打，打不赢你可以跑嘛。"可胜在敌"是什么意思呢？就是说能不能战胜敌人，不是你说了算，敌人说了算，就是说你要看对方有什么失误，对方给不给你机会，没有失误、没有机会不要动手，只有他在失误的时候，出现机会的时候，你再出手，你肯定会打得赢。

孙子兵法"先胜"思想的第二层意思，就是"胜兵先胜而后求战，败兵先战而后求胜"。按照我们通常的理解，应该是先有"胜"呢，还是先有"战"啊？通常理解应该先有"战"，你不和对方打你哪来的胜利啊？可是，孙子说真正的高手不是先有“战”，是先有“胜”。真正战略高手在和你打仗之前，交战之前，胜负已决，他把所有胜利的资源、胜利的条件、胜利的优势已经掌握在自己手里了，稳操胜券了，打不打无所谓了，打你也是输，不打你也是输。只有那些不高明的统帅，只会想打来打去，通过战术胜利赢得战略胜利，这个代价太大了。真正战略高手的博弈并不在实际的交战之中，而在交战之前，一般老百姓看不见，但是那一段是最激烈的、最残酷的。战略上有一个专业术语叫“战略预置”，就是讲在交战之前，是不是把“势”做好了，把资源配置好了，把必要条件都已经准备好了。

对于战略家来说，战前的战略较量，那是最精彩的，是决定性的，是关系到命运的，有时候你在战前的一点小小的战略失误，有可能对实际结果产生相当大的影响，当真正打起来以后，你再用交战的方式去挽救、去弥补，代价太大了。平常这种战前的战略上的成功与失误，是很高层面的运筹帷幄，我们老百姓很难分析出来。

孙子兵法的“先胜”思想告诉我们，真正的战略高手，他不是在交战当中解决问题，他要善于在交战之前把问题解决掉，这叫做“对抗点前移”。

孙子说：“善战者之胜也，无智名、无勇功”。真正一个会打仗的将军，没有智慧，没有战功，他表面看起来就是一个平常人。外国人翻译《孙子兵法》错误百出，可就是这句话翻译的特别好，“没有勋章的将军，才是最棒的将军”，特别形象，特别准确。

我们下面简单地谈一谈《孙子兵法》的“势篇”。在这一篇中，有一个重要的战略概念叫“节”。我们竞争、工作或者平常处理一些事情，第一步应该干什么？观察、蓄势待发，要“静”，别着急；然后第二步是捕捉战机，抓住机会；第三步就是当机会一出现，瞬间爆发；第四步就是攻击精确。蓄势待发、捕捉战机、瞬间爆发、攻击精确，这四个方面综合起来，就是“节”的含义。这个概念反应了一个快与慢、动与静的节奏的把握。在这方面，有的学员总结的很好，说是“稳”、“准”、“狠”，这三个字总结的有点意思，符合“节”的含义。

在《孙子兵法》的“虚实篇”中，孙子讲到“动敌”之法，他说“能使敌人自至者，利之也”。给他好处，他就动，就像我们前面说到的那个鸽子的故事，鸽子为什么走，给它两块面包。孙子还有一个“动敌”之法，就是“能使敌人不得至者，害之也”。我不想让你动，我不想让你往那儿去，要害他。怎么害？这个“害”不是我们民间理解的那个简单的、低层面的害人家、坑人家，而是让你一动，你就会害怕，你就会感觉到代价太大，你就不敢动了。

讲一个毛泽东的故事，毛泽东在西柏坡指挥三大战役，当时的三大战役是一个什么样的情况呢？辽沈战役已经结束，东北野战军在秘密入关。淮海战役这边打得僵持了，国民党已经集中了 80 万，我军在淮海战役上是 60 万，主席担心啊，60 万要吃掉他 80 万，恐怕这一仗要打夹生。这个时候一个不好的消息来了，什么消息呢？蒋介石命令在平津的傅作义 40 万大军，马上南下，支援淮海战场。如果这 40 万大军投向淮海战场，我军这个仗没法儿打，所以主席想来想去，怎么样把他摁在这个地方，摁在平津不让他走。最后想到了一招，主席先命令华北野战军攻打张家口，一攻打张家口不要紧，把傅作义一个王牌 35 军给调出来增援，这个 35 军是傅作义起家的部队，装备精良、战斗力很强，是他的心肝宝贝。这个军一出来，就让我军给围住了，围住了以后，主席说不能打，围而不歼，你给我看住就行了。目的是把傅作义摁在这儿，你傅作义要走可以，你这个心肝宝贝就没了，你要是留在这个地方，没准儿还能救他，于是这一招把傅作义 40 万大军给留下来了。

在《孙子兵法》的“军争篇”中，我想跟大家分享一段话，这就是孙子说的“以迂为直，以患为利”。“以迂为直”是一个非常重要的战略概念。毛泽东老是强调，做什么事情，不要老想着走“一”字，要善于走“之”字，这就是对“以迂为直”的一个最形象的比喻。我们做事情的时候，有时候你直接往上走，很难成功，你稍微拐个弯儿，有时候走的非常顺利，就是这么个道理。毛泽东“农村包围城市”的战略就是非常典型的一个“以迂为直”的战略。

英国战略理论家利德尔·哈特分析了世界上成功的战略案例，发现了一个规律，90%都用的“间接路线”，这个“间接路线”就是“以迂为直”。

在一部商战教程上，有两个设问，可以从理论上深入理解“以迂为直”的含义。第一问是：从物理学的角度上讲，A 点到 B 点最短的线是什么线，回答当然是直线。第二问有意思，是这样问：从竞争的角度上讲，A 点到 B 点最短的线是什么线？答案是阻力最小的那条线。阻力最小的线大多数情况下是在曲线上，是在别人想不到的那一条路线上。我们在解决问题的时候，在实现你目标的时候，大家要动动脑子，要选阻力最小、障碍最小、成功的可能性最大的那条路线。

《孙子兵法》中有一个经典的比喻——“始如处女，敌人开户，后如脱兔，敌不及拒”。开始我没有注意这个比喻，后来越想越有意思，这个比喻太神奇了，几乎把所有的东方战略的高深道理全部囊括在其中。理解这个比喻，理解里边的战略道理，必须要有想象力。首先大家想象这个“处女”，这是一个坐在那儿，非常文静，非常美丽的姑娘。“脱兔”是什么意思？就是一个奔跑很快的兔子。当面对一个凶神恶煞，大家心里都很紧张，都要找刀找枪防备，可是面对一个姑娘，大家想想，你是一种什么想法啊？首先你觉得她不会伤害你，你不会对她产生任何的警惕，然后你还会去讨好她，送一些礼物给她。孙子说你开户了，开户就是你对她敞开心扉了，就是这个意思。

当你去讨好她，对她敞开心扉的时候，这个处女变了，变成一个兔子，奔跑很快的兔子，照着你撞过来，你没法儿抗拒，你死定了。为什么呢？因为你脑子里那时候没有任何的戒备，你想的都是一些花前月下、洞房花烛夜这样的一些事情呢。如果你面对着凶神恶煞，他放出十只老虎来，你不一定死，而你面对一个处女，她放出一个小兔子来你就死了。这里面包含了一些什么样的战略道理？你可以想一想动与静的关系，以静制动；想一想快与慢的关系，以快制慢；想一想刚与柔的关系，以柔克刚；想一想攻与防的关系，寓攻于防；还有先与后的关系，后发制人。许多重要的东方战略的理念都在这个比喻中体现出来了。

有一位沃尔沃全球副总裁，他叫吴渝章，年轻的美籍华人。他说他运用了《孙子兵法》这个比喻，打败了奔驰，拿到了中国大车市场70％的份额。孙子的这个比喻给了他八个字的提示，哪八个字呢？“沉默是金，一剑封喉”。沉默对应的就是处女，没有机会你老老实实在那儿呆着，别吭气，低调，做一个处女，但是一旦有机会，快打快收，迅雷不及掩耳，一剑封喉。

下面讲《孙子兵法》的“火攻篇”。孙子是放火的高手，他很会借助风势，组织火队，采集火种，但是这个不能学，学了放火，恐怕公安局要找你的麻烦了，现代战争也不放火，现代战争强调精确打击，对自然和居民的附带性伤害都减少了。但是，孙子有一句提示大家要注意，人不能轻易上火，他说“主不可以怒而兴师，将不可以愠而致战”，人动不动上火，非出麻烦不行，你会判断失误，思维失常。

《孙子兵法》的最后一篇是讲培养间谍的，很多情报方面的培训机构都以此做教程。孙子也是培养间谍和使用间谍的高手，这个不说了。

（三）

我想以最短的时间做一个收尾。我们的战略目标是什么？目标定位在“胜”字上，这个“胜”，是全胜，是先胜。要想胜利，必须要有基础，大家要记住一个“力”字，孙子兵法里面讲实力对比。

力量怎么运用？要把握两个内在的要素。首先是“利”，孙子讲“合于利而动”，这个“利”，一个是利益的需求，第二个就是条件是否有利。其次是“道”，运用力量要守道，守道有两个含义，一个是道义，师出有名，第二个要符合规律。

力量的运用还要把握好两个外在因素，一个是“形”，一个是“势”。“形”是力量要通过一种巧妙的形式，隐真示假，能而视之不能，不能而视之能，给对方一个错觉。“势”是什么意思呢？就是借助外部的条件使你的力量迅速增大、变强。

在《孙子兵法》中，核心思想是一个“柔”字。知己知彼，知天知地，我专敌分，把握重心，出其不意，攻其不备，因敌而变，致人而不致于人，都是一个“柔”字的展开。

了解东方战略，了解《孙子兵法》，最核心的就是把握住这个“柔”字，这个“柔”字，不是我们简单地理解的那个“软”的意思，它包含了很深刻的一些道理。我想举几个例子，来谈谈这些道理。

在一次给企业家的授课中，有一位老总说，洪老师，能不能把我的市场运作变成一个大水囊，对方攻过来的时候，我不用硬拼，这个水囊可能往回收，但水囊这一边收的时候，那一边又给挤出去了，我的整体利益不会受到影响，等到那边弱了，我这个水囊又把它顶了回去，这个水囊揉来揉去，越揉越大，我不费劲，也还没什么损失。这个水囊的比喻有道理，这位老总理解了"柔"的意思了。

有一位成功的民营企业家，他非常喜欢听课，在北大、清华报了很多班。他听课是按轮听，一轮大约听十五六课，听课从来不做笔记，找一字真经。第一轮听完了，他找到一个字，这个字帮助太大了，让企业发展了，什么字？是个"忍"字。他学会了"忍"，忍天下所不能忍，学会了宽容、包容，我觉得对啊，一个人要学会忍，这个素质可不得了。他又听了一轮，又找到第二个字，这个字比第一个字好，什么字呢？融合的"融"。他说这个"融"字比"忍"好，"忍"有时候吃亏，这个"融"是我和你结合，你中有我，我中有你，共同做大。第三轮听课，其中有《孙子兵法》这一课，他发现第三个字，比前两个字还好，什么字呢？是"柔"字。他说这个"柔"字，包含了"忍"，也包含了"融"，但是又具备了前两个字没有的那种后发性、主动性和进取性。我发现他明白了这个"柔"字的一些含义了。

大家在理解"柔"的时候，可以去联想水，老子说"天下莫柔弱于水"，这个水性，最符合柔性，它从来不跟你争，但是它得到的最多；以迂为直，避实击虚，这也是水性的表现。你说水没有力量，它最有力量，滴水穿石。它是一种长久的、无形的韧力和耐力，这种力量最厉害。水是最宽容的，最无私的，我国古文当中有很多对水的赞美。

大家在理解"柔"的时候，也可以去学学太极拳。太极拳最符合东方战略的这种柔性，不和你硬，四两拨千斤，借力打力。你打到一个太极老人身上，你打到的不是一个硬点，打到的却是一团棉花上，他不会给你受力点，但是他会借着你的力把你打倒。中国的太极拳，就像孙子说的始如处女，动如脱兔，对于东方战略的"节"字体现的特别明显。

在课程结束的时候，我想送大家一句话："道生之、德蓄之、物形之、势成之"。这是老子的一段话，万事万物由"道"而生，这里面包含着哲学上的"本体”的意思。“德蓄之”蕴涵有文化、思想的意思。“物形之”讲的是物质基础，要有规模，这样，你才能被看得见、摸得着。有了这些东西，能不能最后成功呢？不行，还得“势成之”，要有机会，要有条件，要善于顺势而为。

大家学了《孙子兵法》6000 字，记不住，不要紧，记住我上面讲的 13 个字。关于这 13 个字，我还专门写了一本书，叫做《中国战略原理解析》，一个字是一章。有人会说，这 13 个字还是记不住，那就记住这四个字——“道”“德”“形”“势”。把这四个字记住也可以，也能够对整个《孙子兵法》的思想融会贯通。如果大家说我这四个字还记不住，那请大家记住一个字，“柔”。

好的，今天的课就讲到这儿，谢谢大家。

（2010 年 5 月 19 日）

社会篇

关于农民工的几个问题

农业部部长　**韩长赋**

很高兴有机会与各位学员和老师就农民工问题进行交流。

我对农民工问题的关注由来已久。早在1987年,我在团中央当青农部长,同当时的国务院"三西办"合作,开展了农村青年"东西互助、以劳助学"活动——组织"三西"地区的农村青年到沿海乡镇企业去打工。在中财办、农业部工作期间,作了不少有关的调研。在国研室工作期间,根据温家宝总理研究解决农民工问题的重要批示,2005年,我参与主持和具体组织了"农民工问题调研",在调研基础上制定了《国务院关于解决农民工问题的若干意见》,使我有机会和条件对中国农民工问题进行全面而深入的研究。2006年底出版了《中国农民工的发展与终结》专著。在吉林工作这几年,我仍继续关注农民工问题。每年春节我都给回乡过年的农民工拜年、走访慰问,组织开展了吉林10大优秀农民工评选活动。长春市有一个招收农民工子女就读的学校,叫岭南学校,我每年"六一"都要去看看。

经过20多年来的关注和研究,我对农民工问题有两个基本的认识:第一个基本认识是为什么中国的农民工问题这么突出?这么典型?这么集中?有三点原因:一是中国农民数量庞大,这是我们的基本国情;二是中国长期实行城乡分治的社会制度,建立了"一个体制,三项制度",即计划经济体制和人民公社制度、农产品统购统销制度、城乡隔离的户籍制度,这种情况在发达国家,甚至发展中国家都是没有的;三是改革开放以来,中国大规模的工业化、城市化进程加快。因此,农民工问题可以说是中国特色,史无前例。第二个基本认识是中国是农业大国,农业人口多,农业劳动力转移是现代化过程中绕不过去、又必须解决好的问题。从一定意义上说,中国的现代化就是农民进入工业化和城市化;中国农民的转移之路主要是农民工。因此农民工问题在中国现代化进程中有特殊的历史地位,不仅关系到农民的转移就业,农民的增收,农业农村的发展,关系到工业化、城镇化、城乡一体化的发展,也关系到中国现代化的顺利推进。可以说,农民工问题是我国现代化的重点任务、重大问题。

今天主要讲三个问题:一是农民工问题产生的时代背景和重大作用;二是农民工需要解决的几大问题;三是农民工问题的简要展望。

一、农民工问题产生的时代背景和重大作用——三个阶段、三代农民工

农民工问题经历了一个发展过程,社会对农民工问题的认识也经历了一个转变过程。

(一)农民工问题的历史发展

"农民工"是我国经济社会转型时期的特殊概念,是指户籍身份还是农民,但主要从事非农产业、以工资为主要收入来源的人员。农民工是20世纪80年代以来,伴随着我国经济体制转轨、社会结构转型产生的一个特殊社会群体。农民工问题是城乡二元结构长期积累的问题在体制转轨、社会转型快速期的集中释放。大量农民从农业转移出来,在城乡间流动就业,是由我国的工业化、城市化发展阶段决定的,也是由我国特殊国情和特殊的经济社会政策决定的。这个过程将持续较长时期。这一点与世界发达国家不同。发达国家劳动力流动、工业化和城镇化在同一过程中实现,农民迁移进城主要是为了就业,就业和进城同步完成。中国的特点在于,城镇化严重滞

后于工业化,农民转移就业和迁徙不同步、相分割,农民不仅为了就业而且为了进城。改革开放以来,从历史发展进程看,大致有三个阶段,形成了三代农民工。

第一个阶段、第一代农民工:从党的十一届三中全会到20世纪80年代后期,政策导向是“允许流转,控制进城”,农民转移就业以“离土不离乡”模式为主。党的十一届三中全会后,农村改革实行家庭承包经营,农业生产效率提高了,劳动力有富余,同时农民又有了自主支配劳动的权利,于是一部分农民“洗脚上田”出来打工。但是城乡壁垒没有打开,农民可以从事工业和服务业,但不能进城市,主要在本地乡镇企业工作。1983年至1988年间,全国大概6300万农民工在乡镇企业就业,离土不离乡,进厂不进城,亦工亦农,白天进厂,晚上回家,农忙种地,农闲去务工,开创了“离土不离乡”转移农业劳动力的新模式。这一代农民工应该算作第一代农民工,当时主要是解决温饱问题,即为了“生存”。时至今日,这一代农民工早已人过中年,除了少部分具有技术专长或管理能力的人成为企业经营者,大部分人已回到农村。

第二个阶段、第二代农民工:从20世纪80年代末到党的十六大之前,政策导向是“放松限制、积极疏导”,农民转移主要模式是“离土又离乡”。20世纪80年代末,随着改革开放的深入,特别是90年代初小平同志南方讲话后,外资企业大量进入,民营经济快速发展,沿海地区对劳动力的需求大大增加。农民有了经营自主权,城市有了用工需求,阻碍劳动力流动的壁垒逐步被突破,农村劳动力开始了大规模的跨地区流动。在这种情况下,国家适时调整政策,逐步放松农民进城就业的限制。1989年,农村外出务工劳动力由改革开放初期不到200万人迅速增加到3000万人。农民在不改变身份情况下,开创了“离土又离乡”转移农村劳动力的又一新模式。由于大量跨区域就业的农民工春节返乡造成“春运”紧张,由此,形成蔚为壮观的“民工潮”。外出进城打工是“第二代”农民工,有别于上代农民工的显著特点,他们主要是20世纪80年代改革开放后成长起来的劳动力,他们流动务工,更多的是为了寻求发展的路子,也为了挣钱之后,投入农村的发展和自己家庭的建设。大多数在建筑业、加工业、纺织业、出口企业打工。这部分农民工的城镇化走向是有所不同的:一部分有技能、有管理能力的人成为企业生产骨干,留了下来;还有一部分有文化的女工也留了下来,不少嫁给了城里人;但仍有很大一部分人随着年龄增长,挣了一些钱而选择回乡创业。

第三个阶段、第三代农民工也叫新生代农民工:党的十六大至今,政策导向是"加强服务、统筹协调",融入城镇成为农民转移的新趋向。他们是新世纪成长起来的劳动力。党的十六大以来,中央作出统筹城乡发展的方略,对农民进城务工采取了积极引导的政策。2003 年和 2004 年国务院办公厅连续发出通知,要求各级政府切实改善农民进城就业环境、做好管理和服务工作。近年的中央 1 号文件对农民工工作都作了明确部署。2006 年国务院出台了《关于做好农民工工作的意见》(国发 5 号文件),2008 年底又专门下发了《国务院办公厅关于切实做好当前农民工工作的通知》。农民工进城务工的政策环境进一步宽松,开始逐步从体制上打破农民工融入城镇的制约。农民外出务工又进入了一个新的发展时期,农民进城务工的数量进一步增加。城市化率每年增加约 0.9 个百分点,主要是农民工进城。近几年,农民工队伍中出现了一个新群体,就是上世纪 80 年代至 90 年代初出生的农民工,可叫"新生代农民工",他们算是第三代农民工。与他们的父辈相比,他们是伴随手机、电视一起成长起来的,眼界开阔,他们从来没有种过地,对土地没有父辈那样的感情,对农村没有父辈那样的依恋,文化程度较高,渴望融入城市,但忍耐力和吃苦精神远不及父辈,心理平衡度较差,难以接受"被歧视",渴盼享受与城镇居民同等的权益。这一代农民工的特殊性和成长性值得我们高度关注。

(二) 农民工的基本状况

近年来,农村劳动力转移就业呈稳定增长态势。

据国家统计局监测,2009 年全国农民工总量为 22978 万人,比上年增加 436 万人,增长 1.9%,其中外出务工 14533 万人,在本乡镇从业 8445 万人。

近几年农民外出务工呈现以下几个特点：

一是外出农民工增加，本地就业农民工减少。2009年全国外出农民工总量14533万人，比上年增加492万人，增长3.5%。在本乡镇以内从业6个月以上的本地农民工8445万人，减少56万人，下降0.7%。

二是农民工外出务工仍以东部地区为主，但比重开始下降。2009年东部地区务工的外出农民工为9076万人，占全国外出农民工人数的62.5%；在中部地区务工的外出农民工为2477万人，占全国外出农民工人数的17%；在西部地区务工的外出农民工为2940万人，占全国外出农民工人数的20.2%。中西部地区比重开始增加。

三是农村外出就业劳动力的人口结构基本稳定。2009年外出就业劳动力的平均年龄为33.2岁；外出就业劳动力的平均受教育年限为8.3年；外出就业劳动力中，女性比重为35.5%。

四是外出农民工从事各行业的比重比较稳定。2009年，农村外出就业劳动力从事的主要行业分布为：工业29.3%、服务业28.4%、建筑业18.5%、住宿餐饮业9.4%、运输业7.0%、批发零售业5.0%、农业2.3%。

五是部分外出就业劳动力缺乏稳定的就业岗位。据调查，有10.9%的人在外从事家庭经营，有61.6%的人有稳定受雇岗位，有4.6%的人从事合伙等其他类型经营，还有23.4%的人以打零工为主。

农民工对经济社会发展作出了特殊贡献。农民工对我国工业化城镇化的贡献之大，对我国社会结构变化影响之大，都是前所未有的，也是历史性的。

第一，农民打工收入是农民收入主要增长点。农村投资、消费资金主要靠打工。“一人就业，全家脱贫”，“一人就业，全家增收”。农民务工收入大体占农民四项收入主要来源的40%。2009年农民工资性收入实际增速为10.5%，对农民增收的贡献率达到47.9%。

第二，大量农村劳动力外出就业，缓解了农村资源压力、有利于形成农业适度规模经营。农民外出打工是实现土地规模效益的前提条件，农民讲“走出一个劳动力，等于多了一垧地”，为提高农业劳动生产率创造了有利条件，是促进现代农业发展的重要力量。

第三，农民工进城打工是现阶段工业反哺农业、城市支持农村和统筹城乡发展的有效实现形式。农民打工收入是农村投资(主要是房屋建筑)和农村消费的主要资金来源。2亿农民工，人均5000元，大约每年应在1万亿左右资金。这笔钱是农村消费、投资的主要资金来源，是任何投资都不能比拟和代替的。农民工外出务工为农村社会带回市场信息、管理经验，也带回现代文明和城市生活方式。

第四，农民工是推动我国工业化、城市化的重要力量。农民工是城市产业工人的主体，是城市新增人口的主要来源，是我国工业化、城市化的巨大推动力量。近年来，传统的国有企业和集体企业工人比重一路下降，只有3000万人左右，而农民工已达2亿多人，农民工成为产业工人的主力军。根据第五次人口普查资料，农民工在第二产业从业人员中占57.6%，在加工制造业从业人员中占68%，在建筑业从业人员中占80%。现在，城市人口的自然增长率很低，有的地方甚至出现负增长，新增人口主要靠机械增长即农村人口向城市转移。农民工强有力地支撑了国家工业化建设，也推动了城市第三产业的发展，提高了城市居民的生活质量。

第五，处理好新生代农民工问题有利于促进社会和谐稳定。新生代农民工出来打工，主要不是为生存，而是为发展，很大程度上是为了进城，他们更加关注社会保障、公共服务、事业发展和人生价值，在城市定居的愿望更加强烈。而无论是从城市化需要，还是从现行政策体制，我们都不应，也不能再把他们拒之城外，送回农村。最近媒体接连报道的富士康员工跳楼自杀事件充分说明，对待新生代农民工不能再沿用老办法，要“以人为本”，要关注他们的特殊成长经历，关注他们的健康成长和发展，加快他们与城市的“融合”。着力解决新生代农民工问题，对于城市健康发展，对于社会和谐稳定具有重要意义。

二、解决农民工问题的基本思路与需要关注的突出问题

解决好农民工问题，首先要了解农民工关心的问题、政府管理要解决的

问题。农民外出务工最关心五件事:找到工作、拿到工资、工伤大病有保险、有地方住、子女能上学。

从政府管理看,主要是:如何提高农民的就业技能,加强就业服务;进城务工农民的权益如何得到保障,就业环境如何得到改善;农民工如何有序进入城市生活,并逐步成为市民,完成城市化;更广大的农村富余劳动力如何逐步、合理地转移出来,实现比较充分就业。这些问题要逐步解决。此外,农村劳动力大量转移后,农业生产如何搞,也需要引起高度关注。

解决农民工问题的基本思路,应当顺应现代化的一般规律,考虑中国的特殊国情,把握工业化、城市化和农业现代化发展的阶段特征,重点把握三个原则。一是要坚持农民向工业、服务业转移就业,向城市有序流动迁移的方向,打开城门,合理引导,逐步转移,有序进城;二是要坚持统筹城乡发展,采取综合措施,坚持两条腿走路,一方面大力发展现代农业,发展县域经济和农村二三产业,让一部分农民就地转移,另一方面要改善农民工就业环境和待遇,让一部分农民进城务工,安居乐业;三是要立足当前,着眼长远,创造条件,抓紧解决农民工外出务工面临的现实突出问题,同时推动体制改革创新,探索消除产生农民工问题的深层次体制原因。

具体有七个方面的问题。

第一,关于农民工就业问题。

就业问题是农民工最关心的问题。2008 年底的大量农民工提前返乡和 2010 年初的“民工荒”都成为社会关注的热点问题,这在一定程度上也反映了农民工就业的脆弱性和不稳定性。针对国际金融危机对农民工就业的影响,中央出台了一系列促进和扶持农民工就业的政策,扭转了农民工就业规模下降的势头。2009 年底,农民工就业总量已恢复到金融危机前的水平。

今年年初的“民工荒”问题,其实在去年下半年就开始显现,不仅珠三角、长三角等沿海发达地区缺工严重,内地一些省份也出现了结构性缺工。应该讲,“民工荒”问题实质是农村劳动力结构性矛盾的反映,准确讲,应该是“招工难”。据估算目前我国农村剩余劳动力还有 1 亿左右,而且农业技术进步将释放出更多的富余劳动力,今后很长一段时间我国农村劳动力还是供大于求，因此目前我国总体上不存在“民工荒”问题。“民工荒”问题本质上是企业招工难和农民工就业难双重困难交织的结构性问题。

从“招工难”看，一是经济形势持续回暖，企业生产恢复，用工需求迅速上升。二是中西部地区加快发展，吸引更多农民工在家门口就业创业。三是务工环境不规范，工资待遇偏低，农民在家务工一天也能挣几十元，不愿外出就业。部分农民工宁愿闲暇也不愿意外出就业。四是中央及各地惠农政策效应不断显现，吸引部分农民工回流“三农”。

从“就业难”看，一是农民工缺乏就业信息服务，农民工外出就业组织化程度不高，用工企业与农民工之间信息交流不畅，有些招工信息不能有效传达到农民工，外出就业存在盲目性。二是农民工技能偏低，不能满足产业结构升级和调整的需要，不少农民工不适应新岗位的要求。比如，浙江省今年初举办的农民工招聘会上，求职农民工初中及初中以下文化程度的有近七成，而具有一定职业技能的仅占三成。三是返乡创业困难较多，普遍缺乏启动资金，想贷款却没有抵押担保。

针对农民工就业难的实际情况，今后一个时期，要把提高就业竞争力和增强就业稳定性放在突出位置，采取多渠道措施，促进农民工转移就业。

一是大力开展农民工职业技能培训。根据企业用工需求和农村劳动力培训意愿，大力开展多种门类、多种形式的培训，增强农民工外出适应能力、就业能力和创业能力。这项工作，农业部门、劳动部门、教育部门都在做，2009 年，中央财政安排资金 11 亿元，全年培训农村劳动力 300 万人。

二是完善农民工就业信息服务。加强输出地与输入地劳务对接，健全城乡公共就业服务体系，多渠道为农民工提供就业信息。输出地要为准备外出就业的农民免费提供政策咨询和准确、及时的务工信息；输入地要完善用工信息发布机制，所有职业介绍机构向农民工免费开放。

三是引导农民就地就近转移就业。积极发展县域经济、小城镇，大力发展农村水电路气房，尤其是房子；大规模开展农田水利和标准农田建设，增加农民的就业机会，这是“十二五”、“十三五”必须干好、早晚得干的事；发展劳动力密集型产业、农产品加工业、第三产业，支持非公有制经济发展，为农民工就业提供更多就业岗位。

四是鼓励农民工返乡创业。农民工返乡创业，不仅解决自己的问题，还增加新的就业机会，成为今后农村新的增长点。要在财政、税收、信贷、土地等方面给予大力支持，积极引导返乡农民工参与现代农业发展和新农村建设，发展规模种养业，创办工商企业，以创业带动就业。

第二，关于农民工工资问题。

近年来，随着经济社会发展及社会各界的高度重视，农民工工资收入水平有所提高。抽样调查数据显示，2009 年外出农民工月平均收入为 1417 元，比上年增加了 77 元，增长 5.7%。分地区看，在东部地区务工的农民工月均收入 1422 元，比上年增加 70 元，增长 5.2%；在中部地区务工的农民工月均收入 1350 元，比上年增加 75 元，增长 5.9%；在西部地区务工的农民工月均收入 1378 元，比上年增加 105 元，增长 8.3%。

尽管农民工收入水平有所提高，但是目前农民工的工资水平总体还比较低，增长速度较慢，与城镇职工工资差距不断拉大，与农民工的价值贡献不相称。目前，农民工月工资水平比城镇职工要低 1000 多元。随着物价水平逐步提高，农民工的消费不断增加，现有的工资水平不能够满足农民工改善生活、积累财富、促进发展的需要。特别是农民工的工资大多是在劳动时间长、强度大、条件差的情况下获得的，付出的成本比较高。据调查，农民工平均每个月工作 26 天，每周工作 58.4 个小时。其中，每周工作时间多于《劳动法》规定的 44 个小时的占 89.8%。如果按实际工作时间计算，农民工的工资水平就更低。特别是与城镇职工相比，农民工普遍没有享受到医疗、养老、失业、住房等社会福利，其工资的含金量相对较低。农民工每年贡献的劳动价值至少留在城里一万亿。

提高农民工工资水平不仅是调整国民收入分配结构、实现社会公平正义的客观要求，也是开拓消费市场、扩大国内需求的迫切需要。现在有 2.3 亿农民工，如果每月工资提高 100 块钱，按农民工每年就业 10 个月计算，每年要增加收入 2300 亿元。农民工的工资消费率是比较高的，不仅个人在城镇要进行生活开销，而且还将大部分资金寄回农村，这对扩大消费市场特别是农村消费市场是很重要的。

提高农民工工资水平，是加快调整国民收入分配格局的重要内容。要努力提高劳动在初次收入分配中的比重。初次收入分配其实就是在国家、企业(资本)、劳动者(农民工)之间进行利益分配。目前收入分配中，劳动占比偏低。这就要求要妥善处理好国家、企业和农民工的利益关系，建立农民工工资合理增长机制，促进农民工工资合理增长，让农民工充分享受到工业化、城镇化快速发展的成果。应该采取以下措施：

一是严格执行和完善最低工资制度。要严格执行最低工资标准至少两年调整一次的规定，并与当地物价水平等挂钩，尽快合理提高农民工最低工资标准。应借鉴国外通行做法，推行小时最低工资标准，在一些分散就业的行业和岗位，按工作小时计薪。我国现行的最低工资标准，由省级政府确定。最近，北京等 11 个省市制定了新的最低工资标准，上调幅度全部在 10%以上，部分省市达到 20%以上。北京市将最低工资标准从 800 元/月调整为 960 元/月，非全日制从业人员小时最低工资标准由 9.6 元/小时提高到 11 元/小时。广东省调整后的最低工资标准平均提高 21%，分为 5 个档次，企业职工最低工资标准分别为 1030 元/月、920 元/月、810 元/月、710 元/月、660 元/月，劳动输入大省尤其要严格执行最低工资制度。

二是积极推行企业工资集体协商制度。工资集体协商制度，是形成劳动关系主体双方依法自主协调机制的好形式，对维护农民工合法权益、稳定和协调好劳动关系十分重要。目前全国地市一级基本建立了由政府、工会、企业代表组成的劳动关系三方协调机制，关键是要发挥工会组织的作用。今后要以工资分配、工时和劳动定额等劳动标准为主要内容，推动全面开展企业工资集体协商。

三是建立农民工工资发放保障制度。从 2003 年温家宝总理为重庆农民熊德明追讨工资开始，在全国范围内开展了清欠农民工工资行动，拖欠工资的问题有所缓解，但并未从根本上解决，前清后欠的问题还比较严重。为此，要加快建立工资支付监控制度和工资保证金制度，确保农民工工资按月足额发放，对农民工集中的用人单位发放工资情况，要实行重点监管，强制在开户银行按期预存工资保证金,实行专户专账管理。对拖欠农民工工资情节严重的用人单位要加重处罚,责令其停业整顿直至吊销其营业执照。

第三,关于农民工子女教育问题。

农民工子女教育是一个大问题。对很多农民工来说,子女教育是他们最关心的问题。甚至有不少农民工到城市打工并不是单纯地为了就业。他们在农村也有几亩地,搞些特色农业、农产品加工,收入并不比在城市打工差多少,生活环境也好。他们到城市工作就是为了能让孩子和城里孩子一样受到良好教育,给孩子找一个好学校。因此,解决好农民工子女教育问题,就是对农民工最大的帮助和关怀。反之,如果这个问题解决不好,不仅农民工不能在城里安心务工,农村还会产生大量留守儿童,这必定会影响到这些孩子的健康成长,影响到农业农村人才的培育,影响到农村社会的和谐稳定和长远发展。

为使农民工子女受到良好的义务教育,2008 年国务院提出了“两为主”的原则,即以流入地为主、公办学校为主解决;2009 年又拨出专款奖励各地区解决农民工随迁子女接受义务教育问题。各地也进行了积极探索,近年来农民工子女教育问题已经有了比较大的改善。但是目前还存在两个问题。一是城市公办学校教学资源仍然不能满足需求。随着农民工随迁子女教育的需求日益增长,城市公办学校教学资源显得供不应求,农民工子女进入公办学校的门槛很高。二是农民工子弟学校教学条件普遍不好,教学设施、师资质量都有明显差距。大多数农民工子弟学校的义务教育经费没有纳入财政预算,只能靠向农民工收费维持运转;学校师资力量普遍很弱,一些老师甚至没有教师资格证。

解决农民工子女教育问题,要统筹发展公办教育资源和民办教育资源,着力提高教学质量。可以重点从以下几方面入手:

一是落实好“两为主”政策。把农民工随迁子女教育纳入教育发展规划和教育经费预算,按照实际在校人数足额拨付教育经费。对于公办教学资源不足的农民工集聚地区,要想方设法加大投入、调配资源,改善教学条件,或者新建一批公办学校。

二是提高民办教学资源水平。对于农民工子弟学校，简单地禁止和关闭都不可取，要支持和规范其发展，将受政府委托承担义务教育任务的农民工子弟学校，纳入统一的师资培训和教学管理，提高安全水平和师资水平，逐步让他们享受与公办学校同等的财政扶持政策。对在农民工子弟学校就读的学生，也按照公办学校的标准，免除学杂费，享受相关补助。

三是逐步分离学籍和户籍。农民工子女在城市接受义务教育，再回到农村读高中，不利于他们的正常教育和健康成长。可以考虑逐步将学籍和户籍相分离，首先在农民工户籍所在省份范围内，让农民工子女在父母就业地享有参加中考、高考的权利，并逐步在全国范围内推行。

第四，关于农民工社会保障问题。

社会保障对于城市化和农民工自主择业是很重要的问题。近年来农民工社会保障事业取得了明显进展，2003 年《工伤保险条例》出台，明确将农民工纳入工伤保险范畴，建筑施工、煤矿等高危行业农民工参保问题已得到基本解决，目前正在着力解决商贸、餐饮服务等行业农民工参保问题。农民工养老保险和医疗保险的转移接续问题也取得了重大突破，2009 年底国务院办公厅就基本养老保险关系转移接续问题专门发出通知，提出农民工跨省流动就业时，养老保险的单位缴费也可按一定比例转移，从而实现了农民工基本养老保险关系的可转移接续。同时，自 2010 年 7 月 1 日起，城镇职工基本医疗保险、城镇居民基本医疗保险和新型农村合作医疗保险可以转移接续。

虽然农民工社保制度不断完善，但目前社保覆盖面仍然比较窄，保障水平还比较低。截至 2009 年底，农民工参加工伤保险、城镇职工基本医疗保险和城镇职工养老保险的比例分别只有 24%、19%、12%左右。出现这种情况，有两个主要原因，一是农民工对社保认识不足、自身参保意识不强，不少农民工宁愿多拿到手一点工资，也不愿参加社会保障。二是不少企业，尤其是小规模的服务类企业为了控制成本，不愿为农民工缴纳社保，而不少农民工没有与企业签订劳动合同，不敢要求企业为其缴纳保险。三是现有社会保障制度对农民工而言，存在缴费压力大、转移接续不便等问题，在一定程度上，抑制了农民工参保积极性。

社会保障问题不解决，农民工就很难实现真正意义上的城市化，也不利于“三农”问题的解决。应当坚持低标准、广覆盖、可接续原则，完善农民工社会保障制度，不断扩大农民工社会保障覆盖面，建立健全转移接续机制。

一是加大农民工工伤保险政策落实力度。工伤一定要有保险，如果工伤不保，将来会是农村的包袱。以商贸、餐饮、住宿、家庭服务等劳动密集型行业的农民工为重点人群，尽快实现工伤保险对整个农民工群体的全覆盖。只要发生用工关系，出现工伤问题就要按条例规定，要求企业承担相应责任。要简化农民工工伤认定、鉴定和纠纷处置程序。提高工伤待遇水平特别是一次性补助标准，保障遭工伤或患职业病的农民工获得与城镇职工一样的医疗救助和经济补偿。

二是健全农民工医疗保障制度。与企业签订劳动合同、建立稳定劳动关系的农民工都要纳入城镇职工基本医疗保险制度。鼓励其他农民工参加城镇居民基本医疗保险或农村新型合作医疗保险。继续完善基本医疗保障关系转移接续办法。

三是加快健全农民工养老保险制度。引导和鼓励农民工参加城镇企业职工基本养老保险和新型农村社会养老保险，继续扩大新农保试点覆盖面，让更多的农民工享受到养老保险。有序、规范地开展农民工养老保险关系转移接续工作。研究制定城镇企业职工基本养老保险与新型农村社会养老保险的衔接政策，使回乡农民工的权益也能得到保障。

第五，关于农民工住房问题。

安居才能乐业。目前农民工的住房情况比较差，大部分农民工集中在“城中村”、城乡结合部租房，配套设施不完善，居住条件很差。保障农民工在城市具有真正意义上的居住权，才能避免出现城市“贫民窟”，避免出现巴西等发展中国家出现的社会问题。

农民工住房问题突出，主要有三个原因。一是农民工买不起、租不起城市商品房。据建设部调查，目前 74.1％的农民工能承受的购房单价在 3000 元／平米以下，76.2％的农民工能承受的月租金在 100～300 元之间。这明显低于大中城市房价和房租水平。二是城镇住房保障体系基本未包括农民工。目前城乡二元结构的住房保障体制仍然把农民工当“外来人口”、“暂住人口”对待，农民工不能享受经济适用房、廉租房等保障性住房。三是现行用地政策制约了农民工集体宿舍的建设。目前集中建设农民工集体宿舍的用地方式都与现行工业用地、集体建设用地、土地收购储备等政策相冲突。

为解决农民工住房问题，近年来国家出台了一系列政策措施，提出用工单位是改善农民工居住条件的责任主体。一些地方政府也进行了初步探索。如重庆市参照经济适用房政策，鼓励企业在工业园区为农民工建设集体宿舍或经济公寓；通过适当补贴，鼓励街道、社会单位和集体将存量房、闲置房改建为适合农民工租住的“阳光公寓”；允许符合条件的进城务工农村家庭购买一套经济适用房。

解决农民工住房问题是否可以从以下几方面着手：

一是把农民工纳入国家住房保障政策体系。把在城市稳定就业居住一定年限的农民工，纳入政府廉租房、经济适用房、限价商品房政策享受范围。或者出台针对性强的农民工公寓建设支持政策。

二是完善农民工住房租赁市场。应当鼓励社区街道、工业园区、企业建设适合农民工租赁的社会化公寓，培育小户型房屋租赁市场。可以探索在城乡结合部经过规划，由集体经济组织利用闲置建设用地建立农民工公寓。

三是建立完善农民工住房公积金制度。住房公积金制度应当面向所有农民工，有条件的农民工可以申请住房公积金贷款，并且可以支付房租。

四是完善农民工住房配套制度。要把农民工住房纳入城镇建设规划、土地利用规划中，统筹考虑农民工住房位置、基础设施能力，避免出现农民工居住区大规模集中的情况。

第六，关于城市如何对待与接纳农民工问题。

当前，农民工已经成为我国产业工人的重要组成部分，事实上成为城市居民的一部分，他们与城市既是密不可分的，但又是有隔膜的。一方面，从工业生产、小商小贩到生活服务，农民工从事了大多数城里人不愿干的苦、脏、累、险工作，他们的身影充满了城市的每个角落，已经成为城市须臾不可缺少的组成部分；另一方面，农民工与城市主流文化相疏离，成为客观上的城市边缘人，很多城里人对农民工不信任、不理解、瞧不起。对农民工的这种排斥性态度显然是与经济社会发展大势相悖的。城市必须放宽胸怀，拆除围墙，欢迎新市民的到来。

农民工融入城镇是工业化、城镇化的客观需要。当前我国正处在工业化、城镇化快速推进时期，需要大量产业工人和新市民来支撑。据有关部门预测，我国城镇化快速发展还能持续相当长时间，到2030年，城镇化率将达到65%左右，将新增3亿多城镇居民。现在，城市人口的自然增长率很低，有的地方甚至出现负增长，新增人口主要靠机械增长即农村人口向城市转移。可以说，农民工是新增城市人口的主要来源。

农民工融入城镇是农民工的强烈愿望。农民工越来越要求和城里人一样平等就业、平等享受公共服务，甚至得到平等的政治权利。而且新生代农民工已经适应了城镇的生活方式。改革开放以来形成的新管理体制已经无法把农民工拒绝于城镇之外，也不能再强制把他们送回农村。不管城市居民是否欢迎，显然无法改变这一趋势。

农民工融入城镇是社会和谐的必然要求。若农民工不能与城市有机融合，在现有的城乡二元结构之外，再搞出个新的城市“二元结构”，出现一些国家现代化大城市边缘的“贫民窟”现象，会引发社会阶层的对立，还可能造成严重的社会动荡。

因此，对待农民工的态度应该是降低城市门槛接纳他们，用现代文明和城市文化同化他们，让具备条件的农民工有序地融入城市，成为新市民和新产业工人。从政府的角度讲，除了经济层面给予同等待遇之外，还要调整完善相关的公共管理和社会政策，推动农民工的社会融入和心理融入。

一是改革城乡分割的户籍制度。与公共服务和社会福利连接的户籍制度，是农民工受到不公平待遇和难以融入城市的制度根源。户籍制度改革不是把农村户口簿换成城镇户口簿，而是要让农民在自由迁徙的前提下，享受到附着其上的各种福利待遇。推进户籍制度改革，总的方向，一是放开，放开中小城市、小城镇特别是县城和中心镇户籍，二级以下城市没多大风险。二是放宽，大城市户籍制度可以实行渐进式改革，让稳定就业和居住的农民工转为市民，应把就业、居住、交税、缴纳社保等作为落户条件，把技术等级作为条件。

二是把农民工纳入城镇社区管理。目前农民工很多租住在城市社区，但与城市居民咫尺天涯。而且从发展模式看，我国也要竭力避免大批农民工集中居住，造成新老市民分割居住的局面，最好是走农民工分散融入城市社区的模式。社区管理要覆盖农民工，农民工要逐步参与社区管理，使城市社区成为促进农民工与城市原有居民平等相处的熔炉，加速农民工融入城市并成为新市民的桥梁，避免农民工被边缘化的“生活共同体”。

三是城市的公共服务设施，尤其是公共文化和教育设施应当向农民工开放。文化生活和素质教育对进城农民工非常重要，使他们接受现代文明、城市文明、城市生活习俗等方方面面的影响和熏陶，加快其思想、文化、习俗的城市化。

四是加强对农民工的人文关怀。大量农民工孤身在城市工作、生活，难以融入城市，面临许多心理问题。有的农民工劳动时间长、工作条件差、心理落差大，对人生和前途存在着悲观失望的心理；有的农民工长期夫妻分居，子女不在身边，老人不能照顾，享受不到家庭的温暖、亲情的关怀；有的农民工在城市中受到歧视、排斥，存在着自卑、失落、压抑和缺乏归属感等负面的心理问题。这些农民工由于文化程度不高，特别是新生代农民工，心理不成熟、比较脆弱，对被歧视敏感，受挫后容易失去希望。应高度重视农民工的人文关怀，营造良好的社会舆论，形成关心农民工工作、关怀农民工生活、关注农民工心理的良好氛围。

第七，关于农民工转移后的农业生产发展问题。

现在外出农民工大多是青壮年，科技文化水平普遍较高。大量相对较高素质的劳动力外出使务农劳动力素质呈结构性下降，农业劳动力岁数偏大、文化较低、妇女居多的现象比较普遍。目前一些农村已很难找到 40 岁以下的劳动力，个别地区甚至已经出现农业劳动力绝对短缺现象。

劳动力的结构变化对农业发展产生了深远影响，突出表现为两个方面：

一方面农业用工数量减少，劳动成本增加。2003 年至 2008 年，我国稻谷、小麦、玉米三种粮食的每亩用工数量从 11.10 个下降到 7.59 个，减少了 31.6%；但每亩的人工成本从 128.12 元增加到了 175.02 元，提高了 36.6%。我国每头散养生猪的人工成本上升了 38.1%，规模生猪的人工成本上升了 75%。另一方面，留乡务农劳动力素质结构性下降，对农业科技的学习、接受和应用能力较弱。

为应对农村劳动力转移对农业生产的影响，各地进行了积极探索。今后将重点做好以下几方面工作：

一是创新农业经营方式。健全完善农村土地承包权流转市场，引导农民发展适度规模经营，培育种粮大户、养殖大户，支持发展专业化、集约化生产。大力发展农民合作社、农业产业化龙头企业等新型市场主体。

二是加快推进农业机械化。小麦“五统一”。积极培育适合不同产品、不同地域特点的农业机械，促进农机与农艺相结合，大力推广秧苗栽插、油菜收割等农民迫切需要的农机装备，不断提高农业机械化水平。

三是抓紧完善农业社会化服务。大力扶持农资配送、机耕机收、科技推广、农业信息、统防统治等农业生产性服务业发展。加快推进基层农技推广体系改革与建设，提升农业公共服务能力。与发达国家相比，我国的农业服务业发展相对落后。欧美发达国家的农户基本上只从事专业生产，各种服务组织围绕着专业化生产，提供全过程的服务。有的负责农资供应，有的负责测土施肥，有的负责喷洒农药，有的负责产品贮运、加工、销售。美国直接从事农业生产的人口占全国从业人员总数的 2%，而为农业配套服务的科研、技术、劳务、营销、加工储运等相关人员则占 15%。

四是着力培养新型农民。借鉴德国、日本、韩国等国家培养职业农民的做法，与科研院校开展定向委托培养，免费开办农业职业学校，组织多种形式的农业技术培训，培养一批农村管理人才、种养业能手、农机作业能手、科技带头人、农村经纪人和专业合作社领办人，依靠职业化的农民来发展现代农业。

还要保护好进城农民工的土地承包权益。总的看，农民工问题很复杂，农民进城稳定下来需要一个很长的过程,建议不要急于收回进城农民工的承包地。要稳定农村土地承包关系,坚持依法、自愿、有偿原则,积极引导农村土地流转和适度规模经营,保证农民工进退有路,降低其打工成本,降低社会稳定的风险。

此外,还要推动建立健全农业支持保护体系,不断提高农业支持保护水平,降低农业生产成本和风险,让农业成为能让农民致富的产业,使高素质的农民能留在农村发展现代农业。

三、农民工问题的展望

中国的农民工问题是个长期性问题,几亿农民离开土地,走出农村,进入工业,融入城市,并在这一壮丽过程中完成他们自身的蜕变,绝不是三年五载之功,需要十几年乃至几十年的时间。今后一个时期,农民工总量增加、增量下降的趋势将逐渐明显。可从两个方面来观察农民工的发展趋势。

第一,影响农民工问题解决的因素。因素很多,一是城镇化进程,城镇化进程的快慢,将影响到农民工进城的数量。二是城乡差距,如果城乡差距扩大,仅仅依靠城市的适应性调整来解决农民工问题,其过程会是十分艰难的;如果城乡差距缩小,农民在农村也能享受到良好的公共服务,有利于吸引部分农民在农村居住和工作,将加快农民工问题的解决。三是经济周期,经济复苏和繁荣将增加对劳动力的需求,促进农村劳动力转移就业;而经济衰退将减少劳动力需求,使农民工就业形势十分严峻。四是农村劳动力供给,从长期趋势看,农村新增劳动力的数量会逐渐下降,加上农民工融入城镇的数量必将逐步增加,这都会促使农民工规模扩大的速度将有所减缓。因此,解决农民工问题要综合考虑各种因素,提出系统的解决方案。

第二,农民工问题的分析预测。从一个较长的历史时期看,随着时间的不断推移,以及我国工业化和城镇化水平不断快速提高,农村劳动力及其相应人口将不断融入城市,这是农民工问题不断缓解和解决的主要标志和特征。

从理论分析看，农村富余劳动力逐步转移出来，进入非农产业和城镇，既是客观需要，也是必然趋势。考察农民工的流动方向，农民工从农村流向城市的过程中，有一部分农民工融入城市成为市民，也有一部分流回农村，而与此同时又有更多的农村劳动力加入流动进城的行列。这个过程方向既定而又循环往复，总趋向是向城市不断输送。假定不人为阻断这个过程，当农村劳动力自身需求达到平衡点，即在没有剩余劳动力输出时，则融入城市的部分将会消化流动着的存量，由此农民工流动规模将会逐渐缩小，到那时，就不存在农民工问题了，农民工问题也就终结了。

从数量分析看，我国今后很长时期内农民工保持较大规模将是一个必然现象。经测算，综合考虑我国农村劳动生产率、土地产出率、劳动力边际收益和平均价格等因素，目前农业剩余劳动力在 1 亿左右。这些剩余劳动力还将会以农民工的形式转移出来，如果按最近几年来全国农民工数量每年增加 500～600 万人计算，还需要近 20 年的时间才能消化完，这个时间大致与我国人口峰值时间 2030 年前后相吻合，与劳动力峰值时间也大体吻合。预计到 2015 年，我国农业从业人员数量将减少到 2.5 亿人，农业实际需要的劳动力数量将下降到 1.75 亿人，农业剩余劳动力数量会相应减少到 7500 万人左右。我国劳动力总量将在 2020 年之前达到峰值，并将保持约 10 年时间。而要使如此规模巨大的流动就业的农民工真正实现稳定就业，并进而在城市定居，将需要更长的时间。

从模型分析看，城乡人口流动达到均衡点，将在本世纪中叶出现。城乡人口流动的经典理论中，刘易斯人口流动模型从宏观的角度，托达罗模型从微观的角度，都曾提过城乡人口流动将有均衡点。我在研究农民工问题时，曾从宏观和微观综合的角度，构建了人口城市沉淀模型，分析了我国城乡人口流动也将在一定时期内达到均衡。模型分析表明，城乡人口流动均衡点将在本世纪中叶出现。这也就是说，我国农民工问题将伴随现代化的全过程，并将随着现代化基本实现而终结。

总之，农民向非农产业和城镇转移，转变为工人和市民，是推进工业化和城镇化的必然产物，是社会全面进步的重要标志。伴随着我国二元社会经济结构的打破，工业化和城镇化的实现，城乡差距、工农差距的逐步消失，我国的农民工问题将逐步得以解决，农民工终将在现代化中完成其历史使命。

“三农”问题是关系我国现代化事业的全局性、战略性和根本性问题；做好粮食增产、农民增收工作，任务重、困难多、压力大，离不开各地区各部门大力支持。在这里，我拜托大家继续关心、帮助和支持农业和农村发展，共同努力把“三农”工作做得更好。

（2010 年 6 月 10 日）

努力推进生态文明建设
积极探索中国环境保护新道路

环境保护部部长　周生贤

一、近年来环保工作主要观点、进展和环境形势

人类社会迈入21世纪以来，经济全球化深入发展，全球性环境问题进一步显现。环境保护、社会进步和经济发展是可持续发展的三大支柱，成为国际社会的广泛共识。时至今日，环境问题演变为与经济、政治、文化、社会和外交等密切相关的多层次、多维度、多视角的“世界问题复杂体”。人们深刻认识到，环境问题的本质是发展道路、经济结构、生产方式和消费模式问题，贯穿生产、分配、流通和消费的再生产全过程，涉及工业、农业、交通运输、建筑、服务等产业的各个领域，关系政府机关、科研院所、大中小学等社会组织，乃至每个家庭和个人日常生活的方方面面。

“十一五”以来，我们进一步加强生态文明建设，加快推进环境保护历史性转变，积极探索中国环保新道路，以保护环境来优化经济发展和改善民生，污染防治由被动应对转向主动防控，环境保护从认识到实践都发生重要变化，环境污染和生态破坏加剧的趋势有所减缓，重点流域区域污染治理取得初步成效，部分城市和地区环境质量有所改善，全民环境意识显著增强，环保工作站在新的历史起点上。

第一，全力以赴推进主要污染物减排。

从发展趋势看，我国工业化发展短期内难以超越重化工业阶段，能源原材料工业占工业比重仍将增加，钢铁、汽车等产业仍是拉动我国经济增长的重要引擎。这就决定了我国环境保护的一项重点任务是削减主要污染物排放总量，减轻环境容量负荷过重的压力。

“十一五”期间，国家将主要污染物排放总量削减10%作为经济社会发展的约束性指标。国务院成立应对气候变化及节能减排领导小组，发布《节能减排综合性工作方案》，批转节能减排统计、监测及考核实施方案和办法等文件。受国务院委托，原环保总局与各省级人民政府和六家电力集团公司签订了减排目标责任书。各省（区、市）都成立了由政府主要领导挂帅的节能减排领导小组，将减排指标层层分解落实到地市和重点排污企业。国家打出节能减排政策“组合拳”，出台促进污染减排的产业、财税、价格等一系列政策，加强责任考核。在应对金融危机的过程中，污染减排工作“目标不变、要求不降、力度不减”，严控“两高一资”行业、低水平重复建设和产能过剩项目盲目扩张，突出抓好重点工程和重点领域污染治理，加强污染减排监管。2006年至2009年，全国累计新增污水处理能力4460万吨/日，城镇污水处理率由2005年的52%提高到2009年的72.3%；新增燃煤脱硫机组总装机容量4.11亿千瓦，其中新增现役燃煤脱硫机组装机容量1.81亿千瓦，脱硫机组装机容量占全部燃煤发电机组装机容量比例由2005年的12%提高到2009年的71%；加快淘汰落后产能，累计关闭小火电装机容量6006万千瓦，淘汰落后炼铁产能8712万吨、炼钢6038万吨、水泥2.14亿吨。

经过各地各部门的共同努力，主要污染物排放总量从2007年开始出现双下降，实现历史性突破；2009年全国化学需氧量和二氧化硫排放量与2005年相比分别下降9.66%和13.14%，二氧化硫“十一五”减排目标提前一年实现，化学需氧量减排目标可以如期实现。部分环境质量指标持续好转。2009年国控断面Ⅰ—Ⅲ类水质比例为48.2%，同比上升0.5个百分点。全国地表水国控断面高锰酸盐指数年均浓度为5.1毫克/升，较2008年下降10.5%，较2005年下降29.2%。按年均值评价，113个环保重点城市空气质量达到或优于国家二级标准的比例为65.5%,同比上升8个百分点。重点城市二氧化硫年均浓度为0.043毫克/立方米,较2008年下降10.4%,较2005年下降24.6%。"十一五"以来主要污染物减排取得明显成效证明,污染减排是环境保护的硬抓手,是调整经济结构、淘汰落后产能的重要手段。

第二,尽心尽责为保持经济平稳较快发展服务。

2008年9月爆发的国际金融危机,使得世界经济遭受了20世纪大萧条以来最为严峻的挑战。国际社会和各国政府主动应对,努力探寻新的对策和出路。联合国环境署在全球发起了开展"绿色经济"和"绿色新政"的倡议,得到国际社会的积极响应。美、德、法等国的经济刺激计划中,绿色投资都保持在10~20%的水平。我国把加强环境保护作为应对国际金融危机的重要举措,加快发展节能环保等战略性新兴产业,培育新的经济增长点,在4万亿元人民币经济刺激计划中,用于节能减排和生态建设资金达2100亿元,加上支持自主创新、结构调整和应对气候变化的资金3700亿元,绿色投资比例达到14.5%。发展绿色经济、实施绿色新政,把环境保护推到应对国际金融危机的"风口浪尖"。按照中央的部署,我们坚持以保护环境优化经济增长,不断完善环境保护参与宏观调控的方式和途径,着重介绍两件事:

一是全力为保增长调结构大局服好务。对符合中央政策要求和环保准入规定的民生工程、基础设施、生态环境建设、灾后重建等项目加快审批进度。采取分类评估、分级审查等措施,明确中央和地方的审批权限,规范和简化审批程序,提高审批效率。去年,我部批复建设项目环评文件400个,总投资达2.7万亿元。从严控制"两高一资"、产能过剩和低水平重复建设项目。对总投资1905亿元的49个项目环评文件做出退回报告书、不予批复或暂缓审批的决定,决不让今天的投资项目成为明天整治、淘汰关停的对象。有序推进规划环评,引导各地根据不同区域资源环境承载能力,合理选择发展方向,形成各具特色的发展格局。

二是大力发展绿色经济、低碳经济和循环经济。绿色经济、低碳经济和循环经济是对人类与自然关系重新认识的结果,是人类深刻反省与改进自身发展模式的产物，本质上都是生态经济，是经济活动的生态化过程和生态化体现，属于以可持续发展为核心的绿色发展范畴。

循环经济的概念最先出现于20世纪60年代，由美国经济学家鲍尔丁提出。绿色经济最早见于1989年英国环境经济学家皮尔斯的《绿色经济的蓝图》，2007年底联合国秘书长潘基文在联合国巴厘岛气候会议上正式加以介绍，开始作为一种引领世界经济走向的话语，被世界各国所关注。低碳经济概念起源于2003年英国发表的《我们能源的未来：创建低碳经济》能源白皮书。有学者认为，绿色经济是最大的概念，它包含了循环经济和低碳经济，其中循环经济主要是解决环境污染问题的，低碳经济主要是针对能源结构和温室气体减排而言的。也就是说，绿色经济涵盖循环经济和低碳经济，只不过后两者是从不同的侧重点来展现绿色经济。实际上，绿色经济、低碳经济与循环经济都强调要资源节约、环境友好、生态平衡、和谐共生，都可以纳入到生态文明建设的框架中。

发展绿色经济、低碳经济和循环经济，从短期看，可以促进经济复苏，创造新的就业机会；从中期看，可以提高资源利用效率，降低污染排放强度，遏制生态环境恶化趋势；从长期看，可以推动经济社会朝着更大规模、更高水平、更可持续的方向发展。绿色经济、低碳经济和循环经济的发展，标志着人类开始摒弃传统经济发展动力——利润最大化，转而形成基于绿色经济的全新价值观——福利最大化。

一些国家和地区正在探索各具特色的绿色经济和低碳经济发展路径。英国通过一系列法规和计划推动国内的减排和替代转型。2003年英国颁布《我们能源的未来：创建低碳经济》能源白皮书，2006年发布《斯特恩报告：气候变化的经济学》，2007年公布全球首部《气候变化法案》草案，2009年又公布《英国低碳转换计划》。美国主要通过绿色能源和绿色金融（碳交易市场）来实现绿色经济发展，加快向以新能源为代表的低碳经济转型，带动整体经济增长。2005年通过能源政策法，2007年参议院提出《低碳经济法案》，2009年美国众议院通过《美国清洁能源安全法案》。奥巴马上台后提出“新能源兴国”政策、“总量控制和碳排放交易”计划等。欧盟主要实施新的能源战略和提高能源效率。2007年实施“欧盟能源技术战略计划”,2009年出台《关于促进和利用来自可再生能源的能源条例草案》。归结起来,发达国家发展绿色经济和低碳经济的主要做法是:一是通过一系列法规和计划来推动;二是促进能源效率提高和能源结构调整;三是把环保产业作为新兴产业加以扶持;四是大力采用环境经济政策手段措施;五是高度重视碳储存和碳捕获、可再生能源等技术创新;六是都有明确的未来发展战略和目标。

我国发展绿色经济、低碳经济和循环经济的主要做法是:发展绿色产业,开发清洁能源和可再生能源,提高能源资源利用率,最大限度地减少污染物排放。开展低碳经济试点,推进低碳产品认证、低碳工业园区和低碳社区建设工作,逐步降低经济增长的碳排放强度。按照“减量化、再利用、资源化”的原则,开发和推广节约、替代、循环利用和减少污染的先进适用技术,促进循环经济发展。

近几年,中国环保产业年均增长率保持在15%以上。2009年,环保产业从业单位达3万多家,从业人员300多万人,年产值(收入总额)超过7000亿元;环保产品达3000多个品种,覆盖了污染治理和生态保护的各个领域。预计到“十一五”末,环保产业的年总体规模(产值)将达1万亿元左右。绿色产业日益成为推动我国经济增长的新生力量,绿色技术日益成为经济结构调整的关键支撑,绿色经济日益显现出勃勃生机。

第三,集中精力解决突出的环境问题。

我们坚持把环境保护同改善民生紧密结合起来,把保障群众饮水安全作为首要任务,集中力量狠抓落实,一批群众反映强烈的环境问题得到解决。

一是环境执法与应急管理工作扎实推进。2005年至2009年,我部直接调度处置突发环境事件600多起,平均每两到三天就发生一起。去年,我部在李克强副总理直接领导下,妥善处理了陕西凤翔、湖南武冈、云南东川等12起重金属、类金属污染事件,救治4217名受害群众,责令关闭、停产44家污染企业,督促追究91名政府部门和企业责任人的责任,维护了社会稳定。联合发改委等九部门,深入开展全国整治违法排污企业保障群众健康环保专项行动，先后在重点行业、集中式饮用水源地、城市污水处理厂、“十五小”企业、工业园区、新建项目、自然保护区等方面，开展环保专项检查和集中整治。

二是重点流域区域污染防治取得新突破。2008 年 1 月，胡锦涛总书记针对水污染严峻的形势，提出让不堪重负的江河湖泊休养生息。在去年召开的第十三届世界湖泊大会上，“让江河湖泊休养生息”得到来自全世界 1500 多位代表的高度赞赏。我们不断深化政策举措，进一步提高环境准入“门槛”、加快淘汰落后生产能力、加强饮用水源保护、加大重点工业污染源治理力度、加快城镇污水处理设施建设、合理开发利用水资源。《重点流域水污染防治专项规划实施情况考核暂行办法》已经国务院办公厅转发，重点流域省界断面水质考核制度全面建立。会同有关部门对 2008 年度规划实施情况进行考核评估，结果显示水质断面七成达标，淮河、海河、辽河、巢湖、滇池、松花江、三峡库区及其上游、黄河中上游八个流域完成污染治理投资 714.9 亿元，占总投资的 44.7%；建成项目 1270 个，占 46.8%；在建项目 785 个，占 28.9%。湘渝黔交界地区“锰三角”污染等问题基本得到解决，区域环境质量明显改善。

三是“以奖促治”推动农村环保工作广泛开展。目前，全国主要水污染物排放量已有四成以上来自农业污染源。从根本上解决水污染问题，必须把农业源污染防治列入环境保护的重要议程。自 2008 年 7 月，李克强副总理提出“以奖促治”重要政策以来，中央财政设立农村环保专项资金，投入 15 亿元，支持 2160 多个镇村开展环境综合整治和生态示范建设，带动地方投资达 25 亿元，直接受益农民达 1300 万人。

第四，从再生产全过程制定实施环境经济政策。

环境与经济关系日益紧密、不可分割。离开经济发展讲环保是缘木求鱼，离开环境保护讲发展是无源之水。正确的经济政策就是正确的环境政策，在保证经济发展的同时，能够保护和改善环境；正确的环境政策也是正确的经济政策，在保护环境的同时，能够保障、促进和优化经济增长。近年来，我们从生产、流通、分配、消费的再生产全过程研究制定环境经济政策，系统防范环境污染和生态破坏,有力推进了经济结构调整。在生产领域,联合发改委实施1.5分钱的燃煤脱硫机组发电加价政策,极大地调动了电力企业脱硫的积极性。在流通领域,适时提高了机动车污染排放标准,既降低了汽车尾气排放,又促进了汽车工业的技术创新。在分配领域,发布了生态补偿试点指导性文件,开展重点流域、区域生态补偿试点,各地涌现出异地开发区建设补偿、饮用水源地保护补偿等新模式。在消费方面,配合财政部出台了环境标志产品政府采购实施意见,绿色产品在政府采购中的比例不断提高。在投资领域,联合金融部门发布了绿色信贷指导意见,将数以万计的企业环境违法信息纳入银行征信系统;联合保监会开展绿色保险试点,选择高危行业开发环境污染责任保险产品,提高企业防范环境风险能力。在出口领域,配合有关部门调减或取消了“两高一资”产品的出口退税率,努力遏制高耗能高排放产品出口上升势头。

第五,认真组织实施三大战略性基础性工程。

长期以来,环保工作家底不清、预见不够、科技不强,影响了环保事业发展的后劲。经过认真谋划、精心运作,国务院批准了污染源普查、环境宏观战略研究和水专项三大战略性基础性工程。第一次全国污染源普查顺利完成,历时三年多,共组织动员57万多人,调查工业源、农业源、生活源和集中式污染治理设施四大类普查对象592万多个,全面掌握了我国污染源排放的基本情况。环境宏观战略研究完成既定任务,研究的一项重大成果是提出探索中国环境保护新道路,得到李克强副总理的充分肯定。水专项作为国家16个重大科技专项之一,进入全面实施阶段,部分项目和课题取得阶段性成果。“十一五”环保规划执行情况中期评估基本完成。结果表明,“十一五”环保规划实施首次达到进度要求,部分指标超额完成,主要规划目标有望如期实现,是我国历史上执行得比较好的一个五年环保规划。今年1月,温家宝总理主持召开国务院第99次常务会议,审议通过《国家环境保护“十一五”规划中期评估报告》和《第一次全国污染源普查公报》,对进一步做好环保工作做出重要部署。

我们也清醒地认识到,由于自然环境脆弱、人口众多、经济增长方式粗放、环境监管滞后，我国环境面临的压力比世界上任何国家都大，环境资源问题比任何国家都要突出，解决起来也比任何国家都要困难。当前环境形势可概括为：局部有所改善，总体尚未遏制，形势依然严峻，压力继续加大。

局部有所改善表现为：重点流域主要污染物污染程度有所减轻，水污染防治重点流域内城镇供水安全得到基本保证。造纸、电力热力、非金属矿物制品业、黑色金属冶炼等重点行业排放强度明显下降，生态保护与建设取得积极进展。

总体尚未遏制表现为：我国的环境污染范围在扩大，污染程度在加重，污染风险在加剧，污染危害在加大，治理难度在增加。城市空气环境质量退化。我国东部地区城市细颗粒物(PM2.5)污染严重，部分地区出现臭氧、挥发性有机化合物(VOCs)、汞等新型大气污染问题，京津冀、长三角、珠三角等地城市灰霾天气频率普遍提高。水环境呈现复杂的流域性污染态势。十大流域的支流中，除珠江支流污染较轻外，其他流域支流很多都受到不同程度的污染；湖泊富营养化呈迅速增长趋势，70 年代富营养化湖泊为 5%，80 年代为 35%左右，90 年代东部地区湖泊几乎全部富营养化。2007 年，农业源排放的化学需氧量占化学需氧量排放总量的 43.7%，总氮、总磷排放量分别占排放总量的 57%和 67%。土壤环境质量退化。受污染的耕地面积达 1.5 亿亩。生态系统更加脆弱。区域生态系统结构破坏严重，水土流失突出，生物多样性不断减少，生态服务功能持续下降，生态灾害加重，生态系统呈现出由结构性破坏向功能性退化演变的态势。

形势依然严峻表现为：水和大气污染负荷大。2008 年，我国废水排放总量为 571.7 亿吨，废水中 COD 排放总量为 1320.7 万吨，居世界第一，超过环境容量 65%左右。二氧化硫和二氧化碳排放量居世界前列。按我国环境标准评价，有 10.5%的城市空气质量超标，按欧盟标准评价，约 95%的城市空气质量超标。环境基础设施建设滞后。城市生活垃圾无害化处理率远低于美国、日本等发达国家；城镇污水管网建设严重滞后，相当数量的城市污水未经处理直接排放；县城和乡镇的污水和垃圾处理设施严重滞后。2008 年，县城污水处理率为 31.8%，生活垃圾无害化处理率仅为 8.23%；乡镇绝大部分为空白。环境污染成为影响人体健康的重要危险因素之一。约1/3的城市人口暴露在超标的空气环境中。

压力继续加大表现为，未来一段时期，我国将基本完成工业化、城镇化和农村现代化，在环境容量相对不足、环境风险不断加大、环境问题日趋复杂的情况下，我国将面临更大的环境压力，并推动我国环境问题在结构上发生变化：污染物来源从工业和城市为主转变为工业、城市和农村三种来源，污染区域从城市和局部地区为主转变为区域、流域和全球，污染类型从常规污染转变为复合型污染。严重的环境污染问题将制约经济和社会发展，危害群众健康，危及公共安全和社会和谐，影响可持续发展。

新形势下，环保工作具有以下鲜明特点：

从环境保护与经济发展的关系看，环保工作进入保护环境优化经济发展的新阶段。我国正处于环境与经济矛盾最尖锐、最敏感的时期，正确处理经济发展与环境保护的关系是我国实现可持续发展的核心问题。我国不少地区以往的经济发展历程总体上走了“牺牲环境换取经济增长”的路子，这种发展方式后果非常严重，难以延续。我们只有一个选择，那就是从牺牲环境换取经济增长转向以保护环境优化经济发展，把环境监管和生态建设作为关键手段，使之改善和促进经济发展，推动新型工业化、城镇化和新农村建设，从而实现环境保护与经济发展的双重目标，建立和谐双赢的新关系。

从环境保护与以人为本的关系看，环保工作进入保障和改善民生的新阶段。环境问题是重大民生问题。随着经济社会的发展和生活水平的提高，人民群众对环境问题越来越关注，对环境质量的需求越来越高。经济发展决定人们的生活水平，环境状况决定人们的生存条件。干净的水、清洁的空气、放心的食品和优美的环境直接关系人民群众生活质量，关系社会稳定，关系发展的根本目的。我曾说过，坐宝马车喝污水，是对现代化的讽刺。希望大家既能坐宝马车，又能喝矿泉水。坚持环保为民，解决关系民生的突出环境问题，让人民群众喝上干净的水，呼吸上清洁的空气，吃上放心的食物，是环境保护的出发点和落脚点。

从环境保护与国家安全的关系看，环保工作进入控制总量、改善质量与防范风险相结合的新阶段。环境安全是国家安全的重要组成部分,解决环境问题是保障国家安全、维护社会稳定、树立负责任大国形象的必然要求。我国正处于突发环境事件高发期,这是由我国经济社会发展的阶段性特征所决定的。同时,由于累积环境问题的释放,污染物排放总量削减和环境质量改善两者的关系不会完全同步,一些地区仍然可能处于总量持续减排、环境质量没有明显改观的"治理与污染相持期",部分地区甚至事故频发。环保工作在经历浓度控制、浓度与总量控制等阶段之后,需要将防范环境风险等纳入考量范围,以削减总量为重要抓手,以提升环境质量为切入点,严格防范环境风险,保障环境安全。

从环境保护与生态系统的关系看,环保工作进入让江河湖泊等重要生态系统休养生息的新阶段。让江河湖泊休养生息,既是水环境整治的全新指导思想,也对解决我国其他环境问题具有重要的示范意义和促进作用。让江河湖泊休养生息,一方面要求遵循自然规律,充分发挥生态系统的自我修复能力,逐步改变生态环境退化状况;另一方面应当综合运用工程、技术、生态的方法,加大生态环境保护和建设力度,促进生态系统良性循环。既"扬汤止沸",又"釜底抽薪",引导人们善待自然、呵护环境,对长期困扰我国经济发展的粗放型增长方式形成倒逼机制,从根本上缓释流域水环境污染负荷,努力恢复江河湖泊的生机和活力。

从环境保护与对外交往的关系看,环保工作进入国际环境合作影响国家核心竞争力的新阶段。当今世界面临着气候变化、物种灭绝、资源耗竭等多重环境危机。中国不可避免地受到这些"共同挑战"的影响,背负着前所未有的国际期望和压力。联合国哥本哈根气候变化会议召开前夕,我国政府承诺到2020年单位GDP二氧化碳排放量要比2005年降低40%～45%。这将对我国未来10年发展中解决资源环境问题产生巨大的资金和技术需求,对实现全面建设小康社会目标带来新的挑战。

二、举全局之力推进环境保护历史性转变

环境保护的历史性转变是对经济发展和环境保护关系的根本性调整。

一般来说，转变以前，重视经济，轻视环保，环保严重滞后于经济，处于消极的、被动的、事后的、补救的状态，手段比较单一；转变以后，环境保护与经济增长处于同等重要的位置，环境保护呈现出积极的、事前的、预防为主的格局。环境保护与经济发展互相协调，互相促进，保护环境的手段多样化，这就叫环境保护的历史性转变。

历史性转变的提出，是经济社会发展到一定阶段的必然产物。第六次全国环保大会之前，胡锦涛总书记专门主持召开常委会议，听取环保工作的思路汇报。温家宝总理两次专门召开国务院常务会议，听取环保工作汇报。在此基础上，产生了三个历史性转变的重要思想，即从重经济增长轻环境保护转变为保护环境与经济增长并重，从环境保护滞后于经济发展转变为环境保护和经济发展同步，从主要用行政办法保护环境转变为综合运用法律、经济、技术和必要的行政办法解决环境问题。在第六次全国环保大会上，温家宝总理向国内外庄严宣告这个重要思想，引起全世界的强烈反响。国际上普遍认为，一个注重环境保护的国家，才是一个负责任的国家。一个国家的主要领导人越重视环境保护，在世界上的威信也就越高。第六次全国环保大会结束以后，我为《人民日报》撰写了社论文章，题为“关键是要加快实现三个转变”。三个历史性转变从理论和实践的结合上对环保工作进行了深入阐述，其核心是正确处理经济和环保的关系，从而结束了在经济和环保关系方面长期以来的不同争论。三个历史性转变成为科学发展观的重要内涵，成为环境保护的世界观和方法论，成为统一人们认识的重大战略思想，从而载入中国环保的史册。

纵观世界环境保护历史，每一次重大环境事件，都引发经济与环境关系的调整和转变。这种转变大致有三种情况。

一是绝路逢生型。典型代表是美国、德国。德国战后，大部分科学家流失到美国，德国经济在 20 多年恢复过程中，走了一条先污染后治理的道路。20 年以后，德国把经济发展优先调整为经济和环境保护相协调。又经历了 20 年，德国的环境质量大为改观，河流变清了，空气污染也减少了一半，后来世人把德国叫做“知耻而后勇”。

二是奋起直追型。典型代表是日本。日本在水俣病等污染事件发生之后猛然觉醒，从 1967 年开始，出台环境污染控制基本法，明确提出健康第一、环保优先的理念。日本用 20 年的时间实现了经济与环境的协调融合，控制了污染，效益大大提高。国外许多环保人士认为，寻求人类未来的安全，唯一的途径就是承认自然、环境对人类的制约，人类应该在改善环境并且不破坏自然的前提下寻求发展。

三是跨越发展型。典型代表是新加坡、韩国。韩国起初搞新农村，结果农村没农民、没农业、没有农副产品，农民也没有土地。韩国发现问题后，很快调整发展政策。现在韩国成为新农村搞得最好的国家之一。新加坡跨越发展更为典型，经过 20 多年的努力，建立了比较完善的城市环境基础设施，拥有了清洁和健康的环境，成为举世闻名的“花园式城市”。

历史性转变是环境保护走出困境的必由之路，但也是一项复杂的系统工程，有大量艰巨的工作要做。我们必须通过艰苦努力和有效工作，尽力缩短历史性转变的进程。

推进历史性转变，必须从国家战略层面解决环境问题。这几年大家公认环保受到前所未有的重视，为什么？是因为实施了总量控制，从国家战略层面把环境指标列进去，制订了国家行动方案，成立了领导小组。今年是“十一五”的最后一年，我们要谋划召开第七次全国环保大会，温总理将作重要讲话，国务院也要印发文件，再次在全国进行环保总动员。

推进历史性转变，必须从再生产全过程制订环境经济政策。我们总结以往经验，报国务院印发了一系列环境经济政策，包括信贷政策、税收政策、外贸出口政策、保险政策等等。改变了以往环境保护只重视生产领域的状况，把环保延伸到生产、流通、分配、消费的全过程。

推进历史性转变，必须坚持全面推进重点突破的工作思路。全面推进重点突破的总体思路，充分体现了“两点论”和“重点论”的哲学思想，是对环保力量的重新调配，是对环保资源的整合重组，是对工作部署的战略优化。具体内容是：突出一个重点，将污染防治作为重中之重，将保障饮水安全作为首要任务；办好两件大事，建设先进的环境监测预警体系和完备的环境执法监督体系;落实三项制度,严格执行环境影响评价制度、污染物排放总量控制制度、环保目标责任制;强化四项工作,加强环境政策法制、宣传教育、科技、国际合作;加强“五大建设”,全面开展思想、组织、作风、业务、制度“五大建设”;处理好六个关系,正确处理经济与环境、当前与长远、政府与市场、中央与地方以及城市与农村环保工作、区域之间环境保护的关系。

三、进一步推进生态文明建设,继续探索中国环境保护新道路

生态文明建设是我们党以科学发展观为指导,立足经济快速增长中资源环境代价过大的严峻现实而提出的重大战略思想和战略任务,代表着人类文明的发展走向。

(一)生态文明的概念及其特征

生态文明是人类在利用自然界的同时又主动保护自然界,积极改善和优化人与自然关系,建设良好的生态环境而取得的物质成果、精神成果和制度成果的总和。生态文明建设所追求的是,坚持可持续发展的理念和要求,从文明建设的高度来统筹环境与经济社会发展,在更高层次上实现人与自然、环境与经济、人与社会的和谐。传统工业文明导致人与自然关系的对立,而生态文明建设则首先要重构人与自然的和谐。但这种和谐不同于农业文明的和谐,是自觉的、长期的、高水平的和谐。

生态文明建设的提出,既是文明形态的进步,又是社会制度的完善;既是价值观念的提升,又是生产生活方式的转变;既是中国环保新道路的目标指向,又是人类文明进程的有益尝试。作为人类文明的一种高级形态,作为中国特色社会主义事业总体布局的组成部分,生态文明建设主要涵盖先进的生态伦理观念、发达的生态经济、完善的生态制度、可靠的生态安全、良好的生态环境等等。它以把握自然规律、尊重和维护自然为前提,以人与自然、人与人、人与社会和谐共生为宗旨,以资源环境承载力为基础,以建立可

持续的产业结构、生产方式、消费模式以及增强可持续发展能力为着眼点，强调人的自觉与自律，人与自然的相互依存、相互促进、共处共融。

生态文明是积极的良性发展的文明形态，是科学的自觉的文明形态，是长远的可持续发展的文明形态，具有以下四个鲜明特征：

一是在价值观念上，生态文明强调给自然环境以平等态度和人文关怀。人类在尊重自然规律的前提下，利用、保护和发展自然。生态文化、生态意识应当成为大众文化意识，生态道德成为社会公德并具有广泛影响力。生态文明的价值观要求实现三个转变：从人是主体有价值，自然不是主体没有价值，向人是主体有价值，自然也是主体也有价值转变；从传统的"向自然宣战"、"征服自然"，向"人与自然和谐共处"转变；从传统经济发展动力——利润最大化，向生态经济全新要求——福利最大化转变。

二是在实践途径上，生态文明体现为自觉自律的生产生活方式。生态文明追求经济与生态系统之间的良性互动，坚持经济运行生态化，改变高消耗、高排放、高污染的生产方式，以生态技术为基础实现社会物质生产的良性循环，使绿色产业和环境友好产业成为经济增长的重要源泉。倡导和践行绿色消费，选择既满足自身需要又不损害自然环境的生活方式。

三是在社会关系上，生态文明推动社会走向和谐。随着环境污染侵害事件和投诉事件的逐年上升，环境问题已成为影响社会和谐的一个主要制约因素。建设生态文明，将生态化渗入到社会管理中，追求代际、群体之间的环境公平与正义，有利于推动人与自然、人与社会实现和谐。

四是在时间跨度上，生态文明是长期艰巨的建设过程。我国正处于工业化中期阶段，工业化任务尚未完成。发达国家 200 多年出现的污染问题，在我国快速发展的过程中集中出现，呈现出压缩型、结构型、复合型特点。生态文明建设面临着双重任务和巨大压力，通俗地讲就是，补上工业文明的课，走好生态文明的路。这决定了生态文明建设不会一帆风顺，不可能一蹴而就，需要坚持不懈地努力。

生态文明是世界新潮流。作为一种新的文明形态，按照一般推理，生态文明应在发达国家兴起，因为生态危机的发生和危害首先在那里体现。但是，建设生态文明构想却没在那里诞生，建设生态文明实践没在那里展开。原因在于：一是经典的发达国家在发展过程中，积累了强大的物质基础、技术和资金优势，使本国的生态危机得到缓解；二是工业文明具有一定的修正错误的能力，但难以自发地转向生态文明，工业文明巨大的利益诱导着前进的方向；三是西方发达国家向不发达国家和地区转移生态成本，失去了发展生态文明的机会；四是西方发达国家形成不可持续的低储蓄、高消费经济发展模式，经济社会总体上已经难以重构符合生态文明要求的产业结构、生产方式和消费模式。

新中国成立 60 多年，尤其是改革开放 30 多年的快速发展，经济实力大幅提升，社会主义各种体制的优势和活力日益显现，转变发展方式、调整经济结构的压力已经来临，公众环境权益和参与意识不断增强，建设生态文明已经具备相当的条件和氛围。我们党创造性地提出建设生态文明，使中华民族获得跨越式发展的机会。

（二）生态文明建设的理论要点

生态文明建设的理论要点是：坚持和谐原则，为提升人的素质，促进人的全面发展创造安全、健康的生态环境；坚持循环原则，从根本上解决发展与资源环境有限的矛盾；坚持协调原则，与经济、政治、文化、社会建设相同步；坚持适度原则，为人类社会长远发展预留空间、积蓄潜力；坚持优先原则，实施严格的环境保护措施，加快推进经济发展方式转变和经济结构调整，提升经济发展质量；坚持人文原则，把重要生态系统看作是与人类密切相连又具有独立存在价值的生命体，给自然生态以平等态度和人文关怀。

第一，“和谐”——以人为本是生态文明建设的核心。“以人为本”最早是 2500 年前中国古代思想家、政治家管仲提出来的。人本主义在西方也有着悠久的历史传统。我们党在继承借鉴中西方文化传统的基础上，赋予“以人为本”以新的涵义，使之成为科学发展观的核心。生态文明建设同样以最广大人民的需要和利益为出发点、落脚点和评判标准。

建设生态文明，从目的看，就是要消除生态环境破坏给人民造成的危害，使良好的环境为人民所共享，促进人的全面发展，使全民族乃至全人类能够一代接一代健康成长和持续发展。从途径看，需要注重人的自身建设，提高人口素质，激发人民群众的主体性、参与性和创造性。必须改变对生态环境有害的行为和习惯，树立符合生态文明要求的价值观念和行为规范。

坚持以人为本推进生态文明建设，不是走向对自然巧取豪夺的个人主义、利己主义，而是放眼人类的整体利益和长远利益，承认自然生态系统、非人类自然物种同样有着生存和发展的需要。否则将造成人类对其生存环境的破坏，最终殃及人类自身。

第二，“循环”——遵循自然规律是生态文明建设的准则。自然生态系统中固有的物质循环性、生物多样性以及功能协同性是生态文明建设必须借鉴、吸收、利用的原理和规则。生态系统是通过能量流动和物质循环这两个基本过程，使得生态系统各个营养级之间和各个成分(非生物和生物)之间组成一个完整的功能单位。人与自然构成的这一庞大生态系统也一样，当人的行为造成的物质和能量流动过量，使自然无法消纳与承受，就必须通过污染治理、资源回收等人为手段，助推生态系统完成循环。生态文明的实现有赖于维持物质循环的稳态交流，有赖于维护包括人类在内的整个自然生态系统的多样性稳定。

第三，“协同”——统筹协调是生态文明建设的手段。中国特色社会主义事业总体布局是由经济、政治、文化、社会、生态“五大建设”构成的统一体。其中，经济建设是基础，政治建设是保证，文化建设是先导，社会建设是归宿，生态文明建设是前提。生态文明建设既具有独立内容，同时与经济、政治、文化、社会建设又具有高度相关性。只有生态文明建设与经济建设、政治建设、文化建设和社会建设相融合相渗透，赋予经济建设、政治建设、文化建设、社会建设以生态尺度，才能使生态文明建设早日取得更大实际成效。

第四，“适度”——坚持可持续发展是生态文明建设的目标。“适度”的含义是指，人类生存发展的各类行为控制在一定强度范围内，以不损害自然生态系统维持平衡、自我修复和消纳污染的能力为前提。如果社会活动在很长时间、广阔范围内都能保持适度,实现资源、经济、社会与环境的协调,社会发展就能够可持续,整个社会就进入生态文明状态。

第五,"优先"——推行环境优先是生态文明建设的关键。优先就是把某种事物放在占先的位置上。2006 年《国务院关于落实科学发展观加强环境保护的决定》提出,在环境容量有限、自然资源供给不足而经济相对发达的地区实行优化发展,坚持环境优先。

从生态文明建设的长远进程看,环境优先是指在一切社会经济活动中,以环境承载能力作为前提和底线来规范和约束各方面工作,将环境效益作为必要目标。环境优先绝不意味着停滞发展或拒绝发展,而是要求发展必须有利于保持基本生态过程和保护生命维持系统,保证人类对环境资源的永续利用,在兼顾两者的基础上,优先加强生态环境建设。提高环境整体功能。环境优先的核心问题是资源配置问题,即有限的资源优先考虑用于环境领域,资源利用的结果优先考量环境影响。

第六,"人文"——实施休养生息是生态文明建设的基础。人文本质上是与人的价值、人的本性、人的尊严、人的生存及其意义相联系的概念。人与自然作为地球的共同成员,既相互独立又相互依存。人类应当把自然放在平等的地位上,关注自然生态的存在、价值和意义。

有效地配置自然资本已经成为经济社会发展的重要内容。自然资本不仅包括传统的自然资源供给能力,还包括地球对于污染的吸收和降解能力,以及生态愉悦等生态系统为人类提供的服务能力。让江河湖泊等重要的生态系统休养生息,就是强调给自然生态以人文关怀的善治思路,就是提高其自然资源供给能力的过程。

(三)生态文明建设的主要任务

生态文明重在建设,生态文明建设的主要任务有以下几个方面:一是努力形成符合生态文明建设要求的生产方式和消费模式。二是毫不松懈地抓好主要污染物减排和污染防治。三是大力推进资源节约型、环境友好型社会建设。四是注重发展绿色经济、低碳经济和循环经济。五是加快推进有利于可持续发展的环保体制和政策创新。六是集中力量解决损害群众健康的突出环境问题。七是抓紧实施生态工程。八是在全社会树立和弘扬生态文明理念。九是积极应对气候变化等全球性环境问题。

(四)生态文明建设的主阵地与探索中国环境保护新道路

李克强副总理明确指出,环境保护是生态文明建设的主阵地和根本措施,要求我们抓紧研究制定生态文明建设的目标指标体系和政策举措。大力推进生态文明建设,促进人与自然和谐,是经济社会发展全局赋予环境保护工作的时代重任。环保工作的历史进程,将直接决定生态文明建设的进展。环境保护取得的任何成效、任何突破,都是对生态文明建设的积极贡献。对环保部门而言,最根本最关键要求就是,围绕什么是生态文明、怎样建设生态文明,高擎生态文明建设的大旗,主动争做生态文明建设的倡导者、引领者和践行者,在更高层面、更广阔范围来审视和解决我国突出的环境问题,积极探索中国环境保护新道路。

改革开放30多年是我国环保事业大发展的30多年,也是不懈探索中国环保新道路的30多年。中国同西方发达国家国情不同、发展阶段不同、目标任务和解决的问题不同,西方发达国家走过的“先污染后治理、牺牲环境换取经济增长”的环保老路,已被历史所诟病,我国需要推陈出新,独辟蹊径,探索走环境与经济协调融合的环保新道路。

中国环保新道路,从探索过程看,具有继承性和创新性,每一个创新都是对过去实践经验的总结和升华;从探索重点看,具有多重性和阶段性,每个阶段都有不同的探索重点;从探索内涵看,具有包容性和开放性,新道路是一个海纳百川、高度开放的系统工程;从探索任务看,具有长期性和前瞻性,要求着眼长远从根本上扭转环境污染和生态恶化趋势;从探索途径看,具有实践性和针对性,必须立足当前解决现实的环境问题。我们努力在实践中探索,在探索中实践,对环保新道路的认识日渐全面和深刻。

探索中国环保新道路,需要把握好探索的方向和原则。

从核心任务看,必须坚持把环境保护摆上更加重要的战略位置,加快推进历史性转变。从价值取向看,必须坚持环保为民的根本宗旨,切实解决关系民生的突出环境问题。从实现途径看,必须坚持人与自然和谐相处,让江河湖泊休养生息。从动力源泉看,必须坚持创新,尽早形成全社会保护环境的强大合力。

探索中国环保新道路,需要构建系统的框架体系。

第一,正确处理全局与局部的关系,制定与我国基本国情相适应的环境保护宏观战略体系。在社会主义初级阶段,绝不可能用停止发展的方式来保护环境,但社会主义初级阶段也绝不宽容污染,发展必须与节约资源、保护环境同步推进。环境保护需要与基本国情及其阶段性特征相适应,过于超前,经济发展和环境保护的成本加大,明显滞后,则经济发展和环境保护势必难以为继。要把环境保护上升到国家意志的战略高度,把环境保护的基本国策与实施可持续发展战略和科教兴国战略,与走新型工业化道路和新农村建设,与转变发展方式和调整经济结构,与区域发展、产业振兴等重大战略规划结合起来,统筹谋划,同步实施,逐步建立起有利于环境保护的宏观战略体系。

第二,正确处理预防与控制的关系,建立全防全控的防范体系。立足从根本上解决环境问题,需要建立起覆盖经济社会发展各个环节、各个领域和各个方面的污染防控体系,从生产源头和全过程减轻环境污染。

第三,正确处理成本与效益的关系,健全高效的环境治理体系。高效的环境治理,主要体现在兼顾环境效益和经济效益的内在统一,污染防治与生态保护的有机结合,在经济成本可接受的范围内,追求最佳的环境治理效果。

第四,正确处理激励与约束的关系,完善与经济发展相协调的环境法规政策标准体系。改善环境质量,必须坚持激励与约束并举、引导与推动并重,完善环境法规政策标准体系。完备的环境法规,有利于增强环境保护的约束力,规范社会行为;经济环境一体化的政策创新,有利于保障资源有效配置，调动公众参与环境保护的积极性和主动性；建立健全环境标准，有利于提高污染减排效果，推动技术进步、产业升级和结构调整。

第五，正确处理统一监管与分工负责的关系，构建完备的环境管理体系。管理出效益，管理出生产力。应当建立最广泛的“环保统一战线”，不断完善党委领导、政府负责、环保部门统一监管、有关部门协调配合、全社会共同参与的环境管理体系。建立健全环境保护的责任制和问责制，真正把地方政府对环境质量负责落到实处。积极探索环境管理大部制，加强组织体系建设，强化基层环保能力，形成政令畅通、高效有力的决策执行系统。

第六，正确处理规范引导与自觉自律的关系，形成全民参与环境保护的社会行动体系。环境保护是全社会共同参与、共同建设、共同享有的神圣事业。保护环境不仅要靠法律、制度、规则等外在的规范约束来进行，也要靠生态道德、生态意识等内在的自觉自律来开展。全社会牢固树立生态文明意识之时，就是我国生态环境全面改善之日。

探索中国环保新道路，需要做好应对国际金融危机和后危机时代的环保工作。

加强环境保护是应对国际金融危机的重要举措。为确保扩内需、调结构、惠民生一揽子计划的顺利实施，我们深入研究金融危机和后危机对环境保护的新挑战，全面落实扩大内需战略对环保工作的新要求，毫不松懈地推进主要污染物减排，充分发挥环评制度的宏观调控作用，大力发展绿色经济和绿色产业，切实解决城镇环境问题，统筹加强农村环境保护，不断完善环境经济政策，大力研发、推广高效绿色适用技术，提倡和引导绿色消费。

当前，我国已进入只有加快转变经济发展方式才能促进可持续发展的关键时期。加快经济发展方式转变和经济结构调整，关键要有强大外力，就像石墨结构向金刚石结构转化需要高温高压外加催化剂那样苛刻的外界条件一样。进一步加强环境保护可以提供这一强大外力。

环境保护对推进经济发展方式转变具有综合作用，主要体现在“先导”、“优化”、“助推”、“扩容”和“增值”等方面。“先导”就是推动区域、流域和行业规划环评，明确生态功能区划分，对发展什么、鼓励什么、限制什么、禁止什么加以明确，引导地区和企业搞好经济发展；“优化”就是利用金融危机和危机后的“倒逼机制”，促进产业结构调整和技术升级，推动发展方式转变；“助推”就是对符合国家政策和环保要求的建设项目按规定标准程序加快审批，为不合规定的建设项目设置不可逾越的“防火墙”；“扩容”就是通过推进污染减排，腾出和扩大环境容量，为经济可持续发展创造条件；“增值”就是加大环保基础设施建设力度，发展环保产业，形成现实生产力和创造绿色物质财富。

我们将着力从以下四个方面入手，加快推进经济发展方式转变。

第一，深化环境影响评价制度，以源头控制推动产业优化升级。环境影响评价是环境保护参与经济社会发展综合决策的制度化保障，是从源头减少环境污染和生态破坏的“控制闸”，是推动经济发展方式转变和产业结构调整的“调节器”。我们将继续研究健全环评、评估、审批责任追究机制和部门协调联动机制，强化建设项目环评管理。严格控制“两高一资”行业盲目扩张，坚决抑制产能过剩和低水平重复建设。完善规划环评，探索战略环评，把生态文明的理念和要求落实到经济社会发展规划中，努力构建资源节约和环境友好的产业和技术体系。

第二，深入推进污染减排，以倒逼机制促进经济结构调整。污染物减排是淘汰落后产能的“紧箍咒”。我们将继续深入研究健全减排统计、监测和考核体系，把污染减排与改善环境质量紧密结合起来，探索建立减排目标着眼环境质量、减排任务立足环境质量、减排考核依据环境质量的责任体系和工作机制，通过污染减排的倒逼传导机制，促进经济发展方式转变和产业结构调整。

第三，健全并完善环境法规政策标准体系，以环境成本优化资源配置。环境法规政策标准往往是绿色经济发展和技术水平提升的催化剂。进一步完善环境法规政策标准体系，以环境成本优化资源配置，有利于促进环境保护与经济发展同步、并重和综合。积极推进资源性产品价格改革和环保收费改革，研究制定有利于环境保护的产业政策，深化绿色信贷、绿色税收、绿色价格、绿色贸易、绿色证券、绿色保险以及“以奖促治”等环境经济政策。加快推进环境标准管理体系建设，构建新时期环境质量标准体系、污染源监控标准体系和清洁生产标准体系。

第四，增强环境科技创新和支撑能力，以市场导向发展壮大环保产业。

科技上的重大创新，关键技术的顺利攻克，共性技术的广泛应用，必将带来我国环境污染治理的新突破和经济发展方式的加快转变。要以市场为导向大力研发、推广和应用高效绿色适用技术和气候友好技术，着力加强新能源技术、清洁煤技术、节能降耗等战略性技术研发和储备。大力发展环保产业，推进环保产业全面升级，尽快形成一个门类齐全、装备先进、富有活力的环保产业体系，为加大污染防治力度、腾出和扩大环境容量、促进绿色发展提供支撑。

总之，继续探索中国环保新道路，我们要用新的理念进一步深化对环境保护的认识，用新的视野把握好环境保护事业发展机遇，用新的思路谋划环境保护的未来，用新的体制机制保障环境保护的持续推进，用新的实践推动环境保护取得更大的实际成效。

最后，简要介绍一下环保部今年着力抓好的几项重点工作：

一是力争污染减排在实现既定目标的基础上取得更大成绩。温家宝总理在全国节能减排工作电视电话会议上强调，确保完成“十一五”节能减排目标。要强化行政问责，对未完成的要追究主要领导和相关领导责任，根据情节给予相应处分，直至撤职。今年的减排目标是：二氧化硫排放量力争比2009年再削减40万吨，化学需氧量减排在完成“十一五”目标的基础上，力争再削减20万吨以上。切实落实国务院《节能减排综合性工作方案》，深入推进结构减排，严格执行产业政策和国家下达的落后产能关停计划。深入推进工程减排，加快建设污染治理设施，将“保运行”和“控增量”作为污染减排工作的中心任务。深入推进管理减排，加快推进在线监测系统的联网工作，组织开展好污染减排核查工作，促进企业深度治理。

二是深化环评制度。认真落实规划环评条例，重点抓好“两高一资”行业、重点流域区域开发规划环评。深化建设项目环评，坚持“疏”“堵”结合，实行分类审批，服务好经济社会发展大局。强化环保验收管理。着力开展工程建设领域突出问题专项治理工作。

三是深入推进重点流域区域污染防治。加大重点流域水污染防治专项规划实施情况的考核力度，确保规划实施进度。完善区域大气污染联防联控机制，确保上海世博会和广州亚运会空气质量达标。

四是深化“以奖促治”推进农村环境保护和生态建设。坚持点线面相结合，推行“以片为主、点片结合”的治理模式。开展农村集镇生活污水和规模化畜禽养殖污染减排试点工作。切实抓好生态保护，组织好国际生物多样性年活动。

五是着力解决重金属污染等损害群众健康的突出环境问题。全面排查重金属污染物排放企业及其周边区域环境隐患，集中解决重点防控区域、行业、企业和高风险人群的一批突出问题。扎实做好饮用水水源安全保障工作。继续深化工业污染防治。

六是强化环境执法监督和应急管理。深入开展整治违法排污企业保障群众健康环保专项行动，全力遏制环境事件高发势头。加大典型案件挂牌督办、责任追究和后督察力度，确保环境违法行为整改到位。切实做好应急响应，妥善应对突发环境事件。

七是全面推进“十二五”环保规划编制工作。系统总结“十一五”环保工作，充分吸收环境宏观战略研究、污染源普查和水专项成果，以建设生态文明、探索中国环保新道路为统领，深化重大问题研究，把基础、人才和保障三大工程作为提高规划执行力的重要支撑。向国务院汇报国家环境保护“十二五”规划基本思路，建议国家继续深化污染减排，将控制的主要污染物从两项扩大到四项，即COD、氨氮、二氧化硫、氮氧化物，争取把一些主要指标和重点项目纳入国民经济和社会发展“十二五”规划中。及早启动“十二五”环保规划编制工作，抓紧编制污染防治、总量控制及能力建设、自然生态和农村环境保护等专项规划，形成完善的“十二五”环保规划体系。

长期以来，环保工作得到了各地方各部门的关心和支持，得到了在座各位的关心和支持，我向大家表示衷心感谢！请大家一如既往，继续给予关心和支持，共同推动我国环保事业的发展。

（2010年5月6日）

2010 年美国医改

美国百健艾迪生物医药公司亚太区政府事务高级经理　**王志**

人类进入 21 世纪,医疗卫生改革不仅在中国和其他发展中国家成为政府关心并致力解决的中心问题之一,即使在号称世界第一强国,最富裕的美国也是各届政府"永恒的"主题之一。美国医改和全民保健从 1912 年的老罗斯福总统到本届的奥巴马总统,沸沸扬扬争论就从来没有停止过。在 2008 年的总统大选中,奥巴马即誓言一旦赢得大选,将强力推行医改。2010 年 3 月,在经过 14 个月的反复听证、修改和数百次的投票表决后,美国国会最终以 219 票比 212 票微弱的优势正式通过了医改法案。2010 年 3 月 20 日,奥巴马总统签署后使其正式成为法律。过程可以用一波三折,惊心动魄来形容。尽管效果如何还有待时间的检验,但仅就能使国会通过如此庞大的医改法案这件事本身来讲,奥巴马也注定要在美国历史上留下重要的"政治遗产"。

全民医保和医改对许多国家和政府都是挑战,几乎是全球共同关注的"热点"之一,这是共性。但各个国家则因制度不同,经济发展水平的差异等而面临各自复杂的个性。基于此,今天仅就此次美国医改的情况做一简单介绍,希望抛砖引玉,能够对目前国内正在进行的医改提供一些参考性的资料。

今天我打算从以下五个方面介绍和分析 2010 年美国医改。

一、本次美国医改的背景

二、本次美国医改的具体内容和实施时间表

三、本次医改的"预期"效果

四、待解决的问题和对本次医改的质疑

五、本次医改的几点启示

上面已经说过，鉴于各国的实际情况不同，我将把重点放在第二部分，即本次美国医改的具体内容上。毕竟本次美国医改的具体效果如何要等十年之后方能完全显现出来。

一、本次美国医改的背景

从20世纪早期老罗斯福内阁(1912年)到1935年小罗斯福内阁"新政"，"全民医保"被从"社保"法案中删除，到1993年克林顿时期重提"全民医保"，美国历届政府都面临着巨大的经济、社会、政治和国际舆论的压力。在美国无论是政治家还是普通选民，无论是学术界还是国内普通百姓，最近一二十年大家一直在争论:作为世界上最富有、最发达的国家:

1. 美国民众是否应该享有公平的、可负担得起和高质量的医保？根据2008年美国"共同体基金会"报告，美国医保的质量排在所有发达国家的最末位。世卫组织2000年将美国医保制度总评世界第37位，而美国国民健康总体水平则居第72位。

2. 美国的公、私混合型医保制度是世界上所有发达国家中最昂贵的。截至2008年底，美国医疗体系总支出约25000亿，比15年前翻了一番还多。占美国GDP的18%强，还在继续增长。

3. 美国是世界上所有发达国家中唯一没有提供全民医保的国家。2006年世卫组织报告，美国有4700万人没有医保。现有享受医保的人群，仍然要支付高昂的"共同支付"费。

4. 国际社会的不满。相对而言，毕竟美国的医学、医疗水平是最发达的，其他国家越来越多的患者因各种不同原因要去美国求医和治疗。

基于以上种种原因，妥善解决人民普遍关心的医保问题在美国两党政治竞选中成为越来越重要的“永恒”的主题之一。

二、本次美国医改的具体内容和实施时间表

本次美国医改法案总共2700多页。详细规定了政府、企业、保险公司、制药公司、雇主、雇员、受保人等等相关的“责、权、利”。法案从以下几方面细化了改革的具体内容：

1. 打破大医疗保险公司的垄断，鼓励竞争，鼓励小的必须性的保险公司为大家服务。

2. 禁止保险公司设立各种各样的“霸王条款”来损害受保人利益。比如：我本来是你的受保人，因为突然得了某种疾病，然后从明年开始你就不给我续保了，这是一种情况；第二种情况，我原来买保险的时候合同条款中有规定一旦得某种病，年保险的总额不得超过1万美元，超过部分保险公司拒付，患者就得自己掏腰包了。这一部分受害者主要是老人、穷人和一些慢性病患者。

3. 凡参与联邦政府老龄医保和穷人医保计划的制药企业，必须提高给予联邦政府的“折扣”比例。打个比方，按市场价这个药是100美元，如果你要参加由联邦政府主持的老龄和穷人医保计划，那么凡是要卖给老龄或穷人受保人的药物，你只能按市场零售价的70%或80%收费。账单是必须列清楚的。根据这个新的医保法案，你现在必须将折扣率提高到50%。这就是要药企减利、让利来分担医保成本。

4. 对制药企业征收“原创名牌药物税”。什么叫原创名牌？受专利保护的新药、也包括专治疑难杂症的新药。比如说有个几年前发明的治癌症的药，非常贵，但很有效，还在专利保护期内。过去是病人自付一部分，保险公司承担一部分。新医保法案规定，凡是这种药，都新增这么一种税，也是让制药企业来降利分担这个费用。这也是政府广开财源，通过扩大税收增加医保投入的一种方式。从2011年开始一直征收十年，最终要从这些原创名

牌税征收总计280亿美元。数百家企业，280亿怎么分摊？按照每个制药公司上年度提供给各个医保公司、提供给各个联邦资助的老龄医保，穷人医保计划药品的份额分摊给各个公司，上一年度税费下一年缴纳。需要特别指出的是，这种方法不宜过度使用，否则无异于“杀鸡取卵”。毕竟在市场经济下，企业和投资者是以盈利为第一目标的，有了回报才会有更多的资金投入新药的研发和推广，形成良性循环。反之则会对整个产业产生负面影响，打击投资者信心。要知道美国的医药、医疗水平之所以是世界上最高、最好的，是因为投资者愿意去投资开发新药和新技术。但在医药企业里投资风险非常大，尤其是生物制药。一种新药，从研发到临床，投放市场要花费10—12亿美元，周期大约要10年左右。从早期研发到成功投向商业市场，成功率不及10%。所以它必须要高回报，这样才能不断的滚动。如果把所有的税费加起来，利润少了或者没利可图，这个行业的发展，就肯定受到影响了。上世纪80年代的日本，90年代的欧洲都经历过如此深刻的教训。这是一点题外话。

5. 本次医改法案还规定，所有的企业必须给雇员提供医保。过去有一些企业不给员工提供医保，因为费用昂贵，也没有任何法律规定说必须提供。现在小于50人的小企业和公司(全美总数大约400万家)，只要给雇员们提供医保，那么联邦政府将在税收上予以倾斜，提供高达50%的税收优惠。

6. 对于高收入个人和家庭新征3.8%的“投资税”。要说明投资税，必须先介绍工资收入税。后者指靠出卖劳动力挣来的薪水而缴纳的那部分收入所得税。投资所得税是指你用挣来的纳过所得税后的可自由支配的钱去投资股票、分红，做房地产出租等赚来的钱，这些“非劳动”赚来的，叫投资或红利收入。针对这部分收入而征收的税叫“投资税”。什么样的人有投资收入？当然是相对富裕的人才会有钱去投资。

7. 增收豪华医保税。什么叫豪华医保税？个人每年的保费超过10200美元，家庭的保费超过27500美元，超过的部分，征收40%的豪华医保税，又叫“卡迪拉克税”，大概取自卡迪拉克豪华轿车的意思。其实大多数付这个税的还是政府官员和一些非营利性机构的管理人员。为什么呢？非营利性机构和政府官员们的工资，相对于私营公司高级管理人员的工资是比较低的，所以很难招聘到拔尖的人才（这一点好象和国内大家都愿意做公务员的现象截然相反）。为了吸引人才，就把他们相应的福利待遇提高一些，其中就包括提供一些昂贵的本来不需要的医疗保险项目。这是民众反映比较强烈的一种“腐败”，故此条款的支持率很高。

8. 从2011年度开始，所有的医疗保险公司，正常的医疗、预防性的保健，像一年一至两次的体检，洗牙、视力检查、配眼镜、老人和儿童免疫接种等，不能再让病人支付任何所谓的共同支付。

9. 从2011年起，医保公司必须对受保人子女提供医保，直到26岁。过去直到现在，一直都是只要你的子女大学毕业，毕业的当月，子女就必须从父母的医保计划中剥离出去，购买他们自己独立的医疗保险。而那些年满18岁，又没有继续求学和保持全日制学生身份的子女，也必须从父母的医保计划中剥离，自己承担自己的医保。现在子女可以作为父母医保计划的受益人一直待到26岁。

10. 按照新医改法案，所有人都必须购买医保。可是那么多老人和穷人还是负担不起，因为他们自己负担的部分对他们来说仍然很昂贵。所以政府给他们每年提供250美元的补贴，用10年的时间逐步实现。

11. 从2011年开始，所有保险公司、必须将受保人交纳的保费的80%用于受保人的医疗服务。增加这一条款是因为许多医保公司将收来保费的一半都发了工资、奖金，搞了福利。管理层、员工都是高薪、高福利。现在限定80%必须用于受保人医疗服务。大的医保公司则不得少于85%。

12. 到2013年，个人年收入超过20万美元，家庭年收入超过25万美元的，老龄医保税在现在的1.45%税率的基础上再增加0.9%，即变成2.35%。

13. 从2014年起，不给雇员提供医保的雇主将受到处罚。而且自谋职业或者无职业的个人也必须购买医保。如果不买，那么每人每年要交659美元的罚金。

14. 拨款5亿美元，设立独立的"医药卫生监管与有效性研究所"进行监管。这是一个独立的、非营利性的专家委员会。委员会成员来自各行各业，有医生、病人、受保人、药企代表、政府官员等等。这个委员会跨领域，包括科学研究者和流行病专家决策者等。委员会综合大家意见来建议针对某种疾病可供选择的药物种类。委员会最终的决策必须是广泛征求群众意见，吸取和采纳与此有切身利益者的建议，最后达成的一个一揽子计划。这个计划不能透露给任何人，因为是独立的、非营利性的，所以不要小看这个委员会。据估算，在有效性研究所的监管下，整个医改完全实施之后，仅这一个机构每年要给联邦政府节省大约7000亿美元。①

15. 建立一个老龄医保独立专家委员会，专门来评估怎么样既提高老龄医保质量，而且又控制成本的方法。该委员会由总统任命、参议院批准。这个委员会的目的不是去节省成本或提高大家的税收，或者是削减一些应该覆盖的项目。据初步估算此计划也可节省大约133亿美元。

16. 反腐败条款，也叫阳光法案。这次医改法案中还专门设立一个反腐败条款。只要你这个医生跟医药公司，或医疗器械厂家，或者保险公司等等产生了支付行为，那你就必须向美国卫生人力资源部，在每年的年终以电子报告的形式，提出详细的年度报告，列出所有的来往账目供审计用。如果违法将受到非常严厉的法律制裁。

17. 推行医改必须以信息化为保障。医改是一个复杂而又庞大的工程。从制药公司、保险公司、联邦政府到医生及每个受保人，来往交易之多，信息量之大，是常人难以想象的。必须有强大与可靠的信息系统和网络的支持做后盾。我在美国有十几年的信息工程产业经历和经验，有第一手的切身体会。当今世界，是一个信息社会，如何收集、处理、管理和利用好信息，每时每刻都与我们的生活分不开。举一个简单的例子，每次看病后付账，你总共花了多少，医保公司应付多少，你自己应付多少，药企折扣是多少，联邦政

---

① Peter Orszag 前美国国会预算办公室主任。在华盛顿和国会山享有很高的威望。奥巴马当选总统后即任命他为白宫管理与预算办公室主任。这在新内阁中是一个举足轻重的职务。2010年7月辞职，并于当年12月加入花旗银行任投资分部副董事长。

府补贴多少？账目既复杂又繁琐，光靠人力来处理，既费时又费力，不但效率低下，而且会错误百出。本次医改法案要求所有系统必须联网，必须电子化、必须信息化。这样才能确保把误差、错误降到最低点，把效率提高。否则每年 2.5 亿与国民经济有关的交易与支付行为将会造成多大的浪费，和多少人命关天的事故。

关于医改的阶段性实施的时间表是这样安排的：

2010 年：

(1)使在现有条件下无法获得医保的高危群体获得医保。

(2)禁止医保公司对受保人的“预防性治疗”收取共同支付，共同保费或者扣除条款等费用。

(3)禁止医保公司将受保人在得病期间“弃保”。

(4)禁止医保公司对儿童因为已知患病而“弃保”。

(5)禁止医保公司对受保人设置保费上限。

(6)子女可以享用父母的医保服务至 26 岁。

(7)联邦政府将为达到和超过“上限”的老龄受保人提供每年 250 美元的“资助”。

(8)开始实施针对穷人的医保资助计划。

2011 年：

(1)个人和小的地区性的医保计划必须将保费的 80%用于受保人的医疗服务，大的医保公司必须将不少于保费的 85%用于受保人的医疗服务。

(2)对于凡是参与联邦老龄医保计划的医药公司，如果受保人达到受保上限，则实施强制性的原创名牌药物 50%的折扣政策。

(3)对原创名牌药物征收“原创名牌药物税”。

2013 年：

(1)将把个人年收入超过 20 万美元，家庭年收入超过 25 万美元的老龄医保税从现在 1.45%的基础上提高 0.9%，达到 2.35%。

(2)对于以上群体，对其红利、利息以及其他“投资”性收入新征 3.8%的老龄医保税。

(3)将现有的针对自掏腰包的,针对医疗和家庭成员保费的"灵活账户"的上限,从现在的每年5000美元降至2500美元。

2014年:

(1)对于贫困线4倍以下的家庭,提供医保补贴。根据现在的收入标准,即年收入88000美金以下的家庭(四口之家)可获得补贴。

(2)禁止保险公司对基本保险设置年度上限。

(3)要求绝大多数雇主必须给雇员提供医疗保险,否则将受到制裁。

(4)要求绝大多数人必须购买医保,否则将受到至少695美元的罚款。

(5)在"转制"过程中保证提供相对应的医保计划选择和续保选择。

(6)只允许医保公司根据投保人年龄、家庭成员、吸烟与否以及所处的州而设置的"评级",其余的"评级"一概取消。

2018年:

个人年保费超过10200美元,家庭年保费超过27500美元,超过的部分计划增收40%的豪华医保税(也称卡迪拉克医保税)。

2019年:

使此前没有医保的约3200万人(最终全部)获得医保。

其余条款,诸如非专利生物药物的监管、审批,有效性研究所的设立等,从法案签署之日起立即生效,但需要联邦机构具体执行和制定相关政策。

综上所述,此医改法案为美国自1929—1933年经济大萧条以来最大的国内政策立法。它直接涉及美国经济的六分之一(约2.5万亿);未来十年将使3200万目前没有医保的人得到医保,使全国医保人口覆盖率达到95%。加上给享受老龄和穷人医保等的补助,成立"医药卫生监管与有效性研究所",建立"老龄医保独立支付专家委员会",这样未来十年联邦将在医保方面新增支出大约9380亿美元①。

同时,未来十年将因为一系列"开源节流"措施:征收"原创名牌药物

① 9380亿的支出主要是承担3200万新受保人的联邦费用。基于此,2010年美国医改法案也被称为"奥巴马的9380亿医改法案"。2010年3月各大媒体都以下列文字为通栏标题"Obama signs $938 billion health care overhaul into law"。

税”;对高收入家庭新征3.8%的“投资税”;征收“豪华医保税”;2013年起对年收入超过20万,家庭收入超过25万在原有基础上增加0.9%的老龄医保税……这一系列的措施将使联邦财政赤字缩减1430亿美元。以上是主要内容。

这次医改的广度和深度,涉及了各级政府的各个部门,从联邦,到州和地方,它涉及了大大小小的医药公司,每个公民,小到婴儿大到老人、穷人。大家可以看到,最重要的应该是它的可操作性。它具体到“钱”从哪里来,花到哪里去;谁“出”多少;如何监管;法案实施的阶段性时间表,等等。2700多页,可谓是“事无巨细”(不知道我国的医改方案有多少页)。签于医保的全民性和公益性的特点,州政府和地方政府的作用非常有限。可以毫不夸张地说,任何机构、企业或个人,只要凭借此法案即可领会并很好的去实施。

三、本次医改的“预期”效果

下面,我讲一讲本次医改的“预期”效果。

1. 过去没有医保的,将得到医保。新增受保人口3200万,美国人口受保率达到总人口的95% 。虽然说不是绝对意义上的全民覆盖,那么剩下的5%的人口是什么人?是非法移民。还有一部分就是我刚才前面提到的,宁愿交罚款,也买不起医保的那一部分人。

2. 减轻了老人、穷人的医保负担。医保费用的急剧上涨主要原因还是由于物价上涨,水涨船高,医保费用也相应上涨。而受影响最大的还是老人和穷人。当年退休时的积蓄,远远无法满足需要,而主要由政府埋单的这部分医保费用也成为巨大的财政负担。由此也变成了美国政党政治选举中谁也躲不过去的议题。

3. 降低了因病致贫,因病返贫的可能性。当然在美国因为疾病而致贫的事情是很少听说的。即便是非法移民得病,医院也不能因为交不起住院费或者药费而拒绝治疗。在美国这么多年,听到也亲眼见到好多去美国探亲的留学生父母,突发急病住院做手术,最后账单少则几万,多则几十万,甚至上百万,最后也还是政府埋单了事。

4. 控制医保费用的“无限”增长。过去15年,医保费用翻了一番还多。本次医改方案从今年开始逐渐实施,以后这个状况会逐渐得到控制。除了未来10年为了新增的3200万受保人要投入9380亿外,一旦整个医保方案全面实施以后,投入9800多亿,还会减少赤字1430亿。而且那个独立监管委员会每年还要节约大约7000亿①,这是很了不起的。

5. 2020年全面实施医改后,美国基本可以迈入提供全民医保国家的行列。

四、待解决的问题和对本次医改的质疑

1. 未提供政府主导的“公共医保”选项。有一种看法认为,该法案提供了这么多精确得小到几千块,大到9400亿美元等等的措施,可是没有提供一个政府主导的、公共医保选项。什么叫公共医保?1993年,克林顿总统委托夫人希拉里(现任奥巴马内阁国务卿)主导医改。记得克林顿夫人当时提的方案是把所有的医院、医疗机构、保健机构,都变相的收归国有,由政府管起来(类似于中国的国企,或者说跟我们现在的公立医院很相似)。今天美国的医院主要还是私营的,即使一些所谓的公立医院,也是以私营公司的方式管理和运作。政府不管任何事情。当时希拉里的医改方案建议把医院收归国有,医务人员全部变作政府公务员,由政府和纳税人来养着,认为如果这样就不能漫天涨价了。在当时此提案刚出笼时,即引起轩然大波,朝野一片反对之声。幸得克林顿及时抛弃该方案,改弦易辙,并放弃在他任内对医改的任何尝试,方才得以在1996年时连任总统。提出“公共医保”质疑的人,只是极少数。在美国这个市场经济体制下,任何“变私为公”,“国进民退”的政策提议历来都没有多大市场。

① 参见本次美国医改的具体内容和实施时间表之第14点及其脚注。需要指出的是,7000亿这个数字应该是按照过去20年间医保费用的年复合增长率,和医改法案所有推出的新措施全面实施后的预期效果推算出来的。是否准确还待最后的事实加以证明。

2. 未涉及处方药“出口转内销”。位于美国北部的加拿大是全民医保，加拿大政府是把医保作为公益性的，所以对药品提供补贴，价格比美国便宜好多。许多美国的老年病人负担不起昂贵的医药费，就开车过边境到加拿大购药，或者直接邮购。处方药用完了给加拿大那边的药店打电话，那边的药店就给邮寄过来。同样，如果这些药是在亚洲某个地方以更便宜的价格销售(原产地是美国且具有同样效果)，患者也可以采用此种方法。药品以这种方式返销美国，怎么办？这个没涉及。

3. 未涉及有关老龄医保中处方药以政府为主导的价格控制及谈判问题，即“政府采购”问题。这一质疑有点牵强。医改法案已经通过让药企提供更优惠的“折扣率”和“原创名牌税”的形式变相地对药价进行了调控，同时又给了不愿“受制于”政府调控的药企完全自由的选项。也就是说，那些不打算参与老龄和穷人医保招投标的药企，也就不需要给联邦政府任何形式的折扣。

4. 未能使享受贫困医保“补贴”者同时享受老龄医保“补贴”法律化。就是说老人是有双重身份的，他们既可以是老人同时也可以是穷人。因此他们不仅仅可以享受老龄医保，如果低于一定收入标准的老人，也同时可以享受穷人医保。

5. 未能涉及医疗事故诉讼改革。美国的高额医疗费用里其中很大一部分是因为医疗事故诉讼(在我国大多此类医疗事故似乎都以“医闹”的形式表现出来)。昂贵的律师费用，医院里吃不消、保险公司负担不起，医生也焦头烂额，这个问题是很大的，这次法案对此未有提及。

6. 该法案是“政府接管”医疗保险制度（克林顿医改方案的翻版）。有人(主要是共和党)提出质疑，指责这次是政府“接管”医保。说一句公道话，所谓的公益性、全民医保，如果没有政府的干预实现不了。有人指责它是克林顿医改的一个翻版，其实它们有很大的，本质的区别。从上边的具体内容大家可以看出，奥巴马并没有像克林顿十几年前提到的那样，把医院、卫生医保系统都收归国有，把医务人员都变成公务员。他没有触动美国医疗体系的本质——市场经济下的私营体系，这个根本没有变。这其实和上边第一条所提的质疑是截然对立的。从这一点大家不难看出,同一法案,不同的人竟然可以得出完全相反的结论。

7. 该法案所涉及的巨额财政将会涉及巨大的浪费。任何政府主导的包括私营的,都有浪费。只是程度高低而已,但目前为止这只是一种担忧。结果如何还拭目以待。

8. 该法案未就如何控制日益增长的医疗保健费用提出合理的解决办法。这一质疑似太过笼统。在市场经济下,任何商品和服务总的趋势都是要增长的,这是随着原材料、人力涨价,通货膨胀等太多的因素而导致的结果,医保何以能“置身事外”? 关键是增长幅度和速度多大才是民众、患者和政府可以承受的问题。

五、本次医改的几点启示

1. 医改的价值取向是强调公益性及公平性,以实现全民医保为最终目标。

2. 医改方案要具有可操作性。

3. 医改资金的来源既要开源节流又要“劫富济贫”。

4. 推行医改必须以信息化为保障。

总体来讲,美国这次医改,价值取向是强调公益性和公平性;以全民医保为最终目标;本次医改法案,有非常详细的针对反对腐败、针对医疗费用上涨的控制、针对钱从什么地方来用到什么地方去的具体措施,列的非常详细,十分具可操作性;联邦政府起主导作用。由于全民医保和国防外交类似,同一疾病患者,不能因为居住地不同,职业、年龄、性别等不同而受到不同的对待(有别于我国以农民、城镇居民、城镇职工、国家公务员等身份而设立的不同的医保计划),因此是一个联邦政府主导的职责。它不同于教育。在美国,教育需要联邦、州和地方政府,诸如城,镇三方合作。“全民医保”州政府的作用无论从财政上、还是从监管上都很有限。唯一提到的是小医保、小市场,就是说边远地区的或是那些落后的地区,各州政府必须协调并提供针对那些本地区的“弱势群体”的医保计划，给他们提供一个可以承担得起的医保选项。相对于联邦政府，州政府的这一作用只能算是“辅助”和“替补队员”。

（2010年4月14日）

后 记

教学培训质量是行政学院工作的综合反映，是行政学院是否办出特色、办出水平的重要体现。多年来，国家行政学院坚持中国特色社会主义，坚持围绕中心、围绕大局，坚持培养政府需要、人民满意的公务员，推进教学培训改革创新，着力提高教学培训质量。在搞好日常教学培训的同时，举办时事政策大报告和选修讲座，帮助学员和教职工不断提升政策理论水平和综合素质。将时事政策大报告和选修讲座内容选编成《国家行政学院大讲堂》，有助于党员、干部深入学习新理论、新知识，有助于推进学习型党组织和学习型政府建设。

编辑出版《国家行政学院大讲堂》，得到了国家行政学院有关部门的大力支持。教务部主任秦世才、副主任范文一一审阅书稿，教务部全体同志分工统校了书稿。国家行政学院出版社有关同志对本书的编辑、出版做了大量工作。对此，一并致以诚挚谢意。

编　者

2011 年春 · 北京

图书在版编目(CIP)数据

国家行政学院大讲堂．第一辑/国家行政学院教务部编．
—北京：国家行政学院出版社，2011.4
ISBN 978-7-5150-0080-0

Ⅰ.①国… Ⅱ.①国… Ⅲ.①社会科学-文集 Ⅳ.①C53

中国版本图书馆 CIP 数据核字(2011)第 067011 号

书　　名	国家行政学院大讲堂(第一辑)
作　　者	国家行政学院教务部　编
责任编辑	张　婉　吴蔚然
出版发行	国家行政学院出版社 (北京市海淀区长春桥路 6 号　100089) (010)68920640　68929037 http://cbs.nsa.gov.cn
编 辑 部	(010)68928789
经　　销	新华书店
印　　刷	北京天宇万达印刷有限公司
版　　次	2011 年 4 月北京第 1 版
印　　次	2011 年 4 月北京第 1 次印刷
开　　本	787 毫米×1092 毫米　16 开
印　　张	15.25
字　　数	198 千字
书　　号	ISBN 978-7-5150-0080-0/C·012
定　　价	40.00 元

南开史学 成立100周年

Faculty of History, Nankai University

“南开史学百年文存”丛书

南开史学百年文存

世界上古中古史卷

叶民 主编

天津出版传媒集团
天津人民出版社
天津古籍出版社

图书在版编目(CIP)数据

南开史学百年文存. 世界上古中古史卷 / 叶民主编
. -- 天津 : 天津人民出版社 : 天津古籍出版社,
2023.9
ISBN 978-7-201-19578-0

Ⅰ. ①南… Ⅱ. ①叶… Ⅲ. ①史学－文集②世界史－上古史－文集③世界史－中古史－文集 Ⅳ. ①K0-53
②K1-53

中国国家版本馆CIP数据核字(2023)第124898号

南开史学百年文存·世界上古中古史卷

NANKAI SHIXUE BAINIAN WENCUN SHIJIE SHANGGU ZHONGGU SHI JUAN

出　　版　天津人民出版社　天津古籍出版社
出 版 人　刘　庆
地　　址　天津市和平区西康路35号康岳大厦
邮政编码　300051
邮购电话　(022)23332469
电子信箱　reader@tjrmcbs.com

策划编辑　刘　庆　王　康　沈海涛
责任编辑　王　琤
特约编辑　曹忠鑫
封面设计　汤　磊

印　　刷　河北鹏润印刷有限公司
经　　销　新华书店
开　　本　710毫米×1000毫米　1/16
印　　张　19.25
插　　页　2
字　　数　240千字
版次印次　2023年9月第1版　2023年9月第1次印刷
定　　价　98.00元

总 序

南开史学诞生于风云激荡的五四运动时期。1919年南开大学创建伊始，即设有历史学一门。从1923年正式创系，2000年改组为学院，至今南开史学走过了漫长而绚烂的峥嵘岁月。百年以来，先贤硕学筚路蓝缕，后继者恢弘开拓，逐渐形成了“中外交融，古今贯通”的学科特色和“惟真惟新，求通致用”的史学传统，从而奠定了南开史学在海内外学术界的重镇地位。

20世纪20年代初，应张伯苓校长的邀请，“史界革命”巨擘梁启超欣然来校，主讲“中国历史研究法”，揭橥现代新史学的两大要义，即改造中国史学和重写中国历史。梁氏对于人类文明视野下的中华民族史寄予无穷之期待，并有在南开筹设“东方文化学院”、切实推进文化传统研究的非凡构想。1923年秋，南开大学迁入八里台新址，正式建立历史系，聘请“近代化史观”的先驱蒋廷黻为创系主任，兼文科主任。不久，刘崇鋐、蔡维藩接踵而至。蒋廷黻前后执教六载，系统构建了南开世界史的课程体系。南开文科还有李济、范文澜、汤用彤、萧公权、何廉、刘节、吴其昌、余协中等一批名家执教。

1937年7月全国抗战爆发，南开大学与北京大学、清华大学奉命南迁，先组“长沙临时大学”，后移昆明，定名为“西南联合大学”。三校史学系融为一家，弦歌不辍。史界翘楚如北大的姚从吾、毛准、郑天挺、向达、钱穆，清华的刘崇鋐、雷海宗、陈寅恪、噶邦福、王信忠、邵循正、张荫麟，南开的皮名举、蔡维藩，以及联大的吴晗等，春风化雨，哺育一大批后起之秀。民族精魂、现代史学赖以延续和阐扬，功在不朽。

抗战胜利以后，历史系随校重返天津，文学院院长冯文潜代理系务。文学院的规模原本不大，历史系更是小中之小，冯氏苦心擘画历史系的发展事宜。1952年全国院系调整之际，北大历史系主任郑天挺、清华历史系主任雷海宗联袂赴津，转任南开历史系主任和世界史教研室主任。杨志玖、黎国彬、杨生茂、王玉哲、吴廷璆、谢国桢、辜燮高、杨翼骧、魏宏运、来新夏等卓越史家，云集景从，历史系获得突破性发展，成为名家云集的一流重镇，一时有“小西南联大”的戏称。

20世纪五六十年代，历史系除设有中国古代史、中国近现代史和世界史三个教研室外，又经教育部批准，陆续成立明清史、美国史、日本史和拉丁美洲史四个研究室，基本确立了布局合理、学术特色鲜明的学科结构。改革开放以后，南开史学更是焕发了勃勃生机。依托历史系学科及人才的优势，南开大学先后成立历史研究所（1979年）、古籍整理研究所（1983年）、日本研究中心（1988年）和拉丁美洲研究中心（1993年），在国内高校中率先创建博物馆学专业（1980年）。在1988年公布的国家重点学科名单中，中国古代史、中国近现代史和地区国别史三个二级学科全部入选。

2000年10月，历史系、历史研究所、古籍整理研究所和拉丁美洲研究中心合并组建历史学院，南开史学步入任重致远的发展新阶段。2007年，历史学入选国家一级重点学科，拥有中国史、世界史、考古学三个一级学科博士及硕士学位的授予权及博士后流动站。日本研究中心于2012年经教育部批准成为国别和区域研究基地，美国研究中心、拉丁美洲研究中心和希腊研究中心相继成为教育部国别和区域研究备案中心，同时设有中外文明交叉科学中心、科学技术史研究中心、生态文明研究院、古籍与文化研究所、美国历史与文化研究中心等科研机构。2017、2021年，世界史学科两次入选教育部一流学科建设名单，历史学院编制通过了以世界史为龙头、中国史和考古学为支撑及协同的历史学一流学科建设规划。

从梁启超、蒋廷黻、郑天挺和雷海宗开始，南开史学历经孕育（1919—1923年）、创业（1923—1952年）、开拓（1952—1978年）、发展（1978—2000年）和持续深化（2000年迄今）五个发展阶段。每一代的南开学人坚持与时代同行，和衷共济，在中国史、世界史、考古文博的学科体系、知识体系和理论体系方面踔厉风发，取得一系列卓越的学术创获。正所谓："百年风雅未销歇，犹有胜流播佳咏。"试举其荦荦大端者，分列三项，略述于下。

第一，立足学术传统，彰显史学重镇之本色。南开的中国古代史研究积淀深厚，成就斐然。20世纪60年代，郑天挺参与全国高等学校文科教材编选计划，主编《中国史学名著选》《中国通史参考资料》，成为全国历史学子的必读著作。郑天挺、杨志玖等主编的《中国历史大辞典》和刘泽华等撰写的《中国古代史》，被视为20世纪末学界标志性的学术成果。在郑天挺、杨志玖、王玉哲、刘泽华、冯尔康、郑克晟、南炳文、白新良、朱凤瀚、张国刚、李治安、杜家骥、刘晓、陈絜、张荣强、夏炎和马晓林等几代学人的努力下，南开古代史研究在多个基础性领域内佳作迭出，长期处于领先地位。譬如，先秦部族、家族、地理考订，汉魏户籍简帛，唐代藩镇，元代军政制度、宗教和马可·波罗，明代政治文化、典籍和佛教，清代幕府、八旗、满蒙联姻和区域经济等。不仅上下贯通，形成若干断代史学术重镇，而且薪火相传、代不乏人。

南开世界古史研究亦是源远流长。雷海宗、辜燮高、黎国彬、周基堃、王敦书和于可等前辈史家开辟荆榛，在古希腊、罗马帝国、拜占庭帝国、基督教史等领域取得丰硕成果。陈志强领衔的拜占庭学团队致力于探寻历史唯物论指导下的拜占庭史宏观理论，其重大成果颇受国际同行之认可。杨巨平首次将亚历山大帝国、希腊化世界与丝绸之路开通综合考察，为"一带一路"的建设提供学理借鉴。

史学史是对人们研究历史的过程及其思维成果的反思，是对一切历史知识的再批判。以杨翼骧、乔治忠、姜胜利和孙卫国为代表的南开学人，不仅系统构建了中国史学史的资料体系，而且突破传统的"名家名著"的研究范式，着眼于探索史学发展的社会机制、古典史学的理论体系和东亚文明视野下的比较史学，极大地拓展了史学史的视野、理念及方法。

第二，把握时代脉搏，求通致用发南开之声。地区国别史是南开传统的优势学科。在美洲史领域，杨生茂、张友伦、梁卓生和洪国起等史学前辈着人先鞭，王晓德、李剑鸣、赵学功、韩琦、付成双和董瑜等接续推进，使其成为国内实力最强的研究团队。日本史在吴廷璆、俞辛焞、杨栋梁、李卓、宋志勇、刘岳兵及王美平的带领下，风起云涌，在国内独树一帜，担当领军者角色。南开大学世界近现代史研究中心依托地区国别史的雄厚底蕴，以“世界现代化进程中的社会转型”为主攻方向，超越西方现代化理论视野，以国际视野、比较视角在政治史、经济史、社会史以及环境史、医疗史等领域，致力于建构新时代中国特色的现代化史理论，成果迭出，反响巨大。

20世纪60年代以来，在著名历史学家魏宏运、来新夏、陈振江和李喜所等带领下，南开在全国高校中较早开展“四史”研究，确立深厚的学术传统和研究特色。来新夏的北洋军阀史、陈振江的义和团等研究，学术影响很大。魏宏运开辟了社会经济史视野下的抗日根据地研究，出版了学界最具影响的抗日根据地资料汇编和抗日根据地史专著。结合“乡村振兴”国家战略，王先明悉心探究20世纪中国乡村的发展历程，《乡路漫漫——20世纪之中国乡村（1901—1949）》被译为英文在国外出版。李金铮提出原创性的“新革命史”理念和方法，江沛倡导近现代交通史的研究，李喜所、元青等的近代留学生史研究，受到海内外学界的高度重视。

南开大学是全国第一家开设博物馆学专业的高校，为我国博物馆事业发展培养了大批人才。博物馆学研究团队在博物馆数字化、文化遗产活化利用、文旅融合等具有战略性、紧迫性、前瞻性的研究方向持续发力，有力提升了中国博物馆与文化遗产领域的国际学术话语权。王玉哲主编的《中国古代物质文化》是国内物质文化史研究领域的第一本专著。朱凤瀚的《古代中国青铜器》是国内青铜器研究的扛鼎之作。刘毅在明代陵寝制度研究方面的成就国内首屈一指，主编马克思主义理论研究和建设工程教材《文物学概论》，彰显南开考古文博在国内学界的影响力。刘尊志和袁胜文等在汉唐宋元考古领域取得了良好的成就。

科技史与国家战略密切相关，南开史学顺应国内外学术发展新态势，通过人才引进和学术重组，成立了科技史研究中心，在张柏春的带领下，目前正在加强对工程技术、疾病医疗、生态环境、水利灾害等方面的科技史研究，运用生态学思想理论方法探询众多科技领域之间的广泛联系、相互作用和协同演进关系。

第三，聚焦学术前沿，引领历史学科之新潮。社会史是改革开放以来中国史学界最具标志性和学术活力的研究领域。南开史学在冯尔康、常建华的引领下，成为这一领域最重要的首创者和推动者，形成了社会结构与社会生活并重嵌合的学科体系，出版《中国社会结构演变》《中国社会史概论》等著作；提出“从社会生活到日常生活”“生活与制度”等学术理念，出版《日常生活的历史学》《追寻生命史》等重要学术成果；在宗族史、家庭史研究方面做出开创性贡献，形成了南开社会史的研究特色。明清以来的华北区域社会经济研究，也是南开社会史的一大重要特色，许檀、王先明、李金铮和张思等人的研究颇具学术影响力。

21世纪以来，在南开社会史丰厚的学术土壤中，医疗社会史研究破土而出，成为南开史学颇具亮色的学术增长点。余新忠、丁见民等南开学人，从中外疾病医疗史研究出发，立足中国视角和中国经验，融汇新文化史、知识史等新兴前沿理念和方法，提出“生命史学”之标识性学术理念，在国际学术舞台上发出响亮的南开声音。

以刘泽华和张分田等为代表的“王权主义反思学派”，立足于中国政治思想史的深刻研究，提出“王权支配社会”等一系列重要的命题和论断，对于把握传统政治文化与政治实践的特点，具有极高的理论创新性。刘泽华所著《中国传统政治思想反思》及主编的三卷本《中国政治思想史》被译成韩文在韩国出版，《中国的王权主义》一书正在西方学者的译介之中。“王权主义反思学派”

前后出版专著四十余种，在海内外学术界产生巨大的影响。

南开史学是中国环境史研究的主要倡导者和引领者。王利华和付成双领衔的南开中外环境史团队开展多项在全国具有首创性的工作：先后组织举办中国和亚洲规模最大、层次最高的国际学术会议，主持成立第一个全国性环境史研究学术团体——中国环境科学学会环境史专业委员会。2015年，历史学院联合相关学科共同创建南开大学生态文明研究院，开展文理学科交叉的生态文明基础理论研究和教育，由十多位院士、长江学者和权威学者共同开设《生态文明》大型慕课，获得多项国家和部省级建设支持或荣誉，南开环境史在全国产生了广泛的影响力。

南开史学创系百年来，秉持南开“知中国”“服务中国”的教育理念，追求“做一流学术，育卓越人才”的教育目标，以培养品德高尚、学识卓越、兼具科学精神和人文情怀的优秀人才为己任。迄今已培养数万名合格人才，桃李遍及海内外。毕业生多数工作在高教、科研、新闻、出版、文化、文物考古及博物馆等部门，成为教育文化领域的著名学者和专家，还有一大批活跃在行政、经济、军事等各类管理部门，成为各个行业的领导和骨干力量。

值此百年重逢的历史节点，历史学院决定编纂一套“南开史学百年文存”丛书，以彰显南开史家群体艰辛扎实的学术探索和丰硕厚重的治史业绩，为这不平凡的世纪光影“立此存照”。凡曾执教于南开历史学科的学者均在网罗之列，择其代表性论文一篇，难免疏漏或选择不当，望读者谅解。本套书总计十卷，包括《先秦至隋唐卷》《宋元明清卷》《中国近代史卷》《中国现代史卷》《专门史卷》《世界上古中古史卷》《亚非拉卷》《欧美卷》《日本卷》《文博考古卷》。

南开史学百年来取得的累累硕果，离不开历代南开学人的辛勤耕耘和学界同人的长期扶持。述往事，思来者。新一代的南开学人将一如既往地秉持南开的“大学之道”，弘扬“新史学”的创造精神，胸怀时代发展全局，引领中国史学发展的新潮流，为创立中国自己的学科体系、知识体系和理论体系不懈奋进！

“南开史学百年文存”丛书的编辑工作及其顺利付梓，首先需要向南开史学的先辈致以崇高的敬意。特别要提到的是，确定已故史家的入选论文，得到他们的家人、弟子的热心支持，在此一并表达谢忱。其次，要向惠赐大作的诸位师友致以诚挚的感激。尤其是不少已荣退或调离的教师，对于这一项工作极为关心，慨然提交了自己的精心之作。再次，也要感谢南开大学中外文明交叉科学中心对文存出版的慷慨资助。最后，还要感谢天津人民出版社、天津古籍出版社的各级领导和各位编辑，他们对于文存的编辑和出版等各方面，给予了细致、有力的指导和帮助。

因编辑时间短促，编者学术水平的限制，文集中会有疏漏之处，凡此，均由文存编委会负责，恳请各位师友不吝赐正。

编委会

2023年6月

出版说明

1.“南开史学百年文存”包含十卷，即《先秦至隋唐卷》《宋元明清卷》《中国近代史卷》《中国现代史卷》《专门史卷》《世界上古中古史卷》《亚非拉卷》《欧美卷》《日本卷》《文博考古卷》，每卷由各个领域相关教研室的负责人担任主编，所选取的文章为曾全职在南开大学历史学科任教的学者具有代表性的论文。在遴选的过程中，各卷均根据实际情况有所取舍，疏漏和不当之处，敬请广大学人和读者包涵。

2.每卷文章按照发表时间依次排列。

3.有些文章因撰写和发表的时间较早，有些引文一时难以核查到准确的出处，无法按照现行规范的方式标注，故这次发表保留了刊发时的原貌。

4.本文存由南开大学历史学科学术委员会策划并统筹相关学术事宜，委托各个领域相应的教研室负责人联合教研室力量开展具体编纂工作，是历史学科全体同人的集体成果。

5.在全书编校的过程中，为保持作品原貌，对文章的修改原则上仅限于体例上、错别字的勘误等，不过也有部分作品依据作者意愿，进行了增补，或依据最新出版规范，进行了删改。

编委会

2023年6月

目　录

上古中晚期亚欧大草原的游牧世界与土著世界（公元前1000—公元570年）

雷海宗

在1956年1月高等教育部委托复旦大学在上海召开的世界上古史教学大纲讨论会中，曾谈到大纲中是否需要“亚欧草原游牧部族与土著世界关系”一章的问题，我主张要此一章的理由有二：

一是世界史应当是全世界的历史，由于史料的关系，我们不得不侧重土著国家的历史，但游牧世界大约在公元前1000年以后，最少在个别地方，已开始超越了原始社会的阶段，已开始有了初步的阶级分化，已开始有了国家的雏形。既然如此，我们在名为“世界史”的课程中，就不当把它漏掉。

二是上古史的一个重大问题，就是难以捉摸各国各地区之间相互联系的问题，由于当时生产力的低下、交通工具及交通方法的简陋，恐怕在很大程度上又由于史料的缺略，最少从表面上看，各国各地区似乎主要地是在各自发展，不仅没有近代交往频繁、世界基本上一元化的现象，连中古时代那种比较密切的相互联系也不容易发现许多。但即或是在上古时代，世界的发展在很高的程度上仍然是脉络相通的。关于这个问题，我们已另文论及，此处不赘，见《南开大学学报》（人文版）1956年第1期《对世界上古史改分区教学法为分段教学法的体会》。除根本原则问题外，我们又有把整个旧大陆的所有重要部分联系为一体的一个现成媒介，就是游牧部族，尤其是公元前1000年以后开始特别活跃的游牧部族。土著国家的居民一般是固定不动的，相互之间的征伐也往往局限于世界的一隅。只有游牧部族是自由自在地东西驰骋，同一个部族可以在先后不远的两段时期与中国和欧洲都发生直接关系，东西方的交通路线也在很大程度上经过这个游牧世界。所以我们如果以游牧世界为主而观察全世界，会发现永远站在土著立场所不能见到的许多历史景象和历史关系，这对于全面掌握历史是有帮助的。因而，以此为内容的一章，应当列入上古史的教学大纲中，最好是编为最后的一章，在某些方面使它有概括全局的性质。

会中经过讨论，承认这样的一章是需要的，但由于资料缺乏，认为目前就把这一章列入，会造成实际教学中的困难，最后会中决定把与此章有关的内容定为“参考资料”，并建议在此方面曾作尝试的教研组把已经掌握的资料撰成论文，提供大家参考。南开大学在过去三年中曾就此问题作过初步的研究，因此会中委托南开大学先行撰写。我们接受了这个任务。我们的经验仍然极不成熟，没有把握的地方很多，下面勉强写出，无论在思想性方面、在整个的结构和取材方面，或在任何细节细目方面，都诚恳地希望能够得到大家的帮助和指教。

一、性质与目的

本章以“游牧世界及游牧土著之间的关系”为主题。此前的学习都是以土著世界为主，对于游牧部族最多是附带论及。现在我们换一个方向，要试图站在游牧部族的立场来看土著世界与整个世界，这个问题有一定的复杂性。土著居民都在固定的国家疆界之内活动，一国一地的历史有它比较分明的轮廓。国界当然不是长久不变的，居民当然不是永世不移的，但土著世界的变动面和固定面之间可以说是有比较容易捉摸的辩证统一性可寻的。游牧世界的历史则不然，虽然也是有规律性的，但其规律性至少在表现的形式上是与土著世界不同的。要全面地了解游牧部族的历史，我们就必须随时东西穿插，由中国经中央亚细亚、印度、波斯而达西亚及东欧的这一个广大的原野，这是大大小小的游牧部族出没无定、相互激荡、由极东到泰西往往形成牵一发而动全身的一个整体世界。不仅各游牧部族内部的关系如此，它们与土著世界的关系也往往是如应斯响地东西呼应，通常在东西相隔万里以上的两端先后形成对土著国家的严重威胁。这恐怕不是偶然的巧合，其中必有根本的原因在；只是因为游牧部族没有文字的记载，我们仅能由土著各国的内部情况解释，而无法通过掌握双方的情况而全面地了解这个问题罢了。

我们今天实际只是通过游牧与土著的关系而认识游牧部族的历史，游牧部族本身的历史我们是所知甚少的。这种关系史的意义极为重要，可以帮助我们体会远在上古时代世界各国各地区之间的密切联系。

本章特别着重上古时代中期以下的一段历史。公元前1000年以前的游牧与土著关系我们所知更少，可在土著国家有关的各章中附带论及，无须另辟专章。但自公元前1000年左右起，游牧世界内部开始发生比较根本的社会变化，阶级对立和国家机器开始出现，自此不再是较小的游牧部落与土著国家发生接触或冲突，而是具备国家雏形的较大部族联盟在漫长的疆界上与土著国家对立斗争。这个局面，一张一弛，前后延续了1000年以上，到四五世纪间土著世界的堤防全部被突破，由中国到西欧形成了一个世界性的游牧部族大迁徙，在这个大迁徙的过程中也就在全世界范围内结束了世界史的上古阶段。

二、游牧地带在世界史上的地位

由蒙古到乌克兰的草原地带，其中包括干燥的平原、高原和一些交错纵横的山岳丘陵，但大体上是一望无际的深草原野，就是上古时代的游牧世界；以今日的政治地理而论，其主要部分都在中国和苏联两国的国境之内，另外又包括蒙古人民共和国的全境、阿富汗的大部和伊朗的一部。

这一个大的世界，没有固定的和清楚的名称；如有名称，一般地也是土著国家为它起的。中国自汉代起，称它为西域。西域一词有广狭的两种含义：狭义的西域是由河西走廊到葱岭以东之地，大致位于今日的新疆；广义的西域意义不定，随着中国政治势力、文化影响、对外贸易关系的时伸时缩，一切中国以西的地方都是西域。[①]

印度对游牧世界，似乎没有定名。希腊罗马称它为塞其提亚（Scythia），称其人为塞其提人（Scythae，今称斯基泰人），“塞其提”可能是当地人的自称，希腊人不过是模仿当地的发音而把它希腊化而已。中国也知道这个名词，特称葱岭以西的许多部族为塞种或塞人。希腊的所谓塞其提亚也有广狭二义：狭义所指，限于喀尔帕提山（Carpates）至顿河（Don）之间的草原；广义的塞其提亚东延无定，正如中国的西域一词的广义范围西延无定一样。[②]

以上是地名。关于族名，中国历代所接触的游牧部族甚多，各有专名；希腊当初虽然泛称一切游牧部族为塞其提人，但到晚期，特别到罗马兴起之后，也是不同的部族各有专名。这都待下面交代。

游牧部族在历史上的重要性，主要体现在它们入侵土著世界后而引起的世界历史变化。史学研究的对象，以土著地带为主，自新石器时代晚期以后，土著地带是人类历史发展的中心，历史的主要发展和文化的主要贡献均在此地带。此一地带的发展虽然也不平衡，但最先进的社会都在此出现。最早进入阶级社会的，是土著世界的一些地方，而游牧世界此后仍然长期地处于氏族社会的阶段。

公元前3000年左右，可作为土著游牧两大世界最后分化对立的时限。中国、印度、两河流域、埃及四大河流地区，至此都已进入以农业为主的氏族社会晚期或阶级社会初期的阶段，而同时亚欧大草原的自然景象也确切出现，个别孤岛式的地方虽然仍可保留一点农业，但基本上农业生产已成为不可能，旧

---

①《史记》中有《大宛列传》而无《西域列传》，《大宛列传》中提到西北诸国时称为“西国”或“西北国”。宣帝时，初置都护，任都护的为郑吉，宣帝嘉勉郑吉的诏书说：“都护西域骑都尉郑吉，拊循外蛮，宣明威信……”（《汉书》卷七〇《郑吉传》）这是西域之名初次见于官书，据《汉书》卷九十六上《西域传上》，此为神爵三年（公元前59年）的事；正式或非正式的西域之名可能尚早于此。待考。

② 塞其提亚的名称，见于希腊最早的成套史著，即希罗多德（Herodotus，公元前484—前425年）的《历史》（*Historiae*）。在中国文献中，《汉书》卷九十六《西域传》屡次提到塞人：“罽宾国”条：“昔匈奴破大月氏，大月氏西君大夏，而塞王南君罽宾。塞种分散，往往为数国，自疏勒以西北休循捐毒之属，皆故塞种也。”“乌孙国”条：“乌孙国……本塞地也。大月氏西破走塞王，塞王南越县度，大月氏居其地。后乌孙昆莫（王）击破大月氏，大月氏徙西臣大夏，而乌孙昆莫居之，故乌孙民有塞种大月氏种云。”

有的畜牧也不能维持，唯一的出路就是改为逐水草而居的生活方式。游牧世界出现了。

随着游牧世界的出现而来的，就是游牧与土著间的对立和斗争，游牧部族是经常要侵掠土著国家的。游牧世界生活较苦，部落之间惯于互相侵掠，所以在它们看来对特别富庶的土著国家进行掠夺，那更是当然的事情了。除了经常的边境纷扰外，在上古时代游牧对土著的侵伐曾经出现过三次高潮：第一次在公元前2000年左右以后的几个世纪，第二次在公元前1500年以后的几个世纪，第三次在300年以后的几个世纪。前两次是否曾影响到中国，待考，但由印度到欧洲都曾由此引起了翻天覆地的变化。这两次部族移徙，可与由印度到欧洲各土著国家的历史合讲。第三次的移动，并且上溯到公元前1000年左右阶级开始分化时期以后的游牧部族发展史及其与土著地带的关系史，是本章所要说明的主题。

游牧地带，就自然条件而言，是自成一个世界的，南北都有屏障：往北不是难以穿过的原始森林，就是令人难以为生的苔原；往南则是延绵不断的山脉。过了南界的大山，就是富于诱惑力的土著世界。由东而西，沿着山脉有一些隘口可以通过，也是历史上游牧部族侵入土著国家的必经之路。在中国的北边，经过阴山，通过雁门，可以进入晋北；在西北，通过玉门、阳关，可以进入黄河上中游和蒙古平原。经过今日阿富汗境内的兴都库什的各山口，可以进入伊朗高原和印度河流域。经过高加索山，可以进入亚美尼亚高原及更南更西的地方。最后，经过多瑙河下游的河谷，可以进入巴尔干半岛，由巴尔干又可以很容易地转入小亚细亚。在上古时代，乃至到了中古时代，这都是游牧部族不只一次地向土著世界涌进的通路。

使游牧部族能够经常在边境向土著世界侵掠的，主要的是它们牵挂较少的、来去自如的生活方式，他们可以主动地选择比较弱的据点进行袭击，所以也就可以以少胜多，小股的人甚至可以一掠而逃，使土著国家较大但是也较集中的队伍处在措手不及的被动状态之下。除了这种生活方式的加持外，马的使用更加增强了游牧部族的袭击能力。

草原世界的文化，由一个重要方面言，即由交通动力方面言，可称为“马的文化”。马为游牧世界驯服的畜种。马的使用，可能在游牧生活方式出现之前已经开始，但马的潜在力量的彻底发挥则是公元前3000年后游牧部族的贡献，土著世界的各国当初似乎都未驯马，土著国家后来用马是从游牧部族学来的。①

野马本是人类渔猎采集生活阶段的一个猎取对象，后来到了驯畜时，驯马在最初也只是为吃马肉，不久又发现马乳可食。马既已驯服之后，又成了一种重要的劳动力，可以驮物载重。有车后，马又挽车。但在上古时代，马仍是特别贵重的畜类，土著地带一般的车辆，用牛或用驴拉的较多，只有在中国用马拉车是比较普遍的。至于在游牧世界，用马挽车是当然的事。游牧部族居住营幕，移动时一般是把整个的营幕驾在车上，成为“行屋”。

游牧部族还用马拉一种轻便的车辆，上阵打仗，就是中国所谓“戎车”。这似乎是大草原西部各族于公元前2000年左右发明的，此时他们开始入侵西亚各土著国家，战车一时成了他们所向无敌的一种武器，许多大大小小的土著国家都被征服。中国在同时或稍晚也有了战车，似乎是自制的，并非学自游牧部族。中国在上古时代大概是独自发明战车的唯一土著国家。②

最后，游牧部族开始骑马，并且骑在马上作战，就是中国所谓“骑射”。这也是西方游牧部族，特别是塞其提人的一种发明。骑射大约是公元前1000年出

---

① 作为生物学的一个研究对象，马种、马属以至马科的发展史是知道得特别清楚的；但作为人类使用的一种驯畜，马的历史至今仍有许多的缺页，本篇只就已经确定的重要部分，加以论证。关于驯马史的各种问题，可参考以下各书：Dürst, J. U.,“Animal Remains from the Excavations in Anau, and the Horse of Anau in its Relation to the Races of Domestic Horses”, *Carnegie Institution Publication* 73, Washington, 1908, pp.339-442; Antonius, O., *Stammesgeschichte der Haustiere* , Fischer, Jena. 1922; Hilzheimer, M., *Natürliche Rassengeschichte der Haussäugetiere*, De Gruyter, Berlin, 1926; Thévenin, R., *L'Origine des animaux domestiques*, Presses Universitaires de France, Paris, 1947.

②《诗经·大雅·大明篇》歌颂周灭殷的牧野之战，有“牧野洋洋，檀车煌煌”之句。“檀车”就是作战的戎车。此时及此后与中国斗争的匈奴并无战车，中国的战车最少不是从东方的游牧部族学来的；至于究竟是完全出于自创，或间接地与西方游牧部族有关，根据现有的资料尚不能断定。

现的一种新的作战技术。在此以前，一般无人骑马，骑驴的也不多见。至于牛，由于躯体构造的关系，根本难以乘骑。到公元前1000年，塞人初次解决了乘骑的一切技术问题，除作战外，马从此成了游牧世界有革命性的一种交通工具。在近代交通工具发明以前，马是人类社会最快的交通工具。善骑的人骑着良马飞跑，在短距离内是可以与火车竞赛的。生产力低下、地广人稀的游牧世界，生活中一个重要的问题就是交通问题，人们因此经常相互隔绝；虽然可以相互侵扰，但若要大规模地进行联系，那就极为困难了。交通问题的解决，是在广阔范围内进行联系的一个先决条件。自从骑马之后，游牧部族的人们可以在一望无际的草原上自由驰骋。至此，游牧部族才有可能建立具备国家雏形的较大部落联盟，至少在西方塞人的地方此时开始见到阶级的分化和早期国家的建立。游牧世界建立国家，比土著世界最先进的地方要晚两千年以上。

已使土著世界经常受到威胁的游牧部族，至此成了土著各国防不胜防的大患。现在他们骑在马上，来去如飞，土著军队的被动地位更为加深了。

以下我们先讲西方的游牧部族，就是与希腊人接触较多的塞其提人或曰塞人。

三、塞人与希腊

塞人的语言属于何一体系，不详；他们内部的语言是否统一，甚至是否属于一系，也待考。我们只知道由中央亚细亚到黑海北岸，称为塞人的部族甚多，各部相继得势。与希腊人最早接触的被称为其美里人（Cimmerii），至公元前7世纪又称为塞其提人，到公元前3世纪开始盛强的部族又称为萨马提人（Sarmatae）。三种人都泛称塞其提人或塞人。[①]

---

① 关于西方塞人的历史，古希腊文献中记载最详细的为希罗多德的《历史》卷四，第1至142章（此书近代欧洲的重要文字都有译本）。关于近代作品，早期的可参考Gibbon，E.，*The Decline and Fall of the Roman Empire*（此书版本甚多）；较近的书有Minns，E. H.，*Scythians and Greeks*，Cambridge，1913。

由希腊人的记载中，我们可以知道塞人生活的轮廓。他们的物质生活主要靠牲畜，马、牛、羊是他们主要的财富。由于树木缺乏，畜粪就是他们的燃料；衣服为皮制或呢制；营帐也是如此，原料都来自牲畜。

他们的军事生活也以牲畜为主要物质条件，特别以马。他们吃马肉、饮马乳，但马的关键地位是它的军事工具资格：先拉战车，后备乘骑。塞人作战的武器，以弓箭为主：车战阶段已是如此，骑战阶段更是如此，飞马急驰时而准确发箭，成了塞人及其他游牧部族的一种特殊技能。另外，他们有短刀、长矛、斧钺，供交战之用。

塞人的服装与他们的军事生活密切相关，特别是到有了骑射之后，服装的制造原理完全是为了适应马上作战的要求。绔、长靴、马褂、尖帽或风帽构成塞人的全套戎装。头饰或是高而尖的小帽，或是紧护头部而披于背后的风帽，两者都不兜风，没有阻力，利于在马上奔驰。马褂护卫上身，保持温暖，同时又不阻挠两腿的动作。长靴为两脚及胫部御寒，同时又挡住了内胫与马腹的摩擦。绔为骑射战术所必需，一般的骑马可无须有绔，经常骑在马上急驰的生活则要求穿绔。

人类服装的历史，看似复杂，原理实际甚为简单。较宽的一条腰带，是有了编织技术之后遍世各地的普遍服装及基本服装，冬季在寒冷的地区或者再披上一件兽皮。这种最原始的衣服，进一步发展，或者成为整体的长袍，或者成为上下两分的衫裙，就是中国古代所谓“上衣下裳”。服装不分男女，基本上是一致的。在热带和温带，服装长期停留在这个阶段上。在较寒之区，就亚欧大陆而言就是温带的北部及接近或进入寒带的地方，两腿后来加上胫衣，左右各一。胫衣，中国原称为绔，就是后日所谓套裤。再后，套裤加腰，连为一体，成为开裆裤。较北的土著地带，下衣的发展到此为止，再进一步的发展就是亚欧草原游牧部族的事了。大约在公元前1000年，塞人在骑射的同时又制成了合裆裤，就是中国古代所谓裈或穷裤。这当初虽是一种军事性质的发明，塞人当然很快就发现穷裤的高度御寒功用。穷裤和骑射不久就传遍了整个的游牧世界。[①]

以上是塞人物质生活各方面的情况。在政治方面，我们只知道与希腊人接触的塞人的政治中心在后日俄罗斯南部的地方，即黑海北岸的乌克兰一带。公元前8世纪他们已开始与希腊通商。他们是纯游牧部族，但同时他们又征服了当地一些经营农业的土著部族，并向他们征贡。塞人活动的范围向西达到匈牙利高原，向南虎视希腊，马其顿人经常在边境上与他们斗争，特拉其（Thrace）东部是双方主要的争夺对象。

在社会性质上，塞人已进入氏族社会末期，阶级分化已经开始，部落联盟的管理机构已开始转化为国家机器，对于土著部族的征服和征贡更加强了这种发展的趋势。但与土著国家的希腊各城邦比较起来，他们仍是落后的，所以与希腊的商业关系是一种不对等的贸易。他们自己只有皮料和呢料，所以由希腊输入纺织品和其他奢侈品，贵族对此特别欢迎。作为与希腊交换的，以麦为主，这都是被征服的土著部族所纳的贡粮。他们自己所养的牛马，也输送至希腊。塞人世界经常见到希腊商人的足迹，远达里海以东也有发现。

较东的塞人，我们知道得很少。有一批塞人曾穿过高加索山脉，进入小亚细亚东北部，在公元前300年左右建立了滂陀国（Pontus）。他们改游牧为土著，但并不主要从事农耕，而是从事畜牧，以养马为生。

在里海以南也有一些塞人，与波斯人接触，成为波斯的一个边疆问题。在波斯历史和印度历史上，塞人称为塞卡（Saca），与希腊文的塞其提是同一个名词。

再往东的一批塞人，部族的名称为大夏（Daha），于公元前3世纪中期占领了中央亚细亚药杀水（Jaxartes）及乌浒水（Oxus）流域的地方，建立国家，就是中国史籍中的大夏国。此地原为最东的希腊化地区。公元前2世纪是大夏的

---

① 关于塞人及全世各族的服装史参考：Racinet，A. C. A.，*Le Cosutume historique*，Paris，1877–1886。此书的著者Racinet（1825—1893）为服装设计专家兼服装史专家。全书六巨册，彩图五百种，在今日该书仍为此方面的权威作品。

最盛时期。但到该世纪的后期，原处在当时中国西北的边外、被匈奴驱逐而辗转西迁的大月氏人最后到了这个地方，征服了大夏。这就是不久之后张骞所到的大夏。这个大月氏的大夏后来发展到印度河流域，1世纪中期建立了印度历史上的贵霜王朝。

在公元前3世纪，以南俄为中心的塞人国家内部发生了政变，同种的萨马提人攻败了塞人，建立了新的政权。失败的塞人，一部南逃到克里米亚半岛。此后数百年此地区的历史不明，经过日耳曼人一度占领后，到上古末期和中古初期，成了斯拉夫世界的一部分，塞人和萨马提人都成了斯拉夫人，特别是东斯拉夫人的组成部分。

四、中国上古史上的游牧部族

在上古时代与中国接触最多的游牧部族就是匈奴。正如塞人的种族和语言体系问题，今日仍难解决，匈奴人的种族和语系我们也仍不能判明。在生活方式上，他们基本与塞人一致，只在有些方面较塞人发展得稍为迟缓。

自中国有文字记载以来，匈奴就在北方和西北方与中国接壤，由殷商到两晋，前后一千五百年以上，双方的斗争始终未断。殷代称匈奴为鬼，称其地为鬼方，殷高宗武丁（公元前1250年左右）曾与鬼方大战三年。周当初在西北，称匈奴为昆夷、混夷、串夷、犬夷、畎夷，有时也用殷名称为鬼方或鬼戎；殷周之际，周人在西北也经常与匈奴作战。周太王（公元前1125年左右）大概一时曾为匈奴所败，王季继续作战，到文王时周人才开始占上风。[①]

---

① 殷高宗伐鬼方的事，见《周易》既济卦九三爻词："高宗伐鬼方，三年克之。"未济卦九四爻词："震用伐鬼方，三年有赏于大国。"（现存《周易》一书中最早的文字就是卦爻词部分，都是根据殷代和殷周之际的重要卜辞编写而成的，保存了一些当时的史料）。殷周之际周三王与匈奴的关系：关于周太王，《诗经·大雅·绵》："混夷駾矣。"（《说文》"呬"下引作"犬夷呬矣"，本今文家齐鲁韩三家诗）。关于王季，《竹书纪年》说他曾"伐西落鬼戎。"关于文王的记载，不止一处：《大雅·皇矣》："串夷载路。"《大雅·荡》："覃及鬼方。"《孟子·梁惠王》："文王事昆夷。"《史记·齐世家》："文王伐犬夷。"《史记·匈奴传》："周西伯昌伐畎夷氏。"

西周时代（公元前1027—前771年）中国称匈奴为猃狁、犬戎、西戎。穆王曾败匈奴（公元前900年左右）。厉王时（公元前850年左右）匈奴入侵，一部诸侯及卿大夫乘机把王驱逐。宣王时（公元前827—前782年在位）曾与匈奴发生过剧战。幽王时（公元前781—前771年在位）匈奴卷入了中国内部的斗争，最后与一部诸侯战败并杀死了幽王，结束了西周时代。①

以上的这些名词，如鬼、昆、混、犬、畎、串、猃狁，实际都是同一名词的音转，只是汉字的写法不同而已。西戎的西字，当然是就方位而言，不牵涉音转问题。这些同一名词的各种音转，就是战国以下的匈奴。

春秋时代（公元前771—前473年），在中国与匈奴的关系上，秦晋成了值得一提的国家。秦仍用旧名，称匈奴为戎或西戎，公元前753年秦文公败匈奴，收复了西周末年被匈奴侵占的岐西之地。秦穆公时（公元前659—前621年在位）降服了西北的许多匈奴部落，这就是历史上所谓秦穆公“霸西戎”。②

晋国在习惯上开始采用匈奴各部族的专名而分别称呼，如鲜虞、狄、无终等。春秋时代三百年间，晋国屡屡与遍布在今山西省北部的匈奴作战，其中一次战役的经过，特别能帮助我们了解殷商到春秋八个世纪间中国与匈奴关系的一个关键问题，我们此处可具体交代一下。公元前541年，晋与匈奴在大卤（今山西中部，包括太原在内）作战，战场狭隘，匈奴只有步兵，而晋军以戎车为主，在狭隘的战场上施展不开，晋军的主帅于是临时变通，叫所有的人都下车，编为步兵，结果大败匈奴。③

在战国以前，无论是在当时中国的边外或畿内与匈奴作战，中国的记载中没有一次提到匈奴以戎车或乘骑作战，而由春秋晚期的大卤之战中，我们知道匈奴只有步兵。这是匈奴与草原西部游牧部族大不同的一点，西部的人在一千

① 西周时代，穆王伐犬戎，见《国语·周语》；厉王、幽王与西戎或犬戎的关系，见《史记·周本纪》及《匈奴列传》。宣王伐匈奴的事迹，除《史记》外，又见当时作品的《小雅》各篇：《采薇篇》（猃狁）；《出车篇》（猃狁，西戎）；《六月篇》（猃狁）。

② 见《左传》及《史记·秦本纪》。

③ 见昭公元年《春秋》及《左传》。

多年以前已经车战，并且把车战法传入西方的土著国家。而在东方，至迟到殷周之际，中国已有车战法，而与中国接触的游牧部族反倒长期仍只步下作战。此中的原因仍待研究，但它的影响却是极端重要的。由殷到战国初期，将近一千年的时间，中国基本上处在铜器时代，生产力不高，对于适于农耕的边远地区无力开发，所以雁门以南，玉门和阳关以东的大块土地并未成为中原国家的田园，而是匈奴部族的牧地。只能作为牧地的干旱之区不能改成田园，田园之区却是可以作为牧地的。此时匈奴深入田园之区的内地，中国可以说是处在劣势的。但反过来讲，中国善于车战，在一般的战场上中国的军队总是处于优势的。所以匈奴尽管深入田园之地，却不能形成生死攸关的威胁，大部分时间里主动权仍然操在中国手里。假定匈奴也有车战法，特别假定在公元前1000年后匈奴也开始骑射，历史的局面就会大有不同了。下面讲到战国时代，我们更可明了此理。

进入战国，中国开始用匈奴或胡的名称，两词也只是不同的音转。匈奴问题的严重化，是进入战国以后的事。匈奴没有经过一个车战的阶段，在春秋战国之交，或战国初期，匈奴开始骑射。关于此事的年份和经过，我们完全不知道，一定是公元前500—前400年之间的事，大概是由西方游牧部族学来的，匈奴骑射，中国的边疆从此就多事了。中国此后不仅在地势上处于劣势，在军事技术上也处于劣势了。过去匈奴徒步，行动迟缓，尚可防御。现在胡骑倏来倏往，行动如飞，边防几乎可说已成了不可能的事。唯一的出路，就是中国在军事上也匈奴化。

中国胡服骑射，何时开始，何地开始，已难稽考，所谓赵武灵王胡服骑射，其中必有误会。赵王改制，据传为公元前307年事，但《战国策》此前已屡次提到各国的骑兵。中国的胡服骑射，当在公元前400年左右，最初必是北方近胡的国家倡导的，后来传遍各国。骑射必须着胡服，胡服就是匈奴学自西方部族一整套马上作战的装束。[①]

所谓赵武灵王胡服骑射，大概是公元前307年赵国大规模扩充骑兵的误传。此后不久，赵就以强大的骑兵进攻匈奴，占有了今日晋北及一部更北的土地。[②]

但中国终究是土著国家，虽有骑兵，但在漫长的疆界上对于胡骑仍有穷于应付之感。平坦之地不必说，即或是山地，只要有路可通，胡骑仍可入袭。北边的秦赵燕三国于是采取了第二种措施，就是修筑长城。步步驻军不可能，只有步步设防，长城就是延绵不断的防御工事，在一定的距离间设立防哨。马不能逾墙而过，胡骑近墙时，哨兵总可见到，有足够的时间调集相当的兵力抵御或反攻。

胡服骑射对中国内部的战术也产生了反作用，列国间的战争也成了闪电式的，不再像过去那种比较慢条斯理的战争。国与国的交界处必须设防。春秋时代，列国间的疆界上，除少数重要据点外，根本空虚，国境线也不十分清楚。此时不同了，各国的国境线上也都筑起了长城。[③]

公元前221年，秦并六国，中国初次出现了真正大一统的局面。秦始皇计划彻底解决边疆问题，公元前215年命蒙恬伐匈奴，占取河套，即当时所谓河南之地。次年，增筑长城，就是把过去秦、赵、燕三国防胡的长城连而为一，并相应地增修，把河套也圈入长城之内。这就是所谓万里长城。同时，秦始皇又拆除了战国时代各国间的长城。

秦代中国对匈奴尚能采取主动，但秦末和楚汉之际情况大变，中国的大一统之局出现后不久，匈奴也初次实现了内部的统一。匈奴的单于冒顿（约公元前209—前174年在位）西并大月氏，占西域，压迫月氏人西迁，东灭东胡，北

① 军队中胡服骑射之后，胡服逐渐成为一般的服装，到汉代，女子也开始穿穷绔。《汉书》卷九十七上《外戚上》“孝昭上官皇后”条：“光欲皇后擅宠有子。帝时体不安，左右及医皆阿意，言宜禁内，虽宫人使令皆为穷绔，多其带。后宫莫有进者。”

② 赵武灵王胡服骑射，见《战国策》卷十九《赵策二》；赵王破胡拓土，见《史记》卷四三《赵世家》，卷一一〇《匈奴列传》。

③ 顾炎武《日知录》卷三十一“长城”条，对战国时代有关长城的资料，辑录甚详。

吞漠北，南向夺回河南之地，由辽东到河西建立了与中国并行的一个游牧大帝国。公元前200年，刚把中国统一的汉高帝攻匈奴，失败，在平城（今大同）被困七日。此后六七十年间，中国无力解决边疆问题，虽经常与匈奴和亲，边境之上始终得不到安宁。

经过七十年的休养生息，到汉武帝时中国才有反攻的能力，十年之间（公元前129—前119年）屡败匈奴，又占取了河套（公元前127年），夺匈奴右地，即原大月氏之地，并进而经略西域（公元前121年），最后又断匈奴左臂，即原东胡之地（公元前119年）。至此，中国方有在安靖的环境下发展生产的可能。[①]

匈奴的问题至此可算解决，公元前53年单于正式降汉。王莽时（9—23年）匈奴又与中国对立。但不久匈奴内乱，分为南北，50年南匈奴又降汉，自此就经常驻防在今日晋北及呼和浩特一带。此后中国又经略西域，并会同南匈奴合攻北匈奴，89—91年间北匈奴彻底失败，逐渐西迁，从此就不再见于中国的史乘了。[②]

此后二百多年间，经过汉末、三国、魏和晋初，南匈奴大致驻防原地，大概是度一种半游牧半土著的生活。3世纪末，中国由于阶级矛盾尖锐化，全国动荡，统治阶级内部形成了“八王之乱”。304年南匈奴乘机南下，引起了中国历史上所谓“五胡乱华”。[③]

北匈奴西移经过的详情，无考。他们部族复杂，分合无定，沿路时常作或长或短的停留。有些部族到达中央亚细亚后，长期未再移动，后来与印度和波斯发生了严重的冲突。继续西进的一支，4世纪晚期，即中国方面南匈奴南下中原之后的七十年，到了黑海北岸和西北岸，就是当初塞人和萨马提人政治中

---

① 秦及西汉时代中国与匈奴的关系，见《史记·秦始皇本纪》及《史记》《汉书》的《匈奴传》和有关的帝纪及列传。

② 东汉时的中国匈奴关系，见《后汉书·南匈奴传》及有关的帝纪列传。

③ 五胡乱华，见《晋书》有关各帝纪及载记各篇。

心所在的地方。此时此地已为哥特族的日耳曼人所占。375年匈奴战败并吞了偏东的东哥特，进而威胁隔多瑙河与罗马帝国为邻的西哥特。

西哥特及罗马帝国都对匈奴深怀恐惧，经过磋商，376年罗马容许西哥特人渡河，入居帝国境内，说是双方合力抵御匈奴。但罗马官吏贪污腐败，对西哥特人欺压奴役，结果到378年引起西哥特人的起兵反抗，在君士坦丁堡附近的哈吉安诺堡（Hadrianopolis）大败帝国的军队，皇帝也阵亡，帝国的弱点完全暴露了。此时沿着多瑙河和莱茵河的帝国国境线上，满是不同部族的日耳曼人，他们看到有隙可乘，于是蜂拥而入，引发了与“五胡乱华”相似的日耳曼人大闹罗马。

五、科尔提人、日耳曼人、匈奴人与罗马帝国

科尔提人（Celtae，今称凯尔特人）大概属于公元前1500年以后向外迁徙的游牧部族的一支，他们进入欧洲，逐渐西移，到公元前900年左右已到了高卢（Gallia），即今日法国、瑞士、比利时三国的国境。他们向南越过高山，一方面进入意大利，占有了半岛的北部，一方面进入西班牙，蔓延到西境各地。公元前5世纪，又逾海入占不列颠南部，并由此发展到北部的苏格兰山地和又隔海水的爱尔兰。在罗马强大以前，科尔提人已成为西欧大部土地的主人，进入意大利北部的科尔提人曾长期与罗马斗争，但到公元前1世纪初期他们已基本上被罗马人打败了。前1世纪中期，高卢和西班牙都并入罗马的疆土，1世纪罗马又征服了不列颠的大部，至此科尔提人的世界只剩下苏格兰和爱尔兰了。[①]

移入西欧之后，科尔提人已成为农业土著的部族，但生产和文化仍然比较落后，没有能够超越国家雏形的部落联盟阶段，所以当他们为罗马所并后，很快地就接受了罗马人的生活方式；那也就是说，在文化上，在语言上他们不再

---

① 恺撒（Julius Caesar）为罗马征服高卢后所写的《高卢战争史》（*Belli Gallici*）是现存有关科尔提人最详细的史料。此书欧洲各国学者校订的版本甚多，重要的欧洲文字也都有译本。关于科尔提人早期的历史，只有考古学的资料，散见于多种考古学杂志和考古报告中。

是科尔提人，而已成了与罗马人同化的拉丁人了。

紧随科尔提人之后而向欧洲移动的就是日耳曼人（Germani），到公元前1000年稍前，他们已到了斯堪的那维亚半岛南部及易北（Albis）、奥得（Viadrus）两河之间，易北河以西此时仍为科尔提人聚居之地。此后一千多年之间，日耳曼人不断向外发展，最后形成西、东、北三支。西支就是自公元前1000年左右开始渡过易北河与科尔提人争土的一支，此支特称为条顿人（Teutones）。他们的势力后来达到莱茵河，到公元前100年已占领了后日德意志的南部，并已开始与罗马人争夺高卢。西日耳曼人当初为畜牧及农业兼营的部族，但进入1世纪，也就是罗马帝国成立后，他们已完全成为农业部族，政治组织仍为部落联盟的形式。

东日耳曼人于公元前600—前300年间越过波罗的海，沿着维斯瓦河逆流而上，发展到喀尔帕提山地一带，成了后日的勃艮第人（Burgundi）、哥特人（Gothi）、汪达里人（Vandali）、伦巴第人（Longobardi）和一些其他名称的部落联盟，其中的哥特人在214年前不久移居到黑海北岸和西北岸，取代了当地萨马提人的地位。这就是一百六十年后首当其冲地为匈奴所败的那一支日耳曼人。东日耳曼人的社会情况与西日耳曼人大致相同。

最后，北日耳曼人未向大陆移动，他们除仍居斯堪的那维亚半岛南部（即后日丹麦）以外，又向北填满了整个半岛及冰岛，形成了历史上的丹麦人、瑞典人、挪威人、冰岛人。这一支日耳曼人特别落后，到中古初期之末才开始建立国家。[①]

罗马帝国成立后，创业皇帝奥古斯都（Augustus）计划征服日耳曼人，正如在帝国成立的前夕曾经征服了科尔提人一样。但他这个计划失败了，9年在今日德国西北角的地方，日耳曼人给予入侵的罗马大军一个歼灭性的打击，

① 关于进入罗马帝国以前日耳曼人的社会情况，公元1、2世纪间塔其屠（Tacitus）所著《日耳曼纪》（*Germania*）为最重要的文献。此书也是版本和译本甚多。早期日耳曼人的历史，也只有考古学的资料。

自此罗马就放弃了并吞日耳曼世界的计划，在与日耳曼人交界的地方，甚至后来在不列颠岛与科尔提人交界的地方，也如中国北疆一样，修建起了长城（Limes）。而与中国大不相同的一点，就是中国后来有能力越过长城，使边防更为稳定，而罗马基本上未能踏过长城线，始终处在防守和挨打的境地。恰巧再受到在东方失败而移到西方的匈奴一冲，罗马帝国的边防一时就整个土崩瓦解了。

378年，西哥特人战败罗马皇帝亲自率领的军队之后，由于人民起义、日耳曼人侵扰、统治阶级内部的争夺，罗马帝国又混乱了十几年，至394年才由皇帝狄奥多西一世（Theodosius）使帝国再度统一。次年他自己就死掉了，临死前指派两个儿子在东西两部分别即位。此次的分立，事实证明为最后一次和永久性的分裂，帝国东部自此较为稳定地建立起封建局面，帝国西部则不久全为日耳曼人所占，通过了几百年的氏族社会转入阶级社会的过渡时期，封建社会才开始成立。

第一支在帝国内部建国的日耳曼人就是西哥特人。378年他们在东方败杀罗马皇帝后不久，就转向西方，最后于410年8月在亚拉里克（Alaricus）的领导下攻陷了罗马城。罗马城的攻陷，除了日耳曼对罗马斗争的一面外，尚有奴隶起义的一面——城不是直接攻破的，而是由于城内的奴隶打开城门而被冲入的。西哥特人在罗马城抢劫一阵并在意大利继续游掠后，于412年进入高卢，并越山与早几年到达的汪达里人争夺西班牙（415—419年）。最后他们在西班牙和高卢的西南部建立了自己的国家，419年罗马皇帝正式承认它为帝国国境之内的一个附属国家。这是第一个如此合法化的日耳曼王国。

汪达里人于400年后渡过莱茵河，侵入高卢，转西班牙。不久又被西哥特人所逐，逾海而入北非，立国（429—431年），到435年也得到罗马皇帝的正式承认。439年，他们攻取了迦太基，定为都城。他们以北非的港口为基地，在西地中海从事海盗的生活，455年越海攻劫罗马城。他们此次对罗马城的搜劫，特别是对建筑文物的破坏，远较四十五年前的西哥特人更为粗暴彻底，帝国的古都从此就开始呈现中古初期的残破景象了。[①]

勃艮第人也于400年后侵入高卢，在东南部的罗丹诺河（Rhodanus，今隆河流域）立国。

东哥特人，是最后在帝国境内立国的东日耳曼人，所占领的是意大利半岛。进入4世纪后，罗马城实际已不再是帝国的首都：凡只有一个皇帝时，他总是在东方；如有两个皇帝，西帝开始坐镇米丢兰侬（Mediolanum），即今日的米兰，这个阿尔卑斯山脚下的城镇是较罗马更适于作为指挥西部边防的神经中枢。进入5世纪，自402年起，西帝的大本营又迁往临海的拉文纳（Ravenna）。所以当410年罗马城被日耳曼人攻下时，皇帝本人根本不在城内，整个军事政治机构实际都在拉文纳，5世纪的一些皇帝都是傀儡，实权操在武人手中，并且都是投降罗马的日耳曼武人。皇帝由他们自由废立，意大利实质上也等于一个日耳曼王国。476年，日耳曼军人奥多亚克（日耳曼拼音：Odovacar；拉丁音转为Odoacer）废掉最后的一个幼帝罗穆卢斯·小奥古斯都卢斯（Romulus Augustu - lus），干脆决定不再立有名无实的皇帝。他通过元老院请求东帝承认他为罗马主（Patricius），实际上就是意大利王，这样等于又添了一个帝国正式承认的国境之内的附属国。这就是19世纪资产阶级历史学者在思想上是形式主义地、在事实上是错误地夸大为罗马帝国灭亡或西罗马帝国灭亡的那件纯粹幻想的“惊天动地”大事。实质上无论在当时或对后世，它的意义和影响都是微不足道的。[②]

奥多亚克所建立的小朝廷只维持了13年，489年原被匈奴人征服吞并而现在又恢复独立的东哥特人攻入意大利，到493年占领了整个半岛，此后半个多世纪意大利形成了东哥特王国，它的国王对帝国仍沿袭罗马主的称号。

---

① 各种日耳曼人实际都因无知而破坏文物，但汪达里人大概是由于此次对罗马的破坏，在后世特别背了恶名，各种欧洲文字中都有了“汪达里作风”一词，意即对于文物的野蛮破坏。此词在法文为Vandalisme，其他欧洲文字写法相同，只字尾稍异。

② 这个问题，此处不能深论，将来拟专文探讨。

以上这四个国家都是东日耳曼人建立的，另外，西日耳曼人也在罗马帝国境内开辟地盘，创设了两个王国。

盎格鲁、撒克逊、朱特（Angli，Saxones，Jutae）三支原处在今日德国北中部的西日耳曼人，于五六世纪间占领了不列颠岛的大部。到400年左右，多瑙河和莱茵河上的帝国门户大开，到处都是日耳曼人打开的缺口，帝国开始有穷于应付之感，对于边远而隔海的不列颠无力照管，决定自动撤守。前后35年间（407—442年），罗马驻军和拉丁移民都陆续撤回大陆。至此，不列颠岛上已经没有强大的、有组织的政治力量，政治上形成真空状态，441年，罗马人撤净的前一年，撒克逊人开始渡海移入不列颠岛。此后150年间，直到6世纪末，三支生活方式、语言相近的西日耳曼人一批一批地移居岛上，一方面夺占原来科尔提居民的土地，一方面相互争夺，混战状态长期笼罩着不列颠岛，没有统一的王国出现。

到5世纪末，西方只剩下高卢北部在名义上仍然直属于罗马帝国（当然是属于拜占庭的皇帝，西方此时已无皇帝），但这块地方也不能维持很久。486年原在莱茵河下游的法兰克人（Franci）西侵，一鼓而占此地，并且很快把势力扩充到高卢的大部分地区。①

总结以上，到500年时，罗马帝国西部的全部领土已经被六支日耳曼部族所夺占：在非洲的为汪达里人，在西欧大陆的为西哥特、东哥特、勃艮第、法兰克人，在不列颠岛上混战的为三个相近的部族。拉丁语部分的帝国土地已经全部陷落了。但希腊语部分的东方则基本上仍然完整，正如“五胡乱华”后的中国淮水流域以南一样。

六、游牧部族的结局

300—500年的两个世纪间，从太平洋岸到大西洋岸亚欧大陆的所有土著帝

① 关于日耳曼人入侵罗马的史料，多而凌乱，不予列举。在后世历史学者的叙述中，吉本（Gibbon）的书仍是详尽、生动而基本可靠的（Gibbon，E.，*The Decline and Fall of the Roman Empire*）。

国都遭受到了游牧部族或半游牧部族的严重破坏，远东的中国和泰西的罗马丧失了大量的土地。由表面现象上看，游牧部族的威力是锐不可当的。但游牧部族有其根本的弱点，决定了其在与土著国家的斗争中最后往往要陷入劣势。

游牧部族的根本弱点就是人口太少、生产力太低，经济基础过度脆弱。以游牧或畜牧为主或仅有初步农业的部族由于生产低下，与土著国家相较，人口根本不成比例。他们唯一的优点是牵挂较少、流动性较大，所以当土著地带由于内部矛盾尖锐而出现各种力量互相牵制、互相抵消，以致不能团结对外时，甚至一部力量联合外力而对内斗争时，游牧部族才可比较容易地乘虚而入，从而征服人口众多、经济比较雄厚的土著大国，否则他们就只能扰边，而不能深入内地。

一般地讲，游牧部族只有在把较弱的土著地区征服后，才有可能另创新局。生产尚低、人口不密的古代国家如被征服，人口可以大部被屠戮、被奴役、被驱逐流亡，经济政治文化中心的城市可以全部被破坏，成为废墟，原有的政治机构和社会机构可以全被毁灭。在这种情况下，征服者可以另起炉灶，再经氏族社会而进入一种新型的国家阶段。如公元前2000年以后历届征服两河流域的各部族、公元前2000—前1000年征服古印度北部的雅利安人、公元前1400年以下征服爱琴世界的希腊人，都属于此类。即原来当地的人口基础、经济基础、政治基础，以及包括语言在内的全部生活方式都被彻底粉碎，等于一种巨大的天灾把一个地方削平，原地的残余人口和残余物质条件只能作为新局创造中的原始资料，创造的动力全部地、至少是大部分地来自比较落后而社会机体完整的征服者部族。这在上古前半期，即生产力一般低下的铜器时代，是曾经不止一次发生过的使历史临时倒流的现象。

反之，对于经济基础殷厚、人口稠密的土著国家，游牧部族是只能摇撼而不能根拔的。他们可乘虚入侵，但最后或是被驱逐，或是被消灭，而更普遍的则是被同化。在上古前半期的世界中，经济最为富裕、人口最为繁盛的国家大概是埃及，尼罗河的特殊条件使埃及在当时富甲天下，所以公元前1700年前后入侵的喜克索人（Hyksos）可以统治埃及一百多年，但最后仍被驱逐，埃及仍然完整如故。这在上古前半期是一种例外的情况。到上古后半期，进入铁器时代之后，情形大变，个别的土著地带虽仍有被游牧部族彻底毁灭的可能，但一般地讲，特别是较大的国家，已根本没有这种危险了。上古晚期中国和罗马两大帝国都曾大量丧土，但征服者最后都没有能逃脱被逐、被歼或被同化的命运。

先看一看匈奴。375年到达黑海北岸，征服并吞并了东哥特人的匈奴继续西进，占据了匈牙利高原，并以此为中心在东欧和中欧建立了一个与罗马帝国的北疆并行的帝国。到阿提拉（Attila）在位时（约433—452年）匈奴帝国大强，败取后日的南俄（435年），攻君士坦丁堡（445年），罗马皇帝被迫纳贡，进而西转，攻入高卢（450—451年），不仅威胁罗马帝国，并且也威胁了已经进入帝国的日耳曼人。帝国与日耳曼人临时结盟，于451年6月在高卢东中部的卡塔罗尼之野（Campi Catalauni）打了一次大战，匈奴失利，但并未失败。[①]次年，阿提拉的大军侵入意大利。再次年，阿提拉死，匈奴帝国瓦解。至此，被迫编入匈奴队伍将近八十年的东哥特人才又恢复了独立，又过了三十多年才征服意大利，建立了东哥特王国。[②]453年后，西方匈奴的政治中心移到南俄，不久分裂消散。从此，以匈奴为名的游牧部族就不再见于欧洲历史。

由中国边外西迁而最后停留在中央亚细亚的一股匈奴，于455年左右冲入

① 此战的战场在今日法国的马恩河上的沙隆（Chalons-Sur-Marne）附近，所以近代的书上有时称它为沙隆之战。自19世纪起，欧洲各国的历史学者多把此一战役歪曲夸大：一是夸大罗马日耳曼联军的胜利，实际次年匈奴大军侵意大利，如入无人之境，前一年的胜利是很有限的；二是歪曲它为“挽救欧洲文明”的大战，是荒唐至极的，这是19世纪反动的种族优秀论反射到一千四百年前的一种表现，是把所谓“欧洲”和“亚洲”作一种绝对的、机械的、形而上学的划分的说法的表现，好似罗马和日耳曼就自古至今永恒地代表“欧洲”，而“欧洲”就等于“文明”，而匈奴就当然地代表亚洲，而亚洲就等于“野蛮”。这在立场上是反动的，在思想方法上是错误的，是资本主义国家控制了全世界之后统治思想和种族狂妄在学术上的反映。5世纪时的日耳曼人与匈奴人是同样野蛮的，罗马人虽比较先进，但已处在社会发展的下坡路上，谈不到什么积极的保卫文明。只有当为游牧与土著长期斗争中的一个细目看，才是正确的。对于资产阶级学者这一类的歪论，我们要多加警惕，不要叫它流入我们的写作或讲授中。

② 阿提拉事迹，见Gibbon，E.，*The Decline and Fall of the Roman Empire*。

印度，不久破灭了印度北部的笈多帝国。大约在484年，匈奴又大败波斯，并夺取了一部领土。但到500年以后，匈奴人失败了，他们先被逐出印度，不久又被逐出波斯。波斯仍不放松，又联合突厥人，驱逐占有乌浒水流域的匈奴人（563—567年）。此后数百年间，虽间或仍有小股匈奴人在此一带活动，但对波斯和印度已不再是严重的问题了。①

在西方和中亚的匈奴尚未形成强大势力以前，中国方面的南匈奴已入主中原，至329年匈奴与羯人合流，统一黄河流域，称为赵国。此种局面只维持了二十年，350年以冉闵为首的中国势力由内部攻袭胡羯，胡羯人大部被杀，一部逃散，从此以匈奴为名的、有组织的力量就不再见于中国历史中。②

由中国到罗马，强大一时的匈奴，不是被歼灭，就是被驱散，在历史上并未留下显著的痕迹。

匈奴人以外，侵入土著地带的游牧或半游牧部族，在中国方面有氐、羌、鲜卑，在罗马方面有各支日耳曼人。在5世纪间，罗马帝国全部的西方领土已被各族日耳曼人分别割据为王国。帝国政府（现在只有君士坦丁堡的一个政府）对此当然是不会甘心的，只要有可能，它必企图收复西土，正如东晋和后继的南朝屡次北伐中原一样。天下大一统的政治理论，在远东和泰西两大帝国中都已深入人心，不仅表现为统治阶级的政治欲望，也表现为一般人民的政治感觉，晋宋的北伐和拜占庭的西伐可说都是历史的必然。过去许多历史学家富有事后的卓见，说他们根本没有长久成功的希望。这种事后的聪明，实际并不说明任何问题，历史的发展如果是按照百分之百稳妥地估计而进行，也就不成其为历史了。我们只能说，假定南朝没有北伐，假定拜占庭没有西伐，那反倒是不可思议的，反倒成为必须解释的奇特现象了。至于说北伐和西伐都有扩大剥削面

---

① 关于匈奴侵印度及印度驱逐匈奴的斗争，见Majumdar，R. C.，Raychaudhuri，H. C.，Datta，K.，*An Advanced History of India*，Macmillan，London. 1953，pp. 150–156。关于匈奴侵波斯及波斯匈奴的斗争，见Sykes，P.，*A History of Persia*，I.，Macmillan，London. Third edition，1930，第38—40章。与波斯印度斗争的这一支匈奴，我们中国也知道，称它为嚈哒，《魏书》中有传。

② 冉闵杀胡羯事，见《晋书》卷一〇七《载记》第七《石季龙传下》。

的因素在内，那也是不言而喻的。过去的统治阶级，只要有机会，无不企图扩大剥削面，所以此一方面的概括之论也不能说明什么问题，我们必须具体地了解每一次的特殊情况。

我们上面不厌其烦地反复申说，是因为新旧的历史书中都充满了对于拜占庭西伐的不着边际之论（关于南朝北伐，过去和今天似乎还都未有怪论发生），唯一无人提出的就是西伐的必然性，而这正是此问题的主要方面。制定并且推行西伐政策的皇帝为查士丁尼一世（Justinianus，527—565年在位），在他的推动下，帝国收复了汪达里人占领的北非洲（533—534年）和东哥特人占领的意大利（535—553年），并从西哥特人手中夺回西班牙的东南角及东岸外的岛屿。高卢的全部和西班牙的大部，帝国无力收复。我们由查士丁尼一世一生的事迹来看，他是一个有通盘谋划的人。当时波斯盛强，罗马与波斯交界处的边防是相当严密的，西伐可能包含着以西方的人力物力支持东境边防的一种想法。但他即或有此想法，那也是附带的，主要是他认为西土必须收复，而当时在能力上有此可能，所以当然一试。①

① 西欧各国的历史学家一直否定拜占庭收复西土的企图，一方面讥笑它根本没有成功之望，一方面又说这是阻碍西欧自由发展的一种“反动”措施。讥笑的部分根本无聊而庸俗，可以不论；所谓“反动”云云，那又是西欧种族优秀论和文化优秀论的变相表现，此说背后的思想是一口咬定日耳曼人征服下的西欧前途无量，任何改变这一局面的企图都是违反历史发展大势的“反动”行为。这是毫无根据的假定。我们当然无法判断，如果拜占庭真能长久恢复罗马帝国的统一，此后欧洲历史的局面究竟如何，我们既不能绝对地肯定，也不能绝对地否定。我们只能说，大一统五百年以上、经济文化基本上已成一体的一个大帝国，是必会有一种力量出来企图恢复外族侵占的土地的。这如果是“反动”，历史上“反动”的事就未免太多了！

新的历史书中，已不再见上面的说法，但与此说表面不同而实质相同的一种说法，近年颇为流行：说查士丁尼一世是要恢复奴隶主帝国，不言而喻地是一种反动措施了。此说令人非常难以理解。奴隶制和农奴制之间的不同，是我们今日研究几千年的历史之后所下的论断。6世纪人的心目中根本没有这个概念，所以拜占庭皇帝不可能有意识地拟定一个恢复奴隶主帝国的政策。撇开主观意识不谈，就客观形势而言，当时拜占庭直接统治的东方，在封建化的发展上并不亚于西欧，恐怕只有高于西欧，在客观形势上拜占庭绝无通过收复西欧而加强奴隶制的可能，事实上它也未如此去做。在征服西欧各日耳曼王国的过程中，拜占庭不只没有奴役拉丁人，连对日耳曼人也未加以奴役，所以所谓“恢复奴隶主帝国”之说，具体究何所指，令人无法捉摸。我们只能说，这是西欧学者旧说的一种改头换面的说法。

其所收复的西土，没有能够长久保持。北非洲保持最久。565年查士丁尼一世死后没有几年，西班牙岸上的复土大部分又为西哥特人夺去了。568年，另一支日耳曼人——伦巴第人，由今日的德国进入意大利，很快就占有了半岛内地的大部地区，帝国的势力主要限于沿海城市。

到570年左右，我们可以说，局面已经明朗，帝国是没有驱逐或歼灭西方日耳曼势力的希望了，这就最后确定了东西两部的发展将要不同——东方可在稳定的中央集权统治下建立中古式的封建制度，而西方则要在落后的日耳曼部族统治下经过氏族社会转入封建社会的一个相当长的过渡时期。

西方虽未为拜占庭所确切收复，但日耳曼人仍然不能逃脱第三种命运，就是同化的命运：意大利、西班牙、高卢的日耳曼人最后在语言上、在生活方式上都拉丁化了，实际变成拉丁人。因为他们人少、生活简单，最后必须接受多数人较为复杂且丰富的生活方式。

但不列颠、德意志、斯堪的那维亚三地的情况则不同，所以发展也不同。不列颠岛上的拉丁人已全部撤走，当地的科尔提人似乎人数不多，无力抵抗强敌，最后都被屠杀、被奴役或被驱逐，结果岛上大部地区成了清一色的日耳曼族地区，所以同化的问题根本不存在。德意志和斯堪的那维亚向来不是罗马帝国的领土，没有拉丁人，拉丁化的问题当然不会发生，而只有较为缓慢地转入阶级社会的问题。

中国方面，匈奴消灭后，经过一度混乱，鲜卑统一了华北。南朝收复中原的尝试，每次都以失败告终。但为数稀少且生活方式简单的鲜卑人，处在中国人口及其文化的大海中，只有浸化于中国机体之内的一条道路。439年鲜卑人的魏朝才把华北完全平定，此后不过三十年的时间，鲜卑人的同化进程已经很深，所以就已有条件使魏孝文帝（471—499年在位）有意识地、全面地、彻底地推行同化政策，用法律方式命令鲜卑人在语言、衣着、婚姻和日常生活上都认真地追随中国原来的居民。一些鲜卑遗老消极地甚或积极地表示反对，却不能阻止历史的发展。后来边地的鲜卑武人尔朱荣虽到洛阳大肆屠杀放弃鲜卑生活方式的王公大臣

（528年），也不能逆转历史的大势。[①]此后又经过几十年的政权变换，到577年北周统一中原时，北朝根本已是中国的政权，与南朝没有分别。语言及生活方式的差别消除之后，南北统一的阻碍已不存在。南朝由于门阀势大、中央虚弱，而北朝则中央集权的趋势较强，所以最后（589年）是北朝并吞南朝，分裂了270年的中国通过中国王朝身份的北朝再度实现了大一统的局面。

经过游牧部族的一度侵扰和征服之后，到570年左右，罗马、波斯、印度、中国四大古国的局面都已确立了。罗马帝国已无重新统一的可能，东西两部已注定要通过不同的途径转入封建社会。波斯、印度、中国在游牧部族入侵以前已先后形成封建局面，游牧部族的入侵在三国都引起人民的迁徙和垦殖，而入侵的游牧部族方面则经过了定居和封建化的过程，使三国封建的发展都加广和加深了。印度和波斯的匈奴最后被驱逐，但也留下一部分人口，使两国原有的封建局面更加丰富多彩。

七、游牧部族的历史地位

以上我们把上古后半期历时1600年的游牧世界史和游牧与土著关系史作了一个概括的交代。最后，我们试图估量一下游牧部族在全部世界史上的地位。关于此点，我们可分两个方面来考虑：一是游牧部族对世界文化的贡献，二是游牧与土著关系同上古史的结束。

关于游牧部族的贡献，主要的有三点：第一，就是驯马的传遍世界。除中国早期用马，问题尚多不明，需待进一步研究外，其他古代世界所有土著国家的用马，都是直接或间接由游牧部族学来的，而中国最末一步的对马使用，即骑射法，也来自游牧世界。

---

① 关于魏孝文帝的中国化政策，见《魏书》卷十七《北史》卷三《魏高祖孝文帝纪》，《魏书》卷一〇八《礼志》，卷一一三《官氏志》；关于鲜卑遗老的反对，由《北史》卷十五《武卫将军谓传》《常山王遵传》，卷十八《任城王澄传》，卷十九《咸阳王禧传》，以及《北史》《魏书》其他多篇的列传中都可看到。尔朱荣对王公大臣的屠杀，见《魏书》卷七十四《尔朱荣传》。

马的使用，特别是马的乘骑，不仅根本解决了游牧世界的交通问题，也在极高的程度上改变了土著世界的交通面貌。在此以前，不只游牧世界尚无具有国家雏形的较大部族联盟出现，在土著世界也没有创立过土地辽阔的大帝国。主观上自认为概括全世、客观上也的确统一了一个复杂庞大的自然区的世界性帝国，都是骑马之后的事。公元前550年左右波斯帝国成立，其疆域由中亚达地中海海岸。前221年，秦并六国，随后又南北拓土，大一统的中国初次显露了后日的宏伟面貌。前31年罗马帝国成立，除了把地中海变为帝国的内湖不计外，在陆地上混一了整个的西欧南欧、西亚和北非。这三个大帝国的成立，当然各自有它的经济基础，但无论帝国的创立或帝国的维系都另有一个必需条件，就是战马和驿马，尤其是驿马。三大帝国成立后，都大修驰道或驿道，作为维系帝国的交通网和神经系统，而在这个神经系统中日夜不停地来往飞驰的就是经过精选的良骑驿马。交通不是一个国家建立和维持的决定条件，但却是一个必需条件；一个大国若没有解决迅速传达消息和递送公文的问题，即或勉强建成，也必然很快瓦解。没有近代交通工具，我们很难想象近代国家，尤其是近代大国如何维系；经济基础比较落后，民族意识比较薄弱的古代大国，如果没有驿马，我们将难以想象它们怎能存在。游牧部族的骑马术，是推进土著世界历史发展的一个重大力量。

游牧部族的第二个贡献就是服装。以古代世界历史重心的亚欧大陆而论，进入公元前1000年时，在服装上，偏北的游牧世界是上衣下裤（穷裤）。偏南的土著世界是上衣下裳（裙或套裤）。经过此后一千年以上的发展，游牧世界的服装已成为世界服装的主要形式：通过骑射的传入、游牧部族的大量移入土著地区和参加了土著世界的历史创造，整个温带的服装都已形成了游牧世界的风味。只有热带和部分亚热带地区仍然保留上衣下裳的古风。

以上两点我们前面都已提到。游牧部族的第三个贡献就是他们作为亚欧大陆东西之间交通媒介的地位。自中国至中亚、伊朗、印度，再至西亚、欧洲，交通和通商都须通过大草原的一部或全部。游牧部族维持东西的交通，对他们自己也是有利的，过路税成为他们一种重要财源。同时东西文化的沟通和交流，当然也经过这一地带。虽除陆上交通线外，还有经中国海、印度洋而达波斯湾或红海的海上交通线，但海线成为东西之间主要的交通线则是16世纪后东西航线大通之后的事，在此以前，陆上交通线始终具有一定的重要地位。

上面是对游牧部族历史贡献的估量。游牧部族历史地位的第二个方面，就是有关世界上古史结束的问题。上古时代各重要土著国家的历史发展，尽管有一定重要程度的联系性和一致性，但由于生产力的低下、交通工具和交通技术的简陋，各国各区各自具有较高程度独立发展和分别发展的一点，也是不能忽视的。与近代不同，在古代世界一系列较大国家或较大地区中，我们不能说何地何区是具有典型性或主导性的，所以在上古时代结束的问题上也不能以任何一地为标准，而只能抓住重大承前启后作用的一种关键性的变化，作为上古、中古的断代标识。6世纪末，570年左右，由中国到罗马扰攘了几百年的游牧与土著关系的澄清，是最恰当的此种标识，所以我们把上古史的学习就结束在570年的分界线上。

本文原刊载于1942年重庆《大公报》。

本文作者：

雷海宗（1902—1962），字伯伦，河北永清县人。著名历史学家。1927年获美国芝加哥大学博士学位。回国后先后执教于南京中央大学（1949年后更名南京大学）、武汉大学、清华大学和西南联大，担任教授、系主任等职。1952年全国院系调整，雷海宗调任南开大学历史系世界史教研室主任。1962年12月病逝。雷海宗先生硕学高德，学贯古今中外，其学术研究自成体系，博大精深，曾发表《殷周年代考》《历史的形态与例证》《古今华北的气候与农事》等重要论文，代表性著作为《中国文化与中国的兵》，整理出版的著作有《西洋文化史纲要》和《伯伦史学集》。

斯巴达早期土地制度考

王敦书

关于早期斯巴达的土地制度，一般认为土地属于国家所有或公民集体所有，每个斯巴达公民都分得一块“份地”，由希洛人耕种。但实际上，“斯巴达的土地占有权问题是斯巴达各项制度的模糊不清的领域中最莫衷一是的问题之一”[①]。斯巴达早期土地究竟是否国有或公有；如为国有，其程度如何；每个公民是否拥有平等的土地；是否存在私有土地，这一切都有待于进一步理清。

问题之所以不易解决，是因为有关史料残缺不全、语焉不详、互相矛盾，并且都写于公元前4世纪之后，而更早的作家却无平分土地之说。更为复杂的是，公元前3世纪后半叶，斯巴达国王阿基斯四世和克里奥美尼三世曾托古改制，以恢复来库古古代制度为历史根据，在拉科尼亚进行土地改革，重新分配土地。

早在19世纪中叶，著名古希腊史学者格罗特等已指出：土地财产不平等在斯巴达一直存在，所谓来库古平分土地之说属于阿基斯时代的历史虚构。[②]直至晚近，有的学者仍明确主张：“不仅来库古之分配土地为平等‘份地’，而且斯巴达公民‘份地’之不可转让，都是后来4世纪（此处指公元前4世纪——笔者）创造出来的神话。”[③]

本文拟就个人所见到和能掌握的古代史料与近代专著，对早期斯巴达的土地制度提出一些不成熟的认识和分析。

---

① 窝尔班克:《波里比阿历史注释》(第一卷),1970年,第728页。

② 格罗特:《希腊史》(第二卷),1869年,第392~420页。

③ 琼斯:《斯巴达》,1967年,第43页。

一

关于斯巴达的土地制度，最重要的并为一般史书所引述的史料之一是普鲁塔克的《来库古传》，其重要有关之处如下：

> 来库古的第二项，并且是一项很大胆的政治措施，是他的再分配土地举措。因为在这方面存在着可怕的不平等，贫困无援的人民使城市负担沉重，财富完全集中于少数人之手。……他说服其公民同胞将他们的全部领土合成一块，并重新划分……
>
> 他按言行动，将其他的拉科尼亚土地分为30000块“份地”（lot，希腊原文kleros），在“庇里阿西人”即自由的边区居民当中进行分配，而将属于斯巴达城市的那些土地分为9000块“份地”，分配给同一数目的真正的斯巴达人。但是有些人说来库古在斯巴达人当中只分配了6000块“份地”，而那3000块“份地”是后来波里多洛斯所加；别的人还说，来库古分配的是9000中的半数，波里多洛斯加上了另一半。每块“份地”的面积是：其产量每年足以为一个男子提供70斯巴达麦斗，为其妻提供12斯巴达麦斗的大麦，以及一定比例数量的酒和油。①

普鲁塔克在《来库古传》的另一处还提到，每个斯巴达公民要将其刚出生之子带到固定的地方，由“各部落的长老们进行正式检查，如果婴儿身体健康强壮，他们就命令父亲予以抚养，并分派给婴儿九千块份地之一”②。

综上所引，可以得出这样五点认识：一是在来库古时，斯巴达土地很不平

① 普鲁塔克:《传记集·来库古传》Ⅷ，1-4，罗叶布古典丛书(第一卷)，1914年，1959年重印，第227~229页。因手头无中译本，故直接译出，其他有关译文亦然。为方便起见，凡希腊原文字母使用对应的拉丁字母。

② 普鲁塔克:《传记集·来库古传》XVI，1，罗叶布古典丛书(第一卷)，1914年，1959年重印，第255页。

均，大量人民失去土地，财富集中于少数人之手；二是来库古重新分配土地，9000名斯巴达公民各得一块“份地”，拉科尼亚的庇里阿西人则分得30000块“份地”；三是普鲁塔克所据史料不止一家，各家关于来库古所分斯巴达公民“份地”之数不同，其后波里多洛斯曾另外分配土地，但合起来9000总数无误；四是斯巴达公民的每块“份地”大小平等，其衡量标准是产量相等；五是每个斯巴达公民之子出生后经部落长老检查身体合格，即被授予9000份地之一。

由于斯巴达公民的土地平均分配，新生男婴由部落长老授予份地，所以可以引出斯巴达实行土地国有或公有的推论。

但是普鲁塔克是一二世纪之间的作家，不仅晚于阿基斯时代约三百多年，而且晚于相传的来库古改革时代至少六七百年甚至上千年[①]，他的有关论述很可能受到阿基斯改革的影响。例如，据《阿基斯传》所载：阿基斯计划重分土地的数目是斯巴达公民4500块“份地”，庇里阿西人15000块“份地”，[②]恰为来库古所分各项“份地”数之半。因此，有些学者认为来库古分地的数额不过是后人将阿基斯之数加倍而成。显然，我们在普鲁塔克的《来库古传》之外，还必须参证其他史料，才能对斯巴达的土地制度有进一步的认识。

正式称斯巴达的土地为“公地”的是波里比阿。他指出：“斯巴达国家的特征据说首先是土地法，据此，任何公民皆不得比他人拥有更多（的土地），而是所有的人都必须占有‘公地’（public land， 或译civic land， 希腊原文politike chora）的相等的一份。”“来库古的立法和他显示出来的远见实在令人赞美……人们认为，平分土地财产和俭朴的共餐能产生公民私生活中的节制和确保国家作为整体而避免内部的冲突。”[③]

波里比阿的话是颇有分量的。他不但说明每个斯巴达公民占有的“份地”

---

① 关于立法者来库古有无其人，如果有，究竟生于何时，史学家历来争论不休。这里所列年代仅为承认立法者来库古的各家所主张其生活年代的上限和下限。

② 普鲁塔克：《传记集·阿基斯和克里奥美尼传》Ⅷ，1–2，罗叶布古典丛书（第十卷），第19~21页。

③ 波里比阿：《历史》Ⅵ，45，3；Ⅵ，6，7；Ⅵ，48，2–3，罗叶布古典丛书（第三卷），1923年，1966年重印，第373、379页。

相等，不得大小不均，而且使用了“公地”一词，表示斯巴达土地所有制的性质属于国有或公有；他还把平分土地和实行共餐制都归之于来库古的立法。但是波里比阿是公元前2世纪的作家，其生活时代仍晚，因此我们还必须追溯他所根据的更早的史料。

波里比阿在上述第一段引文前曾提到埃弗洛斯、色诺芬、卡里斯提尼和柏拉图四位作家的名字。埃弗洛斯是公元前4世纪史家，其著作已佚亡，残篇散见于后代作家的作品中。斯特拉波描述克里特情况时，曾较多地摘引埃弗洛斯有关克里特宪法及比较克里特与斯巴达诸制度的论述。[①]因此，可以认为波里比阿在以上各段讲述斯巴达的制度与情况时，其材料来源与所发议论主要来自并针对埃弗洛斯；很可能埃弗洛斯已提出了来库古平分土地的说法。

至于波里比阿提到的其他三位作家，卡里斯提尼的著作已亡失；色诺芬的作品中并无平分土地之说，其有关斯巴达土地制度的其他论述，我们另作论及；这里主要考察柏拉图的说法。柏拉图著有《法律》一书，其中提到在多利亚人进入伯罗奔尼撒半岛后，“他们的立法者在努力建立财产平等方面，遭受不到在具有不同种类法律的国家中一般会激起的那些最恶劣的指控……多利亚人有进一步的有利条件，即他们完全不用怕触犯别人，因而他们能无纠纷地分配他们的土地，而且他们没有原先存在的大量债务”。“赫拉克利斯子孙的移民地是幸运的，他们避免了剧烈且危险的关于分配土地与金钱，以及废除债务方面的斗争。”[②]

柏拉图是一位哲学家，我们不能把他的著作当作历史作品，但对于他提到的历史传说与事件，应给予适当的考虑，不宜看作子虚乌有。他提出了多利亚人分配土地的事情，但将这一措施放在多利亚人来到伯罗奔尼撒之后不久的时

---

① 斯特拉波:《地理》X，4、16，罗叶布古典丛书(第五卷)，1928年，1961年重印，第145页；收入乔卡比编:《希腊史残篇集成》(第二卷A分册)Ⅱ，A，70，F149，柏林，1926年，第86页。

② 柏拉图:《法律》Ⅲ，684D-E；V，736C，罗叶布古典丛书(第一卷)，1926年，1961年重印，第193~195、353页。

代，而且暗示此后不曾再发生分配土地和废除债务的事件，这与普鲁塔克等关于来库古重新分配土地的论述是有出入的。

此外，与柏拉图同一时代的伊索克拉特亦持斯巴达早期分地之说，但其内容也有不同。他说，拉凯第梦人“比希腊的任何其他人民更卷入派别斗争之中。再者，蔑视群众的那一派占了上风之后……在他们自己的阶级当中建立了独一无二的平等和民主……而把人民大众沦为庇里阿西人的境地，给他们戴上了不亚于奴隶所遭受的精神枷锁。……他们为自己——少数人——攫取了不仅最肥沃而且多于任何希腊人占有的土地，而对于人民大众他们只分给最贫瘠的、经过艰苦劳动仅能每日勉强糊口数量的土地”①。

以上，我们引述并初步分析了关于斯巴达早期平分土地和实行土地国有或公有的一些史料，下面将进一步探讨与此不同的，另一方面的有关史料。

二

亚里士多德是古希腊学识最渊博的学者，并开辟了制度史研究的领域。十分可惜，他的专著《拉凯第梦人宪法》已失传。但其《政治学》一书仍保留了许多有关斯巴达各种制度的宝贵材料。他写道：“在上述各事之后，人们可指责斯巴达在财富不平均分配方面的各项制度。发生的情况是，有些斯巴达人拥有过多的财产，有些人则极端匮乏；因此土地落入少数人之手，而这也是由于法律作出了不恰当的规定；因为立法者使出售家庭的现存产业（existing estate，希腊原文为yparchousa）成为不光彩的行为，这样做是对的，但他准许通过馈送或遗赠任意转让土地的自由；而这两种情况都必然产生几乎相同的后果。整个国家几乎五分之二的地域为妇女所有，其原因在于继承产业的妇女数量和给予大笔嫁妆的习惯……而事实上他被准许将嗣女嫁给他所喜欢的任何人，并且如果他死时没有通过遗嘱对此事作出指示，受其委托作为遗嘱执行者的任何人就可

① 伊索克拉特:《泛雅典娜节演说》，罗叶布古典丛书（第二卷），《伊索克拉特全集》，1929年，1962年重印，第483~485页。

将她给予他所选择的人。因此，虽然国家土地能维持1500名骑兵和30000名重装步兵，但他们的数目甚至还不到1000人。”①

不难看出，亚里士多德在这里描绘了一幅与平分土地、土地公有颇相径庭的图景：一是斯巴达的土地财产很不平均，少数人掌握了大量的土地，全国几乎五分之二的土地落入妇女之手；二是由于失去土地，斯巴达的男性公民锐减，拥有足够土地，能够充任重装步兵的全权公民人数由相传的最高额10000人降至不到1000人；三是斯巴达在法律上并未禁止现存产业买卖，只是在传统道德和社会习惯上鄙视土地买卖，而馈送和遗赠土地则是名正言顺的，因此土地是可以转让的，甚至具有某种私有财产的性质；四是大笔嫁妆与嗣女婚姻不受限制，这是造成斯巴达妇女拥有土地和地产分化的原因之一。

为了更好地理解亚里士多德的论述并与普鲁塔克等的记载相对比，有两点需要在这里作进一步的说明与澄清：

第一，亚里士多德《政治学》的主题是“探讨国家政治制度而不是历史”，因此他所描述的土地严重分化与集中的现象，主要是公元前4世纪中叶他所生活时代的斯巴达的情况。在这一点上，普鲁塔克是与之一致的。

普鲁塔克在《来库古传》，特别是《阿基斯和克里奥美尼传》中说明，斯巴达战败雅典后，国内金银充斥，出现混乱与腐败，“然而由于来库古建立的家庭数目在产业留传方面仍得到保持，并且父亲将遗产留给其子，所以这种秩序与平等的延续就使国家得以维持，尽管在其他方面存在着弊病。但是当某个强有力的人担任监察官时，他名叫埃庇塔戴，刚愎自用、脾气暴躁，一次与其子发生争吵，就提出了一条法案，允许人们生前或在遗愿和遗嘱中将其产业和‘份地’给予他所愿意给的任何人。于是，这个人为了满足自己的私怨而提出法案，但他的同胞公民们出于贪婪而表示欢迎，使之成为法律，这样就破坏了制度当中最精华的部分。因为有权有势的人立刻开始肆无忌惮地获取产业，剥夺合法

---

① 亚里士多德：《政治学》Ⅱ，Ⅵ，10-11=1270ª，15-32，罗叶布古典丛书，1944年，1967年重印，第137~139页。

继承人对遗产的继承，国家财富迅速流入少数人之手”①。

看来，亚里士多德与普鲁塔克的主要不同是：前者将土地集中的现象与根源追溯到早期的立法者，认为有关立法（如允许赠送土地）有弊病，而这个立法者就是来库古；②后者则将症结归之于来库古立法之遭到破坏，归之于伯罗奔尼撒战争之后一段时间的某个不见经传的埃庇塔戴，是他动议通过了允许转让土地的法律。

第二，亚里士多德是重视“平均财产的措施”，认为它有利于“保持国家男性人口”，指出财产平等有利于“公民集体”和“农业集体”，提到法列阿斯关于“公民产业应该平等”的主张，以及梭伦限制公民占有过多土地和罗克里斯地方禁止买卖土地的立法。但是他始终没有提到斯巴达曾平分土地。人们不禁怀疑：是亚里士多德不知此事，还是本来不存在此事？

然而亚里士多德说斯巴达国家的土地能支持1500名骑兵和30000名重装步兵，其根据和标准是什么？我想，这是将斯巴达的国土与每个斯巴达公民应有的“份地”相比较而得出的。大概在亚里士多德的心目中仍然有一个关于斯巴达公民“份地”的概念，而所谓“份地”又总是与分配土地有一定联系的。我们似乎不能因为亚里士多德没有提到平分土地就认为斯巴达历史上不曾有过分配土地的事实。

值得重视的是，亚里士多德在《政治学》中还有所谓“最初份地”和“老份地”的提法。他说，在罗克里斯“还有保持‘老份地’（old allotments，希腊原文为Palaioi kleroi）的立法”；“无论如何，在早期有许多国家甚至具有禁止出售‘最初份地’（original allotments，希腊原文为Protoi kleroi）的立法”。③诚然，亚

① 普鲁塔克：《传记集·来库古传》XXX，1，罗叶布古典丛书（第一卷），1914年，1959年重印；普鲁塔克：《传记集·阿基斯和克里奥美尼传》V，1–4，罗叶布古典丛书（第十卷）《传记集》，第13~15页。

② 亚里士多德在《政治学》中多次提到来库古，称他与梭伦为法律与宪法的制定者（1273^b，34）。就在本段引文前，他刚谈完来库古立法与斯巴达妇女的关系（1270^a，7），故此处立法者即指来库古。

③ 亚里士多德：《政治学》1266^b，21；1319^a，10-12，罗叶布古典丛书，1944年，1967年重印，第113、501页。

里士多德只说“有许多国家”，没有指明包括斯巴达在内。但是希拉克来德却写道：“对于拉凯第梦人来说，出售土地被认为是不光彩的，而对于古代的部分（ancient portion，希腊原文为archaia moira）甚至是非法的。”[①]希拉克来德著作中有关雅典的部分多摘自亚里士多德的《雅典政制》，因此其有关斯巴达的部分很可能来自亚里士多德已佚亡的《拉凯第梦人宪法》。所以学者们把希拉克来德的有关记述视为亚里士多德的残篇。而普鲁塔克也有相似的提法。他在《拉凯第梦人的古代习俗》中曾说：“古代建立的部分（anciently established portion，希腊原文为archethen diatetagmene moira），出售它是非法的。”[②]看来，斯巴达存在着一种禁止出售的古代份地，在这一点上，亚里士多德与普鲁塔克是接近的。

最后，我们必须提一下相传出自色诺芬之手的《拉凯第梦人宪法》。色诺芬是公元前5至前4世纪上半叶著名的希腊作家，曾依靠斯巴达生活多年，《拉凯第梦人宪法》对来库古的立法推崇备至，认为“达到了智慧的极限”，但是并未提到平分土地，相反说来库古“给他（指斯巴达国王——笔者）分派了许多边区居民（庇里阿西人）城市的足够的精选之地（choice land，希腊原文为ge exairetos）以保证他有合理的资财而不过度豪富”。[③]这里的“精选之地”究竟为何，是什么性质的土地？这不能不引起人们的注意。

三

在对古代有关史料作了引述和一定对比，并适当介绍近代学者的一些疑问和看法后，我们可以进一步从研究斯巴达早期土地制度的角度来分析和运用这些史料，从而得出一些初步的想法和认识。

---

① 赫拉克利德：《论政制》Ⅱ，7，穆勒编：《希腊史残篇》（第二卷），1878年，第211页。

② 普鲁塔克：《拉凯第梦人的古代习俗》（Plutarch，“Instituta Laconica”，为方便起见，此处外语篇名用拉丁文标准译名，中文篇名按希腊语译出）XⅫ，伯纳达克编《道德论集》（第二卷），来比锡，1889年，第186页。

③ 色诺芬：《拉凯第梦人宪法》Ⅰ，2；XV，3，罗叶布古典丛书（第七卷），《色诺芬全集》，1925年，1968年重印，第137、187页。

第一，一般的方法问题。对于来库古其人其事，学者们一直争论不休，本文的主题是考察斯巴达的土地制度，因此试图尽可能回避来库古这个老大难问题，着重探讨斯巴达历史上土地的分配状况和制度性质；而不斤斤计较于来库古之有无，其改革究竟发生于何时，是否重新分配土地和份额究竟多少。对于各种古代史料，我们应考订真伪，辨别同异，尽量求得共同之点，作为立论的根据；对于相互歧异之处，则应寻求适当的解释，或者暂时存疑，而不宜轻易全盘否定某一史料。更重要的是，我们应把有关史料放在一定的历史环境和联系中，从斯巴达总的历史发展出发，以对立统一的观点来鉴别和驾驭这些史料，这样就可能使问题得到一定的解决。

第二，多利亚人进入斯巴达并定居下来后，曾进行过大致平等的最初的土地分配。虽然从贝洛克起，学者们对古代希腊作家关于多利亚人入侵的传说不断提出怀疑和否定，但迄今大多数学者仍沿用此说。①在拉科尼亚地区，根据考古发掘材料，迈锡尼时代的文化遗址大约在公元前1200年前后绝大部分遭到破坏和放弃，此后文明衰落，人口急剧减少。公元前12世纪的居住地大约比公元前13世纪时减少了62.5%，公元前11世纪时表面上几乎无人居住。从考古证据看，多利亚人大概在公元前10世纪才在斯巴达地区定居并逐步发展。

多利亚人及同时迁徙的其他部落集团文化比较落后，经济以畜牧业为主，过着半游牧生活，可能处于原始社会末期阶段，公有制尚没有遭到破坏。因此，他们在迁入新的地方后，很自然会吸取当地虽已衰落但较自身仍然先进的农业文化，逐步定居下来，并且可能将占领的土地在部落氏族成员之间进行分配。英国著名希腊史学者哈蒙德认为，迁入者“吞并了最好的平原地方，生活于小的敞开的村落之中，这些村落在多利亚人地区称为komai，在埃利斯称为damoi……每个家庭被分配一块不可转让的‘份地’(klaros)，对‘份地’的占有成为该自由公社的成员拥有的一种权利。这种‘份地’在非多利亚人地区面积相差

① 哈蒙德:《希腊及其毗邻地区的迁徙与侵入》,1976年,第六章;《希腊世界史》(第二卷)《古风时代》,1975年,第24~29页。

甚大……在多利亚人地区，‘份地’面积似乎相差较小”[①]。从这样的历史环境出发，可以认为柏拉图关于多利亚人进入伯罗奔尼撒半岛后曾分配土地的记述，是具有一定的历史真实性的。当然，这种土地分配并不绝对平均，在一般氏族部落成员之间大致相等，而军事首领、氏族部落的长老和贵族则可能取得或占有较多的土地。

第三，直到公元前9世纪末，斯巴达存在着比较严重的内部冲突，其经济根源可能与土地财产的分化和对土地的争夺有关。普鲁塔克说，来库古改革前夕斯巴达的土地占有情况很不平均，财富集中于少数人之手。普鲁塔克把来库古的摄政时间排在斯巴达的欧律旁王室第六代王波里德克特和第七代王哈略劳斯之间，按传统年代大约为公元前884—前864年。[②]事实上，斯巴达早期诸王的世系及其在位年代都极不可靠，很难确定，而来库古的生活年代更众说纷纭，我们不必深究，这里暂把公元前9世纪末作为时间分界线之一。[③]

斯巴达的初期历史几乎是一片空白，无论是古代的传说还是考古的发掘都缺乏详细可靠的材料，关于土地制度状况更是如此。但有一点可以大致肯定，即斯巴达早期阶段政局相当混乱，内部斗争比较严重。希罗多德说，在来库古之前斯巴达人“几乎是所有希腊人当中治理得最坏的”[④]。修昔底德写道：“拉凯第梦在今日居于该处的多利亚人定居下来后，就我们所知道的一切地方当中，是最长期地处于混乱状态的。”[⑤]普鲁塔克也说，在来库古之前，“斯巴达长期处

---

① 哈蒙德:《希腊史》(*A History of Greece*),1967年,第81页。

② 普鲁塔克:《传记集·来库古传》Ⅰ,罗叶布古典丛书(第一卷),1914年,1959年重印;传统世系年代参阅琼斯:《斯巴达》,1967年版。

③ 公元前9世纪末,斯巴达开始结束混乱局面,建立宪法(据修昔底德:《伯罗奔尼撒战争史》Ⅰ,18,1)逐步向外扩张。

④ 希罗多德:《历史》Ⅰ,65,罗叶布古典丛书(第一卷),1926年,1966年重印,第75页。

⑤ 修昔底德:《伯罗奔尼撒战争史》Ⅰ,18,1,罗叶布古典丛书(第一卷)1928年,1962年重印,第31页。

于没有法律和混乱的状态”[①]。对此，近代学者亦持比较一致的意见。我们虽然对混乱的具体状况和原因了解不足，但能够想象，至少其经济根源之一在于土地矛盾。亚里士多德曾在《政治学》中写道：“有些人认为对财产作出恰当的规定是最为重要的，因为他们说财产问题普遍是党派斗争的原因。”[②]可以认为，这段话也适用于早期斯巴达的内部斗争。普鲁塔克关于土地不均和财富集中的记叙大概正是这种情况的反映。然而古代斯巴达的一个历史特征是在社会制度和生活习俗各方面都存在着较多的原始社会的遗风。况且，公元前9世纪希腊世界的生产水平还比较落后，商品经济尚未得到发展。所以斯巴达的土地分化与集中的现象，不可能十分严重。从总的情况看，土地公有制在相当大的程度上保留下来了。普鲁塔克的有关说法似嫌夸张，可能使用了某些形容后期情况的语言。

第四，从公元前8世纪开始，斯巴达不断向外扩张，领土迅速扩大，土地制度和占有状况发生新的变化，曾不止一次地分配土地给斯巴达公民。普鲁塔克关于来库古和波里多洛斯曾平均分配土地的记述是有一定根据的。

自公元前9世纪末起，斯巴达发动了一系列的征服战争。首先，沿欧罗塔斯河北上，征服佩拉纳、塞拉西亚和爱吉斯的大片地方。波桑尼亚说，斯巴达两个王室的国王联合行动，“用武力占领了庇里阿西人的城市爱吉斯，并将居民卖为奴隶”[③]。随后，于公元前8世纪中叶，又沿欧罗塔斯河向南及东南发展，“攻陷仍然为阿卡亚人所有的庇里阿西人城市阿密克赖、法里斯和格让特瑞”。阿密克赖被并入斯巴达本部，成为第五个奥巴（村落或地方公社），居民享有斯巴达公民权。[④]法里斯和格让特瑞的居民逃亡，之后斯巴达向格让特瑞“派出他

① 普鲁塔克:《传记集·来库古传》Ⅱ，3，罗叶布古典丛书(第一卷)《传记集》,1914年,1959年重印,第209页。

② 亚里士多德:《政治学》Ⅱ，Ⅳ，1=1266^{a}37-39，罗叶布古典丛书,1944年,1967年重印,第111页。

③ 波桑尼阿:《希腊记行》Ⅲ，2，5，罗叶布古典丛书(第二卷),1926年,第13页。

④ 波桑尼阿:《希腊记行》Ⅲ，2，6,罗叶布古典丛书(第二卷),1926年版。

们自己的定居者”[①]。至公元前8世纪后期，斯巴达进一步向欧罗塔斯河口扩张，征服赫洛斯地方直达海边，当地居民被沦为斯巴达的国有农业奴隶希洛人。几乎同一时间，斯巴达还向西部扩张，先占领美塞尼亚的东南地区，在波埃萨、埃赫亚和特拉吉温三处殖民；然后通过第一次美塞尼亚战争，征服美塞尼亚，使当地相当多居民沦为向主人交纳一半收成的美塞尼亚的希洛人。公元前7世纪中期，经过第二次美塞尼亚战争，斯巴达镇压了美塞尼亚人起义，再次控制美塞尼亚全部地方。到公元前6世纪中叶，战败阿哥斯，兼并了提瑞蒂斯等地方。这样，斯巴达就统治了占伯罗奔尼撒半岛总面积约五分之二的南半部地区。

领土的急剧扩大，给斯巴达的土地占有关系带来了巨大的变化。斯巴达对新征服地区除阿密克赖外，主要采取两种处理办法：第一种是将全部土地直接吞并，归斯巴达国家所有，当地居民大部分沦为斯巴达国有农业奴隶希洛人，这种土地就是前述波里比阿所说的“公地”，如拉科尼亚的赫洛斯、美塞尼亚的斯坦尼克拉罗斯和提瑞蒂斯等地方。[②]第二种是将被征服地区变为所谓的“庇里阿西人城市”。这种地区土地不直接归斯巴达国家或公民所有，一般说来不向斯巴达交纳租税。[③]与此同时，斯巴达也侵占庇里阿西人的部分土地作为斯巴达“公地”，其中有一些质量较好但数量不太多的土地则被划归斯巴达国王所有，这就是前述的“在庇里阿西人城市的精选之地”。[④]斯巴达也向庇里阿西人城市殖民。殖民者可以是斯巴达人，如在拉科尼亚的格让特瑞和美塞尼亚东南部的波埃萨等地，也可以是投靠斯巴达的外邦避难者，如阿西奈人和诺普里亚人之于美塞尼亚南部两端的新阿西奈和美托奈。但这些殖民地区的地位属于庇里阿西人城市，殖民者的身份，无论原来是否为斯巴达人，大概也都变为庇里阿西人，而不是斯巴达公民。

---

① 波桑尼阿:《希腊记行》Ⅲ，22，6，罗叶布古典丛书(第二卷)，1926年版，第141页。

② 克里姆斯:《古代斯巴达》，曼彻斯特大学出版社，1949年版，1952年重印，第286页。

③ 汤因比:《希腊史若干问题》，1969年版，第189、204~206页。

④ 克里姆斯:《古代斯巴达》，曼彻斯特大学出版社，1949年版，1952年重印，第285~286页；汤因比:《希腊史若干问题》，1969年版，第206页。

对于“公地”，综合近代学者的说法，斯巴达采取了三种处理办法：其一，大致平等地分给斯巴达公民作为“份地”，耕种土地的希洛人亦随土地分给“份地”的占有者。普鲁塔克和波里比阿所说来库古，特别是波里多洛斯所分“份地”就属此类。其二，由斯巴达国家直接控制，土地收入归斯巴达国家所有，这包括分地之前的“公地”，或尚未分出之“公地”，或已分出但公民绝嗣又归国家控制的“份地”。[①]其三，由于土地贫瘠，产量不丰，仍由当地庇里阿西人即原来的所有者耕种管理，但向斯巴达上交一定数量的称为“茎”（stalks，希腊原文为kalame）的实物租税。[②]对于这三种“公地”的数量和实施时间，学者们因对斯巴达国内政治经济变革，即所谓来库古改革看法不同而异。

从公元前9世纪末至前7世纪末，斯巴达的国家和社会制度经历了巨大的变革，古代作家和大多数近代学者将这场变革集中于一个立法家和改革者——来库古之身。从社会经济方面来说，来库古改革的一项根本内容是：斯巴达公民由此变成了不事生产，专务军事训练，过共餐生活，拥有一块“份地”，靠剥削希洛人为生的“平等者”（equals，希腊原文为homoioi）。古代斯巴达公民实质上是国家武士，其特征为脱离生产劳动、专门从事军事训练和参加战争。而要做到这一点，就必须给他们“份地”，使他们能够通过剥削耕种“份地”的希洛人来维持生活，向共餐团交纳固定份额的食物，并保持公民资格。因此，波里比阿和普鲁塔克所说斯巴达公民被分配的一块大致相等的“份地”，是无可否认的。然而学者们对来库古改革发生的时间有不同看法，有一些主张来库古改革发生于公元前7世纪前期或后期的学者，认为直到第一次美塞尼亚战争结束后的前8世纪末，斯巴达始终没有对公民实行土地分配。

斯巴达的对外扩张是一个过程。斯巴达国家制度的形成与发展，及其社会

---

① 汤因比：《希腊史若干问题》，1969年版，第214~215页；米切尔前引书第212页；刘家和：《论黑劳士制度》，《世界古代史论丛》（第一集），生活·读书·新知三联书店1982年版，第190~194、207页。

② 克里姆斯：《古代斯巴达》，曼彻斯特大学出版社，1949年版，1952年重印，第286页。这仅是一家之言，不少学者不同意此说，有的将这种地算作庇里阿西人城市之地。

经济的变革与社会各集团之间的斗争，实际上也是一个过程，因此斯巴达的土地分配大概也相应地是一个过程。斯巴达之向外扩张，除了由统治阶级的侵略政策所决定外，也是人口逐渐增长、土地出现分化和相对不足的结果。前述斯巴达之向外殖民，正是人口相对过剩的反映。征服战争是由斯巴达的贵族和平民共同参加的，很难想象征服战争的大量果实只落入贵族之手，或全归国家掌握，而渴望土地的一般公民却一无所获。斯巴达征服战争之所以能够不断取胜，大概部分地是由于参加作战的普通平民的土地要求也得到了一定的满足。如果不考虑爱吉斯地区[①]的话，当阿密克赖作为第五个奥伯与斯巴达合并时，很可能有一部分斯巴达人或其他地方的人迁至该地，并分得一定土地取得公民权。至于被并为斯巴达“公地”的赫洛斯大片土地，就更可能分配给斯巴达公民作为“份地”，有的学者认为这就是来库古最初所分的“份地”，数额为4500份。[②]相传，波里多洛斯曾说：“当他（波里多洛斯——笔者）带兵出征美塞尼亚时，有人问他是否要去与自己的同胞作战。他说不，他只是向尚未分派的那部分土地进发。”[③]这说明，在此之前斯巴达已进行过土地分配，而第一次美塞尼亚战争的目的就是要夺取那里的土地分配给斯巴达公民。波里多洛斯“在斯巴达具有巨大的威信，在群众当中很孚众望”[④]，他大概如普鲁塔克所说在第一次美塞尼亚战争后，在斯巴达公民当中再次进行了土地分配。这也就是斯特拉波所记埃弗洛斯的说法——“拉凯第梦人分割了美塞尼亚”[⑤]。然而“处女之子”的密

---

① 爱吉斯居民既沦为奴隶，其土地也许有可能被分配。

② 克里姆斯：《古代斯巴达》，曼彻斯特大学出版社，1949年版，1952年重印，第424页；《希腊世界史》（英文本）第二卷，第58页。

③ 普鲁塔克：《斯巴达人语录·波里多洛斯》2，罗叶布古典丛书（第三卷），《道德论集》231，E，第389页。

④ 波桑尼阿：《希腊记行》Ⅲ，3，2，罗叶布古典丛书（第二卷），1926年版，第15页。

⑤ 斯特拉波：《地理》Ⅵ，3，3，罗叶布古典丛书（第二卷），1926年版。

谋[①]、波里多洛斯之被贵族谋杀[②]，以及提尔泰以《法律和秩序》为题的诗中所说美塞尼亚战争中一些斯巴达人“提出实行国家土地再分配的要求”[③]，都说明第一次美塞尼亚战争后土地问题仍没有得到彻底解决。很可能，在第二次美塞尼亚战争后，斯巴达又进行了一次土地分配。[④]

总之，我觉得，斯巴达的土地分配是逐渐进行的。在公元前9世纪末后大约二百年的时间里，随着国家领土的不断扩大和国内政治经济的发展，斯巴达公民曾不止一次地分得“份地”。

第五，直到公元前5世纪末，斯巴达的土地制度在本质上和根源上是以剥削国有农业奴隶希洛人为基础的土地国有制，但这种国有制已在不同的程度上遭到破坏；另一方面，土地私有制开始产生和发展，但在不同的程度上受到限制。到公元前4世纪，斯巴达的土地国有制迅速遭到破坏，私有制则急剧发展。

从公元前6世纪中叶开始，斯巴达停止征服战争，其对外政策由直接扩充领土转为通过结盟来控制邻邦和掌握伯罗奔尼撒半岛以至希腊世界的霸权。这时斯巴达的领土主要分两大类：斯巴达直属国土和庇里阿西人城市。斯巴达直属国土又分斯巴达本部和本部外地区两种。斯巴达本部由斯巴达最早的所在地（包括庇塔奈等四个村落或奥巴）和后来合并的第五个村落或奥巴阿密克赖组成，是斯巴达公民的居住地和活动中心，即斯巴达政权的所在地。斯巴达本部外地区是斯巴达在对外征服过程中吞并为斯巴达国家直接所有的地区，那里有斯巴达公民的“份地”，但主要由希洛人居住和耕种。庇里阿西人城市大约有一百个，这些土地比较贫瘠，多在山区或海边，可耕之地较少。庇里阿西人身份

---

① 斯特拉波:《地理》Ⅵ，3，3,罗叶布古典丛书(第二卷),1926年版。其中说处女之子若对殖民地不满意,可回来再分美塞尼亚的土地。

② 波桑尼阿:《希腊记行》,Ⅲ，3，3,罗叶布古典丛书(第二卷),1926年。

③ 亚里士多德:《政治学》Ⅴ，Ⅵ，2=1306[b]□37-1307[a]，2，罗叶布古典丛书,1944年版,1967年重印,第413页。

④《希腊世界史》(英文本)(第二卷),第231页;汤因比:《希腊史若干问题》,1969年版,第221、223~226页;刘家和:《论黑劳士制度》,《世界古代史论丛》(第一集),生活·读书·新知三联书店1982年版,第185页。

自由，享有一定的地方自治权，但无军权、外交权和拉凯第梦国公民权，必须为斯巴达政权服兵役。庇里阿西人基本上不向斯巴达政权交纳租税，其土地不直接由斯巴达国家或公民控制管理。似乎可以说，庇里阿西人城市的土地占有权及一定的所有权归庇里阿西人享有，但最高的统治权和最终的所有权则属于征服者斯巴达国家。庇里阿西人的土地是否分为“份地”？学者们意见不一。伊索克拉特的《泛雅典娜节演说》和普鲁塔克的《来库古传》，都说斯巴达人曾给庇里阿西人统一分配土地。在公元前3世纪中叶，斯巴达国王阿基斯曾计划，后来克里奥美尼曾实行，给拉科尼亚的庇里阿西人分配“份地”。我觉得，这些记述和行动不是完全捕风捉影、毫无根据，反映了庇里阿西人城市存在着“份地”这一事实。很可能，在被斯巴达征服前，庇里阿西人城市（不管是迁入的多利亚人的，还是原来居民的）已有过最初的土地分配。斯巴达加以殖民的庇里阿西城市，也可能在殖民者之间曾进行土地分配。至于斯巴达国家或来库古为所有庇里阿西人统一分配土地，这不太可靠。因为斯巴达对庇里阿西人城市的征服是一个过程，即使分配份地，也只能是逐步的，而不是统一的。况且斯巴达不直接控制管理庇里阿西人的土地，庇里阿西人有一定的地方自治权，又不是专业武士，斯巴达没有必要一定给庇里阿西人进行土地分配。庇里阿西的土地由谁耕种？庇里阿西人的地位低于斯巴达公民，不脱离生产劳动，因此是其土地的主要耕种者。但庇里阿西人的内部也有分化，有一些人身份比较高贵，拥有较多产业，成为随斯巴达出征的庇里阿西人重装步兵的主力。

学者们对庇里阿西人城市有无希洛人存在不同看法。我觉得，如果认为希洛人的最早起源与多利亚人入侵有关，则以多利亚人为主的那些庇里阿西人城市在被斯巴达征服前可能已有最初的希洛人。如果认为希洛人只产生于斯巴达人的征服，则被征服的庇里阿西人就不可能拥有希洛人。无论如何，有一些材料说明庇里阿西人拥有私人奴隶。例如，吉提翁地区的科马罗山上刻有公元前5世纪的禁止任何自由人或奴隶采石的铭文，这说明当地有奴隶，而有的学者认为吉提翁属于庇里阿西人城市。又如，塔纳隆的波塞冬神殿中有公元前5至前4世纪之间属于庇里阿西人的五块刻有解放奴隶铭文的石碑。

探讨斯巴达直属国土的土地制度时，所遇到的巨大困难在于如何解释清楚一些互相关联，但含意不甚清楚和具体的名词概念，如“公地”“份地”“古代份地”“在庇里阿西城市的精选之地”等。

首先，我们考察“公地”和“份地”这一对名词及其相互关系。在现存的古代史料中，“公地”一词见于波里比阿的《历史》，也可能是埃弗洛斯已使用了这一术语。从字义来说，“公地”即“城市之地”或“公民们之地”，这说明“公地”的性质是城邦所有的，或公民们集体所有的。“所有的人都必须占有公地的相等的一份”，说明“份地”是由国家规定平等的分给公民的“公地”。但是波里比阿的话只到此为止，没有进一步说明“公地”的范围及其起源与发展，也没有说明分出后的“份地”与公民及“公地”的关系。

前面已经说过，斯巴达的土地分配可分两大阶段。公元前10世纪时，作为多利亚人一支的斯巴达人开始在斯巴达本部定居下来，占领了当地的土地，并在氏族部落成员之间进行了最初的土地分配。我觉得，这最初占领的土地，似乎是最早的“公地”（但这只是氏族或农村公社的“公地”，而不是国家的“公地”）；而最初分配的每份土地，则是最早的“份地”（但这只是氏族或农村公社成员的“份地”，而不是公民的“份地”）——这种情况是原始社会后期土地占有制的继续。从公元前9世纪末起，斯巴达在国家形成和发展的过程中不断向外扩张，直接并吞新的土地成为国家或公民们的“公地”；又不止一次地将“公地”分给公民个人作为“份地”——这种情况是尚未完全破坏的公有制在新形势下的发展。可以认为，斯巴达的“公地”有广义和狭义之分。广义说来，斯巴达的直属国土，包括斯巴达本部和本部外地区都是“公地”；因为这些土地都是斯巴达人与国家或早或晚所征服和直接吞并的土地。狭义说来，则专指未分作“份地”的那部分直属国土，或虽分出，但又由于公民绝嗣或其他原因而交回国家的“份地”，这种土地直接由国家控制管理，其性质无疑是国有或公有的。

普鲁塔克对“份地”与公民及“公地”的关系作了具体补充。他在《来库古传》中指出，每个公民的男婴出生后经检查合格，即被部落长老分派9000份地之一。“九千份地之一”说明，被授予的不是未分配的“公地”而是已分出的“份地”。问题是要弄清楚每个男婴被分派的“份地”与其父之“份地”的关系。普鲁塔克在《阿基斯和克里奥美尼传》中说：“父亲将遗产留给其子。”因此，斯巴达的“份地”实行着子承父业的原则。但这不是简单的继承，而要通过国家来正式分派。这正好说明斯巴达的“份地”不但在根源上即最初是分配的“公地”，而且分配后在本质上仍属于“公地”，由国家所有。公民是“份地”的占有者，而不是所有者。在原则上，斯巴达的“份地”是不可分割的，实行单一继承人制，主要由长子继承。若生数子怎么办？有可能，国家也给次子以下分配国家手中尚掌握的“公地”。另外，斯巴达流行着兄弟共妻制，因而也可能兄弟共同掌握其父的一块“份地”。当然，在实际上也会出现亚里士多德所说“土地也相应分割”，从而“出现许多穷人”的结果。而没有足够的土地，不能向共餐团交纳固定份额食物的人，就不能获得或继续保有公民资格，成为“次等者”（inferior， 希腊原文为hypomeiones）。

其次，再考察“古代份地”和土地可否买卖与转让的问题。斯巴达的“古代份地”一词见于赫拉克利德的《论政制》（本句可能来自亚里士多德的《拉凯第梦人宪法》），其中写道：“对于拉凯第梦人来说，出售土地是被认为不光彩的，而对于古代的份地甚至是非法的。”此外，亚里士多德在《政治学》中曾说：“立法者使出售家庭的现存产业成为不光彩的行为……但他准许通过馈送或遗赠任意转让土地的自由。”仔细分析不难看出，出售“古代份地”是非法的；而出售其他的土地产业则只被认为是“不光彩的”，即仅在社会习惯和舆论上被认为“不好”，而不是在法律上遭到禁止。这里并没有说明“古代份地”可否赠送或转让，但将两段引文加以对比并联系《政治学》来看，斯巴达的土地财产（包括“古代份地”在内）似乎都是可以“通过馈送或遗赠而任意转让”，其实施时间则在来库古之时，即不晚于公元前8或前7世纪。

然而普鲁塔克在《阿基斯和克里奥美尼传》中却说，是公元前4世纪的一个监察官埃庇塔戴提出并通过允许公民转让土地的法律的。埃庇塔戴此人虽不可考，但此事很难说是凭空捏造的。这就使我们在土地能否转让这个重要问题上，在亚里士多德和普鲁塔克之间进退两难，不易取舍。琼斯提出了一个变通办法：亚里士多德所说的是公民在无子时可任意馈送或遗赠土地；而埃庇塔戴所通过的法律是即使有继承人存在，也允许人们转让土地。这样一来，亚里士多德和普鲁塔克的两种说法勉强统一了起来，而且大大缩小了直到公元前4世纪初斯巴达公民在转让土地方面的范围。然而即使这样，我们也可以看出，斯巴达的“份地”已非纯粹国有或公有，其中“古代份地”虽禁止买卖，但至少在绝嗣情况下可以自由馈送和遗赠，而其他土地产业甚至连买卖也未明令禁止。应该说，斯巴达的土地国有制已在不同程度上遭到破坏，而土地私有权则在不同的程度上发展起来。

那么斯巴达的“古代份地”究竟位于何处？所谓古代究竟是什么时间？这是一个几乎无法解决的问题。古代史料既未明确说明，近代学者也莫衷一是。我想，如果一定要划出一条界线的话，也许可以说，直到征服拉科尼亚时所分的“份地”都属古代份地，而其后如美塞尼亚战争后分配的“份地”则是其他的土地财产。

最后，我们来考察“精选之地”和斯巴达土地财产是否平等的问题。斯巴达的“平等者”无论在经济还是政治上，都不是真正平等的。前面已经说过，即使在最初给氏族部落成员分配份地时，军事首领和氏族部落的贵族已可能分得或获取更多的土地。及至对外征服战争中，在吞并庇里阿西人土地作为公地的同时，斯巴达国王还占取了“在许多边区居民城市的足够的精选之地”。可能斯巴达贵族与国王一样，在庇里阿西人地区也特别占有额外的土地。应该说，国王和贵族所占有的这些土地，不但在数量上超过了一般公民的“份地”，而且似乎在性质上也更多地具有私有财产的味道。在斯巴达本部，如普鲁塔克《来库古传》所说，土地财产早就开始分化。有的学者甚至夸张地认为，那里实行着土地私有制，大土地所有者雇用没有土地的斯巴达人来耕种他们的产业。我们还知道，斯巴达的一些富户热衷于养马，积极参加奥林匹亚和其他赛会上的马车比赛，并曾多次取得优胜。这是斯巴达公民当中贫富分化的又一例证。

斯巴达土地财产分化和集中的渠道是多方面的。不但国王和贵族能在征服战争中多占土地，而且地产可以通过馈送、遗赠、嫁妆、嗣女婚姻、充当养子和负债抵押等各种方式集中到少数人手里。亚里士多德还特别指责斯巴达监察官容易受贿的弊端。监察官的腐化堕落，不但使他们自身发财致富，也为他人谋取土地财产大开方便之门。

总之，斯巴达的土地私有制和土地财产的分化与集中的现象，在公元前5世纪之前已逐步发展起来，但是在土地国有制尚占上风的情况下受到抑制。而到伯罗奔尼撒战争结束，以及前371年斯巴达战败失去美塞尼亚后，斯巴达的土地制度发生了急剧的变化，土地国有制瓦解，私有制迅速膨胀。

本文原刊载于《历史研究》1983年第6期。

本文作者：

王敦书，1934年生，福建福州人。南开大学历史系教授，博士生导师。1955年毕业于北京大学历史系，1956年任武昌建筑工程学校教师。1957年为南开大学历史系世界上古中古史副博士研究生，师从著名史学家雷海宗，后留校任职，1978年后，从事世界古代史教学科研工作，主要研究古希腊罗马史，兼及中西文化与史学，2005年退休。治学以来，在相关研究领域取得了一系列显著的学术成就，是我国著名世界史研究专家，并在国际上享有声誉。兼任中国世界古代中世纪史研究会理事长，东北师范大学世界古典文明史研究所名誉所长。第八、九届全国政协委员。

关于马丁·路德评价的几个问题

——纪念马丁·路德诞生五百周年

于　可

近年来，西方学术界出现了“路德复兴”的热潮，然而对马丁·路德的评价却依然众说纷纭，莫衷一是。笔者就马丁·路德评价中的几个主要问题作了探讨，认为马丁·路德在德意志宗教改革运动中提出了划时代的、以“唯信得救”为中心的神学思想和以维护民族独立为核心的爱国政治纲领，把两者有机地结合在一起，为运动提供了理论武器和目标，并在实践中坚持到底，对运动的进展和取得成果作出了应有的一份贡献。尽管马丁·路德由于时代局限性，存在着弱点与污点，但他的功绩是长存的。马丁·路德不仅是一位划时代的宗教改革家和实践家，也是早期资产阶级民族主义的政治思想家和爱国者。

马丁·路德（1483—1546年）是西欧宗教改革史上一个重要而又有争议的历史人物。20世纪西方学者对路德作了大量的深入研究，作者众多，论著丛出，被称之为“路德复兴”。但是在研究中，由于他们的宗教派别、历史与民族的差异而影响了各自的研究兴趣与评价，在认识上的分歧颇大，从褒之为民族英雄、世界性历史人物、教会之父到贬之为狂郁性精神病人；从誉之为基督教三大伟人之一，到毁之为叛教者、魔鬼蛇蝎……不一而足。①近年来，我国学术界亦发表了一些评价路德的论文和著作，在认识上也不尽一致。综合国内外的讨论情况，其中争议较大而又较为重要的问题有三：

一是路德宗教改革思想的时代性及评价。这一争论最初是由德国史学家恩斯特·特勒尔奇和卡尔·霍尔先后发表专著，对路德的思想评价及其时代性的

① Harold J. Grimm, Luther Research since 1920, *The Journal of Modern History*, Vol. XXXII, p. 105；于可：《二十世纪西方史学界的“路德复兴”》，《世界史研究动态》，1982年第6期。

不同意见引起的。[①]特勒尔奇认为，路德的思想和改革仍属中世纪范畴，因为他提出的与试图解决的依然是中世纪的问题。“路德不过是以新的宗教观点作为中世纪的基础和调整力量而已。”近代史的开端应始于启蒙运动。他还认为路德的改革思想与经济变动无关，只不过是“利用宗教改革前的反对派、神秘主义，以及后期经院派的唯名主义等所主张的学说……把中世纪的教条、教会观和伦理等，转移到保罗那以信仰和精神、恩典和基督为中心的宗教上”[②]。第一个著文反对其观点者为霍尔。他运用20世纪初新发现的路德早期思想的材料集中研究了青年时代的路德，发表了《教会史论著汇编》，其中第1卷为《路德》，此卷中的重要论文是《宗教改革的文化意义》。该文认为，路德的“唯信得救论”与教会观、伦理观具有革命的性质，在思想史上开辟了一个新的时代，因为他发现了上帝与人的新关系，提出了与过去不同的新观念，因而他是一位有创造性的、系统的神学家。[③]霍尔的观点激发了许多学者的兴趣，引起了争论，推动了并且较长时间影响着德国和其他西方国家的路德研究。这一争论在我国学术界亦有所反映。我国史学工作者对路德所处的时代，意见是一致的，但是对路德改革思想的评价存在着分歧：他仅仅是重弹过去市民改革的旧调，还是具有时代的特点有所创新；是仅仅接受前人的观点，还是划时代的宗教改革家。

二是对路德的政治评价。西方学者对路德的政治思想与纲领，以及在宗教改革中的政治态度议论较少，而我国史学界对此相当重视。因为这是对路德全面评价的一项基本内容。目前存在的主要分歧是：从政治角度观察，如何估计他在宗教改革中的功过与作用，以及如何认识他依靠诸侯和反对农民战争的政治态度。

---

① 特勒尔奇（Ernst Troeltch，1865–1923），德国史学家、社会学家和哲学家，柏林大学教授。他的代表作为《宗教改革对近代世界形成的意义》和《基督教教会和团体的社会学说》，中译本书名为《基督教社会思想史》。霍尔（Karl Holl，1886–1926），德国教会史学家，杜宾根大学与柏林大学教授，柏林大学校长，其代表作为《教会史论著汇编》。

② 特勒尔奇：《基督教社会思想史》，1976年，第270、280、281页。

③ Harold J. Grimm，Luther Research since 1920，*The Journal of Modern History*，Vol. XXXII，p. 105.

三是路德的神学政治思想对当时和后世的影响程度和范围。这一问题在德国史学家中存在不同看法。从德意志帝国的建立到第一次世界大战期间，德国大部分史学家着重强调路德对德意志民族的贡献，将其视为民族英雄，对他的世界影响涉及较少。特勒尔奇甚至认为，路德的神学政治思想“不能超出他的发源地”[①]。但第二次世界大战后，多数德国史学家认为路德是一个世界性人物。格哈特·黑特发表《宗教改革的世界作用》一书，强调宗教改革应视为欧洲史的一个历史时期，突出德意志民族对西方文明的贡献，认为路德是一位世界性历史人物。我国史学界对此问题涉及不多。

这三个主要问题涉及路德的改革思想和实践、政治态度、功过、作用与影响，对此作进一步的探讨，将有助于全面了解、评价路德这位历史人物，也有利于宗教改革史的深入研究。为此，本文欲就这三个问题作一初步分析，发表一孔之见，就教于史学界诸学者。

一、马丁·路德是划时代的宗教改革思想家和实践家

15世纪末和16世纪初的德意志是封建制度日趋瓦解、资本主义勃兴的时代，也是罗马教廷加紧对德意志的政治控制和经济剥削、促使德意志民族与教皇的矛盾日益加深、反抗罗马的民族矛盾日益成为主要矛盾的时代。

马丁·路德正是在这一历史环境中度过了他的幼年和青年时代。他于1483年11月10日[②]出生在艾斯勒本城的一个矿工家庭。1484年初夏，全家迁至曼斯菲尔德。此后其父上升为冶铁炉承租人，步入市民等级，并当选为市议员。1497年路德就读于马格德堡共生兄弟会主办的学校和埃森那赫学校，受到流传于德意志的神秘主义的影响，[③]为其后来的宗教改革思想起到了启蒙作用。1501

① 特勒尔奇:《基督教社会思想史》,1976年,第343页。

② 关于路德生平的年代,本文均根据Roland H. Bainton, *A life of Martin Luther, Here I Stand*, London, 1950。

③ H.Grimm, *The Reformation Era 1500-1605, Mysticism*, New York, 1973, pp. 47-49.

年他考入爱尔福特大学文科，1505年获文学硕士学位。该校是德意志人文主义“最重要的中心之一”[①]，他曾与该校的人文主义者有所接触，受到一定的影响，[②]从而为宗教改革奠定了思想基础。1505年7月，路德入爱尔福特奥古斯丁修院。1507年5月被授予神父职，后入维滕贝格大学修神学，1512年获神学博士学位，任该校教授，曾主讲《诗篇》《罗马书》《加拉太书》等课程。1515年他兼任奥古斯丁修院区牧，管理所属十一所修院，直至宗教改革运动爆发。

据西方路德学者研究，路德的革命性神学思想“唯信得救论”早在1510年已开始产生。该年11月路德曾往罗马，目睹罗马教会的腐败黑暗，“据传说，他在罗马产生了‘唯信得救’的萌芽”[③]。后来，他深入研究了《新约全书》，特别是《罗马书》，经过苦思冥想，终于悟出了人与上帝的新关系：“凭借信仰，仁慈的上帝使我们称义（即得救——笔者）。”“最近的研究表明，这一概念出现于路德的早期演讲录中。”[④]

1517年后，路德在德意志民族各爱国阶级与阶层的支持和群众运动的推动下，经过坎坷的道路，顶住了教皇施加的种种威逼利诱。随着运动沿上升的路线发展，他对改革的认识不断提高，并有一个发展过程。本来，路德张贴《九十五条论纲》无意与罗马教皇分道扬镳，更无意建立新教，但教皇及其部下对他的压力与迫害，使他逐步认识到，欲使罗马教皇自行改革，无异缘木求鱼，遂于1520年12月10日，采取断然的“革命行动”，当众焚毁了教皇开除其教籍的训令，以示与其彻底决裂、破釜沉舟之决心，并于同年连续发表了《论善功》《罗马教皇权》《致德意志基督教贵族的公开信》《教会的巴比伦之囚》《论基督教徒的自由》五篇重要著作。他在继承前人成果的基础上，根据多年圣经研究的心得与宗教经验，系统地提出了革新的教义。其要点是：唯信得救、圣经是

① H.Grimm, *The Reformation Era 1500-1605, Mysticism*, New York, 1973, p. 60.

② 关于路德受人文主义影响的程度，史家其说不一。请参阅弗兰茨·梅林：《中世纪末期以来的德国史》，1980年，第34页。

③ *The New Cambridge Modern History*, Vol. Ⅱ The Reformation, 1958, p. 72.

④ *The New Cambridge Modern History*, Vol. Ⅱ The Reformation, 1958, pp. 73-74.

最高权威、“平信徒皆为祭司”、基督是教会的最高元首。他的这些思想具有新的内容与特点。

第一，其宗教思想的核心——“唯信得救论”，不同于保罗和勒费弗尔（1455—1536年）的“因信得救论”，而具有新时代特点。“因信得救”（Justification by faith）这一概念最早起源于《新约·罗马书》。[①]保罗强调，信仰的目的在于反对当时流行的犹太教律法“割礼”，主张应打破民族界限，不分割礼与非割礼，凭借信仰基督即可得救。[②]16世纪法国人文主义者勒费弗尔于1512年在其所著《保罗书信注释》一书中强调“因信得救”，否认“善功”[③]与得救有任何关系。他在《哥布林前书》第八章注释中说：“对上帝谈论善功几乎是渎神……我们能借善功得救的见解是谬误。这连犹太人都特别谴责过。我们仅寄希望于神的恩典。”[④]他虽然强调了“因信得救”，反对善功得救，抨击了天主教会的神学思想，但他并未进一步提出新的解释，也未付诸实践，而且他“至死没有离开旧教会的怀抱”[⑤]。路德在此基础上提出“唯信得救”（Justification by faith Alone），[⑥]在《论基督徒的自由》中，他说：“灵魂得救不因任何行为，仅由于信仰”，“你可以通过这信仰而成为新人，使你一切的罪都得到赦免”。意即仅依靠信仰，而不是依靠其他任何行为或天主教神职人员主持的圣礼，就可以得救，使精神得到最大的愉悦和满足，成为无罪的、自由的人。他还提出产生信仰的唯一依据是《圣经》，每个人都可在阅读、理解和解释《圣经》的基础上，产生对基督的信仰，从而得到解脱与上帝的恩宠。他的这一崭新的简明教义，提出了新的“上帝观”，使人与上帝之间建立了一种新的直接的

---

① 《罗马书》，1978年，第3章第28节，第1272页。官话和合本《新旧约全书》译为“因信称义”，1949年后，我国史学界一般译为“因信得救”。

② 《罗马人书》，1978年，第3章，第28~30页。

③ 即罗马天主教会规定的做“好事”，包括念经，祷告，望弥撒，禁食、斋戒，施舍，购买赎罪券，食奶油许可状、享受弥撒惠益状，朝圣等项。

④ P. Smith, *The Age of the Reformation*, New York, 1955, p. 53.

⑤ G.F. 穆尔：《基督教简史》，1981年，第226页。

⑥ H. Grimm, *The Reformation Era 1500-1605, Mysticism*, New York, p. 112.

关系与联系。任何个体的人均可通过自己对《圣经》的理解、解释，产生信仰，从而得到精神上的慰藉，满足宗教需要。因此，这种新的上帝观彻底推倒了压在信徒身上的、横在信徒与上帝之间不可逾越的大山——中世纪的罗马教会及其神职人员。同时，它从根本上批判了罗马教皇赖以维护封建制度及其特权地位的三大理论武器：教皇最高权威论、圣礼得救论、教士特权论。[①]打碎了罗马教会强加在人们身上的枷锁，把信徒从封建宗教的桎梏中解放出来，使以教皇为代表的教会及其神职人员成为赘疣。更为重要的是它在一定程度上肯定了人的地位与作用，以及人的思考和意志，将人的个性体现于信仰之中，因而是人文主义思想在宗教领域中的具体反映。

第二，路德的宗教改革思想有别于中世纪改革家的主张。被称为宗教改革的晨星与先锋的威克里夫与胡斯早在14、15世纪就已进行过宗教改革。他们把矛头指向罗马教皇，主张以《圣经》为本；基督是教会的元首，信众是教会的中心；世俗与属灵的职位均为上帝派遣，教会无权向国家征税；使用民族语言传教；反对教会拥有财产；脱离罗马教皇，建立民族教会等。路德对此倍加推崇，并受到深刻影响。但是中世纪神学与近代资产阶级神学的根本不同点在于：是把《圣经》作为教会的法律消极照办，还是将其作为个人产生信仰的唯一依据。威克里夫与胡斯虽然反对当时教会的腐化，尊崇《圣经》，但他们的神学思想“仍属于中世纪时代”。因为他们把“圣经视为教会的法律”，“信仰在其思想上的地位并不比罗马教会高”。[②]他们只主张人人可以阅读《圣经》，而不主张人人可以解释《圣经》，因而不能从根本上解除罗马教皇的武装；路德的改革思想则不同，它是以信仰为中心，集中世纪宗教改革之大成，以“唯信得救”为基础，系统地提出了全面改革的主张。其主张具体包括逐罗马教皇的政治、经济

① 其主要论点是天主教会和神职人员是人与上帝之间的中介，只有通过他们主持的圣礼才能与上帝交通，得到神恩。因此，神职人员是“属灵”的等级，高于世俗人士，而教皇则是上帝在人间的代表，是教会和万民的最高领袖。

② Williston Walker, *A History of the Christian Church*, Third Edition, 1969, pp. 269, 274.

势力于国土之外；建立德意志民族教会；取消教廷最高司法权，实现司法独立；取消教皇出卖神职的权力，实现教会组织独立；废除教皇施特恩的权力，教皇除负责传教外，其他应服从皇帝；禁止到罗马朝圣；减少教堂、修道院；简化与减少圣礼与节日；[①]以《圣经》取代经院哲学；神职人员可以结婚；废除罗马教会旧法规等。[②]因此，他的改革思想不仅接受了前人的观点加以发挥、集中了市民阶级长期以来对廉俭教会的要求，而且还具有新时代的内容与特点，成为近代宗教改革的鼻祖。

第三，路德还提出了“平信徒皆为祭司”的平等思想，以反对罗马教会的“属灵”“属世”的划分和封建教阶制。在《论世俗的权力》和《致德意志贵族的公开信中》，他说：“基督徒都是属灵的等级，在他们中间，除职务不同外，没有其他差别”，神职“乃是一种服务与职分……并不比别的基督徒高贵或优越”。推选出的神职人员若“因行为不端而被革职，他就和以前没有任职一样。所以基督教会的神父，无非是执行公务的职员，当他在职时，他有优先权，一旦被革职，他就和其他人一样，仍是农民和市民”。他进而推论出世俗的平等，认为不论贵族、市民、农民均无高低贵贱之分，地位平等，具有同样的权力。“世俗掌权者也是一样，他们不过是受了委托，拿刀和杖，惩罚罪人，保护善人，一个皮匠、铁匠、农民各有各的工作和职务，他们也都是受圣职的神父和主教。”其中反映了资产阶级的平等要求和新时代的宗教特色。

综上所述，路德适应时代的需要，代表新兴的市民资产阶级，系统地提出了以“唯信得救”为基础的全面改革思想。他强调人人均可阅读、思考、理解与解释《圣经》，突出了宗教信仰中的个人作用，在宗教领域中强调了人的因素，将人文主义寓于神学思想之中，因之在理论上彻底解除了教皇的武装，摧毁了他维护封建制度的理论支柱，使罗马教会及其神职人员成为“失去了咸味

---

① 仅保留洗礼与圣餐两项圣礼，并加以简化；废除次要节日，或与礼拜日合并。

②《致德意志基督教贵族的公开信》第二部分：《提交会议讨论的弊病》和第三部分：《改革的建议》第27条，《路德选集》上册，1968年，第174~238页。

的盐”[①]。加之他将其改革思想付诸实践，在农民战争失败后，全力投入《圣经》的译注工作，同时制定路德宗的教规与信条，使德意志大部分地区摆脱了教皇的控制，确立了新教信仰，第一个成功地建立了改革派教会。路德宗的新教会虽然一度被封建诸侯控制，但他的改革思想和实践毕竟反映了历史的转折与资产阶级的兴起，在基督教发展史上开辟了一个新的资产阶级的时代。因此，他的改革思想并非属于中世纪范畴，也不是没有什么新的东西或仅仅是接受前人的观点，而是一位划时代的、系统的宗教改革思想家和实践家。

二、马丁·路德是早期资产阶级民族主义的政治思想家和爱国者

德意志宗教改革运动始于1517年路德贴出《九十五条论纲》，止于1555年奥格斯堡和约的缔结，历时38年。[②]基本上可划分为两个阶段：第一阶段（1517—1525年）为运动的兴起和发展阶段。1517年路德点燃了德意志民族反对罗马教皇的怒火，在群众的支持下，运动迅速从宗教神学领域扩大到政治经济领域。路德也从与教皇藕断丝连发展到1520年与教皇公开决裂，提出以“唯信得救”为核心的宗教纲领和以反对罗马教皇、民族独立为核心的政治纲领，将德意志各爱国阶层充分发动起来。第二阶段（1525—1555年）为运动的高潮与分裂并演化为宗教战争的时期。1525年的农民战争，把运动从反对国外的封建势力，扩大到反对国内的封建制度。由于运动的深入和路德本人地位的变化，他反对并攻击农民战争，在政治上进一步投靠诸侯，改革思想趋于保守，向单纯的神秘宗教方向发展。1526年以后，他主要致力于《圣经》的译注和借助诸侯、自上而下地进行路德宗的建立与建设工作，直至1546年去世。

根据宗教改革的全过程，我们如何从政治上评价路德的功过是非？在过去的评价中，有一种意见认为：他对运动的贡献仅仅是起了引发、点火的作用，对于他后来的活动，则是侧重于申明反对农民战争的政治态度，因而认为他只

① *The New Cambridge Modern History*, Vol.Ⅲ, 1968, p. 45.

② *The New Cambridge Modern History*, Vol.Ⅱ, 1958, p. 2-3.

是起到了“叛徒”的作用。笔者认为，根据目前所见到的史料说明，除明确他点燃了宗教改革运动的功绩外，尚需进一步评价其贡献，对于其反对农民战争的态度，也还需作具体分析。

第一，他提出了切合社会历史实际的政治纲领。1520年，路德在五篇重要著作中，不仅提出了划时代的新教神学思想，而且把对罗马教会的批判与政治、社会和经济的要求联系起来，提出了以反对罗马教皇、实现民族独立为核心的爱国政治纲领。其要点有三：一是依靠德意志帝国的皇帝、诸侯贵族，使用其暴力，将罗马教廷的政治、经济势力拒于国土之外，实现真正的民族独立。这是他纲领的核心。二是逐教皇势力后，实现三项独立，即君权独立，政教分离；司法独立；教会独立，与罗马断绝一切关系，包括政治、经济、组织诸方面，建立民族教会与廉俭教会，以达民族独立之目的。三是实现三大平等，即取消教阶制，实现教俗平等；世俗平等，包括贵族与市民、农民的政治平等；信仰平等。[①]路德这一纲领的提出，极大地鼓舞了德意志各爱国阶级与阶层，将运动大步向前推进。与此同时，路德也从普通的神职人员和教授跃居为德意志民族的代言人，成为欧洲举世瞩目的人物。[②]他之所以得到众多的拥护，关键在于其纲领抓住了德意志民族当时面临的主要矛盾，切合历史实际。

16世纪初，德意志的工商业，特别是采矿、冶金、纺织、手工艺等行业有了较大的发展；但较分散，仅形成一些地区性的中心，彼此缺乏联系，国内交通也只限于沿海、内河航运和几条商道。这一经济状况造成政治上的分散，并且决定了在阶级关系上地方诸侯的经济、政治势力强大，王权衰落，市民阶级相对软弱。因此，当时的德意志虽然具有爆发“欧洲第一号资产阶级革命”的形势，却未具备取得资产阶级革命胜利的条件。尽管社会下层群众已经行动起来，迫切要求反对国内封建制度，但资产阶级革命胜利的关键在于资产阶级成

① 详细材料与内容请参阅于可《马丁·路德早期政治思想初探》第三部分，《世界宗教研究》1983年第2期。

② Hans T. Hillerbrand, *The World of the Reformation*, 1975, p. 1.

熟的程度。当时的客观条件比较成熟的只是德意志民族摆脱罗马教皇的压迫，维护民族独立的革命运动。

罗马教廷在15世纪后，由于英、法、西诸国王权加强，逐步摆脱了教皇的控制与干涉，因而集中力量加紧对分裂割据的德意志进行经济剥削与政治控制，使德意志民族处于屈辱和依附的地位。罗马教会不仅控制着德意志一半的土地和许多重要城市，而且教会的主教由罗马教皇任命，德意志人民被迫向罗马缴纳大批苛捐杂税，整个德意志成了“教皇的奶牛”。德意志皇帝也须由教皇加冕，必须吻教皇的脚，并为教皇扶缰绳。因而激起了德意志各爱国阶级和阶层的普遍不满，反抗活动屡兴不绝。德意志民族同以罗马教皇为代表的封建教会的矛盾一度成了德意志社会面临的主要矛盾。但是教皇的统治不同于一般世俗的统治者，他是以“基督在世的最高代表”“教会的最高权威”面目出现的，如不首先剥掉其神圣外衣、摧毁其理论支柱，就不能有效地战胜他，达到民族独立的目的。所以这次运动既有精神的内容，又有物质的内容；既需要宗教神学的革新，又有具体的政治、经济方面的要求。对于披着神学外衣的敌人，只有从神学开刀，才能有效地战胜他。而路德抓住了主要矛盾，巧妙地把宗教的与民族的内容有机地结合在一起，将各种反对罗马的社会运动联系起来，从改革宗教入手，实现以反对罗马教皇、维护德意志民族独立为核心的政治纲领，因此他反映了社会各阶层的心声，得到拥护，把运动迅猛地向前推进。

第二，路德坚持了爱国的政治纲领。在同罗马教皇决裂以后的改革进程中，路德表现出坚韧不拔的革命精神与不屈的性格，尽管在1526年以后，由于对诸侯的依赖，他在国内问题上有所让步和妥协，但在反对罗马教廷、争取民族完全独立方面始终不渝，坚持到底，至死不变。在16世纪初，他以大无畏的精神敢于向通天贯地的庞然大物、西欧的太上皇提出挑战，向罗马教皇发出了革命的第一枪。敢于在太岁头上动土，如无革命的英勇气魄和胆量是不可能做到的。在革命的过程中，他逐渐提高了认识，于1520年毅然与教皇决裂，公开焚毁教皇开除其教籍的教谕。同年，他发表了革命性宗教思想和爱国政治纲领，并坚持到底。1521年在沃姆斯帝国会议上，查理五世和天主教诸侯要求路德放弃他的主张，路德坚决拒绝，并且强硬声明说："我坚持这一学说，绝无改变！"[①]此后，在1530年《奥格斯堡信条》和1538年出版的《施马加登信条》中，路德继续坚持了其宗教的和民族的观点，后者是他亲自起草和制定的信条，是路德脱离罗马教会的正式宣言。信条中全面坚持了他以"唯信得救"为基础的教义、组织、仪式。他说："我们不能靠任何行为、法律或功德称义，那么显然唯有这信才能使我们称义"[②]，并认为"教皇无非是魔鬼本身，因为他违反上帝，推行他的弥撒、炼狱、修道生活、善功和崇拜各种虚假（教皇制度便正是建立在这些虚假上面）"，"教皇"便是"敌基督者"，[③]在其去世前的十个月，1545年3月25日，他还发表了《反对魔鬼所建立的罗马教皇统治》一文，坚持其宗教的和民族的主张。直至去世前，他最后表明的一句话是："我至死信仰耶稣基督，并坚守我的教义。"[④]

第三，路德爱国政治纲领的实现，尽管由于其对诸侯的依赖性而受到阻碍，但其核心部分，即摆脱罗马控制与剥削、争取民族独立，基本上得以实现。在运动中，特别是经过农民战争，罗马教会遭到沉重打击，教皇在西欧的神权统治大一统局面由此打开了缺口，德意志大部分地区都驱逐了外来势力，废除了教阶制，在政治上取得了独立。在部分仍信仰天主教的地区，教皇也被迫承认了世俗诸侯较大的政治权力。在经济上，大批教产被没收还俗，杜绝了罗马的搜刮与剥削，制止了财富外流。在部分仍信仰天主教的地区，教皇亦被迫承认教产被没收的事实。在思想上，罗马"教会的精神独裁被摧毁了，德意志诸民族大部分都直截了当地抛弃了它，接受了新教"[⑤]。这些成果的取得与路德的爱国政治纲领密不可分，至少是作出了他应有的一份贡献。

---

① 苏联科学院主编:《世界通史》第4卷,上册,第228页。

②《施马加登信条》,《路德选集》下册,1968年,第114页。

③《施马加登信条》,《路德选集》下册,1968年,第123页。

④ Emile G. Leonard, *A History of Protestantism*, Vol. Ⅰ, Reformation, New York, 1968, p.257.

⑤《马克思恩格斯选集》第三卷,人民出版社,1972年,第445页。

由于路德把对罗马教会的批判与民族独立有机地结合在一起，提出了民族的、爱国的政治纲领，并一贯坚持，为纲领的核心部分的实现作出了应有的努力，从而取得了一定的成果，因此他不仅是一位划时代的宗教改革家，而且也是一位早期资产阶级民族主义的政治思想家和爱国者。

但是我们并不能因此而忽略路德反对农民战争的政治态度及其弱点和局限性，并具体地分析其叛徒问题。路德政治纲领的根本特点是只反对外部的封建势力，并不反对国内的封建土地制度和政治制度。相反，他的主张是依靠国内封建主的暴力驱逐罗马教皇的势力于国土之外。他一直无视社会下层的力量，也从未主张过依靠下层发动自下而上的革命运动。这一特点在其著作中非常明显。在《罗马教皇权》中，他说：对于教皇的控制与剥削，“如果德意志君主和贵族不迅速大胆加以干涉，德意志将会变成废墟，自趋毁灭”。“国王、君主和一切贵族（应）把这些罗马来的恶棍驱逐出境。”①“国王和诸侯采用暴力，武装自己，讨伐这些流毒于全世界的恶汉”②，在《致德意志贵族的公开信》中，他说：“让教皇把罗马和他从帝国搞到的一切交还我们……让帝国成为名副其实的帝国……让德意志皇帝做一个真实的、有权的皇帝。”这些均说明他最初欲以皇帝为旗帜、以诸侯为依靠力量，实现其纲领。但查理五世对他不仅不予支持，反而与教皇勾结，签发逮捕令，通缉路德，致使他放弃了对皇帝的幻想，全力依靠诸侯，推行其宗教的与民族的纲领。对此，我们只能用16世纪德意志市民资产阶级的不成熟性和软弱性加以解释。“市民”的代表人物路德不可能认识到“资产阶级”的历史使命，亦无从根本上反对国内封建制度的要求，甚至还把贵族视为依靠力量。

然而运动的发展并不以路德的意志为转移。1524—1525年伟大的农民战争把反对封建的革命运动推向高潮。农民的革命目标远远超出了路德的纲领，他们不仅反对外部的封建势力，而且把路德视为依靠力量的国内封建主也作为革

①《马克思恩格斯全集》第7卷，人民出版社，1974年，第392页。
②《马克思恩格斯全集》第7卷，人民出版社，1974年，第406页。

命的对象，并以暴力攻击。这就迫使路德必须在农民与封建诸侯这两支不可调和的敌对势力之间作出明确的抉择。由于市民的不成熟性，路德从无思想准备，也从未设想过在国内以自下而上的暴力形式发动一场全面的资产阶级革命。这就决定了他在敌对的两端中必然站在诸侯的一端，从同情农民转向反对、咒骂与攻击农民战争。农民战争由于得不到，也不可能得到市民资产阶级的支持而失败；平民也由于“他们的运动带有幻想的色彩”只是“昙花一现”，[①]但是他们在革命中为沉重打击国内外的封建势力，均作出了各自的贡献。路德由于抛弃了下层人民，反对农民战争，“这就使它永远成为路德这个名字的一个污点”[②]。也正是由于他无视和否定社会下层的力量，致使他的爱国与民族的纲领未能彻底实现。路德宗也逐渐沦为诸侯加强封建势力的工具，并且导致他的晚年未能全部坚持其宗教和政治的、社会的观点。例如，他对政教分离、世俗平等和理性的认识，均有所变化。[③]这些都是他所代表的阶级不可克服的弱点所造成，事业未竟，半途而废。从这一方面观察，他原是在德意志人民的全力支持下才成为宗教改革运动的领袖人物，并曾对农民的处境表示过同情，在一定程度上也曾反映过社会下层的要求，而当人民运动发展到反对国内封建势力，迫使他必须作出明确的抉择时，他却顽固地站在诸侯一方，反对人民运动，这可以说是一种背弃人民的行径，具有叛卖的性质。

但是我们也不能不注意到路德在宗教改革进程中，反对以罗马教皇为首的外部封建势力、争取德意志民族的完全独立是他坚决的和一贯的主张。他的局限性决定他把诸侯作为依靠力量，依靠他们的暴力实现其纲领，这也是他始终

---

①《马克思恩格斯全集》第7卷，人民出版社，1974年，第396~397页。

②《马克思恩格斯全集》第1卷，人民出版社，1974年，第585页。

③ 路德对“理性”的论述有三点值得注意。第一，他早期论及世俗事务时，明确地强调“人的自由理性”，如他强调法律要“受理性的控制，一切成文法律从理性出发有如从正义的源泉出发一样”。第二，他早期论及信仰和神学时，对理性的论述不尽一致。在《九十五条论纲》第十八条和1521年在帝国会议受审问时的声明中将《圣经》与理性相提并论，放在同等重要的地位，但在《罗马教皇权》中则认为理性应以圣经为根据。第三，路德晚年对“理性”的认识有所变化，转而反对理性，宣称：“理性是魔鬼的情妇。”

如一的主张，在农民战争的前后，在依靠诸侯和不主张农民以暴力形式反对国内的封建势力这一点上他仅有量的变化，而无质的区别。因此在这一方面，他的表现是值得肯定的。所以尽管他在国内反封建斗争中具有叛卖的污点，但从这一革命运动的全部内容和总体来看，路德仍不失为对德意志民族作出了贡献的早期资产阶级民族主义的政治思想家和爱国者，笼统地把他说成在农民战争中间和以后只起到叛徒的作用似乎是不够全面的。

三、马丁·路德神学政治思想对后世的深远影响

路德的神学政治思想是16世纪德意志的产物，不可避免地带有依赖诸侯的痕迹，致使以此思想为基础建立的路德宗仅适应于封建势力强大、资产阶级软弱的地区。因此，它的传播受到局限，在当时仅流传于德意志的大部地区和北欧诸国。但是路德具有革命性的神学政治思想并不受国界和地区限制，它在新的更肥沃的土壤上不断结出新的果实，从而对当时和后世产生了广泛的深远的影响。

1517年德意志宗教改革运动兴起后，路德的改革思想不胫而走，传播到广大的西欧地区，对法国、尼德兰、瑞士、英国具有较大的影响。在英国出现了亨利八世的宗教改革，1534年完全摆脱了罗马教皇的控制，建立了新教的重要派别安立甘宗。它对法国的影响更为显著。西方史学家一般认为加尔文的影响要比路德更为普遍和深远。[①]这无疑是正确的。但是我们不能忽略路德对加尔文的影响，以及他的大部分观点被加尔文所继承的这一事实。16世纪30年代初，路德的著作已在法国广为流传。1534年前后，加尔文在人文主义及路德的影响下转到新教立场，接受了路德革新的神学政治思想，并且把它加以改造和发展，使之适应于更成熟的资产阶级的需要。加尔文于1536年发表了其代表作《基督教原理》一书，莱奥纳德认为《基督教原理》的第一版事实上是深刻的路德

① John T. Mcncill, “Thirty Years of Calvin Study”, *Church History*, XVII.

派。[1]后来虽然屡次修订，但在一些主要观点上加尔文均同意路德的观点。例如，他对于《圣经》最高权威论与基督最高元首论完全拥护。[2]加尔文也接受了路德的"唯信得救论"，他说："我们得救的基本原因是……圣灵的光照——就是信。"[3]他在此基础上吸收了奥古斯丁预定论的内容，把"得救"与"选民"的内容结合在一起，综合为新的预定论，使之"适合当时资产阶级中最勇敢的人的要求"[4]。加尔文还吸收了路德的"平信徒皆为祭司"的理论，将它发展、改造为应重视普通信徒的责任，使之明确自己的责任感，在政治生活中发挥他们的作用，创造了长老制议会主义的先例，从而为尼德兰、苏格兰、英格兰革命提供了现成的理论，以适应于资产阶级夺取政权、创立共和国的需要，对革命形势的发展起到了推动作用。

这些事实说明路德的新教神学政治思想对加尔文影响之大之深，尽管加尔文有许多独创之处，但是"原始的加尔文主义乃脱胎于路德主义"。"路德的基本教义就是加尔文的基本教义。"[5]加尔文本人也毕生将路德视为先辈，倍加赞许，1544年他在《教会改革之必要》一文中说："我们都还在追求能与路德同一目标。"[6]这说明萌芽并产生于德意志的路德的先进思想，虽由于当地封建势力的强大而夭折，但在新的肥沃的土壤上，路德思想经过改造，结出了新的果实，追根溯源，加尔文及新教各派的基本的主要的思想均来源于路德。

基督新教同西方大多数资本主义国家的历史与文化关系密切。对今日的国际政治、国际关系与社会生活亦具有一定的影响。目前，新教徒约占基督徒的三分之一，分布于世界上150余个地区和国家，已分化为近600个教派，但作为

① 莱奥纳德:《基督新教史》第1卷《宗教改革》,1968年,第295页。
② 加尔文:《基督教原理》第4卷,第1084~1102页。
③ 加尔文:《基督教原理》第3卷,第14章,第21节。
④《马克思恩格斯选集》第三卷,人民出版社,1972年,第391页。
⑤ 特勒尔奇:《基督教社会思想史》,1976年,第356~357页。
⑥ 加尔文:《基督教原理》第1卷,第72页。

新教共同信仰的五大信条，多数为路德所提出，[①]足见其影响之深。

他主张的政教分离原则，即教会不干涉政治、政府不干涉信仰、信仰自由，以及强调重视法律等项，对近现代资产阶级政治制度和社会思想的影响至今尚存。

所以路德的新教神学政治思想的影响绝不仅限于德意志和局部地区，而是对西欧各国均产生了深远的影响，他的革新思想促进了欧洲封建社会的解体，加速了西欧从封建社会向资本主义社会的过渡，并随着新教的发展而传播到全世界。

本文原刊载于《世界历史》1983年第6期。

本文作者：

于可，1930年生，北京人。南开大学历史系教授，曾任中国宗教学会理事，中国世界上古、中世纪史研究会理事。1959年毕业于南开大学历史系并留校任教。1988年晋升为教授。1989年应美国美中学术交流委员会之邀赴美国9所高校讲学、访问。1991年在美国路德神学研究院访问半年。长期从事基督教史、宗教史、世界古代史的教学和研究工作。先后主编出版《当代基督新教》《世界三大宗教及其流派》两部专著。1981年以来撰写的《论西欧资本主义早期的观念更新》《原始基督教的演变及其必然性》《试论马丁·路德的政治思想》《关于马丁·路德评价的几个问题——纪念马丁·路德诞生500周年》《试论原始基督教的政治思想》等论文分别发表在《史学理论》《世界宗教研究》《历史研究》《世界历史》等全国性学术刊物上。

---

① 新教绝大多数派别的共同信条：一是上帝的恩宠与主权；二是唯信得救；三是圣经为信仰的准则；四是教会是基督徒的团契和平信徒皆为祭司；五是人与人类一切制度的易错性(fallibility)。根据George W. Forell, *The Protestant Faith*, Phila, 1979. pp. 16-17.

西欧中世纪行会的几个问题

李景云

行会制度是中世纪经济生活中的普遍现象，在东西方都存在过。它是研究中世纪的社会结构和经济结构不可忽略的问题，所以许多西方史学家和经济学家都曾加以重视并进行深入的研究。但是对于我国史学界来说，西方行会研究还是一个新课题。这里只就西欧行会的产生和发展、结构和特点，以及它与国家和城市政权之间的关系三个问题进行初步探讨。

一、行会的产生和发展

关于行会制度的产生问题，在西方各家众说纷纭。一些学者认为，中世纪行会起源于“罗马时代组成的工匠行会”，日耳曼人入侵后，这些行会残存下来，在12世纪重新复兴。另一些学者认为，行会起源于加罗林时代的庄园。那时，一些大庄园中就有很多行业的工匠，在监工的督视下为领主服役，①中世纪的行会就是从这种领地的工匠组织发展而来的。除此以外，行会的起源还有以下三种说法：行会的前身是宗教团体互助公会②、行会是日耳曼人平均观念的产物③、行会是工匠的自由组合④。

上述观点都有其合理的因素，但都有片面性。关于行会的起源，恩格斯有一精辟的论述：行会“联合起来反对成群搭伙的掠夺成性的贵族的必要性，在

① [比]亨利·皮朗：《中世纪欧洲经济社会史》，乐文译，上海人民出版社，1964年，第161页。

② [苏]波梁斯基：《外国经济史》（封建主义时代），生活·读书·新知三联书店，1958年，318页。

③ [苏]波梁斯基：《十三至十五世纪西欧行会社会经济政策简史》，1952年，第31页。

④ [法]布瓦松纳：《中世纪欧洲生活和劳动》，潘源来译，商务印书馆，1985年，第213~215页。

实业家同时又是商人的时期对公共市场的需要，流入当时繁荣城市的逃亡农奴的竞争的加剧，全国的封建结构——所有这一切产生了行会”[①]。在这句话里，既包括了经济原因，又包括了政治原因。政治原因是反对掠夺成性的贵族和全国性封建结构，经济原因是市场问题和逃亡农奴的竞争。正是这两方面的原因使城市手工业者不得不组织起来，保卫自己的权利。

从政治上说，行会是手工业者同封建贵族和城市贵族斗争的产物。中世纪最早的一批行会产生在11世纪，其中有巴黎的蜡烛行会（1061年）[②]、美因兹的职工行会（1099年）[③]、科伦的羊毛毯职工行会（11世纪末）[④]和米兰的行会（11世纪）[⑤]。大约在12和13世纪出现了建立行会的高潮。12世纪法国的阿别维尔已经出现64个行会，阿拉斯有29个行会。[⑥]意大利的威尼斯有52个行会，[⑦]佛罗伦萨的技艺行会达到21个。12、13世纪在英国先后出现20多个行会，其中伦敦有6个、约克有4个，牛津、温彻斯特各有2个。[⑧]在德国，科伦有26个行会、特里尔20个、马格特堡12个、法兰克福14个、斯特拉斯堡15个。[⑨]行会在11世纪产生，在12、13世纪发展较大有其政治必然性，科伦和米兰行会的产生就可以说明这一点。

一些编年史家认为科伦的行会是“为自由而组织的”[⑩]。科伦的行会主要产

---

①《马克思恩格斯选集》第一卷，人民出版社，1972年，第28~29页。

②［苏］吉书列戈夫（А. К. Дживелегов）:《中世纪西欧的城市》，1902年，第169页。

③［比］亨利·皮朗:《中世纪欧洲经济社会史》，乐文译，上海人民出版社，1964年，第163页。

④［苏］斯托克利茨卡亚-特烈什可维奇（В. В. Стоклицкая-Телешкович）:《中世纪城市的基本问题》，1960年，第176页。

⑤［苏］斯托克利茨卡亚-特烈什可维奇（В. В. Стоклицкая-Телешкович）:《中世纪城市的基本问题》，1960年，第83页。

⑥［苏］季莫费耶夫（Е. Т. Тимофеев）:《十二十三世纪法国东北部城市的行会手工业和商业的发展》，《中世纪》第14期。

⑦［苏］索科洛夫（Н. П. Соколов）:《十三至十四世纪的威尼斯行会》，《中世纪》第15期。

⑧［苏］列维茨基（Я. А. Левицкий）:《十一十二世纪英国的城市和手工业》，1960年，第273页。

⑨［法］布瓦松纳:《中世纪欧洲生活和劳动》，潘源来译，商务印书馆，1985年，第215页。

⑩［美］汤姆逊:《中世纪社会经济史》下册，耿淡如译，商务印书馆，1984年，第83页。

生于科伦争取自治权的斗争和“行会革命”时期。11世纪科伦的城市领主是主教，他同时又是下洛林和威斯特法利亚的公爵。[①]他顽固地掌握自己的领主权，对城市居民实行高压政策，横征暴敛，引起城市居民的强烈反抗。11世纪末和12世纪初，科伦发生过两次大规模的城市起义，一次在1074年，一次在1112年。1074年的起义具有广泛的人民性，科伦的许多手工业者都参加了起义，成为这次起义的主力军，在起义过程中他们逐渐组织起来捍卫自己的利益。科伦最早的羊毛毯行会就产生在这个时期。米兰的行会也产生在11世纪，当时正是意大利北部许多城市商人和手工业者反对封建主夺取自治权的时期。在1041至1044年间，米兰城发生过大规模的反城市领主阿里贝尔特主教的斗争，参加起义的有手工业者、商人和骑士。[②]这次起义为未来的米兰政治独立奠定了基础。同时在反封建领主的斗争中，出现了行会组织。手工业者聚集在一起成立了自己的行会。[③]佛罗伦萨行会也是在平民手工业者反对封建领主和城市贵族的斗争中形成的。[④]不仅行会的产生与政治斗争有关，而且行会的发展也与政治斗争有关。从12世纪开始，在一些城市中出现了城市贵族阶层，[⑤]例如佛兰德尔的贵族就出现在这个时期。到13世纪，在德国、法国、英国城市中都出现了贵族。这些人把持市政，对劳动人民采取高压政策，尤以佛兰德尔的布鲁塞尔为甚。这里共有255家富裕家族。[⑥]贵族呢绒商基尔特控制着整个城市的经济命脉。该城的成衣匠、研光工、弹毛工、织工、染色工等都受他们的控制，所有的生产

① [苏]斯托克利茨卡亚-特烈什可维奇(B. B. Стоклицкая-Телешкович):《中世纪城市的基本问题》,1960年,第155页。

② [苏]斯托克利茨卡亚-特烈什可维奇(B. B. Стоклицкая-Телешкович):《中世纪城市的基本问题》,1960年,第84页。

③ [苏]斯托克利茨卡亚-特烈什可维奇(B. B. Стоклицкая-Телешкович):《中世纪城市的基本问题》,1960年,第83页。

④ [意]马基雅维里:《佛罗伦萨史》,李活译,商务印书馆,1982年,第63~64页。

⑤ [苏]斯托克利茨卡亚-特烈什可维奇(B. B. Стоклицкая-Телешкович):《中世纪城市的基本问题》,1960年,第238页。

⑥ [苏]斯托克利茨卡亚-特烈什可维奇(B. B. Стоклицкая-Телешкович):《中世纪城市的基本问题》,1960年,第245页。

过程无不受到监督。城市的司法审判、民事和刑事管理权也都集中在他们手中。所有手工业者毫无例外地处于依附地位，在城市政权派来的陪审员的严格监视下劳动，凡违反契约规定的手工业者均受到他们的迫害。这种情况，不仅存在于布鲁塞尔，而且也不同程度地存在于其他国家的城市中。正如布瓦松纳所指出的，贵族们到处攫取权力，“他们禁止工匠们结社，不许他们联合罢工，违者放逐或处死，他们宣布每个人都有劳动的义务。有些贵族寡头垄断组织，彼此订立条约，以便互相引渡可疑的工匠”①。

贵族所建立起来的统治既然是对手工工匠的严重束缚，理所当然地引起各地手工业者强烈不满。13世纪，在欧洲许多城市中发生了“行会革命”。在佛罗伦萨，手工业者积极参加了城市内部的阶级斗争，他们与中等商人联合起来，反抗城市贵族。根据佛罗伦萨1243年公布的正义法规，行会手工业者剥夺了贵族参加执政团的权力。②在意大利，伦巴德和托斯堪尼地区的手工业者也发生了起义；在德国的科伦，手工业者于1220年再次起义反对城市贵族。③大规模的手工业者暴动在布林日、伊伯尔、根特、杜厄和德国许多城市陆续发生。④手工业者反对城市贵族的斗争，对行会的发展起了推动作用。由此，迎来了13世纪的行会迅速发展时期。

从经济上看，行会的产生和发展是同当时的经济发展水平相适应的。中古初期，西欧社会基本上是自然经济占统治地位，商品经济在大部分欧洲地区不发达。11世纪以后，城市兴起，商品经济渐趋活跃。不过当时的城市经济仍然是封建社会经济的组成部分，中世纪城市的工商业是在生产有限、交通不便的条件下发展起来的。在这种情况下，手工业者要保证自己的产品销售渠道通畅、

① [法]布瓦松纳:《中世纪欧洲生活和劳动》,潘源来译,商务印书馆,1985年,第212页。

② [意]马基雅维里:《佛罗伦萨史》,李活译,商务印书馆,1982年,第69页。

③ [苏]斯托克利茨卡亚-特烈什可维奇(В. В. Стоклицкая-Телешкович):《中世纪城市的基本问题》,1960年,第261页。

④ [苏]斯托克利茨卡亚-特烈什可维奇(В. В. Стоклицкая-Телешкович):《中世纪城市的基本问题》,1960年,第252页、277页。

货源充足，必须组织起来，对市场实行垄断，对外来手工业者实行限制，并排除内部的竞争。例如英王亨利二世给予伦敦职工行会的特许状中最重要、最基本的一条就是确认行会的垄断权："无论何人，如果没有获得他们允许，并且不是他们行会的成员，无论在城内，在南沃尔克还是在伦敦附近其他地方，都不能从事他们的行业。"[①]1175年，亨利二世颁发给牛津制革匠的特许状也有同样的规定："无论何人，如果不是他们的基尔特成员就不能在牛津城市从事他们的手工业。"[②]法国的情况也大体如此。1308年亚缅的制呢匠规章和1343年的阿拉斯制呢匠行会规章规定，禁止城外和城市近郊的人从事本行业。阿拉斯的剪毛工人行会规章规定，所有从事这一事业的市民都必须是该行会的成员。该城面包匠行会规定，行会成员必须宣誓，保守自己行业的秘密，出售好质量的产品。[③]意大利的威尼斯，商人寡头政府对于行会的垄断地位也是十分注意的，对破坏此项规定者处以罚金。例如敛缝工行会规章规定，无论任何外地人，要想在威尼斯获得工作，他们必须支付给行会二十苏。威尼斯政府规定凡从特拉多、托尔切罗、卡波达尔德日涅来的"外来人"，共和国的臣民，可以在行会外工作十五天，期满后必须进入行会。在有限的经济发展条件下，组织起来垄断市场和原料，这就是行会产生的基本的经济原因。

行会的产生和发展虽是特定历史时期西欧社会经济发展的产物，但表现形式和发展过程因各个国家、各个地区的具体条件不同而有所不同。例如，德国、意大利的情况与英国、法国就不完全相同。英、法中央集权国家出现较早，城市与王权关系密切，手工业者的行会也体现了这种关系，英、法行会手工业者与封建主和城市贵族的斗争就与德意志有明显的区别。因此，对于探讨西欧行会产生和发展的原因，仅仅寻求一般因素是不够的，同时也应当注意各个国家

① George W. Greenaway ed., *English Historical Document 1042-1189*, 1953, p. 947.

② [苏]列维茨基(Я. А. Левицкий):《十一十二世纪英国的城市和手工业》,1960年,第259页。

③ [苏]季莫费耶夫(Е. Т. Тимофеев):《十二十三世纪法国东北部城市的行会手工业和商业的发展》,《中世纪》第14期。

的具体情况。

二、西欧行会的特点

西欧行会产生后，到14世纪达到鼎盛时期，15、16世纪开始衰落，18世纪末19世纪初行会制度最后被取缔。[①]西欧行会制度的主要特点在极盛时期得到了充分的反映。

西欧行会的第一个特点是其是一个封闭性的组织。行会在产生的初期，并没有什么限制性规定，可以说一般手工业者都能参加，13世纪法国巴黎的大部分行会就是如此。但是随着时间的推移和城市手工业居民人数的增加，行会逐渐发展为一个闭关自守的组织，入会有很多限制性条件。

首先，在德国一些城市中，作为行会成员的第一个限制性条件是财产资格，只有具有一定数量财产的手工业者才能参加行会。例如，1360年德国律贝克的木桶匠行会的财产资格规定为10马克，毛皮匠行会的财产资格为22马克。[②]14世纪20年代成衣匠行会规章规定，财产资格为10马克。[③]皮革匠的财产资格为20马克。总的来看，当时律贝克城新入会的行会成员的财产资格大致在10~20马克之间。15世纪爱尔福特市鞋匠行会规定的财产资格为600双鞋。[④]在1497年，安特卫普的家具工的会费相当于85天的工资。[⑤]法国织毯匠新入会者，必须缴纳440里弗尔王家税收，并向行会交纳附加费。这样高的财产资格，往往把普通手工业者拒之行会之外。

其次，另一个限制性条件是入会者必须是自由人和自由人家庭出身。在德国北部的一些城市中，行会规定，入会者本人及其父母必须是自由人。1432

---

①《苏联大百科全书》第28卷，第546页，行会条。

② [苏]波梁斯基：《西欧城市行会的社会经济政策简史》，第214页。

③ [苏]波梁斯基：《西欧城市行会的社会经济政策简史》，第216页。

④ M. M. Postan, E. F, Rith & Miller ed., *The Cambridge Economic History of Europe*, Vol.3, 1963, p. 273.

⑤《资本主义萌芽问题》，《1978年爱丁堡第十二次经济史国际会议论文集》，1978年，第75页。

年，律贝克铜匠行会规定，入会者必须证明自己是自由人出身。1433年律贝克的铠甲匠行会规章规定，新入会者本人必须是合法出生的自由人出身，并且还要有“正直诚实的双亲”[①]。1476年美因兹船工行会章程规定，新入会者本人及其妻子都应当是自由人。[②]1348年，英国伦敦制帽工人的规章规定，只有自由人才能进入他们的行业和买卖其产品。[③]除此之外，在德国，差不多所有行会都规定会员必须是合法婚姻出生的人。上述事实说明，行会禁止农奴及其子女进入行会，也禁止非法婚姻出生的人进入行会。

再次，在一些城市中，要求入会者必须有市民资格。在德国的城市中，入会成员必须首先取得市民权，另外还需要拥有市民权的人作担保。例如1380年律贝克城的理发匠行会规定，入会成员要有市民权。[④]木桶匠行会规定，入会者必须有两个一年以上市民权的人作担保。[⑤]其他城市的行会可能也有市民权的要求。

最后是技术条件的限制。所有入会者都要经过技术考核，且有学徒经历和多年实践经验。例如，巴黎许多行会规定，行会成员都应当经过学徒阶段，否则不能入会。阿拉斯的面包匠行会规定：“如果不是学徒或者两年的工匠，无论何人都不得进入面包匠行会。”[⑥]巴黎铜金属拔丝工人的入会条件是，从事十年手工业，熟悉技术和拥有生产手段方可入会。[⑦]上述的入会条件说明成熟时期的行会并不是一般的手工业组织，而是一部分有财产、有市民权和自由人身份，以及技术较高的手工业者的组织。许多手工业者被关在行会的门外，并非所有

---

① [苏]波梁斯基:《西欧城市行会的社会经济政策简史》,第223页。

② [苏]波梁斯基:《西欧城市行会的社会经济政策简史》,第215页。

③ [苏]波梁斯基:《西欧城市行会的社会经济政策简史》,第223页。

④ [苏]波梁斯基:《西欧城市行会的社会经济政策简史》,第213页。

⑤ [苏]波梁斯基:《西欧城市行会的社会经济政策简史》,第214页。

⑥ [苏]季莫费耶夫(Е. Т. Тимофеев):《十二十三世纪法国东北部城市的行会手工业和商业的发展》,《中世纪》第14期。

⑦ [苏]基谢廖娃(Л. И. Киселевой)译,柳宾斯卡娅编:《巴黎城的手工业和商业登记册》,《中世纪》第10期。

手工业者都是行会成员。事实上，在英、法等国的城市中，仍有许多非行会成员的手工业者。[①]

行会的第二个特点是，行会是拥有特权的“法人团体”。它作为“法人团体”，拥有一定的内部司法权。西欧的一些行会甚至拥有自己的法庭。例如英国的伯里·圣·爱德蒙兹城的领主、修道院方丈艾德蒙·休一世（1156—1180年）在给予该城面包匠的特许状中就曾提到面包匠行会可以拥有自己的法庭。在该行会成员不同意为烤制质量不好的面包而支付罚金时，可以上诉面包匠行会的法庭，让其法庭进行监督。[②]英国以外的其他国家也有法庭。例如，意大利的行会首脑的名称是Consules，或者Judlces，这个称号就带有法官的意思。[③]行会当初的主要职能之一就是司法职能。行会首长有权监督行会成员，可以随意进入店铺，并对质量不好的成品判处罚金，甚至有权审理小型案件。[④]行会还可以向法庭起诉，以维护其特权。

行会作为法人团体还拥有财产权。它可以“拥有动产不动产、地租、集会场所，有时甚至拥有商店和工业企业”[⑤]。它也可以拥有自己的教堂、印章、纹章和旗帜。行会对于自己的财产是有完全的支配权的。例如行会的金库就有权向其成员征收临时税。金库的收入主要来源包括学徒学费、工匠的会费、罚金、礼物和遵照遗嘱馈赠的财产。如果得知某一工匠有一笔额外的巨额收入，金库可向该工匠征收临时税。[⑥]行会金库也有权支配罚金。1469年，科伦丝绸职工行会的规章规定，每年三分之一的罚金给予城市首长，三分之二的罚金归行会。[⑦]英国伯里·圣·爱德蒙兹面包匠行会的罚金，一半归修道院长，一半归行

① [苏]季莫费耶夫(Е. Т. Тимофеев)：《十二十三世纪法国东北部城市的行会手工业和商业的发展》，《中世纪》第14期。

② [苏]列维茨基(Я. А. Левицкий)：《十一十二世纪英国的城市和手工业》，1960年，第262页。

③ [苏]吉韦列戈夫(А. К. Дживелегов)：《中世纪西欧的城市》，1902年，第180页。

④ [苏]索科洛夫(Н. П. Соколов)：《十三至十四世纪的威尼斯行会》，《中世纪》第15期。

⑤ [法]布瓦松纳：《中世纪欧洲生活和劳动》，潘源来译，商务印书馆，1985年，第21页。

⑥ [苏]吉韦列戈夫(А. К. Дживелегов)：《中世纪西欧的城市》，1902年，第180页。

⑦ [苏]斯卡兹金(С. Д. Сказкин)：《中世纪史文献汇编》，1963年，第476页，第25条。

会。[①]罚金是行会收入的主要来源之一，加上其他收入，行会的财政能力是相当雄厚的。

作为法人团体，行会有权集会和选举自己的领导人。行会的最高领导机构是全行会大会，全行会大会的召集频次各地不一，有些行会一年三次，有些行会每星期召集一次。全行会大会有权决定行会内部的重大问题，如选举领导人、接收新会员、讨论行会开支及预算、规定行会规章等。行会的主要领导人是长老，另外还有若干办事人员，如审查员、协调委员、监督、监赏、监视、监察等。[②]行政人员及其机构的产生，都由选举解决。有时通过全行业大会选举，有时由选举委员会产生。例如威尼斯行会的选举一年进行一次，选举工作分两级进行。首先由全体工匠选出一个委员会，委员会由5~12人组成，由委员会选出长老。有些行会的选举是由选举人委托行会退职人员4人组成委员会，再由该委员会自行加聘5人，共同选出由3人组成的委员会。[③]在西欧各地，由于政治情况不同，行会领导机构的产生方式不尽相同。在德国科伦，一些行会每年由工匠选举产生长老。1469年科伦的丝织行会规定："每年主要工匠共同选举这个行会的两个男人和两个女人为长老，但是男人和女人不能同时履行这个职务。"[④]在英国，一些行会的领导人是由自己申请，国王或领主颁发特许状批准或委任的。伯里·圣·爱德蒙兹领主给面包匠行会的特许状，就是确认该行会威廉和他的儿子英格尔德及其继承人为行会的"Aldermannum"，也就是说领主承认这一家族可以世袭继承这个职位。[⑤]

作为法人团体的行会，还可以按照自己的规章制度监督生产，销售产品和垄断市场。关于这一点，许多经济史中已经详细论述过，本文不再详谈。

西欧行会也是一个等级森严的组织。行会内部分为三个等级：工匠、帮工

---

① [苏]列维茨基(Я. А. Левицкий)：《十一、十二世纪英国的城市和手工业》，1960年，第261页。

② [法]布瓦松纳：《中世纪欧洲生活和劳动》，潘源来译，商务印书馆，1985年，第217页。

③ [苏]索科洛夫(Н. П. Соколов)：《十三至十四世纪的威尼斯行会》，《中世纪》第15期。

④ [苏]斯卡兹金(С. Д. Сказкин)：《中世纪史文献汇编》，1963年，第476页，第23条。

⑤ [苏]列维茨基(Я. А. Левицкий)：《十一、十二世纪英国的城市和手工业》，1960年，第262页。

和学徒。在行会制度形成之后，这三个等级的地位实际上固定化了。帮工和学徒算不算行会会员?在国内外史学界有不同的说法。不过从西欧一些国家行会的材料看，帮工和学徒应当算是行会成员。例如，威尼斯的玻璃器皿制造行会、造梳行会、皮鞋匠行会、制浆行会、织布工行会的成员都包括工匠、帮工和学徒。至于该城的造船木匠行会和敛缝工行会，虽然没有说明帮工的地位，但把工匠和学徒作为行会成员。[①]在其他国家，有些地方的行会，帮工和学徒可以参加全行业大会，在吸收新行会成员时，老的帮工都要出席。[②]可见他们承认帮工是行会的成员。另外，在一些西方学者的著作中，也把帮工、学徒作为行会成员。例如，皮朗在其所著经济史中指出："每一个行会的会员分为互相隶属的若干等级——行东、帮工、学徒。行东是支配的阶级，管理学徒和帮工。"[③]布瓦松纳也在《中世纪欧洲生活和劳动》一书中指出："行会帮工和学徒组成自治团体，他们自己管理自己，并自行遵守一些为维护他们的权力或威严所必需的经济和社会纪律。"[④]皮朗和布瓦松纳都认为帮工和学徒是行会成员。根据上述事实和看法，我们可以把帮工和学徒算作行会成员，而且是构成行会等级的不可缺少的部分。

行会成员之间存在着严格的区别，形成行会内部的等级制。上层是工匠，又称为行东，是行会的全权成员，入会要有财产资格。工匠经过严格训练，一般都是学徒出身。他们都是独立的手工业者，有自己的财产、店铺，也有受他支配的劳动人手。根据巴黎织工行会的规定，"每个羊毛织工在家内可有两台广阔的和一台狭小的织机"，另外"每个羊毛织工有一个胞弟与侄留在家里，并在其家里保有两台广阔的与一台狭小的织机"。这就是说每个工匠一般可拥有三台织机，如果有兄弟同住还保有更多的织机。工匠的劳动人手包括其家人和学徒、

① [苏]索科洛夫(Н. П. Соколов):《十三至十四世纪的威尼斯行会》,《中世纪》第15期。

② [苏]斯托克利茨卡亚-特烈什可维奇(В. В. Стоклицкая-Телешкович):《中世纪城市的基本问题》,1960年,第186页;《巴黎手工业和商业的登记册》,《中世纪》第10期。

③ [比]亨利·皮朗:《中世纪欧洲经济社会史》,乐文译,上海人民出版社,1964年,第166页。

④ [法]布瓦松纳:《中世纪欧洲生活和劳动》,潘源来译,商务印书馆,1985年,第216页。

帮工。巴黎羊毛职工行会规定，每个工匠只能有一个学徒和一个帮工。但是也有一些行会允许工匠拥有他所需要的若干帮工和学徒，例如巴黎的成衣匠行会就是如此。[①]工匠的劳动条件和劳动人手，在各个国家、各个地区、各个行业都不相同。巴黎的羊毛织工行会工匠的情况只反映了一般工匠的经济地位。作为全权的行会成员，工匠在行会中处于特权地位，可以参加行会大会，有选举权和被选举权。

帮工，是行会中受压迫的等级，他作为行会一员是与其主人的行会成员地位联系在一起的。帮工在13世纪已经出现，不过根据巴黎人丁税册记载，当时人数极少，只有118人，他们还不能构成独立的社会和经济集团。[②]14世纪以后，帮工才真正发展为一个等级集团。

帮工的经济地位低于工匠，他们没有生产资料、没有店铺，通常都住在工匠家中，经济上处于依附地位。13世纪以前帮工处境较好。学徒期满后，经过一段考核成为帮工，帮工与主人签订合同（一般为一年），期满之前不能离开主人，期满之后则可以离开主人独立组织作坊，成为工匠。14世纪以后，帮工地位逐渐恶化，逐步成为永久雇佣工人。行会规章是维护行会全权成员工匠的利益，对帮工则实行种种限制。例如，德国某些城市行会规章规定：“帮工应当住在工匠家中，晚上不得外出，不能去小酒馆。外出时，在规定时间必须回到家中。”[③]这项规定说明，帮工不仅在生产上受工匠支配，而且在生活上也受其监督。在另一些地区的行会中，行会规章规定，工匠要监视帮工，如果帮工不履行义务，就要处以罚金。帮工的工资通常是不高的，只有工匠工资的一半。例如，法国东北部阿拉斯的面包铺，每烤制一次面包，工匠的工资是32旦尼尔，

① [苏]基谢廖娃(Л. И. Киселевой)译，柳宾斯卡娅编：《巴黎城的手工业和商业登记册》，《中世纪》第10期。

② [苏]波梁斯基：《西欧城市行会的社会经济政策简史》，第111页。

③ [苏]斯托克利茨卡亚-特烈什可维奇(В. В. Стоклицкая-Телешкович)：《中世纪城市的基本问题》，1960年，第184页。

帮工只有10旦尼尔。[①]在伦敦，瓦匠行东依照季节每日可赚得4.5便士，而帮工则得3~3.5便士。[②]帮工工资不高，但劳动时间很长。在法国东北部，平均为14~16小时。夜间工作是被禁止的，但是并非所有行业都禁止。阿拉斯和亚眠的剪羊毛工的工作日从半夜开始直到日落结束。[③]

帮工在行会中没有任何地位，没有选举权、被选举权。他们对自己的处境是不满意的。14世纪以后，许多地区的帮工联合起来要求建立属于帮工自己的行会——兄弟会，以维护自己的利益。14世纪法兰克福的帮工组织自己的行会，制定了自己的行会规章。[④]1395年，巴黎的制呢、擀呢、弹毛、木工等行业的帮工举行罢工，要求增加工资。[⑤]1407年在上莱茵城市，皮鞋匠帮工准备进行大规模的罢工，他们打算召集各城市的四千帮工集会，但被当局发现，遭到镇压，帮工组织被取缔。[⑥]总之，在14、15世纪帮工反对行会的斗争不断发生，说明帮工等级已经开始觉醒，并且正在为自己的利益而进行斗争。

学徒是行会中的最低等级，比帮工的处境更坏。接受学徒各地都有不同的条件。在法国，任何社会地位出身的男孩，都可被接受为学徒。但在德国，学徒的出身非常重要，必须是合法婚姻所生，而且有一个自由和诚实的父亲。

各地区和各行业学徒期限不同。例如，科伦的剪毛工学徒期限只有1年，而金匠学徒则为8年，巴黎的玻璃印章雕刻工学徒为9年。[⑦]学徒的最长期限甚至达到12年之久。学徒要向工匠交费、向行会交费。巴黎的羊毛织工学徒收费

---

① [苏]季莫费耶夫(Е. Т. Тимофеев):《十二十三世纪法国东北部城市的行会手工业和商业的发展》,《中世纪》第14期。旦尼尔，法国旧时的货币单位。

② [法]布瓦松纳:《中世纪欧洲生活和劳动》,潘源来译,商务印书馆,1985年,第224页。

③ [苏]季莫费耶夫(Е. Т. Тимофеев):《十二、十三世纪法国东北部城市的行会手工业和商业的发展》,《中世纪》第14期。

④ [苏]波梁斯基:《西欧城市行会的社会经济政策简史》,第247页。

⑤ [苏]波梁斯基:《西欧城市行会的社会经济政策简史》,第267页。

⑥ [苏]波梁斯基:《西欧城市行会的社会经济政策简史》,第268页。

⑦ [苏]吉韦列戈夫(А. К. Дживелегов):《中世纪西欧的城市》,1902年,第173页。

为4里佛尔、5年收费6苏，6年服务收费20苏，或7年的服务时期不收费。[①]巴黎黄铜拔丝工人的学徒交费不能少于20苏。[②]制造铁扣环的学徒8年交40苏，或者10年不交费。另外还要交给行会的收税人5苏。[③]学徒的处境是艰苦的，他们的一切剩余劳动时间几乎都归工匠支配，实际上是工匠的不花钱的劳动力。店铺里的一切杂务包括工匠家庭的全部家务劳动，都由学徒承担，稍有疏忽就要受到严惩。1390年，巴黎曾审理了一起工匠打伤学徒的案件，一个工匠用钳子打伤学徒的头部，伤势极其危险；有的学徒甚至被工匠毒打致死。1410年巴黎也曾发生过类似案件。[④]由于劳动过重和工匠的压迫，学徒逃亡的事件不断发生。为此行会规章规定，学徒逃亡要被传召，并处以罚金。[⑤]巴黎刀柄行会规章规定：如果学徒三次从自己的工匠那里逃跑，那么任何人都不能接受他作为帮工和学徒。

由此看来学徒和帮工的处境相同，他们都属于行会中的被压迫等级。因此，帮工在反对行会的斗争中，往往能够得到学徒的支持。

西欧行会的这些特点，与西欧城市的特点和当时西欧的政治条件有密切联系。正是这些政治条件造成行会的闭塞性、等级性和垄断性。

三、行会与国家政权的关系

行会作为一个自治组织，在城市中有独立活动的权利，但是作为城市的组成部分，又与城市政权有密切关系。每个行会自治权的大小也决定于城市政权和国

---

① 耿淡如、黄瑞章编：《世界中世纪原始资料选辑》，天津人民出版社，1959年，第97页。

② [苏]基谢廖娃(Л. И. Киселевой)译，柳宾斯卡娅编：《巴黎城的手工业和商业登记册》，《中世纪》第10期。

③ [苏]基谢廖娃(Л. И. Киселевой)译，柳宾斯卡娅编：《巴黎城的手工业和商业登记册》，《中世纪》第10期。

④ [苏]斯托克利茨卡亚-特烈什可维奇(В. В. Стоклицкая-Телешкович)：《中世纪城市的基本问题》，1960年，第179页。

⑤ [苏]斯托克利茨卡亚-特烈什可维奇(В. В. Стоклицкая-Телешкович)：《中世纪城市的基本问题》，1960年，第179页。

家政权所采取的政策。皮朗在《经济史》中曾经指出:“如果认为同业行会本来就是具有自治权,那是一种全然错误的看法,在许多大城市里,同业行会从未摆脱市政当局的保护,而且一直是市政当局控制下的活动机构。”[①]皮朗的这种说法,并非完全否认行会的自治,而是强调行会与城市政权的关系。的确,行会的自治权在很大程度上取决于城市政权和国家中央集权化的程度。就西欧各地区的情况可以分为以下三种类型:

第一,在国内中央集权化程度不高、城市自治权较大的地区,行会是作为城市政权的基层组织而存在的,在城市的社会经济生活中起着极其重要的作用。意大利的佛罗伦萨,德国的科伦、奥格斯堡,佛兰德尔的布鲁塞尔等城市的行会就属于这种类型。以科伦为例,科伦的行会曾与城市贵族进行过殊死的斗争,最后以行会的胜利而告终。在取得胜利后,行会的上层都参加了市议会,成为市议会的重要成员。行会组织也因此成为市议会行使职权的重要机构。经济上,市议会通过行会征收捐税。每个行会都要向城市长官宣誓保证交纳足够的税额。另外,行会的罚金、没收充公的财物,以及其他收入都成为城市财政收入的重要来源。政治上,市议会通过行会实现其政治措施,组织行会成员进行市议会选举。有时(1370—1371年)行会甚至就是城市政权的选举委员会。市议会还通过行会组织军队,例如科伦行会就曾要求行会成员准备军事装备、服兵役保卫城市,对逃避者处以罚金。[②]

佛罗伦萨的情况与科伦有许多近似之处。根据马基雅维利的记载,佛罗伦萨行会形成时期,“把全体居民按技艺或行业分类,每种行业委派一名官员负责在他所管辖的那些人当中执行公正裁判;发给每种行会一面旗帜;城邦号召时,每个成员都拿起武器集合在旗帜下面”[③]。科伦和佛罗伦萨的例子说明,在行会掌

---

① [苏]基谢廖娃(Л. И. Киселевой)译,柳宾斯卡娅编:《巴黎城的手工业和商业登记册》,《中世纪》第10期。

② [苏]波梁斯基:《西欧城市行会的社会经济政策简史》,第53页。

③ [意]马基雅维里:《佛罗伦萨史》,李活译,商务印书馆,1982年,第63页。

权的城市里，行会组织是城市政权的执行机构。正因为如此，城市政权对行会的控制也比较严密，对行会规章制度的规定、新成员的接受、生产的进行、全体行会成员大会的召集都要过问。所以行会与政权之间也存在着矛盾。不过，从总的方面来说，由于行会有权参加城市的政治生活和经济生活的管理、有权保卫城市，其地位十分重要。

第二，在王权较为强大的国家里，行会的自主权是从王室手中取得的，即以金钱赎买行会的自治。因此，行会与王室政权的关系和城市与王权、城市与领主的关系很近似。

以巴黎的行会为例。13世纪巴黎手工业和商业的登记簿提供的史料说明，巴黎行会与王权关系是十分密切的。任何行会手工业者首先必须向国王购买经营手工业的权利。巴黎的面包匠行会规定："无论何人，如果不向国王购买手工业执照，就不能成为巴黎市区内的面包匠"①，只有居住在某些特定地区的居民除外。购买手工业执照的新面包匠，第一年必须在主显节付给国王25旦尼尔，在复活节付给22旦尼尔，在圣约翰洗礼节交5旦尼尔1奥波尔（银币）的"Кутюма"（一种商品税）。同时还要付6苏的"обон"（一种商品税），每星期交1.5个面包作为"Тонтье"（一种商品税），第二、第三、第四年也是如此。新面包匠完成上述四年的"обон""Кутюма"和"Тонтье"之后，新面包匠要拿着装有核桃和馅饼的瓦罐，来到面包匠长老家中，当着"Кутюма"的收集人和面包匠及老帮工的面，将瓦罐交给长老，并说："长老，我做了一切，我的四年结束了。"于是，长老命令新面包匠将瓦罐扔在长老家外面的墙上，之后再履行其他仪式。从此，新的面包匠就取得了工匠的资格。②除向国王购买手工业执照外，每个工匠在平时还要付给国王"Кутюма"和完成"Тонтье"。在每年

① [苏]基谢廖娃(Л. И. Киселевой)译，柳宾斯卡娅编：《巴黎城的手工业和商业登记册》，《中世纪》第10期。

② [苏]基谢廖娃(Л. И. Киселевой)译，柳宾斯卡娅编：《巴黎城的手工业和商业登记册》，《中世纪》第10期。

圣诞节每个工匠要付给国王20旦尼尔作为“Кутюма”，在复活节付给22但尼，在约翰洗礼节付给5旦尼尔1奥波尔。在冬至的圣马丁节交6苏，每个星期交1.5个面包作为“Тонтье”。[①]除此以外，新老面包匠每个星期还要交1.5个面包作为赋税。

巴黎的面包匠行会要向国王缴纳部分罚金。琢磨工行会还规定，破坏或违反行会章程要交给国王10苏。[②]羊毛纺织行会规定，违反行会规章要支付8苏罚金，其中5苏交给国王，其余部分交给行会1苏、交给保护行会的工匠2苏。

除支付赋税、罚金外，巴黎行会要为国王担负巴黎城的守卫工作。这种守卫工作，并不是所有行会都参加。例如琢磨工行会成员、制造银片的工匠和珠宝匠就不参加巴黎城的守卫工作。[③]

对于行会的管理工作，除行会自己选的长老和办事人员负责外，国干也派遣自己的工作人员参加。如巴黎城区的面包匠行会，就由国王派去的面包分发人（Mestre panetier）管理。面包分发人有低级司法权，可对违法工匠处以罚金。面包分发人在其代理人的帮助下，召集全体工匠，从其中选出12个技术较高的工匠作为执事。新选的执事要在圣像面前宣誓：他们将正直诚实地工作。[④]巴黎的每个行会都有这种工作人员，但人数不一，通常是2个，有的通过选举，有些是指定的。例如钢片模压工行会的执事，由全体工匠选举产生，而锁匠行会的工作人员就是委托的。[⑤]这些工作人员都要在巴黎法院或本区的圣像面前宣

① [苏]基谢廖娃(Л. И. Киселевой)译,柳宾斯卡娅编:《巴黎城的手工业和商业登记册》,《中世纪》第10期。

② [苏]基谢廖娃(Л. И. Киселевой)译,柳宾斯卡娅编:《巴黎城的手工业和商业登记册》,《中世纪》第10期。

③ [苏]基谢廖娃(Л. И. Киселевой)译,柳宾斯卡娅编:《巴黎城的手工业和商业登记册》,《中世纪》第10期。

④ [苏]基谢廖娃(Л. И. Киселевой)译,柳宾斯卡娅编:《巴黎城的手工业和商业登记册》,《中世纪》第10期。

⑤ [苏]基谢廖娃(Л. И. Киселевой)译,柳宾斯卡娅编:《巴黎城的手工业和商业登记册》,《中世纪》第10期。

誓，然后才能就职。他们的职责就是检查监督规章的执行、对违章者及时处理，并有权将拒不服从规章者扭送巴黎法院。

第三，在商人寡头当政的城市中，行会直接同城市政权发生关系。以威尼斯城为例，13、14世纪在威尼斯有30多个行会，14世纪行会成员达4.5万人。[①]在威尼斯，行会的地位与其他城市不同。其特点是政治上无权，内部管理缺乏民主。

威尼斯的行会受到共和国政府的严格控制和监督。威尼斯政府派官吏（Glustizia Vechia和Glustizia Nuova）对行会进行监督，他们的权力很大，有权解决各个行会的司法案件，规定行会规章，批准召开行会会议和安排选举、批准任命行会办事人员、批准或禁止出卖某些商品，并参加共和国有关行会事务的会议。除此以外，还有一些行会，如金匠和铸币匠行会处于特别监督之下，金匠行会和铸币匠行会都由各自的主管委员会进行监督。[②]威尼斯政府要求每个行会在规章中规定，行会成员不能参加其他任何组织和会议、不能参加旨在反对领袖和共和国的密谋。除政治上受到严格控制外，行会的义务也很多。威尼斯政府要求行会成员有义务为政府建筑军火库、修理船只、建筑公共设施、铸造货币、制造武器，有时只付给少量工资，或者完全不付给工资。如造船木匠，每年有三天为共和国义务修理船只；锯工每年有一天为军火库义务工作。对逃避劳动和赋税的人要处以罚金。[③]行会手工业者一般不向国王交纳实物税，但要交纳一定的货币。吹玻璃工人行会的工匠，每年向首领支付4格罗斯作为赋税。[④]

威尼斯政府还利用行会手工业者作为武装力量，在殖民活动中充当军事移民。造船木匠行会的工匠被吸收作为低级指挥员在海军中服务。在威尼斯

---

① [苏]索科洛夫(Н. П. Соколов):《十三至十四世纪的威尼斯行会》,《中世纪》第15期。

② [苏]索科洛夫(Н. П. Соколов):《十三至十四世纪的威尼斯行会》,《中世纪》第15期。

③ [苏]索科洛夫(Н. П. Соколов):《十三至十四世纪的威尼斯行会》,《中世纪》第15期。

④ [苏]索科洛夫(Н. П. Соколов):《十三至十四世纪的威尼斯行会》,《中世纪》第15期。1格罗斯等于12打。

人统治克里特的最初150年中，曾4次派遣殖民者到该地，其中有贵族家族的代表也有手工业者。例如1222年，在殖民者的名单中就有许多手工业者，其中有铁匠、裁缝、肉商和武器匠等。威尼斯行会由于在共和国处于无权地位，并受着共和国政府严格控制，与政府之间的矛盾十分尖锐。

本文原刊载于《南开学报·哲社版》1989年第1期。

本文作者：

李景云（1935—2017），女，南开大学世界史教授，长期担任历史系（学院）本科生必修课主讲教授，其开设的世界中世纪史和俄罗斯古代史深受历届同学的欢迎，得到校内外同人的高度认可。她终生致力于俄罗斯史和欧洲中世纪史的教学与科研工作，其发表的作品主要集中在两个领域，一是俄罗斯古代史，二是欧洲中世纪史。李景云教授认为，在高校工作首要的任务是教书育人，因此其科研成果大多是围绕教学进行的。

拜占庭皇权继承制度研究

陈志强

拜占庭帝国1120余年历史中在位皇帝共有93人，其中在位时间最长的50年，最短的几个月。他们作为拜占庭帝国最高权力的象征和主宰，对拜占庭历史发展起了极为重要的作用。拜占庭帝国是欧洲历史上存在时间最长的专制君主国家，从330年君士坦丁一世（Constantine I, 324—337年在位）改变罗马帝国皇帝继承传统，建立君士坦丁王朝开始，拜占庭帝国历史就揭开了皇帝"家天下"政治的篇章。从此，拜占庭皇帝将政治、经济、军事、司法、宗教等各种社会公共权力集于一身，通过庞大的中央和地方官僚机构控制帝国的内政外交。拜占庭皇帝的至高权力是拜占庭帝国复杂政治生活的核心，而拜占庭皇帝继承制度则构成拜占庭帝国政治制度中最重要的部分。要了解拜占庭政治制度的演化，首先必须研究其皇帝继承问题。

长期以来，西方学者注重考察拜占庭皇权理论的形成与发展，或者深入探讨皇帝制度的细节，或者将注意力集中在个别皇帝的继承问题上，[①]而忽视研究拜占庭皇帝继承制度的特点，特别是在拜占庭皇帝继承制度的总体研究方面未能给予足够的重视，因此在拜占庭与其他国家的政治生活比较研究中常常出现

① 著名美籍拜占庭学家F. 德沃尔尼克在其《早期基督教和拜占庭政治哲学》和希腊籍拜占庭学家I. 卡拉扬诺布鲁斯在其《拜占庭政治理论》的专著中以主要篇幅考察皇帝制度的理论；对拜占庭93位皇帝的个体研究论文也很多，这些微观研究的成果对笔者的考察帮助极大。F. Dvornik, *Early Christian and Byzantine Political Philosophy*, Washington D. C. 1966. I. Καραγιαννοπούλος, *Πολιτική θωερία των Βυζατινων*, θεσσαλονίκη, 1988.

以偏概全的情况。[①]究其原因，主要是研究方法造成的局限性。本文通过对有关拜占庭皇帝继承的史料中得出的数据进行分析，探讨拜占庭皇帝继承制度的主要特点，尝试用计量分析的方法更准确地解释拜占庭皇帝继承制度研究的一些问题。

当我们在考察拜占庭皇帝继承问题时，不可避免地涉及很多数和量的资料，例如，皇帝的年龄、出生和死亡的日期、结婚的次数、子女人数、即位年龄等，这些来自历史资料的数量资料是本文考察的基础。[②]本文拟通过计量这些数字材料，并将它们与其他数据作比较，进而把比较的结果置于其所在的特定社会环境中加以描述，概括出拜占庭皇帝继承制度的主要特征。使用统计结果进行补充说明似乎比单纯的定性描述更明确、科学和直观。

一

拜占庭皇帝继承方式表现出明显的多样性，这是我们以计量统计方法进行分析后得出的第一个结论。

拜占庭帝国93个皇帝中有65个是通过血亲继承，即由12个王朝的皇室宗亲继承皇权。[③]其中，长子继承的有24例，其他诸子继承的11例，兄弟继承和情人继承各5例，遗孀、远亲继承各4例，侄甥、姐妹、女儿继承的分别为3例，父母和孙子继承分别为2例和1例（见表1）。有将近半数皇帝是由皇室男女宗亲，即兄弟姐妹、女儿、女婿、孙子、父母、遗孀、侄子和外甥等亲戚，甚至皇帝继承人的情人继承的。拜占庭帝国皇帝继承人成分如此混杂，就笔者

① 德国拜占庭学家H. 宏格尔在其主编的《拜占庭皇帝像》一书中对此有精彩的对比分析，但他缺乏对拜占庭皇帝继承问题的总体研究是一大不足。H. Hunger ed., Das Byzantinische Herrscherbild, Darmstadt, 1975.

② 有关拜占庭93位皇帝的谱牒和资料来源见陈志强：《拜占庭皇帝谱牒简表》，《南开大学历史系建系七十五周年纪念文集》，南开大学出版社，1998年。

③ 拜占庭学界对拜占庭帝国究竟有几个王朝的问题存在多种意见，说法不一，原因在于对某些短命家族统治和某些王朝交叉统治的看法不同。笔者认为这一争论与本文主旨无关，故取其中较为合理的说法，并将科穆宁和杜卡斯两家族的统治作为一个王朝。

所知，这种情况无论在欧洲还是在亚洲都很少见。他们中既有父死子继、兄终弟及的，也有翁婿相传、叔侄相继的，还有子亡父继、祖孙相继的，甚至有女继承人之情人登基的。这种多样性的皇帝继承方式在世界历史范围内是极为罕见的。相比之下，我国商代的“父子继承制”①和周代以后“祖孙父子直线继承制”要单纯得多，古代苏格兰、日本及英格兰实行的兄终弟及制，②以及古代蒙古、鞑靼、突厥等族实行的幼子继承制③也远比拜占庭皇帝继承情况简单。

表1　拜占庭皇帝继承人数统计表

单位：人数

身份	拜占庭历代王朝												
	君朝	塞朝	利朝	查朝	伊朝	伊苏朝	阿朝	马朝	科朝	安朝	尼朝	帕朝	合计
长子	0	1	0	0	4	4	1	2	3	1	2	6	24
诸子	3	1	0	0	0	0	1	3	1	0	0	2	11
女儿	0	0	0	1	0	0	0	1	0	0	1	0	3
兄弟	0	0	0	0	1	0	0	2	0	1	0	1	5
姐妹	1	1	0	0	0	0	0	1	0	0	0	0	3
遗孀	0	0	1	0	0	0	0	2	1	0	0	0	4
亲戚	0	0	0	0	0	0	0	1	2	0	0	1	4
父母	0	0	1	0	0	1	0	0	0	0	0	0	2
侄甥	0	0	0	3	0	0	0	0	0	0	0	0	3
孙子	0	0	1	0	0	0	0	0	0	0	0	0	1
其他	0	0	0	0	0	0	0	5	0	0	0	0	5
合计	4	3	3	4	5	5	2	17	7	2	3	10	65

注：（君朝）君士坦丁王朝、（塞朝）塞奥多西王朝、（利朝）利奥王朝、（查朝）查士丁王朝、（伊朝）伊拉克略王朝、（伊苏朝）伊苏里亚王朝、（阿朝）阿莫利王朝、（马朝）马其顿王朝、（科朝）科穆宁王朝、（安朝）安格罗斯王朝、（尼朝）尼西亚王朝、（帕朝）帕列奥列格王朝，以下表格同。

---

① 赵锡元论证商代王位继承制度的实质是父子继承，特别指出兄终弟及的现象不过是传子制中必要的补充形式。赵锡元：《论商代的继承制度》，《中国史研究》1980年第4期。

② 辜燮高先生认为，兄终弟及制度是母系氏族社会的残余，是父死子继制度形成的必经阶段。辜燮高：《苏格兰、日本、英格兰和中国的兄众弟及制》，《世界历史》1986年第4期；辜燮高：《从继承制看马克白斯在苏格兰历史上的地位》，《世界历史》1981年第6期。

③ 杨升南对幼子继承制提出异议，不仅对周公以前实行幼子继承制的意见表示否定，而且对是否存在这种继承制度表示怀疑。笔者认为，在世界范围内，幼子继承制是客观存在的历史事实。杨升南：《是幼子继承制，还是长子继承制?》，《中国史研究》1982年第1期。

需要指出的是，拜占庭皇帝继承方式的多样性并不意味着在多样的继承形式中缺乏主辅关系，事实上，父死子继是各种继承形式中占主导地位的形式。从表1中不难看出长子在拜占庭皇帝继承人中的重要地位，24例长子继承人数占血亲继承人数的36.92%，构成维系王朝世系的主线。同时，作为皇帝权力继承制度的辅助组成部分，还存在其他多种继承方式，它们是长子继承的补充，其中最重要的是长子之外其他诸子继承，既包括次子、幼子继承，也包括诸子共同继承的方式。一般而言，父系氏族社会解体后，随着财产和社会权力私有化程度的加深，男性在财产继承中的优先地位不断强化，而皇权父死子继的现象是财产私有在政治上的表现，而这一继承制度在各国历史上呈现不断加强的趋势，这在世界上许多民族和国家发展的历史中是一种带有规律性的普遍现象。从总体分析看，拜占庭皇权继承中长子继承24例和非长子其他诸子继承11例，两项合计达到血亲继承皇帝总数的53.85%，其他继承方式不足一半。据此，可以说拜占庭皇帝继承制是在父死子继基础之上表现出明显的多样性。

表1比较明确地显示出父死子继在拜占庭皇帝继承制度中的重要地位，而其他继承方式所占的比重也显示出它们在保障血亲继承传统中的重要性。那么，父死子继继承方式与其他方式之间存在的主辅关系是如何实现的？拜占庭历史上有男性继承人的合法皇帝共有41人，其中35个皇帝的男性继承人继承了皇位，其继承成功率达到85.37%。从另外的角度讲，父死子继方式排斥其他继承方式，当在位皇帝有第一顺序一亲等男性继承人时，其他皇室亲属的继承权力自动消失。只有在皇帝没有男性后嗣时，其他继承人的继承权才有可能实现。皇帝之子的继承权力被剥夺属于特殊的例外。拜占庭历史上有6个男性继承人被取消了继承权，其一是君士坦丁一世的长子，因被怀疑与其年龄相仿的后母有染而被其父赐死，[①]殒命于其父之前，当然谈不上继承皇权问题。另有3人，即查士丁尼二世（Justinian Ⅱ，685—695年、705—711年在位）之子、君士坦丁六

① [古罗马]尤西比乌斯：《君士坦丁传》，林中泽译，商务印书馆，2015年。

世（Constantine Ⅵ，780—797年在位）之子和米哈伊尔七世（Michael Ⅶ，1071—1078年在位）之子，均因皇权统治被推翻而丧失皇位继承权。这里要提出的是利奥一世（Leo Ⅰ,457—474年在位）和塞奥多利一世（Theodore Ⅰ,1205—1221年在位），他们都在生前将皇位传给了外姓人。前者取消其子继承皇权的原因是当时政治局势险恶，他在位期间为剪除把持朝政的日耳曼人军事领袖阿斯巴，联合伊苏里亚人军事将领泽诺，并将亲生女嫁给泽诺，临去世时指定泽诺之子利奥二世（Leo Ⅱ,473—474年在位）继承皇位，泽诺为摄政王。显然，他预见到，如果传位于自己的儿子，则不仅江山不保，而且其子也将难逃厄运。[①]在这个例子中，同属一个继承顺序的两个继承人，二亲等的利奥二世优先于一亲等的利奥一世之子。塞奥多利一世传位于女婿约翰三世（John Ⅲ,1221—1254年在位）而不传位于儿子则是出于对女婿的偏爱，当时，拜占庭政府流亡尼西亚，图强自救的任务十分紧迫，约翰在军政各方面均是塞奥多利的得力助手，是恢复拜占庭帝国综合国力的实权人物和精明的政治家，深得皇帝赏识，并被招为东床快婿，后成为新皇帝。[②]历史证明，塞奥多利的这一选择是富有远见的明智之举。从法律角度看，约翰三世的即位代表第一顺序一亲等女性继承人，即塞奥多利一世女儿的继承权力，因此在法理上并不违背拜占庭继承法的原则。显然，这几个特例并不影响父死子继在拜占庭皇位继承制度中的首要地位。

拜占庭皇帝继承制度以帝国继承法为基础，其多样性的继承方式并不违背查士丁尼法典关于继承人法权规定的基本精神。按照查士丁尼法典，被继承人的直系血亲卑亲属，即死者的子女、养子女等属于第一顺序继承人；直系血亲尊亲属，即被继承人的亲父母和全血缘的兄弟姐妹等属于第二顺序继承人；同

① John Malalas，*Chronicle*，trans. by E. Jeffreys，M. Jeffreys & R. Scott，Australian: University of Sydney 2006（Melbourne 1986），III，23.

② Nikephoras Gregoras，ed.，*Historia Byzantine*，L. Schopen and I. Bekker，Bonn，1829，pp. 250–270.

父异母的兄弟姐妹属于第三顺序继承人；其他旁系血亲属于第四顺序继承人。[①]在同一顺序中，按照继承人与被继承人之间亲等的远近来确定先后顺序，父母与子女为一亲等，祖父母与孙子女为二亲等。这个继承法强调了子女的继承地位，在拜占庭皇帝继承实践中得到充分体现。但是皇权继承又有其特殊性。由于男子在履行皇帝职责中具有比女性更优越的条件，因此其在继承皇权中也优先于女性，虽然法律承认女性拥有与男性同等的继承权，但在现实中，第二顺序男性继承人仍然优先于第一顺序女性继承人。拜占庭历史上共有6位女性皇帝继承人继承了皇位，但是她们的继承只具有象征意义，其皇权多由其夫君代行，只有8世纪末9世纪初的伊琳尼女皇真正掌握皇权，可称得上是“拜占庭帝国的武则天”。

有的学者认为，兄终弟及的继承方式是原始社会母权制残余的反映，是长子继承制发展的必经阶段，[②]但是在拜占庭帝国，这一继承方式则成为父死子继的补充，不仅体现了男性继承的原则，而且维护长子继承原则，因为它是在父死子继和长子继承无法实现的情况下才发挥作用的。例如，马其顿王朝的皇帝瓦西里二世（Basil Ⅱ, 976—1025年在位）终身未娶，去世时没有继承人，其弟君士坦丁八世（Constantine Ⅷ, 1025—1028年在位）遂按兄终弟及的原则即位，使王朝得以延续。[③]同样的情况也发生在帕列奥列格王朝的末代皇帝君士坦丁十一世（Constantine Ⅺ，1449—1453年在位）身上。其兄约翰八世（John Ⅷ，1425—1448年在位）在位23年，3次结婚均无后代出生，死时只好将皇位传给其弟，[④]以续皇室血统，可惜当时拜占庭帝国气数已尽，皇室宗亲继承皇位也未能挽救帝国命运，数年后拜占庭帝国灭亡。641年，伊拉克略一世（Herakleios I, 610年1—4月在位）去世，由其长子、时年28岁的君士坦丁三世（Constan -

① 周枏:《罗马法原论》,商务印书馆,1996年,第512~517页。

② 辜燮高先生在其《苏格兰、日本、英格兰和中国的兄终弟及制》说明了这种意见。

③ Michael Psellos, ed., *Chronographia*, E. Renauld, Paris, 1926–1928, pp. 158–167.

④ Laonici Chalcocandylae, ed., *Apodeixeis Historia*, E. Dacco, Budapest, 1922–1927, pp. 240–256.

tine Ⅲ，641年1—4月在位）即位，皇后玛尔提娜为将亲生儿子伊拉克罗纳斯（Heraklonas，641年5—9月在位）扶植即位而毒死君士坦丁三世，由于后者留下11岁皇子，因此伊拉克罗纳斯的即位使兄终弟及与父死子继两原则发生冲突。在这两种继承方式的冲突中，伊拉克罗纳斯代表了兄终弟及，而皇子代表了父死子继。最终，伊拉克罗纳斯不仅被迫加冕皇子君士坦斯二世为共治皇帝，而且于同年被贵族会议废黜，兄终弟及对父死子继的挑战以失败告终。[①]可见，兄终弟及只能是父死子继的辅助方式，而不能取代后者，否则将引发政治危机，这样的原则证还表现在安格鲁斯王朝的阿莱克修斯三世（Alexios Ⅲ，1195—1203年在位）夺取其弟皇位，但终被合法皇子阿莱克修斯四世（Alexios Ⅳ，1203—1204年在位）推翻的王朝内讧中。[②]可见，在父死子继和兄终弟及两者并存的情况下，前者为主，后者为辅。

父死子继和兄终弟及制度的重要前提之一是在位皇帝必须有男性继承人，如果缺乏这一条件，父死子继制度就要落空。在这种情况下，为了保证血亲继承和不使皇权旁落，其他继承形式即成为必不可少的辅助形式。其中包括女儿继承、姐妹继承、遗孀继承等，继承的顺序也基本符合拜占庭继承法原则，这可从各种继承方式成功率中得到说明（见表2）。表2中“继承次数”是指实际继承的数量，“分类总数”是指理论上应该继承皇位的数量，例如兄弟分类总数为26人，表明拜占庭合法皇帝中有26人有兄弟，但是其中仅有5人的皇位是由其兄弟继承，其成功率为19.23%。

① Nikephoras Gregoras，ed.，*Historia Byzantine*，L. Schopen and I. Bekker，Bonn，1829-1830，pp. 134-168.

② Niketas Choniates，*City of Byzantium*，*Annals of Niketas Choniates*，trans.by H. Magoulias，Detroit 1984，pp. 245-256.

表2　拜占庭皇帝继承方式成功率表

项目	继承关系									
	儿子	兄弟	女儿	姐妹	侄/甥	孙子	遗孀	父母	远亲	其他
继承成功人数（人）	35	5	3	3	3	1	4	2	4	5
分类总数（人）	41	26	29	45	60	15	56	39	65	—
继承成功率（%）	85.37	19.23	10.34	6.67	5.00	6.67	7.14	5.13	6.15	—

从表2中不难看出，父死子继的成功率最高，达到85.37%，而其他皇室亲属继承皇权成功率相对低。兄弟作为第二继承顺序人，该继承方式成功率高于第一继承顺序姊妹的2/3。这里需要对遗孀继承方式作出一点说明。在拜占庭历史上，遗孀通常是作为年幼皇帝的摄政身份出现，她们继承皇权仅具有象征意义，实际权力由其再婚的夫君执掌。这一方式存在的意义是缓和由于缺乏皇权继承人而产生的政治危机，防止王朝的中断。一般来说，当某个王朝因无男性后嗣而面临断绝时，女性后嗣就自然成为合法继承人；如果皇帝既无儿女，又无兄弟姐妹时，继承权就可能转移给皇帝的任何亲属：侄子、外甥、孙子、父母等，甚至皇后的情人也有机会登上皇位。例如，马其顿王朝皇帝君士坦丁八世（Constantine Ⅷ，1025—1028年）死后，其次女邹伊（Zoe，1042—1050年在位）先后将多名情人扶持上皇位，只是由于她不能生育，王朝难以为继。①

拜占庭皇帝继承制度表现出来的多样性是否反映了拜占庭政治发展的落后呢？答案是否定的。一般来讲，父死子继制度的产生是人类社会私有制发展的结果，"随着财富的增加，它便一方面使丈夫在家庭中占居比妻子更重要的地位；另一方面，又产生了利用这个增强了的地位来改变传统（即母系，笔者注）的继承制度使之有利于子女的意图"②。皇权作为最高的社会权力，不仅可以像财富一样成为继承的内容，而且其继承的意义比财富继承的意义更大。为了确保统治权力能够长期稳定地为皇族或王室控制，父死子继制度成为近代以前世

① John Skylitzes，Byzanz，*wieder ein Weltreich: das Zeitalter der makedonischen Dynastie*，trans. by H. Thurn，Graz，1983，pp. 156-170.

②《马克思恩格斯选集》第四卷，人民出版社，1972年，第51页。

界各国、各民族政治发展的最高形态。但是这种制度的形成和实施需要有必要的外部条件为前提，或者说，由于外部条件的差异，父死子继制度在古代世界各国的表现有所不同。拜占庭帝国传统的婚姻制度和保守的基督教婚姻法制约其父死子继制度的正常推行，同时也产生了多种补充方式辅助这种主要的继承方式。

总之，拜占庭皇帝继承方式表现出的多样性是其他国家和民族历史上罕见的。这种多样性是拜占庭社会特定环境造成的，具体而言，是拜占庭传统的婚姻习俗使皇室缺少足够的继承人。这一缺陷对维系封建王朝“家天下”是致命的弱点，需要靠其他继承方式加以克服。多样的继承方式确实从表面上维系了拜占庭王朝的延续，但是仍然不能解决皇室缺乏继承人的根本问题，因此皇权继承的结果极不稳固。

二

拜占庭皇帝继承结果表现出明显的不稳定性，这是我们通过数量分析后得出的第二个结论。

表3　拜占庭皇帝统治时间统计表

项目	拜占庭历代王朝											
	君朝	塞朝	利朝	查朝	伊朝	伊苏朝	阿朝	马朝	科朝	安朝	尼朝	帕朝
皇帝人数（人）	5	4	5	4	6	5	3	19	10	4	4	11
代数（代）	2	3	3	3	5	4	3	6	5	2	4	8
统治时间（年）	39	78	61	64	101	85	47	189	126	19	56	192
平均时间（年）	7.8	19.5	12.2	16	16.8	17	15.7	9.95	12.6	4.75	14	17.4

皇帝继承结果的不稳定性首先表现为王朝统治时间短暂，表3显示的数据能够说明这一点。王朝统治的不稳定原因很多，例如统治者实行的政策不得人心、严重的自然灾害等，这些因素多为学术界所重视，本文希望从皇帝继承制度方面作有关的探讨。拜占庭帝国1100余年历史中共经历12个王朝的统治，其中大部分是短命王朝，如表3所示：君士坦丁王朝仅经历了2代5位皇帝，其中

3位同时在位，该王朝统治共39年，平均每个皇帝在位不到8年；塞奥多西王朝经历3代4帝，其末代血亲皇帝塞奥多西二世虽在位42年，终因无男性后裔，王朝灭绝；利奥王朝与前朝经历类似，仅经3代灭亡；查士丁尼王朝曾是拜占庭帝国统治强盛时期，但是皇位仅传3代4帝；伊拉克略王朝经历5代6帝，比其前代统治时间略长，其间有3位皇帝并立时期；伊苏里亚王朝再次下降到4代5帝，其末代女皇废黜亲生儿子自立，终使王朝灭亡；阿莫利王朝3代3帝，末代皇帝2岁即位，27岁时被杀，王朝灭绝；马其顿王朝虽有6代19位皇帝主政，但其中只有9人为皇室血亲，其他10人或是篡位的军事将领，或是玩弄权谋的宫廷政客，他们通过与皇族联姻获得合法地位，该王朝晚期竟有5人是以皇室公主情人身份登基的；科穆宁王朝是由两个家族构成的，一些学者将之分为科穆宁和杜卡斯两王朝，其5代10帝如按家族计算均没能超过4代；安格罗斯王朝则仅经历了2代4帝，皇室内讧导致首都陷落；流亡时期的尼西亚王朝只经历了4代4帝，其第2代皇帝并非皇室血亲；末代王朝帕列奥列格王朝经历8代，是拜占庭历史上统治时间最长的。

相比之下，我国古代除了分裂时期和秦、隋两朝外，统一王朝的寿命平均在10代以上。欧洲其他各国中古时期专制王朝也存在寿命短暂的现象，但是很少存在像拜占庭帝国这样多个短命王朝轮番主政的现象。例如君主专制政体建立以前的法国加佩王朝，共有22代28王，均为王室血亲；实行君主专制统治的波旁王朝经历10代7王，其中路易十四（Louis XIV，1643—1715年在位）在位72年，大概是世界上在位时间最长的君主。英国于1066年建立诺曼底王朝，传世9代11王，其中被称为“金雀花王朝”创立者的亨利二世（Henry Ⅱ，1154—1189年在位）实际上是诺曼底王朝亨利一世（Henry Ⅰ，1100—1135年在位）的外孙，是前朝血亲；兰加斯特王朝的创立者爱德华三世（Edward Ⅲ，1327—1377年在位）事实上是诺曼底王朝直系血亲，该王朝传位7代。相比之下，拜占庭帝国皇权继承极不稳定。

拜占庭帝国何以会出现皇权继承不稳定、王朝统治时间短的现象呢？笔者认为，除了许多外在因素外，拜占庭皇室男性继承人数量少是最重要的内在因素。而拜占庭婚姻制度又是造成皇室缺少男性继承人的决定性因素，对皇权继承具有深刻影响。拜占庭人继承罗马帝国时期的一夫一妻制婚姻法，他们接受罗马法中关于婚姻的基本含义，即如罗马法学家莫德斯体努斯所作的定义："婚姻是一夫一妻的终身结合，神事和人事的共同关系"，反对离婚。[①]早期拜占庭时代修改了罗马法关于夫权和离婚的规定，允许离婚和再婚，5—6世纪的许多法律都有类似的规定。《查士丁尼法典》允许再婚，以生儿育女、延续继承权。[②]此后，随着教会法影响的扩大，社会习俗发生了变化，特别是形成了关于神圣婚姻的道德观念，只承认一次婚姻的神圣性，谴责第二次婚姻，不禁止再婚，条件是夫妻双方必须接受两年以上的独身"惩罚"；至于第三次婚姻，教会法加以严格的限制，并坚决反对第四次婚姻。这些法律为包括皇帝和普通臣民在内的拜占庭人严格遵守。在中央集权制的拜占庭帝国，作为臣民主宰和榜样的皇帝的婚姻更受到教会和民众的关注，他们几乎都严格遵守教会法和婚姻法的规定，因此其结婚的次数普遍偏低（见表4）。

表4　拜占庭皇帝婚姻状况表

单位：人数

婚姻情况	未婚	一次婚姻	二次婚姻	三次婚姻	四次婚姻	无记载	其中无子嗣
人数	8	50	16	4	2	13	22

注：此表包括拜占庭帝国全部在位皇帝。

表4显示，拜占庭皇帝多数属于一次婚姻，仅有两位皇帝结婚四次，都发生在马其顿王朝，其一是利奥六世（Leo Ⅵ，886—912年在位），其二是王朝末代女继承人邹伊公主。利奥六世前三次婚姻曾产生一子三女，但其子早亡，他以延续王朝为借口缔结的第四次婚姻遭到教会的激烈反对，引发长期的教俗斗争，为此大教长被罢免。他死后，其第四次婚姻留下的儿子君士坦丁七世的合

① 转引自周枏：《罗马法原论》，商务印书馆，1996年，第164页。

② Justinian，*The Civil Law*，trans. by Scott，S. P.，The Lawbook Exchange，Ltd.，2001，V，ix，9.

法地位经多年才得到认可。[①]邹伊为君士坦丁八世的次女，先后四次结婚，终因她天生丧失生育能力，王朝难以继续。生子与结婚有必然联系，但是结婚不能保证必然生子。在拜占庭历史上，未婚皇帝8人，结婚而无子的皇帝有22人，还有的皇帝甚至无后，连女性继承人也没有。这样，拜占庭历史上有近三分之一的皇帝由于没有结婚或无子而无法进行正常的皇权继承，这就使以父死子继为主要继承方式的多样性的皇权继承难以维持，进而导致频繁的、激烈的皇权继承斗争。

需要进一步指出的是，拜占庭婚姻制度对皇权继承的消极作用在拜占庭帝国专制君主制度环境中显得更加突出。由于皇帝集中了多种社会权力，成为帝国最高主宰，因此围绕皇权继承的斗争就格外激烈。这在缺乏中央集权的中古西欧各国是难以想象的，因为以土地封赐和层层分封为特点的西欧封建制度强化地方贵族势力，对王位的争夺远不如拜占庭帝国那样激烈。拜占庭婚姻制度使皇权和皇权继承经常产生问题，为各种觊觎皇权的势力提供了机会，宫廷阴谋层出不穷。需要指出的是，宫廷内讧乃至王朝更迭，在拜占庭帝国并不必然导致全国大乱，而仅仅是在首都城内发生的，或者事后引发个别贵族的叛乱，对于整个帝国的政治秩序并不产生重大影响。这是拜占庭帝国皇权争夺博弈与中国王朝更迭非常不同的地方，其深刻的根源在于拜占庭基督教婚姻法的制约作用并不必然与导致社会大动荡的危机紧密联系。

如果拜占庭婚姻制度能够为皇权继承提供更好的保障，其继承结果会更加稳定。这在同样实行君主专制的中国古代得到验证。我国封建王朝很早即有较为完善的后宫系统，以唐朝为例，皇后之下，依次设贵妃4人、贵嫔9人、婕妤9人、美人9人、才人9人、宝林27人、御女27人、采女27人，[②]这样的系统可以保证产生皇帝权力的继承人，但也可能加剧了兄弟相残的内讧。另外，拜占

① John Skylitzes，Byzanz，*wieder ein Weltreich: das Zeitalter der makedonischen Dynastie*，trans. by H. Thurn，Graz 1983，pp. 35-40.

② 王超:《唐朝皇帝制度的发展与完善》,《南京大学学报》1985年第4期。

庭社会杜绝蓄妾，其立法针对罗马帝国时期蓄妾成风的情况，严禁重婚，特别是基督教立法坚决禁止重婚和蓄妾，教会公开指责蓄妾无异于嫖娼，而在宗教法规规范下形成的社会习俗和道德观念也严格限制了皇帝子嗣的产生。《查士丁尼法典》也总结君士坦丁一世以后诸帝吸收教会法、明文禁止蓄妾的法律，对违反者处以剥夺公民权的惩罚。[①]这样，在婚姻制度不能切实保证产生皇帝继承人的同时，禁止蓄妾的制度又堵塞了通过非法婚外方式解决问题的其他途径，拜占庭皇权继承中的难题始终难以解决，常常转变为皇权继承危机。君士坦丁王朝和塞奥多西王朝因无男性继承人，被迫将皇权转交第二顺序继承人里的姐妹继承；利奥王朝（457—518年）和查士丁尼王朝（518—578年）也因无嗣而让位于皇帝遗孀和第二顺序继承人的儿子；马其顿王朝（867—1057年）末期虽然由两位公主延续统治，先后有多位情人登上皇位，但最终无以为继。

拜占庭传统婚姻制度对皇权继承的消极影响还表现在婚龄滞后和未成年皇帝继承人数量增多。拜占庭立法虽然规定年满14岁的男子和年满12岁的女子为适婚人，但是婚姻法规定合法婚姻的要件之一是“须家长或监护人等的允诺”，4—6世纪的多项法律规定女子在未满25岁以前，非经其父同意不得结婚。拜占庭帝国初期的立法规定，年满25岁的男子为成年人，这一年限到查士丁尼一世时下降为20岁。事实上，合法婚姻的一系列立法限制使拜占庭人婚龄偏大，因为家长和子女在对待结婚次数受到严格限制的婚姻时，采取十分谨慎的态度，他们要取得一致的意见需要更多的时间。婚姻当事人也是如此，他（她）们虽然拥有14（12）岁结婚的权力，但很少早婚。晚婚在皇室中尤其常见，因此皇帝与继承人之间的年龄差距较大，例如，君士坦丁一世与其三位继承人的年龄差分别为44岁、49岁和43岁；塞奥多西一世与阿尔卡迪奥斯的年龄差为30岁；伊拉克略一世（Herakleios I，610—641年在位）与其继承人差37岁；利奥三世

① Justinian，*The Civil Law*，trans. by Scott，S. P.，The Lawbook Exchange，Ltd.，2001，V，xxvi，1.

（LeoⅢ，717—741年在位）与其继承人差33岁；瓦西里一世（Basil I，867—886年在位）与利奥六世的年龄差为30岁；利奥六世与君士坦丁七世差39岁；生长在皇宫中的君士坦丁七世也是晚婚，34岁才得子；阿莱克修斯一世与其继承人差30岁。拜占庭皇帝晚婚现象直到拜占庭帝国后期的帕列奥列格王朝（1261—1453年）才有所改变，此时皇帝私生子女也逐渐增多。[①]拜占庭皇帝晚婚的直接结果是出现许多未成年皇帝，查士丁尼一世以前，不足25岁的未成年皇帝即有6人。查士丁尼王朝以后，有年龄记载的皇帝中就有15位是不足20岁的未成年人，其中15岁以下的皇帝有6人。这样，处于未成年皇帝统治下的拜占庭帝国与缺少继承人的拜占庭帝国一样成为争夺皇权的斗争漩涡。

皇权继承人的缺乏使拜占庭社会上层政治局势经常处于动荡之中，为许多有可能篡夺皇位的势力，特别是外戚集团和宫廷贵族集团及教会势力提供了机会。而屡次出现的权力真空状态直接导致皇亲国戚和高官显贵篡夺皇权的激烈斗争，进而加速帝国中央集权政治结构的解体。14世纪以后，所有皇室成员，特别是拥有皇位继承权的皇子们都要求得到封地，他们成为“专制君主”，独霸一方，甚至在土耳其军队征服巴尔干半岛、拜占庭帝国灭亡在即的时候，仍然不能联合抗敌，反而继续相互厮杀，最终被各个击破。[②]读者可能会问，同样处于基督教影响下的欧洲其他地方为什么没有出现拜占庭皇权继承过程中遭遇的窘境？这是一个复杂而宏大的问题，此处不需展开，但拜占庭帝国严格遵守基督教有关婚姻的法律法规远超西欧各地，特别是当中古晚期和近代早期，西欧各地的基督教权威和声誉严重受损时，其相关规定愈发松弛，这一点恐怕是诸多原因中特别重要的一个。

---

① 陈志强:《拜占庭皇帝谱牒简表》,《南开大学历史系建系七十五周年纪念文集》,南开大学出版社,1998年。

② 陈志强:《帕列奥列格王朝外交政策研究》,《南开学报》1997年第1期。

三

拜占庭皇帝继承制度的第三个特点是继承过程的残酷凶险和继承斗争的激烈性。

就皇权继承过程而言，分为继承和被继承两方面，去世或被废黜的皇帝是被继承者，而新皇帝是继承者，皇帝权力在两者之间的交接即是皇权继承的过程。皇帝们对身后事的安排首先是保证皇权在皇室内继承，为此他们一般在生前确定继承人。拜占庭帝国皇帝确定继承人的习惯来源于古代罗马帝国，但是他们部分地改变了罗马帝国皇帝拟制血亲（俗称认干儿子）继承制的内容，继承人的称号也作了较大改变。罗马帝国皇帝的继承人一般被皇帝收为“义子”，他们可能是皇帝的亲属，也可能只是皇帝的得力将领或助手。3世纪戴克里先皇帝实行行政改革，在东罗马帝国国家建设方面迈出了第一步，他在皇帝之下设置凯撒一职，此后君士坦丁一世沿袭此制，凯撒即成为皇帝继承人，直到11世纪初，“凯撒”始终是皇帝之下最高级的贵族头衔。拜占庭帝国第一个王朝君士坦丁王朝时期，凯撒具有明确的皇帝继承人的意义，君士坦丁一世的三个儿子和朱利安均因此被任命为凯撒，后继承了皇位。4—5世纪塞奥多西王朝以后，凯撒作为皇帝继承人的作用逐渐被“奥古斯都”的头衔所取代，直到8世纪中期，利奥三世为其子君士坦丁五世加冕为“共治皇帝”，凯撒头衔所包含的皇权继承者意义才消失。此后，皇帝继承人虽被称为“共治皇帝”，但是在老皇帝在世时，共治皇帝不拥有皇权，只有辅助皇帝处理事务权，其皇权继承人资格虽然也通过加冕方式得到确认，但是在继承皇位时仍然要举行正式的加冕仪式。共治皇帝的皇冠与皇帝皇冠的区别在于缺少皇冠顶部的十字架，意味着其权力和地位尚有待上帝的赐予。这种确定皇帝继承人的情况与我国古代一些王朝确定“太子”的制度类似。这样，通过考察拜占庭帝国皇帝在登基前是否获得“凯撒”或“共治皇帝”的称号即可以大体了解皇权继承是在自愿的还是在被迫的情况下进行的，而这一考察对分析拜占庭皇权继承过程有重要意义。在拜占庭历史上，不仅皇帝合法继承人能够且必须获得继承人称号，而且非法篡位者为使其篡权行为合法化，有时也强迫被架空或被推翻的皇帝为之加冕，但是那毕竟是个别现象。这里，我们还是通过数量分析说明问题。

表5　拜占庭皇帝被继承方式统计表

单位：人数

继承方式	拜占庭历代王朝												合计
	君朝	塞朝	利朝	查朝	伊朝	伊苏朝	阿朝	马朝	科朝	安朝	尼朝	帕朝	
自愿	3	2	1	3	2	4	2	8	3	0	3	5	36
被迫	2	0	2	2	8	4	1	8	6	4	1	4	42
无意愿	2	2	2	1	1	1	0	3	1	0	0	2	15
合计	7	4	5	6	11	9	3	19	10	4	4	11	93

注：此表按新王朝建立年代划段，包括拜占庭帝国所有在位皇帝。

表5显示，拜占庭帝国皇帝中仅有36人是按照其生前意愿传递皇权，其中还包括个别使用阴谋手段获取继承人资格的篡位者，其占皇帝总数38.71%。而被剥夺皇权，或被强迫改变，或放弃传袭皇权意愿的皇帝高达42人，占皇帝总数45.16%，其中不仅包括皇室血亲内讧，而且包括外姓强权胁迫造成的结果。例如在拜占庭历史上统治时间最长的帕列奥列格王朝，皇帝安德罗尼库斯二世（Andronicus Ⅱ，1282—1328年在位）在其嫡孙安德罗尼库斯三世（Andronicus Ⅲ，1328—1341年在位）的军事攻击下被迫让位；同一王朝的皇帝约翰六世（John VI，1347—1354年在位）也是如此，在其女婿约翰五世（John Ⅴ，1341—1391年在位）的军事打击下退位。表中“无意愿”是指死于意外事件和死因不明的皇帝未能对皇权继承表示意向。表中数字说明，拜占庭帝国皇权继承大部分不是按照皇帝生前意愿进行的，在皇权继承过程中存在着极大的不确定因素，而被继承环节的不稳定必然为其后继承方式的残酷和继承斗争的激烈埋下隐患。

皇帝生前希望将其权力移交给最符合其心愿的继承人，必须具备以下前提条件：一是皇帝临终前权威足够大、统治地位足够稳定，足以压倒包括其亲生子嗣在内的任何势力的挑战；二是其选定的接班人有足够的能力和权势继承皇权。两者缺一不可，否则皇权便不能如其所愿实现交接，或者即便交接了也难以维系，最终还是没有按照其意愿完成交接。

表6　拜占庭皇帝登基手段统计表

单位：人数

登基手段	拜占庭历代王朝												合计
	君朝	塞朝	利朝	查朝	伊朝	伊苏朝	阿朝	马朝	科朝	安朝	尼朝	帕朝	
和平	4	2	2	3	3	4	2	9	4	0	3	6	42
兵变	2	1	1	2	5	2	1	2	3	1	0	4	24
政变	1	1	2	1	3	3	0	8	3	3	1	1	27
合计	7	4	5	6	11	9	3	19	10	4	4	11	93

注：此表按新王朝建立年代划段，包括拜占庭帝国所有在位皇帝。

表6比较清晰地显示出，拜占庭帝国皇帝中有半数以上使用非法的暴力手段继承方式，其中以军事兵变手段登基的24人，以宫廷政变上台的27人，两项共计51人，占皇帝总数的54.84%，亦即每两位皇帝中就有一位是采取非法手段继承皇权的。这里，列举拜占庭帝国历史上以非法手段登基最突出的事件进一步说明问题是适宜的。利奥王朝皇帝泽诺（Zeno，474—491年在位）为伊苏里亚军队将领，为了夺取皇权，先将六岁儿子扶植上台，而后自立为皇位继承人，并最终害死儿皇帝称帝，“子死父继”的先例因此在血腥的阴谋中出现了。另一例废子夺权的事件是伊苏里亚王朝的女皇伊琳尼（Irene，797—802年在位）制造的，她曾是其亲生儿子、九岁即位的君士坦丁六世的摄政王，后因不甘心还政于成年的儿皇帝而发动宫廷政变，不仅废黜君士坦丁六世，而且将之刺瞎流放，软禁至死，她自立为帝。伊拉克略王朝末代皇帝被军事将领推翻砍头后，连续6个皇帝通过军事叛乱和宫廷政变夺取皇位，被砍头处死者达5人。皇室内讧的顶峰出现在末代王朝帕列奥列格王朝时期，为夺取皇权展开的内战此起彼伏，先有持续8年的“两安德罗尼库斯之战”（祖孙之间），后有断断续续进行了13年的“两约翰之战”（翁婿之间），终以持续6年的“约翰安德罗尼

库斯之战”（父子之间）而结束。[1]至于兄弟姐妹、叔侄甥舅和君臣将帅之间大动干戈、勾心斗角的夺权斗争更是层出不穷，拜占庭帝国皇权继承斗争的激烈残酷为古代世界各国王室所罕见。

启蒙运动时代的思想家对拜占庭宫廷内斗十分不耻，对其持彻底否定态度也在情理之中。但在这里笔者不得不指出的是，皇室内争的现象在11世纪以后的拜占庭帝国特别突出，原因更为复杂，其中最主要的因素在于科穆宁王朝推行的政治改革。这一改革将拜占庭帝国原有的中央集权国家政治转变为以科穆宁皇家为核心的家族政治，从而加剧了争夺皇权的王族内部斗争。家族政治的强化并没有解决皇帝专制将帝国各种公共权力过度集中于皇帝一人造成的问题，只不过将皇族外的多种矛盾集中到皇家内部，将围绕帝国诸多公共权力及其利益的争夺转移到皇族内部，从而加剧了皇家内部斗争的激烈程度。启蒙运动时代的思想家们只看到了问题的表象，而未能深入问题的实质。

最后，让我们再通过拜占庭皇帝死亡方式和被推翻及受迫害情况统计分析，以说明拜占庭帝国皇权继承过程的凶险。

表7　拜占庭皇帝死亡方式统计表

单位：人数

死亡方式	拜占庭历代王朝												合计
	君朝	塞朝	利朝	查朝	伊朝	伊苏朝	阿朝	马朝	科朝	安朝	尼朝	帕朝	
病故	2	3	3	4	4	4	2	10	6	0	3	8	49
被害	0	0	1	0	3	2	1	5	3	1	1	1	18
处决	1	0	0	2	4	2	0	3	1	3	0	0	16
阵亡	2	0	0	0	0	1	0	0	0	0	0	1	4
意外	2	1	1	0	0	0	0	1	0	0	0	1	6
合计	7	4	5	6	11	9	3	19	10	4	4	11	93

注：此表按新王朝建立年代划段，包括拜占庭帝国所有在位皇帝。

① Laonici Chalcocandylae，ed.，*Apodeixeis Historia*，E. Dacco，Budapest，1922–1927，pp. 140–166. 有关拜占庭帝国最终灭亡的政治混乱可参考陈志强：《古史新话：拜占庭研究的亮点》，人民出版社，2019年，第二章六、七、八节。

表7显示，拜占庭帝国93个皇帝中有49人因病而死，4人死于战争，均属于正常死亡，其人数共为53人，占皇帝总数的56.99%，其中包括被推翻后流放软禁贫病而亡的皇帝，如伊拉克略王朝的伊拉克罗纳斯（Heraklonas，641年在位）皇帝被废黜后，病死于流放地罗得岛，又如塞奥多西三世（Theodo-sios Ⅲ，715—717年在位）病死于被软禁的修道院；其他40人死于暗害、死刑及原因不明的意外事故，属非正常死亡，其占皇帝总数的43.01%，即平均每两个皇帝中几乎就有一人死于非命。如果我们将表中属于正常死亡而实际上是因受迫害而死的皇帝计算为非正常死亡，则非正常死亡的比例数字还要高。这组数字充分显示了拜占庭帝国统治阶层为争夺皇位而展开的血腥斗争的激烈程度。即便是在学者们公认的所谓拜占庭帝国强盛时期，皇帝们的处境也没有明显的改善。例如，查士丁尼王朝是所谓重建罗马帝国的强盛时期，但其末代外姓皇帝莫里斯（Maurice，582—602年在位）仍死于叛乱将领的乱刀之下；又如“拜占庭帝国黄金时代”的马其顿王朝，将近半数皇帝死于非命，其中6人被暗害（瓦西里一世的意外死亡为历史之谜），3人被处决。根据现有历史资料明确证实，拜占庭历史上有近10位皇帝遭到削鼻剜眼的酷刑而致残。难怪著名启蒙运动思想家孟德斯鸠以鄙视的态度写道：“希腊帝国的历史（以后我们就是这样称呼罗马帝国的）不外是一连串的叛变、骚乱和背信弃义的行为而已。”①孟德斯鸠的意见虽然代表18世纪法国启蒙运动时代对拜占庭历史的看法，有失偏颇，却形象地反映了拜占庭皇权继承斗争的激烈状况。

从继承过程看，拜占庭帝国争夺皇权斗争异常残酷激烈的重要原因是皇位继承人的不确定和继承权力的分散。由于拜占庭帝国经常处于缺乏明确的皇帝继承人，或因继承人不成熟而使皇位处于实际上的空虚状态，所以使享有不同程度继承皇权的皇室血亲都有当皇帝的可能，进而增加了参与夺权斗争的势力，也增加了皇位继承斗争的激烈程度。另外，一些皇帝之所以迫不及待、不惜铤

① Montesquieu，Considerations sur les causes de la grandeur des Romains et de leur decadence，New York，1882，p. 437；孟德斯鸠：《罗马盛衰原因论》，婉玲译，商务印书馆，1962年，第119页。

而走险以暴力和非法手段夺权，还因为其继承权受到威胁，或者其法定的继承权并不具有明显优势，迫使他们通过各种手段巩固和强化其继承权。从根本上讲，决定拜占庭帝国皇帝继承过程的原因是拜占庭国家高度中央集权的皇帝专制制度，皇帝至高无上的权力使其可以根据自己的意愿确定继承人，[①]但在一般情况下，他们不违背拜占庭继承法的规定。然而皇帝专制制度又使他们有可能随时打破继承惯例，使拥有继承权的皇室成员经常处于丧失继承权的恐惧之中，迫使各顺序继承人从非法途径确保其合法权利。同时，深陷权力博弈漩涡的各种政治利益团体无时无刻不在利用皇位继承的可乘之机，搬弄是非，从中渔利。“家天下”的皇位血亲世袭原则使皇室内拥有继承权的成员都有夺取皇权的欲望和可能，加剧了皇权继承的复杂性。拜占庭历史上几乎所有继承权受到威胁的皇室成员都发动过军事叛乱和政变，因此使大大小小、成功与失败的政变叛乱、宫廷阴谋充斥了整部拜占庭历史。

综上所述，拜占庭皇权继承制具有的继承方式多样性、继承结果不稳定性，以及继承过程凶险残酷性和继承斗争激烈性，是拜占庭帝国社会特殊环境的产物。拜占庭皇帝专制制度需要稳定的皇权继承制强化高度集权化统治，但拜占庭婚姻制度和习俗却不能为实行稳定的皇权继承制提供保障，因此形成了拜占庭皇权继承制的上述特点。王权是古代世界各国最高的政治权力，成为各种政治势力争夺的焦点，为此展开的殊死斗争和血腥阴谋活动在古代世界历史上并不鲜见，也成为传统史学研究关注的重点。但像拜占庭历史上皇帝继承过程中出现的情况似乎并不多见。如果说世界各国历史给人们留下争权夺利斗争残酷激烈的总体印象的话，那么通过本文的数据统计分析可以进一步使人们对拜占庭帝国皇权继承过程的特点有更明确的认识。

本文原刊载于《中国社会科学》1999年第1期，略作修改。

① 周枏:《罗马法原论》,商务印书馆,1996年,第436页。

本文作者：

陈志强，1952年生，天津人。南开大学讲席讲授，曾任南开大学校务委员、校学术委员会委员、历史学科学术委员会主席、历史学院院长、世界史学系主任和学科带头人。1994年毕业于希腊亚里士多德大学哲学院，取得历史与考古学博士学位，兼任南开大学欧洲问题研究中心副主任，东欧拜占庭研究中心主任，教育部重点基地世界近现代史研究中心副主任，1995年当选为中国世界中世纪史研究会副理事长，2009年当选为天津历史学会理事长，担任第六届国务院学位委员会学科评议组（历史组）成员和第七届国务院学位委员会学科评议组（世界史组）成员，中国社会科学基金评审委员，曾在哈佛大学、普林斯顿大学、雅典大学、赫尔辛基大学、杜伊斯堡大学、成功大学等从事合作研究和讲学，研究领域主要涉及拜占庭历史与文化、世界中古史等，曾在《中国社会科学》《历史研究》《世界历史》《考古学报》等专业刊物上发表论文近200篇，出版《拜占庭学研究》《巴尔干古代史》《拜占庭研究入门》《拜占庭帝国通史》《科索沃通史》《古史新话：拜占庭研究的亮点》等20余部著作，曾获得希腊议会通过的由希腊总统和外交部长签署的金质勋章，获得教育部教学成果二等奖（合作）、教育部社科优秀成果三等奖、中国世界古代中世纪史学会论文评比活动一等奖和天津市社会科学优秀研究成果一、二等奖，入选国家教委“跨世纪优秀人才培养计划”，享受国务院特殊津贴，主持或完成国家社科基金重大招标项目等多项研究课题，其主讲的课程于2020年入选国家首批“一流课程”。

中国学者对拜占庭史研究综述*

郑　玮

拜占庭学于16世纪前半叶产生于德国，19世纪至20世纪前半叶的150年间，拜占庭学取得了许多重大成就。它已逐渐成为一门真正的国际科学，几乎所有欧洲国家及美洲、亚洲和非洲的一些国家都建立了研究拜占庭学的中心。1927年以来定期举行的拜占庭学世界大会，充分说明了各国学者从事拜占庭学研究的国际意义，大会上提出的报告和进行的讨论标志着拜占庭学的不断发展。①

中国对于拜占庭学的研究则起步较晚，直到20世纪50年代中期才开始有译作和论文发表。中国学者对拜占庭史的研究可分为两个阶段，第一阶段从50年代中期至80年代中期，第二阶段从80年代中期至今。本文将就这两个阶段中国学术界的研究作一评述。

一

第一阶段从20世纪50年代中期至80年代中期，共刊出关于拜占庭史的各类文章35篇，其中译作6篇、我国学者的学术论文11篇，包括转译在内的通讯和综述12篇、常识性文章6篇。从中外学者的17篇论文来看，讨论的问题如下：关于拜占庭封建化问题9篇，关于拜占庭灭亡及其原因3篇，有关考古及中国与拜占庭关系3篇，关于拜占庭文化与生活1篇，关于查士丁尼1篇。此外，

---

* 拜占庭，亦有学者译为拜占廷，为统一阅读，文中统一修改为拜占庭。（编者注）

① 张联芳、马细谱编译：《世界各国对拜占庭学的研究状况》，《世界历史研究动态》1979年第1期。

出版了一本译自俄文的中文本简史，列夫臣柯的《拜占庭》。

从以上统计，我们可以将这一时期我国的拜占庭研究总结出以下两个特点：一是虽然历时30年，但以引进国外，特别是苏联、东欧等国家的研究成果，并介绍国外关于拜占庭学的研究动态为主，而我们自己的研究则刚刚起步；二是不论从研究课题还是从理论观点来说，我国学者都受到苏联的影响。苏联学术界认为，拜占庭“研究的中心问题是拜占庭封建制度的一般性和特殊性”①，于是中国学者像苏联学者一样，把主要精力投入于此，11篇论文中有7篇是对拜占庭封建制度的讨论。但从研究成果来讲，却不能说有何建树，基本照搬了苏联的观点，同样以马克思主义社会发展理论和经济基础与上层建筑关系理论为指导，分析拜占庭封建化过程和拜占庭封建社会。仅有个别学者从中国与拜占庭关系的角度进行了初步研究。

这一阶段，主要讨论了以下两个问题：

第一个问题是关于拜占庭封建化的，即拜占庭社会何时开始从奴隶社会向封建社会过渡，以及封建制度最终何时确立。对此有四种观点：一是4世纪说。我国学者没有就论证4世纪说发表专门文章，但由于这是最早从苏联介绍到中国的一个观点，对我国学术界一度产生了很大影响。这一观点认为：“无论是关于自由人的逐渐形成着的封建依附关系（科洛尼佃农的劳役租和代役租）发展过程的材料，无论是大批奴隶之拥有彼库里的这一转变和拥有私有财产的奴隶的出现，无论是释放奴隶的事实，都是证明封建主义的因素已经出现了。从4世纪起，这些新的形式开始被当作主要的形式来利用了。”②

二是“拜占庭封建化的过程，自6世纪开始，到11世纪基本上完成”③。该观点认为查士丁尼重建罗马帝国，加重农民负担，导致人民破产，爆发起义，

① 齐思和：《苏联历史学家对于拜占庭史研究的卓越贡献》，《历史研究》1957年第11期。

② E.里普什茨：《论拜占庭奴隶制占有制度崩溃和封建制度发生的问题》，《史学译丛》1956年第3期。

③ 许宏杰：《拜占庭封建化过程的几个问题》，《新史学通讯》1956年第2期。

是“加强瓦解奴隶制本身的因素；同时也是替封建化过程准备了前提条件”[①]，所以自查士丁尼统治结束、斯拉夫人入侵，拜占庭封建化即已开始。随着公社瓦解，大地产制形成，从而生成了势力越来越大的封建主阶级，他们于1057年推出贵族科穆宁做皇帝，实行分封，使自由农民变为农奴，拜占庭封建制度从而确立。

三是7世纪说。这一观点认为：“7世纪拜占庭帝国自由农民公社占优势的时期才揭开了拜占庭帝国封建生产关系形成的第一个阶段，成为拜占庭帝国奴隶社会进入封建社会的转折点。”[②]因为“在自由农民公社里才做到了彼库里奴隶制和科洛尼佃农制所做不到的事，就是彻底改变了直接生产者的地位，实现了小生产者与生产资料之间的联系，他们拥有自己的生产资料、拥有自己的经济，并关心自己的劳动。至此，即公元7世纪，拜占庭帝国的所有权关系和直接生产者地位才发生了根本不同于前此的变化”[③]。另外，7世纪时，作为奴隶制经济中心的城市崩溃，“封建化的各省显贵的傀儡希拉克略于610年取得国家政权”[④]，实质上是“正在形成的军事封建主阶层的代表者”[⑤]军区将军出现，“这些重大的历史事件标志着拜占庭帝国从奴隶社会向封建社会的‘质变’过程”[⑥]。

四是717年说。这一观点认为：“希拉克略（610—614年）显然曾被地方封建化贵族所拥戴去夺取国家政权，但他的后继人仍无法战胜奴隶主贵族和元老院的反动势力。并和奴隶主贵族重新妥协，致使帝国仍然积弱不振，奄奄一息。只是到了立奥三世（717—740年）推翻了和奴隶主贵族妥协的希拉克略王朝的

---

① 许宏杰：《拜占庭封建化过程的几个问题》，《新史学通讯》1956年第2期。
② 陈兆璋：《试论拜占庭帝国从奴隶制向封建制过渡的几个问题》，《厦门大学学报》1964年第1期。
③ 陈兆璋：《试论拜占庭帝国从奴隶制向封建制过渡的几个问题》，《厦门大学学报》1964年第1期。
④ 陈兆璋：《试论拜占庭帝国从奴隶制向封建制过渡的几个问题》，《厦门大学学报》1964年第1期。
⑤ 陈兆璋：《试论拜占庭帝国从奴隶制向封建制过渡的几个问题》，《厦门大学学报》1964年第1期。
⑥ 陈兆璋：《试论拜占庭帝国从奴隶制向封建制过渡的几个问题》，《厦门大学学报》1964年第1期。

统治，才是东罗马封建制帝国历史的开端。”[①]

学者们在论述拜占庭封建化问题时所使用的史料基本一致，造成分歧的主要原因是，衡量拜占庭封建化开始和完成的标准不同，对于“封建化”“封建制”“封建制度”等概念赋予不同的内涵和对马克思著作某些论述的不同理解：首先，究竟应以什么标准来衡量拜占庭封建化过程。在确定封建化开始时间时，造成分歧的一个重要问题是如何看待在奴隶制剥削方式占主导时已发生的封建剥削方式，即如何看待封建因素。4世纪说认为，彼库里奴隶制和科洛尼佃农制具有封建因素，可看作封建化的开始；但有人强调这两种制度“完全不是封建制度，它仍然是奴隶占有制社会瓦解时期的制度”[②]，它们虽是封建因素，却不能看作封建化的开始，直至斯拉夫人迁入，“蛮族”“利用大量土地来剥削小农，与过去不同，它是一种新的剥削形式，是属于封建的剥削形式。于是封建制便开始了”[③]。这就把封建化的开始推后了三个世纪。在确定封建化完成时，依据拜占庭隶农、自由小农和农村公社成员完全沦为农奴为标准的学者，将这一时期定在11世纪；而以大地产主夺取公共权力为标准的学者则提出7世纪说、8世纪说和11世纪说。

其次，关于概念的内涵。学者们在讨论时，往往出现对于同一表述理解不同和对同一内涵使用不同表述的情况，因而使讨论显得混乱，有时甚至是无谓的争论。例如，许宏杰提出，拜占庭“一直到了11世纪才踏进封建的阶段”[④]。杨连山在与许宏杰商榷时指出：“拜占庭到11世纪封建化不但完成了，

---

① 郑如霖：《关于东罗马帝国从奴隶制向封建制过渡中的几个问题》，《华南师范大学学报（社会科学版）》，1983年第1期。

② 杨连山：《关于拜占庭封建制起源与封建化问题的探讨：对许宏杰同志“拜占庭封建化过程的几个问题”一文的商榷》，《史学月刊》1957年第1期。

③ 杨连山：《关于拜占庭封建制起源与封建化问题的探讨：对许宏杰同志“拜占庭封建化过程的几个问题”一文的商榷》，《史学月刊》1957年第1期。

④ 许宏杰：《拜占庭封建化过程的几个问题》，《新史学通讯》，1956年第2期。

而且已经形成为封建制社会”[①]，同时还说科穆宁王朝时“封建制度最后在拜占庭确立了”[②]。另外从文章来看，许宏杰所谓“11世纪才踏进封建的阶段”[③]，是指他认为11世纪封建制确立，而没有否定拜占庭封建化过程，他在文中明确指出：“拜占庭封建化的过程，自6世纪开始，到11世纪基本上完成。”[④]因此，许宏杰和杨连山两位学者的意见是基本一致的，只是对“封建的阶段”“封建化完成”“封建社会”等概念有不同解释。再者，杨连山说：“拜占庭到7世纪中叶以后，不但踏进了封建制，而且开始了封建化的过程。”[⑤]笔者想请教，这是否意味着“踏进封建制”和“开始了封建化”之间存在一个时间差，这其实仍是一个概念问题。

最后，对于马克思恩格斯著作中某些论述的不同理解。争论的焦点是，“随着君士坦丁堡的兴起和罗马的陷落，古代便完结了”[⑥]。持4世纪说者以此作为拜占庭奴隶制崩溃、封建制开始的论据。但有学者提出：“恩格斯正是以这两大事件概括了罗马帝国从衰微到灭亡的整个过程的。因此象征古代的终结和中世纪开始的事件，是‘罗马的陷落’而非‘君士坦丁堡的兴起’，‘君士坦丁堡的兴起’只是揭示了帝国的历史进入危机深重的年代，但古代的历史尚未‘终结’，新的中世纪社会亦尚未开端。”[⑦]所以恩格斯此语并不能给4世纪说提供佐证。

第二个问题是拜占庭封建社会的一般性与特殊性问题，这主要是与西罗马

---

① 杨连山:《关于拜占庭封建制起源与封建化问题的探讨:对许宏杰同志“拜占庭封建化过程的几个问题”一文的商榷》,《史学月刊》1957年第1期。

② 杨连山:《关于拜占庭封建制起源与封建化问题的探讨:对许宏杰同志“拜占庭封建化过程的几个问题”一文的商榷》,《史学月刊》1957年第1期。

③ 许宏杰:《拜占庭封建化过程的几个问题》,《新史学通讯》1956年第2期。

④ 许宏杰:《拜占庭封建化过程的几个问题》,《新史学通讯》1956年第2期。

⑤ 杨连山:《关于拜占庭封建制起源与封建化问题的探讨:对许宏杰同志“拜占庭封建化过程的几个问题”一文的商榷》,《史学月刊》1957年第1期。

⑥［德］恩格斯:《自然辩证法》,人民出版社,1961年,第155~156页。

⑦ 陈兆璋:《试论拜占庭帝国从奴隶制向封建制过渡的几个问题》,《厦门大学学报》1964年第1期。

帝国比较。就特殊性而言，这一问题不存在分歧，大家普遍认为拜占庭封建社会有如下特征：帝国始终保持着发达的工商业；王权强大，并居于教会势力之上；帝国重视文化发展；封建化前即存在封建因素，而封建化后也存在着浓厚的奴隶制残余。

关于共性，有的学者认为军区制“与法兰克王国的军事分封制度基本上是一致的”[①]，军区制改革表明“封建军事采邑制的出现”[②]，还有的指出“普洛尼亚制度同西欧的采邑制十分相似，但又不同于西欧的采邑制”[③]。笔者认为，军区制与普洛尼亚制和采邑制的共同点在于它们都培养了封建贵族阶层，都具有军事内容，但其不同点也是较为明显的，包括以下三点：第一，与国王的关系不同。在西欧由采邑而结成的封主与封臣的关系“并非国君与臣民的关系，而是封建主个人之间的关系”[④]。封臣只对上一级封主负责，形成“我的主人的主人不是我的主人”的局面。在拜占庭“各军区之间没有隶属关系，地位虽有区别，但军事关系平等，各地将军只对皇帝负责”[⑤]。第二，实际内容不同。采邑制下，封主与封臣不仅有土地关系还有人身关系；而在拜占庭，将军与农兵既无土地关系也无人身关系，只是到军区制瓦解时，情况才有所变化。第三，基础不同。采邑制的基础是骑兵阶层，专指“骑马持矛执盾，为主人服军役的战士。而与进行田间劳作或执家内贱役的人截然分开”[⑥]。而军区制的基础是农兵，他们平时耕作，战时出征。现代学者认为“农兵和自由农民属于同一阶层”[⑦]。我国有的学者认为农兵中有步兵和骑兵之分，其中的骑兵“是小地产骑

---

① 杨连山：《关于拜占庭封建制起源与封建化问题的探讨：对许宏杰同志“拜占庭封建化过程的几个问题”一文的商榷》，《史学月刊》1957年第1期。

② 郑如霖：《关于东罗马帝国从奴隶制向封建制过渡中的几个问题》，《华南师范大学学报（社会科学版）》，1983年第1期。

③ 黄开贞：《试论拜占庭帝国社会发展的特殊性》，《南充师院学报》1958年第3期。

④ 马克垚：《西欧封建经济形态研究》，人民出版社，1985年，第104页。

⑤ 陈志强：《独特的拜占庭文明》，中国青年出版社，1999年，第259页。

⑥ 马克垚：《西欧封建经济形态研究》，人民出版社，1985年，第98页。

⑦《剑桥欧洲经济史》第1卷，剑桥，1952年，第208页。

士型的军人”[①]，“实际上其构成为拜占庭的小地主，与西欧的骑士阶层类似”[②]。然而拜占庭的实际情况却是步兵与骑兵仅是兵种不同，自“军区将军以下各级官兵自给自足，自备兵器装备”[③]。笔者认为，世界各地区的发展是不平衡的，如果硬把一个地区的发展用另一个地区发展的模式来理解难免显得牵强，我们研究历史首先应尊重历史的本来面貌。

另外，学者们对拜占庭帝国的灭亡和中国与拜占庭的关系问题也有涉及。对前者，占主导地位的意见来自中国和苏联学者，他们都强调内因的主导作用，即拜占庭帝国灭亡“主要是帝国经济的衰落、人民大众的贫困、阶级斗争的尖锐和封建集团的内讧所造成”[④]，而外族入侵仅仅是加速了拜占庭灭亡的外因。对于后者，学者们主要从考古和考证两方面着手，虽然研究结果仍需商榷，但他们开创性的工作应得到我们的尊重，这是20世纪80年代中期前，我国拜占庭史研究中唯一没有受苏联影响的一个领域。

二

第二阶段从20世纪80年代中期至今。随着改革开放的深入推进，学术视野进一步得以开阔，我国学者日益意识到有必要填补中国在拜占庭史研究方面的空白。《世界历史》1986年第11期刊发凌强《应当重视拜占庭史的研究》一文。文章指出：“拜占庭的历史不仅仅是一部孤立地描述这个古代强国兴衰的历史，而是一部横向的关于东地中海地区的历史。不研究这一时期拜占庭的诸种矛盾及其斗争，就不能很好地理解中世纪欧洲、西亚的历史发展。我们研究基督教史，研究阿拉伯、俄罗斯、巴尔干各斯拉夫国家，以及匈奴、蒙古、土耳其和北非的历史，都要涉及拜占庭历史，有的则要以此为开端。同时，拜占庭在内

---

① 陈兆璋：《试论拜占庭帝国从奴隶制向封建制过渡的几个问题》，《厦门大学学报》1964年第1期。

② 黄开贞：《试论拜占庭帝国社会发展的特殊性》，《南充师院学报》1958年第3期。

③ 陈志强：《独特的拜占庭文明》，中国青年出版社，1999年，第258页。

④ 尹曲：《拜占庭帝国是怎样灭亡的》，《历史教学》1956年第3期。

政外交和军事领域为后人留下了宝贵财富，值得我们认真研究”[①]，并建议进行资料建设和人才建设。国家逐步加大投入，选派留学生去国外学习，这些学人的学成归来，大大推动了我国拜占庭史的研究；在机构建设上，我国学者也作出了不懈努力。1995年10月，在长沙召开的中世纪史学会上，成立了中国拜占庭学会；1996年我国正式申请加入国际拜占庭学会，1997年成为会员国，这标志着我国在世界拜占庭史研究领域取得了发言权。此后，中国与国际拜占庭学会保持着密切联系，1998年学会秘书长应邀到南开大学讲学。2001年，我国首次派代表参加国际拜占庭学会年会。

这一时期共刊出各类文章29篇，基本上都是我国学者的学术论文。从讨论的课题来看，曾持续了30年的热点封建化问题大大降温，研究范围大大扩展，有的问题得到深入讨论，有的问题则刚刚涉及。20世纪90年代以来，第一本拜占庭通史《独特的拜占庭文明》和第一本专著《早期拜占庭和查士丁尼时代研究》出版。下文就这一阶段的研究作一评述。

第一个问题是关于拜占庭文化的。对于拜占庭文化的讨论主要集中于80年代中后期和90年代初。学者们对拜占庭文化的特点、形成和繁荣的原因，以及影响和地位进行了比较全面的研究，并基本达成共识。

首先，关于拜占庭文化的特征。“所谓拜占庭文化，是指古典的希腊与罗马文化在拜占庭帝国内与基督教文化和古代东方文化融汇、发展而成的精神财富的总和。”[②]有的学者将拜占庭文化的特征总结为综合性、尚古性和世俗性；[③]有的学者总结为开放性、传统性和教俗文化并存，[④]但从其所指来看，两种提法是基本一致的。第一，拜占庭文化开放地吸收了西方古典的、宗教的文化和东方的民族文化，是中世纪欧洲文化的集大成者，并在此基础上形成了自己的文

① 凌强：《应当重视拜占庭史的研究》，《世界历史》1986年第11期。

② 陈志强、徐家玲：《试论拜占庭文化在中世纪欧洲和东地中海文化发展中的地位和作用》，《历史教学》1986年第8期。

③ 解素蔚：《拜占庭文化及其对西欧文艺复兴的影响》，《江西师范大学学报》1987年第4期。

④ 陈志强：《拜占庭文化特征初探》，《世界历史研究动态》1988年第8期。

化。第二，拜占庭文化具有明显的尚古性和传统性，表现为：热衷于誊写、翻译、收集整理古代希腊罗马的文稿、书籍；而且自己所创造的文化，不论是文学、史学、法律、建筑等都有明显的古典文明烙印。第三，拜占庭教俗文化并存共荣。“教俗文化共同发展的时期始于毁像运动之后”[①]，此后教俗文化两大主流各自在不同领域发展互相补充，相得益彰。

其次，关于拜占庭帝国文化形成和繁荣的原因。第一，拜占庭帝国处于亚欧非三洲交会处，利于接触各种文化，而且“拜占庭文化组成区的地中海区域自上古以来就一直存在着频繁的文化交流”[②]。这一地理位置也使帝国保持发达的工商业，为其文化发展奠定了基础。第二，拜占庭帝国所在地区是古代历史上的希腊化地区，希腊化运动曾将古希腊文化深深地植根在这里；同时拜占庭人以罗马人自居，拜占庭皇帝无不以光复昔日罗马大帝国为己任，对罗马文化有强烈的认同感，所以拜占庭文化具有古典特征是很自然的事情。第三，拜占庭帝国自确立时起，就建立了较为强大的中央集权，王权始终在教权之上，为世俗文化的发展提供了保障。同时皇帝维持统治也需要教会的支持，对教会文化并不禁止。

最后，关于拜占庭文化的影响和地位。第一，拜占庭文化保护了古典希腊罗马的文化遗产，并使“古典文化在拜占庭的土壤上结出中世纪的硕果”[③]。第二，拜占庭文化用文明的火种照亮了中世纪的地中海世界，并把它撒遍周围的民族。第三，拜占庭文化给站在近代门槛上的西欧带来了若干促使其未来获得巨大发展的文化要素，包括政治概念、法律原则、文学艺术形式、学术精神和生活方式，为此后文艺复兴运动的全面展开打下了坚实的文化基础。

第二个问题是关于军区制的。军区制是一种军政兼容，兵农合一的制度。

---

① 陈志强:《拜占庭文化特征初探》,《世界历史研究动态》1988年第8期。

② 肖牛:《欧洲文化史上的重要一环,论拜占庭文化对欧洲文化发展的贡献》,《贵州师范大学学报》1990年第2期。

③ 陈志强、徐家玲:《试论拜占庭文化在中世纪欧洲和东地中海文化发展中的地位和作用》,《历史教学》1986年第8期。

它的重要性广为国际学术界认同。我国学者从20世纪90年代初开始对此进行研究，至90年代中期取得较大的进展。研究认为“独特的军事制度是拜占庭存在和发展的主要原因”[①]，“军区制在拜占庭帝国历史发展中起了相当重要的作用，与中世纪拜占庭帝国的兴衰有直接联系”[②]。

首先，关于军区制的形成。军区制是由7世纪末拜占庭的“总督区”演变而来。“总督区之所以能够发展成为军区，并在拜占庭全境广泛推行，与当时拜占庭面临周边民族军事入侵的巨大威胁、边关吃紧的形势有密切的关系。”[③]但总督区与军区不同。在军区内，军事权力自上而下地取代了地方行政管理系统，并在此基础上确定了各级经济关系。军区制下，实行以田代饷，建立军役地产，进而形成农兵，“这一步骤是军区制最终形成的关键，因为军役土地制促进了农兵阶层的发展，而这个阶层是军区制的基础”[④]。

其次，关于军区制对拜占庭历史发展起的作用。一是军区制适应了拜占庭统治者的军事需要，部分地解决了兵源和军费上的困难，为中世纪拜占庭军事力量的兴起创造了有利的前提条件。二是由于军区制的推行，拜占庭小农经济勃兴，国家税收稳定，国库充盈，以城市为中心的工商业繁荣发达。三是军区制通过推行军役土地制和屯田稳定了拜占庭社会各阶层，使人口流动中的无组织状态得到控制，缓和了尖锐的社会矛盾。四是军区制促进了以大地产为后盾的军事贵族的兴起，形成了与中央集权抗衡的地方分裂势力，也使小农破产。事实证明：“军区制作为拜占庭封建统治的一种改革，只能对拜占庭封建社会的关系作某些调整，不可能根本解决拜占庭社会的基本矛盾，即大土地占有制与小规模生产之间的矛盾。封建王朝的统治者们代表着大地主阶级的根本利益，他们不可能把作为其剥削对象的农民的利益置于首位。这样，军区制从一开始

---

① 郭建淮：《略论军区制在拜占庭历史上的地位和作用》，《东北师大学报》1993年第4期。

② 陈志强：《拜占庭军区制的主要历史作用》，《南开学报》1990年第6期。

③ 陈志强：《拜占庭军区制和农兵》，《历史研究》1996年第5期。

④ 陈志强：《拜占庭军区制和农兵》，《历史研究》1996年第5期。

推行便孕育着深刻的危机，它对社会生活产生的消极影响最终加速了拜占庭的衰亡。”①

第三个问题是外交政策和外交关系。由于拜占庭地处三洲交界，是战略要地，成为兵家必争之地，因此拜占庭的外交政策和对外关系是研究拜占庭史的重要课题，但在我国有关研究刚刚开始。祁颖的《圣像破坏运动时期拜占庭帝国的外交关系》一文指出，此时“拜占庭帝国与罗马教皇、西欧的外交关系是极其重要的，而这三者的关系又是相互利用，相互牵制的”②。通过对圣像破坏运动的两个阶段外交关系的考察，她认为：“法兰克与教皇的密切结合占据主导地位；拜占庭皇帝与查理大帝的协议只是一笔政治交易而且并未达成盟约。在这场外交角逐中，法兰克人与罗马教皇获益匪浅，而拜占庭几乎一无所得，反而使东方教会与罗马教会之间的隔阂越来越深。最终于1054年彻底分裂。”③遗憾的是，该文未能深入分析导致这种外交局面的深层原因。蓝琪的《拜占庭帝国与塞尔柱突厥人在小亚西亚的争夺》一文将双方的争夺划分为三个阶段。第一阶段以塞尔柱人于1071年在曼兹喀特战争中击败拜占庭军队为结果。蓝琪认为：“曼兹喀特战争是中东历史上具有决定意义的转折点。”④她同意美国学者斯塔夫里阿诺斯的观点，即“1453年拜占庭帝国衰亡的原因应追溯到1071年的这一仗”⑤。第二阶段为1096年至1100年，这一时期拜占庭在十字军援助下，把塞尔柱人逐出小亚西亚的沿海地区。第三阶段从1176年开始，这一年塞尔柱人在迈里奥法克垄沉重地打击了拜占庭军，迫使拜占庭和谈，重新夺取小亚细亚。“迈里奥法克垄战争结束了拜占庭人总把小亚细亚看成是其领土的传统观念，打消了把突厥各族赶出小亚西亚的念头。”⑥总之，经过双方一百多年的较量，拜

---

① 陈志强：《拜占庭军区制和农兵》，《历史研究》1996年第5期。

② 祁颖：《圣像破坏运动时期拜占庭帝国的外交关系》，《北方论丛》1992年第2期。

③ 祁颖：《圣像破坏运动时期拜占庭帝国的外交关系》，《北方论丛》1992年第2期。

④ 蓝琪：《拜占庭帝国与塞尔柱突厥人在小亚西亚的争夺》，《贵州师范大学学报》1991年第4期。

⑤ 蓝琪：《拜占庭帝国与塞尔柱突厥人在小亚西亚的争夺》，《贵州师范大学学报》1991年第4期。

⑥ 蓝琪：《拜占庭帝国与塞尔柱突厥人在小亚西亚的争夺》，《贵州师范大学学报》1991年第4期。

占庭丧失了对小亚西亚的统治权。陈志强的《帕列奥列格王朝的外交政策研究》一文认为："帕列奥列格王朝的外交政策经历了自主外交，亲土耳其外交和亲西方外交三个阶段的转变，其转变的主要原因在于欧洲和西亚国际政局的变动和晚期拜占庭国家的持续衰落，因此该王朝外交活动属于小国外交。由于该王朝未能制订正确的外交政策，未能使用外交武器创造富国强兵的国际条件，在外交事务中屡铸大错，错过多次图强自救的机会，促使形势恶化，加速了拜占庭帝国的灭亡。"①

第四个问题是关于封建化的继续讨论，但没有新的进展。有的学者依据"只要在这个社会形态的限度内生产力还有发展的余地，或现实的各种条件的综合还足以保证生产水平不致下降，这个社会就能够继续存在下去"②这一标准，得出拜占庭不存在封建制度的结论，同时强调"封建主义的产生是离不开蛮族因素的"③。笔者认为，这一观点的得出没有充分考虑拜占庭社会的特殊性，也没有合理分析斯拉夫人的作用。至于残酷刑罚的出现，也许是由于拜占庭在与东方的交往中，受到了东方专制主义的影响，所以不能仅仅进行纵向比较，也应横向考虑。马驰原首次提出了"政治体制拜占庭化"的概念，即东罗马帝国"适应社会生产力发展要求，在古典社会保存的基础上通过对旧制度的政造，通过政治上的自我更新的途径来完成的。这一更新进程可以概括为东罗马帝国政治的拜占庭化"④。目前，这一概念还未被多数学者接受，就文章本身而言，基本抓住了拜占庭政治制度的特点。

第五个问题是关于拜占庭起始年代的。由于拜占庭帝国是在罗马帝国陷入危机和分崩离析的时代产生的，在宗教、社会风俗等方面即展现了与罗马帝国的联系又有明显区别，这无疑增加了研究拜占庭史的难度，关于其起始年代自

① 陈志强：《帕列奥列格王朝的外交政策研究》，《南开学报》1997年第1期。

② 梁作檊：《拜占庭，中世纪的古代社会》，《暨南学报》1990年第1期。

③ 梁作檊：《拜占庭，中世纪的古代社会》，《暨南学报》1990年第1期。

④ 马驰原：《在古典社会基础上的政治更新：5至7世纪东罗马政治体制的拜占庭化》，《贵州师大学报》1989年第1期。

然也不例外。国际学术界对此展开广泛争论。鉴于拜占庭社会的复杂性，陈志强提出，确定拜占庭历史起点的标准“应是一个综合性的系统指标，它不仅涉及政治、经济、文化和宗教等方面，而且也应考虑民族成分，疆域变化等因素，在对比分析中，找出具有标志性的事件”。依据这一原则，他认为330年是拜占庭的起始年代。理由如下：第一，从政治上看，“330年，‘新罗马’的启用表明拜占庭帝国从分理区演变为政治实体”。第二，从经济上看，330年“已经形成了以君士坦丁堡为中心的东地中海经济区。这个经济区不再是西罗马帝国经济的附属部分，而是一个有其内部独立结构的经济系统”。第三，从疆域和人口看，“以君士坦丁堡为中心的拜占庭帝国疆域相对稳定”，且“自330年以后逐渐形成了以希腊人和希腊化斯拉夫人为主的种族构成”。第四，从宗教上看，325年，君士坦丁一世亲自召开的尼西亚会议是“原始基督教质变的标志，它表明基督教已成为统治当局的官方机构，实质上已成为拜占庭帝国的国教”。第五，从文化上看，“由于东罗马帝国政治稳定，经济繁荣以及君士坦丁堡这个可靠依托的出现，拜占庭文化开始其独特的发展历程”。[①]因此综合考虑，把330年定为拜占庭史起始年是合理的。

第六个问题是关于圣像破坏运动的原因。20世纪80年代前，我国学者只强调“为了达到分封目的”[②]，“为了摧毁奴隶制的上层建筑，加强封建军事贵族的力量，彻底击败阿拉伯人的进攻”[③]，所以立奥三世才发动了“圣像破坏运动”。陈志强认为，仅从政治上解释这次宗教运动是不全面的，而应从宗教、政治、经济三方面考虑。

第七个问题是关于拜占庭皇帝继承制的。陈志强利用计量分析的方法，概括出拜占庭帝国皇位继承制的主要特征：继承方式的多样性，但长子继承制是

---

① 陈志强:《关于拜占庭史起始年代问题》,《南开学报》1987年第4期。

② 杨连山:《关于拜占庭封建制起源与封建化问题的探讨:对许宏杰同志“拜占庭封建化过程的几个问题”一文的商榷》,《史学月刊》1957年第1期。

③ 郑如霖:《关于东罗马帝国从奴隶制向封建制过渡中的几个问题》,《华南师范大学学报(社会科学版)》,1983年第1期。

占主导地位的形式；继承结果的不稳定性，外在表现为拜占庭帝国婚姻制度造成的皇室男性继承人的缺乏；继承过程中的残酷凶险和继承斗争的激烈性。

第八个问题是关于拜占庭金币的。早在1959年，夏鼐就正确指出了咸阳底张湾独孤罗墓的拜占庭金币是公元6世纪君士坦丁堡铸币厂制造的“索里得”[①]。陈志强提出一些新看法，指出金币背面的女像不是胜利女神，而是君士坦丁堡的城标，名为“安淑莎”[②]；正面铭文中PPA Ⅵ一句的意义为“皇帝万岁”，而不是“祖国之父奥古斯都”；OB是专门用来标志金币的特殊记号，没有其他意义；A Ⅴ CCC中的三个C不代表三位皇帝，其实际为皇帝、皇后和先帝。[③]

最后应特别指出的是徐家玲的《早期拜占庭和查士丁尼时代研究》（东北师大出版社，1998年）和陈志强的《独特的拜占庭文明》（中国青年出版社，1999年）两部书的出版。这两部书均凝结了作者多年来的研究成果。

本文原刊载于《史学理论研究》2000年第1期。

本文作者：

郑玮，女，1978年生，南开大学历史学院副教授。1994—2005年在南开大学历史学院学习，先后获学士、硕士、博士学位。2002年11月—2003年7月，在希腊雅典大学留学。博士毕业后留校任教，研究方向为拜占庭史和基督教史。发表论文多篇，主持、参与多项国家社科项目的研究工作。

① 夏鼐：《咸阳底张湾隋墓出土的东罗马金币》，《考古学报》1959年第3期。
② 陈志强：《咸阳底张湾隋墓出土的拜占庭金币的两个问题》，《考古》1996年第6期。
③ 陈志强：《咸阳底张湾隋墓出土的拜占庭金币的两个问题》，《考古》1996年第6期。

亚历山大东征与丝绸之路开通

杨巨平

丝绸之路在汉武帝之时开通，张骞功不可没。但张骞通西域的目的并非打开丝绸贸易的大门，而是为了实现汉武帝联合月氏、合击匈奴、开拓西部疆土、建立强大汉帝国的雄心壮志。同样，希腊-马其顿国王亚历山大在公元前334年大规模向东方进军，也并非为了得到遥远的、朦胧的所谓赛里斯（Seres）的丝绸，而是为了征服波斯帝国，进而征服整个世界。[①]但历史的结局往往和历史创造者的主观愿望不一致。汉代对西域的控制时断时续，亚历山大帝国昙花一现，他的部将们所建立的希腊化王国在公元前1世纪末之前都陆续衰落，不复存在。唯有丝绸之路仍然作为历史的见证，继续发挥着促进东西方物质与文化交流的重要作用。国内外学者在论及丝绸之路开通时，大多只强调张骞的西域凿空，而忽略了亚历山大及其后继者所开创的希腊化世界在其中所发挥的客观作用。为此，本文试图从丝绸之路的另一端，逆向考察希腊-马其顿人的东进是如何推动了丝绸之路的开通、延伸与延续，希腊化文明的信息是如何通过张骞传入中原的。

---

① 关于亚历山大东征的最终目标，古典作家阿里安有较为明确的记载。伊苏斯之战后，大流士三世曾写信给亚历山大，愿把幼发拉底河以西的土地让与亚历山大，以换取停战。亚历山大的回答是，他要的是整个波斯帝国而非其中的一部分。占领印度河上游后，亚历山大执意要向恒河流域和东边的大海进军。亚历山大误以为，这个东海是和赫卡尼亚海（Hyrcanian Sea，即里海）连在一起的，他所知的整个大地都由海洋所环抱，因此可从印度湾到波斯湾，或从波斯湾绕过利比亚（Lybia，当时指非洲）到达赫拉克勒斯石柱（the Pillars of Heracles，今直布罗陀海峡）。这样他就会征服全世界。Arrian，*Anabasis of Alexander*，2.25.3，5.25.3-26.2，trans. by P. A. Brunt，Cambridge，Mass.: Harvard University Press，1976；阿里安：《亚历山大远征记》，李活译，商务印书馆，1985年，第79、185~186页。

一、亚历山大之前东西方文明之间的接触与传闻

亚历山大东征之前，即到公元前4世纪之时，古代世界各主要文明区域之间应该说都有了一定的、直接或间接的经济或文化上的接触。即使是远在欧亚大陆两端的两大文明中心——希腊和中国也互有传闻。“赛里斯”就是当时希腊人对东方一个可与北印度相提并论的国家的称谓。此名称是生活于公元前5至前4世纪之交的希腊医生兼史家克泰西亚斯（Ctesias）首先提出的。他曾担任波斯宫廷御医，可能是在波斯听到了关于塞里斯的传闻。虽然这一资料的可靠性受到西方学者H.裕尔、戈岱司和我国学者张星烺的质疑，裕尔特别指出原因在于其仅见于《福尔提乌斯文库》（*Bibliotheca of Photius*）一处。但希腊人的赛里斯之名由此出现，则可备一说。[①]尽管古典作家关于它的具体地理位置说法不一，但它位于遥远的东方且为产丝之国则渐成共识。[②]“赛里斯”后来也就成了西方传说中对中国的代称。希罗多德的《历史》中曾记载了一位名叫阿里斯铁阿斯（Aristeas）的希腊人的远东之游，他穿过斯基泰人（Scythian）的活动区域，最远曾至伊塞顿人（Issedones）之地。[③]据学者考证，所谓的伊塞顿人活动区域大致应在乌拉

---

① [英]H.裕尔著，[法]H.考迪埃修订：《东域纪程录丛》，张绪山译，云南人民出版社，2002年，第21页注㉗；张星烺编注，朱杰勤校订：《中西交通史料汇编》（第一册），中华书局，1977年，第17页；戈岱司编：《希腊拉丁作家远东文献辑录》，耿昇译，中华书局，1987年，第1页。

② 戈岱司编《希腊拉丁作家远东文献辑录》“导论”以及正文中摘录的维吉尔（Vigile）、霍拉赛（Horace）、普罗佩塞（Properce）、奥维德（Ovide）、斯特拉波（Strabo）、塞内科（Seneque）、梅拉（Pomponins Mela）、普林尼（Pliny）、卢坎（Lucan）、佚名的《厄立特里亚航海记》、托勒密（Ptolemy）、鲍萨尼亚斯（Pausanias）、阿米安·马尔塞林（Ammianus Marcellinus）等的相关记述。（第1~54、71~72页）。H.裕尔在整理分析了这些相关的史料后也得出了同样的结论。参见[英]
H.裕尔著，[法]H.考迪埃修订：《东域纪程录丛》，张绪山译，云南人民出版社，2002年，第11~12页。但事实上，当时的中国是唯一的产丝之国，西方所知道的Seres是否就是中国，仍然存疑。笔者倾向于把这个传说中的Seres视为从事丝绸贸易的中介民族，大致活动于中亚、印度和中国西北部之间的某一地区。

③ Herodotus, *The Histories*, 4. 13, 16, 25；希罗多德：《历史》，王以铸译，商务印书馆，1985年，第270、272、275页。

尔以东，直至天山、阿尔泰山之间，也有学者推测他们曾远达塔里木盆地或楼兰以东、敦煌一带。[①]20世纪，考古学者在德国的一座克尔特人首领墓葬（公元前6世纪）中发现了丝绸织物残片，[②]在阿尔泰巴泽雷克古墓发现了保存完好的中国凤凰刺绣和山字纹铜镜。[③]中国中原地区的物品在远到西欧地区的出现，说明上古时期欧亚草原之路的存在。游牧于黑海、里海、咸海一带的斯基泰人和其他游牧民族无疑是欧亚草原之路的开拓者、先行者。但这条交通线是游移不定、时断时续的。由于游牧民族的流动性和游牧文明相对于农耕文明发展的滞后，这条道路没有成为、也不可能成为东西方文明交流的主渠道。

文明的交流是以文明的互动为前提的。早在爱琴文明时期，希腊地区的居民就与相邻的埃及、小亚细亚半岛（下文简称小亚）、西亚等地区的古老文明有了接触。但作为一个独立成熟的文明与东方文明对等交往则是在波斯帝国时期。公元前6世纪中期，波斯帝国崛起于伊朗高原，并很快向外（主要是东西两面）扩张。小亚沿岸的希腊殖民城邦沦陷，希腊本土面临存亡的考验。然而正是这种对立和交往，使希腊人对波斯人有了进一步的了解，从而揭开了希腊文明与东方文明实质性交流的新篇章。有的希腊人到巴比伦考察游历，如希罗多德；有的希腊人到波斯的宫廷服务谋生，如担任御医的克泰西亚斯和受波斯国王之命、考察印度河并环航阿拉伯半岛的斯库拉克斯（Scylax，约公元前510年）。[④]

---

① 孙培良：《斯基泰贸易之路和古代中亚的传说》，《中外关系史论丛》（第一辑），世界知识出版社，1985年；保罗·佩迪什：《古代希腊人的地理学》，蔡宗夏译，商务印书馆，1983年，第22页；王治来：《中亚史纲》，湖南教育出版社，1986年，第53页注①；G. F. Hudson，*Europe and China*，London: Arnold & Co.，1931，p. 37，39; 马雍、王炳华：《公元前七至二世纪的中国新疆地区》，《中亚学刊》第三辑，中华书局，1990年。

② Jorg Biel，“Treasure from a Celtic Tomb”，*National Geographic*，157/ 3(1980)，pp. 428-438.

③ C. И. 鲁金科：《论中国与阿尔泰部落的古代关系》，《考古学报》1957年第2期。

④ Herodotus，*The Histories*，4.44；希罗多德：《历史》，王以铸译，商务印书馆，1985年，第282页。

还有的希腊人自愿或被迫移民到了巴克特里亚和索格底亚那地区。[①]波斯帝国的版图西起埃及，北到黑海、里海一线，南到阿拉伯半岛，东到印度西北部。为了巩固对各地的统治，大流士一世在原来道路的基础上，修筑了覆盖全帝国的驿道网（The Imperial Roads）。其中最著名的是帝国西部的“王家大道”（The Royal Road）。它从都城之一的苏萨（Susa），经美索不达米亚（Mesopotamia），到达小亚的以弗所（Ephesus）或撒尔迪斯（Sardis），全长两千多公里，沿途设有驿站（现在已确认的有22个）。帝国东部的一条主要交通干线是沿着古老的美索不达米亚——米底（Media）之路，进而经巴克特里亚（Bactria）抵达印度。[②]出产于巴克特里亚东部山区的名贵石头——青金石（Lapis Lazuli，亦译“天青石”）就沿此路线而输送到美索不达米亚和印度。[③]在亚历山大之前，希腊的钱币已在巴克特里亚流通，这也说明波斯帝国时期从东地中海到兴都库什山之间有可能存在着长途商贸活动。[④]这条路线连通中亚和南亚次大陆，实际上成为未来丝绸之路的西段（自帕米尔以西）。大流士一世还开通了埃及第二十六王朝法老尼科（Necho Ⅱ， 公元前609年—前593年在位）未完成的连接尼罗河与红海的运河。[⑤]这些驿道和水路加强了各地的联系。应该说在波斯帝国统治范围之内，各

① 如希罗多德提到的被波斯人俘虏的非洲希腊人殖民者——巴尔卡人（the Barcaeans），他们被大流士一世强迫移居到巴克特里亚。参见希罗多德：《历史》，王以铸译，商务印书馆，1985年，第344页；或如斯特拉波提到的布兰开德人（the Branchidae），他们是因为曾背叛祖国，甘愿随薛西斯（Xerxes）回到波斯，而后被安置到索格底亚那（Sogdiana）地区的。Strabo，*Geography*，11.11.4，trans. by Horace Leonard Jones，Cambridge，Mass.: Harvard University Press，1997.

② Josef Wiesehofer，*Ancient Persia From 550 BC to 650 AD*，London: I. B. Tauris Publishers，1996，pp. 76-77.

③ Frank L. Holt，*Alexander the Great and Bactria*，Leiden: E. J. Brill，1989，p. 28.

④ 1966年，在阿富汗巴尔赫（Balkh）附近发现了一罐钱币，其中绝大多数是希腊古典时期雅典的四德拉克马（tetradrachms），总数不详，但可以公开见到的至少有150枚。这些钱币在亚历山大之前很可能在巴克特里亚以银块的形式流通。此前的1933年，在喀布尔东面也发现了一处相似的古代窖藏，其中至少有1000枚属于希腊城邦的钱币。Frank，L. Holt，*Into the Land of Bones: Alexander the Great in Afghanistan*，Berkeley: University of California Press，2005，p. 141.

⑤ Herodotus，*Histories*，4. 39；希罗多德：《历史》，王以铸译，商务印书馆，1985年，第280页。

地交往的渠道是畅通的。[①]

希波战争以希腊人的胜利而告终，但这并不意味着希波对立的结束。相反，双方都在利用一切机会插手对方的内部事务。希腊城邦之间的争斗和波斯帝国的王位之争均提供了这样的可能。著名的两例就是公元前401—前400年间应小居鲁士之邀深入波斯内陆的希腊万人雇佣军和公元前387年由波斯国王宣布的旨在解决希腊内部矛盾的“大王条约”（The King's Peace）。半个多世纪之后亚历山大在战场上还碰到了波斯军队中多达数万人的希腊雇佣军。[②]希腊与波斯之间在政治、军事斗争上的相互介入从另外一个侧面证明了两个文明之间联系的进一步加强。

公元前4世纪时，欧亚大陆还存在着一些其他的古老文明或正在兴起的文明，但它们或由于地理阻隔的原因，或由于自身发展的原因，与其他文明真正接触和交流的历史机遇似乎还未来临。西地中海的罗马人正在为统一意大利而向南部发展，或许通过大希腊地区的希腊人对东方有所知晓，但他们的视野还没有超出半岛之外。此时的印度尚处于列国时代，逐渐强盛起来的摩揭陀王国的统治区域尚在恒河流域一带，佛教也未向西大规模传播，但西北部因受波斯帝国统治已与外部世界有所接触。此时的中国正处于战国时期，七雄争霸，逐鹿中原，根本无暇也无力西向。

总之，到公元前4世纪时，欧亚大陆诸文明之间有的已有所接触，有的也有所耳闻，但一条连接东西方两端的纽带或通道还未形成。相互间的了解难免肤浅、偏颇甚至谬之千里。中国对西方世界的想象大概不会超出《山海经》《穆

---

① 公元前480年侵入希腊的波斯军队中就有来自波斯各地、甚至从巴克特里亚、印度远道而来的参战者（Herodotus，*Histories*，7. 64，65；希罗多德：《历史》，王以铸译，商务印书馆，1985年，第494页）。这些驿道发挥作用由此可证。

② 在格拉尼卡斯（Granicus）、伊苏斯（Issus）、高加米拉（Gaugamela）三次战役中，波斯军中都有希腊雇佣军助战。参见 Arrian，*Anabasis of Alexander*，1.12-16，2.8-11，trans. by P. A. Brunt，Cambridge，Mass.: Harvard University Press，1976；阿里安：《亚历山大远征记》，李活译，商务印书馆，1985年，第26~33、59~63、94~99页。

天子传》内容的范围。希腊方面虽通过波斯帝国对埃及、巴比伦、印度等东方古老文明地区都有所知晓，但对真正的中国，似乎仍一无所知。亚历山大只知印度之外是大洋，是东方大地的尽头，并不知锡尔河（Syr Darya，the Jaxartes）之外的东方还有一个大国存在。他对远东世界的认识与一个多世纪以前希罗多德时代的希腊人并无多大区别。[①]

二、亚历山大之后东西方交往的扩大和东部希腊化世界的形成

公元前334年，亚历山大以希腊-马其顿联军统帅的身份开始了对波斯帝国的征服。十年征战，亚历山大不仅将原来波斯帝国的版图据为己有，而且有所扩大。从地中海到印度河，从黑海、里海、咸海到阿拉伯海、波斯湾、红海，几乎都被囊括在亚历山大帝国之下。虽然亚历山大于公元前323年突然病逝，他的帝国迅即崩溃，被其部将瓜分一空，但希腊-马其顿人对当地民族的统治格局并没有改变。希腊文化成为凌驾于当地文化之上的强势文化，希腊化的进程加快了，与东方文化的交流融合日益广泛深入。希腊化世界[②]的形成，大大便利和促进了各希腊化王国之间，以及它们与周边地区的交往。由于经济、文化的交流往往大大超出政治统治的区域，在希腊化世界及其周边地区实际上形成了以西亚为中心、以地中海和中亚印度为两端的新的交通体系。

当时的东西方商路主要有三条：北路、中路、南路。北路连接印度、巴克特里亚与黑海。来自印度的货物可经巴克特里亚沿阿姆河而下，进入里海，再转运至黑海。中路连接印度与小亚，有两条支路：一条先走水路，从印度由海上到波斯湾，溯底格里斯河（the Tigris）而上，抵达曾为塞琉古王国都城之一的塞琉西亚（Seleucia on Tigris）；一条全部走陆路，从印度经兴都库什山、阿富汗的巴克特拉（Bactra）、伊朗高原到塞琉西亚城。至此，水陆两路会合，由此

① Herodotus, *The Histories*, 4.40，希罗多德：《历史》，王以铸译，商务印书馆，1985年，第280页。

② 本文的“希腊化世界”既包括亚历山大及其后继者所直接控制的地区，也包括受希腊或希腊化文化深刻影响的地区。

跨过幼发拉底河，西达塞琉古王国的另一都城，即叙利亚的安条克（Antioch on the Orontes），再转向西北到达小亚的以弗所。南路主要通过海路连接印度与埃及，从印度沿海到南阿拉伯，经陆路到佩特拉（Petra），再向北转到大马士革（Damascus）、安条克，或向西到埃及的苏伊士（Suez）、亚历山大里亚等地。[①]托勒密王朝一直致力于寻求绕过阿拉伯半岛南部，经红海，直达埃及的海上通道。托勒密二世重新开通了第二十六王朝法老尼科时开凿的连接尼罗河与红海的沙漠运河，这样来自印度的货物就可经运河，沿尼罗河而下，最终抵达地中海的亚历山大里亚。前1世纪前后，印度洋上季风的发现使海上商路更加便利和安全。[②]这些商路与后来丝绸之路西段的海陆走向大致吻合。从中亚通往丝绸产地中国，中间地带也就只剩下从河西走廊到帕米尔高原这一段了，而且这一段的距离也在双方无意识的努力下不断缩小。

据斯特拉波，大约在公元前2世纪前后，中亚的希腊人王国巴克特里亚的统治者欧泰德姆斯（Euthydemus）及其儿子德米特里（Demetrius）曾向东面的赛里斯和弗利尼（Phryni）扩张。[③]这时西方人心目中的赛里斯估计还是模糊的产丝之地，并非指汉代的中国，至于弗利尼，学界有匈奴说，[④]不过此时匈奴的

---

① W. W. Tarn，*Hellenistic Civilization*，London: Edward Arnold，LTD，1952，pp. 241-245; F. W. Walbank，*The Hellenistic World*，Glasgow: William Collins Sons & Co. Ltd. 1981，pp. 199-200; Strabo，*Geography*，2.1.11，15; 11.7.3，trans. by Horace Leonard Jones，Cambridge，Mass.: Harvard University Press，1997; Pliny，*Natural History*，6.52，trans.，by H. Rackham，Cambridge，Mass.: Harvard University Press，1949. 关于北路，斯特拉波的记述最为明确详细，但塔恩（Tarn）断然否认它的存在。本文采用古典作家的记述。不过，他们以为阿姆河注入里海，与现在注入咸海不一致，应予注意。

② F. W. *Walbank*，The Hellenistic World，Glasgow: William Collins Sons & Co. Ltd. 1981，pp. 200–204.

③ Strabo，*Geography*，11.11.1，trans. by Horace Leonard Jones，Cambridge，Mass.: Harvard University Press，1997.

④ G. F. Hudson，*Europe and China*，London: Arnold & Co.，1931，p. 58.

势力还未到达与巴克特里亚相邻的地区。[①]既然西德莫斯父子向东面扩展，那东面最相邻的地区也就只能是帕米尔高原（葱岭）和塔里木盆地了。纳拉因（Narain）接受坎宁安（A. Cunningham）的建议，将赛里斯和弗利尼比附为《汉书·西域传》中的“疏勒”和“蒲犁”确有一定的道理，[②]因为汉时疏勒、蒲犁恰恰位于帕米尔东侧的今新疆喀什和塔什库尔干地区。

由此可见，在张骞到达中亚之前的前2世纪中后期，后来丝绸之路的西段实际上已经开通，而且此时距亚历山大东征已经两个世纪之久，东部希腊化世界的政治格局和文化面貌也发生了巨大变化。

亚历山大的亚洲遗产最终几乎全被他的后继者之一的塞琉古一世（Seleu - cus Nicator，约公元前312—前280年在位）所独吞。但好景不长，由于孔雀王国的兴起，塞琉古王国恢复对印度西北部统治的努力落空，只得于公元前305—前303年间签约放弃。[③]公元前3世纪中叶，巴克特里亚的希腊人总督宣告脱离塞琉古王国独立。紧接着，帕提亚的当地人也起义建国（即张骞后来所说的“安息”）。塞琉古王朝无力东顾，逐渐承认了这些既成事实，统治的重心转向两河以西、以叙利亚为中心的濒地中海地区。公元前2世纪以后，巴克特里亚王国曾越过兴都库什山向印度西北部发展，约半个世纪之后，迫于帕提亚[④]和

---

① 据《史记·匈奴列传》，匈奴前虽击败月氏，但“夷灭月氏……定楼兰、乌孙、呼揭及其旁二十六国，皆以为匈奴”，是在汉文帝前元四年（前176年），此前巴克特里亚希腊人不可能越过月氏远至匈奴。

② A. K. Narain, *Indo-Greeks*, Oxford: Clarendon Press, 1957, pp. 170-171.

③ 塞琉古一世以同意联姻和接受500头大象的回赠为条件放弃了对印度西北部的统治权。Strabo, *Geography*, 15.2.9, trans. by Horace Leonard Jones, Cambridge, Mass.: Harvard University Press, 1997.

④ 在欧克拉提德（Eucratides，约公元前175－145年在位）及其后继者统治时期，帕提亚曾夺取了巴克特里亚西部的两个行省。Strabo, *Geography*, 11.9.2, 11.11.2, trans. by Horace Leonard Jones, Cambridge, Mass.: Harvard University Press, 1997.

北方游牧民族的压力，此地的希腊人开始从阿姆河撤退到印度。[①]当张骞辗转10年于公元前129—前128年之间抵达巴克特里亚时，此地已对来自中国西北的月氏人臣服。[②]张骞称其为“大夏”。

这就是张骞进入大夏时西亚、中亚和印度的政治格局。希腊人在这些地区的控制范围确实比亚历山大帝国时大为缩小，但希腊文化的影响却呈现另外一番景象。希腊人所到之处，都要建立希腊式城市或殖民地。据统计，亚历山大及其后继者在东方建城（包括殖民地）至少在300个以上，其中保留下名称者约275个，主要分布在东地中海沿岸（约160个），其余的则在幼发拉底河中下游及其以东地区，在巴克特里亚及其相邻地区有名可据者有19个（其中亚历山大建了8座[③]），在印度有27个。[④]这类希腊式城市的基本特征已被20世纪

① 他们在印度西北部一直残存到公元前30年左右才彻底消失，被印度学者纳拉因称为“印度-希腊人”（Indo-Greeks），认为“他们的历史是印度历史的一部分，而非希腊化国家的一部分；他们来了。他们看见了，但印度人胜利了”。（A. K. Narain，*Indo-Greeks*，Oxford: Clarendon Press，1957，p. 11.）此说值得商榷。这些希腊人后来确实被印度的文化同化了，但他们在当地维持了长达一个多世纪的统治，留下了影响至今的最大的希腊化文化遗产之一——犍陀罗佛教艺术，他们的存在与活动应该视为希腊化世界历史的一部分。

② 关于巴克特里亚王国的灭亡者，古代中西记载并不一致。据《史记·大宛列传》，大月氏人“西击大夏而臣之”（中华书局，1982年，第3162页），巴克特里亚被大月氏所灭。据斯特拉波，巴克特里亚的希腊人王国亡于来自锡尔河彼岸的Asii、Pasiani、Tochari 和 Sacarauli 四个部落。（Strabo，*Geography*，11.8.2，trans.，by Horace Leonard Jones，Cambridge，Mass.: Harvard University Press，1997.）本文主要采用司马迁说，因为张骞在巴克特里亚希腊人王国刚刚被征服就来到此地，这是他的实地考察结论，应该更为可靠。斯特拉波所说也有一定的可能性，但前提是要像塔恩、纳拉因那样，把Tochari（吐火罗）比附为大月氏。若此，则中外记载趋于接近。（W. W. Tarn，*The Greeks in Bactria and India*，Cambridge: The Cambridge University Press，1951，pp. 285-6; A. K. Narain，Indo-Greeks，Oxford: Clarendon Press，1957，p. 132.）至于这个大夏在大月氏人到来之前是否被塞人一支首先征服，尚难以定论。但塞人从北方草原南下印度和今阿富汗南部则是事实，塞人，至少其中的一支经过巴克特里亚地区是有可能的。他们可能是匆匆过客，在给了巴克特里亚希腊人王国重重一击之后离去。最后大夏希腊人王国最后应该灭亡于紧随塞人之后的大月氏人之手。

③ Strabo，*Geography*，11.11.4，trans. by Horace Leonard Jones，Cambridge，Mass.: Harvard University Press，1997.

④ M. Cary，*A History of the Greek World*，London: Methuen & Co. LTD.，1959，pp. 244–245.

60年代在阿富汗阿伊·哈努姆遗址（Ai Khanoum）的考古发掘中证实。[①]它们通常建于统治的中心地区、交通要道或军事要塞，是希腊–马其顿人统治网络的核心组成部分。城中一般建有希腊式的神庙、体育馆、剧场，居民也以希腊人为主。城中充溢着浓厚的希腊文化气息，希腊语、希腊钱币、希腊的神祇、希腊的戏剧、希腊的习俗使远在东方的希腊人有一种生活在故国家园之感。相对于广袤的东方之地，这些城市犹如沙漠中的绿洲。它们力图维护希腊文化的纯洁性、统一性，并试图对周围的地区施加影响，但由于处在当地民族、当地文化的汪洋大海之中，这些城市中的希腊殖民者也难免吸收一些东方文化的因素。因此在希腊人控制与影响的地区，就逐渐形成了一种以希腊文化因素为主，同时融合其他东方文化因素的多元混合文化，即近代学术界所称的“希腊化文化”（Hellenistic Culture）或“希腊化文明”（Hellenistic Civilization）。

就张骞所耳闻目睹的巴克特里亚及其周边地区而言，其文化面貌的变化尤为明显。据斯特拉波，亚历山大时代的巴克特里亚人和索格底亚那人的生活方

① 关于这一遗址的希腊式特征，参见主持发掘的法国考古队负责人保罗·伯纳德（Paul Bernard）的3篇文章：一是“An Ancient Greek City in Central Asia”，*Scientific American*，Vol. 246，1982，Jan. pp. 148–159；二是Ai “Khanum on the Oxus: A Hellenistic City in Central Asia，” *Proceedings of the British Academy*，53，1967，p. 71–95；三是《中亚的希腊王国》（与A. H. 丹尼合作），雅诺什·哈尔马塔主编：《中亚文明史》第二卷，徐文堪、芮传明译，中国对外翻译出版公司，2002年，第67~93页。该书第3章“亚历山大及其在中亚的后继者”也有若干关于该遗址的介绍。伯纳德是撰稿人之一。1979年以后，该遗址的大规模发掘由于战乱而中断，但近年来此地仍出土了一些希腊化的艺术品，如赫拉克勒斯和雅典娜的雕像。（Frank，L. Holt，*Into the Land of Bones: Alexander the Great in Afghanistan*，Berkeley: University of California Press，2005，pp. 162–163.）也可参见杨巨平：《阿伊·哈努姆遗址与希腊化时期东西方诸文明的互动》，《西域研究》2007年第1期。

式、风俗习惯与游牧民族并无多大区别，[①]但在希腊人统治之下，巴克特里亚人的定居和城镇化进程加快，成了所谓的千城之国[②]。帕提亚虽然在政治上脱离了塞琉古王国，但在文化上却长期以效仿希腊为荣。它采用塞琉古朝的历法，模仿希腊式的钱币，雕塑希腊的神像，上演希腊的戏剧，[③]宫廷还附设体育馆。[④]印度的那些希腊人小王国虽然受印度文化的影响较深，有的希腊人（如著名的米南德国王）皈依了佛教，[⑤]有的国王开始铸造标有印度文字的双语币。但其钱币形式仍保持着希腊式钱币的基本特征，如正面是国王头像、希腊语的国王名字与荣誉称号，反面以希腊神祇为主，但出现了当地的佉卢文。由于受巴克特里亚希腊化艺术流派的影响，佛教犍陀罗艺术也有可能在这时萌芽。

---

① 比如，巴克特里亚人虽然比索格底亚那人稍微文明一些，但他们都将无可救助的老年人或有病者活活地扔出，让专门为此而养的狗吃掉。巴克特里亚人的城外看上去倒还整洁，但城内的许多地方却白骨累累。亚历山大到此地后，废除了这种陋习。斯特拉波此说来自亚历山大的随行者、传记作家奥内西克里特（Onesicritus），他认为后者并未报道巴克特里亚人最好的特征，似有以偏概全之嫌。Strabo，*Geography*，11.11.3，trans. by Horace Leonard Jones，Cambridge，Mass.: Harvard University Press，1997.

② 据斯波拉底，巴克特里亚希腊人国王欧克拉提德在位时统辖着一千个城市。其资料来源于Apollodorus的《帕提亚史》（*The Parthica*）。Strabo，*Geography*，15.1.3，trans. by Horace Leonard Jones，Cambridge，Mass.: Harvard University Press，1997; 据查士丁，巴克特里亚是个拥有一千个城市的帝国，他甚至提到，在巴克特里亚希腊人国狄奥多托斯（Theodotus，Diodotus）任总督时就统治着一千座城市。Justin，*Epitome of the Philippic History of Pompeius Trogus*，41.1.8，41.4.5，trans. by J. C. Yardley. Atlanta，GA.: Scholars Press，1994.

③ 据普鲁塔克，帕提亚国王许罗德斯（Hyrodes或Orodes）曾和亚美尼亚国王阿塔瓦斯德斯（Atarvasdes）在后者的王宫一道观看希腊悲剧家幼里披底斯（Euripides，约公元前480—前406年）的剧目——《酒神的伴侣》（*Bacchae*）的上演。普鲁塔克还特别提到这位亚美尼亚国王不仅能和帕提亚国王一样通晓希腊语，熟读希腊文学，一起观看希腊戏剧，还能用希腊语写作悲剧、演讲词和历史。希腊语流传范围之广，希腊化文化渗透力之强由此可见一斑。Plutarch，"Crassus"，33.

④ 关于上述帕提亚的希腊化文化表征。R. L. Fox，*Alexander the Great*，London: Futura Publications Limited，1975，pp. 492–493; Josef，Wiesehofer，Ancient Persia From 550 BC to 650 AD，London: I. B. Tauris Publishers，1996，pp. 124–129.

⑤《那先比丘经下》，《大正新修大藏经》第32卷《论集部》，台北市佛陀教育基金会，1990年；Plutarch，"Precepts of Statecraft"，*Moralia*，821D-E，trans. by Harold North Fowler，Cambridge，Mass.: Harvard University Press，1936.

张骞就是在这样的政治和文化背景下来到了东部希腊化世界，来到了中亚，确切地说是来到了以锡尔河和阿姆河为中心的巴克特里亚希腊人王国的昔日所在地。那他在此地看到和听到了什么呢？

三、张骞西域凿空与希腊化文化信息的随之传入

据《史记·大宛列传》，张骞曾受汉武帝之命，先后两次出使西域，第一次是在公元前139年（建元二年）—前126年（元朔三年）间。除匈奴外，他先后经过了大宛、康居、大月氏、大夏四个地区，另外还听到了关于乌孙、奄蔡、安息、条支、身毒其他五个大国的传闻。第二次出使是在公元前119年（元狩四年）—前115年（元鼎二年）间，他先到乌孙，然后分遣副使到“大宛、康居、大月氏、大夏、安息、身毒、于寘、扜罙及诸旁国”。张骞之行，标志着后来所称之的“丝绸之路”的全线贯通，西域的信息首先传入内地中原。第一次出使归来，张骞就向汉武帝详细报告了他在西域的所见所闻。从司马迁的记述看，张骞对各地的介绍内容大体一致，只不过有详略之分而已，这大概是根据对它们了解的多少而定。但无论如何，这是张骞对希腊人所曾控制过、影响过的地区实地考察之后带回的第一手资料，是迄今为止中原汉地得到的关于西域诸国的第一份报告。其中蕴含的信息不能不详加分析，尤其需要注意的是，此中是否传递了一些当地留存下来的希腊化文化信息。

从《大宛列传》有关记载看，除了乌孙、康居、奄蔡、大月氏四个“行国”外，司马迁对其余的农耕、定居国家记述都比较详细，大致包括方位（包括道里、邻国）、物产、城邑、人口、统治形式、商贸等情况。

从方位上看，康居、乌孙、奄蔡都是活动于里海、咸海、天山、阿尔泰山一线的游牧民族，远在巴克特里亚希腊人王国控制范围之外。据司马迁，大月氏始“居敦煌、祁连间”，后定居于阿姆河之北，是它征服了大夏。它虽然占据了原来巴克特里亚王国的一部分，但刚刚立足，游牧民族传统浓厚，并未受到当地希腊化文化的浸染。司马迁称其“行国”，在当时是恰如其分的。大宛一般认为是现

在乌兹别克斯坦、塔吉克斯坦、吉尔吉斯斯坦三国交界的费尔干纳及其周边地区。此地属于亚历山大时代的索格底亚那（Sogdiana），后来纳入巴克特里亚希腊人王国的统辖范围，[①]或者至少是受其强烈影响地区。安息（帕提亚，Parthia）希腊化程度较深，是个典型的“爱希腊帝国”（Philhellenic Empire）。[②]它的许多国王在钱币铭文中也都自称为“爱希腊者”（ΦΙΛΕΛΛΗΝΟΣ）。至于大夏、条支和身毒的一部分（印度西北部）则都是亚历山大帝国的故地。张骞抵达时，条支（安条克，Antioch，仍是塞琉古王国的首都，故以此代之），即塞琉古王国仍然残存；大夏，即巴克特里亚希腊人王国，则刚刚灭亡，残余退往印度。因此，张骞在这些地方获得的印象，完全有可能包含着希腊化文化的信息。

从物产上看，这些地区大多既产粮食（稻、麦），也种植葡萄，且善于酿制和保存葡萄酒。葡萄并非起源于希腊半岛。据考证，它的种植和葡萄酒的酿造始于今日小亚土耳其的东部，时间大致在公元前8500年—前4000年间，而后向东西方向传播。[③]希腊人得地利之便，克里特文明时期已知种植葡萄、酿造葡萄酒，到荷马时代，葡萄和葡萄酒成为他们经济生活和文化生活的重要组成部分。酒神崇拜是希腊神话传说和宗教信仰的主题之一。希腊的悲剧就是从酒神节的祭仪中发展而来。因此，希腊人在他们统治的地区种植或扩大种植葡萄，并传来先进的葡萄酒酿造技术是完全可能的。他们在两河流域南部的巴比伦（Bab-ylon）和苏西斯（Susis）地区首次引入了自己当地的葡萄种植技术（不挖地沟，

① 据斯特拉波，巴克特里亚希腊人曾统治了索格底亚那东面，位于阿姆河与锡尔河之间的地区。（Strabo，*Geography*，11.11.2，trans. by Horace Leonard Jones，Cambridge，Mass.: Harvard University Press，1997.）此方位应包括费尔干纳盆地。

② 汤因比认为它是希腊文化的“保护者、赞助者”。A. Toynbee，*Hellenism: The History of A Civilization*，Oxford University Press，1959，p. 183.

③ William Cocke，“First Wine? Archaeologist Traces Drink to Stone Age”，*National Geographic News*，July，21，2004. http://news.nationalgeographic.com/news/2004/07/0721_040721_ancientwine.html.

用带有铁尖的木棒在地上直接穿洞，然后把葡萄苗植入其中)。[①]另据斯特拉波，与巴克特里亚毗邻的阿利亚（Aria）和马尔基亚纳（Margiana）地区也都适于种植葡萄，阿利亚尤盛产葡萄酒，此酒能保存三代而不变质。[②]这一现象在中国有关记载中也得到了证实，据《史记·大宛列传》，安息的特产之一就是“蒲陶酒”，大宛及其周围地区也是“以葡萄为酒，富人藏酒至万余石，久者数十岁不败”。由此可见，至少在张骞到达西域之前，葡萄种植及葡萄酒的酿造在此地已非常普遍。东西两方对中亚地区盛产葡萄及葡萄酒的相似记载，绝非历史的巧合，而是对同一地区同一物产的真实反映。张骞之后，葡萄栽培技术首先通过丝绸之路传入中原汉地。[③]汉语中的“蒲陶”一词的发音与希腊语表示“葡萄串”和复数“葡萄”的βοτρυς（botrus）发音相近，有可能是音译而来。[④]据伯希和，此种说法1837年首先来自里特尔（Ritter)，其后被金斯米尔（Kingsmill）和夏德（Friedrich Hirth）所主张。但他本人对此表示怀疑。[⑤]据劳费尔，提出这种比对的第一人是托马斯查克（Tomascheck，1877年），随后得到金斯米尔（T. Kingsmill，1879年）和夏德（Hirth，1917年）的支持。劳费尔对此持不同意见，认为“蒲桃”（“蒲陶”）一词是伊朗语budawa的对音，与希腊语的“βότρυς”无关。但他也承认，这个词是由词干buda加上后缀wa或awa构成，Budawa可能与新波斯语的bada（“葡萄酒”）和古波斯语的βατιάκη（“酒杯”，相当于中波斯语的batak，新波斯语的badye）相联系。这个由汉语撰写的

---

① Strabo, *Geography*, 15.3.11, trans. by Horace Leonard Jones, Cambridge, Mass.: Harvard University Press, 1997.

② Strabo, *Geography*, 11.10.1-2, trans. by Horace Leonard Jones, Cambridge, Mass.: Harvard University Press, 1997.

③《史记·大宛列传》中记载：“汉使取其实来，于是天子始种苜蓿、蒲陶肥饶地。及天马多，外国使来众，则离宫别观旁尽种蒲萄、苜蓿极望。”

④ Henry G. Liddell and Robert Scott, *A Greek-English Lexicon*, with a revised supplement, Oxford: Clarendon Press, 1996, “βότρυς”, p. 323. B. Laufer, *Sino-Iranica: Chinese contributions to the history of civilization in ancient Iran, with special reference to the history of cultivated plants and products*, Chicago: Field Museum of Natural History, 1919, pp. 225-226.

⑤ 冯成钧译：《西域南海史地考证译丛》(第一卷)，商务印书馆，1995年，第82~83页。

伊朗词也可以看作是《阿维斯塔》经中“Madav”（浆果制的酒）的方言形式。可见这个budawa原意也不是直接指葡萄，而是指葡萄酒或酒具。他还有一个理由，就是葡萄早在希腊-马其顿人到来之前已经引入，大宛人不可能接受一个新的名称来命名一个常见的植物。[①]但此书出版于20世纪早期，其中有些结论显然已经过时。如他说，“没有证据可以证明在张骞游历的时代大宛有人懂得或能讲希腊语，希腊语在伊朗地区的影响是微而又微的：突厥斯坦的古代文稿里也未曾发现过任何与希腊有关的事物”，并以此为据推断葡萄和“βότρυς”没有关系。但近百年来的考古发现和研究成果已经证明，希腊语在这些地区不仅通行，而且留下了不少相关的碑铭、钱币和纸草文献等实物资料。值得注意的是，随葡萄同时传入的“苜蓿”（见前注）一词与希腊语表示苜蓿的“Μηδικοs”一词的谐音也似乎有关（劳费尔对此也持否定意见，认为它与伊朗语的buksuk，或buxsux，buxsuk有关）。据斯特拉波，米底（Media）地区有一牧场，盛产苜蓿。[②]

城邑众多、人口繁盛也是这些地区的一大特点。大宛“有城郭屋室。其属大小七十余城，众可数十万”；安息“城邑如大宛。其属大小数百城，地方数千里，最为大国”；大夏“有城屋，与大宛同俗。无大君长，往往城邑置小长……大夏民多，可百余万”。这些地方如此众多的城邑是否与亚历山大倡导的建城运动有关呢？答案是肯定的。如前所述，希腊人每到一地欲长期定居，一般都要建立与本土相似的城市或殖民地。对于希腊人而言，城市是城邦的中心和载体。城市不仅是生活居住之地，更重要的是政治、文化、教育、宗教活动的中心。他们对城市生活有着无比深厚的情感寄托和难以割舍的精神联系。在远离祖国

---

① B. Laufer, *Sino-Iranica: Chinese contributions to the history of civilization in ancient Iran, with special reference to the history of cultivated plants and products,* Chicago: Field Museum of Natural History, 1919, pp. 225-226.

② 这是马最爱吃的一种草。因产于米底，故被希腊人称为“米底草”(Medic，Μηδικη ποια)。Strabo，*Geography*，16.13.7，trans. by Horace Leonard Jones，Cambridge，Mass.: Harvard University Press，1997; Henry G. Liddell and Robert Scott，A Greek-English Lexicon，with a revised supplement，Oxford: Clarendon Press，1996，“μηδιξω”，p. 1125.

约五千公里的遥远东方，他们或为保持民族文化特征，或为更好地对当地进行统治，必然更加倾向于建城而居。从阿伊·哈努姆遗址能容纳5000名观众的剧场规模[①]来看，希腊人不仅是希腊式城市中居民的主体，而且为数不少。希腊化的当地人一定也可光临剧场。[②]这是迄今为止在东方所发现的最大的希腊式剧场。[③]张骞在此时此地发现如此众多的城邑应在情理之中。他的报告也从侧面证实了西方古典作家笔下的那些关于希腊统治者热心建城的记载。希腊人虽然是统治民族，但他们毕竟是外来移民，在这些地方数十万、上百万居民中只能是很少的一部分。难以设想原来的为数不多的希腊驻军[④]能够在二百年间繁衍出如此多的人口。我们也不能设想这些城市都是希腊式城市，不能设想这几十万、上百万人口都居住于城市之中。城邑的周围一定是种植着小麦、水稻、葡萄的乡村，这些劳作者也一定是当地人为主。但希腊式城市的存在是事实，“千城之国”的说法也并非漫无边际的夸张。张骞的有关记述间接证明了各希腊化地区城市的数量之多，阿伊·哈努姆遗址则直接证实了至少有一部分城市具有希腊式特征。

这些地区的政治统治形式，也同其他希腊化王国一样，实行君主制，但贵

---

① Paul Bernard，“An Ancient Greek City in Central Asia”，*Scientific American*，Vol. 246，1982，Jan.，pp. 148–159.

② 普鲁塔克曾在《论亚历山大的幸运或美德》（“On the Fortune or the Virtue of Alexander”）一文中写道：“当亚历山大使亚洲文明化之时，荷马的诗作被广泛阅读，波斯、苏西亚那人（Susianian）、格德罗西亚人（Gedrosian）的孩子们都学习并能够谈论索福克里斯和幼里披底斯的悲剧”。（Plutarch，*Moralia. 328D*，trans. by Frank Cole Babbitt，Cambridge，Mass.: Harvard University Press，1959）看来普鲁塔克的说法还是有一定的根据，并非无中生有的想象。

③ Frank L. Holt，*Into the Land of Bones: Alexander the Great in Afghanistan*，Berkeley: University of California Press，2005，p. 156.

④ 亚历山大离开此地进军印度前留下13500名士兵（Arrian，*Anabasis of Alexander*，4. 22. 3；阿里安：《亚历山大远征记》，李活译，商务印书馆，1985年，第147页），但这个数字到底包括不包括已经安置在城镇中的那些希腊人和老弱伤残、不能再服役的马其顿人，不得而知。但在公元前323年亚历山大逝世后，帝国东部诸行省的殖民地中，至少还有23000名希腊－马其顿军人存在。Frank L. Holt，*Into the Land of Bones*: *Alexander the Great in Afghanistan*，Berkeley: University of California Press，2005，pp. 81，88.

族、地方首领、城市首脑似乎在关键时刻也会发挥重要作用。大宛拒绝献马，并令“攻杀汉使”，在被汉军围困时又“相与谋”杀国王毋寡[①]，集体与汉议和，宛贵人几乎是整个事件的主谋。[②]这些宛贵人遇事能“相与谋”，且达成共识，并敢弑杀其王，这是否可理解为在大宛，有类似于其他主要希腊化王国的宫廷议事会这样的机构存在呢？这些贵人是否就是这种议事会的成员呢？张骞到达大夏时，此地“无大君长，往往城邑置小长”，这可否理解为巴克特里亚王朝已经退到印度，这里只剩下一些城市和地方的首领在维持着一方平安呢？

张骞在介绍安息和大夏时，提到这两地“有市”，“善贾市”，还提到大夏的都城蓝市城，“有市贩贾诸物”。此外还向汉武帝提到他在大夏见到了来自中国西南地区的邛竹杖和蜀布。这一事例证明了此时以中亚巴克特里亚为中心连接西亚、南亚、东亚地区的商贸网络的存在。属于这一时期的大量希腊钱币的出土，说明货币交换在希腊化王国及其周边地区已经广泛流行。[③]张骞的报告中也特别提到了这一点，因为他所见到的钱币与中原汉王朝的圆形方孔钱大不相同。他在关于安息的报告中特别提到了此地“以银为钱，钱如其王面，王死辄更钱，效王面焉”[④]。这里传递了几个与希腊化王国钱币相似的信息：一是钱币是银制的；二是钱上有国王的头像；三是王死则换钱，正面的头像随之更换，继位者取而代之。王像打压于币是希腊化时期铸币的通行方式。亚历山大东征之初，

① “毋寡”之名，似与希腊化时期钱币铭文中流行的国王赞词“伟大的”(ΜΕΓΑΛΟΥ)有关。古钱币学资料证明，贵霜时期有一无名王(Namless King，即币上无其本人名字，这是一种罕见的现象)，其赞词为“ΣΩΤΗΡ ΜΕΓΑΣ”(Soter Megas，伟大的救世主)，可见Megas或可代称王名。(上海博物馆：《上海博物馆藏丝绸之路古代国家钱币》，上海书画出版社，2006年，第211~212页，No. 1224~1228。)但《史记》中的“毋寡”是否即Megas之转音，仍难以确定。

②《史记·大宛列传》，第3174~3177页。

③ 自从1735年第一枚属于巴克特里亚希腊人国王欧克拉泰德斯的银币(ΒΑΣΙΛΕΩΣ ΜΕΓΑΛΟΥ ΕΥΚΡΑΤΙΔΟΥ)面世以来，不计其数的希腊式钱币在这一带出土。最为典型的是1992年在阿富汗Mir Zakah村发现的一座钱币窖藏，出土总数估计约55万枚，几乎是所有已发现的希腊和马其顿窖藏总量的6倍。这些钱币均流向日本和欧美。Frank L. Holt, *Into the Land of Bones: Alexander the Great in Afghanistan*, *Berkeley: University of California Press*, 2005, pp. 125-148.

④《史记·大宛列传》，第3162页。

就在埃及的孟菲斯（Memphis）发行过一种有自己肖像的铜币，[①]征服印度回到巴比伦后，他还发行过一种大徽章，上有自己骑马与乘象的印度国王作战和站立接受胜利女神呈献花环的图案。[②]亚历山大死后，托勒密一世在前318年也发行过有亚历山大头像的钱币，但真正创制亚历山大头像标准币的是他的另外一位部将吕西马库斯（Lysimachus，公元前323—前281年在位，约前297年开始发行）。[③]亚历山大的其他后继者纷纷效仿，他们自立为王之后，一般也将自己的头像置于币上，成为王权的一种象征。这种钱币不只在希腊人统治的地区流行，那些相邻的由当地人统治的地区，如帕提亚，也都坚持铸造和使用这样的钱币。

从目前所能搜集到属于这些地区的希腊式钱币资料上看，它们从成色上可分为金、银、铜、铁、铅数种，以重量或币值主要可分为斯达特（Stater）、德拉克马（Drachm）、四德拉克马（Tetradrachm）、奥波尔（Obolos）四种。但就帕提亚而言，现在发现的几乎全是银币，金币极为罕见，可能也只用于纪念性的馈赠，并不用于流通。铜币由地方铸造。帕提亚银币的正面是在位国王的头像，反面一般是一持弓而坐的弓箭手形象（有学者认为此为开国君主阿尔萨息）[④]，或命运女神（Tyche）、胜利女神（Nike）、农业女神（Demeter）、赫拉克勒斯（Herakles）等希腊神祇的形象。帕提亚钱币上的铭文通常都是希腊语，内容包括开国君主阿尔萨息（ΑΡΣΑΚΟΥ， Arsaces）的名字（此也可视为王朝名），以及对发行者、国王本人的赞语，如“伟大的国王”（ΒΑΣΙΛΕΩΣ ΜΕΓΑΛΟΥ）、“王中王”（ΒΑΣΙΛΕΩΣ ΒΑΣΙΛΕΩΝ）、“正义者”（ΔΙΚΑΙΟΥ）、

---

① Ian Carradice and Matin Prince，*Coinage in the Greek World*，London: B. A. Seaby Ltd，1988，p. 109.

② Ian Carradice and Matin Prince，*Coinage in the Greek World*，p. 116; Margarete Bieber，“The portraits of Alexander”，*Greece and Rome*，2nd Ser.，Vol.12，No.2，Oct.，1965，p. 185，Fig. 12.

③ Ian Carradice and Matin Prince，*Coinage in the Greek World*，p. 116; Margarete Bieber，“The portraits of Alexander”，*Greece and Rome*，2nd Ser.，Vol.12，No.2，Oct.，1965，p. 186，Fig. 13a.

④ Josef Wiesehofer，*Ancient Persia From 550 BC to 650 AD*，London: I. B. Tauris Publishers，1996，p. 128.

“神显者”（ΕΠΙΦΑΝΟΥΣ）、“爱希腊者”（ΦΙΛΕΛΛΗΝΟΣ）[①]等。但值得注意的是，这些铭文正面并无在位国王的名字，从而给后人增加了辨认的困难。在四德拉克马币上还有造币年代和月份的标记，以塞琉古纪年的开始——公元前312年来计算。[②]前述张骞对安息（帕提亚）钱币的介绍虽然简单，寥寥数语，但其基本特征完全可以得到考古学、古钱币学的证实。张骞所见的这种钱币一定是希腊式的钱币，这也是当时当地唯一通行的货币。后来由月氏人建立的贵霜王国也采用了这种钱币的样式。《汉书·西域传》中在记述罽宾、乌弋山离、安息、大月氏（“民俗钱货，与安息同”）时，仍提到了类似的钱币，充分说明了希腊式钱币影响范围的扩大和持久。可以说，关于安息钱币的描述是张骞带回中原的最确切无疑的希腊化文化信息。

此外，在关于安息的报告中，张骞还带回了一则非常重要、但长期以来不为人所注意的与希腊化文化有关的信息，即安息人“画革旁行以为书记”。以皮革作为书写的材料，据考证，在埃及第四王朝法老时期（约公元前2750年）就已开始使用，[③]如用于墓中的陪葬品“死人书”。希罗多德在《历史》中也说过，希腊的爱奥尼亚人在未得到埃及的纸草纸以前，是在山羊和绵羊的皮子上书写的，并说甚至在他的时代，还有许多外国人是在这样的皮子上写字的。[④]可见，用皮革作为书写材料由来已久。但后来的羊皮纸（希腊文：πεγαμηνη; 拉丁文：pergamena; 英文：parchment）一词却来自小亚的另外一个希腊化王国的国名——帕加马（Pergamum）。据说，为了打破托勒密埃及对纸草纸出口的封锁，帕加马的国王欧墨涅斯二世（Eumenes II，公元前197年即位，死于前160或前

① 关于帕提亚钱币上的希腊语铭文，参见 http://www. parthia. com/parthia_inscriptions. htm#Greek; http://www.parthia.com/scripts/url.asp，这些铭文的语法多为属格。

② 关于此类希腊式钱币，国外各大博物馆和私人收藏为数颇丰，钱币学家、历史学家甚至可以据此复原各地王朝的世系。参见相关网站的实物图像资料：http://parthia.com/parthia_coins.htm; http://www.grifterrec.com/coins/coins.html。

③ Meir Bar-Ilan，PARCHMENT，http://faculty.biu.ac.il/~barilm/parchmen.htm.

④ Herodotus，*The Histories*，5.58；希罗多德：《历史》，王以铸译，商务印书馆，1985年，第370页。

159年）创造了羊皮纸。[①]但实际上，可能是帕加马人改进以前的加工程序，造出了另外一种光滑洁白、可双面书写的皮革纸。安息与小亚和塞琉古王国相邻，首先得到这种羊皮纸也有可能。考古学者在阿伊·哈努姆遗址内发现了书写有希腊诗文的羊皮纸的遗迹，[②]在另外一地还发现了一张属于巴克特里亚希腊人王国时期（约公元前180—前160年）Asangorna城的希腊语羊皮纸收据，[③]证明羊皮纸也早已传入张骞所亲临的大夏。因此，张骞有可能亲眼看到了这种羊皮纸及上面从左向右横写的文字，并对此大感惊讶。因为当时中原还是用竹简作为书写材料，且是上下竖写。此外，这些书写于帕提亚（安息）羊皮纸上的文字也有可能是希腊语，这是当时希腊化各地通行的语言，也是帕提亚上流社会的时髦语言。司马迁在《史记·大宛列传》中曾说道："自大宛以西至安息，国虽颇异言，然大同俗，相知言。"这相互知晓的语言大概除了当地原来的伊朗语之外，还应该包括这种通用希腊语（κοινή，common tongue）。[④]张骞应该是亲耳听到过这种语言的，不然怎么会将βοτρυς（botrus）音译成"蒲陶"呢？

应该说，张骞确实进入了一个和中原汉地完全不同的文化环境之中，他的所见所闻，确实包含着希腊化文化的信息。从这个意义上看，张骞不仅是出使西域、由中原走向世界的第一人，还是把希腊化文化信息带回中原的第一人。他的西域凿空与亚历山大的东征，从不同的方向沟通了欧亚大陆古代诸文明之间的文化交流和经济联系。从此，中国的丝绸、漆器、铁器（Seric iron，实则

① Pliny，*Natural History*，13.21，trans. by H. Rackham，Cambridge，Mass.: Harvard University Press，1949.

② Josef Wiesehofer，*Ancient Persia From 550 BC to 650 AD*，London: I. B. Tauris Publishers，1996，p. 114; Frank L. Holt，*Into the Land of Bones: Alexander the Great in Afghanistan*，Berkeley: University of California Press，2005，p. 160.

③ Frank L. Holt，*Thundering Zeus: The Making of Hellenistic Bactria*，Berkley: University of California Press，1999，p. 176.

④ W. W. Tarn，"Notes on Hellenism in Bactria and India"，*Journal of Hellenic Studies*，Vol. 22（1902），p. 278. 他在肯定伊朗语是当地流行语言的同时，也提到了希腊语在城市中的使用，但他认为无据可证。这种情况在其后一个世纪以来的考古发掘资料中已得到有力的证实，如希腊语的钱币、铭文、羊皮纸、纸草纸文献残片等。

为钢铁合成制品，包括炼钢术）、皮制品，甚至杏树、桃树的种植术都开始向西传去，有的很快就传到了罗马。①而西域的各种特产、奇物、乐舞、宗教也源源不断地传入中原。其中，最具有希腊化文化明显特征的就是融佛教精神和希腊造型艺术为一体的印度犍陀罗艺术。这是继张骞之后通过丝绸之路传入中原唯一的，也是最可以明确辨认的希腊化文化信息。

综上所述，丝绸之路的开通，既要归功于中国方面汉武帝的经略西域、张骞的万里凿空，也与希腊方面亚历山大东征和希腊化世界的形成密切相关。正是这种中希方面的相向而进才“无心插柳柳成荫”，最终贯通了这条连接中西、影响深远的千年之路。

本文原刊载于《历史研究》2007年第4期。

本文作者：

杨巨平，1953年生，山西稷山人。历史学博士。南开大学历史学院教授，南开大学西方古典文明研究中心、丝绸之路古代文明研究中心负责人。国家社科基金重大项目首席专家。中国世界古代中世纪史研究会副会长、中国世界古代史研究会副理事长。哈佛大学希腊研究中心（CHS）和德国考古研究院（DAI）客座研究员（2013—2014年）。主要研究领域为世界古代史、希腊化文明、丝绸之路。曾多次应邀到美国、英国、德国、法国、荷兰、澳大利亚、日本、希腊、捷克、乌兹别克斯坦、伊朗、韩国等地的高校和研究机构讲学、参加国际学术会议或开展合作研究。在《中国社会科学》《历史研究》《世界历

①《史记·大宛列传》，第3174页；Pliny，*Natural History*，34.145，trans.，by H. Rackham，Cambridge，Mass.: Harvard University Press，1949. 来自中国的丝绸实物残片已在1至3世纪的叙利亚巴尔米拉古城遗址中发现。见美国斯坦福大学教授Albert E. Dien在《丝绸之路》（*The Silk Road*）2004年第2卷上发表的“Palmyra as a Caravan City”一文，http://www. silk-road. com/newsletter/2004vol2num1/Palmyra. htm；也可参见Josef Wiesehofer，*Ancient Persia From 550 BC to 650 AD*，London: I. B. Tauris Publishers，1996，p. 147。

史》，*Ancient West and East*，*Anabasis-Studia Classica et Orientalia*等中外重要学术刊物上发表论文70多篇，出版专著《古希腊罗马犬儒现象研究》《碰撞与交融——希腊化时代的历史与文化》《互动与交流：希腊化世界与丝绸之路关系研究》等，主编《古国文明与丝绸之路》，译有《剑桥古代史》第7卷第1分册。主持国家社科基金重大项目“希腊化文明与丝绸之路”。

共和国晚期至帝国初期古罗马人的希腊观

叶　民

摘要： 公元前3世纪初至1世纪初，罗马经历了重要的文化转型，罗马文化受到希腊文化的全面影响。在此转型期中，罗马人对希腊的态度非常复杂，用两分法来分析这种态度并不合适。本文从紧张忧虑、反观比较和鉴别选择三种态度分析罗马人的希腊观，认为在同希腊的对照中，罗马人进一步明确了自己的文化身份。

关键词： 文化转型；紧张忧虑；反观比较；鉴别选择；文化身份

古罗马共经历了三次比较大的文化转型：第一次在王政时代后期，伊达拉里亚文明引领罗马走上了城邦文明之路；第二次在共和国晚期至帝国初期（约公元前3世纪初至1世纪初），拉丁文化受到希腊文化的全面影响，开始发展并走向成熟；第三次在帝国晚期，罗马抛弃古典文化传统，成为基督教化国家。拙文着重探讨在第二转型期中罗马人对于希腊的态度问题。[①]论题中的“希腊”一词既有国家和民族的含义，也指希腊文化和希腊生活方式，并且较少指向古典希腊，更多地涉及罗马扩张时期的“希腊化”世界。

---

① 加利福尼亚大学的E. 格鲁恩(Erich Gruen)是英语国家以文化身份或文化认同理论研究共和国晚期罗马和希腊化国家关系问题的著名学者，代表作有：《希腊化世界与罗马的来临》(*The Hellenistic World and the Coming of Rome*)(两卷本)；《希腊文化与罗马政策研究》(*Studies in Greek Culture and Roman Policy*)；《罗马共和时代的文化与民族身份》(*Culture and National Identity in Republican Rome*)。本文在文化身份理论和“特洛伊祖先说”的分析上得益于格鲁恩的著作。格鲁恩偏重于历史现象的解释，而对于古典文本的分析不足。在罗马对希腊化国家的文化政策上，格鲁恩认为罗马的某些看似排斥希腊文化的行为，其实是罗马官方的“象征特点”或“象征性姿态”的表现。但本文认为罗马的这些行为其实反映了罗马在把握文化选择权的主动性以及在文化选择上明确的目的性。

希腊文化对于罗马而言是一种外来文化，最初主要依靠东西地中海之间贸易往来、殖民活动等途径输入罗马。随着罗马向希腊世界的扩张加剧，罗马取得了军事和政治上的主宰权，但在文化上却被希腊世界征服，并成为接受希腊文化的典型。贺拉斯慨叹称："被征服的希腊征服了野蛮的征服者（罗马），她把文化带到粗俗的拉丁地区。"[①]

拙文认为，此时期罗马人对希腊的态度，用简单的两分法难以全面的概括。两分法的典型例证是在第二次文化转型中，把罗马人对希腊的态度分为"斯奇皮奥派"和"迦图派"，前者是坚定的"亲希腊"阵营，后者是彻底的"反希腊"堡垒；这种态度还扩展到罗马的政治外交领域，前者成为"自由温和派"的代名词，后者成为"保守强硬派"的象征。拙文认为，罗马人对希腊的态度比较复杂，而且在同一历史人物身上显现出多方面的希腊观。拙文试图从紧张忧虑、反观比较和鉴别选择三种态度出发，分析罗马人的希腊观，认为在罗马人的希腊观中，更有探讨价值的并不是罗马人对"他者"的认识，而是对"自我"的反思。

一

对文化身份的疑问总是出现在变动的时代。在希腊化时期的希腊知识分子中产生了对于自身的疑问：究竟谁是希腊人？伊索克拉底的回答是："迄今为止，在哲学和修辞学方面，我们的城市（雅典）领先于其他民族，我们的学生可以在世界其他地方当老师，希腊人的名称从这个城市诞生而来。而现在这个名称不再代表种族，而是代表文化。因此，希腊人是指那些与我们拥有共同文化的，而不是拥有共同血脉的人。"[②]可见，在希腊化时代，"希腊人"这个概念更多具有文化上的内涵，而非种族的内涵。

罗马人用两个名词来称呼希腊人。一个是希腊人（Graeci），其含义有广

---

① 贺拉斯:《书信集》(Horace, *Epistles*),哈佛大学出版社,1961年,2.1、2.156。

② 伊索克拉底:《颂词》(Isocratis, *Panegyricus*),哈佛大学出版社,1961年,50。

义和狭义之分：狭义指希腊本土居民；广义的含义除了指希腊本土居民，还包括了希腊海外殖民地的居民和希腊化民族。同时，懂希腊语的意大利人被称为“半希腊人”（Semigraeci）①，在小亚细亚受到希腊文化影响的高卢人被称为“高卢希腊人”（Gallograeci）②。另一个名词是小希腊人（Graeculi），这个词包含了亲昵和蔑视两种含义：最初指来自希腊世界的家用奴隶和被释放奴隶或腐蚀败坏罗马社会道德的希腊人；在共和时代末期，尤其在法庭指控词中，特指痴迷于希腊文化、沾染希腊不良风气的罗马人。③此外，在拉丁语中还有一个异态动词“模仿希腊人”（graecari），意思是对希腊生活方式的过度迷恋，罗马人谓之“希腊癖”（Hellenomania）。可见，罗马人在语言上已经对希腊人的身份和希腊文化对罗马的影响做出了生动而直观的定义。

罗马人对希腊的态度不仅体现在语言上，更体现在情感中。一方面，罗马人对希腊文化有崇尚之情。西塞罗赞美雅典是文明成果的首创者：“在雅典产生了人文、学术、宗教、农业、权利和法律，并且雅典人还将这些成果传播天下。”④在给兄弟昆图斯的信中，西塞罗认为：“因为我们现在统治的是这样一个有教养的民族（希腊人），他们不仅拥有文明，而且将文明传播给其他民族。……我承认，我所获得的一切，都是从希腊人的著作和教师传授给我们的学术和研究中而来。”⑤另一方面，罗马人情愿将文化的起点与希腊联系起来。例如，在民族起源和祖先崇拜中，伊尼阿的传说是连接希腊世界的纽带；在学术起源上，纽玛王的哲学思想来自毕达哥拉斯；在宗教文化上，罗马的神谕经典《西比利书》来自希腊殖民城市库买；在法律思想上，罗马十二铜表法的样板是梭

---

① 瓦罗：《论农业》（M. T. Varo, *On Agriculture*），哈佛大学出版社，1934年，2.1.2。

② 李维：《建城以来史》（Livy, *Ab Urbe Condita*），哈佛大学出版社，1965年，38.12.1、38.17.9。

③ 西塞罗：《控告瓦列斯》（Cicero, *The Verrine Orations*），哈佛大学出版社，1960年，2.4.127; 西塞罗：《塞斯提乌斯辩护词》（Cicero, *Pro Sestio*），哈佛大学出版社，1958年，110。

④ 西塞罗：《弗拉库斯辩护词》（Cicero, *Pro Flacco*），哈佛大学出版社，1964年，62。

⑤ 西塞罗：《致昆图斯和布鲁图斯书信集》（Cicero, *Letters to Quintus and Brutus*），哈佛大学出版社，2002年，1.1.27。

伦的立法，等等。再者，这种希腊情结还体现在学者们热衷于把拉丁语起源和希腊语联系起来。哈里卡纳苏斯的戴奥尼苏斯和昆体良认为，拉丁语起源主要受到希腊艾奥里亚方言的影响；[①]瓦罗也认为希腊语艾奥里亚方言和拉丁语存在渊源关系。[②]迦图在《起源》中甚至认为伊凡德尔（Evander）和阿卡迪亚人将艾奥里亚方言带到意大利，而罗慕路斯本人会说这种方言。[③]拉丁语的起源是否与希腊语有直接关联？拙文无意在此问题上争论和赘述。但拙文认为，普鲁塔克在《纽玛传》中所描述的公元前8世纪希腊语已经在罗马普及的现象并不可信。随着罗马在希腊化世界政治军事征服活动的开展，与希腊世界的交流不断加强，罗马社会上层人士才逐渐掌握了希腊语。对罗马人来说，熟知希腊语是必要的，也是必需的。

但是对希腊语的喜爱会动摇罗马人的文化身份感。在罗马人和希腊人的语言交锋中，最具戏剧性的一次发生在公元前281年[④]：为解决罗马和大希腊城市塔林顿的冲突，普斯图米乌斯（L. Postumius Megellus）出使塔林顿，为显示罗马对大希腊的尊重，普斯图米乌斯以希腊语应答。但塔林顿人嘲笑这位使者的希腊语错误，挑剔他发音不准，称他的行为粗野，把他视为蛮族。罗马使者即将离开之时，一个塔林顿醉汉做出了下流的姿势并向罗马使者的礼服便溺，被激怒的罗马使者誓言报复，征服大希腊的战争因此开始。

这一事件基本反映了当时罗马人对希腊的心理特征。首先，罗马人虽已取得对强敌萨姆奈特人的胜利，控制了意大利大部，民族自信心空前高涨，似乎

① 戴奥尼苏斯：《罗马古事记》（Dionysius of Halicamassus, *The Roman Antiquities*），哈佛大学出版社，1960年，1.90；昆体良：《演说家的教育》（Quintilian, *The Orator's Education*），哈佛大学出版社，2001年，1.6.31。

② 瓦罗：《论拉丁语》（Varro, *On the Latin Language*），哈佛大学出版社，1958年，5.25–26、5.96、5.101–102。

③ H. 贝克：《早期罗马历史学家》（H. Beck and U. Walter, *Die Fruehen Roemischen Historiker, Band 1, von Fabius bis Cn. Gellius*）第1卷，达姆施达特，2001年，Cato FRH 1.19。

④ 戴奥尼苏斯：《罗马古事记》，19.5；阿庇安：《罗马史 萨姆奈特战争卷》（Appian, *Roman History*, Book3, *The Samnite History*），哈佛大学出版社，1964年，7.2。

荡平大希腊指日可待；但是在塔林顿，强大的罗马人遭到具有文化心理优势的希腊人的侮辱，这反映出罗马人初次直面希腊文化的心理体验，对希腊文化崇尚和喜爱情感中交织着受辱后的敌视和愤怒。两种情绪相互交织造成了罗马人语言身份的紧张感，而且这种紧张感始终伴随着罗马人，即使在西塞罗的时代我们仍然可以清晰地体会到："几乎所有的民族在阅读希腊语，而拉丁语只在自己有限的地域流传。"[①]其次，此事件体现出罗马人与希腊世界用希腊语交流的迫切心情。的确，罗马要提高自己的文化水平，就必须掌握希腊语并用于交流，这是必然趋势。罗马希望与希腊世界对话，但语言劣势会刺激和伤害民族的自信心，对此罗马人并没有足够的心理准备。

为了消除在转型时代的语言身份的不确定感，罗马政府迅速采取措施，用行政手段强行确立拉丁语的权威地位，体现了罗马上层对此问题的敏感。政府规定，罗马的代表或代理人在外交正式场合必须讲拉丁语，并使用翻译，这项原则也适用于罗马人在希腊本土和亚细亚的官方活动。[②]直到苏拉时代，罗马人仍然遵循这样的原则，外国使节不得在元老院用母语和罗马人直接交流，必须用拉丁语或翻译。[③]政府使用拉丁语起草文告，可以用两种语言公布，但对文告的解释以拉丁语版本为权威版本。

罗马确立拉丁语的权威地位，并不意味着罗马对希腊语的排斥和否定。对拉丁语的强制维护，依靠的是罗马人在希腊世界建立的霸权，这是在转型时代、在文化的变动时代，罗马人通过国家行为维护自我文化身份稳定性和主导性的体现：希腊的长袍（Pallium）必须屈服于罗马的礼袍（Toga）！但是希腊语已经成为地中海范围的"世界语"，希腊文化已经形成了对罗马的希腊化，此客观事实，不会因为罗马的国家行为而更改。与此同时，语言的紧张感并没有阻止罗

① 西塞罗：《阿卡亚辩护词》(Cicero，*Pro Archia*)，哈佛大学出版社，1961年，23。

② 瓦列里乌斯：《言行录》(Valerius Maximus，*Facta et Dicta Memorabilia*)，斯图加特，1998年，2.2.2。

③ 瓦列里乌斯：《言行录》，斯图加特，1998年，2.2.3。

马人对希腊文化的喜爱和追求，罗马人对希腊文化的热情反而变得更加强烈。事实证明了这一点：希腊艺术品开始大规模地装饰罗马的城市和庄园；大希腊人不仅成为罗马子弟的教师，还成为创造拉丁文学的先驱；罗马人开始用希腊语书写自己的历史；罗马社会上层著名的“亲希腊派”人物大多是在大希腊战争之后产生的。

二

语言是文化的载体，对文化的态度首先体现为对语言的态度。希腊语在罗马的高等教育中占有重要的地位，而且罗马学者认为掌握希腊语是从事研究工作的必要条件，因此“双语”的对比应用是罗马知识界的普遍现象，罗马人对希腊语的认识是在两种古典语言的比较中积累和发展起来的。罗马人对于两种语言的对比主要集中于两个方面：一是语音美感，二是表达能力。

昆体良认为希腊语悦耳动听，特别是upsilon和zeta这两个字母的发音，而拉丁语F音“不但人的声音很难发出这个音，凡是两排牙齿间都很难发出这个音”[1]。西塞罗也认为拉丁语中的F这个“最刺耳的音”不应当在同一句拉丁韵诗中重复出现。[2]即便如此，罗马人仍然在对比中认识到自己语言的长处——希腊语雅致柔美，而拉丁语铿锵有力。塞涅卡认为拉丁语音硬朗，而希腊语音相对柔和。[3]当西塞罗发现罗马人过度模仿希腊语语音的时候，他鼓励罗马人应当发挥母语的长处，而不是希腊语的优雅。[4]昆体良也发出这样的呼吁：“我们不要这样的优雅柔美，让我们更有力些吧！我们正在被烦琐所束缚，让我们更有力些吧！有人要讲究细腻，但我们要丢掉这些繁缛！”[5]

---

① 昆体良：《演说家的教育》，哈佛大学出版社，2001年，12.10.29。

② 西塞罗：《演说家》(Cicero, *Orator*)，哈佛大学出版社，1962年，163。

③ 塞涅卡：《论慰藉》(L. Annaeus Seneca, *Ad Polybium de Consolatione*, *in Die Kleinen Dialoge*)，慕尼黑，1992年，2。

④ 西塞罗：《演说家》，哈佛大学出版社，1962年，164。

⑤ 昆体良：《演说家的教育》，哈佛大学出版社，2001年，12.10.36。

罗马人对于希腊语的喜爱，表现在不仅模仿其柔美的语音，而且喜欢在口语中夹杂希腊语。贺拉斯（Horace）对这种风气颇为不齿，他讥讽希腊语崇拜者卢契里乌斯：“你们忘却了祖国和先辈了吗？普布里可拉（Publicola）和科尔维乌斯（Corvinus）为了拉丁语付出了艰辛的努力，你要在母语中混杂外来语吗？就像卡努西人[①]说的洋泾浜？尽管我生在海的这边，也曾经用希腊语写诗，但在深夜进入梦乡之时，奎瑞努斯（Quirinus）显现在我面前，并告诫我：你想跻身于那拥挤的希腊人群中，简直就像往森林里搬木材一样徒劳无益。”[②]

罗马人发现，虽然在语音美感方面拉丁语和希腊语互有可取之处，但在语义的表达上拉丁语不能充分表达希腊哲学理念，希腊语在阐述抽象哲学思想方面显示出优势。卢克莱修在用拉丁语翻译希腊语著作时常有“语言贫乏”（egestas linguae），甚至“母语贫乏”（patrii sermonis egestas）之感叹。[③]小塞涅卡在用拉丁语注释柏拉图的著作时也感言：“我从未像现在这样体会到，我们的词语是多么不足，更确切地说是贫乏。”[④]拉丁语语义先天缺失造成一种负面影响：有些罗马人不喜欢使用母语，甚至贬低拉丁语。西塞罗对此甚为忧虑：“更让人感到棘手的是，如何圆满地回应那些蔑视拉丁语作品的人。最让我感到惊讶的是，他们在最重要的学科上不喜欢用母语，但他们却非常喜欢阅读由希腊语逐词逐句翻译而来的作品。这些人由于热衷于尤里庇德斯的戏剧，就贬低甚至是排斥恩尼乌斯（Ennius）的《美迪娅》和帕库维乌斯（Pacuvius）的《安提厄普》，他们厌恶拉丁文学，不就是敌视罗马吗？……在我看来，对我们母语文学一无所知的人，就不是一个博学的人。”[⑤]

---

① Canusium在阿普里亚地区，居民说希腊语和奥斯奇语混合语。

② 贺拉斯：《讽刺集》（Horace，*Satire*），哈佛大学出版社，1961年，1.10.27–30。

③ 卢克莱修：《论自然》（Lucretius，*De Rerum Natura*），哈佛大学出版社，1959年，1.139、1.832。

④ 塞涅卡：《论德行》（Seneca，*ad Lucilium Epistulae Morales*），哈佛大学出版社，1961年，58. 1。

⑤ 西塞罗：《辨善恶》（Ciceno，*De Finibus Bonorum et Malorum*），哈佛大学出版社，1961年，1.4、1.5。

西塞罗认为，要使罗马人喜爱拉丁语，首先要肯定拉丁语的优点。西塞罗在希腊语上造诣颇深，也是希腊哲学思想的信奉者和继承者，但他并没有忘记自己的文化身份。在他身上体现出文化转型时期的典型矛盾：他既是希腊语的崇尚者又是希腊语的挑战者，迫切地维护拉丁语的权威地位，并体现出了强烈的语言民族主义倾向。他甚至这样认为："我明白并且过去也总是这样说，尽管人们普遍认为拉丁语语义贫乏，但我认为拉丁语义不仅不贫乏，而且比希腊语更丰富。"[①]他举例说，拉丁语分别用两个词来表达辛劳（labor）和痛苦（dolor）的含义，而希腊语只能用同一个词来表达；[②]再如，拉丁语在表达人的心智问题上有愚笨（amentia）和精神失常（dementia）之分，[③]但希腊语中没有这么准确。此外，在哲学思想的表达上，西塞罗也表现出强烈的维护拉丁语的愿望："我认为，因为所有与正确的生活方式相关的学术方法和原则都与智慧的研究紧密关联，这种对智慧的研究即是哲学，因此我应当用拉丁语来阐述哲学。哲学不是不能从希腊语的作品或者从希腊学者那里获得，但我仍坚信，不论是在我们自己的发明创造上，还是在从希腊人那里获取并加以改进的学术上（即希腊人认为他们值得付出努力的学术），我们比希腊人的智慧更多。"[④]

西塞罗绝不是要摒弃希腊语，恰恰相反，他主张在研究中综合地运用希腊语和拉丁语，他这样劝告在雅典留学的儿子马尔库斯："我的长处在于，不仅在哲学的研究方面，而且在演讲中总是把希腊语和拉丁语的学习结合起来。所以我认为你也应当这样做，以便你能同等掌握两种语言。如果我的意见正确，那么我们可以为民众提供很大的帮助，不仅那些对希腊文学不熟悉的人，而且对那些熟知拉丁文学的人来说，他们会在言谈和判断力上获益。"[⑤]

---

① 西塞罗：《辨善恶》，哈佛大学出版社，1961年，1.10。

② 西塞罗：《图斯库鲁姆辩论集》（Cicero，*Tusculan Diputations*），哈佛大学出版社，1961年，2.35，参见第182页注④。

③ 西塞罗：《图斯库鲁姆辩论集》，哈佛大学出版社，1961年，3.10，参见第234页注③。

④ 西塞罗：《图斯库鲁姆辩论集》，哈佛大学出版社，1961年，1.1。

⑤ 西塞罗：《论职责》（Cicemo，*De Offciis*），哈佛大学出版社，1961年，1.1。

的确，西塞罗对于拉丁语地位的担忧甚至使他对拉丁语形成了某种偏见：拉丁语的语义内涵比希腊语更丰富，并且在他看来用拉丁语写作是一种爱国表现。西塞罗的这种态度是文化处于劣势的一方在面对强势文化影响和同化过程中的本能反应。但是我们不应当把这种偏见看作西塞罗对待希腊文化的主导思想。西塞罗对待希腊文化的基本态度更具体地体现在他对希腊哲学的继承和发展上，将希腊哲学用拉丁语准确完整地阐述和表达，同时也体现在他给马尔库斯的信中。这是一种理性的辩证思想，也代表了罗马知识分子对希腊语言文化的基本态度。

三

罗马所面对的已经不再是古典希腊世界，而是走向衰落的希腊化世界，因此希腊社会道德中的某些缺点，在面对罗马的强势统治时表现得特别明显，而且被罗马人视之为希腊民族特性。在罗马人的印象中，“小希腊人”具有以下特征：夸夸其谈（Volubilitas）、游手好闲（Ineptia）、傲慢自负（Arrogantia）、厚颜无耻（Impudentia）、轻浮放荡（Levitas）、欺瞒狡诈（Fallaces）、奢侈浮华（Luxuria）等。在普劳图斯（Plautus）的戏剧作品当中，希腊人被“哲学家化”（Philosophari），哲学教师是希腊人的专职，这些人外表奇特、习惯怪异、好说教、为人虚伪，甚至歇斯底里。

李维认为，希腊人是善于说教而不善于付诸行动的民族。[①]西塞罗借汉尼拔之口批评希腊人妄言虚夸、不切实际。[②]迦图对希腊人评价最为偏激，他劝告儿子：“这个民族（希腊人）极其邪恶、难以驯服。相信我的话吧，我预言：一旦这个民族把他们的文学送给我们，它将败坏一切。如果他们给我们派来医生，事情会更加糟糕。这些医生密谋用药物毒死所有的蛮族，他们这样做可以谋利，

① 李维：《建城以来史》，哈佛大学出版社，1965年，8.22.9。

② 西塞罗：《论演说家》（Cicero, *De Oratore*），哈佛大学出版社，1959年，2.18。

可以得到信任，还可以更轻易地致人于死地。他们常把我们看作野蛮人，他们用比对待别人更卑鄙的手段诋毁我们，称我们为意大利的蛮族奥比其人（Opi - ci）。因此，我禁止你和他们的医生交往。”[①]

罗马人认为，希腊世界的衰落体现为败坏的社会道德和腐朽的生活方式，而罗马人最担心的是这种风气对罗马社会的影响，他们甚至有这样的忧虑：由于罗马在征服过程中被希腊人腐化，所以社会制度才会衰败。李维借迦图之口说出了自己的担忧：“所有帝国总是被贪婪和奢侈所毁灭。我们的命运越来越向好的方向发展，我们的帝国越来越强大，而我也越来越担心贪婪和奢侈会毁灭我们，而不是我们战胜它们。因为我们穿越充斥着邪恶和诱惑的希腊和小亚细亚，并掠夺了国王们的财富。我认为，危险的象征就是从叙拉古带回罗马的塑像！”[②]李维还认为罗马人的掠夺风气是在公元前212年马赛鲁斯（Marcellus）对叙拉古战争后产生的，最终罗马人掠夺了自己的神殿，马赛鲁斯奉献的艺术品也大多散失；[③]奢华之风是在马利乌斯（Gnaeus Manlius Volso）于公元前187年击败小亚细亚的高卢人后传入，“异族的奢侈之风是由亚细亚返回的军队带入罗马的”[④]。佛罗鲁斯（Florus）认为，罗马征服叙利亚和接受帕迦玛的遗产两次腐化了罗马人的灵魂，“如此得来的资源和财富毁坏了一代人的道德，也毁灭了国家，罗马被罪恶所吞噬，就像被死水淹没”[⑤]。波利比乌斯认为，帕休斯战争给罗马年轻人带来了纵情享乐之风。[⑥]希腊世界不仅腐化了罗马社会风气，还败坏了罗马军纪。李维认为，公元前204年斯奇皮奥（Scipio Africanus）在叙拉古逗留期间，沉迷于希腊生活方式，使“罗马军纪废弛，盟邦比敌国更

---

① Pliny, *Natural History*, 29.14, trans. by H. Rackham, Cambridge, Mass.: Harvard University Press, 1949.

② 李维:《建城以来史》,哈佛大学出版社,1965年,4.4。

③ 李维:《建城以来史》,哈佛大学出版社,1965年,25.40.1–3。

④ 李维:《建城以来史》,哈佛大学出版社,1965年,39.6.3–7.5。

⑤ 佛罗鲁斯:《罗马简史》(Florus, *Epitome of Roman History*),哈佛大学出版社,1984年,1.47.7。

⑥ 波利比乌斯:《历史》(Polybius, *The Histories*),哈佛大学出版社,1960年,31.25。

害怕他们"[1]。普鲁塔克也指责斯奇皮奥在叙拉古放纵军队、败坏军风。[2]罗马人认为，希腊人必须为罗马社会道德的腐化负责。其实，罗马社会道德的没落和价值观的转变是共和制度本身衰落的必然反映，这也是罗马城邦公民公社制度瓦解的时代，古老的社会价值标准被罗马人自我否定的结果。

萨鲁斯特将罗马传统的社会价值标准和民族性格优点集中于马略身上："除了没有家族古老的世系之外，他已具备很多美德：勤劳（industria）、正直（probitas）、精通军事（militiae magna scientia）、勇敢作战（animus belli ingens）、平实谦恭（domi modicus）、克制欲望和不贪恋钱财（lubidinis et divitiarum victor）、只追求荣誉（tantum modo gloriae avidus）。"[3]不仅如此，萨鲁斯特所塑造的马略，是在希腊风气严重腐蚀罗马社会的关键时刻坚定的反希腊文化代表："我不擅遣词造句，我根本不在意这些，因为美德是不言自明的，而那些修辞造句的人，是用漂亮话遮盖丑恶的人。我并没有研究希腊文学。我之所以不愿意了解它们，是因为它们并没有教导学者们向善。"[4]马略拒绝希腊文化而受到罗马人的拥戴，这种现象也许有些不可思议。但罗马人对他的肯定，并不是出于他对反希腊文化的态度，而是出于他在这种态度中充分表达了罗马人固守的社会价值观。

罗马人在肯定古典希腊的文明创造力的前提下，关注于自身文化成果与希腊文化成果的对照，并且把对希腊文化成就评价紧密地同对社会道德和价值观的评价联系起来。显然，罗马人在文化成就方面处于劣势，但他们仍然认为，自己在某些文化领域有一技之长；即使在某些方面不如希腊人，也不是由于自身的能力问题，而是由于罗马人对某些文化领域有不同的价值观。西塞罗认为："在道德、生活方式、家庭生活和家庭经济方面我们胜人一筹；在国家事务方面

---

① 李维:《建城以来史》,哈佛大学出版社,1965年,19.11。

② 普鲁塔克:《希腊罗马名人传·迦图传》(Plutarch, *Lives, Marcus Cato*),哈佛大学出版社,1959年,3。

③ 萨鲁斯特:《朱古达战争》(Sallust, *The War with Jugurta*),哈佛大学出版社,1965年,63.3。

④ 萨鲁斯特:《朱古达战争》,哈佛大学出版社,1965年,85.32。

我们的祖辈采用了更优良的法律和规定作为指导。军事作战方面呢？我们的同胞不仅在勇气上、更在纪律上处于优势；在天赋才能上，而不是对书本知识的学习上，我们超过希腊人和其他民族。在严肃认真、坚忍不拔、气魄宽宏、正直无私、虔诚忠贞的品德上，谁能同我们祖先相比？在教育方面，希腊人在文学的所有领域超过我们，因为没有对手，所以他们轻而易举取得上风。”[①]西塞罗还认为，在诗歌的成就上，希腊人早于罗马人数百年，因此遥遥领先；希腊诗歌和音乐成就归功于希腊人对诗人和音乐家的崇尚和奖励，而罗马人蔑视诗歌和音乐创作。在数学和修辞学方面，希腊人成就非凡，而罗马人更重视两者的实用性。他强调，希腊人在文化上的优势地位不是因为希腊人具有这方面的天赋，而是罗马人将所有的精力都投入到了实际工作中，因此成就了希腊人在理论上和艺术上的美名。萨鲁斯特甚至认为：“在我看来，雅典人的成就的确伟大而辉煌，但事实上他们的名气大于他们的成就。因为雅典产生了一批杰出的作家，他们把雅典人的成就推向极致并传播四方，所以那些历史人物的品德就会被辞藻吹捧到无以复加的地步。但罗马人并没有这些优势，因为最有能力的人常常关注实际事务；他们的思想从来不脱离实际；最好的公民好做而不好说，他们认为自己的勇敢事迹应该被别人赞美，而不应自我吹捧。”[②]

罗马人认为，哲学最重要的部分是道德哲学，道德哲学的掌握是靠实践和经验，而不是像希腊人那样靠对理论的探讨。西塞罗认为，美德的形成需要良好的执政经验而不是哲学家的夸夸其谈和空洞的争辩。[③]希腊人重视诗歌和音乐的价值，而罗马人却认为其没有实用价值。西塞罗甚至认为，诗人会使勇敢的人哭泣，使人的灵魂变得脆弱。如果一个人在阴柔的自闭阴影中生活，加之诗人的影响，阳刚之气就会完全消融；[④]他还认为，音乐与舞蹈并不是造就成功人

---

① 西塞罗：《图斯库鲁姆辩论集》，哈佛大学出版社，1961年，1.1–3。

② 萨鲁斯特：《朱古达战争》，哈佛大学出版社，1965年，8。

③ 西塞罗：《国家篇》（Cicero, *De Re Publica*），哈佛大学出版社，1961年，1.2。

④ 西塞罗：《图斯库鲁姆辩论集》，1961，2.26。

士的必不可少的教育科目，没有比音乐更容易影响年轻人的了，尤其是希腊的音乐更容易让人萎靡不振，丧失丈夫气概。[①]

在公共文化生活方面，最令罗马人厌恶的是希腊的训练场（Cymnasia）和由此滋生的同性恋现象。罗马人认为，训练场不会锻炼出合格的公民和勇敢的士兵，只会败坏社会风气。罗马人戏称同性恋为“希腊人之爱”（amor Graeco-urm），这是罗马人最为不齿的现象：“在我看来这种行为起源于希腊的训练场，在这里恋爱是自由的、合法的。”[②]“希腊人让年轻人进入训练场锻炼是一种多么荒诞的规定，希腊人对于年轻人（ephebi）的训练是多么不严肃，他们之间的爱恋关系是多么轻易地就建立起来了！”[③]

对古典时代雅典人的军事成就，罗马人投以钦佩的目光，他们高度评价雅典人不畏强敌、抗击波斯入侵的英雄气概和爱国主义精神。从内波斯的《米提阿德斯传》和《提米斯托克利传》中，我们看到了拉丁作家对于雅典人在马拉松战役和萨拉米斯战役中为国献身精神的热情歌颂。但罗马人更敬仰的是亚历山大大帝和他的霸权。凯撒在西班牙吉德斯城（Gades）的赫拉克列斯神庙中看到亚历山大塑像时伤心长叹：亚历山大在他这个年龄已经征服了世界，[④]庞培也因外表同亚历山大相似而倍感骄傲；[⑤]奥古斯都喜欢在印信上使用亚历山大像。[⑥]尽管罗马所面对的马其顿已今非昔比，但罗马人总是将它比作亚历山大帝国。李维认为，第二次马其顿战争比布匿战争更值得歌颂，因为罗马人战胜的是亚历山大帝国：“尽管在这场战争的危险性、领导人的勇气和军事力量的投入上无法与布匿战争相比，但罗马面对的是马其顿的古代国王们的美名及其创建

---

① 西塞罗:《法律篇》(Cicero, *De Legibus*),哈佛大学出版社,1961年,2.38。

② 西塞罗:《图斯库鲁姆辩论集》,1961,4.70。

③ 西塞罗:《国家篇》,1961,4.4。

④ 苏维托尼乌斯:《罗马十二帝王传·凯撒》,哈佛大学出版社,1937年,7。

⑤ 普鲁塔克:《希腊罗马名人传·庞培传》,哈佛大学出版社,1959年,2。

⑥ 苏维托尼乌斯:《罗马十二帝王传·奥古斯都》,哈佛大学出版社,1937年,50。

的辽阔帝国，所以这场战争更值得讴歌。”[①]佛罗鲁斯认为尽管腓力五世当政，但罗马人感觉是同亚历山大国王作战，因此对马其顿的战争比对任何民族的战争更重要。[②]无形之中，亚历山大成为罗马征服战争中最强大的假想敌。面对亚历山大，罗马是否能够取胜？李维列举了罗马十几位名将，并且认为他们的才能并不逊色于亚历山大，而且“在安营筑垒、组织后勤、防范伏击、选择战机、排兵布阵和准备后援方面胜过亚历山大”。李维甚至得出了这样的结论：“我并不否认亚历山大是出色的将领，但他的名气由于这些因素而拔高了：他是唯一的领袖，在胜利的高潮英年早逝，并且他未经历命运的另一面。”[③]相比之下，罗马的名将不仅军事能力胜过亚历山大，而且还经过无数失败逆境的考验。两军果真对垒，罗马必稳操胜券，似乎留给罗马人唯一的遗憾是亚历山大寿命太短，无法成就罗马的决胜。

以上的分析可以看出，罗马人在评价希腊民族性格和民族成就过程中，注重与自我的反观对比。在社会道德观念方面，“小希腊人”的所谓缺点，随着希腊化世界的衰落和罗马主导权的确立而被放大和丑化，并如烙印般强加在希腊人身上。在文明的成就的比较过程中，罗马人不甘居于下风，认为在许多方面能够与希腊人媲美。在哲学、音乐和诗歌方面，罗马人认为文化价值观的差异，甚至是道德观的不同造成希腊人在这些领域领先于罗马人，而且还得出这样的结论：罗马人对音乐和诗歌的蔑视造就了希腊人在这些领域取得成就。这些对比反映出罗马人在文化领域不甘落后并且企图超越的心理，尽管存在着偏见，却并不意味着罗马人对希腊人文化成就的全面否定和排斥。

四

罗马人对希腊文化虽有崇尚之情，但并非盲目接受。罗马在吸收和选择希

① 李维:《建城以来史》,哈佛大学出版社,1965年,31.1.6。
② 佛罗鲁斯:《罗马简史》,哈佛大学出版社,1984年,1.23.2。
③ 李维:《建城以来史》,哈佛大学出版社,1965年,9.17.5–6、9.9–10、9.15–16。

腊文化的过程中表现出明确的目的性，这一点在罗马民族起源说的选择上体现得尤为明显。在奥古斯都时代，有关罗马民族起源的权威观点最终定型，其代表为维吉尔的史诗《伊尼阿记》：罗马的祖先来自希腊的宿敌特洛伊，在该城被希腊人攻破之时，特洛伊人一部在伊尼阿的率领下逃亡，历经艰难险阻，最终在意大利拉丁地区建立居住地。因此，特洛伊人伊尼阿是罗马人祖先。但早在这个版本定型之前，就有很多关于罗马人祖先不同版本的传说，大致可分为三类：

其一，罗马人的祖先为希腊人，而非特洛伊人。奥德修斯在西部地中海漂流的传说使很多人相信他是罗马人的祖先。公元前4世纪中期，柏拉图的学生赫拉克列德斯（Heracleides Ponticus）认为罗马是希腊人的城市。[①]亚里士多德本人和他的学生赫拉克列德斯（Heracleides Lembos）认为阿卡亚人是罗马人的祖先。[②]普鲁塔克在《罗慕路斯传》中认为罗马一词来源于Rhome，是赫拉克列斯孙女的名字，并且罗马一词还有可能来自奥德修斯儿子罗马诺斯（Rhoma - nos），[③]等等。即使在官方版本确立之后，哈利卡纳苏斯的戴奥尼苏斯仍然认为罗马人是希腊人多次移民的结果，并且与赫拉克列斯有血缘关系，甚至特洛伊人的祖先也是阿卡迪亚人。[④]

其二，罗马人祖先为特洛伊人，但并不一定是伊尼阿。伊尼阿率领特洛伊人逃亡的传说与《伊利亚特》中的一个诗句有关："强大的伊尼阿和他未来诞生的子孙将统领特洛伊人"[⑤]，但荷马并未说明在哪里统领特洛伊人。至于伊尼阿逃往西方的观点，最早可能是由公元前6世纪西西里的希美拉城（Himera）著

① 普鲁塔克:《希腊罗马名人传·卡米鲁斯传》,哈佛大学出版社,1959年,22.2。

② 戴奥尼苏斯:《罗马古事记》,哈佛大学出版社,1960年,1.72.3–4。

③ 普鲁塔克:《希腊罗马名人传·罗慕路斯传》,哈佛大学出版社,1959年,2.1。

④ 戴奥尼苏斯:《罗马古事记》,哈佛大学出版社,1960年,1.41–44、1.60.3–89、2。

⑤ 荷马:《伊利亚特》(Home, *The Iliad*),哈佛大学出版社,1963年,20.307–308。

名诗人斯泰西科鲁斯（Stesichorus）的创作产生的；[①]最晚在公元前5世纪末期，特洛伊英雄逃往西西里岛（而不是拉丁地区）的故事肯定已经在西西里出现；公元前4世纪晚期的西西里历史学家阿奇姆斯（Alcimus）以及公元前3世纪的西西里历史学家提迈乌斯（Timaeus）明确记载伊尼阿到达拉丁地区；即使罗马帝国已经确立了伊尼阿的官方传说，但斯特拉波仍然认为伊尼阿从未离开过特洛伊城。[②]

其三，伊尼阿和奥德修斯共同建城说。公元前5世纪的作家赫拉尼库斯（Hellanicus of Lesbos）认为伊尼阿和奥德修斯一同建立罗马城。公元前4世纪的历史学家达玛斯特斯（Damastes of Sigeum）也认为伊尼阿和奥德修斯一同航海并建立了罗马。[③]

特洛伊陷落和伊尼阿逃亡的传统年代是公元前3世纪希勒尼学者伊拉托斯希尼（Eratosthenes）确立的公元前1184年，而罗马建城的年代，根据提迈乌斯的推断，应该在公元前814年或前813年。为弥补这个历史空白，历史学家迪奥克里斯（Diocles of Peparethus）在公元前3世纪创立了伊尼阿后代统治阿尔巴·隆加城和罗慕路斯建立罗马城的传说，这个传说被法比乌斯·皮克托尔（Fabius Pictor）接受并经过迦图在《起源》中的详尽补充，成为维吉尔的创作样板和罗马人信奉的教条。

从罗马祖先说的发展历程来看，伊尼阿逃亡传说的缔造者是希腊人，特别是西西里的希腊历史学家，他们的记述为罗马的选择提供了必要的前提，而罗马人只是在继承希腊传说的基础上，做出了自己的选择和补充。但为什么罗马

① 斯泰西科鲁斯的诗歌残片证明，伊尼阿逃亡的故事可能是在斯泰西科鲁斯生活的时代定型的。奥古斯都时代的卡匹托林伊里亚石雕板（Tabula Iliaca Capitolina）中生动描绘了伊尼阿在赫尔墨斯（Hermes）的指引下，背负父亲并领着儿子逃出特洛伊城的故事。这个石板中有一段铭文，引述了斯泰西科鲁斯的有关描述特洛伊战争的诗歌，认为伊尼阿逃往西土（eis ten Hesperian），但是E. 格鲁恩对此表示怀疑。E. 格鲁恩：《罗马共和时代的文化与民族身份》，第13页。

② 斯特拉波：《地理志》（Strabo, *The Geography*），哈佛大学出版社，1960年，13.1.53。

③ 戴奥尼苏斯：《罗马古事记》，哈佛大学出版社，1960年，1.72.2。

在选择文化身份的时候，选择了特洛伊，而不是希腊？

首先，“特洛伊祖先说”能够使罗马在文化身份上同希腊世界建立联系，然而又不至于过分直接和密切，罗马人喜爱希腊文化传统，然而又希望自己在这种文化传统中保持相对独立的文化生存环境和文化氛围。因此，罗马选择“特洛伊祖先说”是在强化自己的身份感，从而为拉丁文化的发展划定明确的界限。同时，特洛伊还具备这样的特征，即它处于遥远的古代，且该民族已不复存在，但又对希腊世界产生深远的影响，因而具备了文化上的象征意义。

其次，“特洛伊祖先说”能够充分地为罗马在希腊世界的扩张和统治提供精神力量。罗马是特洛伊的复仇者，必将完成对希腊的征服，因此战争对罗马人来说便具有了强烈的民族使命感。当皮洛士叫嚣着“阿基里斯的子孙要战胜特洛伊的殖民地（罗马）”[①]的时候，正是特洛伊人的使命感使罗马不畏强敌，攻克大希腊。在弗拉明尼乌斯（Titus Flaminius）征服希腊本土，然而又赋予希腊人自由的时候，“特洛伊的后裔”罗马人体现出的是“以德报怨”的仁慈和博大胸怀，弗拉明尼乌斯因而能够在德尔菲刻下这样的铭文：“提图斯，伊尼阿的子孙，向你（阿波罗）献上最精美的礼物，他为希腊人的子孙缔造了自由。这个礼物来自伊尼阿子孙的领袖——阿波罗神，为他的勇敢而赐予他荣耀！”[②]

最后，“特洛伊祖先说”能够为罗马的帝国扩张行为提供有力的支持。征服战争的动员和宣传是以战争的正义性为基础的。伊尼阿是维纳斯的后裔、是爱的化身，而罗慕路斯是战神的血脉、是勇敢的象征。为爱而征服世界，用法律维持和平，宽恕顺服者，征服狂傲者，是神赋予罗马人的权力。正是这种精神力量鼓舞了罗马人进行帝国征服战争。

布匿战争期间，罗马人利用所谓的特洛伊人后裔的特殊身份，与西西里城市建立联盟，遏制迦太基人势力，并借机向希腊本土和小亚细亚扩张。如公元前263年西西里赛格斯塔城（Segesta）面临迦太基的威胁，向罗马人求救，其

---

① 波桑尼阿：《希腊志》(Pausanias，*Description of Greece*)，哈佛大学出版社，1964年，1.12.1。

② 普鲁塔克：《希腊罗马名人传·弗拉明尼乌斯传》，哈佛大学出版社，1959年，12.6–7。

借口是他们和罗马人都是伊尼阿的后裔，而罗马人也以此为借口出手相助。[①]公元前2世纪30年代，希腊半岛西部的阿卡纳尼亚（Acarnania）同埃托里亚联盟发生领土冲突并向罗马求援，其借口是阿卡纳尼亚在特洛伊战争中不愿意同特洛伊人作战，因此是罗马先祖的友邦，而罗马欣然同意派出外交使团斡旋。[②]又如，西西里艾瑞克斯城（Eryx）受到迦太基人进攻时，罗马也以伊尼阿的子孙同胞为理由进行干涉，并且在特拉西美诺湖的惨败之后，进一步加强对西西里的控制，公元前215年罗马甚至将艾瑞克斯城的维纳斯引入罗马进行崇拜。[③]再如，公元前204年，为了将自己的势力渗入小亚细亚，罗马又借用“特洛伊祖先说”，在帕迦玛王的支持下把小亚细亚弗里吉亚地区的地母神（Magna Mater）的崇拜引入罗马；为了寻找地母神圣地，罗马人曾去特洛伊人的庇护所伊达山朝拜，[④]此举旨在为以后的军事占领找寻合理的依据。因此，“特洛伊祖先说”为罗马在西西里、希腊本土和小亚细亚的扩张发挥了重要的作用。

除了“特洛伊祖先说”的例证之外，罗马把握对希腊文化的选择主动权还体现在敢于将希腊文化中的不利因素果断排除。例如，公元前186年，罗马元老院通过决议取缔来自希腊世界的酒神节和崇拜仪式，是因为这种活动有损罗马基本道德观念，对社会风气造成极其不良的影响。[⑤]公元前173年和公元前155年，罗马政府两度驱逐希腊哲学家，主要原因是这些希腊哲学家在罗马的宣讲造成过大的轰动效应，对罗马主流文化构成威胁，对社会风气和年轻人的教育产生不良诱导。罗马的这些政府行为说明，在接受希腊文化的过程中，罗马由被动的接受者变成了主动的选择者。

---

① 此事件以及对罗马祖先说的整理和评价，参见E. 格鲁恩：《罗马共和时代的文化与民族身份》，第6~51页。

② 查士丁努斯：《特洛古斯的菲利史摘要》（M. I. Iustini, *Eptoma Historiarum Philippicarum Pompei Trogi*），斯图加特，1972年，28.1.5–28.2.14。

③ 李维：《建城以来史》，哈佛大学出版社，1965年，22.9.10、23.30.13–14、23.31、23.39。

④ E. 格鲁恩：《希腊文化与罗马政策研究》，第5~33页。

⑤ E. 格鲁恩：《希腊文化与罗马政策研究》，第34~78页。

结语

罗马正面接触希腊世界以来，对于希腊的基本态度是一贯的、肯定的和积极的，喜爱和崇尚希腊文化是罗马人对待希腊文化态度的主要方面，例证不胜枚举，本文不再赘述。我们也应该看到，在第二转型期中，罗马和希腊世界之间的关系比较特殊，罗马对希腊文化的崇尚和输入是伴随着希腊世界的衰落和罗马的血腥征服和掠夺达到高潮。罗马掌握政治军事主导权，而文化上处于劣势；希腊世界正好相反。这种特殊性还表现为，罗马人既是希腊文化的崇尚者、继承者，又是希腊世界的毁灭者、掠夺者；罗马人既仰慕希腊文化，又企图超越希腊文化。所以罗马人对希腊世界显现出推崇、批评、反思、对照、竞争和选择等多种心理，而且这种复杂情结始终无法完全排解。

罗马对于希腊民族性格和社会道德评价的参照对象是同时代的、现实的希腊化世界，而罗马人所崇尚的希腊文化首创精神和丰富成果来自古典希腊。这种反差，造成罗马人对于希腊人的基本印象是文化发达而道德没落的民族。罗马意识到在文化成就上同希腊人之间存在着巨大的差距，但认为这种差距和罗马人的认知能力无关，而是同罗马人的社会道德和价值观念有直接关系。因此，罗马人在文化成就的比较和鉴别时，其实是以罗马的所谓社会道德和价值的优势来回应文化成就上的劣势。最终，罗马比对的不是文化水平和成果，而是道德和价值理念。

在对希腊的态度中，罗马人存在着紧张和忧虑的心理。罗马人认识到了同希腊世界交流的必要性，并体现出某种迫切感，然而希腊的道德理念和价值观对于罗马社会、特别是年轻一代的腐蚀使罗马人最为忧虑。为了排除紧张和忧虑感，罗马在两个方面做了努力：一是推行强制性行为，例如确立拉丁语的权威地位、将拉丁语的使用同爱国主义联系起来，宣传民族至上主义，加强希腊本土的控制，变自由放任为军事占领，等等；二是以本民族利益为出发点，主动把握对希腊文化的选择权，即在选择过程中，对于触及自身道德价值观底线的因素，罗马政府予以坚决排除。

本文原刊载于《世界历史》2008年第4期。

本文作者：

叶民，1968年生。南开大学历史学院副教授。1987—1991年西北大学文博学院历史专业本科就读。1991—1994年南开大学历史系世界上古中古史专业硕士就读。毕业后留校任教。1995—2000年在职攻读东北师大世界古典文明研究所博士学位，其间于1997年8月至1999年11月获得德国学术交流基金会联合培养博士生项目资助，在海德堡大学古典语言系学习并完成博士论文《阿米安和那马提安及其笔下的晚期罗马帝国》。2000年7月获得博士学位。2007年9月至2008年8月受国家留学基金委“青年骨干教师出国留学研修计划”项目资助，在德国慕尼黑大学古代史系完成科研项目“晚期罗马帝国研究”。

论5—6世纪拜占庭史料中君士坦丁大帝的形象分歧*

武　鹏

摘要： 拜占庭帝国的首位君主君士坦丁大帝在同时代历史学家尤西比乌斯的作品中呈现出完美的个人形象。然而他在5—6世纪的拜占庭史料中却出现了重大形象分歧。这种分歧与该时期拜占庭帝国和地中海世界的重大转型密切相关，集中体现在基督教化、皇权专制加强和帝国中心东移三大问题上。不同立场的历史写作者根据自己的个人倾向，在记录大致相同的历史事实时，给予了君士坦丁不同的价值判断。

关键词： 5—6世纪；拜占庭史料；君士坦丁大帝；形象分歧

恰如其分地评价历史人物是史学研究者面临的一大难题，这种困难源于我们进行研究的依据——史料。首先，史料在漫长岁月的传承中不断佚失，距离我们越远的历史人物，能够留下的记载就越有限。其次，那些有幸保存至今的史料，因为作者在写作过程中有意或无意的遗忘，也难以展现当时历史发展的全貌。最后，即使有幸拥有多种史料可以相互佐证，不同背景的创作者也往往对同一历史人物及其参与的历史事件给出截然相反的评价，这样的对立往往在处于变革时代的关键人物身上体现得更为明显。

---

*基金项目：国家社科基金后期资助项目“4—6世纪东地中海世界的转型研究”（项目编号13FSS007）；项目负责人：武鹏。国家社科基金重大项目“拜占庭历史与文化研究”（项目编号14ZDB061）；项目负责人：陈志强。

拜占庭帝国的开国皇帝君士坦丁[①]（Constantine the Great， 324—327年在位）就是这样的关键性人物。他率先给予基督教合法地位并提供保护，有效地将其变为统治帝国的工具；他加强皇权专制，建立了以皇帝为中心的统治体制；他兴建新都君士坦丁堡，开始将帝国的中心转移至东地中海世界。正是这些举措，奠定了之后拜占庭帝国一千余年存在和发展的基础，并形成了不同于罗马时代的特征。

在涉及君士坦丁的史料之中，4世纪历史学家尤西比乌斯（Eusebius Pam-philus）的作品[②]具有不可替代的史料价值。然而尤西比乌斯在作品中塑造的是一个近乎完美的皇帝形象。例如他时常称颂君士坦丁是“上帝的朋友和被保护者”[③]，是“最伟大的胜利者、在各方面都拥有虔诚的美德”[④]等。此类话语使君士坦丁被过度美化并笼罩在虚幻的迷雾之中。

到了5—6世纪，君士坦丁大帝的所作所为依然是史家关注的话题。以左西莫斯[⑤]（Zosimus）为代表的多神教历史学家及以索克拉特斯（Socrates）、索卓门（Sozomen）和埃瓦格里乌斯（Evagirus Scholasticus）为代表的基督教史家都在作品中用大量篇幅记载了他的事迹。这些作者无法像尤西比乌斯一样得到最直接的资料，而是主要借助前人的成果进行写作。综观这些史家的作品，尽管很多时候描述的是相同的事件，但是其笔下君士坦丁大帝的形象却与尤西比乌斯的描述有着重大的分歧。显然，不同立场的历史写作者对史料进行了自己的解读

---

① 关于拜占庭帝国历史分期的讨论参见陈志强:《拜占庭学研究》,人民出版社,2001年,第37~50页;徐家玲:《拜占庭的历史分期与早期拜占庭》,《东北师范大学大学报(哲学社会科学版)》1999年第6期。

② Eusebius Pamphilus, *Church History; Life of Constantine the Great; Oration in Praise of Constantine*, *NPNF2-01*, general editor Philip Schaff, New York: Grand Rapids 1890.

③ Eusebius Pamphilus, *Church History*, X.VIII.6.

④ Eusebius Pamphilus, *Church History*, X.IX.6.

⑤ 左西莫斯的著作是拜占庭帝国早期留存至今罕见的,比较完整的非基督教徒历史作品,其中用大量的篇幅详细记载了君士坦丁的所作所为。

与诠释。[①]

通过对史料中君士坦丁形象争议及其历史背景的研究，能够丰富对这位历史人物研究的范畴，拓展研究的空间。君士坦丁大帝在5—6世纪基督教与多神教历史学家作品中的不同形象体现了该时期拜占庭帝国和地中海世界发展的某些重要特点，同时也让我们对史料的真实性问题有所思考。

一、凶手抑或圣徒：君士坦丁皈依基督教的争议

多神教和基督教作家关于君士坦丁个人形象的第一个重大分歧在于，他究竟是一个残忍的凶手还是一个完美的圣徒。这涉及了拜占庭历史上著名的“君士坦丁杀妻杀子事件”。按照多神教教徒的观点，君士坦丁犯下了杀害妻儿的不赦之罪，而这桩罪行是他最终选择皈依基督教的原因。5世纪中后期的历史学家左西莫斯是这一看法的支持者，他在其《新历史》（New History）中旗帜鲜明地提出：

> 他罔顾天理人伦杀害了儿子克里斯普斯，只因怀疑后者与他的继母弗斯塔通奸……之后他把弗斯塔关在温度极高的浴室之中，直到她丧命。因为深知自己的罪行和背信弃义，他找到了祭司寻求解脱之道，但是他们却说没有任何办法能洗刷他的罪行。一个来自西班牙的埃及教士来到罗马……他向君士坦丁保证皈依基督教可以免除他的罪过……君士坦丁相信了这种说法，于是放弃祖先的宗教，接受了那个埃及人传播的信仰。[②]

---

① 需要说明的是，并非尤西比乌斯之后至5世纪之前的历史作品中君士坦丁的形象就一定没有争议。由于相关史料，尤其是多神教徒撰写的历史作品，如阿米安的《历史》等关于君士坦丁的部分佚失严重，让我们缺乏该时期关于君士坦丁的相关记载。目前，我们对于君士坦丁的研究除了依靠尤西比乌斯的作品外，文中提到的5—6世纪左西莫斯、索克拉特斯、索卓门和埃瓦格里乌斯等的作品是最为核心的史料。

② Zosimus, *New History*, trans. and commentary by Ronald T. Ridley, Canberra: Australian Association for Byzantine Studies 1982, II.29.(2)-(4).

然而在基督徒的笔下，他们认为这种说法是彻头彻尾的谎言。同为5世纪历史学家的索卓门就在其《教会史》（*Ecclesiastical History*）中写道：

我知道一些异教徒说君士坦丁在杀害了一些自己最亲近的家人，尤其是儿子克里斯普斯后，悔悟了自己的罪行……成为基督徒。然而我认为编造这个故事的人是为了诬蔑基督教……①

与索卓门一样，6世纪的教会史家埃瓦格里乌斯也在作品中谈到了对君士坦丁的这一指控：

左西莫斯是一个信仰可憎和罪恶的希腊异教的作家……他还指控君士坦丁残忍地杀害了儿子克里斯普斯，并且将妻子弗斯塔关在一个极热的浴室中，最终导致她死亡……然后左西莫斯就侮蔑他放弃了祖先的信仰，并且走上了不虔诚的道路。②

为了证明左西莫斯的说法是彻头彻尾的谬论，他在接下来的一节中继续针对这一问题为君士坦丁展开辩护：

让我们来看看潘菲鲁斯之子尤西比乌斯的历史吧，他是君士坦丁和克里斯普斯同时代的人，并且和他们有密切的关系……他是如此记载的："君士坦丁和他的儿子克里斯普斯同为上帝所钟爱。后者在各方面都像他的父

---

① Sozomen，*Ecclesiastical History of Sozomen*，NPNF2-02，pp. 282-613，general editor Philip Schaff，New York: Grand Rapids 1886，I.V.

② Evagrius Scholasticus，*The Ecclesiastical History of Evagrius Scholasticus*，trans. by M. Whitby，Liverpool: Liverpool University Press 2000，III.40.

亲一样，他理所当然地是东部地区的统治者。”尤西比乌斯比君士坦丁活的时间要长，如果克里斯普斯被他的父亲所杀，那么尤西比乌斯就不会用这种方式赞扬他了。[①]

埃瓦格里乌斯引用尤西比乌斯作品为君士坦丁撰写的这段辩护词在今日看来显然是不够准确的。因为众所周知，尤西比乌斯的《教会史》结束于324年，而所谓的君士坦丁杀妻杀子事件发生于326年，因此尤西比乌斯在作品中称颂克里斯普斯并不能证明“杀妻杀子”事件不存在。

然而如果不考虑君士坦丁是否真的杀死了自己的妻儿，我们会提出另一个值得思考的问题——为什么君士坦丁身后一两个世纪的作者依然会对这一事件如此关注？肯定或否定君士坦丁杀害亲人究竟有什么重要的价值？

事实上，这一争论与基督教取得现有地位的合理性密切相关。按照基督教学者的看法，希腊罗马的多神教是一种不道德的宗教，它最终被基督教取代是一种必然。例如埃瓦格里乌斯将希腊神话中的一些传说作为对多神教诸神的批评论据。他站在基督徒道德观的立场上痛斥这些神“堕落”的行为，并罗列了一些希腊众神的“恶行”：

对于这个高贵的山羊皮肤的弄雷者，他们也赋予了他令人畏惧的行为。他放逐了生育他的父亲克罗诺斯，这对于所有人来说都是极恶的罪行。[②]这个家伙是烈酒的发明者，事实上他经常酩酊大醉，此外他还是宿醉、变味的残渣及接下来发生的丑事的发明者。[③]他们编造了一个叫作阿弗洛狄忒的神，这个从海贝里出生的塞浦路斯神将谦虚视作污秽和一件古怪的事情，但是却对淫荡和一切下流的行为情有独钟。正因为她，阿

① Evagrius Scholasticus, *The Ecclesiastical History of Evagrius Scholasticus*, III.41.

② 弑亲的恶行，指宙斯和其父克罗诺斯的神话。

③ 酗酒的恶行，指酒神狄奥尼索斯的神话。

里斯使自己不洁，赫淮斯托斯则蒙羞被众神所嘲笑……[①]

他进而在同一章节中指出，多神教教徒之所以要坚持对众神的崇拜只是因为“通过认可这些神，就可以给他们自己放肆的行为提供一个可原谅的理由”，从而试图否定多神教的信仰基础。

但是按照左西莫斯等多神教历史学家的观点，君士坦丁皈依基督教并非因其道德高尚，而完全是因为其对于自身罪孽的恐惧。罗马人信仰的多神教不能够原谅他杀害至亲的罪行，相反基督教教士却承诺皈依之后可以让他不必为此惶惶不安。这实际上就等于提出多神教比基督教具有更严格的道德标准，由此影射基督教并非是一个合乎道德的宗教，进而否定了其成为帝国国教的合理性。这种观点显然是基督徒不能接受的，因此基督教学者才会竭力对此说法加以驳斥。左西莫斯的作品结束于410年，这与埃氏创作《教会史》的时代已有1个多世纪之隔。埃瓦格里乌斯依然在作品中用大段篇幅引用他的记载并严厉批驳，这从侧面表明在他所处的时代这种观点还有一定的影响力，依然是基督徒与多神教教徒争论的一个焦点问题。

5—6世纪的基督教学者们极力维护君士坦丁圣徒般的完美形象还有更深层次的原因。因为在通过提出君士坦丁“杀妻杀子皈依说”质疑基督教取得现有地位的合理性之外，多神教教徒对基督教还有另一项指责，即基督教导致了罗马人事业的衰落，从而试图彻底否定其在帝国内存在的意义。

多神教教徒们的这一指控是建立在一定现实基础上的。5世纪时罗马人的帝国，尤其是西地中海世界存在着一系列严重的社会问题。政府统治失灵、社会混乱、经济凋敝和蛮族入侵等给当地人民造成了极大的困扰。而410年阿拉里克率领哥特军队攻陷罗马城这一事件更是对帝国上下造成了前所未有的震动。尽管当时的罗马城早已衰朽不堪，但是作为罗马国家的标志，其象征意义依然

① 放荡的恶行，指阿弗洛狄忒的神话。Evagrius Scholasticus, *The Ecclesiastical History of Evagrius Scholasticus*, I.12.

是巨大的。它的沦陷即使在基督徒中间也产生了很大的影响。拉丁教父圣哲罗姆就在一封信中写道：“罗马陷落的这一巨大灾难让我如此彷徨失措……我良久之后依然不能言语，并且意识到，这是一个值得哭泣的时刻。”①

多神教教徒对于罗马的陷落除了悲痛和震惊之外，还有与基督徒完全不同的感受。在他们的心目中，罗马这座伟大的城市是早年帝国光荣的体现，而它的陷落则完全是因为帝国接受了基督教的结果。左西莫斯是这一观点的典型代表人物，他坚定地认为：“只要这些（多神教的）仪式还在，罗马帝国便能延续不绝。”②

对于这一指控，西地中海世界的基督教学者们进行了一系列的抗辩。例如，5世纪马赛的萨尔维安（Salvian）就提出基督教本身并无问题，罗马帝国之所以遭受厄运是由罗马社会本身的邪恶造成的，这种邪恶甚至比蛮族的统治过犹不及。

> 多数人被少数人所压迫，那些人将苛捐杂税看作自己的特权……不仅贵族这样做，甚至最低阶的官员也是如此；不仅法官败坏法纪，连他的下属也对其效仿……所以穷人遭受劫难，寡妇只能叹息，孤儿备受欺凌。到了最后，那些出身并不卑贱且受过良好教育的人们为了逃避压迫只能逃到了敌对的蛮族那里。③

在这一问题的辩论过程中产生的最著名的基督教思想家是圣奥古斯丁（Augustin）。他在著作《上帝之城》（*The City of God*）中为基督教进行辩护，进

① Jerome, *The Principal Works of St. Jerome*, *NPNF2-06*, general editor Philip Schaff, New York: Grand Rapids 1892, Letters CXXVI.2.

② Zosimus, *New History*, II.5.(5). 另外他在作品中还多次提出相似的看法。Zosimus, *New History*, I.58.(4), IV.59.

③ J. H. Robinson, ed., *Readings in European History*, Boston: Ginn & Company 1904, Vol.1, p. 29.

而建立了自己的神学体系。奥古斯丁为基督教的辩护主要围绕三个方面展开。首先，他提出并非是基督教导致410年罗马城的沦陷，相反的是，城市沦陷后许多民众幸免于难恰恰是基督的恩典。“这些人能够保住性命，完全是因为蛮族人尊敬基督，所以才饶恕他们。但是他们却不归功于我们的基督，反而认为是自己的好运所致。”[①]随后奥古斯丁进一步指出，罗马人之前信奉的多神教并没有给他们带来好运，例如在第二次布匿战争中：“汉尼拔的军队沿途劫掠，将意大利洗劫一空。这场战争是多么血腥和持久！多少罗马人被不断消灭！多少城镇被敌人占领和毁灭！这是多么可怕的战争啊，有多少罗马人被击败并在汉尼拔的剑下丧失了光荣！”[②]最后奥古斯丁认定，罗马人的荣耀不是由异教诸神所赐，而是要归功于上帝的恩典：“我完全同意他们的意见，即幸福是他们不知道的某位神的恩赐……这位神不是他们所说的朱庇特。”[③]

对于东地中海世界的基督教学者们来说，虽然他们所处世界较之西部更为繁荣稳定，但是多神教徒的这项指责依然是他们不能回避的问题。他们对“异教徒”的反驳更多是从正面来证明基督教能够给罗马人的统治者带来好运。因此，作为第一个基督教皇帝——君士坦丁大帝的完美形象至关重要，他绝不能以“凶手”面目示人。例如，埃瓦格里乌斯系统批驳了左西莫斯关于基督教使罗马人的事业衰落的这一说法。他认为“从基督教出现那时起，罗马人的各项事业就开始黯淡并且丧失了”的观点是因为他（左西莫斯）“没有读过之前作家们的著作，或者是因为故意歪曲事实”。埃瓦格里乌斯进而提出，不信仰基督教的罗马皇帝都遭受了悲惨的命运，而只有信仰基督教才能得到上帝的眷顾。非基督徒的罗马皇帝，在埃瓦格里乌斯眼中命运都是悲惨的：

① Augustin，*The City of God and Christian Doctrine*，general editor Philip Schaff，New York: Grand Rapids 1890，*The City of God*，I.1.

② Augustin，*The City of God*，III.19.

③ Augustin，*The City of God*，IV.25.

难道第一个君王凯撒不是被刺身亡的吗？难道不是一些军人用他们的剑刺杀了提比略吗？难道尼禄不是被自己的家人杀害的吗？难道伽尔巴、奥托和维提里乌这三个皇帝不是一共只统治了16个月，然后遭遇了相同的命运吗？难道图密善不是毒死了他自己的哥哥提图斯之后才当上皇帝的吗……在伽列努斯被谋杀以及卡里努斯被残杀后，政权才交到了戴克里先和他选定的共治者手中。这些人中的赫丘利·马克西米安和他的儿子马克辛迪乌斯以及李锡尼也被彻底地消灭了。①

与此相反，埃瓦格里乌斯认为信仰基督教的皇帝都能得到上帝的眷顾，而这一切都要归功于君士坦丁大帝："从那时起，万人景仰的君士坦丁掌握了政权……这之后除了你们异教的祭司长朱利安皇帝，只要遵守教义、虔诚祈祷，还有谁被自己的人民和军队毁灭呢？"②

按照基督教史家的观点，正是因为接受了基督教，君士坦丁使罗马人，尤其是罗马统治者的命运发生了根本性改变。因此，多神教教徒所谓的基督教使帝国衰落的说法是一种诬陷。在基督教史家的笔下，在取得了让罗马人长治久安的丰功伟业之后，君士坦丁最后以一种幸福而又光荣的方式离开了人间。这样一个圆满结局是基督教的胜利，同时使君士坦丁"上帝的朋友和受保护者"的形象更为突出。5世纪的历史学家索克拉特斯就在他的《教会史》中如此描绘了君士坦丁最后的日子：

察觉到病情加重后，他前往尼科米底亚，在郊区住下，他在那里接受了基督教洗礼。在洗礼之后，他的心情愉悦舒畅。他立下遗嘱，指定他的三个儿子继承了他的帝国。正如他在世时做出的安排那样，他分配给他们

---

① Evagrius Scholasticus，*The Ecclesiastical History of Evagrius Scholasticus*，III.41.

② Evagrius Scholasticus，*The Ecclesiastical History of Evagrius Scholasticus*，III.41.

每人一块领土。[①]

皇帝的遗体由合适的人选放置在一具金棺之中，然后被运往君士坦丁堡。他得到的尊崇与生前别无两样……他的棺椁被荣耀地安葬在圣使徒大教堂的皇家墓地里。[②]

由此可见，多神教与基督教作家关于君士坦丁“凶手”形象的争论实则是拜占庭帝国和地中海世界在4世纪之后快速基督教化的产物。通过对最有影响力的一位基督徒——君士坦丁的或褒或贬，反映出双方不同的宗教情感，也体现了基督教成为帝国国教后，逐渐取代多神教曲折渐进的历史过程。

二、暴君抑或保卫者：君士坦丁加强皇权的争议

君士坦丁大帝在5—6世纪拜占庭史料中的第二个典型形象差异在于，他究竟是一位独裁的暴君，还是“人民的保卫者”。同之前“凶手”与否的争论相比，双方对历史事实不存在明显的差异，即争论双方都承认君士坦丁是帝国唯一的统治者，却对其形象进行了不同的诠释。例如在描述君士坦丁最终统一帝国时，同为5世纪作家的左西莫斯和索克拉特斯记载的史实相差无几，但是表现的感情色彩却截然不同。左西莫斯在《新历史》中写道：“现在整个帝国都归君士坦丁一个人所有了。最终他不再需要隐藏自己的邪恶本性，而是可以依靠没有限制的权力为所欲为……当他来到罗马时，他浑身充满了傲慢之气……”[③]而索克拉特斯却是在《教会史》中如此记载的：“君士坦丁成为唯一的统治者，进而被宣布为‘独一的皇帝’。他再次寻求促进基督徒的福祉，并用很多方式加以实现，由此给他们带来了牢不可破的和平……”[④]从上述两段记录来看，索克

① Socrates Scholasticus，*The Ecclesiastical History of Socrates Scholasticus*，*NPNF2-02*，pp. 2–281，general editor Philip Schaff，New York，1886，I.XXXIX.

② Socrates Scholasticus，*The Ecclesiastical History of Socrates Scholasticus*，I.XL.

③ Zosimus，*New History*，II.29.（1）.

④ Socrates Scholasticus，*The Ecclesiastical History of Socrates Scholasticus*，I.IV.

拉特斯强调君士坦丁成为帝国唯一统治者后给基督徒带来了福祉。那么是否是这个原因导致左西莫斯怒斥君士坦丁“为所欲为”呢？结合当时的历史背景来看，这一推测具有一定的合理性。随着基督教获得合法地位并成为国教，立即受到国家的保护，并逐渐侵蚀了其他宗教原有的利益。在左西莫斯生活的5世纪，多神教不但不再是国家官方的信仰，并且多神教教徒原有的合法权益也逐渐丧失，信仰基督教的拜占庭统治者一再颁布法令对其进行限制和打击。

392年11月8日，塞奥多西联合其子阿尔卡迪乌斯颁布了明令禁止多神教崇拜活动的法律。在法令中，皇帝规定：“凡宰杀牺牲并通过观察动物内脏占卜者，将身犯重罪，并得到相应的惩处……凡焚香供奉偶像或献祭者，则犯背教罪，将会被没收家产……”①除了严格禁止崇拜活动外，拜占庭统治者还通过立法等方式剥夺多神教等其他宗教的教产。

399年，阿尔卡迪乌斯和西部皇帝霍诺留就联合颁布法令：“乡村地区所有的神庙都要被毫不犹豫地拆除，因为拆除了这些东西，迷信活动就无所遁形了。”②在阿卡迪乌斯之子塞奥多西二世统治时期，他继续联合西部皇帝瓦伦提尼安颁布对多神教徒极其严厉的法令：“我们命令，各地方官员应毁掉所有迄今还保持完整的神殿、神庙和神坛等设施。并且为了使这些地方保持纯洁，在那里要建立可敬的基督教建筑……任何抵触这条法律的人，将被判处死刑。”③这些法令可以被视为392年法令的延续，按照它们的规定，多神教的宗教崇拜活动不但受到了严格的限制，更逐渐失去了其赖以存在的物质基础。

如果左西莫斯是因为多神教受到的不公平待遇而迁怒于君士坦丁，这种情绪是可以理解的。但是与5世纪的拜占庭统治者们相比，君士坦丁在宗教政策上更为宽容。他在给予基督教合法地位后，也不忘特别申明“其他人也有权力

---

① Theodosius，*The Theodosian Code and Novels，and the Sirmondian Constitutions*，trans. by C. Pharr，Princeton: Princeton University Press 1952，*The Theodosian Code*，16.10.12.

② Theodosius，*The Theodosian Code*，16.10.16.

③ Theodosius，*The Theodosian Code*，16.10.25.

实施自己的崇拜……每个人都应该自由选择自己的信仰，因为我们不想消灭任何一种信仰的光荣”[①]。甚至连左西莫斯自己也记载了君士坦丁在新都城修建众多多神教神庙的情形。[②]同时，尽管临终受洗，但是他还一直保有多神教“大祭司长”的头衔。因此，宗教迫害不应该是左西莫斯视君士坦丁为独裁暴君的唯一原因。

如果我们从更宏观的历史背景考虑的话就会发现，左西莫斯所处的时代在今日被我们看作拜占庭帝国形成与奠基的时期。然而在他看来，则是罗马国家的衰落时代。综观左西莫斯的《新历史》，这样一种厚古薄今的态度贯穿始终。在政治制度上，他尤其怀念罗马共和时代的光荣，对君主政治持有一种反感的态度。他在记载屋大维的胜利之后曾经用一段很长的文字阐明了自己的政治观点：

> 他们选举屋大维成为唯一的统治者，将整个政府交付他一人决断……如同掷骰子一样将所有人的希望，以及这样一个广袤的伟大帝国置于统治者个人心血来潮的念头和权力之下……如果他不顾君主政治的约束变成了一位暴君，将政府置于混乱，忽视世间的罪行，任意出卖公正并将他的臣民视作奴仆——除了极个别皇帝，其余大多数皆如此——那么单一统治者不受约束的权力势必会造成全世界的灾难……[③]

显然在左西莫斯看来，君士坦丁也是“大多数皆如此”暴君中的一个。他不顾罗马贵族共和的传统，肆意按照自己的意愿统治国家的行为是不可接受的，并且加速了罗马国家的衰落。在这样一种情绪的支配下，左西莫斯很难公正评

---

① P. R. Coleman-Norton，ed.，*Roman State and Christian Church: A Collection of Legal Documents to AD.535*，London: S.P.C.K 1966，pp. 31–32.

② Zosimus，*New History*，I.31.

③ Zosimus，*New History*，I.5.（2）–（3）.

判君士坦丁的政策。例如，在谈到他一项重要的军事改革时，《新历史》是如此记载的：

> 他还彻底将古代流传下来的官制搞得一片混乱。先前有两位总司令官共同执掌军队。他们不但能够指挥宫廷卫队，并且能够掌控守卫城市和边疆的军队。总司令官被认为拥有一人之下、万人之上的地位……君士坦丁颠覆了这个声名赫赫的制度，并且将总司令官一分为四。……上述改革无论在和平还是战争时期都给国家造成了巨大的损害……简而言之，帝国现在衰败如此，君士坦丁是始作俑者。①

左西莫斯尽管陈述了君士坦丁军事改革的事实，却并没有正确地评估其作用与影响。事实上，君士坦丁所采取的军事改革是加强皇权，稳固统治的重要措施。在罗马帝国中后期，手握重兵的军官们或操控朝政，或干脆取皇帝而代之，给帝国政坛造成了极大的混乱。为此，君士坦丁后来对总司令这一官职做出了调整。他将帝国的主要军事力量一分为五，分别由五位司令官执掌。他们之间互不统属，各自直接对皇帝负责，皇帝拥有最高的军事权力。②这样一种划分无疑有利于皇帝控制全国的军队，同时可以避免军事力量过度集中在某位将领手中而增加对皇权的威胁，这显然是对先前军事制度中弊端的有效纠正。

然而出于自己的偏见，左西莫斯无视君士坦丁这项改革的成效。事实上，即使他能认识到这项举措有利于皇权的稳固，也不会将其视为优点。就其本心来说，他所追求的理想政治制度是其作品中反复提到的贵族共和政体。按照罗马的政治传统，奥古斯都的统治权理论上来自罗马人民，他由军队、元老院和人民推举产生。如果他变得不称职或不受欢迎，那么他就会被这些选举他的人

---

① Zosimus，*New History*，II.32–34.

② G. Ostrogorsky，*History of the Byzantine State*，New Jersey: Rutergers University Press 1969，p. 42.

推翻。而积极加强皇权专制的君士坦丁显然与这一传统背道而驰，因此在左西莫斯的作品中他成为这种“理想”政体对立面的“暴君”也就不足为奇了。

然而对于该时期的基督教史家来说。左西莫斯心中念念不忘的罗马共和国时期的光荣既与他们无关，又是他们并不感兴趣的异教徒的历史。显然，他们对罗马人的共和政体也不会有左西莫斯这种极深的情感。对于基督徒来说，君士坦丁的统治是基督教产生后最好的时代。基督教取得合法地位，并最终成为国教完全是在君士坦丁开创的新时代完成的。一个保护基督教的强势君主是与该时期基督徒的利益一致的。

从圣经中对大卫、摩西和亚伦等人的描述中可以看出，对于早期基督徒来说，他们愿意接受一位和神有特殊关系的统治者。如“在上有权柄的，人人当顺服他。因为没有权柄不是出于神的。凡掌权的都是神所命的，所以抗拒掌权的就是抗拒神的命。抗拒的必自取刑罚”①等论述，也体现了他们并不排斥世俗统治者的态度。在君士坦丁大帝给予基督教合法地位后，基督教的神学家们更是尽其所能地给予了他十分热忱的回报。他被尊为基督教会的“第十三位使徒”。尤西比乌斯将君士坦丁皇帝比作上帝在现实世界的映像，是在凡人中上帝的代理人。他在为君士坦丁大帝撰写的颂词中写道：“我们为神所钟爱的皇帝，他的权力来自上帝，并且通过上帝，他像神在人间的映像一样掌管世间事务，这仿佛是神在天国统治的人间翻版。”②尤西比乌斯宣扬的这一理论为之后的基督教神学家们接受，他们开始将基督教神学和拜占庭皇帝统治的神圣性与合法性结合在一起，为日后拜占庭皇帝宣扬“君权神授”的观念提供了理论依据，成为拜占庭帝国早期政治思想的重要内容。

作为“神在人间的代理人”和帝国唯一的帝王，拜占庭君主也需要履行自己的义务。首要的便是对臣民提供保护。对于基督教学者来说，这种义务可以更直白地表述为保护基督徒。在他们的作品中，君士坦丁就是这样一位伟大的

---

①《新约全书·罗马书》，中国基督教三自爱国运动委员会，1980年，13.1。

② Eusebius Pamphilus，*Oration of Eusebius*，I.6.

保护者。例如索克拉特斯在他的《教会史》中就记载了君士坦丁是如何制止李锡尼迫害基督徒的：

> 他的共治者李锡尼坚持自己的异教信仰，憎恨基督徒。虽然他惧怕君士坦丁皇帝而避免公开实施迫害，但暗地里对他们策动阴谋……然而，这些暴行不可能长久瞒住君士坦丁，当得知君士坦丁为此愤慨时，李锡尼通过道歉得到了宽恕……他发下许多誓言，承诺不再像暴君一样行事。[①]

而同时期的教会史家索卓门也在作品中描述了相似的内容：

> 曾经敬重基督徒的李锡尼改变了他的观点……因为同君士坦丁的分歧，他深深地迁怒于基督徒……此外，他还怀疑教会在终日祈祷并且热切盼望君士坦丁成为最高统治者……最终，他和君士坦丁的矛盾以一场战争告终。因为君士坦丁得到了神的助祐，因此他得以在陆地和海洋都赢得了对敌人的胜利……[②]

显然，对于尚处在基督教化进程之中的拜占庭帝国来说，基督教学者们认为像君士坦丁这样拥有绝对权力，同时又倾向于基督教的皇帝能够最大限度地保证基督徒的安全。

总之，对于左西莫斯和基督教的历史学家来说，君士坦丁成为帝国唯一皇帝的事实带给他们的是完全不一样的感受。对于前者来说，这是背离罗马光荣传统的行为；而对于后者来说，则意味着他们得到了一位真正有实力护佑他们的统治者。因此，在他们的作品中君士坦丁同时以“暴君”或“保卫者”出现也就不足为奇了。

---

① Socrates Scholasticus，*The Ecclesiastical History of Socrates Scholasticus*，I.III.

② Sozomen，*Ecclesiastical History of Sozomen*，I.VII.

三、挥霍者抑或建设者：君士坦丁建设新都的争议

5—6世纪的拜占庭史学家们对于描绘君士坦丁大帝形象的最后一个重大分歧在于，在他们的作品中，君士坦丁究竟被描绘为一个肆意耗费帝国财富的挥霍者，抑或一个伟大的建设者。

左西莫斯在《新历史》中直截了当地批评君士坦丁："毫无必要地把国家的收入浪费在不值得的事以及无用之人上……因为他把挥霍等同于慷慨。"[①]当看到这样的文字时，我们很容易联想到皇帝个人的骄奢淫逸。然而从左西莫斯的作品和其他同时代的历史文献中，我们却并没有发现更多类似的记载。综观其作品涉及君士坦丁的部分，最能体现他所说的"浪费"之事便是君士坦丁修建了一座以自己名字命名的城市——君士坦丁堡。

左西莫斯在记录君士坦丁修建新都的动机时并没有过多探讨政治、经济和军事等因素，而认为是他的个人原因：

> 由于无法忍受几乎每个人对他的诅咒，君士坦丁开始寻找一个可以媲美罗马的城市，他不得不在那里给自己营建宫殿……他来到了拜占庭，对这座城市的位置很满意，于是便开始尽力扩建，使其能成为符合皇帝身份的驻地。[②]

按照左西莫斯的看法，修建君士坦丁堡是因为君士坦丁在罗马不受欢迎，所以才不得不另觅新都。因此这座城市从诞生之初就是多余的，耗费巨资扩建它显然是一种浪费。如果君士坦丁能够遵循罗马传统的宗教和政治制度，那么他本来是可以继续选择"符合皇帝身份"的罗马作为都城的。在这样的基调下，左西莫斯之后谈到君士坦丁堡的扩建工程时延续了这种负面描述：

---

① Zosimus, *New History*, II.38.(1).

② Zosimus, *New History*, II.30.(1)-(2).

“公共财富被用在那些最没有用处的建筑上。同时他刚刚修建的一些建筑很快就被推倒，因为仓促的建设使那些房子变得极其不安全。”[①]在迁都君士坦丁堡后，君士坦丁给城里的居民建立了食物配给制度。因为对君士坦丁及其新都的偏见，这一本来颇为符合罗马传统的举措在左西莫斯眼里也变成了一种挥霍：“当和平降临之后，他便沉溺于享乐之中。他免费给拜占庭城的居民每日发放谷物，如此的举措一直延续至今。”[②]最后，当君士坦丁堡成为帝国第一大城市之后，在谈到他所在的新都现状时，左西莫斯也把本来是建筑密集、人口众多的繁荣景象描绘成令人厌恶的情景：“世界各地的闲散人等都被吸引到了这座城市……建筑之间彼此挨得过近，居民无论是在家中还是街道上都因为空间狭小而感到拥挤。因为有太多的人和野兽，因此在城市中徒步行走也是非常危险的……”[③]

如果单纯依靠左西莫斯作品的话，我们很容易得出君士坦丁出于一己之私肆意挥霍帝国财富，修建了一座并不必要，同时难以令人满意的新都城这一结论。然而《新历史》中“挥霍者”形象的君士坦丁到了基督徒的笔下却变成了一位伟大的建设者。在他们的作品中，君士坦丁的建设成果比比皆是。[④]尤其是谈到“新罗马”——君士坦丁堡时，更是充满了溢美之词。对于5—6世纪的基督教史家来说，他们所处的时代基督教已经成为帝国的国教，而君士坦丁堡便是这个基督教帝国的都城。正像埃瓦格里乌斯所言：“君士坦丁建立了以他名字命名的城市，并将它献给了基督。”[⑤]这种由宗教感情引发的赞颂是非常自然的。

例如，在建城的动机问题上，基督教史家们不承认君士坦丁是因为在罗马受到诅咒被迫兴建新都。同时在新都的选址问题上，他们认为这是上帝指引的结

① Zosimus, *New History*, II.32.(1).

② Zosimus, *New History*, II.32.(1).

③ Zosimus, *New History*, II.35.(1)-(2).

④ 例如索卓门在其《教会史》中专门用一章详细列举君士坦丁登基后修建教堂的事迹。Sozomen, *Ecclesiastical History of Sozomen*, I.VIII.

⑤ Evagrius Scholasticus, *The Ecclesiastical History of Evagrius Scholasticus*, III.41.

果，与左西莫斯描绘的心血来潮改变主意的君士坦丁截然不同：

当他开始工程（特洛伊）后，在夜里，上帝出现在了他的梦中，并且命令他寻找一个新的地点。在上帝的带领下，他来到了色雷斯的拜占庭，这里与比提尼亚的卡尔西顿隔海相望……为了遵守上帝的命令，他开始扩建这座之前被称为拜占庭的城市。①

此外，在基督徒的笔下，这座以君士坦丁大帝命名的城市绝非如左西莫斯所言到处都是“不安全的房子”和“没有必要的人”，并因“空间狭小”而让人不快，相反，他们描绘的是一座建筑雄伟、人口众多的繁华大都市：

（君士坦丁）用高耸的城墙环绕它，用大量的建筑装点它。②

他意识到原来的居民对于这么一座伟大的城市来说实在太少了，于是他在南边修建了很多富丽堂皇的住宅，让那些来自旧罗马和世界各地有身份的人迁居于此……他为城市的居民供应食物，并尽力给城市提供一切的必需品。③

和此前描绘的情况相似，双方再一次对同一历史事件给出了截然相反的描述。对于左西莫斯这样的多神教教徒来说，抛弃祖先建立的宗教和政治中心——罗马是一个难以接受的选择，即使新都城更加壮丽辉煌，也只会加重他伤感的情怀。反之对于基督徒来说，一座坐落于他们世代生活的东地中海地区的基督教都城是完美无缺的选择，为此他们也可以对左西莫斯作品中描绘的那些缺点视而不见。

---

① Sozomen，*Ecclesiastical History of Sozomen*，II.III.

② Socrates Scholasticus，*The Ecclesiastical History of Socrates Scholasticus*，I.XVI.

③ Sozomen，*Ecclesiastical History of Sozomen*，II.III.

作为处于中立立场的现代学者，我们自然没有左西莫斯这样的“遗民”心态，同时也不会相信君士坦丁建立新都真的是因为神指引的结果。显然，如何在这一问题上给予君士坦丁恰如其分的评价，关键在于在当时的历史背景下是否有必要建立一座新的都城，以及这座新的都城是否在后来历史的发展中发挥了正面的作用。当这两个问题得以解答后，君士坦丁究竟是“挥霍者”还是伟大的建设者也就不言而明了。

罗马帝国在经历了96—161年涅尔瓦（Nerva）、图拉真（Trajan）、哈德良（Hadrian）和安东尼·庇护（Antoninus Pius）皇帝统治的“黄金时代”后，从马库斯·奥理略（Marcus Aurelius）统治末期开始出现了危机的苗头。到了3世纪的时候，帝国面临的形势更为严峻，这样一种混乱的局面波及了帝国全境，尤其是西地中海世界更为严重。甚至在帝国的核心区域意大利，衰落的表现也是随处可见的。意大利半岛的农业和手工业生产在该时期大大衰退，社会的财富也急剧减少。这最终导致意大利地区逐渐失去了在帝国内经济和文化等方面的中心地位。

与此同时，蛮族的入侵也日益成为罗马人需要面对的难题。在3世纪，逐渐强大起来的哥特人开始频繁渡过帝国的多瑙河边境，向南方入侵。此时，衰落中的帝国难以应对这一危机，在与哥特人作战时，曾经骁勇善战的罗马军团屡遭败绩。在251年的一场战役中，皇帝德修斯（Decius）甚至兵败阵亡。危机的局面只是在269年后才暂时有所好转，克劳狄二世皇帝（Macus Aurelius Claudius）在该年击败了哥特人，延缓了后者入侵的进程。在此之后，284年戴克里先（Diocletian）即位后，暂时稳定了帝国的形势。但是在长期的战争中，作为军事领袖的皇帝不得不长期居住在边境，尤其是东部前线，此时东地中海世界的战略地位急剧上升，而罗马的地位则相应的处于下降的过程之中。

到了君士坦丁统一帝国之后，与长期居住在小亚细亚尼科米底亚的戴克里先一样，他在选择自己驻节地时也将目光投向了东地中海地区。君士坦丁最终选择的拜占庭实际上具有极其重要的战略地位和地理优势。城市三面环水，东临博斯普鲁斯海峡，南靠马尔马拉海，北依黑海，只有城市的西部能够受到来自陆地方向的威胁。与此同时，它位于欧亚大陆的交汇之处，四通八达的交通线路让其成为古代众多重要贸易商路的中转站，这一得天独厚的条件也让城市的繁荣具备了重要条件。

在新都的建设中，君士坦丁如基督教历史学家们描绘的那样首先关注城防建设。他将拜占庭古城的旧城墙改建为高大的皇城城墙，并且重新在新城市的最西侧修建了长约3000米的君士坦丁城墙。然而尽管君士坦丁设计的新都面积已经超过旧的罗马城达10数倍之多，但是因为大量人口迁入（如左西莫斯所说），到了5世纪初的塞奥多西二世统治时期，出于防务的需要，拜占庭人开始对君士坦丁堡进行了第二次大规模的城防建设。新城墙——塞奥多西城墙的修建，将绝大部分城市设施，如重要的供水系统等都置于城防的保护之内。至此，在最易受到威胁的城市西侧，拜占庭人已经自西向东拥有了塞奥多西城墙、君士坦丁城墙和皇城城墙三道固若金汤的城防工事。

在日后的历史中，君士坦丁堡坚固的城防工事屡屡挽救帝国于危难，让时常与战火相伴的拜占庭人的统治即使处在风雨飘摇之中也能得以延续。在冷兵器时代，君士坦丁堡高大的城墙多次阻挡了阿瓦尔人、波斯人、阿拉伯人、保加利亚人、罗斯人和塞尔维亚人等敌对势力精兵强将的进攻，让其只得望城兴叹。如9世纪保加利亚汗王科鲁姆这样的一代枭雄尽管实现了“把我的矛插在君士坦丁堡的黄金门上”[①]这一梦想，但却终其一生也未能再向前挺进一步。可以说，君士坦丁建立的这座新都城以其完善的城防设施，保证了帝国统治的安全。

除了军事建设外，君士坦丁还在新都建造了大量的民用建筑。柱廊、浴室和教堂这样的公共设施是重点建设项目。这些建设直接促进了新都人口的增长和城市的发展。据现代学者得到普遍承认的估算，至索克拉特斯、索卓门和左

---

① Theophanes Confessor，*The Chronicle of Theophanes Confessor*，Oxford: Clarendon Press 1997，AM 6305.

西莫斯等人生活的5世纪中期，君士坦丁堡人口已经远远超过了10万。[①]在埃瓦格里乌斯所处的查士丁尼统治下帝国的“黄金时期”，首都君士坦丁堡的人口一度超过了50万，[②]可谓当时世界上首屈一指的大都市。

随着东地中海世界的安全形势不断巩固，社会经济持续发展，4世纪末期东西地中海世界的地位出现了根本性转变。塞奥多西一世在临终划分领土时，命长子阿尔卡迪乌斯统治东部，而将西部留给了次子霍诺留。以奥斯特洛格尔斯基为代表的一些现代拜占庭史学家认为，这样一种安排体现了塞奥多西对东地中海世界重要性的清醒认识。[③]从5世纪后的历史发展来看，塞奥多西一世重视东部地区的判断是正确的，在东部帝国继续向前发展的同时，西部帝国则加速走向了衰亡。至此，帝国将统治的中心牢牢地固定于东地中海地区，尤其是首都君士坦丁堡，并将这一传统保持千载，直到帝国灭亡为止。

由此看来，君士坦丁大帝选择拜占庭古城作为帝国新的首都，并不惜耗费巨资体现了其卓越的战略眼光。即使在建设动机上如左西莫斯所言部分出于私心，同时在建城过程中有他描绘的“浪费”现象，但是这些都无法掩盖这一选择的正确性。从君士坦丁堡在拜占庭帝国之后的历史进程中发挥的作用来看，这座城市的创建者——君士坦丁无愧于一个伟大的建设者的形象。

四、结语

总而言之，君士坦丁大帝在5—6世纪拜占庭史料中的重大形象差异是该时期拜占庭社会重大变革的结果。历史变革往往会在一定时期内造成社会的分裂，并产生直接的受益者和受害者。在记载历史时，虽然两方陈述的大多是相同的事实，但对于变革及其主导者的价值判断往往不尽相同。从这一角度来看，众

---

① W. Treadgold, *A History of the Byzantine State and Society*, Stanford: Stanford University Press, 1997, p. 138.

② R. Browning, *Justinian and Theodora*, London: Thames & Hudson, 1987, p. 32.

③ G. Ostrogorsky, *History of the Byzantine State*; trans. by J. Hussey, Blackwell Publishing, 1968, p. 44.

多基督教历史学家和以左西莫斯为代表的多神教历史学家对君士坦丁的形象塑造分歧顺理成章，并突出体现在基督教取代多神教、专制皇权加强和君士坦丁堡建立这三大关键性问题上。

通过君士坦丁形象差异的个案研究，还可以让我们进一步思考历史研究中"真实性"的问题。历史作者在记载历史事实时，不可避免地带有个人倾向和观察问题的不同角度，这就导致虽然历史事实本身是客观的、具有绝对性，但史料中对历史事实的描述却是主观的，不存在绝对的真实。当我们凭借这些史料去建构历史时，很难完全还原其真实面貌。尽管如此，历史并非是完全不可知的。历史研究本身是一个通过专业方法不断接近真实的过程。例如在涉及历史人物，尤其是历史发展关键时期的关键人物的评价时，可以通过对不同史料的详细解读、对比，将史料置于当时的历史环境之中，结合历史发展的趋势进行分析，从而相对公正地评价历史人物的历史贡献，实现一种相对的真实。

本文原刊载于《古代文明》2017年第4期。

本文作者：

武鹏，男，1982年生，天津人。2000年9月—2009年6月在南开大学历史学院学习，先后获得历史学学士、硕士和博士学位。2007—2008年获国家留学基金委全额资助，赴加拿大西门菲沙大学希腊研究中心做联合培养博士生。2009年10月—2010年10月获希腊国家奖学金全额资助赴希腊雅典大学哲学院从事博士后研究。2011年7月—2014年12月任南开大学历史学院讲师；2015年1月至今任南开大学历史学院副教授。主持国家社科基金、教育部留学回国人员科研启动基金等社科项目多项，在《历史研究》《世界历史》等学术刊物发表学术论文10余篇。为天津市"三年一千人"计划引进人才、天津市"131人才工程"第三层次人才。

塞琉西亚建城考：早期希腊化城市与帝国统治

邵大路

摘要： 底格里斯河畔的塞琉西亚是希腊化时代早期建城运动中最典型的一座希腊式殖民城市。塞琉古在公元前308年左右控制了巴比伦尼亚地区并发起东征，在东征过程中称王。公元前304—前302年，塞琉古结束东征，返回巴比伦尼亚地区并建立塞琉西亚城作为王国都城。塞琉西亚位于塞琉古王国东部核心区域巴比伦尼亚，有利于监控巴比伦城等原生民族地区，加之地处两河流域水陆要道交汇之地，具有天然防御和交通优势，所以成为新都的首选之地。尽管其后塞琉古王国在叙利亚另建都城，但是塞琉西亚作为东都的地位并没有改变，仍旧是帝国的核心城市之一。包括塞琉西亚在内一批希腊化城市的建立，是希腊-马其顿人重要的殖民统治手段。塞琉西亚的建立及其历史作用，是塞琉古王国统治的缩影。

关键词： 塞琉西亚；塞琉古；希腊化时代；巴比伦

马其顿国王亚历山大（Alexander the Great）历时十年的东征（公元前334—前324年），建立起一个西起希腊半岛，东至帕米尔高原，地跨欧亚非三洲的庞大帝国——亚历山大帝国。亚历山大帝国拥有史无前例的辽阔版图，其治下更是囊括了除古代中国之外，亚欧和非洲大陆几乎所有的重要民族和原生文明区域——古希腊、埃及、巴比伦、波斯和印度（西北部）。庞大的国土和复杂的民族、文化构成，加之亚历山大及其大军始终处于“在路上”的进军状态，帝国面临前所未有的统治上的挑战。于是亚历山大一方面通过“因俗而治”的怀柔策略，因循部分被征服地区（如波斯）原有的统治秩序和文化风俗；另一方面，巴克特里亚（Bactria）、索格狄亚那（Sogdiana）和印度等地此起彼伏的反抗，使他意识到只有同胞才是最值得信赖的力量。因此，他在各战略要地建立一系列希腊式城市，屯驻马其顿老兵和希腊雇佣兵，作为震慑和控制被征服地区的战略据点。[①]这种统治模式，特别是建立希腊式城市作为战略支撑点的策略，不仅在亚历山大东征过程中，[②]较为有效地维持了帝国内部的稳定，即便在其身后，直至托勒密埃及被罗马征服的近三百年的整个希腊化时代（Hellenistic Age，公元前323—前30年），亦为其继承者们（diadochoi）所遵循，在他们开疆拓土、建立统治的过程中发挥了举足轻重的历史作用。

公元前323年，亚历山大病逝。经过十多年的争斗博弈，亚历山大的政治遗产被安提柯（后称安提柯一世，Antigonos I Monophthalmos）、托勒密（后称托勒密一世，Ptolemy I Soter）和塞琉古（后称塞琉古一世，Seleukos I Nikator）等人所继承，他们分别建立起安提柯王朝（公元前306—前168年）、托勒密王朝（公元前305—前30年）和塞琉古王朝（公元前305—前64年）。与前两者相比，

① 亚历山大的建城策略有可能承袭自其父腓力二世。腓力二世在征服色雷斯等周边地区之后，曾在战略要地建立了腓力波利斯（Philippopolis）和腓力比（Philippoi）等城，并以本人命名。J. R. Ellis，"Population-Transplants by Philip II"，*Makedonika*，vol.9，1969，pp. 9–17.

② 亚历山大在征途上建立的城市大多以其本人命名，除了公元前331年在埃及尼罗河口建立的亚历山大里亚之外，大多位于两河流域以东地区。关于其建城数量，学界争议较多。其中较有代表性的有：切利科夫等认为有17座（Victor Tscherikower，*Die hellenistischen Städtegrundüngen von Alexander dem Grossen bis auf die Römerzeit*，Dieterich'sche Verlagsbuchhandlung，1927，ss. 145–146）；塔恩等人认为有13座（W. W. Tarn，*Alexander the Great*，II*: Sources and Studies*，Cambridge University Press，1948，pp. 232–259）；弗雷泽等人认为亚历山大真正建立的城市可能只有6座（P. M. Fraser，*Cities of Alexander the Great*，Clarendon Press，1996，p. 201），科恩则认为亚历山大一生共建立了17座城市（包括东征之前在色雷斯建立的亚历山德罗波利斯，即Alexandropolis in Thrace）（Plutarch，*Lives*，"*Alexander*"，26，Cambridge，Mass.: Harvard University Press，1919; G.M. Cohen，*The Hellenistic Settlements in the East from Armenia and Mesopotamia to Bactria and India*，University of California Press，2013，pp. 335–338; G. M. Cohen，*The Hellenistic Settlements in Syria，the Red Sea Basin，and North Africa*，University of California Press，2006，p. 399; G. M. Cohen，*The Hellenistic Settlements in Europe，the Islands and Asia Minor*，University of California Press，1995，p. 413）。

塞琉古王朝在版图上继承了亚历山大东征的大部分遗产，其盛时疆域西起小亚细亚半岛东至印度西北部。这里远离希腊本土，文化背景以波斯和巴比伦文明为主，其治下的民族构成则更为复杂，而作为统治阶层的希腊–马其顿人及其文化却是名副其实的“异乡人”和“少数派”，这意味着塞琉古在继承亚历山大帝国主要遗产的同时也继承了亚历山大曾遇到过的，乃至更为艰巨的统治命题。换言之，亚历山大的上述统治模式，特别是建立希腊化城市作为巩固统治的战略据点，自然成为塞琉古王朝主要的统治策略。[①]

塞琉西亚（Seleukeia，全名为“底格里斯河畔的塞琉西亚”［Seleukeia on the Tigris］位于今伊拉克首都巴格达东南25公里处）是塞琉古建立的第一座都城。[②]该城不仅在塞琉古王朝的建立和统治过程中承担着极为重要的政治功能，亦是这一地区最具希腊文化特色的城市之一。在建成之后的三四百年岁月中，塞琉西亚成为两河地区的耀眼明珠，凝聚着厚重的希腊政治和文化遗产，因而在希腊罗马古典作家的记载中留下了浓墨重彩的一笔，声名流传至今。[③]然而反映建城早期历史的文献和文物资料十分匮乏，有关该城建城时间、选址等重大问题的考察始终难有定论。自古风时代（Archaic period in Greece，公元前8世

① 有关塞琉古王国政治制度的研究，参见E. Bikerman, *Institutions des Séleucides*, Librairie Orientaliste Paul Geuthner, 1938; Hermann Bengtson, *Die Strategie in der Hellenistischen Zeit* II, C. H. Beck' sche, Verlagsbuchhandlung, 1964。

② 据阿庇安记载，塞琉古一世建立了16座安条克、5座劳狄凯亚、9座塞琉西亚、3座阿帕梅亚和1座斯特拉托尼凯亚，以及25座以希腊、马其顿地名等其他方式命名的城市（Appian, *Roman History*, “The Syrian Wars”, 57, Harvard University Press, 1999），但阿庇安将塞琉古一世之后历任国王的建城活动归于塞琉古一世一人，因此其提供的数据并不准确。Kai Brodersen, *Appians Abriss der Seleukidengeschichte (Syriake, 45, 232-70, 369). Text und Kommentar*, Editio Maris, 1989, pp. 145–148.

③ 老普林尼称在他所生活的年代，塞琉西亚“仍是座自由的城市，而且还保存其马其顿的法度与风俗”（libera hodie ac sui iuris Macedonumque moris）（Pliny the Elder, *Natural History*, 6.122, Harvard University Press, 1999）；塔西佗曾直言塞琉西亚由于“谨守建城者塞琉古（的遗教）”（conditoris Seleuci retinens），没有堕落为“野蛮之邦”（参见Tacitus, *The Annals*, 6.42, Harvard University Press, 1998）。卡西乌斯·迪奥则称直至他生活的2—3世纪，塞琉西亚“仍拥有很多希腊人”。Dio Cassius, *Roman History*, 40.16.3, Harvard University Press, 1984.

纪—前5世纪初）起，米利都和科林斯等希腊城邦就以建城作为重要的对外殖民和扩张策略。然而与古风时代颇具“凿空”和“拓荒”性质的建城活动相比，亚历山大及希腊化时代的建城区域，大多拥有悠久的文明历史和厚重的文化传统，所以其建城活动着眼于如何巩固并稳定在数量和质量上均不占绝对优势的希腊-马其顿人的政治统治。因此，笔者尝试将塞琉西亚建城活动置于塞琉古建立王朝统治的历史环境，结合相关考古和史学研究成果，对塞琉西亚的建城时间、选址依据及建城活动在塞琉古王朝建立和统治过程中的社会历史定位进行深入考察。

一、塞琉西亚的建城年代

塞琉西亚的建城年代之所以长期存疑，根源在于文献不足：不仅希腊罗马古典作家没有记录确切的建城年代信息，楔形文字泥板文书的材料也未留下与之直接相关的记录。提及塞琉西亚的最早文献是《安条克和辛神庙编年纪》（*Chronicle concerning Antiochus and the Sin temple*），其中记载“国王代表带领军队从塞琉西亚而出”[①]。由于该记录列于塞琉古纪元25年之后，其年代最早应为公元前287或公元前286年（巴比伦历）。这至少说明，在这一时期，塞琉西亚城已经建成，并成为国王代表和军队的驻地。但该城究竟始建于何时，仍然是不解之谜。到目前为止，史学界大致提出了四种推测：其一，建于塞琉古重返巴比伦之后不久，即公元前311年。此说由贝洛赫（Karl J. Beloch）首先提出，[②]得到史密斯（Sidney Smith）与马里诺尼（Elio Marinoni）等人呼应。其根据是，安提柯反攻塞琉古时，其主要战场在巴比伦尼亚的北部和西部，尤其是

①《安条克和辛神庙编年纪》是《希腊化时代巴比伦编年纪》（*Babylonian Chronicles of the Hellenistic Period*，以下简称*BCHP*）的一部分，记录了塞琉古一世的共治王安条克向辛神（月神）献祭，并将巴比伦的希腊移民移往塞琉西亚。Bert van der Spek，ed.，“Chronicle concerning Antiochus and the Sin temple，”（*BCHP*，5），http://www.livius.org/cg-cm/chronicles/bchp-antiochus_sin/antiochus_sin_01.html.

② Karl J. Beloch，*Griechische Geschichte* III，Verlag von Karl J. Trübner，1904，p. 140，note. 1.

巴比伦（今伊拉克中部城市希拉［Al-Hillah］）和库萨（Cuthah，位于今希拉城东北40公里处）一带，底格里斯河流域可能未受安提柯的侵袭，因此，塞琉古有可能利用这段时间在此建立塞琉西亚作为避难之所。[①]然而该观点没有考虑到塞琉西亚与塞琉古称王事件之间的联系及其王国都城的性质。

其二，建于安提柯军队撤走之后，塞琉古称王之前，即公元前308年至前305年之间。施特雷克（M. Streck）指出公元前308年至前301年之间，正值塞琉古东征，因此建城时间可能在塞琉古与安提柯最后一战之后不久，在塞琉古动身征伐巴克特里亚和印度之前。[②]钱币学者内维尔（Edward T. Newell）认为，塞琉古称王之时将包括巴比伦造币场在内的各种政权机构迁往新都塞琉西亚，因此巴比伦尼亚出土的刻有铭文“ΒΑΣΙΛΕΩΣ ΣΕΛΕΥΚΟΥ”（国王塞琉古）的钱币应出产于塞琉西亚造币场，其中最早的一组钱币应为公元前305—前304年所造。[③]据此，建城时间至少应早于公元前305年。[④]勒里德尔（Georges Le Rider）在《塞琉古和帕提亚统治下的苏萨》一书中将建城时间置于公元前

---

① Sidney Smith, “The Chronology of Philip Arrhidaeus, Antigonus and Alexander IV”, *Revue d'Assyriologie et d'archéologie orientale*, vol.22, 1925, pp. 196-197; Elio Marinoni, “La capitale del regno di Seleuco I”, *Rendiconti Istituto Lombardo*, vol.106, 1972, pp. 620–621.

② M. Streck, “Seleukeia (am Tigris)”, in August F. Pauly and Georg O. A. Wissowa et al., eds., *Paulys RealEncyclopädie der Classischen Altertumswissenschaft* Bd IIA, Verlagsbuchhandlung, 1921, cols. 1150-1151. 需要指出的是，哈德利在《塞琉西亚的建城年代》一文中将施特雷克归于前300年之后建城说的支持者，是有误的。Robert A. Hadley, “The Foundation Date of Seleucia-on-the-Tigris”, *Zeitschrift für Alte Geschichte*, vol.27, 1978, p. 228.

③ 塞琉古的称王时间，学界主要依据《希腊化时代巴比伦王表》。该王表记录了巴比伦历任统治者的统治起止年等信息，关于亚历山大四世的一条为：“亚历山大，亚历山大之子，为王直至第六年。”而关于塞琉古的一条如下：“第七年，即塞琉古为国王的第一年。他统治了二十五年。第三十一年六月，国王塞琉古在卡尼人的土地上被刺杀。”A. J. Sachs and D. J. Wiseman, “A Babylonian King List of the Hellenistic Period”, *Iraq*, vol.16, 1954, p. 203. Obv. 5’-8’. 萨克斯和韦斯曼认为这里的“第六年”“第七年”和“第三十一年”指的都是塞琉古纪元，那么就可以将“第七年”解读为“塞琉古纪元七年”，这样亚历山大四世纪年一直沿用到公元前306/前305年，那么塞琉古称王年就在公元前305/前304年。A. J. Sachs and D. J. Wiseman, “A Babylonian King List of the Hellenistic Period”, p. 205.

④ Edward T. Newell, *The Coinage of the Eastern Seleucid Mints: from Seleucus I to Antiochus III*, The American Numismatic Society, 1938, pp. 12–14.

311—前306年之间。[①]瓦格纳（Nancy Waggoner）虽不认同内维尔对塞琉古一世早期钱币的年代与造币场的鉴定，但认为塞琉西亚最早打造的钱币为“四象战车钱币”（elephant quadriga coinage），其造币年代为公元前305年，因此也认为建城年代应早于公元前305年。[②]钱币学者们认为造币场投入运营意味着新都的落成，与称王基本同时。

其三，建于塞琉古称王之后、伊普苏斯之战以前，即公元前305—前301年之间。此观点由克斯特（Julius Kaerst）首倡，[③]得到库尔特（Amélie Kuhrt）和舍文怀特（Susan Sherwin-White）、默克尔摩（Otto Mørkholm）、科恩（Getzel M. Cohen）、卡普戴特雷（Laurent Capdetrey）等学者的支持。此观点普遍主张称王这一事件是建城的契机，既然塞琉古称王是在公元前305年，建立新都是宣示王权的一种方式，故建城活动应在公元前305年之后。[④]

其四，建于公元前301年（或前300年）之后。理由是塞琉古只有在伊普苏斯之战后，才有余力经营属地，建立新的城市。该观点由勒克莱尔（Auguste Bouche-Leclerq）最早提出，但未详论，[⑤]后得到罗伊特（Oscar Reuther）、哈德

---

① Georges Le Rider, *Suse sous les Seleucides et les Parthes*, Librairie Orientaliste Paul Geuthner, 1965, p. 31.

② Nancy M. Waggoner, “The Early Alexander Coinage at Seleucia on the Tigris”, *American Numismatic Society Museum Notes*, vol.15, 1969, p. 30.

③ Julius Kaerst, *Geschichte des hellenistischen Zeitalters* II(pt.1), B. G. Teubner, 1909, pp. 73–74.

④ Amélie Kuhrt and Susan Sherwin-White, “The Transition from Achaemenid to Seleucid Rule in Babylonia: Revolution or Evolution?”, in Heleen Sancisi-Weerdenburg, Amélie Kuhrt and Margaret Cool Root, eds., *Achaemenid History* VIII*: Continuity and Change*, Nederlands Instituut Voor Het Nabijt Oosten, 1994, pp. 322-323; Otto Mørkholm, *Early Hellenistic Coinage: from Accession of Alexander to the Peace of Apamea*, Cambridge University Press, 1991, p. 71; G. M. Cohen, *The Hellenistic Settlements in the East from Armenia and Mesopotamia to Bactria and India*, p. 163; Laurent Capdetrey, *Le pouvoir séleucide. Territoire, administration, finances d' un royaume hellénistique (312-129 av. J.-C.)*, Presses Universitaires de Rennes, 2007, pp. 53–54.

⑤ 布谢–勒克莱尔将安条克建立的时间推定为公元前300年3月至5月之间。Auguste Bouche-Leclerq, *Histoire des Séleucides (323-64 avant J.-C)*, Tome. II, Ernest Leroux, Éditeur, 1914, p. 524.

利（Robert A. Hadley）、霍顿（Arthur Houghton）和克利特（B. Kritt）的支持。哈德利认为，塞琉古频繁地南征北战，且无法从希腊本土获得移民，因此建城活动应在公元前300年之后才有可能实行；[①]霍顿和克利特则根据塞琉西亚可能在伊浦苏斯之战（公元前301年）之后才开始造币，主张建城不会早于公元前300年。[②]

上述观点在建城的具体时间点上虽然有异，但大致认为塞琉西亚建于塞琉古建国初期。希腊化时期，国王通常只是名义上的建城者（κτίστης），其真实角色是建城的决策和选址者，[③]实际上的建城者（οἰκιστής）则是国王派出的代表，主持具体的建城事务，这一点已为阿伊·哈努姆遗址所证明。[④]由于塞琉西亚最初是作为都城设计建造的，[⑤]且就城市地理位置而言，堪称精心之选，塞琉古一世本人应在选址决策中发挥了关键作用。

---

① Robert A. Hadley, “The Foundation Date of Seleucia-on-the-Tigris”, pp. 226–229.

② Arthur Houghton and Catherine Lorber, eds., *Seleucid Coins: A Comprehensive Catalogue. Part 1: Seleucus I through Antiochus III*, vol. 1, American Numismatic Society, 2002, pp. 2, 51-52; B. Kritt, *The Early Seleucid Mint of Susa*, Lancaster, Classical Numismatic Group, 1997, pp. 99–104.

③ 传统观点往往将国王塑造为建城英雄，认为国王“须为城市寻找城址和安置居民，建筑城墙、提供食物、种子、牲口和生产工具，以让人民开始生活，免除赋税直至城市能够自立，亲自处理不计其数的住房、经济和社会问题，赋予其宪法，让他们开始政治生活，颁布城市法律。”William Tarn and G. T. Griffith, eds., *Hellenistic Civilisation*, London: Edward Arnold (Publishers) L. T. D, 1952, p. 145.

④ 阿伊·哈努姆遗址留下了其建城者的陵墓（或称英雄祠Heroon），铭文显示此人名为Kineas，应是受国王委派建城。Louis Robert, “De Delphes à l'Oxus, inscriptions grecques nouvelles de la Bactriane”, *Comptes rendus des séances de l'Académie des Inscriptions et Belles-Lettres*, vol.112, 1968, p. 422. 这样的建城者通常被称为οἰκιστής。古希腊语中有κτίστης和οἰκιστής二词表示建城者、殖民者的含义。德国学者莱施霍恩认为κτίστης意义较οἰκιστής更为宽泛，从希腊化时代开始它通常只是个荣誉头衔，一般不必与实际建城活动相联系。Wolfgang Leschhorn, *“Gründer der Stadt”, Studien zu einem politisch-religiösen Phänomen der Griechischen Geschichte*, Steiner, 1984, p. 203.

⑤ 斯特拉波称塞琉古从巴比伦“迁都”塞琉西亚（τὸ βασίλειον ἐνταῦθα μετήνεγκαν），那么，塞琉西亚应是继巴比伦之后成为王室驻跸地。（Strabo, *Geography*, 16.1.5）而且从考古发掘结果来看，塞琉西亚在规划之时即具有都城的特征。该城占地超550公顷，比后来建的安条克还大，符合都城的规制。Antonio Invernizzi, “Séleucie du Tigre, métropole grecque d'Asie”, *Revue Archéologique*, Nouvelle Série, Fasc. 1, 1991, p.180; Antonio Invernizzi, “Hellenism in Mesopotamia: a view from Seleucia on the Tigris”, *Al-Rafidan*, vol.15, 1994, p. 2.

都城的地理位置通常可以反映一个国家当时的版图。早期的塞琉古王国局限于巴比伦尼亚以及伊朗高原西部，“底格里斯河畔的塞琉西亚”无疑正处于这一区域的核心地区。塞琉古王国版图的大幅扩大是在伊浦苏斯之战击败安提柯之后。此时塞琉古王国几乎占领了亚历山大帝国在亚洲的全部领土，以叙利亚为中心的地区成为该王国新的统治重心和与埃及的托勒密、希腊本土的安提柯王朝抗衡的前沿，在叙利亚建设新都是新的统治形势和地缘政治的需要。[①]因此，塞琉西亚建城在前，新都安条克建城在后，二者不可能同时进行，应首先排除塞琉西亚建于公元前301年之后的可能。

塞琉古自公元前311年重返巴比伦后，直至公元前308年前后才最终彻底控制了巴比伦尼亚地区，奠立王国之基。在此之前，建城条件尚未成熟。贝洛赫、史密斯和马里诺尼等“公元前311年之后不久建城说”，显然忽视了当时塞琉古面临的巨大军事压力。贝洛赫在构建继承者战争的年表时，[②]主要依据狄奥多罗斯的《历史文库》，并不知楔形文字材料所记的艰苦持久的“巴比伦尼亚战

① 关于塞琉古在叙利亚设立的新都，学界有较多争议：主张皮埃里亚的塞琉西亚（Seleukeia Pieria）和奥龙特河畔的安条克（Antiocheia on the Orontes）的学者都为数不少。此处不作过多分析，参见G. Downey, *A History of Antioch in Syria: from Seleucus to the Arab Conquest*, Princeton, Princeton University Press, 1961, pp. 57–59。

② 贝洛赫构建的年表，学界一般称其为“高版年表”（The High Chronology）。该年表将托勒密、塞琉古与安提柯之子德米特里（Demetrios I Poliorketes）之间发生的加沙战役（Battle of Gaza）定在公元前312年春，而塞琉古重返巴比伦则在公元前312年秋。Karl J. Beloch, *Griechische Geschichte* III, pp. 132, 189.后来得到了莫米利亚诺（Arnaldo D. Momigliano）、比科尔曼（E. Bikerman）和布里昂（Pierre Briant）的支持。这套体系在此后的半个世纪里一直被奉为权威。1949年曼尼（E. Manni）利用楔形文字材料提出新说，即“低版年表”（The Low Chronology），逐渐替代了高版年表的地位，为绝大多数希腊化时代早期史研究者所接受。该年表认为加沙战役约在公元前312年秋冬之际，而塞琉古重返巴比伦在公元前311年春。20世纪90年代以来，高版年表在博斯沃斯的倡导下又有复燃之势。相关讨论可参见Tom Boiy, *Between High and Low: A Chronology of the Early Hellenistic Period*, Verlag Antike, 2007, pp. 111–117。

争”。[①]此次战事的真实性已随着《继承者编年纪》的面世而获得肯定。史密斯和马里诺尼对这场战争的基本史实有所了解，他们将躲避安提柯的袭击视为建城的动机，其说法似有一定道理，但塞琉古是否有能力在应对安提柯袭击的同时，将军队及当地民力投入大规模的建城活动？

早在塞琉古担任巴比伦行省总督（公元前320—前316年）时，[②]就引起了安提柯的忌惮，后者曾尝试除掉塞琉古，塞琉古察觉之后便投至托勒密麾下避难。[③]塞琉古东山再起，成为安提柯的威胁。因此，安提柯不会仅仅满足于重夺巴比伦，必将尽力剿灭塞琉古势力。公元前311年秋，安提柯与卡山德（Kassandros）、吕西马库斯（Lysimachos）和托勒密签订了和约，互相承认既得利益，宣告休兵，学界称之为“公元前311年和约”。塞琉古被排除在缔约者外，很可能出于安提柯授意。因为和约暂时解除了安提柯的后顾之忧，使其得以从地中海纷争中解脱出来，全力进攻塞琉古。[④]从实力对比来看，安提柯占较大优势。据狄奥多罗斯记载，德米特里在出征巴比伦之前集结了一支5000马其顿军人、10000雇佣兵，以及4000匹马的军队，[⑤]而塞琉古从加沙出发前往巴比伦时

① 狄奥多罗斯也记载了德米特里的反攻，其笔下的征伐，特点是速战速决，这与旷日持久的巴比伦尼亚战争是否是同一场，在学界有很大争议。博伊的观点较有新意，他认为巴比伦尼亚战争可以分为两个阶段：第一阶段由德米特里和塞琉古交锋，德米特里只攻下了巴比伦的一座王宫就撤退了；第二阶段，安提柯亲率大军与塞琉古交战，完全控制了巴比伦。Tom Boiy, *Late Achaemenid and Hellenistic Babylon*, Peeters Publishers & Department of Oriental Studies, 2004, p. 133.

② 根据低版年表，特里帕拉迪索斯和约时在公元前320年夏，塞琉古在和约中被委任为巴比伦尼亚行省总督。Tom Boiy, *Between High and Low: A Chronology of the Early Hellenistic Period*, pp. 135–136.

③ Diodorus Siculus, *The Library of History*, 19.55.2–5, Loeb Classical Library, Cambridge, Mass.: Harvard University Press, 1998; “Fragment of Column 3 of Diadochi Chronicle? (BM 35920)”, in “*The Diadochi Chronicle (BCHP 3): Related texts*”, Bert van der Spek, ed., http://www.livius.org/cg-cm/chronicles/bchp-diadochi/diadochi_06.html.

④ Diodorus Siculus, *The Library of History*, 19.105.1-4, Harvard University Press, 1996; “Letter of Antigonus to Scepsis”, in C. Bradford Welles, ed., *Royal Correspondence in the Hellenistic Period: A Study in Greek Epigraphy*, Yale University Press, 1934, pp. 3–12.

⑤ Diodorus Siculus, *The Library of History*, 19.100.

仅有800步兵和200骑兵，[①]即便从两河流域北部的殖民地征用了马其顿老兵，兵力达到了“3000多步兵和400匹马”[②]，后又收编了安提柯驻守在两河流域及米底、埃兰等地的守军，其兵力仍难称得上与安提柯、德米特里势均力敌。

以上因素决定了塞琉古面临的必然是一场艰苦的持久战。这场巴比伦尼亚战争很可能从公元前310年夏季之前就已开始，[③]至少到公元前309年八九月间（巴比伦历Âbu月）也未有结束迹象，甚至可能一直延续到公元前308年。[④]在此期间，巴比伦尼亚的控制权掌握在安提柯手中。《继承者编年纪》两次提及了双方军队的正面交锋：其中持续时间较长的一次，安提柯与塞琉古从公元前310年七八月间（亚历山大七年Âbu月）持续至公元前309年一二月间（Tebêtu月），在巴比伦城周边交战达五月之久，安提柯最终于公元前309年1月19日（Tebêtu月8日）攻入巴比伦城核心区域——马尔都克神庙（*Esagila*）和伊什塔尔神庙（Eturkalamma）之间，并洗劫了巴比伦。此后又任命阿尔凯劳斯（Archelaos）为阿卡德行省总督（即巴比伦尼亚行省总督）。[⑤]从马尔都克神庙出土的一块泥板文书（TBER 88［AO 26765］）没有以亚历山大四世纪年，而是使用了安提柯八年（公元前310/前309年）。[⑥]以上记载足以说明安提柯在此年控制巴比伦。在此期间，塞琉古招架乏力，不可能有余力建城，且一旦建立新

① Diodorus Siculus, *The Library of History*, 19.90. 阿庇安的说法与狄奥多罗斯不一致，为1000步兵和300匹马。Appian, *Roman History*, “The Syrian Wars”, 54.

② Diodorus Siculus, *The Library of History*, 19.92.

③《继承者编年纪》涉及此战争的记录有残缺，现存自亚历山大四世七年Âbu月（公元前310年8月17日—9月15日）一直到八年Âbu月25日（公元前309年8月30日）的部分。这段记载的起始处（亚历山大四世七年*Âbu*月），距离“311年和约”的签订已近一年，因此，战争的真正起始时间很可能较此早许多。

④ 波利艾努斯记录了塞琉古击败安提柯的信息，该战役或可理解为安提柯与塞琉古之间的最后一战，但是文中并未记录具体的时间。Polyaenus, *Strategemata*, 4.9.1, Teubner, 1887.

⑤ “Diadochi Chronicle (*BCHP 3*)”, Rev. 14’-22’.

⑥ Tom Boiy, *Late Achaemenid and Hellenistic Babylon*, pp. 133-134. 在“311年和约”之前，安提柯不承认卡山德的摄政地位，也不承认在其庇护之下的亚历山大四世的合法地位。故采用安提柯纪年，但是在公元前306年称王之前纪年上尚未加以国王头衔。

据点，势必成为安提柯的攻击对象。[1]而且据史料记载，巴比伦周边一直遭受安提柯袭击，说明安提柯在占领巴比伦之后确实没有放弃对塞琉古势力的清剿。[2]在这样生死攸关、大局未定的艰难时刻，塞琉古是否有余力去建立新的都城，值得怀疑。因此，塞琉西亚建城亦不可能在公元前311—前308年之间。

公元前308年以后，塞琉古逐渐掌控巴比伦尼亚，政局总体上维持稳定，已具备建立新城的能力和外部环境。[3]但从出土钱币来看，他并没有立即下令建城。塞琉古一世早期钱币脱胎于亚历山大钱币（Alexander Coinages），以铭文ΒΑΣΙΛΕΩΣ ΣΕΛΕΥΚΟΥ（“国王塞琉古”）为标志，区别于此前的铭文ΒΑΣΙΛΕΩΣ ΑΛΕΞΑΝΔΡΟΥ（“国王亚历山大”）。其中一部分钱币除铭文之外，其式样花纹与此前的钱币完全一致，应为塞琉古称王之时所造。[4]此后的一些钱币有所变化，如在赫拉克勒斯/宙斯型钱币上以“带翼的尼科”（winged nike）代替宙斯手中所执之鹰，在原雅典娜/胜利女神型钱币的反面以犎牛（humped bull）或大象替代胜利女神尼科，其目的是昭示对东方的征服。但它们都是在亚历山大钱币基础上的创新，应为塞琉古东征归来所造。[5]上述钱币都使用花押字“”，其风格和布局也与塞琉古称王前巴比伦造币场的钱币一致。[6]这说明，从塞琉古称王直至东征归来，巴比伦仍是钱币的主要生产地，此时新

---

① 部分学者认为，在安提柯军占领巴比伦期间，塞琉古有可能前往苏西安纳和米底等地暂避锋芒，积蓄力量，以待卷土重来。Laurent Capdetrey, *Le pouvoir séleucide. Territoire, administration, finances d' un royaume hellénistique (312-129 av. J.-C.)*, pp. 29–31.

② “Diadochi Chronicle (BCHP3)”, Rev. 23’–26’, 37’–38’.

③ 根据普鲁塔克，塞琉古虽然没有称王，但已经“以王的身份在与蛮族人打交道了”。Plutarch, *Lives*, “Demetrius”, 18.4, Harvard University Press, 1996.

④ 一般认为，花押字表示造币场官员之名。Arthur Houghton and Catherine Lorber, eds., *Seleucid Coins: A Comprehensive Catalogue. Part 1: Seleucus I through Antiochus III*, vol.1, p. xxi; Edward T. Newell, *The Coinage of the Eastern Seleucid Mints: from Seleucus I to Antiochus III*, pp. 12–14.

⑤ Alfred R. Bellinger and Marjorie Alkins Berlincourt, *Victory as a Coin Type* (Numismatic Notes and Monographs 149), American Numismatic Society, 1962, p. 27.

⑥ Edward T. Newell, *The Coinage of the Eastern Seleucid Mints: from Seleucus I to Antiochus III*, p. 18.

都塞琉西亚尚未建成。而明确出自塞琉西亚造币场的钱币中，年代最早的应是“四象战车钱币”[①]，其图案象征着塞琉古在伊浦苏斯之战（公元前301年）获胜的历史背景，这说明塞琉西亚可能直至伊浦苏斯之战前夕才开始发挥都城的作用，而建城时间可能略早于此。

既然塞琉西亚是作为都城而建造的，可见新王国建立之时有建都之需。此外，根据塞琉古称王之前仍尊奉马其顿阿吉德王室的种种表现来看，称王应是塞琉西亚建城的前提。然而塞琉古没有在称王之后立即建城，是因为其称王很有可能是在东征途中，征战迫使建城延后。关于东征的启程时间，文献并无记载。但由于安提柯是塞琉古最大的军事威胁，他从巴比伦尼亚撤军并投入东地中海事务应在公元前308—前307年之间，此时塞琉古后顾无忧，正是东征的最佳时机。一旦安提柯击败托勒密，就有可能再度对巴比伦尼亚发起攻击，与东征的前景相比，塞琉古自然更忧心其大本营巴比伦尼亚的安全。因此，塞琉古启程东征不太可能在称王之后，而应在安提柯撤军之后不久。

至于塞琉古返回巴比伦的时间，目前无法作出精确推断，但是有以下两点信息可供参考：第一，钱币材料已经证明东征结束的时间应晚于称王之时（公元前305/前304年）；第二，塞琉古之所以不惜放弃印度西北部的统治权，以获取500头战象与联姻为条件，与事实上已经占据此地的孔雀国王旃陀罗笈多媾和，很可能在得到安提柯击败托勒密并称王的消息之后，希望尽快结束

① 塞琉西亚的四象战车钱币，其正面为宙斯头戴胜利者花环，反面为雅典娜戴头盔，左手执盾，右手挥舞长标枪，立于四象战车之中。在风格上与传统的亚历山大钱币迥异，而且也不再使用巴比伦造币场的花押字，是一种全新的钱币类型，该钱币还影响了苏萨的“双象战车钱币”（elephant biga coinage）以及巴克特拉（Bactra）的“四象战车钱币”。Arthur Houghton and Catherine Lorber, eds., *Seleucid Coins: A Comprehensive Catalogue*. Part 1: *Seleucus I through Antiochus III*, vol.1, p. 4.

东征，返回巴比伦尼亚；[①]返抵巴比伦的时间不可能晚于塞琉古出发前往小亚参加伊浦苏斯之战的时间（公元前302年冬）。[②]综上所述，塞琉古称王时正在东征途中，不可能亲自选址建都，只有在返回巴比伦尼亚之后，他才有可能展开新王国的建设，建立新都、发行东征纪念币，以宣示王权和纪念东征的胜利。因此，建都之年应在公元前304—前302年之间。

二、塞琉西亚的建城选址

作为塞琉古核心统治区域的巴比伦尼亚及波斯故地，拥有悠久的历史和灿烂的文化，巴比伦和波斯兴建的诸多城市，无论是建设程度或是地理位置，都具备作为王国都城的条件。而且塞琉古建制过程艰辛异常，与建立新城相比，利用千年古都——巴比伦或波斯帝国的原都城如苏萨（今伊朗苏西市[Shush]）、波斯波利斯（今伊朗设拉子市东北51公里处）、埃克巴塔纳（今伊朗哈马丹市）等城市，从经济和时效上来看更为便利。更重要的是，亚历山大曾有意以巴比伦为都，[③]并殁于此地，以巴比伦为都岂不更有利于塞琉古昭示其亚历山大帝国和波斯帝国的正统继承人身份？

对于塞琉古看似“舍近求远”的建都选择，贝洛赫认为“新酒须装新囊，只有一座希腊式城市才能成为希腊帝国的心脏”，但并没有解释塞琉古没有在巴

① 关于塞琉古返程所需时间：一方面，根据伊西多尔，从巴比伦尼亚到紧邻印度河流域的阿拉科西亚(Arachosia)的路程为687 Schoeni，在波斯御道之上每天行军时间约为4个Schoeni，那么费时至少为137.4天至171.75天，这尚且不计征战以及其他停留的时间。Isidore of Charax, *Parthian Stations*, trans. by W. H. Schoff, The Commercial Museum, 1914, p. 3. 另一方面，也可参考安条克三世东征返程的情况。安条克三世在前206年与印度的幸军王(Sophagasenus)签订了和约之后折返，于塞琉古纪元107年Nisanu月8日(前205年4月7日)之前便已返回巴比伦。Polybius, *The Histories*, 11.39(=11.34), Harvard University Press, 1993; *AD*. -204C. Rev. 14'-19'.

② 根据狄奥多罗斯，塞琉古在前302年秋冬之际已到达小亚细亚的卡帕多西亚。Diodorus Siculus, *The Library of History*, 20.113.

③ 斯特拉波称“亚历山大将波西斯所有的财富带到了苏萨，但是他也不想在苏萨定都，而是更喜欢巴比伦，因为巴比伦不仅在规模上，而且在其他任何方面都远超其他的城市。”Strabo, *Geography*, 15.3.9-10.

比伦附近建城的缘故。[1]部分学者从经济角度解释塞琉古放弃巴比伦的原因：博伊指出塞琉西亚所在的底格里斯河由于水深更利于通航，可取代幼发拉底河成为王国的交通大动脉；[2]肯德尔则认为在经历了与安提柯的战争之后，巴比伦受饥馑威胁，缓解饥荒是塞琉古新建都城的动机。[3]然而在塞琉古王国初建，其第一要务是建立稳固的政治军事统治，河道航运的主要意义在于经济方面，因此底格里斯河的水深优势尚不足以成为左右建城的因素；而战乱的确可能导致了饥荒，但据记载，战争结束后，巴比伦地区农业生产迅速恢复，物价下跌，足见饥荒不足以成为迁都主因。[4]近年来，学界常引用"中心-边缘"的概念来解释塞琉西亚的选址：两河流域是当时塞琉古王国的中心，塞琉西亚地处水陆交通十字路口，从帝国统治的角度来考虑，其地理位置明显优于巴比伦。[5]

考察塞琉古的建都选择，不仅要关注塞琉西亚的地理和经济因素，更要将其纳入希腊-马其顿人在东征过程中采用的统治策略、特别是希腊化时代的"建城"模式中加以考察。换言之，塞琉西亚的建城和定都，应该视为亚历山大建城统治模式的延续，应该从少数的希腊-马其顿人如何在非希腊区域中建立稳固的王朝统治的角度进行思考。笔者认为，塞琉古选择新建都城而不使用巴比伦或波斯故城作为都城，主要基于以下三点原因：

其一，新建并以国王名字命名都城，是自亚历山大东征以来，各方势力宣示王权的惯常做法。除塞琉古之外，其他亚历山大的继承者多在称王之前

---

① Karl J. Beloch, *Griechische Geschichte* III, p. 140.

② Tom Boiy, *Late Achaemenid and Hellenistic Babylon*, p. 136.

③ T. Kendall, "The War for Asia and the Rise of Seleucus: 312–307 B.C.", *Serapis*, vol.1, 1969, p. 41.

④ Robert J. Van der Spek, "The Effect of War on the Price of Barley and Agricultural land in Hellenistic Babylonia", in J. Andreau, P. Briant, and R. Descat, eds., *La guerre dans les economies antiques*, Saint-Bernard-de-Comminges, Entretiens d' Archeologie et d' Histoire, 2000, pp. 293–313.

⑤ Antonio Invernizzi , "Seleucia on the Tigris: Centre and Periphery in Seleucid Asia", in P. Bilde et al., eds., *Centre and Periphery in the Hellenistic World*, Aarhus University Press, 1994, pp. 230–231, 234–235; Paul J. Kosmin, *The Land of the Elephant Kings: Space, Territory, and Ideology in the Seleucid Empire*, Harvard University Press, 2014, pp. 186–187.

就建立了以自己命名的城市，以彰显新帝国权威：如安提柯于公元前307—前306年之间建立安提柯尼亚（Antigoneia），吕西马库斯于公元前309年建立吕西马凯亚（Lysimacheia），卡山德于公元前316年建立卡山德里亚（Kassan-dreia）等。[①]当塞琉古击退安提柯，结束了对巴克特里亚和印度的远征之后，以建立新城的方式宣告王权成立符合当时的政治习惯。

其二，塞琉西亚作为国王驻跸地点、王国心脏和战略统治据点，凸显国王权威和确保城市政治安全为首要条件。巴比伦是“神庙城市”（temple state），马尔都克神庙大祭司（*šatammu*）与神庙会议（*kiništu*）是其最高权威，集宗教与世俗权力于一身，主导着巴比伦社会经济生活的方方面面。至少从新亚述帝国时期（Neo-Assyrian Empire，公元前911—前609年）开始，国王就承认祭司长为城市统治者。[②]巴比伦城内的物资调配、周边地区的农业生产在神职人员组织下进行，多数工匠以及食品供应者都为马尔都克神庙服务。[③]祭司长和神庙会议扮演地方法庭的角色，不仅裁决宗教事务，也调解其他争端。马尔都克神庙的政治、司法权力不以巴比伦为限，周边城市如波西帕（Borsippa）和库萨的居民也受其控制。[④]因此，塞琉古若定都巴比伦，不仅难以确立王权的最高权威，势必与城内的宗教势力发生龃龉，从而引发政治和宗教冲突；而具有悠久自治传统的巴比伦城，极善于在各种外来势力之间往来周旋，无法提供作为王国首都所必需的政治安全；波斯故城的旧势力更加强大，对于塞琉古来说，更没有政治上的安全感。

其三，作为战略据点，希腊-马其顿人建立的城市，其居民以马其顿老兵、

---

① Diodorus Siculus, *The Library of History*, 20.47; “The Parian Marble”, 120, http://www.ashmolean.org/ash/faqs/q004/q004017.html; Diodorus Siculus, *The Library of History*, 19.52.2-3.

② 在楔形文字泥板文书文献中，大祭司（*šatammu*）与神庙会议（*kiništu*）一般都同时出现。Tom Boiy, *Late Achaemenid and Hellenistic Babylon*, p. 197.

③ Tom Boiy, *Late Achaemenid and Hellenistic Babylon*, pp. 242-258.

④《莱曼文书》（Lehmann Text）曾经提及祭司长与神庙会议对库萨椰枣的分配予以裁决。Tom Boiy, *Late Achaemenid and Hellenistic Babylon*, p. 198.

希腊雇佣军及其家属为主，因此这类城市的建造特点必须满足希腊人的经济和文化需求。巴比伦作为千年古都，文物灿然，但其风格并不符合希腊人的审美和文化习惯。千百年的经营拓展，使得城内及周边可利用空间有限，无法为安置大批希腊-马其顿人而兴建希腊式住宅和希腊神庙、广场、竞技场等功能区域。而且安置希腊移民和驻军，需要大量作为生产和生活资料的土地，但巴比伦周边土地多为庙产或受神庙控制，无法提供必要的经济基础。

那么，塞琉古营建塞琉西亚城的选址依据又是什么？

塞琉西亚位于两河流域中游，居于该地区南北天然地理分界线，且是底格里斯河和幼发拉底河距离最近之处（不足40公里）：北面为古亚述地区，多山地和丘陵，河谷狭窄；南为巴比伦尼亚，地势低平，土地肥沃。巴比伦尼亚北部通常又称阿卡德，是两河流域城市最为密集的地区之一，除了塞琉西亚对岸的欧比斯（Opis）之外，阿卡德地区重要城市，如巴比伦、库萨、波西帕、基什（Kish，今伊拉克希拉以东17公里）等城均分布于塞琉西亚以南100公里的范围之内。

从塞琉西亚地理位置及其与周边非希腊化城市的相对位置来看，该城背靠山岭，面向平原，在此建城屯驻希腊-马其顿军队并以之为都，可以在政治与军事上有效地震慑和监控巴比伦等原生城市。亚历山大在攻占索格狄亚那的居鲁士城（Kyropolis）之后，就在其附近建立了亚历山大里亚（Alexandreia Eschate，今塔吉克斯坦苦盏城［Khojend］）；塞琉古在改造原波斯帝国都城苏萨城时，在该城城郊另建希腊式城市，驻屯重兵，将其命名为欧莱奥斯河畔的塞琉西亚（Seleukeia on the Eulaios）。[①]而据阿庇安《罗马史》，“当迦勒底的麻葛祭司受命指定底格里斯河畔塞琉西亚城奠基吉时之时，那些祭司篡改了吉时，因为他们不希望看到（像塞琉西亚）这样一座针对他们的要塞的建立”[②]。这段

① Laurianne Martinez-Sève, “La ville de Suse à l'époque hellénistique”, *Revue archéologique*, vol.33, 2002, p.38.

② Appian, *Roman History*, “The Syrian Wars”, 58.

记载反映了当地原生居民对塞琉古建城目的的了解和反感，同时也显示出他们与希腊-马其顿人之间的隔阂。[①]

塞琉西亚地处水陆交通交叉汇合要道，也是巴比伦尼亚地区防御亚述和伊朗高原民族来犯的战略要地，在此建城有利于对帝国各地的控制，同时也有利于掌握国家的经济命脉。塞琉西亚是波斯御道横渡底格里斯河的渡口，也是一处“十字路口”，从塞琉西亚出发除了通往巴比伦方向的道路之外，还有两个方向的道路甚为关键。一条向东北经埃克巴塔纳通往伊朗高原和中亚方向。这条道路是联系帝国腹地与“上省”最重要的纽带。距离城北面不远处即是迪亚拉河与底格里斯河的交汇口，通往埃克巴塔纳之路正是由此溯迪亚拉河向东北方向爬升，到埃克巴塔纳之后则继续前行，途经拉盖（Rhagai）、百门城（Hek-atompylos），一直通往巴克特里亚，是两河流域通向伊朗高原、中亚和印度最便捷易行的通道，史称呼罗珊大道（Khorasan Highway）。上省部分虽然在塞琉古建城之时已经纳入帝国的版图，但由于过于偏远，中央势力鞭长莫及。[②]纵贯上省的呼罗珊大道正是塞琉古制约其离心力的重要途径。另一条向正北沿底格里斯河北上，可以到达埃尔比勒（Arbela，今伊拉克北部艾比尔）和亚述故城尼尼微（Nineveh，今伊拉克摩苏尔市郊），再进入小亚地区，最终到达萨尔迪斯（Sardis，今土耳其伊兹密尔东）。这段道路是纵贯两河流域南北最重要的动脉。[③]塞琉西亚还是水运网络的重要枢纽，是波斯湾-底格里斯河航路北上通航

---

① 关于该建城故事的真实性，参见布罗德森的注释本：Kai Brodersen, *Appians Abriss der Seleukidengeschichte (Syriake, 45, 232-70, 369). Text und Kommentar*, pp. 165–167。

② Édouard Will, “The Succession to Alexander”, F. W. Walbank & A. E. Astin etc., eds., *Cambridge Ancient History VII*, Part. I: *The Hellenistic World*, Cambridge University Press, 1984, p. 26.

③ 西向的道路，在塞琉古王国和帕提亚时期是从塞琉西亚通向叙利亚、埃及等地的必经之路，但难以确定其是否属于波斯御道系统，也有可能是塞琉西亚建立影响了道路的走向。伊西多尔的《帕提亚驿程志》记载了此段道路的走向（Isidore of Charax, *Parthian Stations*, p. 4.），也可参见肖蒙（M. -L. Chaumont）的考证。M. -L. Chaumont, “Études d' histoire parthe: V. La route royale des Parthes de Zeugma à Séleucie du Tigre d'après l'Itinéraire d'Isidore de Charax”, *Syria*, vol.61, 1984, pp. 63–107.

的终点。[①]沟通底格里斯河和幼发拉底河的国王运河在塞琉西亚附近注入底格里斯河。[②]在此建城显然可以利用运河便利，同时控制两河中下游沿岸城市；而沿幼发拉底河上溯，则能控制幼发拉底河上游乃至叙利亚地区。

塞琉西亚所在的巴比伦尼亚地区地势平缓，无山体可据，塞琉古就只能根据现实情况作出适应，放弃在制高点建立卫城的传统，[③]选择尽可能有利的地形。首先，塞琉西亚的外围防御很可能利用了米底长墙。该长墙西起幼发拉底河畔的西帕拉（Sippara，今伊拉克塞德尔优素菲耶附近），东到底格里斯河畔的欧比斯附近，大致沿两河流域南北地理分界线修筑，相传为新巴比伦帝国的尼布甲尼撒为抵御伊朗高原的米底而建，有拱卫巴比伦尼亚的作用。[④]学界往往忽略了米底长墙对塞琉西亚选址的影响。根据色诺芬《长征记》，这条长墙是“以烤制的砖块为材料，以沥青为基，宽20步，高100步，总长达20帕拉桑（20 parasangs，约合120公里）”[⑤]。色诺芬参加过希腊的万人雇佣军，随小居鲁士深入到巴比伦附近，后来兵败沿底格里斯河方向北撤往黑海，可能途经这座长墙。斯特拉波引用埃拉托色尼（Eratosthenes）的记载称：“底格里斯河和幼发拉

① 斯特拉波称底格里斯河通航河道的起始处位于“欧比斯和现在的塞琉西亚”(τὴν Ὦπιν καὶ τὴν νῦν Σελεύκειαν)，波斯帝国曾在此修建水坝，以防止海船沿底格里斯河上溯侵犯。(Strabo, *Geography*, 16.1.9)而亚述帝国时期的《辛那赫里布编年史》(*The Annals of Sennacherib*)也提到从欧比斯的码头船只可以顺底格里斯河而下，而上溯的船只则须在欧比斯登岸，然后拖曳至Arahtu运河。Daniel D. Luckenbill, ed., *The Annals of Sennacherib*, University of Chicago Press, 1924, p. 73.

②《巴比伦编年纪》中的一篇《塞琉古三世编年纪》就使用了这样的表述：http://www.livius.org/cg-cm/chronicles/bchp-seleucus_iii/seleucus_iii_01.html, Rev. 13’。

③ 如阿伊·哈努姆遗址有高达60米的卫城。参见杨巨平：《阿伊·哈努姆遗址与希腊化时期东西方诸文明的互动》，《西域研究》2007年第1期；Jeffrey D.Lerner, “Correcting the Early History of Āy Kānom”, *Archäologische Mitteilungen aus Iran und Turan*, vol.35-36, 2003-2004, p. 389. Fig.6. 杜拉-欧罗波斯同样也建于幼发拉底河岸的一处90米的高地上。参见Marie-Henriette Gates, “Dura-Europos: A Fortress of Syro-Mesopotamian”, *The Biblical Archaeologist*, vol.47, 1984, p. 169.

④ R. D. Barnett, “Xenophon and the Wall of Media”, *Journal of Hellenic Studies*, vol.83, 1963, pp. 1–26.

⑤ Xenophon, *Anabasis*, 2.4.12, Harvard University Press, 1980. 20.帕拉桑的数据不符合幼发拉底河和底格里斯河之间的实际距离，可能有误。

底河在塞米拉米斯长墙（the wall of Semiramis，即米底长墙）和欧比斯附近距离最近，从欧比斯到幼发拉底河的距离是200斯塔迪亚（约合37公里）。”[①]埃拉托色尼是公元前3世纪的希腊地理学家，斯特拉波则是奥古斯都时代的地理学家。他们的记载应该是可靠的。也就是说，至少在埃拉托色尼的时代，这座长墙还是存在的。塞琉古与他是同代人，此时在此地建都，应该是有利用这一传统防御工事之意。其次，塞琉西亚周围河网发达，与巴比伦相比不仅不易遭受水攻，[②]而且有河流环绕作为天险。塔西佗曾称这座强盛的城市“处于河流和城墙的保护之下”（munimentis obiecti amnis muroque）。[③]言下之意：该城四面都为河流和城墙环绕。提奥费拉科特（Theophylaktos Simocattes）则认为，幼发拉底河分成了三支，其中一支就是国王运河，“从塞琉西亚穿过，注入底格里斯河，给城市提供了最大的安全，水体像围墙一般环绕着城市”[④]。

三、塞琉西亚建城与帝国统治

既然塞琉古一世建立新都是出于统治的需要，那么他是否实现了建城目的？塞琉西亚建立之后，在加强帝国的控制，保留、传承希腊化文化及缓和族群矛盾等方面都发挥了巨大的作用。它在历史上的特殊地位与建城者独具匠心的选址与规划密不可分。

第一，塞琉西亚是塞琉古王国的东部首府，是帝国“双核心”结构的反映。约公元前300年，塞琉古在叙利亚地区的新都安条克落成，成为国王常驻都城。但这并不意味着塞琉西亚对于王国统治的重要性下降，其作为王国东部政治中心，对控制两河流域和上省地区发挥着不可替代的作用。

如前所述，塞琉古王国基本继承了亚历山大东征的大部分遗产，版图远离

---

① Strabo，*Geography*，2.1.26.

② 根据《继承者编年纪》的记载，“Âbu月，塞琉古为了攻克王宫（采用了以河水冲击城防的办法）”，可见塞琉古就是通过水攻的办法攻陷巴比伦的。“Diadochi Chronicle（*BCHP3*）”，Rev. 7’–8’.

③ Tacitus，*The Annals*，11.8.

④ Theophylactus Simocatta，*Historiae*，5.6，Teubner，1887.

希腊本土，境内文化和民族构成相当复杂，这与以希腊本土为主体的安提柯王国和以埃及为主体的托勒密王国完全不同。值得注意的是，作为塞琉古王国领土主体的两河及波斯地区，原生政权施行多都城制的例子非常多。比如波斯阿黑门尼王朝的都城就包括波斯波利斯、帕萨尔加德（Pasargadae）、苏萨、埃克巴塔纳和巴比伦等。因此，这一地区的现实环境和政治传统，可能在客观上促使塞琉古王朝继承了这一政治遗产。而从文字资料和塞琉古王国实行的“共治”制度来看，安条克建立之后，塞琉西亚的确承担着帝国东部首府的职能，具体如下：

其一，在整个塞琉古王朝统治时期塞琉西亚在名义上都是帝国都城。根据公元前274年和前150年的两处楔形文字文献的记载，塞琉西亚当时被称作“王城”（*al šarruti*， 英译为royal city）或“位于底格里斯河畔的国王驻跸地”。①

其二，国王指派共治王长期驻跸塞琉西亚，以加强对帝国东部的控制，尤其是对上省的控制。这在古典作家作品与楔形文字泥板文书中都有反映。塞琉古是共治制度的积极倡导者，他召集将士宣称：“由于他们（指其儿子安条克一世和儿子的妻子斯特拉托尼克）还年轻，我祈愿他们不久就诞下子嗣，帮助他们守卫帝国。”公元前295年，伊朗高原中南部的波西斯爆发了一次旨在脱离塞琉古王国的叛乱，很可能正是此次事件促使塞琉古一世加强对上省的控制。②次年，他便正式立其子安条克一世为共治王，指派其统治上省地区。塞琉西亚也确实发现了一些安条克一世任共治王时打造的钱币，其上刻有塞琉古和安条克

① *AD*, No.149, Rev. 13’; *AD*, No.-273B, Rev. 31’.

② Arthur Houghton and Catherine Lorber, *Seleucid Coins: A Comprehensive Catalogue. Part 1: Seleucus I through Antiochus III*, vol. 1, p. 2. note. 13.

两人的铭文，因此塞琉西亚很有可能正是其驻跸地。[①]塞琉古一世死后，安条克一世登基。他随即任命其子塞琉古为共治王。[②]公元前274年的一篇天文日志中提及巴克特里亚行省总督曾经向国王奉献了20头大象，他们被寄养在塞琉西亚。这或可说明，塞琉西亚在政治地位上仅次于安条克，共治王驻跸于此，代替国王接受了这批礼物。[③]

其三，塞琉西亚是国王巡游最主要地点之一。[④]公元前252年和前188年的天文日志显示，国王亲临了塞琉西亚以及巴比伦。[⑤]约公元前209年，安条克三

---

① Appian, *Roman History*, "The Syrian Wars", 62; Strabo, *Geography*, 16.1.5, Harvard University Press, 1995; Pausanias, *Description of Greece*, 1.16.2, Harvard University Press, 1998. 关于安条克任共治王的时间，楔形文字泥板文书最为可靠，目前可见最早以塞琉古和安条克两人共同纪年的记载，可追溯至公元前294年11月18日，参见J. Oelsner, *Materialen zur babylonischen Gesellschaft und Kultur in Hellenistischer Zeit*, Eötvös Loránd Tudományegyetem, 1986, p. 271；转引自Tom Boiy, *Late Achaemenid and Hellenistic Babylon*, p. 138。根据霍顿和罗伯尔，塞琉西亚除出产刻有塞琉古之名的四德拉克马银币(Tetradrachm)之外，还产有风格类似的刻有幼王安条克之名的银币。Arthur Houghton and Catherine Lorber, eds., *Seleucid Coins: A Comprehensive Catalogue. Part 1: Seleucus I through Antiochus III*, vol.1, p. 4. 而根据麦克道尔，安条克一世正式为王的时间共19年，但是却出土了82枚钱币，数量明显多于塞琉古一世时期的47枚，其中一部分应是属于其任共治王时期所造。Robert H. McDowell, *Coins from Seleucia on the Tigris*, p. 51.

② 除此之外，根据《巴比伦天文日志》安条克三世先任命其子安条克(非后来的安条克四世)为共治王，(*AD*, No.-207.Rev. 1', No.-198. Left Edge.1', No.-197. Left Edge B1=C1, No.-192. Obv. 1')，后又任命塞琉古(后来的塞琉古四世)为共治王(*AD*, No.188. Obv. 1', No.-187.Obv. 1')。安条克四世刚上任便任命其子安条克为共治王(*AD*, No.-173.Obv. 1', No.-171.C.Obv. 1', E.Obv. 1', No.170. E.Obv. 1', F.Obv.1', No.-169.Obv. 1')。

③ *AD*, No.-273. Rev. 31'–32'.

④ 科斯明根据铭文和楔形文字材料对国王的出行记录进行了统计：从安条克一世至安条克三世时期，从安条克出发，去往萨尔迪斯的道路使用频率最高，去往塞琉西亚的次之；自塞琉古四世之后，小亚细亚之大部已不再是帝国的版图，但通往塞琉西亚的道路仍是使用频率最高的道路。由此可见，在塞琉西亚落入帕提亚手中之前，塞琉西亚应是国王最主要的巡游目的地。Paul J. Kosmin, *The Land of the Elephant Kings: Space, Territory, and Ideology in the Seleucid Empire*, pp. 145–146. Map5–6.

⑤ *AD*, No.251.Upper Edge.3'; "*Ptolemy III Chronicle (BCHP 11)*", Bert van der Spek, ed., Obv. 11'-15'. http://www.livius.org/cg-cm/chronicles/bchp-ptolemy_iii/bchp_ptolemy_iii_01.html.

世对印度的东征正是从塞琉西亚出发，结束后又返回此地。[①]

第二，壮大两河流域的希腊势力，起到希腊化巴比伦尼亚地区的战略作用。如前所述，因为政治和军事因素，塞琉古选择新建塞琉西亚城作为都城，从而避免了称王伊始就与当地原生文化和民族发生冲突。然而从长远来看，壮大王国境内希腊-马其顿人的势力，扩大希腊文化区域，才是稳固统治的根本方法。塞琉西亚作为帝国东部政治中心，自然具有很强的向心力，吸引希腊裔的人口与非希腊的族群在此比邻而居，最终壮大为希腊化世界规模最大的城市之一，其人口达数十万之众。[②]除参与建城的军人之外，也吸引了巴比伦等地原有的希腊裔殖民者前来定居。结合文献和考古学的证据来看，自建城伊始至1世纪中叶，希腊文化始终是这座城市的主流文化：该城布局具有希波达姆斯式（Hippodamean Grid Plan）特征，西北—东南方向有两条平行的轴线，很可能分别是国王运河与商路；[③]城市拥有希腊式的市场、剧场和体育馆；[④]该城还出土了大量的希腊式钱币，以及表现希腊艺术主题的图案、雕像等。[⑤]大量刻有希腊语的

---

① Polybius, *The Histories*, 13.9.

② Pliny the Elder, *Natural History*, 6.122; Paulus Orosius, *Historiae Adversum Paganos*, 7.15.

③ Clark Hopkins, *Topography and Architecture of Seleucia on the Tigris*, University of Michigan, 1972, pp. 1, 4. Fig.3.

④ 霍普金斯和因韦尔尼奇对市场和剧场的具体位置有明显的分歧。霍普金斯认为市场和剧场在城市南翼的主路两侧，隔路相望。因韦尔尼奇则认为剧场在Tel Umar（霍普金斯原本猜测Tel Umar为塔庙Zigurrat），市场则在城市的北翼，该处原先被霍普金斯记为神庙A。Clark Hopkins, *Topography and Architecture of Seleucia on the Tigris*, p. 2; Antonio Invernizzi, "Hellenism in Mesopotamia: a view from Seleucia on the Tigris", pp. 9–14.

⑤ 根据密歇根大学的考古发掘，塞琉西亚的地层分为四期，分别是：第四期，约公元前307年—前141年；第三期，公元前141—43年；第二期，43—116年；第一期，116—227年。根据出土物显示，第四期的塞琉西亚是典型的希腊式城市，第三期也仍保留着希腊式城市的基本特征。而从第二期到第一期，出土物的希腊风格逐渐减弱。Clark Hopkins, *Topography and Architecture of Seleucia on the Tigris*, p. 6.

钱币、印章、封印证明，希腊语是该城的官方语言。[①]

帝国的政治中心往往能促进其周边区域的开发，塞琉西亚所在的底格里斯河流域中游地区正是希腊化时代最为繁荣的区域之一，在塞琉古王朝早期，建城最多的区域有两块：一块是安条克所在的叙利亚，后被称为塞琉西斯·叙利亚地区（Seleukis Syria）；另一块即为塞琉西亚所在的底格里斯河中游地区。自塞琉西亚建立后，从塞琉古一世至安条克二世，底格里斯河中游地区又兴建了塞拉河畔的阿帕梅亚（Apamea on the Selea）、"塞琉古城堡"（Karka de Bet Selok）、阿波罗尼亚（Apollonia）和阿特密塔（Artemita）等城。[②]亚当斯对迪亚拉河下游地区的城镇发展趋势分析后得出结论，认为到了希腊化时代，该地区迅速开发，城镇面积增长了约13倍，城市数目大大增长。[③]这说明，塞琉西亚带动了整个底格里斯河中游地区的开发，促进了两河流域区域重心从幼发拉底河流域向底格里斯河流域转移。换言之，塞琉西亚的建立冲击了巴比伦传统原生城市的影响力和地位，这对巩固塞琉古王国和壮大希腊—马其顿势力起到了积极作用。这一点从普林尼和斯特拉波等古典作家的记载可见一斑。普林尼说道：

> 由于（巴比伦）毗邻塞琉西亚，仅90里之遥，于是其人口被吸纳殆尽，沦为废墟，"胜利者"（即塞琉古）正是以此目的建立了塞琉西亚。（Pliny，*Natural History*，6.122.）

斯特拉波的记载更为详细：

---

① 塞琉西亚出土的楔形文字泥板文书数量很少，在密歇根大学的考古发掘中毫无所获，而在都灵大学1964—1970年的发掘中共发现了49件，但相比刻有希腊语铭文的器物，数量仍微不足道。Giovanni Pettinato，"Cuneiform Inscription Discovered from Seleucia on the Tigris（1964-1970）"，*Mesopotamia*，vol.5-6，1970-1971，pp. 49–66.

② Getzel M. Cohen，*The Hellenistic Settlements in the East from Armenia and Mesopotamia to Bactria and India*，pp.94–96，98–100.

③ Robert McC. Adams，*Heartland of Cities*，University of Chicago Press，1981，p. 194.

> 此后修缮一事无人问津（指亚历山大的继承者们），然而巴比伦的遗存遭到了忽视，不仅是波斯人的洗劫，是岁月的沧桑，更是马其顿人的漠不关心，使巴比伦落入了如此的境地。而最致命的则是“胜利者”塞琉古在（距离巴比伦）300斯塔迪亚之遥建立了塞琉西亚。……现在这座城市比巴比伦还要大，而巴比伦则基本上都荒废了。（Strabo，*Geography*，16.1.5.）

尽管根据德国东方学社对巴比伦古城遗址的考古发掘，塞琉西亚的建立并未对巴比伦造成毁灭性打击，天文观测记录直至公元前1世纪中叶仍在延续，[①]巴比伦建筑风格并没有出现大规模希腊化的趋势。[②]但巴比伦的影响力仅限于宗教和文化，已经无法重现往日辉煌。

四、结语

综观塞琉古王朝所建的城市，它们大多建于王国初期，尤其是塞琉古一世和其子安条克一世统治时期，以国王和王室成员命名（如塞琉西亚、安条克、阿帕梅亚、劳狄凯亚、斯特拉托尼凯亚等）是其鲜明的特色，这些城市有的是帝国都城，有的是行省首府或边缘重镇，犹若繁星一般遍布从小亚细亚到中亚的整个王国，尤以两河流域和叙利亚地区等帝国核心区最为密集。塞琉古王朝正是出于帝国统治的需要在关键位置建立了这些据点城市，将帝国的势力撒播到整片疆土之上，构建了完整的统治网络。

希腊化城市是马其顿统治者在开疆拓土过程中建立的统治中心，此类城市的出现开创了一种以希腊化城市为中心，以水陆交通要道为纽带，以点带面的

① Robert Koldewey，*The Excavation at Babylon*，trans.，by Agnes S. Johns，Macmillan and Co.，Limited，1914，p. 212; Tom Boiy，*Late Achaemenid and Hellenistic Babylon*，pp. 265–266.

② Tom Boiy，*Late Achaemenid and Hellenistic Babylon*，pp. 290–291.

新统治模式。塞琉西亚作为希腊化时代建城运动中的杰作，是塞琉古王朝早期统治的缩影。它建立于塞琉古称王的背景之下，是塞琉古在历经艰辛赶走安提柯势力，并完成对中亚和印度的东征之后的权力宣示。它以水陆要道交汇之地利和天然的防御优势，取代千年古都巴比伦，成为帝国都城的首选之地，不仅为王权的施展开辟了空间，密切了疆土内部的联系，有效地整合了帝国不同的地理单元，而且对于威慑巴比伦尼亚的原生民族，维护帝国核心区域的和平稳定至关重要。可见，塞琉西亚的建立正是塞琉古一世对亚历山大统治模式的修正，在帝国初期发挥了显著的核心作用。后来因为帝国版图的变动，塞琉古王国的统治重心逐步向叙利亚地区收缩，塞琉西亚的政治地位出现了变化，它虽然仍旧是帝国的东都，掌控伊朗高原和中亚地区，但毕竟失去了统领全局的地位。正是由于帝国格局的变动，塞琉古王国从公元前3世纪中叶开始，逐渐陷入领土沦丧的困境中，这也从反面说明了塞琉古一世建国立都的远见卓识。

本文原刊载于《历史研究》2017年第4期。

本文作者：

邵大路，1985年生，浙江温州人。2004年9月至2017年12月，就读于南开大学历史学院世界史专业，先后获历史学学士、硕士和博士学位。2013、2014年度获国家留学基金资助，赴希腊雅典大学哲学院历史与考古系交流、学习。2018年7月起任南开大学历史学院讲师。主要研究方向为世界上古史、希腊化时期的历史与文化。在《历史研究》等期刊发表多篇学术文章。

女巫基尔克：起源与嬗变

王以欣

荷马史诗《奥德赛》塑造了一个女巫形象。她名叫基尔克（Circe），是海岛上的女仙、太阳神的女儿、预言家、神通广大的女药剂师，她配制的魔药能把人变成猪或其他动物。这是西方文学史上最早的女巫，也是最早的有关巫术的明确记载。在另一部年代更早的史诗《伊利亚特》中，巫术迹象寥寥无几。而在较晚的古典时代，希腊却巫风盛行，尤其在雅典，这是有文献和考古证据支持的。那么在荷马生活的时代，古希腊的巫术状况究竟怎样，基尔克的原型是什么，她的故事源自何方，她的形象在历史上经历了哪些变化？这些都是本文关注并试图做出解释的问题。在展开调查、分析和阐释之前，让我们首先回顾一下史诗《奥德赛》所讲述的女巫故事。[①]

一、埃埃亚岛的历险

希腊英雄奥德修斯在返乡途中屡遭磨难。他的舰队在巨人国惨遭屠戮，几乎全军覆没，11条船皆被巨石击沉，只有奥德修斯本人所在的船侥幸逃离。逃脱者庆幸自己劫后余生，也哀叹同伴们的悲惨命运，真是亦喜亦悲。不久，他们来到埃埃亚岛（Aeaea）。奥德修斯的船驶入一处港湾，在海岸静静地抛锚。大家疲惫不堪，懒洋洋地躺在海滩上度过两日。第三天黎明，奥德修斯走出营地，登高远眺，看到岛上的森林中炊烟袅袅，判断该岛有人居住。返回营地途中，他投矛猎杀了一头走出森林在河边饮水的长角巨鹿，将其扛回营地，与伙

① Homer, *Odyssey*, 10.133–468.

伴们享受了一顿丰盛的烤肉宴。第四天拂晓，奥德修斯召集伙伴们商议，告知其观察结果，打算派人前往侦察。伙伴们历经几次大难，有如惊弓之鸟，听罢个个心惊，泪流不止。奥德修斯遂将伙伴们分为两队，分别由自己和欧瑞洛克斯（Eurylochus）率领，靠抓阄决定哪个队前往侦察。欧瑞洛克斯中阄，他的22人探险队被迫含泪上路，送行者也十分伤感。

他们在山谷中的橡林深处发现一所住宅，由抛光的石头建成。这座住宅的主人可不是等闲之辈，而是一位精通巫术的女神，名叫基尔克。她是太阳神赫利俄斯（Helios）与大洋女神佩尔塞（Perse）的女儿，科尔基斯国王埃厄忒斯（Aeetes）的姊妹，被荷马称作“能发人言的可怕女神”（δεινὴ θεός αὐδήεσσα）。水手们发现住宅外有很多狮子和狼，感到害怕，但这些野兽并不袭击他们，而是摆动尾巴，显出欢快的样子。原来，它们食用了女巫的魔药，完全被魔力掌控着，把水手们当作赴宴归来的主人，等待他们赏赐美食。水手们听到宅中女主人织布的机杼声和她的美妙歌声，就隔门询问。女主人应声而出，热情地招呼他们进屋。水手们冒失地随她进去了，只有欧瑞洛克斯留个心眼儿，没有跟进去。

女主人请客人们各自入座，然后将奶酪、麦饼、蜂蜜和一种烈性红酒混合调好，将害人的药（φάρμακα λυγρά）偷偷掺入其中，旨在使他们迅速忘却故乡。水手们享用了她配制的饮料后，基尔克就用魔杖（ῥάβδος）碰触他们，把他们变成猪，赶入猪圈，但他们依然保持人的头脑（νοῦς），却说不出来，只是流泪。基尔克抛给他们一些猪爱吃的饲料——山茱萸和橡实。

再说那位欧瑞洛克斯，看到同伴们进屋，久等不出，就慌忙逃回船上，向大家报凶信。他因悲伤和恐惧，紧张得说不出话来，在伙伴们的催问下才道出原委。奥德修斯听罢持弓背剑，将自己武装起来，要欧瑞洛克斯带路去寻找同伴，但欧瑞洛克斯死活不去，要大家一起逃掉。奥德修斯就让他留在船上，说自己责任在身，必须去救同伴。

当奥德修斯来到那所宅院附近时，看到一位漂亮的年轻人向他走来。这位青年本是神明赫尔墨斯幻化的形象。他问奥德修斯孤身来此意欲何为？他的同伴们已落入女巫基尔克之手，被赶入猪圈。如果他冒然而入，不仅救不了同伴，自己也难逃魔掌。他随后送给奥德修斯一根草药，名叫“茉莉”（μῶλυ），是“凡人很难挖出来的”（χαλεπὸν δέ τ᾽ ὀρύσσειν ἀνδράσι γε θνητοῖσι），黑根、花色奶白的植物，嘱咐他带着这根魔草去见巫女，即可保他无虞。赫尔墨斯还讲了女神惯用的害人套路，并嘱咐奥德修斯：当女神用魔杖触碰你时，你也要拔剑相向。当女神屈服于你的威力而邀你同寝时，不要拒绝，但要迫使她向诸神发誓，绝不伤害你的性命。

奥德修斯牢记神的叮嘱，来到基尔克的大宅前。女神闻声出迎，邀他进屋，请他坐在装饰华美的椅子上。她用黄金酒杯为奥德修斯配制饮料，照旧把害人的草药掺入其中，然后把酒杯递给他。奥德修斯饮下，没有任何变化。女神依旧用魔杖击他，赶他进猪圈，奥德修斯却拔出宝剑向她扑来，作势要杀了她。基尔克立刻跪倒，抱着他的双膝哀求他，询问他的来历，并猜测他就是足智多谋的奥德修斯，赫尔墨斯曾预告过他的到来。她邀请奥德修斯共享枕欢，用甜蜜的爱相互表达诚意。奥德修斯让她发誓，保证绝不伤害自己，才答应了她的要求。她的四位侍女上来侍奉奥德修斯：第一位侍女为他备好宽椅，第二位侍女为他布置餐桌，第三位侍女为他调制酒酿，第四位侍女为他烧水沐浴、用热水擦洗他的身体。沐浴涂油完毕，他被侍女引到宽椅上坐下，洗了手，面前摆放餐桌，奉上各种美味佳肴。然而奥德修斯心事重重，无意用餐。女神看他忧郁的样子，就劝慰他不要担心，自己起过重誓，绝对不会伤害他。奥德修斯回答说，在看到他的同伴获释之前，他是不会用餐的。基尔克于是走过大厅，打开猪圈，把变成猪的奥德修斯的伙伴们赶出来，给他们的身体涂抹另一种药剂。他们身上的猪毛立刻褪去，恢复了人形，而且更加年轻、漂亮和健壮。他们认出了奥德修斯，悲喜交集，纷纷上前握着他的手。大厅里悲声大作，连女神也为之动容。

女神建议奥德修斯回到海边，把船拖上岸，将财宝藏到山洞里，然后带着同伴们回到她的宫殿。奥德修斯采纳了她的建议，立刻动身回到海边。焦急等待消息的伙伴们看到首领返回，转悲为喜，欢呼雀跃，向他打听其他伙伴的遭遇。奥德修斯告诉大家，他们的伙伴正在基尔克的宫殿里享用盛宴呢，他要带他们同去享乐，但首先要拖船上岸，藏好财物。大家都表示赞成，只有那位受了刺激的欧瑞洛克斯阻拦同伴们前往，担心被那位女神变成猪、狼或狮子。奥德修斯气得要杀了他，尽管欧瑞洛克斯是他的近亲。大家忙上前劝解，建议让欧瑞洛克斯留在原地守护空船，但欧瑞洛克斯最后还是跟着大家走了。

奥德修斯和伙伴们抵达基尔克的宫殿时，其他伙伴们正穿着华服在那里欢宴，彼此相见，难免又伤感落泪。基尔克对奥德修斯说：不要伤心了，我知道你们在大海上历尽艰辛，受到很多伤害，现在大家尽情享用美酒和美食吧，在这里休养生息，让你们固有的勇气得到恢复。奥德修斯和伙伴们听罢都很欣慰。于是大家在埃埃亚岛上整整羁留了一年。每日享受宴饮，生活倒也快乐无忧。

二、荷马时代的巫术

基尔克是西方文学中最早的女巫。她离群索居，独自居住在地图上找不到的神秘岛屿上，有自己的豪华宅邸，隐藏在山谷橡树林中。同古典晚期和中世纪基督教时代的女巫不同，基尔克不是骑着扫帚的令人恐惧的老女人，而是极具诱惑力的美丽女神，善于调制各种魔药，能把人变成动物，亦可恢复其人形。

荷马虽然塑造了一位神通广大的女巫，但他描述的希腊人，即史诗中的“阿卡亚人”，却似乎对巫术浑然不知。他们好像摆脱了迷信的束缚和无名的恐惧。用英国古典学者赫尔伯特·罗斯的话说，他们的故事“几乎毫无例外地摆脱了阴郁的气氛和形形色色原始怪诞的恐怖形象”[①]。然而从古典文献记载和考古实物证据看，前5—前4世纪的古希腊人，尤其是雅典人，也是深受巫术影响的民族。其他民族惯用的巫蛊厌胜之术也在他们当中大行其道。华尔特·李

① Herbert Jennings Rose，*A Handbook of Greek Mythology*，London，1964，p. 14.

夫曾这样评述荷马时代的宗教状况：

> 在宗教方面，阿卡亚人明显要比古典时代的希腊人进步，最突出之处就是不迷信。符咒与巫术几乎全然不见，除了《奥德赛》某段落中用咒语止血的情节，我们别无所闻。确有占卜行为，但居于相当次要的地位……尽管某个征兆对观察者会有鼓励或警示作用，但从未启动或阻止任何重要的行动。对祭祀或鸟的幼稚观察不仅让古典时代的希腊人，也让冷静的罗马人延缓甚至放弃其重大的决策，但这类事情是全然不曾发生过的……我们尤其注意到，并不存在对下界可怖力量的各种形式的“冥世”（chthonian）崇拜，而对这些力量的迷信在以后的日子里却达到猖獗的程度。所有这些构成原始阶段思想特征的较低级的信仰都被涤荡干净，所残存者也不被认真看待，似乎难以掩饰这种信仰的衰落。①

荷马描绘的阿卡亚人是个思想比较纯净的民族，原始的巫术信仰已经消失殆尽。他们的精神状态尚未受到周边民族巫术气氛的严重污染，但对巫术也非全然不知。诗人塑造了一个掌控诸风的凡人埃奥罗斯的形象，其原型很可能就是民间擅长控风巫术的巫师。他还塑造了西方文学史上最早的女巫形象，那就是基尔克。在荷马生活的时代，即前8世纪后期，古希腊人，尤其是讲爱奥尼亚方言的人群，其精神状态是远离巫术迷信的，但他们对巫术并非懵懂不清。他们显然接触到周边民族的巫术信仰，听到很多巫术的民间故事，但还保持着某种理性精神，与巫术和迷信保持着一定的距离。

荷马塑造的女巫基尔克其实也不是希腊人。她是海岛上的女仙、太阳神的女儿，居住在虚无缥缈远离尘嚣的仙岛上。她被说成是黑海东岸科尔基斯王国的公主、国王埃厄忒斯的妹妹，是标准的异邦人。希腊神话中的另一著名女巫

---

① Walter Leaf, *A Companion to Iliad for English Readers*, London and New York, 1892, p. 4.

美狄亚是她的侄女，也是科尔基斯人，异邦的公主，后与希腊英雄伊阿宋私奔。美狄亚的故事属于阿尔戈英雄远征夺取金羊毛的传说，后者曾被《奥德赛》当作插话提及。伯克特推断，《奥德赛》可能受到一部更早的史诗——《阿尔戈英雄远征记》（*Argonotica*）的影响，美狄亚和基尔克都是其中的角色，而这两部史诗的共同源头就是《吉尔伽美什史诗》，史诗中的女神西杜里（Shiduri）就是基尔克的原型。[①] 由此看来，荷马塑造的女巫原型带有明显的异域和东方背景。希腊神话和历史上的术士也常常被说成是外国人：俄耳甫斯（Orpheus）是色雷斯王子、扎尔莫克西斯（Zalmoxis）是革泰人（Getae，色雷斯人一支）、阿巴里斯（Abaris）是北极人（Hyperboreans）、阿里斯提亚斯（Aristeas）是马尔马拉海普罗伊科奈索斯岛（Proikonesos）的居民，尽管从古风时代起，异域的巫术已在希腊社会渗透并逐渐本土化了。

古希腊人对巫者有多种称号，可能源自巫术性质的不同。迄至前5世纪，这些称呼已混用。其中有一类巫者亦可译为“药剂师”，男巫被称作φαρμακεύς，女巫被称作φαρμακεύτρια，皆源于φάρμακον这个中性名词，意为“药物”，也有魔法、魅力、魔力之意。顾名思义，这种巫师擅长使用各种魔药施法。基尔克就擅长此道，荷马形容她“精通多种草药”（πολυφαρμάκου）。[②] 她使用“害人的药”或“邪恶的药”（φάρμακον οὐλόμενον）将奥德修斯的同伴们变成猪，又使用“其他的药”（φάρμακον ἄλλο）将他们重新变回人。[③]奥德修斯则靠赫尔墨斯所赐的魔草“茉莉”以毒攻毒。“茉莉”不知具体所指，但它是“有用的药物”（φάρμακον ἐσθλόν），可以抗衡基尔克的“害人的药”。奥德修斯究竟是随身携带这种魔草，还是服用了这种魔草，荷马语焉不详。尽管如此，这是欧洲文学中用魔药“斗法”的最古老记述，说明诗人生活的那个时代，这种巫术行为、信仰及民间故事已经开始流行。

---

① M. L. West, “Odyssey and Argonautica”, *The Classical Quarterly*, vol. 55, 2005, pp. 39–64.

② *Odyssey*, 10.276.

③ *Odyssey*, 10.236, 10.394, 10.392.

三、巫女基尔克的起源

基尔克可能是遥远东方的太阳或黎明女神，这从她居住的埃埃亚岛的方位可以得出判断。《奥德赛》的注释者阿尔弗雷德·休贝克（Alfred Heubeck）推断：埃埃亚岛位于环绕大地的“大洋河”（Ὠκεανός）的最东端。正如《奥德赛》第12章所表述的，那里是黎明女神居住和歌舞的地方，也是太阳升起的地方。基尔克曾指点奥德修斯乘船驶往地府，向已故的忒拜老先知询问归期。《奥德赛》第11章开头描述说：奥德修斯的船从埃埃亚岛出发，在北风吹拂下，不用划桨，黄昏时抵达“幽深大洋的边缘”（πείρατα βαθυρρόου Ὠκεανοῖο），那里是地府的入口。奥德修斯实际上是从大洋河的东岸启航，在北风吹拂下向南行驶，沿大洋河南侧半圆由东向西航行，用一个白天的时间抵达大洋河西岸的大地边缘，地府的入口。他离开地府后，沿着大洋河北侧的半圆由西向东航行，用一夜时间返回埃埃亚岛。换言之，奥德修斯的冥途之旅及其返航实际上是用一昼夜时间按顺时针方向循着大洋河环绕大地一周而已。①如果这种推测是正确的，那么在荷马的观念中，基尔克的家坐落在遥远东方太阳升起的海岛上，她与太阳和黎明有着密切的关联。

对基尔克名字的词源学考证显示，她很可能是位鹰女神。基尔克（Κίρκη）很可能源自“鹰”（κίρκος），而鹰被认为是太阳的象征。在古埃及，太阳神的形象就是鹰。基尔克被说成是太阳神的女儿，因而与太阳有着天然的关联。她的兄长，科尔基斯的国王埃厄忒斯（Αἰήτης），其实也是“鹰”（αἰετός）。②此名的第二重含义是“圆圈”，可能同老鹰的盘旋飞行轨迹有关。荷马通常用κύκλος表示圆圈，但也有一次用了κίρκος的变体κρίκος。基尔克所居住的埃埃亚岛

① Alfred Heubeck, Arie Hoekstra, *A Commentary on Homer's Odyssey*, vol. II, Oxford, 1989, p. 78.

② Nikoletta Kanavou, *The Names of Homeric Heroes: Problems and Interpretations*, Berlin and Boston, 2015, pp. 116–117.

（Aiaía）可能源自西闪米特语ayyah，亦表示鹰。[①]因而，基尔克的原型可能是一位与太阳关联密切的鹰女神。

美国学者朱迪丝·亚纳尔推测，基尔克的原型就是原始时代的大母神：

> 她的属性最初是包罗万象的。她既是养育者，也是摧毁者，主宰着人类智慧所不能参透的生与死的神秘性。隐藏在女神象征意义背后的最本质的认识，如其崇拜者遗留的雕刻、壁画、陶器和岩刻所显示的，是对不仅支配人类，也支配世间众生的生、死和再生的神秘轮回的认识。她的性被认为是与动植物的生殖相关联的。她的盛衰消长反映了一切生物的生命节奏。在较晚时期，她的不同属性分裂成不同的女神。[②]

荷马故事中的基尔克兼具史前大母神正反两方面的力量，即“生命赐予者与死亡支配者的两面性”。她的原型是安纳托利亚地区古老的兀鹰女神（vulture goddess），其形象最早表现在英国考古学家詹姆斯·墨拉尔特（James Mellaart）发掘的小亚新石器遗址恰塔尔休于（Çatalhöyük）的“兀鹰神祠”（The Vulture Shrines）壁画上，呈现大鸟伸展双翼向无头人俯冲的场面。此神鹰兼有生死双重功能，被立陶宛考古学家玛利亚·金芭塔丝（Marija Gimbutas）称作“剥夺生命的女神，赐予生命女神之邪恶翻版”。另一幅壁画表现一排排躯干内绘有婴孩的怀孕女子，身体两侧对称地绘有红色和黑色的展翅兀鹰，展现了兀鹰女神赐予生命的功能。她的后期形象，如新赫梯人（Neo-Hittites）崇拜的库芭芭女神（Kybaba）、弗里吉亚人崇拜的大神母库伯勒（Kybele），以及小亚爱奥尼亚人殖

① Judith Yarnall, *Transformations of Circe: The History of an Enchantress*, University of Illinois Press, 1994, p. 28.

② Judith Yarnall, *Transformations of Circe: The History of an Enchantress*, University of Illinois Press, 1994, p. 26.

民城市以弗所崇拜的阿耳忒弥斯女神（库伯勒的翻版），皆以猛禽为其象征。[①]

在《奥德赛》中，基尔克与狮狼为伍，是驾驭猛兽的女神，因而她也具备了“女兽主”（πότνια θηρῶν，*potnia theron*）的特征。“女兽主”是主管百兽的女神，是大母神的另一表现形式，在东地中海周边地区颇流行，其悠久的传统可以追溯到小亚新石器时代。墨拉尔特在恰塔尔休于和哈吉拉尔（Hacilar）遗址发现数尊大腹便便的“女兽主”坐像：或两侧被豹子拱卫，或骑乘于豹背上。这是两河、近东和爱琴地区流行的典型的“女兽主”造型。在米诺斯人和迈锡尼人当中，女神与狮子、格里芬相伴的印章图案颇为流行。历史时期的弗里吉亚大神母库伯勒（瑞亚）和狩猎女神阿耳忒弥斯的造型也常常伴之以驯服的猛狮，显示出“女兽主”崇拜的悠久历史传承。

“女兽主”是荷马对狩猎女神阿耳忒弥斯的称谓。[②]在荷马史诗中，她是一位美丽的女猎人，是森林中自由游荡、狂放不羁、欢歌曼舞的仙女们的领袖，依然保留着自然的野性和百兽主宰者的身份。她的生殖与性爱特征已淡化，蜕变为贞女神（Παρθένος），但Παρθένος最初只表示“未婚”，并无守贞洁的含义。她的生殖特征仅残留在以弗所的阿耳忒弥斯的分娩接生功能上。她的崇拜在希腊世界无处不在，哪里有森林，哪里就有她的庙宇和圣所。她的圣所就是一座有围墙的花园，里面草木葱茏，还有驯服的野生动物。以弗所的阿耳忒弥斯女神圣所是其中最古老的花园之一，被花园环绕的庙宇和宫殿本是闪米特世界的特色。琉善的《叙利亚女神》曾提到，叙利亚圣城（Hierapolis）的阿塔尔伽提斯女神的圣所，那里不仅有成群的牛马，还有老鹰、熊和狮子，它们是驯服的、神圣的动物，从不伤人。这个场景很自然地让人联想起橡林深处的基尔

---

① Judith Yarnall, *Transformations of Circe: The History of an Enchantress*, University of Illinois Press, 1994, pp. 28–34; Marija Gimbutas, *The Language of the Goddess*, Harper and Row, 1989, p. 187.

② Homer, *Iliad*, 21.470.

克宫殿，周围栖息着驯服友善的狼和狮子。[①]

据说诗人荷马是爱奥尼亚人，其家乡就在开俄斯岛或斯米尔纳，因而熟知小亚宗教风俗。当地的大神母、兀鹰和“女兽主”崇拜以及东风西渐的巫术信仰和传说可能为他构思女巫基尔克的形象及故事带来创作的灵感。

四、基尔克故事的民间文学特征

基尔克的原型邈远难辨，但其女巫形象和神奇的法力，尤其是将人变成动物的情节，显然源自民间巫术信仰和神话传说。这种信仰和传说有其东方异域背景，但从荷马时代起已在希腊民间流行开来，逐渐成为古典世界的社会风俗，偶尔也渗透到古典文学作品中。基尔克利用魔药将人变为猪的故事应是罗马小说《金驴记》之先声。在《金驴记》中，故事的主人公因误用巫女的魔药，没有变成理想中的鹰，反而变成了驴，受尽人间磨难。

在汤普逊的《民间文学母题索引》中，基尔克属于“伤害、诱惑和变形的女巫”（G263）。她使用魔杖（D.1254.1），能将人变成动物（G263.1），但也能扮演“助人的女巫”（G284）。在各种“D类”魔法故事中，最重要的故事母题是“变形”（D0–D699），包括“将人变成动物”的母题（D100–D199），可以细分为“将人变成野兽”（D110）和“将人变成家畜”（D130）等不同的母题。巫女基尔克既能把人变成家畜，也能把人变成其他的野兽。例如，她将奥德修斯的伙伴们变成猪（D136），而其住宅周围的摇尾巴的狮子和狼也应该是被她施加魔法而变形的人（D112.1; D113.1）。她将人变成动物的手段是“靠吃喝变形”（D550），具体方法是让人们饮用她配制的“魔法饮料”（D1040），再用魔杖触碰他们，让他们变形（D565.2）。当奥德修斯深入险境营救伙伴时，赫尔墨斯作为“神祇帮助者”（N817）的角色出现了。他扮成年轻人模样（“神扮作凡人模样”）（D42），赠给奥德修斯一种“有魔力的植物”（D965），名叫“茉莉”

① Lucian, *De Dea Syria* 41; Judith Yarnall, *Transformations of Circe: The History of an Enchantress*, University of Illinois Press, 1994, pp. 36-43.

（D965.5），以之为“防范巫术的护身符”（D1385.24），“抵抗魔法和诱惑的植物解毒药”（D1385.2）。奥德修斯利用这种“有魔力的草药防范女巫”（G.272.2），使女巫基尔克的伎俩失灵（G275）。基尔克于是用魔杖击打奥德修斯。奥德修斯则“拔剑威胁并战胜了女巫”（G275.15.1）。基尔克还用有魔力的液体涂抹变成猪的水手们的身体，即通过“擦拭有魔法的油脂来解除魔法”（D771.2），使他们恢复人形，也就是“将猪变成人”（D336.1），还让他们比过去更漂亮（“靠魔法器物变美”）（D1337.1），等等。[①]

综上所述，基尔克的故事属于典型的民间故事，充斥着民间故事的母题。荷马从民间流行的巫术故事中汲取创作灵感，以近东和爱琴地区的大母神和“女兽主”为原型，赋予其强大的神通，让她与足智多谋的史诗英雄相冲突，衍生出浪漫离奇的故事情节。

五、板桥三娘子与拉布女王

女巫用魔药将人变为动物的故事在古典世界的文学作品中并不多见，却成为世界性的故事主题，尤其在东方流行。古代中国亦有类似的传奇。

唐代有个《板桥三娘子》的传奇，讲述女店主把旅客变成驴的故事：[②]汴州西有个生意兴隆的板桥旅店，女老板三娘子是个女巫。她用幻术种荞麦，制成烧饼，招待住店旅客。旅客吃了烧饼就变成驴，被她卖了牟利。但她的秘密被旅客赵季和窥探到了。不久，赵季和再次住店，随身带来事先做好的同样的荞麦烧饼，并暗中偷换了三娘的一个烧饼。他吃自己带来的烧饼，也让三娘品尝。三娘误吃了她自己做的烧饼，立刻变成一头健壮的母驴，从此成为赵季和的坐骑。赵季和后来遇到一位老者，老者见到母驴，拍手大笑：“三娘啊！你怎么沦落成这个样子啊！先生，她虽有过，但被如此折磨，也真够可怜的，还是放了

① 以上母题编号参见 Stith Thompson, *A Motif-Index of Folk-Literature*, Rev. ed., 6 vols., Indiana University Press, 1955–1958。

②《太平广记》第286卷。

她吧。”于是，老者撕开驴皮，放出三娘。三娘拜谢而去，不知所终。

这个唐代传奇包含了基尔克故事中的两个要素：一是女巫靠食物将人变成动物，二是女巫被一位有智慧的男性制服。故事中也有恢复人形的情节，但比较简单，只是撕开驴皮，没有涂抹喷洒液体的细节。两个故事在其他细节上也相去较远。基尔克神话有明显的情色成分，板桥三娘子的故事只有淡淡的暗示。

古代阿拉伯世界曾是巫风浓郁之地，盛产女巫的故事。《一千零一夜》讲述的贝德尔·巴西姆（Bedr Basim）与拉布女王（Lab）的故事，[①]在某些细节上酷似《板桥三娘子》，与基尔克的故事相比，其相似性更多。

贝德尔是年轻英俊的波斯国王，其母朱尔娜（Julnar，意为“海石榴花”）是海王的女儿。贝德尔随舅父下海，向海族公主雅乌赫蕾（Jauhereh）求婚，被其父王拒绝，导致双方冲突。贝德尔被雅乌赫蕾施法，变成一只美丽的水鸟，后被捕鸟人抓获，献给某国国王。王后是女巫，认出水鸟是中魔法的人，就用念过咒语的水泼在贝德尔身上，使其恢复人形。获救的贝德尔在返国途中遭遇船难，独自漂流到一座有城池的海岛上。贝德尔想进城，却被很多马、骡和毛驴阻拦，他只好游到海岛后方进城。他在城中被一位卖水果的老人收留。老人告诉他，岛上的女王是个魔法师，喜欢把外来的年轻人接入宫中淫乐，厌烦后将其变成马、骡和毛驴等。阻挡贝德尔进城的那些马、骡和毛驴都是女王的受害者。他们好心阻挡他，怕他成为女王的牺牲品。贝德尔听罢很害怕，老人遂让他冒充自己的侄子，与老人共同生活。数月后，女王拉布突然莅临老人店铺，要求将英俊的贝德尔带入宫中做伴。老人要女王发誓，绝不用魔法伤害自己的侄子。女王发誓后，将贝德尔带入豪华的宫中，每日同他享受美酒佳肴和曼妙舞乐，对他温存备至。贝德尔生活在酒乐声色中，十分陶醉，也对美丽的女王萌生爱慕。一日梦醒，不见女王，贝德尔找寻至御花园，看到一只白鸟栖息在树上，与一只飞来的黑鸟争吵，随后恢复人形，原来白鸟是女王拉布所化。贝

①《一千零一夜》，纳训译，人民文学出版社，1984年，第68~114页；英文版见http://www.myth-folklore.net/1001nights/payne/julnar_king.htm。

德尔恍然大悟，知道那只黑鸟乃女王旧爱，后遭遗弃而变鸟。贝德尔怨女王无情，愤然回宫。女王见他不悦，知道秘密被他看破，但隐忍未发。转天，贝德尔向她请假，要回家探望伯父，女王准假。贝德尔将其所见俱实告知老者。老者说，那只黑鸟曾是女王的爱仆，后获罪于她，被变成黑鸟。女王旧情难忘，常与其幽会。今女王知其秘密被识破，必定怀恨，图谋报复。他要贝德尔回宫后小心观察女王，明天告知其情况，他自有办法应付。老人还说自己是精通魔法的穆斯林，而城中魔法师皆为拜火教信徒。自己道行高，但只在必要时才动用魔法。贝德尔回宫后，女王将其灌醉，趁机向他核实是否窥见自己的秘密，贝德尔坦承。女王抚慰他，表示贝德尔仍是她最爱之人，随后双双就寝。

半夜，贝德尔在朦胧中发现，女王悄然起身，用魔法播种大麦，用幻化的河水灌溉，随后收获麦穗，将其磨成面粉藏起来，然后返回卧榻睡觉，直至天明。贝德尔白天返回店铺，将昨晚所见告知老者。老者让他携带自己的面粉回宫，嘱咐他相机行事，切勿吃女王的面粉。回宫后，女王问他为何带面粉进宫，贝德尔说，伯父用这种好吃的面粉招待他。女王说，宫里的面粉更好吃，于是将贝德尔的面粉放在一个盘里，将自己的面粉放在另一个盘里，让贝德尔吃。贝德尔牢记老者叮嘱，假装吃女王的面粉，但并未真吃。女王误以为他吃了面粉，就取水撒在他身上，诅咒他变成独眼驴，却发现魔法不灵了，于是就亲吻贝德尔，声称是与他开玩笑。贝德尔假意说，他知道女王爱他，请女王也尝尝自己的面粉。女王未加戒备就尝了一口，随即就焦虑不安起来。贝德尔也取来水泼在女王身上，诅咒她变成母骡，女王果然瞬间就变成一头母骡子。老者赠给贝德尔一个嚼子，让他驯服母骡，骑着她前往其他城市，但切勿把缰绳让给他人。贝德尔离开这座城市，途中遇一老妇，以千金购买此母骡，贝德尔被迫卖给她。老妇随后在母骡身上洒水，让其恢复原形。原来老妇人也是女巫，是女王拉布之母。贝德尔随后被擒回宫。女王向他身上洒水，诅咒他变成一只难看的小鸟，将其锁入笼中不给吃喝。幸亏女王的一位女仆同情贝德尔，偷偷喂食，还跑到店铺向老者汇报，让他早图良策。老者获悉事变，就召来一个魔鬼，让他驮着姑娘前往波斯国，向贝德尔之母朱尔娜求助。朱尔娜与母亲、哥哥募集海兵神将前来讨伐这座海岛城市，诛灭异教徒。精通巫术的朱尔娜将水洒在小鸟身上，使儿子恢复人形，母子团聚，皆大欢喜。朱尔娜太后还扶立老者为这座海岛的新国王，将报信的女仆嫁给老者，成为王后。贝德尔依然不能忘情于海族公主雅乌赫蕾，最终与她结成美好姻缘。

这则阿拉伯故事把我们带入一个神秘的魔法世界。故事中的重要女性：公主、王后、女王、太后，个个都是法术高超的女巫，当然，还有一位混迹江湖深藏不露的男巫——那位救助故事主人公的水果店老板。同基尔克一样，这些女巫多为美丽的诱惑者，擅长配制魔药，并利用魔药将人变成动物，或将动物复原为人。在拉布女王的海岛上，那些心怀善意的马、骡和毛驴让人联想起基尔克住宅周围的温和友好的狮子和狼，以及猪圈里那些保持人类思维的猪。在民间故事中，惑人的女巫（enchantress）通常有两种类型：其一是邪恶的女巫，她只是将牺牲品变成动物，然后将其摧毁，而她本人最终被一位男性征服，得到应有下场；其二是美丽但同样危险的女巫，她诱惑男人上床，厌倦时又把他们变成动物，直到碰上真正的对手。[①]在基尔克和拉布身上，两种女巫的身影兼而有之。基尔克在对待奥德修斯的同伴们时，不分良莠美丑，统统赶入猪圈；拉布女王将贝德尔变成小鸟，意图将其饿死。但她们也有温情的一面：海岛上的那些马、骡、毛驴和鸟，都曾是女王的情人，只是在女王玩腻后就被抛弃了；基尔克认出英雄奥德修斯时也向他表达温情和爱，只是在女王这种爱未必牢靠，厌倦时仍有可能把他变成猪。奥德修斯遵照神的叮嘱，要她发誓不加害自己，以防她翻脸无情，这与水果店老板让拉布女王发誓一样。然而基尔克遵守了誓言，并成为奥德修斯的帮助者，显现出较正面的特征；拉布女王则不守诺言，处心积虑地加害贝德尔。当贝德尔陷入危难时，水果店的老板，那位不显山露水却道行高深的男巫，充当了帮助者，类似于赫尔墨斯暗助奥德修斯。所不同

① Alfred Heubeck & Arie Hoekstra, *A Commentary on Homer's Odyssey*, Vol.2, Oxford, 1989, p. 51.

的是，拉布的受害者只是贝德尔一人，基尔克的受害者则是众多的水手。结局也不同：拉布因邪恶受到惩罚，而基尔克与奥德修斯不打不成交，反而成为相互信任的朋友。基尔克实现了角色转换，从加害者转变成帮助者。

六、维阇耶与夜叉女

丹尼斯·帕格鲁举出一个锡兰版本的故事，认为该故事与基尔克的神话最相似。[①]故事来自斯里兰卡诗体巴利文编年史《大史》(*Mahāvaṃsa*)，主人公维阇耶（Vijaya）本是北印度的王子，僧加罗人（狮族）的始祖，锡兰的首位佛教国王。他在佛陀圆寂之年（公元前534年）抵达锡兰。按《大史》第七章陈述：维阇耶被其父放逐，率领七百扈从抵锡兰。锡兰守护神优钵罗华（Uppalavan-na）化装成隐士见他们，告诉他们此岛名楞伽（Lanka），并向他们身上洒魔水，还给他们的手缠上驱邪的魔线，随后消失。岛上的夜叉女鸠婆娜（Kuvanna）是个女巫，专事诱惑和残害外来者。她的女仆变成一条狗出现在王子扈从面前。一位扈从看到狗，判断附近有人居住，就跟着狗走，来到一个池塘边，发现有个女人坐在树下纺线，她就是夜叉女鸠婆娜。该扈从跳入池塘沐浴，饮其水，然后采藕上岸。夜叉女呵斥他："别动，你是我的猎物。"此人遂中了魔咒，动弹不得。夜叉女想吃他，但因他手上缠着魔线，吃他不得，就把他推到一个大深坑里。就这样如法炮制，她将王子派来寻找失踪伙伴的七百扈从相继推到深坑里。

王子见派出的伙伴都未回来，感到不妙，就亲自武装，出发寻找失踪伙伴。他在池塘边看到那个女巫，猜想准是她搞的鬼，就向她打探扈从们的下落。女巫却请他先喝水沐浴，别管什么扈从。王子于是冲上去，左手抓着她的头发，右手挥动宝剑喝道："奴才，快放了我的扈从，否则杀了你！"夜叉女求饶："主啊！饶了我吧，我愿把该岛的统治权献给你，并做你的女人侍奉你，满足你的

① Denys Page, *Folktales in Homer's Odyssey*, Harvard University Press, 1973, pp. 62–64. *The Mahavamsa*, Chapter 7, https://www.wisdomlib.org/buddhism/book/the-mahavamsa/d/doc3214.html.

所有要求。”王子让她发誓保证不加害自己，赶快释放其扈从。夜叉女遵命发了誓，放出所有扈从，并从海边搁浅的船（水手们早已被她害死）上取来食物款待王子及其扈从。这位夜叉女于是变身为16岁少女，温柔而多情，对维阇耶百依百顺，还帮他剿灭附近的夜叉族（Yakkhas）。王子遂娶她为妻，生二子，并建城定居。维阇耶为确保其国王身份的合法性，最后还是娶了刹帝利女子，印度马吐赖城般度王之女，抛弃了鸠婆娜。后者携子返回夜叉族，却被其族人当作叛变者杀死。

这个故事在结构上更像基尔克的神话，只是没有变动物的情节。夜叉女的戕害对象是王子的伙伴们，多达700人，与基尔克迫害奥德修斯的伙伴雷同；夜叉女也是靠有魔力的池塘水害人，接触并饮用者皆变得全身麻木，大脑不能支配身体，就像变猪的希腊水手那样，头脑清楚，但身体已变形，不再受大脑支配。当夜叉女诱惑王子时，王子也像奥德修斯那样，冲过去用剑威胁她，迫使其就范，还要她发誓不再害人。最后，夜叉女同基尔克一样，实现了角色转变，从害人者变成帮助者。另外，故事中的锡兰守护神也为王子扈从们提供巫术保护，泼洒魔水，扎魔绳，就像赫尔墨斯提供魔草一样，虽未能防止受害者中魔法，但至少保住了受害者的性命。最后，按民间故事惯例，害人的夜叉女下场不佳，但《奥德赛》中的基尔克却因是女神而毫发无损。

七、基尔克故事的东方渊源

上述东方巫术故事，虽然在年代上远远晚于荷马的故事，但在结构母题上却多有相似处，显示出同源性。前文也证实，基尔克的故事是典型的以巫术为主题的民间故事。古代两河流域、埃及和南亚都流行巫术，其观念与风俗源远流长，相互影响。荷马时代的希腊人，其巫术迷信观念还比较薄弱，但对东方的巫术信仰和民间故事早有耳闻，被荷马吸收到希腊英雄史诗中。荷马描述的女巫其实就是一位东方女神，一位与太阳关联密切的兀鹰女神，一位主管百兽的“女兽主”。她被吸收到希腊的英雄故事中，被加工成西方最早的巫女原型。

古典学者华尔特·伯克特指出，在史诗《伊利亚特》和《奥德赛》中，杀人者是不需要净化的，但在史诗《埃塞尔比斯》中，净洗礼就出现了。荷马描述俄瑞斯特斯时并未提到复仇女神们，但公元前6世纪的抒情诗人斯忒斯科（Stesichorus）就提到了她们。这说明，东方的巫术迷信成分在公元前7世纪已渗透到希腊的文学作品中。在荷马诗歌创作的最后阶段以及随后的时期，也就是公元前8世纪末和前7世纪，即所谓的“东方化时期”，希腊地区的东方因素骤增。亚述、巴比伦地区的巫术迷信西传至希腊世界，大行其道。各种先知、祭司、巫医等在希腊各地游历，从一座城市走向另一座城市，为人们预测吉凶、禳灾驱邪、治疗疾患、施行净洗礼等。这种巡游式的巫师在柏拉图时代仍然存在。①与巫风西渐相伴而来的是埃及与近东的医药和草药方面的知识以及巫师魔法的神奇故事等。荷马活动于小亚西部的爱奥尼亚地区，很容易接触到东方的巫术传统和传奇故事，将其编入史诗故事应该是很自然的事。

八、基尔克故事中的欧洲因素

不可否认的是，荷马的基尔克故事也充满了欧洲童话因素。美国古典学者莱斯·卡彭特认为，荷马吸收了一个欧洲版的女巫故事：

> 我们乐于相信，像基尔克这样的故事插曲，不可能是《奥德赛》的作者发明的。从童话角度看，故事中的几个细节讲错了。某些场景显示，与其说那里是地中海岛屿上的山岩，不如说是欧洲的森林深处。②

按照卡彭特的说法，基尔克的故事更像发生在欧洲深山老林中的童话，那

① Walter Burkert, “Itinerant Diviners and Magicians: A Neglected Element in Cultural Contacts”, Robin Hägg ed., *The Greek Renaissance of the Eighth Century B.C.: Tradition and Innovation*, *Stockholm*, 1983, pp. 115-119; Plato, *Republic* 364b-e, *Phaedrus* 244de.

② Rhys Carpenter, *Folktale*, *Fiction and Saga in the Homeric Epics*, University of California Press, 1946, p. 18.

里是离群索居的可怕女巫的藏身之所。童话中有两个途经可以找到这个远离尘嚣、人迹罕至的隐蔽之所：或是爬到极高的树上眺望，或是漫游者没头脑地追踪一个神奇动物，从而被引领到那个可怕的地方。在《奥德赛》的故事中，两个套路本来都有，但都变了形。奥德修斯登上海边陡峭的岩石眺望，望见森林深处的炊烟，但他还是回了营地；他看到一头大雄鹿，不是跟着它跑，而是将其射杀了。显然，荷马根据自己的故事需要在改编民间故事。

接着，奥德修斯的同伴去女巫的住所，被变成猪赶到猪圈里。按童话的逻辑，这些猪是女巫准备用来吃的，荷马可能亦有此意图，但从他的描述看，一点看不出基尔克有什么恶意，这也偏离了童话的套路。至于那些摇尾巴的狼和狮子，显然也是沦为女巫牺牲品的人，但在《奥德赛》的故事中，那位欧瑞洛克斯却推测这些狮子和狼是被迫守卫女巫的大房子的，这让卡彭特匪夷所思，难道这位神通广大道行高深的女巫还需要狮子和狼保护吗？而且，荷马从未明言这些狮子和狼的来源及其最终命运。还有，通常童话主人公在深山老林中遭遇的帮助者是位长胡子的小老头或侏儒等，而史诗中换成了化身为年轻人的赫尔墨斯神。他送给奥德修斯的魔草本来魔力非凡，是英雄深入虎穴的护身符，在童话中肯定会浓墨重彩地加以描述，但荷马随后就把它忘了，而且再未提及，卡彭特说，这是因为“古希腊人未能深入领会童话的特征”。另一个因素也能说明其民间故事来源，那就是基尔克在奥德修斯威胁要杀她的瞬间认出了这位大名鼎鼎的英雄，因为赫尔墨斯曾经告诉过她，这位英雄要来造访。这是民间故事的基本套路：故事中的反面人物在被英雄征服的那个时刻认出了英雄。他早就知道这位英雄是谁，却没有及时辨认出来而规避他。[①]从以上分析可以看出，荷马必定取材于某个民间故事版本，但不是原样照搬，而是有所取舍。某些民间故事的重要情节被诗人改编或忽略了。

卡彭特的分析固然有理，但笔者毋宁相信，荷马对基尔克的住所和环境的

---

① Rhys Carpenter, *Folktale, Fiction and Saga in the Homeric Epics*, University of California Press, 1946, pp. 19–20.

描述，其灵感可能源自林木葱茏野兽栖息的“女兽主”的花园。这种花园虽然鲜见于海岛，却广泛分布在小亚和希腊各地的深山莽林中，如以弗所、阿卡狄亚和拉哥尼亚等地的阿耳忒弥斯圣所，只是因为荷马讲述的英雄历险故事发生在海上，基尔克的家才被移植到海岛上。荷马的基尔克故事，与其说是吸收了欧洲的童话要素，不如说是开创了欧洲最早的女巫故事模式。未来的欧洲女巫童话从荷马故事中得到诸多灵感和借鉴，形成一些约定俗成的模式和母题，给我们带来似曾相识之感。

九、荷马对民间故事的加工取舍

基尔克的故事源自民间的巫术信仰和故事，荷马将之纳入史诗的英雄冒险中，必须加以改造，有所取舍，不能照单全收。正如帕格所指出的：荷马讲这个故事时多采用写实手法，写可能发生的事，荒诞的情节要尽可能少写，因而诗人故意淡化非写实的变猪情节，却细致地交代英雄猎杀公鹿的写实情节，后者的篇幅竟比前者多出了三倍。关于对“茉莉”的描述，荷马简之又简，让后人费尽精力去揣测，这究竟是幻想的植物，还是有其现实的蓝本。荷马甚至不交代这种魔草是怎样使用的，究竟是吃了还是随身携带着，药效维持了多久。基尔克宫殿周围的那些摇尾巴的狮子和狼，诗人也不费笔墨交代它们的来历和用途。因而，荷马的故事应该是民间故事的缩略本，很多非写实的成分被荷马缩写乃至省略，有些是故意的，有些可能是由于粗心。故事里有很多拖沓和矛盾的地方。正如帕格所分析的，荷马完全可以省略欧瑞洛克斯那个成事不足、败事有余的家伙，他返回营地向奥德修斯汇报时，没提供什么有用的情报，甚至不知道他的伙伴们变猪的事情。还是赫尔墨斯神告诉奥德修斯，他的伙伴们被女巫变成了猪，要他小心提防。后来当奥德修斯动员余下的伙伴前往基尔克的宫殿时，欧瑞洛克斯不肯去，担心被女巫变成猪、狮子和狼，这同他早先的不知情相矛盾。当然，他可能从奥德修斯回来的陈述中获悉他的伙伴们变成了猪，但既然已经恢复人形，为什么又畏缩不前呢？这些细节上的漏洞反映了口传史诗的粗糙之处。[①]

十、基尔克文学形象的嬗变

在史诗《奥德赛》成书后的两千多年里，基尔克的文学形象屡经改编和再创作，但基本形象是负面的：她是一位美丽的诱惑者，法力高强，但居心叵测，沉湎于情欲，是个可怕的女巫。这种负面形象18世纪后才逐渐得以改善。

1994年，美国佛蒙特州约翰森学院的助理教授朱迪丝·亚纳尔发表专著《基尔克的转变：一位迷人女巫的历史》，带着女权主义的观点审视了基尔克从前荷马时代至20世纪的形象演变历史。她认为，基尔克在《奥德赛》中的形象还是比较正面的。她与奥德修斯的故事不是谁征服谁、谁战胜谁的故事，而是体现了荷马两性平等的观念，即两性和谐相处共同生活的潜在需要使他们放弃了彼此的敌意，建立起相互信任的关系并和谐地生活在一起。在荷马的观念中，基尔克不是诱惑人的邪恶女巫，而是古老强大的近东大女神。她有令人生畏和任性的一面，对男性抱有戒心和敌意。她无意色诱奥德修斯的水手，而是直接把他们变成猪。她的生活文明优雅，住在豪华宫殿中，家具器物皆十分精美。她唱歌、织布，被美女们侍奉着。故事开头表现的两性紧张关系和敌意反映了男人对原始女性力量神秘性的恐惧，对强大的东方女神的敬畏，也反映了“女性力量受到新兴父权制的压抑所弥漫的社会紧张”。然而当基尔克遇到她所钦佩的异性对手的挑战时，她却放弃了敌意，代之以信任和悲悯，对她属意的英雄做出郑重承诺，将其伙伴还原成人，还与对手共享枕欢。基尔克并不是被奥德修斯征服的，她是不死的女神，始终保持着强大的神通。她是自愿放弃敌意的，自愿与其钦佩的凡人对手建立平等互信的关系。她不同于奥德修斯后来遭遇的多情女仙卡吕普索，后者试图用爱、享乐和永生特权把奥德修斯永远羁留在身边。基尔克从未利用其强大法力强迫

① Denys Page, *Folktales in Homer's Odyssey*, Harvard University Press, 1973, pp. 53–55, 57.

奥德修斯就范，迫使他做出违背心意的抉择，而是充当其导师和帮助者，助其返乡与家人团聚。她比卡吕普索更了解奥德修斯的真正需求，并尊重他的意愿，潇洒地与他分别，绝不拖泥带水。奥德修斯也投桃报李，以信任回馈她，与她琴瑟和谐地生活，并服从她的指导。因而，荷马为他的凡人英雄和东方女神搭建了平等互信的两性关系，让可怕的女神多了很多人类温情。荷马将两性平等观念融入了这个神人相恋的浪漫故事中。[①]

亚纳尔的这种看法是否合乎荷马时代的真实两性观念，是否将荷马过于理想化，其实大可存疑，但不可否认的是，荷马塑造的基尔克形象确有某些新意。她保持了东方女神很多令人生畏的特征，但也拉近了与人的距离，被赋予了很多慈悯助人的品德，亦正亦邪的双重特征，增添了这个人物的朦胧性和复杂性。诚如查尔斯·西伽尔所云，从基尔克身上，“人们会想起《吉尔伽美什史诗》中的那位强大但同样朦胧的伊什塔尔，她也试图引诱英雄，并靠危险的变形威胁其恋人。荷马的基尔克，其‘女兽主’的特征将其与大女神、性爱女神、植物周期生长的死而复生的女神部分地联系在一起，因而既有生命赐予的功能，也有破坏的功能：她掌握着爱与死亡的钥匙”[②]。

然而后世的诗人和哲学家们并未领会荷马所表达的两性平等观念。他们受到毕达哥拉斯和柏拉图学说的影响，将男性和女性对立起来，认为前者象征灵魂与精神，后者象征肉体和自然。基尔克于是成为肉欲和身体的象征，诱惑和危害着代表理性的奥德修斯。她被塑造成邪恶的女巫、可怕的诱惑者、女施虐狂、变态的单相思者和无情的妖女（La Belle Dame Sans Merci）。她的负面形象得到加强，而其正面的形象——文明的生活、优雅的气质与慈悯助人的德行却始终受到压抑。这反映了古代两性观念的演变，男权的强化和对女性偏见的加

---

① Judith Yarnall, *Transformations of Circe: The History of an Enchantress*, University of Illinois Press, 1994, Chapter 1 & 2.

② Charles Segal, “Circean Temptations: Homer, Vergil and Ovid”, *Transactions and Proceedings of the American Philological Association*, vol.99, 1968, p. 428.

深。在维吉尔的史诗《埃涅阿斯纪》中，基尔克的岛屿变成埃涅阿斯的船队避之犹恐不及的地方。岛上的狮子、野猪、熊和狼发出可怕的吼声。它们原本是人，却被女巫的魔药变成了野兽。在奥维德的《变形记》中，基尔克简直就是肉欲的化身，凡是妨碍其欲望满足的人都被她变成各种动物和怪物。皮库斯因拒绝她的爱情被变成啄木鸟，他的同伴也因谴责女巫而被变成各种野兽，她的情敌斯库拉被变成长着六颗狗头的女妖。[①]这种形象一直延续到文艺复兴时期和现代早期。直至19世纪，基尔克的形象才重新回归为强有力女性的正面形象。

结论

基尔克，西方文学中最早的女巫，可能源自上古近东地区代表自然生殖力的大母神、与太阳关联密切的兀鹰女神、生命的赐予者与摧毁者、主管百兽的“女兽主”。在荷马生活的公元前8世纪末和前7世纪初，即希腊“东方化”进程的起步阶段，希腊人虽然尚未受到巫术观念的严重污染，但已开始接触到源自东方的种种巫术信仰和民间传说。近东的巫医术士将巫风引入希腊，在各地巡游。《奥德赛》的作者将其吸收到主人公奥德修斯的历险故事中，利用近东和爱琴地区神通广大的“大女神”或“女兽主”形象，塑造了西方文学中最早的女巫。故事中的很多情节源自神话和民间故事的母题和类型，也为后世的巫术故事和女巫形象奠定了原型，影响深远。荷马的故事塑造了亦正亦邪的基尔克女神形象，显示出比较朴素的两性观念，但随着时间的流逝，基尔克也经历了文学史的嬗变，从比较正面的女神形象演变成诱惑人的邪恶女巫、肉欲的化身。这也反映了两性观念的演变和对女性偏见的加深。这种状况直至18世纪后才逐渐改观。

本文原刊载于《跨文化研究》2018年第1期。

① Virgil, *Aeneid* 7.10–24; Ovid, *Metamorphoses* 1-74, pp. 308–440.

本文作者：

王以欣，1963年生。获得物理学学士学位，历史学博士学位，南开大学历史学院教授，博士生导师。主要从事世界古代历史和宗教研究，专业方向为爱琴文明、古希腊史、世界古代宗教和神话学。曾在英国牛津大学古典研究中心、美国辛辛那提大学古典系从事学术研究工作，在东方卫视《世界文明讲坛》担任主讲人。著有《寻找迷宫：神话·考古与米诺文明》《神话与竞技：古希腊体育运动与奥林匹克赛会起源》《神话与历史：古希腊英雄故事的历史和文化内涵》等，在核心学术期刊发表多篇文章，主持和参与多项国家社科项目。

古希腊文化与拜占庭帝国的塑造

——以《荷马史诗》为例

庞国庆

摘要：古希腊文化在拜占庭帝国基本特征的形成和发展中发挥了重要作用。在拜占庭帝国，基督教信仰与古希腊文化之间出现了冲突与融合的过程，古希腊文化逐渐得到基督教会的认可与接纳。拜占庭时期的古希腊文化是加强皇帝崇拜、颂扬皇帝完美形象的有效工具，带有浓重的政治色彩和时代特征。古希腊式的教育体系和希腊语的普遍使用，使得拜占庭人在个人成长过程中深受古希腊文化的影响。古希腊文化在教会文化、政治文化和大众文化中发挥着强大的影响力，为拜占庭帝国提供了文化共同体的框架，逐渐塑造了拜占庭人身份认同的标准，成为界定"拜占庭人"的核心特征之一。拜占庭人在延续传统"罗马人"政治身份的同时，逐渐接纳"希腊人"这一文化身份。其他族群也将古希腊文化视为界定拜占庭人身份的重要标准，将拜占庭人称为"希腊人"。

关键词：拜占庭帝国；古希腊文化；《荷马史诗》；基督教；皇帝崇拜；希腊人

根据学术界公认的观点，拜占庭帝国存在三大基本特征：罗马的政治结构、基督教信仰和古希腊文化。[1]其中，罗马的政治结构体现为皇权掌控的官僚体

---

① G. Ostrogorsky, *History of the Byzantine State*; trans., by J. Hussey, Blackwell Publishing, 1968, p. 25; E. Γλύκατζη-Αρβελέρ, *Η Πολιτική Ιδεολογία της Βυζαντινής Αυτοκρατορίας*, μετάφραση Τ. Δρακοπούλου, Syros, 2007, p. 1–34.

系，基督教信仰则表现为以各地教会为载体而建立的教权体系。这两套体系构成了拜占庭帝国的统治基础，与之有关的信息大量出现在拜占庭的史料中，二者之间的关系也是现当代学者的重点研究对象。相对而言，古希腊文化在拜占庭三大基本特征形成过程中发挥着何种作用，学术界缺少足够的关注和解读。

古希腊文化在一定程度上对拜占庭帝国的发展起到了塑造作用，这一点在很长一段时间内没有得到学术界足够的认可。1830年，德国历史学家法尔梅拉耶（Jakob Ph. Fallmerayer）出版作品《中世纪伯罗奔尼撒半岛史》，引起广泛争论。作者认为，希腊种族在中古时期经历了两次大冲击，一次是4—6世纪的日耳曼部族大迁徙，另一次是7世纪起斯拉夫人对希腊大陆的入侵；在此之后，希腊人种消失，主导希腊大陆的主体变成了斯拉夫人。他在书中开篇直言：

> 希腊种族已经从欧洲被彻底除根。……希腊种族曾经存世的证据，只有在希腊本土那些不朽的作品和诸多历史遗迹中才能找到……当今希腊人的血管中，已经没有一滴纯正的希腊血液。①

法尔梅拉耶的观点包含了两层含义：其一，希腊人在中古时期出现了基因上的消亡，即“种族消亡说”；其二，既然从7世纪起，主导希腊大陆的是斯拉夫因素，那么这意味着古希腊文化在中古时期也不复存在，即“文化消亡说”。

这部著作的出版年份耐人寻味。1829年9月，希腊获得独立战争的胜利；1830年4月，土耳其正式承认希腊的独立。而就在同一年，法尔梅拉耶的著作却否定了现代希腊人对上古希腊种族和文化的继承，由此带来的冲击可想而知。希腊学者力求反驳“种族消亡说”，却有心无力，于是便把论述的焦点集中在文化层面。自此，学术界开始关注中古（拜占庭）时期古希腊文化的境况。希腊

① J. Ph. 法尔梅拉耶：《论当代希腊人的起源》，K. 罗曼努斯译（I. Φ. Φαλλμεράυερ, *Περί της καταγωγής των σημερινών Ελληνών*, Μετάφραση-Παρουσίαση από Κ. Π. Ρωμανός），内费力出版社，1984年，第7页。

学者深受民族情感的影响，在这一研究领域中是先驱者。例如，D. 扎金西诺斯（Δ. A. Ζακυθηνός）试图建立古希腊文化与基督教文化之间的内在关系，从而论证希腊历史的一脉相承。[①]领军人物是被称为“现代希腊历史之父”的K. 帕帕里勾布鲁斯（K. Παπαρρηγόπουλος）。他创作了多卷本的《希腊民族史》，将希腊历史分为上古、中古和现代，并将拜占庭历史视为希腊中古历史。作者通过论证古典教育和基督教信仰之间的和谐共存，试图以此来论证希腊文化的延续性，对确立希腊国家的历史统一发挥了重要作用。[②]这些学者的关注点主要集中于希腊历史的连贯性，缺少对拜占庭时期古希腊文化的专门论述。

二战之后，这种依托于种族理论的“文化消亡说”再度兴起。英国学者R. 詹金斯（R. Jenkins）于20世纪60年代初在辛辛那提大学（University of Cincinnati）连续做了两场讲座，明确指出拜占庭文明中并不存在任何层面的古希腊元素，从而再度引起学术界热议。[③]为此，美国敦巴顿橡树园研究中心在1962年召开题为“拜占庭文明的古希腊文化源头”的学术研讨会。[④]这次研讨会探讨了拜占庭时期的古希腊文化特征，从而彻底终结了“文化消亡说”，拜占庭时期存在古希腊文化成为学界共识。但与此同时，这次研讨会也产生了新的“文化边缘说”，即强调古希腊文化在拜占庭时期的“衰退和僵化”（decline and

---

① Δ. A. Ζακυθηνός, “Η ενότης της Ελληνικής ιστορικής παραδόσεως”, *Νέα Εστία*, vol. 38, 1945, p.950.

② 这部作品经由后世学者续写，于2001年重新出版，共15卷。K. Παπαρρηγόπουλου, Π. Καρολίδη, Γ. Αναστασιάδη et. al, *Ιστορία του ελληνικού έθνους: Από αρχαιοτάτων χρόνων μέχρι σήμερα*, 2η έκδ., Alexander Street Press, 2001; M. Nystazopoulou-Pelekidou, “Η εθνική ταυτότητα του μεσαιωνικού ελληνισμού στην ελληνική ιστοριογραφία του 19ου αιώνα”, *Études Balkaniques*, No. 6, 1999, pp. 98–101.

③ S. Vryonis, “Greek Identity in the Middle Ages”, *Études Balkaniques*, No.6, 1999, pp. 25–26.

④ 美国敦巴顿橡树园研究中心是拜占庭学界最重要的研究中心之一。这次会议共分为王权、文献、艺术三个部分，相关文章1963年已经结集出版在期刊《敦巴顿橡树园学报》(*Dumbarton Oaks Papers*)第17卷。

fossilization)。[①]此次会议之后，古希腊文化在拜占庭时期处于边缘地位的观点逐渐成为学术界的主流观点。例如，C. 曼戈在此后不久发表的另一篇论文中，基本否定了拜占庭时期古希腊文化的重要性，他认为古希腊文化只存在于拜占庭晚期两三百年，而且即便在这一时期，拜占庭帝国内古希腊文化的作用也被刻意夸大了。[②]这次讨论的起因虽然仍是涉及拜占庭时期"是否"存在古希腊文化，但实质已经转向对古希腊文化在拜占庭时期存在程度的研究。在这次讨论中，学术界的观点也从"文化消亡说"转向了"文化边缘说"。

20世纪90年代，一些拜占庭学者开始反思"文化边缘说"。他们认为，这一观点低估了拜占庭时期古希腊文化的价值，事实上，古希腊文化与拜占庭的"希腊认同"观念之间息息相关。至此，古希腊文化对拜占庭帝国的塑造作用开始为学术界广泛关注。这集中体现在1997年10月在意大利城市迪里雅斯特(Trieste)召开的主题为"拜占庭与古希腊文化：中世纪的希腊认同"的国际会议。[③]学者们着重分析了古希腊文化如何在拜占庭帝国内塑造希腊认同。例如，S. 乌里欧尼斯(S. Vryonis)从拜占庭历史学家及其作品出发，分析他们对自身"希腊人"这一身份的认同。[④] P. 古纳里迪斯(P. Gounaridis)不仅梳理了拜占庭帝国内"希腊身份认同"的演变，而且还进行了个例分析，具体阐释拜占庭人对待古希腊哲学家柏拉图的态度。[⑤]

这次学术讨论的成果主要以现代希腊文和意大利文刊发，因而限制了它们在国际学术界的影响力。另一方面，它们的研究时段仍然主要局限于拜占庭末

① R. Jenkins, "The Hellenistic Origins of Byzantine Civilization: Report on the Dumbarton Oaks Symposium of 1962", *Dumbarton Oaks Papers*, No.17, 1963, p. 405.

② C. Mango, "Byzantinism and Romantic Hellenism", *Journal of the Warburg and Courtauld Institutes*, No.28, 1965, p. 33.

③ 相关论文集中刊登在1999年出版的学术杂志《巴尔干研究》(*Études Balkaniques*)第6卷。

④ S. Vryonis, "Greek Identity in the Middle Ages", *Études Balkaniques*, No.6, 1999, pp.19–36.

⑤ P. Gounaridis, "Η εξέλιξη της ταυτότητας των Ελλήνων στη Βυζαντινή αυτοκρατορία", *Études Balkaniques*, No.6, 1999, pp. 51–68.

期，[①]因而并未对C.曼戈的观点形成有力的反驳。这进一步导致，时至今日，学术界在研究古希腊文化对拜占庭帝国的塑造作用时，仍然受到“文化边缘说”的影响。例如，G.帕吉（G. Page）在2008年出版的《拜占庭人：奥斯曼人统治前的希腊认同研究》，通过论证罗马人与蛮族人、基督徒与多神教教徒、希腊人、拉丁人三组对立关系，来分析古希腊文化在拜占庭人身份认同中扮演的角色，但仍然将研究时段默认为拜占庭晚期。[②]同年出版的《拜占庭的古希腊文化：希腊认同的转换和古典传统的接纳》被视为这一研究课题的集大成者，但作者A.卡尔德里斯（A. Kaldellis）却明确指出，“希腊认同”只存在于拜占庭初期和晚期，而在4世纪至1040年之间并不存在。[③]即便如此，该书出版之后，“希腊认同”这一说法仍然遭到质疑，其理由是拜占庭时期古希腊文化的影响力仅仅局限于精英阶层。[④]这些例证都说明“文化边缘说”在学术界仍然具有重大的影响力。

可见，学术界围绕“拜占庭时期的古希腊文化”进行了三次讨论之后，“文化边缘说”取代“文化消亡说”，成为主流观点。但这和古希腊文化在拜占庭时期的重要地位并不相符，而要客观分析这一观点，我们应该考察古希腊文化与拜占庭帝国三大基本特征之间的关系，全面解读古希腊文化对帝国的作用。然而既有的研究成果一方面将研究时段局限于拜占庭晚期，另一方面较少涉及古

① 例如D.艾什（D. Reinsch）和Ch.玛尔特祖（Ch. A. Maltezou）的研究分别涉及拜占庭灭亡时期和拉丁人统治希腊时期。D. Reinsch, “Η θεώρηση της πολιτικής και πολιτιστικής φυσιογνωμίας των Ελλήνων στους ιστορικούς της Άλωσης”, *Études Balkaniques*, No. 6, 1999, pp. 69-86; Ch. A. Maltezou, “Η διαμόρφωση της ελληνικής ταυτότητας στην λατινοκρατούμενη Ελλάδα”, *Études Balkaniques*, No.6, 1999, pp. 103–120.

② G. Page, *Being Byzantine, Greek Identity before the Ottomans*, Cambridge University Press, 2008.

③ A. Kaldellis, *Hellenism in Byzantium, The Transformations of Greek Identity and the Reception of the Classical Tradition*, Cambridge University Press, 2008, pp. 5–6, 173.

④ R. J. Penella, “Review: Hellenism in Byzantium: The Transformations of Greek Identity and the Reception of the Classical Tradition by Anthony Kaldellis”, *The Classical World*, vol. 103, 2010, p. 555.

希腊文化对拜占庭帝国的整体塑造价值，这就为本文留下了研究空间。以笔者之见，在拜占庭时期，古希腊文化一直存在，并对帝国的基督教发展和皇权强化、拜占庭人的个体发展和群体认同都发挥了非常大的塑造作用。考虑到拜占庭帝国时期的古希腊文化涉及领域广泛，并非一篇文章可以涵盖，笔者将以《荷马史诗》[①]在拜占庭帝国的传承与发展为例，尝试探索古希腊文化在拜占庭时期的作用，以求教于大方。

一、拜占庭时期基督教信仰对古希腊文化的融合

想要准确界定古希腊文化在拜占庭时期的作用，首先需要理清古希腊文化与基督教文化之间的关系。以笔者之见，在拜占庭时期，基督教会虽然在一定程度上敌视古希腊文化，但却无法离开古希腊文化的价值，于是对其改造融合之后，加以利用。

不可否认，在拜占庭帝国初期，基督教成为帝国的官方信仰后，基督教会确实敌视古希腊文化。广义上的古希腊文化包括宗教层面上的多神教信仰，这与基督教的一神信仰之间，存在本质上的背离，因而遭到基督教会的反对，甚至发生了许多激进事件。许多地方的古代神庙遭到破坏，经常出入神庙的人遭到罚款，多神教的献祭仪式遭到坚决禁止。[②]例如，5世纪颁布的《塞奥多西法典》（*Codex Theodosianus*）中便收录了拜占庭初期颁布的25条敕令，旨在打压

---

① 除《荷马史诗》之外，本文还涉及《荷马史诗》的续写篇以及与之相关的神话故事，文中不再区分。本文选择《荷马史诗》作为例证，源于两个因素。其一，《荷马史诗》是希腊古典文化的重要源泉。例如，12世纪塞萨洛尼基大主教尤斯塔西乌斯（Eustathios）在评注《荷马史诗》时，指出《荷马史诗》是文学、修辞学、天文学、自然科学等许多文化领域的知识来源。Eustathii archiepiscopi Thessalonicensis, *Commentarii ad Homeri Iliadem pertinentes*, ed. M. van der Valk, Brill Publishers, 1971, I:1:1-21. 其二，《荷马史诗》中介绍了希腊神话，在一定程度上代表了希腊文化中的多神教色彩，因此考察拜占庭时期的《荷马史诗》，可以直面拜占庭帝国中希腊文化与基督教文化的冲突与共存问题。

② J. B. 布瑞对此有非常详尽的描述，罗列了被毁掉的神庙。J. B. Bury, *History of the Later Roman Empire, from the Death of Theodosius I to the Death of Justinian*, vol. 1, Dover Publications, 1923, pp. 365–370.

多神教、禁止献祭、摧毁神庙。[①]

一些基督徒将多神教信仰与古希腊文化等同，因此在反对多神教信仰的同时，主张完全抹杀古希腊文化，首先便是古希腊文化中的修辞学。与《荷马史诗》等古代文献中优雅的希腊语相比，1世纪形成的《新约圣经》所使用的希腊语更接近于口语，词汇相对有限，句式结构相对简单。早期著名基督教父哲罗姆（Jerome，约347—420年）便坦言，先知们的语言比较粗鄙，让他难以亲近。[②]这引起了部分基督徒的惶恐，基督教会为此刻意塑造出一种“质朴”风格的语言，称之为“渔夫的语言”（sermo piscatorius），反对古希腊文化中修辞学展现出的“伎俩”（tricks）。其次，因为耶稣及其门徒们都不识字，所以基督教会宣扬信仰的“纯正质朴”（true simplicity），反对古希腊式的教育。第一部基督教圣徒传记《安东尼传》便刻意宣扬安东尼不愿接受古典教育，声称他虽然来自一个富裕的家庭，有足够的财力承担教育费用，但这位圣徒加以拒绝。这一主题成为4世纪末期圣徒传记中程式化的组成部分，埃及的修士们都被描绘成不识字的农夫，或者抵制教育。[③]除了修辞学和古典教育之外，古希腊文化中的文学、哲学等也遭到基督教会一定程度上的反对。4世纪时，被基督徒共同视为教规的《使徒规章》（*Apostolic Constitutions*）便直言，有信仰的人“应该远离古希腊文学”。376年，闻名于帝国内的主教、萨拉米斯的埃毕法尼乌斯（Epiphanios of Salamis）在作品中对早期基督教父奥利金

① *Theodosian Code and Novels and the Sirmondian, A translation with commentary, glossary and bibliography*, by Clyde Pharr, Princeton University Press, 1952, pp. 472–476.

② C. Rapp, “Hellenic Identity, Romanitas, and Christianity in Byzantium”, *Hellenisms, Culture, Identity, and Ethnicity from Antiquity to Modernity*, ed. by Katerina Zacharia, Ashgate Publishing Ltd, 2008, p. 136; A. Kaldellis, *Hellenism in Byzantium, The Transformations of Greek Identity and the Reception of the Classical Tradition*, Cambridge University Press, 2008, p. 139.

③ *The Cambridge Ancient History, Volume 13, The Late Empire, AD. 337-425*, ed., A. Cameron and P. Garnsey, Cambridge University Press, 1998, p. 669.

（Origen）大加批判，认为他已经被古希腊哲学彻底“毒化”。[①]

但与此同时，基督教会中也存在一个群体，意识到基督教与古希腊文化之间的密切关系，因此反对完全摒弃古希腊文化。首先，基督教圣经的“七十子希腊文本”（Septuagint，形成于公元前3—前2世纪），得益于希腊化时期亚历山大里亚犹太学者的翻译活动。希腊语也是当时埃及的通用语，这部经书受古希腊文化的影响深远，在地中海世界开始广泛传播，为基督教的传播奠定了社会基础。其次，基督教许多教义的理论基础，来源于古希腊文化中对启示的追求、对神迹的信仰、对永生的渴望等，与古希腊哲学息息相关。例如基督教的“三位一体”理论，便与古希腊斯多噶派（Stoicism）的学说有密切关系。斯多噶派认为，上帝是世界的灵魂，也是理性、逻各斯（Logos），上帝既是宇宙万物的主宰，也是它们的本原；而这种观点经由“基督教教义之父”斐洛（Philo of Alexandria）进一步演绎，逐渐发展成基督教的基本教义。[②]最后，基督教的许多宗教仪式和习俗也来自古希腊文化。例如圣餐礼，就源于古希腊文化中的神秘仪式。基督教礼拜仪式中使用的熏香、光亮和花朵，也是从古希腊多神教崇拜仪式中引入的。[③]可见，基督教的产生和发展都深深植根于古希腊文化之中。

正因为此，在拜占庭早期，基督教内部围绕如何处置以《荷马史诗》为代表的古希腊文化遗存，出现了意见分歧。我们可以通过教会史学家苏格拉底的

① A. Kaldellis, *Hellenism in Byzantium, The Transformations of Greek Identity and the Reception of the Classical Tradition*, Cambridge University Press, 2008, p. 141.

② E. von Dobschütz, “Christianity and Hellenism”, *Journal of Biblical Literature*, vol.33, No.4, 1914, pp. 245-249; A. H. M. Jones, “The Greeks under the Roman Empire”, *Dumbarton Oaks Papers*, vol.17, 1963, p. 19；杨巨平：《碰撞与交融：希腊化时代的历史与文化》，中国社会科学出版社，2018年，第245~246页；赵林：《论西方古代文化从希腊多神教向基督教的转化》，《求是学刊》1997年第3期。

③ J. B. Bury, *History of the Later Roman Empire, from the Death of Theodosius I to the Death of Justinian*, vol. 1, Dover Publications, 1923, pp. 372-373；王来法：《古希腊及罗马的Μυστηριον（神秘仪式）》，《世界宗教研究》1996年第1期。

一段文字，来窥探教会内部对待古希腊文化的矛盾态度：

> 对于多神教文化，基督及其信徒既不应该拒绝，也不应该接纳，是否使用应自行决定。圣经确实可以教导我们真正的神圣教义……但却无法教授我们识字、逻辑思辨能力，而这是我们与敌人辩论的工具。我们必须使用敌人的武器来打击他们……我们并非要接纳他们的观点，而是要检验它们，去其糟粕，保留精华。[①]

换言之，基督教会虽然将多神教教徒视为敌人，将古希腊文化视为敌人的武器，但同时基督教会也认识到，古希腊文化拥有不可替代性，尤其是在读书识字等教育职能方面，因此应该利用古希腊文化，为自己服务。最终，卡帕多西亚教父们（Cappadocian Fathers）的观点成为教会的官方态度。其中最具代表性的是圣瓦西里（St. Basil the Great）的观点。他在《致青年人如何从古希腊文献中获益》中指出："任何有助于我们进入天堂的，我们都必须热爱和追求；任何不能实现这一目标的，我们都必须摒弃"，而"古希腊文化中存在大量有用的内容，比如《荷马史诗》式的六行诗和词汇，青年学生应该要像蜜蜂一样，在各种文献之间穿梭，汲取其中的养分酿造蜂蜜"。[②]

经过内部争执之后，基督教会将多神教信仰与古希腊文化的其他内容区别对待。对于多神教信仰，基督教会在坚决打击献祭等仪式之外，着重采取融合的方式去除其宗教色彩。以《荷马史诗》为例，早期的拜占庭基督教教父们，包括尤西比乌斯、圣瓦西里、纳坚祖斯的格里高利（Gregory of Nazianzus）等，成功地将基督徒的价值观植入其中，并在发展过程中将一部分多神教元素转化

---

① Socrates, *Historia Ecclesiastica*, ed., W. Bright, 1893, III:16.

② R. J. H. Jenkins, "The Hellenistic Origins of Byzantine Literature", *Dumbarton Oaks Papers*, vol.17, 1963, p. 40; C. Rapp, "Hellenic Identity, Romanitas, and Christianity in Byzantium", *Hellenisms, Culture, Identity, and Ethnicity from Antiquity to Modernity*, ed. by Katerina Zacharia, Ashgate Publishing Ltd, 2008, pp. 136–137.

成了基督教的习俗。[①]多神教中的许多神和英雄，在基督教中出现了替代者，并进而发展出圣徒崇拜和圣迹崇拜。例如，圣尼古拉斯（St. Nicolas）取代古希腊海神波塞冬（Poseidon），成为航海者和渔夫的守护者；而圣徒和殉教者的尸身和遗迹可以有治疗疾病的神迹，其功效如同古代希腊英雄的坟墓。[②]与此同时，《荷马史诗》中的许多故事，在基督教神学家的笔下则失去了多神教色彩，逐渐变成了一些有特定含义的代名词。例如，拜占庭人在通信中为了表达想要见到收信人的迫切性，往往会用珀尔修斯（Perseus）的飞行鞋来指代。加沙的普罗柯比（Procopius of Gaza，约465—528年）在一封情书中就写道："我真想变成珀尔修斯，带着飞行鞋破空而去，穿过大海，这样——就像我期待的那样——我就可以和你在一起，享受你的爱。"[③]

基督教会在去除古希腊文化中的多神教色彩后，对其大加利用，特别是之前遭到诟病的修辞学。《荷马史诗》式的优美语言，被用来装扮基督教神学经典。教会修辞学家们为了创作更好的神学作品，不得不深入研究《荷马史诗》。例如加沙的普罗柯比，在拜占庭文学史上一般被认作修辞学家和神学家，然而他的修辞作品中大量涉及《荷马史诗》的内容。[④]许多教会人士并不掩饰对《荷马史诗》的青睐。在完成于470年的《塞克拉（Thekla）传记和神迹》中，传记作者特意提到，这位圣徒"热爱美丽的演说和文化，乐于听到别人用文采飞扬的词句夸赞她"；在圣徒死后，有人引用《荷马史诗》来为这位圣徒祈福，传记

① H. Hunger，"On the Imitation of Antiquity in Byzantine Literature"，*Dumbarton Oaks Papers*，vol. 23/24，1969/1970，p. 21.

② J. B. Bury，*History of the Later Roman Empire，from the Death of Theodosius I to the Death of Justinian*，vol. 1，Dover Publications，1923，pp.373-374.

③ H. Hunger，"On the Imitation of Antiquity in Byzantine Literature"，*Dumbarton Oaks Papers*，vol. 23/24，1969/1970，p. 28.

④ H. Hunger，"On the Imitation of Antiquity in Byzantine Literature"，*Dumbarton Oaks Papers*，Vol. 23/24，1969/1970，p. 20.

作者认为这些诗歌“为殉教者增添了魅力”。[①]塞克拉虽然是基督教早期的圣徒，但5世纪这部新的传记呈现的是时代的特征，它表明基督徒认可《荷马史诗》的文学价值。

最能体现这一现象的是一种新的创作文体，即《摘录》（*Centones*）的出现和盛行。《摘录》是从《荷马史诗》原作中摘出一些诗句，然后更换主角的名字，在基督教思想的指导下创作完成，用以讲述新的故事和主题。在这种文体下，《荷马史诗》的诗篇和寓意，着重传达基督教的信念，由此奠定了《荷马史诗》在拜占庭社会中的新定位。[②]最著名的例子是《荷马史诗摘录》（*Homerocentones*）。它由拜占庭皇帝塞奥多西二世（Theodosius II，408—450年在位）的妻子尤多西亚（Eudocia）创作，全文共计2400行诗，是保存至今篇幅最长的《摘录》。它先讲述了基督徒堕落与获得救赎的故事，然后记述了从上帝创世到基督升天的圣经历史。[③]在这部作品中，《荷马史诗》被用来“装扮”基督教的救赎教义。

由此可见，在拜占庭早期，教会逐渐意识到古希腊文化对宣扬新兴的基督教文化是不可或缺的，于是对古希腊文化进行改造，去除了其中多神教的宗教成分，将其融合、吸纳到基督教文化之中。教会甚至将荷马乃至其笔下的英雄纳入基督教圣人的范畴。在阿索斯圣山的拉乌拉（Lavra）修道院餐厅处描绘了

---

① A. Kaldellis, *Hellenism in Byzantium, The Transformations of Greek Identity and the Reception of the Classical Tradition*, Cambridge University Press, 2008, p. 140; S. F. Johnson, *The Life and Miracles of Thekla: a literary study*, Center For Hellenic Studies Trustees for Harvard University, 2006, p. 38.

② S. F. Johnson, *The Life and Miracles of Thekla: a literary study*, Center For Hellenic Studies Trustees for Harvard University, 2006, p. 98.

③ S. F. Johnson, *The Life and Miracles of Thekla: a literary study*, Center For Hellenic Studies Trustees for Harvard University, 2006, p. 99.; A. Kaldellis, *Hellenism in Byzantium, The Transformations of Greek Identity and the Reception of the Classical Tradition*, Cambridge University Press, 2008, p. 157; H. 宏格尔著、高利亚斯等译:《拜占庭文献史之世俗文献》(卷二)(H. Hunger, *Βυζαντινή Λογοτεχνία, Η λόγια κοσμική γραμματεία των Βυζαντινών*, Τόμος Β, μετάφραση Τ. Κόλιας, Κ. Συνέλλη, Γ. Χ. Μακρής, Ιω. Βάσσης),希腊国立银行文化基金会出版社,1992年,第499~500页。

众多“先知”，荷马位列其中。[①]13世纪时，在传说中的阿喀琉斯（Achilles）埋葬地，即斯卡曼德洛斯河（Scamander）边的一座教堂中，教士们将阿喀琉斯视为“使徒”，并在壁画中予以标注。[②]在14世纪的一份拜占庭手稿中，荷马的肖像画呈现出圣徒、使徒、福音书作者的典型特征，穿着束腰外衣和宽松的长衫。[③]荷马在一定程度上得到了教会的神圣化，正是基督教会对古希腊文化融合与吸纳的体现。

二、拜占庭皇帝对古希腊文化的利用

拜占庭皇帝高度认可古希腊文化的价值，注重推动古希腊文化的发展。最明显的例证是君士坦丁堡高等学府（Πανδιδακτήριον）的建立和发展。这座学府最初在425年由皇帝塞奥多西二世建立，并掌握教师人选的任免权。它设有法律、哲学、医学、音乐、修辞等学科，共计31个教职，教授古希腊知识，是古希腊文化传播和发展的中心。[④]此后，这座学府多次得到皇帝的扶持。例如11世纪时，皇帝君士坦丁九世（Constantine IX，1042—1055年）颁布敕令，对其加以重建。[⑤]君士坦丁堡高等学府始终由皇帝掌控，教授的内容也仅限世俗学科，从而促进了古希腊文化的发展。

拜占庭皇帝之所以对古希腊文化扶持，是因为古希腊文化对加强皇权、提升皇帝形象具有重要的利用价值。一方面，皇帝崇拜的理论基础来源于古希腊

① H. Hunger, “On the Imitation of Antiquity in Byzantine Literature”, *Dumbarton Oaks Papers*, Vol. 23/24, 1969/1970, p. 22.

② R. 布朗宁：《拜占庭时期的荷马》(R. Browning, “Homer in Byzantium”)，《中世纪及文艺复兴研究》(*Viator*)第6卷，1975年，第30页。

③ F. 波塔尼：《一幅拜占庭时期的荷马肖像画》(F. Pontani, “A Byzantine Portrait of Homer”)，《沃伯格和考陶尔德学会期刊》第68卷，2005年，第14页。

④ A. Markopoulos, “Education”, E. Jeffreys, J. Haldon and R. Cormack ed., *The Oxford Handbook of Byzantine Studies*, Oxford University Press, 2008, pp. 790-791；A. 卡梅隆、P. 加尔森主编：《剑桥古代史，第13卷：晚期帝国，337至425年》，第676页。

⑤ A. P. Kazhdan and A. W. Epstein, *Change in Byzantine Culture in the Eleventh and Twelfth Centuries*, University of California Press, 1985, pp. 121-122.

文化。在古希腊时期，统治者被视为完美之神的复制品，这一理念被移植到了拜占庭帝国内。在拜占庭帝国第一位皇帝君士坦丁大帝统治时期，教会史学家尤西比乌斯运用这一理论，创造了皇帝崇拜的观念。皇帝像上带有神圣的光圈，正是源于古希腊时期国王由哲学的逻各斯引导这一理念。[①]根据史料记载，君士坦丁大帝从弗里几亚（Phrygia）带回一尊巨大的太阳神青铜雕塑，将太阳神的形象换成自己的头像，且头上仍然保有光束。这尊巨大的君士坦丁青铜雕塑长期伫立于广场上的大理石柱上。[②]君士坦丁大帝的举措隐喻，皇帝崇拜与古希腊文化之间密切相关。此后，皇帝崇拜成为拜占庭帝国政治生活的重要内容。皇帝的肖像被广泛应用于庆典游行仪式、钱币上，甚至被放在教堂中接受基督徒的崇拜。[③]

另一方面，古希腊文化不仅为皇帝崇拜提供了理论基础，而且贡献了丰富的素材。除了作为视觉艺术呈现的画像和雕塑之外，皇帝崇拜还需要文学宣传。借助于家喻户晓的故事和脍炙人口的修辞，《荷马史诗》塑造的皇室形象更容易深入民心。正因为此，拜占庭皇帝特意扶持古希腊文化进行文学创作，用以歌颂当世皇帝的丰功伟绩。由于每个时代的皇帝完美形象存在差异，皇权的需求不同，因此得到皇权扶持的古希腊文化呈现出多样的时代主题。以《荷马史诗》为例，几乎每个时期出现的新作品，都带有浓重的皇权色彩和强烈的时代印记。我们不妨选取几个时期，管窥皇帝对古希腊文化的利用。

6世纪末7世纪初，拜占庭帝国与波斯帝国之间的争霸战进入白热化阶段。在7世纪初，拜占庭帝国遭遇了几场巨大的失利，特别是圣城耶路撒冷惨遭攻陷，包括基督受难十字架（True Cross）在内的诸多圣物都落入波斯人手中。因此，622年，皇帝伊拉克略（Heraclius，610—641年在位）掀起的反击战，以

---

① L. W. Barnard, “The Emperor Cult and the Origins of the Iconoclastic Controversy”, *Byzantion*, Vol.43, 1973, pp. 18-19.

②《复活节编年史》(*Chronicon Paschale*, ed. L. Dindorf)，韦伯出版社，1832年，528:9—13。

③ L. W. Barnard, “The Emperor Cult and the Origins of the Iconoclastic Controversy”, *Byzantion*, Vol.43, 1973, pp. 23-25.

打击异教为名，带有圣战的色彩。换言之，这一时期的时代主题是守卫正教、打击异教。于是，御用文人遵照皇帝的旨意，在利用《荷马史诗》中的故事时，着重突出皇帝的圣战勇士形象。诗人乔治·比西迪斯（Georgius Pisides）将皇帝伊拉克略比作希腊英雄赫拉克勒斯（Herakles）。作者通过对后者的“十二功绩”进行演绎，来歌颂伊拉克略作为基督教守卫者的形象。在诗歌中，赫拉克勒斯前往冥府，战胜了疯狂的怪兽，从死人中拯救了阿尔刻提斯（Alcestis）。这实际上是在暗指皇帝伊拉克略战胜了萨珊国王侯斯罗埃斯二世（Chosroes II，590—628年在位），拯救了基督教世界，因为作者刻意使用了“普世”（τὴν οἰκουμένην）一词。[①]类似的隐喻在乔治·比西迪斯的作品中还多次出现：皇帝勒死了毁灭世界的狮子（τὸν λέοντα τὸν κοσμοφθόρον），这意味着他摧毁了侯斯罗埃斯的统治；皇帝拯救了赫斯帕里得斯（Hesperides）的金苹果（τὰ χρυσᾶ μῆλα），这意味着他重新征服了被波斯人占领的拜占庭城市（τὰς πόλεις ὅλας）。[②]

可以看出，在乔治·比西迪斯的笔下，皇帝伊拉克略并非像赫拉克勒斯那样，仅仅是完成了不可思议的壮举。诗人更强调皇帝伊拉克略功绩的背后意义，即基督教皇帝对拜火的异教徒的打击。在耶稣基督的指引下，皇帝伊拉克略找到了通往正确道路的“大门”（τῆς θύρας），成为民众的牧羊人。这与当时帝国的政治宣传和主流论调是一致的。[③]

在拜占庭中期，帝国极为看重皇位继承人的正统性。在马其顿王朝时期（867—1056年），拜占庭的皇位继承制度已经健全，民众只认可以血缘关系为纽带的皇室后裔为帝。正因为此，马其顿王朝末期，才上演了公主邹伊（Zoe）

---

① 乔治·比西迪斯：《诗歌》（卷一）（Giorgio di Pisidia，*Poemi*，ed. A. Pertusi，I），埃塔尔图书艺术出版社，1959年，I:71—73。

② 乔治·比西迪斯：《诗歌》（卷一），I:77—79。

③ 乔治·比西迪斯：《诗歌》（卷一），I:71；H. Hunger，“On the Imitation of Antiquity in Byzantine Literature”，*Dumbarton Oaks Papers*，vol. 23/24，1969/1970，p. 24.

四次出嫁，只为帝国寻求一位正统继承人的故事。[①]在这种背景下，《荷马史诗》中对英雄血统纯正性的强调与时代的政治诉求相呼应，因而得到皇帝的大力支持和深度挖掘。例如，拜占庭历史学家普塞洛斯（Psellos），借助阿喀琉斯及其祖辈父辈的形象，来颂扬皇帝君士坦丁十世（Constantine X，1059—1067年在位）的纯正血统和高贵出身："他的祖上都是高贵而富裕之人，是历史学家记录在作品中的那种人。显然时至今日，那些叫安德鲁尼库斯、君士坦丁的人都与他有血缘关系。……正如阿喀琉斯，虽然是著名的埃阿科斯（Aeacus）和珀琉斯（Peleus）的后人，但却赢得了比他们更显赫的声望一样，这位皇帝（即君士坦丁十世）的家族之中虽已有如此多的贵族，但他不只是追随他们的步履，而且远远超越他的先祖们，他的所有美德都是如此显著。"[②]拜占庭学者对阿喀琉斯出身的着墨，延续了古希腊文化中颂扬正统血脉的传统，又赋予了其时代的象征意义，反映了这一时期皇权的需要。

至拜占庭晚期，帝国先后面临塞尔柱突厥人、诺曼人、拉丁人等外部敌人的入侵，民众迫切需要皇帝能够在战场上建功立业。时代的主题再度发生变化。因此，这一时期的皇帝们希望学者们能够充分挖掘《荷马史诗》中的英雄事迹，将皇帝们塑造成冲锋陷阵的勇士。皇帝不再是神圣的、静态的基督徒形象，而是开始呈现出战斗的英雄形象。[③]基于这样一种理念，史家布里恩努斯（Nike-phorus Bryennios）认为，帝国需要创作一部新的《伊利亚特》来描绘当朝皇帝先祖的伟大成就，就像《伊利亚特》的写就是为了颂扬阿喀琉斯一样。于是，他的妻子安娜公主（Anna）成功地为阿莱克修斯一世（Alexios I，1081—1118年在位）创作了这样一部新时代的"《伊利亚特》"，这便是《阿莱克修斯传

① 陈志强:《拜占庭皇帝继承制特点研究》,《中国社会科学》1999年第1期。

② 米哈伊尔·普塞洛斯:《编年史》(Michel Psellos, *Chronographia*, ed. É. Renauld, 2 vols.),文学出版社1926—1928年,7:Const.:6:1—11。

③ P. Magdalino, *The Empire of Manuel I Komnenos, 1143-1180,* Cambridge University Press, 1993, p. 431.

记》(Alexiade)。[①]例如，在描述阿莱克修斯一世参加的一场战斗时，安娜公主引用了堤丰（Typhon）、巨人与诸神之战来类比："我的父亲，阿莱克修斯·科穆宁，准备战斗，就像是为了一场与力大无比的堤丰或者百手巨人的战争一样；他视他们为值得一战的敌人，因此他调动全部的战略知识和勇气。"[②]正是借助于荷马式的英雄主义，拜占庭学者得以满足这一时代塑造皇帝勇士形象的需求。

在上述例证中，乔治·比西迪斯是皇帝伊拉克略的好友，普塞洛斯是皇帝君士坦丁十世的太子太傅，安娜则是皇帝阿莱克修斯一世的女儿。换言之，《荷马史诗》在每个时代的发展，都与皇帝的旨意紧密相关。在拜占庭时期，古希腊文学的主题与皇帝的政治诉求呈现出同步发展的态势，这充分说明古希腊文化与皇帝之间是一种互惠互利的关系：古希腊文化是加强皇帝崇拜、塑造皇帝完美形象的有力工具，而皇帝对古希腊文化的扶持，确保了古希腊文化在拜占庭文化中能够占据重要地位。

三、拜占庭时期古希腊文化的存在形式

在论述了古希腊文化与基督教信仰、拜占庭皇帝之间的关系后，还应当从古希腊文化本身出发，探讨其在拜占庭帝国中的价值。以笔者之见，在拜占庭时期，古希腊文化仍然具备强大的生命力。这是古希腊文化能够在拜占庭帝国内生存发展的根基，也是它能够与罗马的政治结构、基督教信仰并列称为三大特征的原因。具体而言，拜占庭时期古希腊文化的存在形式主要包括以下两个方面：古希腊式的教育体系和希腊语。

其一，在拜占庭整个教育体系中，古希腊文化占据极为重要的地位。拜占庭帝国有重视教育的传统，拜占庭人会尽力为自己的子女接受教育创造条件，

---

① A. Kaldellis, *Hellenism in Byzantium, The Transformations of Greek Identity and the Reception of the Classical Tradition*, Cambridge University Press, 2008, p. 242.

② 安娜·科穆宁:《阿莱克修斯传记》(Anna Comnène, *Alexiade*, ed. B. Leib, 3 vols.),文学出版社,1937—1945年,I:7:3:1—5。

在家庭条件允许的情况下，几乎每个孩子都会被送去读书。在拜占庭的史料中，不乏父母为了送子读书而出售家中牲畜或者母亲早起送子去读书的记载。[①]除了在内容上有所微调，例如取消体质训练等，拜占庭的教育体系仍然延续古希腊传统的态度、方法，呈现出“死板僵化的保守性”[②]。换言之，拜占庭的教育体系在很大程度上是古希腊教育模式的继续。而在这一体系中，《荷马史诗》是学生学习所使用的课本。[③]这也就使得每一个接受教育的拜占庭人都对《荷马史诗》有所了解。

具体而言，拜占庭帝国遵从古希腊式的教育模式，学生最初要学习识字和音节，然后是语法，此后是修辞学，最后是哲学等高等学科。[④]乡村学校普遍存在，学生可以在这里学习最基本的发音和拼写。考古学家在埃及发现了332份学童进行基本教育的手稿，学生们从单个字母开始抄写，然后推进到字母表、音节、单词。其中一份手稿就是用希腊语按照字母顺序抄写的《伊利亚特》人物列表。[⑤]此后，学生开始接受希腊语法方面的训练，以便能够准确地用希腊语读书和写作，培养古希腊语式的思维方式。对于语法训练而言，《伊利亚特》被证实是非常合适的阅读材料，因为它涉及词源学、历史、神话、演说、心理学等。学生们每天阅读30行诗，并加以理解和背诵。[⑥]拜占庭诸多学者的成长经历都证明了这一点。例如，普塞洛斯从八岁时开始通过阅读《荷马史诗》来获得语法教育，他因为天资聪明，所以每天的阅读量达到了50行诗，从而在一年

① 陈志强:《拜占庭帝国通史》,上海社会科学院出版社,2013年,第276~284页。

② *The Cambridge Ancient History, Volume 14, Late Antiquity: Empire and Successors, AD. 425–600*, ed. by A. Cameron, B. Ward-Perkins and M. Whitby, Cambridge University Press, 2000, pp. 855–856.

③ R. 布朗宁:《拜占庭时期的荷马》,第15页。

④ R. Browning, “Byzantine Scholarship”, *Past and Present*, Vol.28, 1964, pp. 5–6.

⑤ A *The Cambridge Ancient History, Volume 14, Late Antiquity: Empire and Successors, AD. 425-600*, ed. by A. Cameron, B. Ward-Perkins and M. Whitby, Cambridge University Press, 2000, p. 857.

⑥ V. Valiavitcharska, “Rhetoric in the Hands of the Byzantine Grammarian”, *A Journal of the History of Rhetoric*, vol.31, 2013, pp. 238, 240.

内便通读了《伊利亚特》。[①]普塞洛斯成为著名学者之后，也开始教学，他在讲授基本语法时，同样是围绕《荷马史诗》来展开的。[②]

在中级的“修辞”训练中，《荷马史诗》是最重要的基础课程教材，书中提供了大量的修辞佳句供学生品味解读。拜占庭的学者们经常将这些诗句作为范例进行讲解，通过分析来强调说话人的智慧，突出如何用修辞作为工具，来表述潜在的深层含义。在对《荷马史诗》的修辞解读中，学生既可以获取大量新信息，同时也可以学会批判性地思考。[③]此后，在更高等的“逻辑”训练中，《荷马史诗》和柏拉图的作品同样不可或缺。从10世纪诗人约翰·吉尔米特雷斯（Ioannes Geometres）的各种诗集来看，他在接受这方面训练时所阅读的书籍，除了“金口”约翰（John Chrysostom）等人的神学作品外，最重要的就是《荷马史诗》。[④]

由此可见，在拜占庭从初级到高等教育的整个教育体系中，《荷马史诗》都是非常重要的教材内容。拜占庭帝国由此延续了古希腊式的教育模式，古代文献在教育体系中得到传承，古希腊文化成为影响拜占庭人日常生活的重要元素。根据既有档案文本上的签名来看，拜占庭大多数修士和许多世俗之人都由此获得了读写能力，这是古希腊式教育在拜占庭帝国内取得成功的标志。[⑤]另一方面，根据普塞洛斯的作品，接受中高等世俗教育是进入拜占庭官僚机构的门

---

① R. 布朗宁:《拜占庭时期的荷马》,第16页。

② S. Papaioannou, *Michael Psellos, Rhetoric and Authorship in Byzantium*, Cambridge University Press, 2013, p. 7.

③ V. Valiavitcharska, “Rhetoric in the Hands of the Byzantine Grammarian”, *A Journal of the History of Rhetoric*, vol.31, 2013, pp. 243, 255.

④ S. Papaioannou, *Michael Psellos, Rhetoric and Authorship in Byzantium*, Cambridge University Press, 2013, pp. 18, 49.

⑤ W. T. Treadgold, “The Revival of Byzantine Learning and the Revival of the Byzantine State”, *The American Historical Review*, Vol. 84, 1979, p. 1250; R. Browning, “Literacy in the Byzantine World”, *Byzantine and Modem Greek Studies*, Vol.4, 1978, pp. 52–53.

槛。[①]换句话说，以《荷马史诗》等古希腊文化为基础的世俗教育，为拜占庭帝国培养了必需的行政人员和修道士，确保了帝国政府和教会的正常运行。[②]

其二，希腊语是拜占庭帝国最重要的通用语言，并最终在中晚期成为帝国的官方语言。值得注意的是，在拜占庭早期，帝国延续了古罗马帝国的行政传统，官方语言仍然是拉丁语。5世纪的《塞奥多西法典》和6世纪《民法大全》（*Corpus Juris Civilis*）的前三部，其编纂语言都是拉丁语。此外，在拜占庭帝国境内，还存在着多种地方性语言。在埃及，当地民众主要使用科普特语（Coptic）。小亚细亚中部主要讲弗里几亚语（Phrygian），东部讲亚美尼亚语（Armenian）和格鲁吉亚语（Georgian）。叙利亚语在帝国内也有广泛的受众。只有在希腊、巴尔干半岛和小亚细亚西部沿海地区，希腊语才是母语。根据现代学者估计，在查士丁尼一世时期，希腊语只在帝国不到三分之一的版图内是母语。[③]

但即便是在希腊语并非母语的地区，人们仍然会努力掌握希腊语。《荷马史诗》、柏拉图作品等古希腊文献成为拜占庭教育体系的根基，这就决定了每一位在帝国内接受教育的人实际上都是古希腊文化的传承者。希腊语成为东地中海事实上的通用语言。在拜占庭早期，皇帝用拉丁语颁布敕令和法典时，会同时附带希腊语的译文。[④]《民法大全》的最后一部，即《新律》（Novellae）更是直接使用希腊语颁布的。这说明从拜占庭早期开始，希腊语已经成为拜占庭帝国内不可或缺的交往、沟通工具，它势必会取代拉丁语成为拜占庭帝国标志性的语言。7世纪时，这一趋势发展成为现实。据史料记载，在伊拉克略时期，帝

① S. Papaioannou，*Michael Psellos，Rhetoric and Authorship in Byzantium*，Cambridge University Press，2013，pp. 4–5.

② R. Browning，"Byzantine Scholarship"，*Past and Present*，Vol.28，1964，p. 6.

③ C. Rapp，"Hellenic Identity，Romanitas，and Christianity in Byzantium"，*Hellenisms，Culture，Identity，and Ethnicity from Antiquity to Modernity*，ed. by Katerina Zacharia，Ashgate Publishing Ltd，2008，p. 135.

④ I. E. 卡拉扬诺布鲁斯：《拜占庭历史史料》（I. E. Καραγιαννόπουλος，*Πηγαί Βυζαντινής Ιστορίας*），拜占庭研究中心出版社，1971年，第1页。

国民众“已经希腊化，他们抛弃了祖辈的语言，即罗马的语言”[①]。希腊语取而代之，成为官方语言。仅仅一代人之后，拉丁语就已经几乎完全被抛弃。皇帝为了表明对希腊语的支持态度，放弃了传统的“奥古斯都”（Augustus）等拉丁称谓，转而使用古希腊国王的称呼“瓦西里”（βασιλεύς），并自此成为范式。[②]

希腊语不仅在政治领域成为拜占庭帝国的官方语言，在宗教层面同样得到高度认可。事实上，希腊语在拜占庭帝国建立之初就已经成为宗教语言。一位朝圣者艾格利亚（Egeria）记载了他在400年左右在耶路撒冷复活节的见闻：“虽然主教会讲希腊语和叙利亚语，当地部分教众只懂叙利亚语，但是主教只讲希腊语，同时会安排一位神父在旁边，将他的布道翻译成叙利亚语，以便教众能够理解。类似地，做礼拜时的圣经选文，也必须用希腊语朗读，当然也总有人出席并翻译成叙利亚语，以便大家能理解。”[③]由此可见，尽管耶路撒冷地区使用叙利亚语，但希腊语仍然是传教最基本的语言。这源于拜占庭教会和希腊语之间的密切关系：由于《新约圣经》是用希腊语写成的，所以在某种程度上，希腊语一直是拜占庭帝国教会的官方语言。回顾整个拜占庭历史，希腊语是宗教会议决议、圣徒传记、教会史等所有与宗教发展相关事务的主导语言。

总之，古希腊式的教育体系和希腊语，是古希腊文化在拜占庭帝国得以长存的根基。无论拜占庭人是否承认，或者是否意识到，古希腊文化都对他们产生了潜移默化的影响。即便如教会学者约翰·卡米尼亚迪斯（John Cameniates）终其一生，秉承修道主义，刻意抵触古代文献，但他的作品中却仍然带有《荷

---

① G. Horrocks, *Greek: A History of the Language and its Speakers*, Second Edition, Wiley-Blackwell press, 2010, p. 212.

② G. Ostrogorsky, *History of the Byzantine State*; trans., by J. Hussey, Blackwell Publishing, 1968, p. 95.

③ C. Rapp, “Hellenic Identity, Romanitas, and Christianity in Byzantium”, *Hellenisms, Culture, Identity, and Ethnicity from Antiquity to Modernity*, ed. by Katerina Zacharia, Ashgate Publishing Ltd, 2008, p. 135.

马史诗》式的语言风格。[①]

四、作为拜占庭人身份认同标志的古希腊文化

古希腊文化在拜占庭时期的作用不止于此。它是古希腊人的“文化基因”，在拜占庭时期得以延续，逐渐成为“拜占庭人”构建身份认同的重要标志。如前所述，古希腊文化在教会文化、政治文化和大众文化中都产生极为重要的影响力，从而为拜占庭帝国提供了文化共同体的框架。这种框架类似于古希腊时期的泛希腊化，在拜占庭帝国内塑造了一种对自身身份认同的标准。换句话说，在拜占庭时期，当拜占庭人在思考“我们是谁”这样一个命题时，古希腊文化成为他们不可或缺的一个特征。

拜占庭帝国是一个多种族国家，其辖下包括多个种族，比如希腊人、叙利亚人、亚美尼亚人等，现代学者将其统称为拜占庭人。但如何界定“拜占庭人”这一概念，一直是学术界的一大争议话题。1992年，著名拜占庭史学家A. 卡梅隆（A. Cameron）提出了著名的“约翰悖论”。具体而言，在8世纪有一位著名的修士，名为大马士革的约翰（John of Damascus）。学术界在界定他是不是拜占庭人时，发现了一个悖论。如果我们称之为拜占庭人，但他却终身生活在阿拉伯哈里发的统治之下。如果我们不把他看作拜占庭人，但他又是东正教世界的圣徒，他用希腊语创作，其作品也主要涉猎拜占庭的神学。A. 卡梅隆提出这一问题后，并没有给出答案。[②]2006年，A. 卡梅隆出版专著《拜占庭人》，重新探讨如何界定“拜占庭人”。他认为，界定的标准应该是政治归属，多数时间里还

---

① R. 布朗宁:《拜占庭文献中的语言》(R. Browning, “The Language of Byzantine Literature”), S. 乌里欧尼斯主编:《中古和现代希腊文化中的“过去”》(S. Vryonis ed., *The “Past” in Medieval and Modern Greek Culture*), 恩德纳出版社, 1978年, 第117页。

② A. Cameron, “New Themes and Styles in Greek Literature: Seventh-Eighth Centuries”, A. Cameron, L. I. Conrad eds., *Studies in Late Antiquity and Early Islam, 1st Workshop, The Byzantine and Early Islamic Near East*, Darwin Press, 1992, pp. 81–105.

可以加上东正教信仰。[①]但在这两个标准中，前一个仍然无法解释“约翰悖论”，而后一个无法解释拜占庭与诸多皈依东正教的斯拉夫政权之间的关系。

以笔者看来，“约翰悖论”难以解决的根本原因在于，学术界在探索拜占庭人的身份认同时，往往忽视了古希腊文化。为避免误解，我们首先需要指出，想要准确界定“拜占庭人”的概念，单一标准显然是不够的；政治层面的“罗马人”、信仰层面的“东正教徒”、文化层面的“希腊人”，共同构成了“拜占庭人”。我们并不否认“罗马人”和“东正教徒”这两个身份对拜占庭人身份认同的意义，但我们同时需要指出，古希腊文化也是界定“拜占庭人”特征的核心因素，并在构建“拜占庭人”身份认同中具有决定性作用。

以笔者之见，拜占庭帝国辖下各个种族能够构建出“拜占庭人”这一身份，源于他们对古希腊文化的接纳，以及由此建立起来的认同感。拜占庭人对于古希腊的文学、艺术、哲学、历史、医学[②]等都有强烈的认同感，将其视为自身文化身份的标志。我们可以通过与《荷马史诗》密切相关的文学和艺术领域，来验证拜占庭人确实存在古希腊文化认同。

一方面，拜占庭人的文学作品中充满了《荷马史诗》的痕迹。首先，拜占庭学者借助《荷马史诗》的灵感，利用其中的段落，对当世历史事件进行描绘，创作出新的诗歌。例如，4世纪末，诗人士麦纳的柯伊图斯（Quintus Smyrnae-us）创作了《荷马史诗续》（*Posthomerica*），采用荷马式的六部格诗（hexame-ter），试图描绘《伊利亚特》和《奥德赛》之间发生的故事。[③]此类作品不胜枚举，本文不再赘述。值得一提的是，拜占庭人还创作出了自己颇具代表性的史诗和民间英雄形象，即《边区的狄吉尼斯史诗》（*Epic of Digenis Akrites*），讲述了驻守在帝国东部边境的狄吉尼斯保家卫国的英雄事迹。这一史诗在黑海一带

---

① A. Cameron, *The Byzantines*, Blackwell-Publishing, 2006, p. 1.

② 邹薇:《拜占庭对古典医学的继承和发展》,《世界历史》2017年第3期。

③ *The Oxford Dictionary of Byzantium*, ed., by A. P. Kazhdan, Oxford University Press, 1991, p. 1767.

广为传诵。[①]

其次，在创作内容上，拜占庭学者大量使用《荷马史诗》中的典故，来更好地描述当时发生的事件。这些典故，如同汉语中的成语，已经成为拜占庭语言文化中的有机构成。例如，尼基塔斯·侯尼亚迪斯（Niketas Choniates）在描述皇帝安德鲁尼库斯一世（Andronicus I，1183—1185年在位）时，形容他为“长期远途漂泊的人”（πολυπλανέστατος ἀνθρώπων），[②]意指这位皇帝常年在外征战。这实际上是作者借用了荷马给予奥德修斯的绰号，进而可以使读者很容易理解安德鲁尼库斯的性格。安娜公主为了让读者对母亲伊琳尼（Irene）的美丽容颜印象深刻，调用了戈尔贡（Gorgon）脑袋的石化效果：“戈尔贡的头据说可以使看向她的人变成石头，但如果有人看到皇后（即伊琳尼）……就会驻足原地，张口却无法言语，仿佛意识和智慧都已被剥夺。”[③]类似的引用在拜占庭文献中时有出现。

此外，在写作手法上，拜占庭学者注重使用“荷马式”的论述方式，关注军事战争和打斗场景。因此，布里恩努斯的历史作品中，重点描绘了武器装备和军事将领们的伟岸形象，颂扬了军事贵族的光辉事迹，将之类比于荷马笔下的英雄们。[④]尼基塔斯·侯尼亚迪斯在作品中刻意加入荷马元素，描绘了一位拜占庭士兵与敌人单枪匹马式的对决，最终将敌人“那超乎寻常、名副其实的赫克托耳（Hector）之盾劈成两半”（χρῆμά τι πέλωρον ὄντα καὶ ἀτεχνῶς Ἑκτόρειον），迫使敌人仓皇逃跑。[⑤]作者借用“赫克托耳之盾”的典故来表明拜占庭士兵的正义性，因为在特洛伊战争中，赫克托耳是希腊人的主要敌人，是

---

① T. Winnifrith, “Homer in Byzantine Dress”, *Aspects of the Epic*, ed., T. Winnifrith, P. Murray and K. W. Gransden, Macmillan Publishers Limited, 1985, pp. 80–91. 这部史诗已经有了中译本，参见《狄吉尼斯·阿克里特：混血的边境之王》，刘建军译，北京大学出版社，2017年。

② Nicetae Choniatae, *Historia*, ed. by J. van Dieten, De Gruyter, 1975, 353:18–19.

③ 安娜·科穆宁：《阿莱克修斯传记》，3:2:4:12–16。

④ A. Kaldellis, *Hellenism in Byzantium, The Transformations of Greek Identity and the Reception of the Classical Tradition*, Cambridge University Press, 2008, p. 242.

⑤ Nicetae Choniatae, *Historia*, ed. by J. van Dieten, De Gruyter, 1975, 23:4–25:4.

非正义的英雄。[1]

另一方面，拜占庭人认同古希腊艺术，特别是神话人物的雕塑，以此作为传统文化艺术的代表。为此，早期的拜占庭皇帝到处收集古代雕塑。尤西比乌斯在《君士坦丁（大帝）传记》（*Vita Constantini*）中写道："在这座以其名命名的城市中，到处都是古代的青铜雕塑，它们出自最精美的工艺，由各个行省进献。"[2]根据左西莫斯的记载，君士坦丁堡内收藏了大量古代神话人物的雕塑：在大竞技场内立有狄俄斯库里（Dioscuri）雕塑和来自德尔菲的三角柱等；在拜占庭古城遗址的古市场处立有瑞亚（Rhea）雕塑；在元老院中立有来自赫利孔山（Mount Helicon）的缪斯女神雕塑群，在院前则竖立着多多纳（Dodona）的宙斯和林多斯（Lindos）的雅典娜雕塑。[3]

拜占庭人对古代雕塑的认同在帝国内一直存在，并发展成为一种文化现象。8世纪出现了研究君士坦丁堡内雕塑艺术的手册——《历史短注》（Παραστάσεις σύντομοι χρονικαί）。它记载了君士坦丁堡的城市发展史和城中保存的古典雕塑的情形，是基督徒对待古典传统的一种思考。[4]10世纪末，这部著作得到修订和补充，改名为《帕特里亚》（Πάτρια），其主要内容仍然是君士坦丁堡的起源和城内的遗迹等。[5]12世纪，玛纳塞斯（Constantine Manasses）在作品中描述了关于奥德修斯和独眼巨人故事的浮雕，其中的论述方式和写作手法，和古典时期几无二样。[6]这些例证都说明，拜占庭人对古希腊雕塑已经上升

---

① R. -J. Lilie, "Reality and Invention: Reflections on Byzantine Historiography", *Dumbarton Oaks Papers*, No.68, 2014, p. 189.

② Eusebius, *Vita Constantini*, ed., F. Winkelmann, *Academic Press*, 1975, III:54.

③ Zosime, *Histoire Nouvelle*, ed., by F. Paschoud, Les Belles Lettres, 1971–1989, II:31:1:3-31:2:7, V:24:6:1-24:7:6.

④ *Constantinople in the Early Eighth Century: the Parastaseis Syntomoi Chronikai: introduction, translation, and commentary*, ed., by Averil Cameron and Judith Herrin, Brill Press, 1984, vii.

⑤ *The Oxford Dictionary of Byzantium*, ed., by A. P. Kazhdan, Oxford University Press, 1991, p. 1598.

⑥ C. Mango, "Antique Statuary and the Byzantine Beholder", *Dumbarton Oaks Papers*, No.17, 1963, p. 68.

到了理论研究的文化层面。

拜占庭人的古希腊文化认同感在君士坦丁堡沦陷于第四次十字军东征时展现得淋漓尽致。在拜占庭人看来，这是他们的文化之殇。第四次十字军东征攻陷君士坦丁堡之后，在城中大肆洗劫，君士坦丁堡内大量名贵的雕塑惨遭毁损。尼基塔斯·侯尼亚迪斯在其作品中单独辟出一节，用相当的篇幅，大段引用《荷马史诗》中的语句，痛斥十字军的暴行，也为古典文化哀伤。他详细记载了被毁掉的18件青铜雕塑，包括赫拉的巨幅雕塑、将苹果交给阿佛洛狄忒的帕里斯（Paris）、赫拉克勒斯和他身边篮子里的狮皮等。[①]作者痛斥十字军的野蛮暴行和短视目光，称他们为“憎恨美丽艺术的野蛮人”，居然为了铸币而将这些“稀世珍奇的艺术品”熔铸，这样的愚蠢行为会使“伟大的事物变成渺小的尘埃，那些花费巨大心血铸造的艺术品只是变成了毫无价值的铜币”。[②]他为无法挽救这些古代作品而痛心，他甚至期待海伦（Helen）的雕塑能够利用“那无法抗拒的魅力”（τὰ ἄμαχα φίλτρα）去阻止敌人的暴行。[③]尼基塔斯·侯尼亚迪斯的这种感受很能代表拜占庭人对待古希腊文化的态度，他们很难理解“对黄金的痴迷与疯狂（χρυσομανὲς），使得十字军居然将这些罕见而珍贵的艺术品完全付之一炬”[④]。只有对古希腊文化欣赏并热爱的拜占庭人，才能切身体会到这场文化浩劫的痛楚。

由此可见，拜占庭人对古希腊的文学和艺术都高度认可，将其视为自身传统文化中的瑰宝。拜占庭人基于对古希腊文化的认同感，形成了自己的身份认同，进而成为区别于其他群体的“希腊人”。

“希腊人”这一身份认同在拜占庭早期尚未显现。但到了八九世纪之交，法兰克帝国出现，查理曼不仅被罗马教皇加冕，而且被称为“罗马人的皇帝”

① Nicetae Choniatae，*Historia*，ed. by J. van Dieten，De Gruyter，1975，647:1-655:3.

② Nicetae Choniatae，*Historia*，ed. by J. van Dieten，De Gruyter，1975，649:22-26.

③ Nicetae Choniatae，*Historia*，ed. by J. van Dieten，De Gruyter，1975，652:18-22.

④ Nicetae Choniatae，*Historia*，ed. by J. van Dieten，De Gruyter，1975，652:26-29.

（*Imperator Romanorum*），拜占庭作为“罗马帝国”继承者的权威遭到挑战，拜占庭人的“希腊”身份认同开始出现在潜意识中。众所周知，拜占庭帝国极为推崇历史的延续性，他们既将自己称为“罗马人”（Rhomaioi），又自视为“天选之民”（chosen people），因此拜占庭的首都君士坦丁堡被称为“新罗马”和“新耶路撒冷”。[①]因此，面对西方基督教帝国的兴起，拜占庭人着意强调自己的延续性。一方面，拜占庭皇帝们拒绝承认查理曼“罗马皇帝”的头衔，即便是在军事压力之下，也只是称呼查理曼为“皇帝”（*basileos*），而坚称“罗马皇帝”的头衔专属于自己。[②]为了强调“罗马人”的身份，拜占庭皇帝刻意在钱币上加上头衔“罗马人的皇帝”（*basileis Romaion*）。[③]另一方面，拜占庭帝国坚持自己文化上的独特性，呈现出一些在古罗马帝国建立之后从未中断的特征，即对古希腊文化的传承。[④]在古罗马帝国时期，当权者实施亲希腊主义，古希腊文化是帝国文化的重要内容。[⑤]拜占庭人由此相信，能够传承古希腊文化的帝国才是真正的罗马帝国。

于是，在9至10世纪，拜占庭帝国内出现了古希腊文化的全面复兴。[⑥]这集中体现在拜占庭人在抄写、整理古希腊文献上表现出前所未有的热情。君士坦丁堡大教长弗提乌斯（Photios）的《条目录》（Bibliotheca）中，收录了多达99

---

① A. 卡日丹、A. 库特勒：《拜占庭历史中的延续与断裂》（A. Kazhdan and A. Cutler, “Continuity and Discontinuity in Byzantine History”），《拜占庭》第52卷，1982年，第475~476页。

② Mark Whittow, *The making of the Orthodox Byzantium, 600-1025*, Macmillan Publishers Limited, 1996, p. 305.

③ *The Cambridge History of the Byzantine Empire, c. 500-1492*, ed., by J. Shepard, Cambridge University Press, 2008, pp. 417–418.

④ P. Speck, *Understanding Byzantium*, Ashgate Publishing Ltd, 2003, p. 144.

⑤ 徐晓旭：《罗马统治时期希腊人的民族认同》，《历史研究》，2006年第4期。

⑥ *The Oxford History of Byzantium*, ed., by C. Mango, Oxford University Press, 2002, pp. 214–229; W. T. Treadgold, “The Revival of Byzantine Learning and the Revival of the Byzantine State”, *The American Historical Review*, vol.84, 1979, pp.1245–1266.

位作者、122种古希腊作品。[①]据史料记载，帕特雷的阿瑞萨斯（Arethas of Pa - tras）为了抄写古希腊数学家欧几里得（Euclid）的作品花费了14个诺米斯玛金币（Nomismata），为抄写柏拉图的作品花费了21个金币，仅此两项就相当于当时朝廷大臣年薪俸总额（72个金币）的近一半，其狂热程度可见一斑。[②]与此同时，拜占庭人将古希腊文化融入当世的文学、艺术、建筑创作之中，出现了许多辞书类的典籍和精美的艺术作品。这一时期保存至今的象牙雕绘、饰品盒、器皿、手绘插图、浮雕等，都展现出浓重的古希腊元素。[③]概而言之，在9至10世纪，拜占庭人为了强调“罗马人”的身份，而强化古希腊文化对于帝国传承的重要作用，从而在潜意识中接纳了“希腊人”这一身份认同。

到了拜占庭晚期国势衰颓之时，古希腊文化进一步成为拜占庭人区分于其他族群的身份标识，拜占庭人开始有意识地塑造自己的“希腊人”身份。这一时期，由于与西方拉丁人在军事、贸易、外交领域冲突不断，拜占庭人中出现了强烈的反拉丁人情绪。拜占庭人的“罗马人”身份一直遭到西欧拉丁人的质疑和拒绝，而东正教徒的身份也不足以区分拜占庭人和保加利亚人、罗斯人等，只有古希腊文化是拜占庭人独有的，可以用来标注拜占庭人的特征。自此，拜占庭人既延续传统的“罗马人”的政治身份，也开始公开

---

① R. Browning，“Byzantine Scholarship”，*Past and Present*，vol.28，1964，p. 9.许多古希腊文献正是经由《条目录》才得以留存至今，例如迪奥多鲁斯·西库鲁斯（Diodorus Siculus）的《历史辑录》（*Ἱστορικὴ Βιβλιοθήκη*）和阿利安（Arrian of Nicomedia）的诸多作品等。

② *The Oxford History of Byzantium*，ed.，by C. Mango，Oxford University Press，2002，pp. 221–223.

③ Henry Maguire，“Epigrams，Art，and the ‘Macedonian Renaissance’，” *Dumbarton Oaks Papers*，vol.48，1994，pp. 105-115，介绍了带有古希腊风格浮雕的饰品盒，带有美杜莎（Medusa）、爱神厄洛斯（Eros）、战神阿瑞斯等形象的墨水壶等艺术作品。根据P. 玛格达林诺的研究，“智者”利奥兴建的浴场也是“古典复兴”的伟大成就之一，P. Magdalino，“The Bath of Leo the Wise and the ‘Macedonian Renaissance’ Revisited: Topography，Iconography，Ceremonial，Ideology”，*Dumbarton Oaks Papers*，vol.42，1988，pp.115-116。此外，在这一时期抄写的纳坚祖斯的格里高利（Gregory of Nazianzus）赞美诗版本中，绘有“荷马面见俄尔甫斯（Orpheus）”的插图；参见F. 波塔尼：《一幅拜占庭时期的荷马肖像画》，第14~15页。

以“希腊人”这一文化身份自居。正因为此，在12世纪50年代，拜占庭人乔治·托尼克斯（George Tornikes）直接称呼自己的同胞是“希腊人”。[①]在首都君士坦丁堡沦陷于第四次十字军东征之后，普雷托（Pletho）致信尼西亚流亡帝国皇帝塞奥多利二世（Theodore Ⅱ Lasikaris，1254—1258年在位）时直言：“我们是您引领和统治的臣民，我们是希腊族裔，这一点可以通过我们的语言和教育获得证明。”14世纪，著名诗人塞奥多利·梅多希提斯（Theodore Metochites）同样直呼：“我们是古希腊这个种族和语言的继承者。”[②]15世纪，劳尼库斯·查克孔迪利斯（Laonikos Chalkokondyles）将拜占庭人的历史追溯到古希腊人创造的丰功伟绩（ἔργα μεγάλα）、狄奥尼索斯（Dionysus）和赫拉克勒斯在欧亚大陆开疆拓土的先驱事迹，[③]从而强调了不同于西方拉丁人的族群身份。

与此同时，拜占庭人的“希腊人”身份还可以通过他者的看法得到证实。拜占庭帝国周围的其他族群，从很早时候起就将古希腊文化视为界定拜占庭人身份的重要标准，称拜占庭人为“希腊人”。

7世纪，在被阿拉伯帝国占领的拜占庭地区，当地民众仍然希望保持自己的族群特征，继续维系自身“拜占庭人”的身份。而这种身份认同最明显的特征便体现在古希腊文化上。因此，在7—8世纪的“黑暗时代”（Dark Ages），拜占庭本土的文化活动受到阻碍，反而是在阿拉伯帝国占领地区，古希腊文化得到光明正大地弘扬。根据《大马士革的约翰传记》所述，这位圣徒的父亲希望他能够接受传统的希腊式教育。因此，他高价聘请被阿拉伯人绑架到大马士革的西西里修士科斯马斯（Cosmas），专门讲授古希腊文化。[④]在另一个被占领的

① G. Page, *Being Byzantine, Greek Identity before the Ottomans*, Cambridge University Press, 2008. p. 65.

② S. Vryonis, “Greek Identity in the Middle Ages”, Études Balkaniques, No.6, 1999, pp. 34-35.

③ 劳尼库斯·查克孔迪利斯:《精粹编年史》(*Laonikos Chalkokondyles: A translation and commentary of the “Demonstration of Histories” (Books I-III)*, trans.by N. Nicoloudis),历史出版社1996年版,第89~93页。

④ A. Louth, *St. John Damascene: Tradition and Originality in Byzantine Theology*, Oxford University Press, 2002, pp. 17, 284.

地区叙利亚，这种传统也一直在延续。许多修道院的图书馆中都藏有大量古希腊文献的抄本。例如最著名的《荷马史诗》手稿之一，现存于大英博物馆的卡塔姆修道院（Qarthamun）手稿就是在大约800年抄写于叙利亚的。[①]沦陷区的民众如此强调古希腊文化，是因为古希腊文化是他们区别于阿拉伯人的特征。阿拉伯人由此将拜占庭人视为古希腊文化的传承者，马苏迪（Masudi）等阿拉伯学者直称拜占庭帝国为“希腊人的土地”[②]。

西方拉丁人更是将古希腊文化视为拜占庭人最明显的身份标签。第四次十字军攻陷君士坦丁堡之后，为了称呼上的方便，直接称拜占庭人为希腊人。[③]但事实上，早在9世纪之后，拉丁人与拜占庭人围绕着“罗马人”的归属问题，便展开了论战。教皇尼古拉一世（Pope Nicholas I，858—867年在位）在给拜占庭皇帝的信中直言：“你应该意识到，你称自己为罗马皇帝是很荒谬的，因为你不懂罗马语言（拉丁语）。因此，你应该放弃称自己为罗马皇帝。”[④]换言之，罗马教皇认为，拜占庭皇帝讲希腊语，因此应该是希腊人的皇帝。这种理念在拉丁世界有着广泛的认可。10世纪奥托王朝（Ottonian dynasty，919—1024年）使臣柳特布兰德（Liudprand of Cremona）奉命出访拜占庭帝国。在他看来，拜占庭人并不是拉丁人或者罗马人，而是希腊人。例如，他写道：“强大的勇士西蒙（Simeon I of Bulgaria，893—927年在位）统治着保加利亚人，他是一个基督徒，但却对他的希腊邻居怀有强烈的敌意”，而“希腊人最虔诚的皇帝利奥六世（Leo VI， 886—912年在位）……在各条战线都获得了和平，用神圣而正义的方

---

① M. M. Mango, “Patrons and Scribes indicated in Syriac Manuscripts, 411 to 800 AD”, *Jahrbuch der Österreichischen Byzantinistik*, vol. 31. No. 4, 1982, p. 8.

② S. Vryonis, “Greek Identity in the Middle Ages”, *Études Balkaniques*, No.6, 1999, pp.29–30.

③ P. Gounaridis, “Η εξέλιξη της ταυτότητας των Ελλήνων στη Βυζαντινή αυτοκρατορία”, *Études Balkaniques*, No. 6, 1999, p. 62.

④ C. Rapp, “Hellenic Identity, Romanitas, and Christianity in Byzantium”, *Hellenisms, Culture, Identity, and Ethnicity from Antiquity to Modernity*, ed. by Katerina Zacharia, Ashgate Publishing Ltd, 2008, p. 141.

式统治着希腊人的帝国"。[①]12世纪中期，神圣罗马帝国皇帝弗里德里希·巴巴罗萨（Frederick Barbarossa，1155—1190年在位）在接到拜占庭皇帝曼努埃尔一世的军事求援时，鄙夷地加以拒绝，因为后者是"希腊人的国王"。[②]可见，在拉丁人心目中，拜占庭人就是希腊人，双方因为语言和文化的差异而分属于不同的族群。

除此之外，还有许多国家将古希腊文化视为拜占庭人的身份认同标准，例如保加利亚的铭文中明确称拜占庭人为希腊人，[③]本文不再一一赘述。可见，无论是在拜占庭人的潜意识中，还是在他者的视角下，古希腊文化都是拜占庭人不同于其他群体的重要特征。[④]

五、结论

在拜占庭帝国，古希腊文化推动了教会体系和皇权体系的发展，主导着拜占庭人的教育和成才经历，进而为帝国提供了文化共同体的框架，逐渐塑造了拜占庭人对自身身份认同的标准，成为界定"拜占庭人"族群特征的核心因素之一。部分学者否认古希腊文化在拜占庭帝国的重要地位，是因为在他们的理念中，基督教信仰是官方意识形态，而古希腊文化与基督教信仰在核心价值观上发生冲突，因而只能居于边缘地位。然而他们忽略了四个因素：

其一，基督教文化虽然拒绝多神教信仰，但却继承了古希腊文化的其他精髓。其二，优秀的古老文化能够焕发强大的生命力。古希腊文化能够在拜占庭时期延续，主要得益于此。古希腊文化在语言、教育、文学、医学、哲学等领域

---

① Liudprand of Cremona，*The Complete Works of Liudprand of Cremona*，translated with an introduction and notes by Paolo Squatriti，Catholic University of America Press，2007，pp. 47–48.

② G. Horrocks，*Greek: A History of the Language and its Speakers*，Second Edition，Wiley-Blackwell Press，2010，p. 202.

③ S. Vryonis，"Greek Identity in the Middle Ages"，*Études Balkaniques*，No.6，1999，p. 30.

④ 如果以此作为标准，"约翰悖论"也不复存在：既然大马士革的约翰接受的是希腊式教育，创作基督教神学作品使用的也是希腊语，那么他自然应该被视为拜占庭人。

中留下的宝贵财产，渗透在拜占庭社会生活的方方面面。特别是语言和教育，塑造着拜占庭人的思维方式。古希腊文化就像种族延续中的基因一样，即便没有呈现出显著的外在特征，也依然在传承中扮演特定的核心作用。拜占庭人对自身的称呼从强调政治身份的“罗马人”，逐渐变成强调文化身份的“希腊人”，正是古希腊文化生命力和影响力的体现。其三，不同文化能互相包容。在拜占庭早期，基督教会之所以围绕是否彻底扼杀古希腊文化而发生争论，原因之一是基督教尚未建立完善的神学体系和文化影响力，这体现在频繁召开的宗教会议和神学争论上。当基督教的正统教义得以确立，并得到广泛认可时，它也同时具备了对古希腊文化的包容力。事实上，在拜占庭时期，古希腊文化得以传承，教士群体功不可没。得益于他们对古希腊文献的抄写、保存，甚至研究，我们才能在今天目睹诸多古希腊典籍。以《荷马史诗》为例，当代学者在研究这部伟大的史诗时，仍然无法绕开12世纪塞萨洛尼基的主教尤斯塔西乌斯所做的评注。其四，文化可以互利共存。在拜占庭时期，基督教信仰代表宗教理念，古希腊文化代表世俗生活。世俗生活出现在史料中的频率远不如基督教的重大事件，但这并不能否认古希腊文化的重要性。先进的新兴文化和优秀的古老文化是互利共生的关系。拜占庭帝国采取的是“教俗共荣”的文化政策。拜占庭时期古希腊文化的境况和地位对此做了有力的诠释。

本文原刊载于《世界历史》2019年第3期。

本文作者：

庞国庆，1984年生，江苏徐州人，2002年9月至2008年6月在南开大学取得本科、硕士学位，2008年10月至2015年7月在希腊雅典大学获得博士学位。现为南开大学历史学院副教授，法国索邦大学高级访问学者。2016年入选天津市“131”创新型人才培养工程第三层次人才。主要研究方向为拜占庭历史与文化、世界中古史。在《历史研究》《世界历史》等期刊发表多篇文章。

概念隐喻理论中的古埃及“死亡”观念*

徐诗薇

一、传统隐喻和“概念隐喻理论”

英文中的“隐喻”（metaphor）一词是由希腊文μεταφορά而来，意为“转换”，为修辞学中的一种。简单地说，隐喻就是“将一种事物的意义转换到另一种事物上”，它们两者之间会有一种相似性，可能是形状、颜色、内容等。古希腊哲学学亚里斯多德（Aristotle，384–322 BC）曾在《诗学》（*Poetic*）和《修辞学》（*Rhetoric*）里定义“隐喻”是“另一个语义的运用，从其属性转移至另一个物体，或将其属性运用至另一个物体，抑或两者通过类比的方式”①；他亦举例说明：“阿基里斯，一只狮子，跳跃于他”②，这句话是一种“隐喻”，由于“阿基里斯”等于“狮子”，自然阿基里斯会接收狮子勇猛的个性。现代语言学者艾弗·阿姆斯壮·理查兹（I. A. Richards）是第一个提出“隐喻”是由“主体”（tenor）和“载体”

*此论文的简写说明如下：BD:《亡灵书》(Book of the Dead)；CT:《棺木之文》(Coffin texts)；*LÄ*: Wolfgang Helck and Eberhard Otto, *Lexikon der Ägyptologie* vol. I–VII. Harrassowitz, 1975—1992；PT:《金字塔文》(Pyramid texts)；KRI: Kenneth A. Kitchen, *Ramesside Inscriptions: Historical and Biographical*, vol. I-VII. B. H. Blackwell Ltd, 1975–1989；Urk. IV: Kurt Sethe, *Urkunde der 18. Dynastie* vol. I–VII. J. C. Hinrichs' sche Buchhandlung, 1906–1909; *Wb*: Adolf Erman and Herman Grapow, *Wörterbuch des ägyptischen Sprache* vol. I-V. Akademie-Verlag, 1926–1921.

① Aristotle, Poetic 1457 b. 6: http://www. perseus. tufts. edu/hopper/text? doc=Perseus% 3Atext% 3A1999.01.0056% 3Asection%3D1457b. (2022/10/2).

② Aristotle, Rhetoric, book III, Chapter 4, Section 1, 1406 b.22: https://www.perseus.tufts.edu/hopper/text? doc = Perseus%3Atext%3A1999.01.0060%3Abook%3D3%3Achapter%3D4%3Asection%3D1. (2022/10/2).

（vehicle）两个部分所组成的学者。[①]除此之外，“隐喻”还有一个重要的元素为“第三个比较物”［tertium comparationis（拉丁文）］，意味载体的个性和特性等。若将所有理论套在“阿基里斯，一只狮子，跳跃于他”上，可以得出此结论：主体是“阿基里斯”，载体是“狮子”，而第三个比较物则是“勇猛”（图1）。[②]

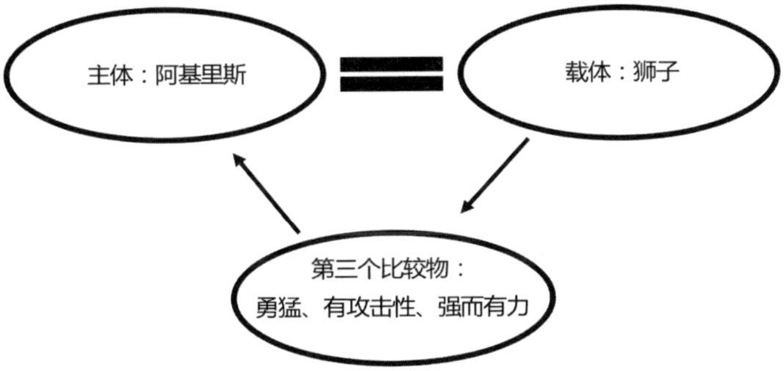

图1 主体、载体和第三个比较物的关系（笔者自绘）

在莱考夫和约翰逊提出“概念隐喻理论”之后，[③]传统隐喻的研究方式逐渐成为旧式研究方法。语言学家考维切斯兆坦（Z. Kövecses）曾在其专著《隐喻》（*Metaphor*）中将传统隐喻和“概念隐喻理论”不同之处归纳为以下五点：[④]

（1）隐喻具有概念的特质，而非字句的特质；

（2）隐喻是为了能更好地理解某些概念，而不仅出于艺术或美学的目的；

（3）隐喻时常不基于相似性；

（4）隐喻可以在日常生活中轻松地为一般大众使用，而非仅限专业人士；

（5）隐喻并非一个多余的装饰品，它是人类思维和推理的一个必然过程。

在抽象的概念系统里，多数的人在使用隐喻的时候都是不自觉的，它的确存在

① Ivor A. Richards, The Philosophy of Rhetoric. Oxford University Press, 1956, pp. 98–101.

② Shih-Wei Hsu, *Bilder für den Pharao. Untersuchung zu den bildlichen Ausdrücken des Ägyptischen in den Königsinschriften und anderen Textgattungen*, Brill, 2017, pp. 24–25.

③ George Lakoff and Mark Johnson, *Metaphors We Live By*. The University of Chicago Press, 1980.

④ Zolten Kövecses, *Metaphor. A Pratical Introduction*. Oxford University Press, 2010, p. x.

并在我们的思考模式、语言表达和行为举止中发生作用。基本上，概念隐喻是由两个域（domain）组成："目标域"（target）和"来源域"（source），它被理解为当在"来源域"中的某些性质被触发并被"映照"（mapping）到"目标域"中，从而使我们平常对目标域的认知产生改变并重组。"来源域"和"目标域"的"映照"可通过这两个产生的概念对应（conceptual correspondences）来描述，它具有一致的系统，时常渗透在我们的日常生活中，例如思考、说话和动作等。譬如，在概念隐喻"争论是战争"（argument is war）里，其"来源域""目标域"及彼此之间的"映照"如图2：

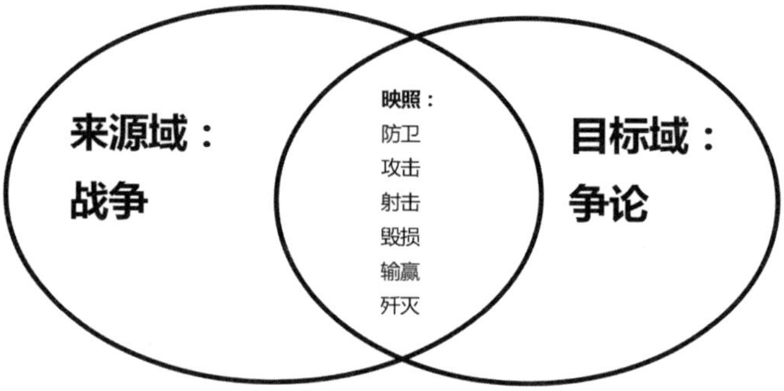

图2　概念隐喻：争论是战争（笔者自绘）

概念隐喻"争论是战争"的例子：①

防卫　你的主张站不住脚！（Your claims are indefensible!）

攻击　他攻击我言论中的每个弱点！（He attacked every weak point in my argument!）

射击　他的批评正中目标。（He criticisms were right on target.）

他击落了我所有的论点！（His shot down all of my arguments.）

毁损　我打破了他的论点。（I demolished his argument.）

输赢　我从来都无法在言论上赢过他！（I' ve never won an argument with him.）

① Lakoff and Johnson, *Metaphors We Live By*, 4.

歼灭　如果你使用那个战略，他将会把你排除在外。（If you use that strategy, he will wipe you out.）

“争论是战争”的概念隐喻借由战争的模式描述了争论的行为，如攻击某点（attack a position）、无法防御的（indefensible）、战略（strategy）、新的攻线（new line of attack）、赢（win）和夺取地盘（gain ground）等，形成了一个“争论就像是战争”系统模式。莱考夫和约翰逊亦强调：“我们的行为经常建立在战争的概念上。这里不是指行动上的战争，而是字句上的战争，言论也可以有类似于战争的思考模式：攻击、防御或是反击等。‘争论是战争’的概念隐喻是我们生活中的文化之一。”[①]不同的“来源域”会产生不同的概念系统，而在“目标域”中产生不同的“映照”。如在“争论是建筑”（argument is building）的概念隐喻中，如果争论就像是一栋建筑物，那么在概念系统里必然会用到建筑的概念。[②]

稳定　这个论点不稳。（The argument is shaky.）

塌毁　这个论点崩塌了。（The argument collapsed.）

建构　我们需为此建构一个强有力的论点。（We need to construct a strong argument for that.）

在“争论是旅程”（argument is journey）中的概念隐喻中，可以想象争论就像是一场旅程，有一个路径的概念。[③]

方向　　这个观察指出一条简明的解决之路。（This observation points out the way to an elegant solution.）

目的地　我们得出一个令人困扰的结论。（We have arrived at a disturbing conclusion.）

在“争论是容器”（argument is container）的概念隐喻中，主要涉及的是争论的

---

① Lakoff and Johnson, *Metaphors We Live By*, 4.

② Lakoff and Johnson, *Metaphors We Live By*, 46.

③ Lakoff and Johnson, *Metaphors We Live By*, 90.

内容，即争论可被视为是一个有界的平面，有中心和边缘的空间，可以装着物质，有着不同的量。①

空　你的论点没有内容。（Your argument doesn't have much content.）

你的论点很空洞。（Your argument is vacuous.）

破洞　那个论点有漏洞。（That argument has holes in it.）

你的论点包不住水。（Your argument won't hold water.）

核心　我还未得到他论点中的重点。（I still haven't gotten to the core of his argument.）

通过这些概念隐喻的例子可以看出，同一个主题“争论”可以在不同的来源范畴产生不同的映照，从而产生不同的语意传递。概念隐喻的使用确实很常出现在我们的思考模式中，处于不同的社会环境，面对事物就会产生不同的认知，每一个事物都有不同的面向，会因为外在环境的改变而有不同的变化。用概念隐喻的目的是为了让听者更能了解表达的含义，且透过日常生活的事物更能感同身受，因为我们对事物的了解时常牵涉到以一种事物去了解另外一个事物，所以使用适当的隐喻来沟通，可以让我们瞭解彼此的思维模式。

二、埃及学的“概念隐喻理论”相关研究

既然在现代社会我们时常以概念隐喻理论来思考和表达，那么在古埃及社会中，古埃及人是否也有“概念隐喻”的思考模式呢？借用莱考夫和约翰逊的新论点，近十年来，埃及学学者也开始从概念隐喻的角度来重新探索古埃及语言和文献。

以色列的埃及学学者奥丽·戈德瓦瑟（O. Goldwasser）首先利用“概念隐喻

① Lakoff and Johnson, *Metaphors We Live By*, 92.

理论”的研究方法把象形文字的意符分为两种原型类别（Classifier）：①类别“树”（tree  [M 1]）与“兽皮和尾巴”（hide and tail  [F27] ）。在“兽皮和尾巴”意符中，戈德瓦瑟又划分出两个等级：基本等级（basic level）和次要等级（subordinate level）。简言之，戈德瓦瑟②将以往埃及学学者称为“determinative”的意符视为一个不同图像的分类，每个分类都呈现了一种语言的状态，因此  *wt*“尸体防腐员”， *sḏmj*“法官（聆听者）”， *jt3*“小偷”， *ṯbw*“制拖鞋者”等都被归为最高等级（人类+男，human+man） 的图像；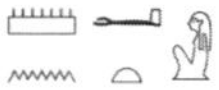 *mnꜥt*“乳母”和  *ẖ3rt*“寡妇”都被归为最高等级（人类+女，human+woman） 的图像。虽然戈德瓦瑟的理论至今无法囊括全部的古埃及字汇，但卻使埃及学学者重新思考“意符”对于词汇的意义。从她之后，许多的埃及学学者也从不同的研究视角来探索概念隐喻理论。

托罗·卢埃达（M. I. Toro-Rueda）的研究表明，“心”可以表示情绪隐喻，因为它掌控了情绪、感觉和想法：③*3wt-jb*“喜悦”、*3ms-jb*“使愉悦”、*3ḫ-jb*“聪明的”、*jp-jb*“明智的”、*ꜥ3-jb*“傲慢的”、*ꜥḥꜥ-jb*“坚定的”、*wb3-jb*“聪敏的”、*wḥꜥ-jb*“机智的”、*wsr-jb*“勇敢的”、*mn-jb*“坚硬的”、*ḥ3ḫ-jb*“急切的”、*ḥmww-jb*“娴熟地”、*s3wj/s3bj-jb*“快乐的”、*sḫm-jb*“无惧的”和*twt-jb*“才智的”等。除了“心”以外，丹尼尔·韦宁（D. Werning）亦指出，身体部

---

① Orly Goldwasser, *Prophets, Lovers and Giraffes*: *World Classification in Ancient Egypt*, GOF VI 38. Harrassowitz, 2002.

② Orly Goldwasser, “A comparison between classifier language and classifier script: the case of ancient Egyptian”, in G. Goldenberg and A. Shisha-Halevy (eds), *Egyptian, Semitic and general grammar: studies in memory of H. J. Polotsky*. Israel Academy of Sciences and Humanities, 2009, pp. 16–39.

③ Maria Isabel Toro-Rueda, *Das Herz in der Ägyptischen Literatur des zweiten Jahrtausends v. Chr.: Untersuchungen zur Idiomatik und Metaphorik von Ausdrücken mit jb und HAtj*.Dissertation, 2004, Universität Göttingen.

位也可作为转喻或隐喻的对象：[①]

- 以部分代替整体（pars pro toto）：ʿ “手臂和手” = “手”、ḥr-jb “每一张脸” = “每个人”；
- 外在和结构形式的相似：*ḫpš* “有力的手臂” = “镰刀”；
- 空间概念：*dp* “头” = “屋顶”、*r3* “嘴巴” = “门”；
- 源自质与量的空间概念：*rmn* “肩膀” = “侧面”、*mḥ* “下手臂” = “臂长”（长度的测量）；
- 源自社会功能的空间概念：*ẖr rd.wj* “在某某人脚下” = “屈服”；
- 时间概念：*dp* “头” = “开始”；
- 有联系的行动和产物：*r3* “嘴巴” = “咒语”“箴言”。

科勒（I. Köhler）研究了古埃及文献中如何通过“概念隐喻理论”来表达“愤怒”。[②]身体是情绪承载的容器，可以直接感受和接收，例如，“愤怒在容器中是一种炙热的液体”（anger is heated fluid in a container），在这里，愤怒概念被转化成一种身体中的情绪反应：心跳加快、血压升高、发热和面红等等。概念隐喻“愤怒是红色”（anger is red）则在古埃及语中以 *dšr jb* “有着红色的

---

① Daniel Werning, “Der ‚Kopf des Beines’, der ‚Mund der Arme’ und die ‚Zähne’ des Schöpfers: Zur metonymischen und metaphorischen Verwendungen von Körperteil-Lexemen im Hieroglyphisch-Ägyptischen”, in A. Wagner and K. Müller (eds), *Synthetische Körperauffassung im Hebräischen und seinen Nachbarkulturen. Beiträge zum Symposium “Synthetische Körperauffassungen” im Rahmen des DFG-Projekts “stabilitas dei”*, 17./18. Juni 2011. AOAT 416. Ugarit-Verlag, 2014, pp. 107–161.

② Ines Köhler, “Rage like an Egyptian: the conceptualization of anger”, in Maarten Horn et al. (eds), *Current Research in Egyptology 2010: Proceedings of the eleventh annual symposium, Leiden University 2010*, Oxbow, 2011, pp. 81–96; id., “Du Pharao-ich Hulk: Wahrnehmung und Versprachlichung von Wut”, in Gregor Neunert et al. (eds), *Sozialisation: Individuum-Gruppe -Gesellschaft: Beiträge des ersten Münchner Arbeitskreises Junge Aegyptologie (MAJA 1), 3. Bis 5.12.2010*, Harrassowitz, 2012, pp. 127–138; id. Rage like an Egyptian: die Möglichkeiten eines kognitiv-semantischen Zugangs zum altägyptischen Wortschatz am Beispiel des Wortfelds(WUT). Helmut Buske, 2016.

心”①代表愤怒的意思。再譬如，“愤怒是一只危险的动物”（anger is a dangerous animal），古埃及文献中与此相似的例子有：*jsṯ jb nj ḥm=f nḥꜣ sḫm mj mꜣj* “他的陛下的心又愤怒又强壮，就像狮子（的心）一样”（K*RI* II, p. 23:4）。

施泰因巴赫（E. Steinbach）研究了感官动词*dp* “尝试”的“概念隐喻理论”。②她以“尝试是一种身体感官、情绪上的接收、经验和理解”来举例：*dj =j dp=sn drt=j m km-n-ꜣt* “我（拉美西斯二世）马上会让他们尝到我的权威（手的转喻）”（K*RI* II, p. 52:1 – 4 [§ 155]），施泰因巴赫由此指出，感官动词dp具有以上各种含义，与现今使用并无不同。

徐诗薇则是以“概念隐喻理论”中的空间方位隐喻来探讨了古埃及王权的展现方式。③她认为，“打击敌人”和“在他的双脚或是拖鞋之下”可以表达“上与下”（up and down）的空间关系，这形象说明了国王与其敌人之间的巧妙关系，即国王在上、敌人在下，国王有着控制力、是主动的、充满活力的，而其敌人则是被控制的、被动的并死气沉沉的。除此之外，她更以“里与外”（in and out）、“前与后”（front and back）等方向来举例，并以此探讨了古埃及王权的政权程序基章中的方位论。

三、埃及学对“死亡”的相关研究

由于死亡是生命的终结，任何人都无法逃避，再加上无人能详叙述死亡体验，所以多数人对这个话题都敬谢不敏，死亡自然而然成为一个禁忌话题。当

---

① *Wb V*, 460:6.

② Elisabeth Steinbach, “‘Ich habe seinen Anblick geschmeckt…’-Verben der Wahrnehmung und die semantischen. Beziehungen zwischen Perzeption und Kognition”, in G. Neunert et al. (eds), *Text: Wissen-Wirkung-Wahrnehmung. Beiträge des vierten Münchener Arbeitskreises Junge Aegyptologie (MAJA 4) 29.11-1.12.*2013. GOF 4/59. Harrassowitz, 2015, 209–225.

③ Shih-Wei Hsu, “You up — I down: Orientational Metaphors Concerning Ancient Egyptian Kingship in Royal Iconography and Inscriptions”, in Gloria Rosati et al. (eds), *Proceedings of the XI International Congress of Egyptologists, Florence Egyptian Museum, Florence, 23–30 August 2015*, 2017, pp.283–286.

谈到死亡时，人们通常都会用委婉语来代替，以避免直接提及死亡二字。古埃及文化亦是如此，所有与死亡相关的词汇，如“过世”“逝世”“死亡”“坟墓”或“阴界”等，也都以委婉语来代替。

桑德·汉森（C. E. Sander-Hansen）是第一个研究古埃及死亡概念的学者。[①]古埃及人最早认知到死亡是透过宗教习俗的影响，“死者会失去感官能力，看不见也听不见，不能说话，生命之气离开了喉咙，平躺不动；虽然逝者还有微温，但马上会腐烂，产生臭味且长蛆虫，过一段时日，尸身会解体，这时才会意识到死亡的存在，死者曾经存活过的事实是永不会被忘记的”[②]。所以他们想办法保存尸身，以使灵魂能回来重生，并且重获感官能力。死亡的种类有好几种：自然身亡、意外身亡、生病死亡和犯罪身亡等。死亡是一种脱离身体且再也不能控制身体的一种状态，不管是男女老少，死亡都无法避免，在《安尼的箴言》（The Instruction of Ani）18.3曾道：“当死亡来临时，不管是在母亲襁褓中的婴儿，或是老年人它都会去夺取。”[③]桑德·汉森同时也分析了关于死亡的比喻，[④]由于死亡会造成身体慢慢消失，所以死亡是身体和灵魂的毁灭；再者，死亡失去感官的能力的现象也类似于睡眠状态，是一种在夜间疲惫的现象。奥西里斯死而复活的神话故事让古埃及人认为奥西里斯并非死亡，而只是睡著了，他重生的时候就如同从睡眠中醒来一样；由于人死后会失去说话的能力，所以在《一个能言善辩的农夫的故事》（The Tale of the Eloquent Peasent）B 27中死者也被称为“沉默之主”（Lord of Silence）；一般大众对死亡的印象普遍不佳，它就像一场疾病或灾难，不被人所爱，抑或是像一场劫难，心脏和呼吸都

① Constantin E. Sander-Hansen, *Der Begriff des Todes bei den Ägyptern.* I Kommisson hos ejnar Munksgaard, 1942.

② Sander-Hansen, *Der Begriff des Todes*, 4.

③ Joachim F. Quack, *Die Lehre des Ani. Ein neuägyptischer Weisheitstext in seinem kulturellen Umfeld*. OBO 141. Universität Verlag Freiburg Schweiz, Vandenhoeck & Ruprecht Göttingen, 1994, pp. 98–99.

④ Sander-Hansen, *Der Begriff des Tode*, 9–18.

被死亡盗走而无法正常运作。

赞迪（J. Zandee）则是把死亡概念分成两种：单一的（monistic）和双重的（dualistic）。[①]单一的死亡概念就像大自然中的植物现象，植物或是农作物成熟后就会凋谢，但又会开花结果，种子会落进地里，重复循环。双重的死亡概念是指生命的敌人，会令人产生恐惧，阴间是黑暗的，没有活体，死亡如同睡眠，没有意识也没有行动力。赞迪也针对死亡的各式比喻进行了研究：[②]古埃及人首先认为死亡就是活着的对立面，因为活着的所有特征死亡一概没有，身体和灵魂消失（*n wn*），身体也不会再有变化（*n ḫpr*），反而会凋萎（*skj*）；死亡是一个旅程，会来到（*jj*），会离开（*js*），会远离（*wꜣj*）等；身体会腐烂（*ḫnn*），会生蛆（*fnṯ*），会干燥（*ḫm*）等。

古埃及人对于死亡有非常多的想象性描写，阿斯曼（J. Assmann）的研究表明，古埃及人把死亡比喻为一种“撕裂肢解”（dismemberment）、一种“社会隔离”（social isolation）、一个“敌人”（enemy）、一种“分裂”（dissociation）、一个“起程和过程”（transition）、一种“分离和逆转”（separation and reversal）、一种“回转”（return）和一个“秘密”（mystery）。[③]从古埃及的文化角度来看，死亡是今生和来生的一个连接点，也就是“生者世界”（World of Living）和“死者世界”（World of Dead）的界线。[④]生与死是相互存在的，有生的地方，死亡不存在，反之亦然。生与死互不冲突，生取代死，就如同死消灭生。古埃及人认为死亡虽是他们生命的结束，却不是终点，为此，他们建造坟墓作为“全方位的铭记”（constellative embedding），一个可包含社会性、地理性及文化性的地方。[⑤]《王子杰德夫荷的训诫》（The Instruction of Prince Djedefhor）曾道：“为你的儿子建造一个房子，这样你等于为自己建造了一个你未来的归属之地。

---

① Jan Zandee, *Death as an Enemy. According to Ancient Egyptian Conceptions*. Brill, 1960, pp. 1–3.

② Zandee, *Death as an Enemy*, Chapter II. Term, A.

③ Jan Assmann, *Death and Salvation in Ancient Egypt*. Cornell University Press, 2005,pp. 23–24.

④ Assmann, *Death and Salvation in Ancient Egypt*, 14.

⑤ Assmann, *Death and Salvation in Ancient Egypt*, 12.

把你的房子建在大墓园里，装饰好，把坐向面向西方！对我们来说，死亡是小事，活着是大事，就连死亡之屋也是属于生者。”①

然而阿拉姆（M. Allam）研究了古埃及语中死亡的转喻词，②讨论了在“死亡是（最后）的旅程”“死亡是静止”和“死亡是生命终点”的情况下所出现的词汇。徐诗薇则以古埃及国王死亡作为研究主题，从《金字塔铭文》、私人传记文和文学作品探讨相关的转喻词。③

四、古埃及语关于死亡的“概念隐喻理论”

首先就词汇来论，在古埃及语中关于“死亡”的词汇主要有下列四个：

-  *mwt*、④
-  *mtr*、⑤
- 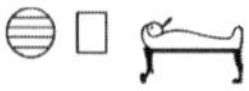 *ḫpj*、⑥
-  *qbḥ*。⑦

套用上述戈德瓦瑟⑧对于原型类别的划分来观察这些词汇的意符可知，它们十分符合词汇本身的意义，意符有以下几种：“头破血流倒下的人”（A

① William K. Simpson, *The Literature of Ancient Egypt*. Yale University Press, 2003, pp. 127–128.

② Mourad Allam, “Euphemismus Beim Tod”. *Journal of The Faculty of Archaeology* 9，2001, pp. 57–62.

③ Shih-Wei Hsu, “The Use of Figurative Language Concerning the Death of the King”, *Archiv Orientální* 82, 2014, pp. 201–209.

④ *Wb II,* 165–166.

⑤ *Wb II*, 171:8.

⑥ *Wb III*, 258:17–259:3.

⑦ *Wb V*, 30:9–11.

⑧ Goldwasser, *Prophets, Lovers and Giraffes*, 8.

14）和“停尸架上的木乃伊”（A 55）包含了“倒下”“躺下”之意，可归类在[死亡+男人]（DEATH+MAN）的等级中。莱考夫和约翰逊[1]及徐诗薇[2]所述的“空间方位隐喻”指示“下”的方向都常都是负面的，因此这些意符直接点明了死亡的讯息。而之后在僧侣体（Hieratic）的书写中，逐渐被快草书写成（Z 6），所以文献中经常出现死亡这个词的圣书体为。至于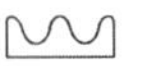“山脉”（N 25）的意符可用于“山脉”“外国”和“地区”，[3]然而这里則是另指大墓地，也是符合词汇的意义，因为墓地会让人联想到死亡。

除了上述直接表达死亡之意的词汇之外，古埃及语也有少数的词汇间接地转喻了“死亡”，而这些转喻都集中用在法老王驾崩之时，且通常都是动词隐喻（verbal metaphor），利用这些动词来隐喻一种行动，例如：[4]

-  *ʿq* “进入”：[5]*ʿq m jmnt pt* “某人进入西边的天堂”（PT § 1469c）；
-  *wḏ3* “前进、行走”：[6]*wḏ3.w r 3ḫt* “（他）进入了地平线”（《西努赫的故事》[Sinuhe] B36）；[7]
-  *prj* “去”“來”：[8]*prj=f m j3bt pt* “当他向上走到东边的天堂”（PT § 1469c）；

---

① Lakoff and Johnson, *Metaphors we live by*, pp. 14–19.

② Hsu, “You up — I down”, pp. 283–286.

③ 王海利:《限定符号与古埃及人的心理认知研究》,《外国问题研究》2016年第2期。

④ 这里只暂举几个重要的动词,更多例子请看 Hsu, Archiv Orientální 82 (2014), pp.203–204.

⑤ *Wb I*, 230–232.

⑥ *Wb I*, 403:2–19.

⑦ http://aaew. bbaw. de/tla/servlet/GetCtxt? u=guest&f=0&l=0&tc=842&db=0&ws=452&mv=4. (2022/10/3)

⑧ *Wb I*, 518–525.

●  *swḏ3* “行走”：[1]*wn zj pw tnj tp-ʿ swḏ3=f* “有一个正变老的人，当他一直在行走时”（《伊普威的预言》[The admonitions of Ipuwer] 16.1）。[2]

同时，这些动词也时常用于形容国王过世，因为在宗教形式中“国王升天”是一种讣闻形式的宣告，所以这些动词不只都有 ⋀ “走动中的双脚”（D 54）这个意符，带有行动的意思，依据大卫（A. David）“脚=行动”的隐喻，[3]呈现了“国王升天”需要行动（motion）来达成，符合了“死亡是（最后的）旅程”（death is the [last] trip；下面第①点）和“死亡是升天”（death is a ascension to heaven；下面第②点）的概念。

原则上，在“概念隐喻理论”中，若是“来世”（afterlife）作为“目标域”，死亡可以从不同的“来源域”来概念化：

第一，“死亡是（最后的）旅程”（death is the [last] trip）：中国人认为生命是旅程，死亡是终点；不同于中国人的想法，古埃及人认为死亡是进入阴界的一个旅程，他们必须经过各种未知路程，迎接各式挑战。J. Zandee 也列出一些旅程需要的动词，例如“来”（*jj*）、“去”（*js*）、“远行”（*w3j*）、“走远”（*prj*）等。[4]

● *jšm=k jw=k* “你继续前进，愿你再度回来”（PT § 1975a）、

● *r3 n šmjt m sf jyt m p3-ḫrw* “咒语：为了去昨日和为了到达今日”（BD 197）。

① *Wb IV*, 81:8–9.

② http://aaew.bbaw.de/tla/servlet/GetWcnRefs?f=0&l=0&of=0&ll=130980&db=0&lr=0&mo=1&wt=y&bc=Start. (2022/10/3)

③ Arlette David, “Devouring the enemy: ancient Egyptian metaphors of domination”, *The Bulletin of the Australian Centre for Egyptology*, 2011, pp. 86–87.

④ Zandee, *Death as an Enemy*, 52–56.

第二，“死亡是升天”（death is a ascension to heaven）：如上所述，这是国王过世的一种讣文宣告，[①]国王的灵魂会以各种形式升天，PT § 1431 曾道：“为他建造了一把梯子，这样他才可以藉由它以它之名升天”。中国文化中也常用“升天”“上天堂”或“归天”来表示死亡，从“空间方向隐喻”的“上-下方位”角度来看，这种“向上”的方位具有有正面的意义，做了好事就能往上（up is good），相反，做了坏事就只能往下（down is bad），例如“下地狱”等。[②]

- *mk tw kq.tj m ḥrt* “看哪！你进入了天堂”（KRI II, p. 333:11）；
- *prr nṯr pn jr pt* “这个神走进了天堂”（PT § 1472b）；
- *sḏꜣ RN pn m gs jꜣb.t*（*j*）*n pt* “这某某国王已经离开了天堂的东部”（PT § 947b）。

第三，“死亡是港口”（death is a harbour）：古埃及人时常把生命比喻成航行，而每个人都是自己船只的掌舵者。[③]有的航行顺利平安到岸的，也有的遇到狂风暴雨不能如期到岸，在《安曼恩欧培的箴言》（The Instruction of Amenemope）就曾警告过：“一个暴躁的人发作时，就像火焰朝着干草而来的风暴，离开他，不理他，神明知道如何对待他”[④]，意指人活着时一定要清醒理智地面对所有问题，若人生败落，就如同船只覆没，便无法顺利靠岸到达终点。在此

---

① *LÄ II*, 1206–1207.

② Lakoff and Johnson, *Metaphors we live by*, 16.

③ Siegfried Herrmann, “Steuerruder, Waage, Herz und Zunge in ägyptischen Bildreden”, *Zeitschrift für Ägyptische Sprache und Altertumskunde* 79, 1954, p. 106.

④ Vincent P.-M. Laisney, *L'enseignement d'Aménémopé*. E. Pontificio Instituto Biblico 7, 2007, pp. 177–178.

值得一提的是动词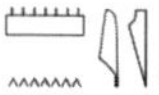*mnj*“靠岸”，[1]它的意符本來是“船”（P 5），但因為婉转表达“死亡”之意，[2]因而用了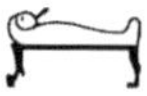“停尸架上的木乃伊”（A 55）和（Z 6）的意符来暗示“死亡”之意。

● *ḫrw pw mnj.n=f jm*“在他靠岸的那一天”（PT § 1090f）；

● *mnj.n=k*“你已经到岸了”（PT § 1975b）；

● *ʿḥʿ ḥm=f n nswt-bjt (Ḏm-nj) mnj.n=f*“他上下埃及的陛下，胡尼，靠岸了”（《给卡金尼的箴言》[The Instruction Addressed to Kagemni] 2, 7-8）；

● *r jwt hrw n mnj*“直到靠岸的日子来临”（《西努赫的故事》[Sinuhe] B310）。

第四，“死亡是静止”（death is motionsless）：这个概念可理解为死亡就如同睡眠一样，因为睡眠通常都会处于一种无声无息的静止状态，与死亡类似，所以死亡也被“长眠”“长寐”“安息”来代替。在古埃及语中*sḏr*“睡眠”[3]及*ḥtp*“休眠”的意符都是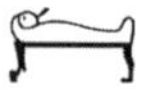“停尸架上的木乃伊”（A 55），也符合死亡的概念。

● *sḏr=f wḏꜣ rʿw-nb*“他将会平静地长眠”（PT § 123k）；

● *rs Wjsr nhzj nṯr jbꜣgy*“奥西里斯醒了，那疲倦的神明醒着”（PT § 2092a）；

● *ḥtp NN m ʿnḫ nt jmntt*“某某从生命里到西方安眠了”（PT § 306a）。

① *Wb II*, 73:22.

② Goldwasser, *Prophets, Lovers and Giraffes*, 25.

③ *Wb IV*, 390–392.

第五，“死亡是动物”（death is an animal）：这个概念是利用了动物的特性，“映照”出死者通往阴间之处的情形，表示死者有着动物无惧、敏感的特性，也有它们的敏捷能力可以快速升天，例如像飞禽飞行的天赋、狼的迅速奔走等。

- *ḏd-mdw Wsjr NN mꜣʿ-ḫrw ntk rw* “道：某某奥西里斯，已辩解过，你是一头狮子”（BD 169）；
- *ḫꜣ.n=k m sꜣb šmʿj* “你就像一只上埃及的豺狼上升”（PT § 727b）；
- *snj RN pt m bjk* “某某亲吻着天堂就像是一只鹰一样”（PT § 891c）。

第六，“死亡是可怕的敌人”（death is a horrible enemy）：古埃及人认为死亡就像敌人一样令人恐惧，尤其在死者通往阴间的时候，担心遇见恶魔或是阻碍他前进的事物，让他们无法顺利到达阴间参加审判。[①]古埃及语中有许多关于“敌人”的词汇，例：*ḫrw*、[②] *ḥʿby*、[③] *ḫfty*、[④] *tꜣyt*[⑤]等，这些词汇的意符大多是  “头破血流倒下的人”（A 14），也在意符中呈现了“死亡”的信息。[⑥]

- *pḫꜣ NN mꜣʿ-ḫrw m ḫww nb jrj.n=f mꜣꜣ ḥrw nṯrw* “某某，已辩解过，会远离所有他经过的邪恶，直视着所有神明的脸庞（BD 125）；
- *skj ḫftj=k skj sn ʿbš sn jr=k sn m šj dj sn m wꜣḏ-mr* “消灭你的敌人，消灭他们，在你面前把他们淹死在湖里，把他们淹死在大海里”（PT § 2186a–b）。

---

① Zandee, Death as an Enemy, 217–224.

② *Wb III*, 321–322

③ *Wb III*, 42.

④ *Wb III*, 276–277.

⑤ *Wb V*, 231.

⑥ 更多关于词汇“敌人”的意符研究请参考徐诗薇:《纯属巧合？抑或意欲而为？—以法老梅仁普塔的铭文为例论象形文字意符之使用》,《语文与国际研究》2018 第 20 期。

第七，“死亡是退休”（death is a retirement）：如果把整个人生比喻成是一份职业，那么死亡就是离开工作岗位，因此古埃及人会用“退休”表达死亡。① 动词 *wḏꜣ*“行走”的动词通常是 𓂻 “走动中的双脚”（D 54），在这意符有时会使用 𓏱（Z 6）来暗示“死亡”。

● *jw=f (ḥr) wḏꜣy n ʿnḫ* “他从生命中退休了”（《两兄弟的故事》[The Story of two brothers] pD’Orbiney 19,7）；

● *jr.tj=j dns ʿwj=nw rd.wj=j fḫn=sn šms jb wrd tkn wj n wḏꜣ* “我的眼睛花了，我的双手软了，我的双脚停止走动，我的心累了，退休的日子近了”（《西努赫的故事》[Sinuhe] B169-171）。

第八，“死亡是团圆”（death is a reunion）：在西方世界，由于宗教的缘故，在人过世之后，会以“某某与天父团聚”（be with God）或是民间风俗传说“某某变成星星”（become a star）表示死者与某人或某物会合，在古埃及，最常提到的是死者升天之后就会与“天堂”“地平线”，抑或“日月星辰”相结合。

● *zmꜣ.n RN pt* “某某国王跟天堂结合了”（PT § 514b）；

● *šms=k Rʿ.w ꜣbḫ.tj m sbꜣ.w ḥnʿ jʿḥ* “你跟随着雷（Re），并加入了星星和月亮”（*KRI* II, 333:11-12）；

● *ḫnm.n=f jtn* “他与阿顿（Aton）的光环结合在一起”（Urk. IV, 54:16）。

第九，“死亡是苦难”（death is an affliction）：古埃及人对阴间的想像是黑暗

① Hsu, *Archiv Orientální 82*, 2014, 207 with n. 34.

与绝望的，那里所有的一切都是悲伤的，唯一能使死者愉悦的是偶尔得到少许太阳的光线，并尽快地通过阴间顺利达到永生。①

● *rmj=j n mꜣꜣ.tn=j* “我为了我所见到而哭泣”（BD 64）；

● *jr.n=k bꜣw=k r ḫftj ḥtm n rmyt* “你让你的力量成功地对抗了敌人，哭泣者已被消灭了”（CT 313a）。

第十，“死亡是恐惧”（death is a horror）：由于死亡是一个自然现象，无人幸免，再加上没有人能够分享死亡的经验，未知的事物总会令人感到恐惧，每个都不想碰到死亡且会排斥它。②除此之外，古埃及人认为通往阴间的旅程是充斥各式各样的危险的，有着吃掉灵魂的恶魔和巨大的怪物。这些想像让人对死亡更感到害怕。

● *nbt dꜣw qꜣt znb‹t› ḥrt-tp nbt ḫbḫbt* “令人发抖的女主人，有着尖锐的牙齿，最上位，会践踏敌人的女主人”（BD 146）；

● *nbt snk ꜥꜣt hmhmt n rḫtw ꜣw=s r wsḫt=s n gmj qd m šꜣꜥw* “黑暗的女主人，有着悽厉的叫声，她的长与宽都未知，她的形状和样貌也无法形容”（BD 146）。

五、结语

综上所述，依据“概念隐喻理论”，不同的“来源域”可映照出古埃及人对于死亡的一些思维模式，他们会利用日常生活中的经验或是自我认知婉转地描述死亡。“升天”是形容死亡（尤其是国王之死）最普遍的用语。在“来世”作为“目标域”的构想范畴内，他们把旅程、回家、团圆，抑或是动物不同的

① Zandee, *Death as an Enemy*, 110–111.

② Zandee, *Death as an Enemy*, 109.

“来源域”，来映照死者期望最终能经过阴间旅途重重难关到达来世。死亡亦是可怕的、灾难性的，如同敌人一般，它会让人心生恐惧并望而却步。归根结底，这些关于死亡的表达都是为了呈现一种措辞委婉用语的语境，以保护死者的灵魂能够顺利通过阴间之路，参加阴间审判，从而使灵魂能够得到永生。以“概念隐喻理论”观之，在古埃及人的观念中，“来世”作为“目标域”与许多不同的“来源域”产生了映照，若从这个角度来分析，我们便能以一种更直观的方式来理解古埃及抽象的死亡概念，以及古埃及的宗教观与来生观。

原文英文文章 发表于Aula Orientalis 39/1 2021年。

本文作者：

徐诗薇，南开大学历史学院副教授。德国柏林自由大学埃及学博士，德国海德堡大学埃及学、亚述学和闪米特语言文学硕士。主要研究方向为古埃及国王铭文及图像、古埃及语语法及修辞学，古埃及文献探析等。曾在德国、西班牙和以色列等地访学，多次参与德国考古学协会在埃及阿拜多斯的田野考古工作。出版著作《法老的形象》（德语），以中、德和英语在国内外知名期刊发表学术论文30余篇。

试析“罗马帝国主义”理论渊源与流变

李　雪

古代史家多以混合政体之优越性解释罗马的扩张与崛起，近代史家们虽对此多有见解，却未形成体系化认知，直至“罗马帝国主义”[①]理论的诞生。自20世纪初至今，学术界围绕“防御性”“侵略性”“边缘性”帝国主义等主要观点展开讨论，将“罗马帝国主义”研究从最初的战争、政策层面，深入至经济、社会，乃至文化心理范畴。“罗马帝国主义”不仅被用来描述共和时代的扩张状态，更被视为帝国的统治模式。近年来，随着跨学科分析法的发展、新考古材料的发掘，“罗马帝国主义”理论逐步脱离“罗马中心化”的视角，转向中心与边缘并重的研究路径。

一、从“帝国主义”到“罗马帝国主义”

古罗马作为一种制度与文化象征，被诸多史家引为思考之鉴。文艺复兴时代人文主义者如但丁、布鲁尼、马基雅维利将古罗马视为对抗教权的思想权威；启蒙时代的学者如卢梭、孟德斯鸠、吉本借罗马发古今之思，为制度变革寻求历史借鉴。古罗马的政治与文化遗产为近现代史家提供了源源不断的灵感，许

---

① 有关“罗马帝国主义”的专著成果颇丰，作为索引类、导读类重要参考书有：C. B. Champion, *Roman Imperialism: Readings and Sources*, Blackwell Publishing, 2008; Andrew Erskine, *Roman Imperialism*, Edinburgh University Press, 2014; Neville Morley, *The Roman Empire: Roots of Imperialism*, Pluto Press, 2010; Dexter Hoyos, *A Companion to Roman Imperialism*, Brill, 2013等；国内相关研究参见晏绍祥：《西方学术界关于罗马共和国帝国主义动力的探讨》，《全球史评论》2016年第1期；刘津瑜：《罗马史研究入门》，北京大学出版社，2014年等。其他持防御性、扩张性、边缘性帝国主义等观点的论著在后文中多有引用，这里从略。

多现当代概念的诞生均有其罗马渊源，如“世界主义”（cosmopolism）、“殖民主义”（colonism）、“自由主义”（liberalism）、“帝国主义”（imperialism）等。从词源学上看，Impervalism是由古罗马的治权imperium与拉丁文后缀ism复合而成。Imperium在拉丁语中意为“控制”“权力”“命令”，可引申为权力行使的范畴、服从控制的地理区域等，而作为古罗马城邦政治体系的一种最重要的行政权力，其内容涵盖军事指挥、解释及执行法律等权力，[①]其核心为军事指挥权。[②]与之相关的拉丁语词汇还包括imperare、imperator等。imperare是动词，意为统治、控制、命令，imperator特指古罗马将军所拥有的最高军事权力，之后衍生出“独裁”“绝对权力”等含义，为奥古斯都等最高统治者所采用。元首权力绝对化和多民族、地域辽阔的罗马帝国的建立，使得西方学术界从impe-rium一词得出imperialism（即帝国主义）[③]。而ism源自希腊语ισμός，常用来指代一种动作、行为、状态、条件的完成。从词义上看，“帝国主义”指执行行政权力或军事行为完成后的一种状态。

随着17、18世纪西班牙、葡萄牙、英国、法国等殖民活动的扩张，自由主义思想家如亚当·斯密（Adam Smith）、杰里米·边沁（Jeremy Bentham）、埃德蒙·伯克（Edmund Burke）、本杰明·贡斯当（Benjamin Constant）等开始批判帝国主义扩张行为，不仅谴责其给本国内部带来的毁灭性影响，还抨击其道德上的虚伪及给被征服者造成的苦难。[④]作为具有古罗马渊源的专业术语，“直到1858年，‘帝国主义’一词才首次出现在牛津词典中”[⑤]。19世纪末20世纪初，伴随自由资本主义向垄断资本主义的过渡，欧洲传统强国及美、日

① N. G. L. Hammond and H. H. Scullard, *The Oxford Classical Dictionary*, Clarendon Press, 1948, p. 542.

② 弗朗西斯科·德·马尔蒂诺:《罗马政制史》,薛军译,北京大学出版社,2009年,第89~90页。

③ C. B. Champion, *Roman Imperialism: Readings and Sources*, p. 4.

④ Jennifer Pitts, *A Turn to Empire: The Rise of Imperial Liberalism in Britain and France*, Princeton University Press, 2010, pp. 1–6.

⑤ 莫米利亚诺:《波里比乌斯在英国人与土耳其人之间》,林国华、王恒主编《古代世界的自由与和平》,上海人民出版社,2010年,第5页。

等新兴资本主义国家掀起一波新的殖民扩张狂潮。新的时代特征促使霍布森（John Atkinson Hobson）、列宁（Vladimir Ilyich Lenin）、罗莎·卢森堡（Rosa Luxemburg）等从经济学角度以“帝国主义”理论诠释资本主义的侵略性特征，从而建立国家内部经济与外部军事战略间的逻辑联系，由此开启了对“帝国主义”理论的系统化研究。

霍布森认为帝国主义是应对过度储蓄和消费不足的对策，开创性地将帝国主义与资本主义经济制度联系起来。在他看来，帝国主义的本质是“某些国家擅自超过同化的极限范围，将各国间的彼此激励的良性竞争转变为帝国之间的残酷斗争”，对外表现为侵略性的军事政策。[①]罗莎·卢森堡认为，“帝国主义”是在非资本主义环境资源枯竭之时，为确保资本积累所需的外部市场、可获利的投资场所、原材料，从而进行的军事征服与扩张。[②]经历了第一次世界大战，在批判地吸收霍布森、卢森堡观点的基础上，列宁断言资本主义的终极任务在于输出资本而非商品，并作出了著名论断：“帝国主义是垄断资本主义，是资本主义发展的最高阶段。”[③]此外，列宁对古罗马、英国所代表的旧帝国主义与德国代表的新帝国主义的特征进行了对比，他认为前者攫取领土与殖民地；后者瓜分世界、输出资本。[④]

霍布森、列宁等人从经济学角度将“帝国主义”视为资本主义社会的阶段特征，美籍奥地利经济学家熊彼特（Joseph Schumpeter）则不满足于此，他从社会学角度展开了有关“帝国主义”的探讨。熊彼特的“帝国主义”研究从社会结构、阶层构成入手，探讨谁是帝国主义者、哪些社会群体成为扩张政策的推动者，以及这些群体的形成与消失。鉴于社会群体、经济动因、国家决策之间

---

① John Atkinson Hobson, *Imperialism: A Study*, Cosimo Classics, 2009, p. 8.

② Tadeusz Kowalik, *Rosa Luxemburg: Theory of Accumulation and Imperialism*, trans., and Jan Toporowski and Hanna Szymborska ed., Palgrave Macmillan, 2014, p. 119.

③ Lenin, *Revolution, Democracy, Socialism: Selected Writings*, Paul Le Blanc ed., Pluto Press, 2008, p. 238.

④ Tadeusz Kowalik, *Rosa Luxemburg: Theory of Accumulation and Imperialism*, p. 145.

的内在联系，熊彼特的“帝国主义”理论实现了经济学与社会学理论之有机结合。以罗马为例，熊彼特主张从战争的实际获益中反推发动战争的动机，在他看来，意大利的农民并非战争获益者，反而深受战争之害；无产者部分地从战争中获利，其政治重要性在罗马扩张进程中得到加强；真正的受益者是拥有大地产的贵族。[①]熊彼特对“罗马帝国主义”的经济社会学阐释，启发了现当代史家如威廉·哈里斯（William V. Harris）、诺斯（J. A. North）等人的深入思考。

熊彼特以古埃及、亚述帝国、波斯帝国、古阿拉伯帝国、罗马帝国为例，从纷杂表象中总结共性，认为“帝国主义”作为一种不可控的、非理性的国家意志而存在。“帝国主义”对一国而言，体现为盲目的、无节制的暴力扩张倾向。[②]与霍布森、列宁不同的是，熊彼特将资本主义国家所表现出的“帝国主义”扩张倾向归结为古代国家扩张意志的返祖现象，是前资本主义时代国家侵略与征服欲望的残余。[③]这种为所有社会形态共有的扩张倾向部分源于统治精英阶层对荣耀与战利品的渴望，部分源于军事机构（军队与指挥官）的自发推动。[④]

值得注意的是，在19世纪至20世纪的古代史研究中，一批学者借助近现代学术概念阐述古代历史，或将古代社会与近现代西欧进行类比，或将近代话语、分析模式、社会结构不加辨别地嫁接至古代社会之中。“古史现代化”是古代史研究中长期存在的一种趋向，一系列近现代概念如无产阶级、资产阶级、工商业资本等均出现在古代史的分析之中。“帝国主义”理论在罗马史研究中的运用亦因涉及“古史现代化”或现代概念在古代史中的不恰当运用从而造成时代错

① Joseph Schumpeter, *Imperialism and Social Classes: Two Essays*, trans. by Heinz Norden, World Publishing Company, 1955, pp. 51–52.

② Michael W. Doyle, *Empires*, Cornell University Press, 1986, pp. 23–24.

③ Neville Morley, *The Roman Empire: Roots of Imperialism*, p. 20.

④ Dexter Hoyos (ed.), *A Companion to Roman Imperialism*, Brill, 2013, p. 8.

位，遭学者的质疑。[①]熊彼特“帝国主义”理论的重要贡献，不仅在于揭示了古代及近代帝国作为战争机器的共同特征，打破了政治经济学家将“帝国主义”问题囿于资本主义制度的藩篱，使得“帝国主义”跨越了时空与社会形态的界限，而且他通过连接“现代帝国主义”与“古代帝国主义”，为学者们将诞生于近现代的“帝国主义”概念运用于罗马史解读奠定了理论基础，规避了“古史现代化”中普遍存在的时代错位问题，从而推动了“帝国主义”理论在罗马史研究中的应用。

此外，熊彼特对罗马在外交与内政中所展露的虚伪进行了批判。他犀利地指出，依据罗马人的认知，“在世界上，总有些利益或陷于危险，或面临攻击。如果这些不是罗马人的利益，那么就是罗马盟友的利益；如果罗马人没有盟友，那么盟友将会被创造出来”[②]。据此，罗马人的非理性恐惧和对盟友利益的关照将永远存在，可以随时被用来为侵略行为辩护。熊彼特认为，正是不稳定的社会结构促使罗马统治阶层为发动战争寻找托词，并将统治阶层的利益美化为全社会与民族的利益。他对于“罗马帝国主义”的社会动力学解释，启发了后世学者对“防御性帝国主义”的批判与反思。

二、战争与政治史视野下的“防御性帝国主义”

伴随着“帝国主义”理论框架的完善与发展，在“古史现代化”思潮的影响下，“帝国主义”被特奥多尔·蒙森（Theodor Mommsen）、弗兰克（Tenney Frank）等用于阐释罗马扩张史，实现了现代理论对古代史研究的“反哺”。蒙森提出的“防御性帝国主义”概念引领了此后一个世纪有关罗马扩张问题的探讨方向。

作为罗马史领域的学术巨匠，蒙森开创的“防御性帝国主义”观点得到了

① Paul Veyne，“Ya-t-il eu un impérialisme romain ?” *Mélanges De L'École Française De Rome. Antiquité*, 1975（2）.

② Joseph Schumpeter，*Imperialism and Social Classes: Two Essays*，pp. 51–53.

弗兰克、奥鲁（M. Holleaux）、巴蒂安（E. Badian）、格鲁恩（E. S. Gruen）、斯库拉德（H. H. Scullard）等学者的支持，除了观点上相近之外，这些学者在研究对象、方法、视角等方面亦有共性。他们以战争为主要分析对象，从战争的原因、动机、进程阐述罗马扩张的非进攻性，同时充分重视阻碍战争扩张的政治、宗教因素。在研究方法与视角上，持“防御性帝国主义”观点的学者多从战争史、政治制度史层面探讨罗马扩张行为的性质，他们立足于罗马国家、元老院、贵族精英阶层的立场，采用了“自上而下”的分析路径。

具体来看，蒙森将罗马的扩张动机转嫁到其强邻之上，他认为罗马的征服并非出于主宰世界的计划，而是为环境所迫。[①]在论及罗马介入东地中海纷争的原因时，蒙森否认罗马的动机是拓展势力范围、谋求经济利益，而将其归结为“亲希腊主义政策”[②]，肯定“罗马帝国主义”的防御属性。弗兰克通过梳理某些战争的起因、过程、战后对敌的处置措施等细节，深入发展了“防御性帝国主义”概念，他认为罗马扩张源于一种对近邻或敌人既厌恶又恐惧的复杂心态。[③]弗兰克进一步指出战争中存在着诸多阻碍因素，如平民领袖与元老院的势力消长、罗马社会内部各等级间的明争暗斗、外事祭司法[④]（Ius Fetiale）对不义之战的约束等。有关罗马势力深入东地中海地区的问题，弗兰克将之归结为“情感主义政策”[⑤]，在这点上他与蒙森的看法不谋而合。奥鲁在谈论罗马对希腊事务的介入时，摒弃了“亲希腊主义政策”观点，他认为正是基于自身防御的需求和对马其顿、叙利亚的非理性恐惧，促使罗马作出了与此前政策截然不同的决

---

① Jerzy Linderski, “Si Vis Pacem, Para Bellum: Concepts of Defensive Imperialism”, in W. V. Harris, ed., *The Imperialism of Mid-Republican Rome,* American Academy in Rome, 1984, p. 136.

② Theodor Mommsen, *The History of Rome*, vol. 2, Cambridge University Press, 2009, pp. 225-252.

③ T. Frank, *Roman Imperialism*, Cooper Square Publisher, 1972, p. 149.

④ T. Frank, *Roman Imperialism*, pp. 9-10; Robert J. Penella, “War, Peace, and the Ius Fetiale in Livy 1”, *Classical Philology*, vol. 82, 1987 (3).

⑤ T. Frank, *Roman Imperialism*, pp. 138-162.

定。[①]斯库拉德对布匿战争的过程展开考察，他认为“防御性帝国主义”主导着罗马的政策制定，迦太基则是在掠夺性的商业资本主义的驱动下卷入了战争。[②]巴蒂安与格鲁恩坚称，经济因素无法构成罗马对外扩张的实质动因。巴蒂安认为，在分析罗马对外政策时过分强调经济动因，是把现代理论嫁接于古史分析之中，从而造成了时代错位的不当做法。[③]格鲁恩肯定征服战争给罗马国家带来的巨大利益，诸如征收土地、掠夺固定资产、收取赔款、将敌人贩卖为奴等，但他也强调这些经济利益尚不足以左右罗马国家的政策，“与经济因素相比，政治占据着更为中心的地位”。他举例论证道：前191年，迦太基使团曾出使罗马，希望提前还清为期50年的战争赔款，却被罗马元老院拒绝。与赔款的经济属性相比，罗马人更看重其政治功能，即作为对战败国及其他对罗马有反叛之心国家的一种警醒。[④]

综上所述，以蒙森、弗兰克、奥鲁、巴蒂安等为代表的史家，他们的侧重点各有不同，但均以战争现象为考察的核心对象，将曲折复杂的战争进程，以及罗马对征服地区采取的间接控制方式、灵活多变的外交手段、维护盟友利益等托词视为罗马防御性扩张行为的例证。基于此，他们认定罗马国家的战争政策并不具备连续性与规划性，进而否认其扩张动机的存在。“防御性帝国主义”流派学者多将探讨囿于战争史、政治史范畴，采取了“罗马中心化”视角论证罗马扩张行为的起因、发展、影响，未能探究其背后的经济、社会、文化动因，亦不能立足于被征服者的视角，对“罗马帝国主义”形成更为全面、立体的认知。回溯现当代的学术成果，“防御性帝国主义”学派之观点与研究虽然存在缺

① Maurice Holleaux, “Preventive Warfare”, in E. S. Gruen, *Imperialism in the Roman Republic*, Holt, Rinehart and Winston, 1970, pp. 40–47.

② H. H. Scullard, “War with Carthage: Calculation or Accident? Defensive imperialism”, in *Imperialism in the Roman Republic*, p. 21.

③ E. Badian, *Roman Imperialism in the Late Republic*, Basil Blackwell, 1968, pp.16-28.

④ E. S. Gruen, *Material Rewards and the Drive for Empire*, in W.V. Harris ed., *The Imperialism of Mid-Republican Rome*, pp. 63–64.

陷，且熊彼特早已在《帝国主义与社会阶级》中对罗马人所声称的外部威胁、非理性恐惧因素进行了抨击与揭露，[①]但“防御性帝国主义”观点有其时代进步性与合理性，并在近一个世纪内的“罗马帝国主义”探讨中占据主导地位。直至20世纪70年代，威廉·哈里斯将罗马国家定义为侵略性政体，提出“侵略性帝国主义”观点，才实现了对“防御性帝国主义”观点的全面颠覆。

三、经济与社会史视野下的“侵略性帝国主义”

第二次世界大战后，“去殖民化”运动在亚洲、非洲等地迅速展开，于20世纪60年代达到高潮，由传统帝国主义国家建立的全球殖民体系宣告崩溃。新的世界格局与国际体系的建立促使学者们对“帝国主义”理论进行再思考。20世纪下半叶以来，罗马史学亦呈现出新的研究特征与趋向。首先，跨学科、多学科分析法的采用，使得经济学、社会学、人类学、心理学等学科的理论模型被引入，拓宽了罗马史学的研究范畴，也为旧课题开辟了新的阐释路径。其次，年鉴学派所推崇的社会史、情感史、结构主义、长时段研究等趋向均在罗马史重大问题的讨论中有所反映。以哈里斯为代表的史家突破了“防御性帝国主义”学派所秉承的战争史、政治史研究模式，开始关注战争表象背后的经济、社会、文化因素，同时对于社会结构给予充分重视。“侵略性帝国主义”一经哈里斯提出便在学界引起热议，过去三四十年来，学者们针对“罗马帝国主义”的持续探讨主要是对哈里斯的观点、逻辑理路、史料运用的回应，他们或对哈里斯的论述进行补充，或进行反驳，侧面证明了该课题所具备的重要研究价值及学术吸引力。

哈里斯延续了熊彼特从特性因素（dispositional factors）来阐释古代“帝国主义”的学术传统。[②]在熊彼特看来，在战争机器催动下展现出的好战倾向就是古代国家的一种特性。哈里斯从社会思潮与战争的关系入手，肯定了军事胜利

① Joseph Schumpeter, *Imperialism and Social Classes: Two Essays*, p. 51.
② Michael W. Doyle, *Empires*, p. 24.

对贵族实现职位晋升、提高社会声望、获取赞颂与荣耀（laus et gloria）的重要意义，以及战争为平民带来的阶级跃升和财富增长的潜在可能性。通过剖析罗马贵族、平民阶层对战争的态度，哈里斯认为罗马存在一种好战思潮，战争作为一种生活方式被普遍接受。[①]这种立足于社会阶层，解读各阶层对战争所持态度的研究法，在一定程度上照应了熊彼特的“帝国主义”经济社会学分析。哈里斯从根本上反对“防御性帝国主义”流派的核心观点，肯定经济获益对战争的推动作用。他认为“对罗马人来说，经济利益是战争得胜及势力扩张的一个完整组成部分”。大量的土地、数不胜数的金银及各种战利品流入罗马人手中，百万人被贩卖为奴，贡赋如潮水般涌入罗马，当罗马官员及商人们凭借自己的智慧，在广大的地中海世界中谋夺利益时，否认经济动因对罗马帝国主义的重要作用是极为荒谬的。[②]哈里斯驳斥了“防御性学派”巴蒂安及奥鲁所主张的元老院在吞并他国领土问题上所持的勉强态度，他强调“元老院是在可能且有利可图的情况下，全然地渴望吞并领土的”[③]。

诺斯认同哈里斯对于“罗马帝国主义”性质的界定，他指出，罗马人进行的战争虽然在表象上未体现出侵略性、进攻性，但是在意图上、动机上是具有侵略性的。诺斯不满意哈里斯过度夸大罗马社会的好战风气，而是重视战争、经济利益与社会结构间的互动关系。他认为推动罗马进行扩张战争的社会结构（expansion-bearing structures）才是理解“罗马帝国主义”的核心立足点，罗马共和国中期存在着一种适应于扩张战争的“帝国主义结构”。诺斯坚称不只是战场上的力量对比，国内政治的局势、政治决策者的野心、党派之间的斗争、偶发事件等都会影响战争的走向。罗马的贵族寡头政体要求官职、行省治权、获得赞颂与荣耀的机会不被某个人或某个特定贵族家庭所独占，而要保持其在贵

① W. V. Harris, *War and Imperialism in Republican Rome 327-70 BC*, Clarendon Press, 1979, pp. 10–53.

② W. V. Harris, *War and Imperialism in Republican Rome 327-70 BC*, p. 56, 54.

③ W. V. Harris, *War and Imperialism in Republican Rome 327-70 BC*, p.105.

族阶层内的普遍流动性。因此，战事的连续性、频发性与官职的正常轮转频次是呈正相关的，换言之，要保证代表不同贵族家庭的执政官在个人任期内平等地享有指挥战争、赚取政治资本及社会荣誉的机会。除此之外，诺斯还注意到了意大利同盟所提供的军队补给是对罗马帝国主义结构（the imperial structure）的一种支撑，而该同盟体系得以顺畅运转极可能得益于战利品在意大利同盟与罗马之间的分享。同时，他否认结构内部的因素都是向着同一方向作用的，反对将之简单化地视为战争的推动力，提倡细化而综合的分析。①

谢恩·怀特（Sherwin White）针对哈里斯的某些观点提出了异议。他在承认战争使罗马人获益的前提下，指出不能忽略经济利益、政治荣誉之外能够阻碍战争发生的因素，比如人力资源的限制、贵族势力中的反对力量、元老院的决策非连续性等。②但怀特以文字史料、铭文证明了罗马商人大量涌入非洲、小亚、比提尼亚、高卢等地区，强调了包税商吞并领土的渴望，表明了商业因素在帝国主义政策形成中的推动作用。③

围绕哈里斯提出的“侵略性帝国主义”理论，学者们有针对性地反驳了“防御派”史家所提出的某些战争的非侵略、非进攻性特征，他们透过表象，将视角深入战争背后的经济与社会动因，强调经济获利及荣誉追求对于战争的促动，关注外部战争与社会内部结构的互动关系，不断完善“侵略性帝国主义”理论。哈里斯的成就在于终结了有关“罗马帝国主义”性质的争论，开始将之引入更深层次的探讨。④

四、研究新趋向：从中心到边缘

“防御性”与“侵略性”是有关“罗马帝国主义”性质的两大主流观点，但

① J. A. North, “The Development of Roman Imperialism”, *Journal of Roman Studies*, 1981 (71).

② Sherwin-White, “Roman Foreign Policy in the East 168 B.C to A.D. 1”, reviewed by F.W. Walbank, *Journal of Roman Studies*, 1985 (75).

③ Sherwin-White, “Rome the Aggressor?”, *Journal of Roman Studies*, 1980 (70).

④ J. A. North, “The Development of Roman Imperialism”, *Journal of Roman Studies*, 1981 (71).

学者的争论多局限于罗马共和时代，将之视为扩张手段而非稳定的统治模式，陷于“罗马中心化”这一自上而下的审视角度。自20世纪70年代以来“罗马帝国主义”理论的重要发展趋向在于对“罗马化”（Romanization）①这一单一进程的摒弃，将更多注意力聚焦于行省（provincia）②文化上。③同时，帝国主义在后殖民时代所呈现的新特征，诸如维系不平等交换秩序、宣扬普世价值观、加强知识产权之垄断等，不断促使历史学家反思罗马的扩张史及“罗马帝国主义”的内涵。④“帝国主义”作为联动古今的理论，其理论演变既受古罗马史研究新趋向，亦受当代世界格局变化的影响。以理查德森（J. S. Richardson）、马丁利（D. J. Mattingly）、甘巴什（Gil Gambash）⑤为代表的学者全面发展了“罗马帝国主义”理论，使其所涉及的时间范畴由共和时代延伸至帝国时代；考察核心由战争行为转向帝国治理方式；分析路径由“中心-边缘”发展为“边缘-中心”；阐释模式由强调自上而下的视角转换为中央与地方的双向互动。

理查德森改变了以往有关“罗马帝国主义”探讨以罗马、亚平宁半岛为考

① “罗马化”是一个多世纪以来，学界用来阐释罗马世界文化变迁，描述帝国臣民、近邻逐渐被罗马文明同化的理论框架。近年来，学者对“罗马化”这种强调单向文化传输（从罗马到地方）、将分析视角集中于精英上层的理论进行了反思，“罗马化”一词渐渐被“文化适应”（acculturation）、“文化混合”（hybridization）替代，借以强调当地文化与罗马文化的交互影响。

② Provincia指“委任于罗马行政长官的任务”，之后才逐渐衍生出地理区域、军事占领地直至现在广义理解的“行省”概念。

③ Louise Revell, “Roman Imperialism and Local Identities”, reviewed by Simon Malmberg, *European Journal of Archaeology*, 2011 (14).

④ J. Webster and Nicholas J. Cooper, *Roman Imperialism: Post-colonial Perspectives: Proceedings of a Symposium Held at Leicester University in November 1994*, University of Leicester, 1996; Andrew Gardner, “Thinking About Roman Imperialism: Postcolonialism, Globalization and Beyond?”, *Britannia*, 2013 (44).

⑤ J. S. Richardson, *Hispaniae, Spain and the Development of Roman Imperialism, 218-82 BC*, Cambridge University of Press, 1986; David J. Mattingly, *Imperialism, Power, and Identity: Experiencing the Roman Empire*, Princeton University Press, 2011; David J. Mattingly, “Deconstructing the Discourses of Roman Imperialism”, *Historically Speaking*, 2011 (1); Gil Gambash, *Rome and Provincial Resistance*, Routledge, 2019.

察核心的研究模式。近些年，行省作为独立主体受到了学者们的充分关注，并逐步成为中央与地方互动中的关键一环，铺就了“罗马帝国主义”理论“去中心化”路径。[①]

理查德森以两西班牙（Hispania）[②]行省作为研究对象，观察其制度形成过程中，罗马国家权力、元老院政策与地方性权力机构的互动。他认为罗马在伊比利亚半岛设置行省的最初目的是为了指导战争，当地经济、法律、军事体系的建立并未体现元老院的剥削政策或对海外属地的管理，而是罗马军事部署的附带产物。因此，伊比利亚半岛的经济贸易、自然资源开发并未受到罗马元老院的直接控制与干涉，而是更多地为行省长官与地方权力机构所掌控，呈现出了一种“边缘性”。[③]理查德森将罗马对两西班牙行省的权力渗透方式归纳为“边缘性帝国主义”，这一概念借用了现代帝国研究者菲尔德豪斯（D. K. Field - house）对欧洲殖民统治的描述。边缘性强调了在外部压力介入下，边缘区域固有管理机构的运作危机，以及在此进程中地方职能者所起到的主导作用。[④]这一概念形象地描述了罗马对两西班牙行省的统治特点，提醒学者规避过往研究中存在的观察视角囿于罗马中央与意大利半岛的局限，充分重视地方对罗马权力渗透的反馈。

---

① See Charles Ebel, *Transalpine Gaul: The Emergence of a Roman Province*, E.J. Brill, 1976; J. S. Richardson, *Roman Provincial Administration: 227 BC to AD 117*, Bristol Classical Press, 1984; Leonard A. Curchin, *The Local Magistrates of Roman Spain*, Toronto: University of Toronto Press, 1990; Seth Schwartz, *Imperialism and Jewish Society: 200 B.C.E to 640 C.E.*, Princeton University Press, 2009; John Rogan, *Roman Provincial Administration.* Amberley, 2011; Clifford Ando, *Imperial Ideology and Provincial Loyalty in the Roman Empire*, University of California Press, 2013.

② Hispania在古罗马时期泛指伊比利亚半岛，通译为西班牙行省，但实际地域涵盖现今西班牙、葡萄牙两国的地理范围。罗马共和国时期，伊比利亚半岛被分为近西班牙（Hispania Citerior）、远西班牙（Hispania Ulterior）行省。在本文论述中，统一将伊比利亚半岛称为两西班牙行省。

③ J. S. Richardson, *Hispaniae, Spain and the Development of Roman Imperialism, 218-82 BC*, pp. 125–177.

④ D. K. Fieldhouse, *Colonialism 1870-1945: An Introduction*, The Macmillan Press, 1983, pp. 2–3, 22–23.

马丁利进一步提出，如果将焦点从帝国中心转移至边缘区域，将会改变人们对“罗马帝国主义”的认知。[①]因为长久以来，罗马被视为帝国的范本和西方文明的基石，致使人们对“罗马帝国主义”无法形成客观、全面的认识。即便后殖民主义思潮盛行，“罗马帝国主义”的负面影响也往往被忽略。当研究视角由中心走向边缘，立足于地方民众意识来考察“罗马帝国主义”的性质、表现、影响，我们则可能摆脱“罗马化”这一单向性理论路径所带来的视野局限。马丁利将“帝国主义”定义为帝国建立与维系的过程与态度，[②]它并非一个凝固、静止、永恒不变的现象，而是流动且随着时间迁移变化的。他认为边缘区域对帝国统治所做出的反馈往往具有举足轻重的作用。马丁利汲取后殖民主义理论，以不列颠行省为例，从被统治者的角度，透过不列颠当地的军事组织、公民社会、乡村公社等社会结构审视罗马帝国的统治模式，[③]以此论证“罗马帝国主义”并非一个单向的历史进程，它是罗马中央与地方双向互动的产物，体现了帝国文化的多样性与复杂性。

甘巴什延续了这一路径，以地方反叛为切入点，立足于地方与罗马统治阶层的双向互动，借助“罗马帝国主义”剖析罗马帝国的统治模式与治理理念。[④]他一方面将之视为罗马统治当地的一套体系，且在很长时段内维持了高效运转；另一方面将之视为罗马对行省地方性权力组织结构的替代过程。[⑤]

以理查德森、马丁利、甘巴什为代表的学者对以往“罗马帝国主义”探讨中存在的观察视角片面化、认知路径单一化缺陷进行了修正。他们强调“罗马帝国主义”并非罗马中央对地方实现军事征服、经济控制、文化同化的单向历

---

① David J. Mattingly, “Deconstructing the Discourses of Roman Imperialism”, *Historically Speaking*, 2011 (1).

② David J. Mattingly, *Imperialism, Power, and Identity: Experiencing the Roman Empire*, Princeton University Press, 2011, p .6.

③ David Mattingly, *An Imperial Possession: Britain in the Roman Empire, 54 BC-AD 409*, Penguin, 2007.

④ Gil Gambash, *Rome and Provincial Resistance*, pp. 180–181.

⑤ Gil Gambash, *Rome and Provincial Resistance*, p.22.

史进程，提倡在地方与中央交往互动的背景下对其进行观察与分析，注重帝国边缘区域对“罗马帝国主义”的认知与反馈是近年来重要的研究趋向。

近年来，随着考古发掘资料的丰富、跨学科分析法的采用，罗马史的研究范畴得到拓宽，观察视角亦经历了自下而上的转变。许多学者借助罗马行省考古资料、遗迹的挖掘，从罗马举行的高卢及希腊人殉葬仪式[①]、希腊的乡村景观变迁[②]、叙利亚霍姆斯地区丧葬文化的演变[③]、行省地方身份认同[④]等角度分析“罗马帝国主义”的文化表征。除去考古学材料的发掘，新文化史、下层研究的兴起也促使学者们注重考察历史中的文化因素。[⑤]埃米利奥·加巴（Emilio Gabba）揭示了“罗马帝国主义”背后所体现的文化映射。他将公元前3世纪至前2世纪罗马的扩张活动理解为逐渐在统治阶层（特指元老院）中展开的一种集体行为，并不断伴随着社会各阶层的融入与参与。“罗马帝国主义”代表了一种集体意识与自我认知，即在漫长的征服历程中，罗马人何时及如何意识到自身在意大利半岛的霸权统治地位，何时及如何将最初的防御性战争观念转化为清醒的扩张及权利意识。[⑥]这种观念相较于政策、战略更具连贯性与统一性，可为罗马扩张决策的形成提供一种新的阐释。

“帝国主义”作为勾连古今的理论框架，既有古罗马的概念渊源，亦为阐释现代社会现象与国际格局所广泛应用。无论是现当代局势的变动，还是古罗马史学的推进，都会促使学者们对“现代帝国主义”及“罗马帝国主义”理论进

---

① Zsuzsanna Varhelyi, “The Specters of Roman Imperialism: The Live Burials of Gauls and Greeks at Rome”, *Classical Antiquity*, 2007 (2).

② Susan E. Alcock, “Roman Imperialism in the Greek Landscape”, *Journal of Roman Archaeology*, 1989 (2).

③ Paul Newson, “The Consequences of Roman Imperialism: Cultural Change in the Basalt Region of Homs, Syria”, *Levant*, 2015 (3).

④ Louise Revell, *Roman Imperialism and Local Identities*, Cambridge University Press, 2009.

⑤ 从文化观念、伦理架构、身份认同等角度理解“罗马帝国主义”的尝试，还可参见Hannah Cornwell, “Roman Attitudes to Empire and Imperialism: the View from History”, *Journal of Roman Archaeology*, 2019 (32)。

⑥ Emilio Gabba, *Aspetti Culturali dell'imperialismo Romano*, Sansoni Editore, 1993, p.37.

行反思。近三四十年来，“罗马帝国主义”的内涵被不断更新，最初论者们将之视为扩张状态与动因，现在则将之解释为一种帝国统治模式或中央与地方的权力互动体系。“罗马帝国主义”理论不再被限于共和时代，而更多地被应用于帝国历史的解读之中，如哈里斯、格鲁恩均将研究时段划定在罗马共和国，而马丁利、甘巴什将焦点置于罗马帝国。与此同时，“罗马帝国主义”理论逐步摆脱了以罗马为中心的研究路径，地方与中央的互动甚至是地方的反馈成为考察的出发点。此外，越来越多的学者在文化意识、身份认同、伦理道德层面对“罗马帝国主义”展开讨论。“边缘性帝国主义”“文化性帝国主义”等新观点的提出及其在阐释罗马帝国统治方式、权力关系等问题上的应用，无不体现了“罗马帝国主义”理论内涵与外延的不断拓展。概言之，“罗马帝国主义”逐渐成为罗马史学中不可规避的理论问题，持续不断的争论和研究方法的创新，表明其作为学术议题仍焕发着活力，有继续探索的空间及可能。

五、结论

作为影响最为深远的古代文明之一，古罗马的崛起、扩张与衰亡始终是史家们关切、思索的主题，其吸引力不仅体现在加深对历史的认知，亦体现在解读当代的情境之上。在对罗马崛起原因进行探索的漫长历程中，“帝国主义”这一勾连古今的概念被霍布森、卢森堡、列宁等人运用于对19世纪末20世纪初垄断资本主义侵略特性的阐释之中，逐渐成为一种成熟的理论框架，并被蒙森等人运用于罗马史研究中，实现了现当代理论对古代史的“反哺”。围绕“罗马帝国主义”的性质界定，学界相继出现了“防御性帝国主义”与“侵略性帝国主义”两大主流观点。两派激烈的学术争论推动了“罗马帝国主义”研究从战争史、政治史走向经济史、社会史，从关注战争表象到关注战争背后的经济动机、社会结构、心态因素。这两大主流学派虽然观点相异，但都遵循了自上而下的审视角度，以及从中心观察外围、以罗马及亚平宁半岛为核心的分析路径。20世纪70年代以来，后殖民时代的“帝国主义”发生了新的变化，促使史家们反思“罗马帝国主义”的含义。随着新文化史学、下层研究的兴起，行省、帝国民众作为曾经的边缘客体逐步走向观察的中心。马丁利、甘巴什等史家将“罗马帝国主义”重新定义为帝国的统治模式和中央权力植入地方权力体系的进程，他们均强调地方与中央的互动，采取了自下而上、从边缘回溯中央的分析取径，极大地拓展了“罗马帝国主义”理论所适用的历史范畴。

时至今日，越来越多的学者积极参与到“罗马帝国主义”的探讨中，新观点、新框架、新研究路径的出现，反映了史学理论的更新、考古史料的丰富，以及该课题的学术潜力。同时，“罗马帝国主义”理论中所悬置的争议与疑问也为罗马史研究的推进提供了新线索。在帝国初期，“罗马和平”（Pax Romana）成为政治宣传的标语，这种官方政策指向与“帝国主义”的统治模式是否相矛盾？罗马社会各阶层是否在帝国统治模式上达成了共识？“罗马和平”是否成了“帝国主义”统治模式中的阻碍因素？这些问题值得我们进一步探讨与研究，而对上述问题的分析或将为我们理解罗马帝国的政治文化提供新的启发。

本文原刊载于《天津社会科学》2023年第1期。

本文作者：

李雪，女，1988年生，天津人。南开大学历史学院助理研究员。2008—2014年就读于南开大学历史学院，先后获世界史学士、硕士学位。2014—2016年，意大利比萨大学文明与知识形态学院历史系研究生（满分毕业），2016—2020年，意大利比萨大学文明与知识形态学院历史系博士毕业。主要研究方向为古代罗马史。

编后记

2023年，我们庆贺南开大学历史学科创建百年华诞，同时也迎来了南开上古中古史学科建立70周年这一重要节日，为此，南开大学历史学院世界上古中古史教研室编辑了《南开史学百年文存 世界上古中古史卷》，以兹纪念。

作为南开大学世界史学科发展的重要领域，世界上古中古史学科经几代学者的辛勤耕耘，取得了丰硕的科研、教学成果，曾涌现出雷海宗、王敦书、于可、李景云等蜚声国内外的老一辈学者群体。随后，以陈志强、杨巨平和王以欣等学者为代表的中坚力量为学科的发展打下了坚实的学术基础，而本学科的新生力量呈现出可喜的局面，形成了以西方古典史、拜占庭史、古代丝绸之路研究、古埃及学等诸多国内领先学科，国际影响力持续增强。本学科还建立了南开大学希腊研究中心（教育部区域与国别备案中心）、西方古典文明研究中心、东欧拜占庭研究中心、丝路古代文明研究中心等学术机构，承担国家社科基金重大招标项目以下各级别研究课题多项，培养了数以百计的硕士和博士生，成为国内各高校和科研机构的骨干力量。

在学院领导大力支持下，我们编辑了此文集。所收录论文是在本教研室曾工作过以及正在从事教研工作的老中青三代学者的代表作，这是他们的学术精华，也是他们科研教学经验的总结。我们希望通过这项工作，铭记先辈贡献、总结经验成果并展望未来发展，为南开史学百年庆典贡献一份力量。在此，感谢教研室各位老师无私奉献，也感谢天津人民出版社编辑团队的辛勤努力。

祝愿南开史学之花永放异彩！祝愿南开上古中古史学科之树永葆常青！

叶民

2023年8月